말씀으로 꿈을 해석하는 법

The Divinity Code to Understanding your Dreams and Visions
by Adam F. Thompson & Adrian Beale

Originally published in the USA by
Destiny Image a division of Nori Media Group
Shippensburg, PA
Under the title
The Divinity Code to Understanding your Dreams and Visions
Copyright @ 2013 by Adam F. Thompson & Adrian Beale

Korean Translation Copyright @ 2023 by Pure Nard
2F 16, Eonju-ro 69-gil Gangnam-gu, Seoul, Korea

The Korean edition is published by arrangement with Destiny Image.
All rights reserved.

본 저작물의 한국어판 저작권은 Destiny Image와의 독점 계약으로 '순전한나드'가 소유합니다.
저작권자의 허락 없이 이 책의 일부 또는 전체를 무단 복제, 전재, 발췌하면 저작권법에 의해 처벌받습니다.

꿈 해석과 적용에 관한 성경적인 가르침과 지혜
말씀으로 꿈을 해석하는 법

초 판 발 행 | 2023년 8월 1일

지 은 이 | 아담 F. 톰슨 & 아드리안 비일
옮 긴 이 | 박철수

펴 낸 이 | 허철
총   괄 | 허현숙
편   집 | 김선경, 김혜진
디 자 인 | 한영애
제   작 | 김도훈
인 쇄 소 | 예원프린팅

펴 낸 곳 | 도서출판 순전한나드
등록번호 | 제2010-000128
주   소 | 서울특별시 강남구 언주로 69길 16 (역삼동) 2층
도서문의 | 02) 574-6702
팩   스 | 02) 574-9704
홈페이지 | www.purenard.co.kr

Printed in Korea

ISBN 978-89-6237-384-4 03230

Divinity Code to Understanding
Your Dreams and Visions

말씀으로 꿈을 해석하는 법

꿈 해석과 적용에 관한 성경적인 가르침과 지혜

아담 F. 톰슨 & 아드리안 비일 지음 | 박철수 옮김

성경에 기초한 '비유와 상징 사전' 및 꿈·환상 해석 샘플 수록

꿈과 환상 가운데 하나님의 음성을 듣고
그로 인한 조롱과 비난을 감내해 온
모든 사람에게 이 책을 바칩니다.

추천사

이 책은 하나님의 음성을 듣고자 하는 갈망을 일깨우고 이전에 무시하던 계시의 문을 열어 주어 보다 깊은 차원의 관계를 누리게 해 주는 강력한 열쇠이다. 나는 하나님께서 꿈을 통해서는 상당히 드문 경우에만 말씀하신다고 생각했다. 하지만 이 책을 통해 그동안 꿈을 통해 말씀하시는 하나님의 음성을 얼마나 제한해 왔는지 깨닫게 되었다.

하나님의 음성을 깨닫는 것은 참으로 근사한 일이다! 그분은 내게 예언적으로 말씀하실 뿐만 아니라 꿈을 통해 하나님 나라의 신비를 계시해 주신다! 성경은 우리에게 예언을 멸시하지 말라고 경고하신다(살전 5:20). 이 책은 그리스도의 몸에 하나님의 음성의 가치를 깨우쳐 주는 매우 귀한 도구이다.

캐더린 로날라
뉴데이 미니스트리

하나님은 꿈과 환상을 통해 하나님의 음성을 듣는 것의 중요성을 인식하고 있는 아담과 아드리안으로 하여금 성경과 복음주의에 기초한 이 책을 4년간 준비하게 하시고, 마침내 그 결실을 보게 하셨다.

이 책은 꿈·환상 해석의 이론적 기초와 성경에 토대를 둔 비유와 상징 사전, 그리고 그것에 기초한 꿈·환상 해석 샘플, 인명·지명 사전으로 구성되어 있다.

나는 하나님께서 마지막 때에 스불론 지파에 대해 상세하게 설명하는 데 도움이 되도록, 그리고 꿈·환상 해석에 뒤따르는 표적으로 더욱 힘을 얻게 될 복음 전파를 위해 이 두 형제를 일으키셨다고 확신한다.

짐 와트
1948년 늦은 비 부흥 운동의 마지막 장로

이 책은 평범한 그리스도인이 성령의 인도하심으로 꿈을 해석할 수 있도록 돕는 귀한 도구이다. 나는 교회가 사도적 시대로 나아가는 가운데 초자연적 영역으로 들어가고 있는 모든 믿는 자들에게 이 책을 추천하고 싶다.
하나님은 성경 곳곳에서 꿈을 통해 말씀하신다. 그분은 성경을 포함하여 성령의 은사와 오중 사역, 분명한 성령의 음성, 내적 증거, 천사의 방문, 그리고 꿈과 환상 등의 일곱 가지 방법으로 말씀하신다. 그러므로 이 책은 주께서 교회들에 말씀하고 계시는 예언적 꿈을 사모하고 갈망하는 사람들이 반드시 읽어야 할 필독서이다. 이 책을 읽으며 우리에게 꿈을 주시는 하나님 아버지를 간절히 구하기 바란다.

조셉 킹갈
PNG 방송 복음전도자

하나님은 꿈을 통해 그리고 요셉과 다니엘 같은 사람들의 해석을 통해 세계의 강대국들을 일으키셨다. 그렇다면 수많은 꿈과 환상을 통해 모든 육체에 성령을 부어 주고 계시는 오늘날에는 그와 같은 일들에 대해 훨씬 더 잘 알아야 하지 않을까! 우리로 하여금 성령의 일들에 더 깊이 들어가게 할 뿐만 아니라, 꿈을 해석할 수 있도록 구비시켜 주는 이 책의 가치는 값으로 매길 수 없다.
이 책은 나와 우리 교회의 지체들에게 엄청난 유익을 끼치고 있다. 우리는 하나님이 말씀하셨지만 이전에는 이해하지 못하던 것들이 풀어지기 시작하면서 삶이 변화되는 모습을 목도하고 있다. 꿈 해석은 영적인 유행 같은 것이 아니다. 나는 성령의 도우심으로 그것을 통해 마음의 비밀이 드러나고, 회개와 돌파를 경험하는 은혜를 누렸다.

아주 철저한 연구를 거쳐 매우 성경적이고 예언적이며, 영감이 넘치는 이 책을 더 깊은 영의 세계로 나아가길 갈망하는 모든 이들에게 추천한다.

토드 웨덜리
호주 필즈 오브 드림 교회 담임목사

감사의 글

　이 책을 교정하고 감수해 준 앤드류와 론다, 파울라, 토드, 스티브, 레슬리, 존, 비키, 폴, 마린, 제니, 조시, 카렌에게 감사의 마음을 전합니다.
　또한 자신의 꿈과 환상을 나눠 준 셰인과 파울라, 그레텔, 레슬리, 마이클, 컬리, 캐티, 케이티, 젠, 레이첼, 로이스, 케이시에게도 감사드립니다. 그들의 나눔이 없었다면 이 책도 존재하지 못했을 것입니다.
　그리고 지금부터 우리가 전할 내용을 계시하고 가르쳐 주신 성령님께 최고의 찬양을 올려 드립니다.

사전 사용법

단어/요소 (하나의 꿈은 여러 가지 요소들로 구성된다)

> **커튼**: (휘장, 막) (1) 육체의 휘장 (2) 마음 (휘장 너머에 있는) (3) 하늘 (4) 덮개 (5) 끝남 (커튼을 닫음) (6) 죽음.
> '베일' 항목을 찾아보라.
> ➔ (1) 히 10:20 (2) 고후 3:15 (3) 시 104:2, 사 40:22 (5-6) "막을 내리다"처럼.

- 해석상 가장 적절한 순서대로 (1), (2), (3) 등의 번호를 매겨 두었다.
- 해석 뒤에 나온 괄호는 문맥적 흐름이나 의미 전달에 도움이 되는 용법을 설명한다.
- 비슷한 단어의 세부 사항을 알려 주는 교차 참조 단어는 해석의 폭을 보다 넓혀 준다.
- 밑줄 친 성경 구절은 일반적으로 그 단어의 **핵심적인 뜻**을 보여 준다.

> **쥐**: (몸집이 큰 시궁쥐) (1) 불신자 (부정한 짐승) (2) 악한 영 (3) 재앙 (4) 말로 병폐를 퍼뜨리는 사람.
> '이2' 항목을 찾아보라.
> ➔ (1) 레 11:29 (2) 삼상 6:4 (우상숭배) & 고전 10:20 (귀신들) (3) 삼상 6:5 & 5:12 (4) 시 22:13.

- '&'는 해석을 위해 **두 성경 구절들을 조합**하라는 뜻이다.

목차

추천사 • 5
감사의 글 • 8
사전 사용법 • 9
서문 • 12

Part I 꿈과 환상에 대한 이해

1장 | 꿈: 논쟁의 대상 _아드리안 비일 • 16
2장 | 꿈이 중요한 이유 _아드리안 비일 • 36
3장 | 꿈과 환상의 목적 _아드리안 비일 • 54
4장 | 모든 꿈은 다 하나님이 주신 것일까? (1) _아담 F. 톰슨 • 71
5장 | 모든 꿈은 다 하나님이 주신 것일까? (2) _아드리안 비일 • 86
6장 | 환상 _아담 F. 톰슨 • 94
7장 | 주술에 의한 거짓 해석 _아담 F. 톰슨 • 108

8장 | 꿈과 환상을 넘어 _아드리안 비일 ● 114

9장 | 꿈의 언어: 해석의 원리 _아드리안 비일 ● 134

10장 | 사전 사용 전 알아야 할 것들 _아드리안 비일 & 아담 F. 톰슨 ● 160

 꿈 해석 사전

꿈·환상 해석 샘플 ● 176

비유와 상징 사전 ● 228

인명·지명 사전 ● 593

부록 A: 요셉과 예수님의 닮은 점 ● 610
부록 B: 하나님과 올바른 관계를 맺는 법 ● 614

서문

성령님은 이 세대 가운데 꿈과 환상과 계시를 통해 하나님 나라의 신비를 볼 수 있는 능력을 놀랍게 풀어놓고 계신다. 하나님은 교회사와 성경 전반에 걸쳐 꿈을 통해 그분의 백성에게 말씀하셨다. 이것은 전혀 새로운 일이 아니며, 현재 하나님이 주신 꿈을 받는 사람들이 지속적으로 증가하는 추세이다. 주님은 분명 오늘날에도 꿈을 통해 말씀하신다. 어른이나 아이 모두 이 계시의 통로를 통해 하나님의 마음을 깊이 통찰하고 미래, 곧 삶의 분명한 방향을 예언적으로 엿보는 기쁨을 누리고 있다.

독자들은 이 책을 통해 꿈과 그것의 해석 및 적용에 관한 실제적 가르침과 지혜를 얻게 될 것이다. 《말씀으로 꿈을 해석하는 법》은 이 분야에 관한 지식과 교훈을 주는 놀라운 책일 뿐만 아니라, 꿈을 정확하게 해석하고 적용하고자 하는 이들에게 큰 도움이 될 사용 설명서이다.

아드리안과 아담은 사람들이 꿈을 정확하게 이해하고 깨닫기를 간절히 바라는 겸손하고 신실한 사람들이다. 그들은 꿈을 잘 해석할 수 있도록 세미나와 워크샵을 통해 수많은 교회와 갈급한 성도들을 가르치고, 많은 이들이 꿈과 환상과 계시를 풍성히 받도록 기도해 주고 있다.

처음 아담을 만났을 때, 나는 그에게 꿈의 영역에 대한 분명한 부르심이 있다는 것을 깨닫고 기도를 받았다. 그 후 나는 더 많은 꿈을 꾸고 있으며, 그것을 전보다 더 잘 이해하게 되었다.

꿈을 꾸고 싶거나 그 꿈들을 해석하고 적용할 수 있는 능력을 키우기 원한다면, 이 책을 읽어 보라. 이것은 서재에 두고 연구하고 싶어질 만큼 훌륭한 참고서이며, 근사한 선물 같은 책이다. 꿈꾸는 자가 되기를 소망하라. 그래서 주님의 음성을 듣고, 영의 세계가 더욱 분명하게 열리길 바란다.

패트리샤 킹
XPmedia.com

Part I

꿈과 환상에 대한 이해

1장

꿈: 논쟁의 대상

이 책을 쓰기 전 다음과 같은 꿈을 꾸었다.

나는 푸른색 셔츠를 입고 있었고, 주머니에는 펜이 꽂혀 있었다. 그런데 그 펜에서 짙은 푸른색 잉크가 새어 나와 작은 동전만한 크기의 얼룩이 되었다. 그것을 본 친구가 나에게 그 얼룩에 대해 말해 주었다. 펜촉이 벌어져 잉크가 새고 있었던 것이다.

이것은 내가 사람들의 마음을 불편하게 하는 책을 쓰게 될 것을 의미하는 꿈이었다. 그 책의 주제가 많은 논쟁을 불러일으킬 것이나, 나는 포기하지 않을 것이기 때문이다. 얼룩은 그에 대한 반감을, 짙은 푸른색은 그 책에 기록될 성령의 영감을 말하는 것이다.

이 책은 우리가 4년간 매주 교제하며 만든 결과물이다. 처음 이 꿈을 꾸고 6개월 후 동일한 꿈을 다시 꾸었다. 하나님은 이처럼 반복적인 꿈을 통해 이 메시지의 중요성을 마음에 새겨 주셨다(이 꿈의 해석에 사용된 비유와 상징에 대한 설명은 '꿈·환상 해석 샘플' 34번을 보라).

당부의 말

꿈과 환상이라는 주제를 탐구하기 전에 다음의 성경 구절로 여정을 시작하고 싶다. 아마도 이보다 적절한 구절은 없을 것이다. "사연을 듣기 전에 대답하는 자는 미련하여 욕을 당하느니라"(잠 18:13).

만일 지금까지 꿈과 환상의 속성에 대해 선입견을 가지고 있었다면, 잠시 판단을 내려놓고 먼저 하나님은 이것에 대해 뭐라고 말씀하시는지 열린 마음으로 겸손히 살펴볼 것을 권한다(약 1:21). 모든 사람 안에는 각기 다른 배경과 성장 과정 가운데 굳어진 선입견과 편견이 있다. 이러한 선입견과 편견이 하나님께서 각 사람을 위해 예비하신 것을 온전히 누리는 데 방해가 될 수도 있다는 사실을 정직하게 인정하기 바란다. 사도 바울은 이런 이유로 우리에게 마음을 새롭게 함으로 변화를 받으라고 간곡히 부탁한 것이다(롬 12:2).

마지막 때

베드로는 오순절 날 성령이 부어진 것을 선지자 요엘의 예언(욜 2:28)과 연결시켜 다음과 같이 선포했다.

하나님이 말씀하시기를 말세에 내가 내 영을 모든 육체에 부어 주리니 너희의 자녀들은 예언할 것이요 너희의 젊은이들은 환상을 보고 너희의 늙은이들은 꿈을 꾸리라 (행 2:17)

마지막 때에 하나님께서 그분의 영을 모든 사람에게 부어 주실 것이며, 그로 인해 꿈을 꾸고 환상을 보며 예언을 하게 될 것이라고 선포하는 말씀이다. 베드로는 오순절 사건이 요엘의 예언이 성취된 것이라고 확증했다. 또한 그렇게 함으로 말세가 시작되어 그리스도께서 재림하실 때 완성될 것을 간접적으로 선언했다. 즉, 우리는 말세를 살아가고 있는 것이다. 이보다 더한 말세도 없을 것이다. 그렇지 않은가? 그런데 그리스도의 몸 전체는 하나님이 오늘 우리에게 주시는 (특히) 꿈과 환상에 대해 여전히 갈등하고 있다.

이 책의 메시지는 바로 하나님께서 지금도 말씀하고 계신다는 것이다. 하나님은 그분의 영으로 믿는 자와 믿지 않는 자 모두에게 말씀하고 계신다. 영적으로 깨어나 그분이 하시는 말씀에 귀 기울이라는 것이다.

사복음서는 예수님이 이스라엘에 오셔서 아버지의 진리를 전하셨다고 기록한다. 예수님은 하나님을 나타내시는 분이셨다. 그분이 행하신 표적과 기사는 그분의 대사로서의 권위를 확증해 주었다. 하지만 하나님과 교제한다고 주장하는 서기관과 바리새인들은 성자 하나님과 어떤 관계도 맺고 싶어 하지 않았다. 그분의 메시지를 확증해 주는 여러 표적들에도 불구하고, 계속 마음을 완고히 하여 그분의 메시지를 놓치고 말았다.

서기관과 바리새인들에게 예수님은 옆구리의 가시 같은 존재였다. 그분이 그들의 정치적 사안에 개입하셨을 뿐만 아니라, 그들의 종교적 위선을 드러내셨기 때문이다. 그래서 더 이상 그분을 무시할 수 없게 되자 죽이고 말았다.

오늘날 우리 중에도 예수님 시대의 바리새인과 같은 자들이 있다. 우리는 예수님과 교제한다고 주장하지만, 그분이 보내신 성령님을 무시한다. 바리새인들이 아버지를 안다고 하면서 예수님을 무시했던 것처럼, 우리도 예수님을 안다고 하면서 성령님을 무시하고 있다.

또 과거 혹은 미래에만 매몰되어 하나님이 이 세대 가운데 행하기 원하시는 일에 관심을 갖지 않는 사람들도 있다. 놀랍게도 우리는 어제 일어난 일이나 미래에 일어날 일은 믿지만, 오늘은 믿음과 씨름하고 있다. 하지만 "이제 믿음은 바라는 것들에 대한 실상이요 보이지 않는 것들에 대한 증거"이다(히 11:1, 한글킹제임스 성경). 뿐만 아니라 우리가 날마다 경험해야 하는 것이다. "오직 의인은 믿음으로 말미암아 살리라"(롬 1:17).

하지만 이 진리를 알고 있음에도 우리는 믿음으로 살아가는 것을 좋아하지 않는다. 눈에 보이는 것을 훨씬 더 좋아한다. 그래서 기드온처럼 성경의 사건들을 지난 세대에 일어난 일로 받아들이기는 하지만(삿 6:13), 오늘 우리의 현실에 대입시키지는 않고 과거에 하나님이 베풀어 주신 일 정도로 여긴다.

아니면 "하나님께서 언제 개구리를 제거해 주시길 원하나이까?"라는 질문에 "내일이니라"라고 대답하는 바로와 같다(출 8:9-10). 이런 식으로 거리를 두면서 하나님의 성령을 무시하고 있다는 사실을 부인한다. 또한 하나님이 언젠가는 능력으로 행하실 거라며 우리의 양심을 달랜다. 하나님이 성경에서 행하신 일들을 부인하지는 않지만, 그분이 오늘날에도 동일하게 행하고 계신다는 사실에 대해서는 갈등한다.

우리는 이처럼 예수님이 비유를 통해 가르치시는 것들 이면의 참된 의미를 깨닫지 못하는 바리새인처럼 행동하고 있다. 우리가 꾸는 꿈을 하나님이 주셨다는 것을 신뢰하지 않음으로, 성령께서 주시는 진리를 놓치고 있다. 하나님께서 안갯속을 걷는 것 같은 꿈을 통해서가 아니라 보다 분명하고 정확하게 말씀해 주실 거라고 생각하며 꿈을 통해 말씀하시는 하나님의 음성을 차단해 버렸다. 그리하여 길가에 뿌려진 씨와 같은 사람이 되어 결국 악한 자가 와서 그 마음에 뿌려진 것을 빼앗아가 버렸다(마 13:19). 우리는 간단한 테스트로 정말 그런지 확인할 수 있다. 최근에 꾼 꿈 세 가지를 기억하는지 자문해 보면 된다.

한편 뉴에이지 신봉자들이나 일부 정신분석학계에서는 꿈을 삶의 질문에 대한 답을 갈망하는 것으로 보고 있다. 하지만 꿈을 주시는 분(행 2:17)이요, 그것을 해석해 주시는(창 40:8) 성령님이 함께하시지 않기에 그들은 여전히 어둠 가운데 있으며, 눈먼 자가 눈먼 자를 인도하는 것과 같다. 심지어 오늘날 하나님이 꿈을 통해 말씀하신다는 사실을 인식조차 하지 못하는 교회들도 있다.

우리는 하나님의 계획과 목적 안에서 꿈의 중요성을 잘 모르는 것 같다. 또 꿈과 환상을 통해 예언적으로 인도받게 될 것이라는 성령의 약속을 망각해 버렸다. 안타깝게도 오늘날 많은 이들이 느부갓네살의 술사 같은 이들을 살펴보다가 그들이 꿈을 해석하는 것을 보고는 흥미를 잃어버린다. 하나님이 이 땅의 다니엘들을 향해 일어나라고 부르고 계시는데, 목욕물과 함께 아기까지 버리고 있는 것이다!

성경이 구약의 선지자들에 대해 어떻게 말씀하는지 살펴보자.

이르시되 내 말을 들으라 너희 중에 선지자가 있으면 나 여호와가 환상으로 나를 그에게 알리기도 하고 꿈으로 그와 말하기도 하거니와 내 종 모세와는 그렇지 아니하니 그는 내 온 집에 충성함이라 그와는 내가 대면하여 명백히 말하고 은밀한 말로 하지 아니하며 (민 12:6-8)

여기서 하나님은 모세에 대해 불평하고 있는 아론과 미리암에게 말씀하고 계신다. 그분은 이들 앞에서 모세를 신원해 주시며 다른 선지자들은 어떻게 계시를 받는지 정확히 알려 주신다. 꿈이나 환상 등의 '은밀한 말'로 그들에게 말씀하신다는 것이다. 여기서 '은밀한 말'에 해당하는 히브리어 '히다'(chidah)의 문자적 의미는 '수수께끼, 알기 어려운 말이나 문제, 비유'이다. 하나님께서 비유로 소통하는 것을 좋아하신다는 것은 호세아서에 더욱 분명하게 나타난다. 하나님은 다음과 같이 말씀하신다.

> 내가 [너에게] 선지자들을 통해서도 말하였고, [너를 위해] 환상을 많이 보였으며, 선지자들이 행동으로 옮긴 비유를 통해서도 말했다[너에게 호소했다] (호 12:10, 확대역).

하나님은 비유를 사용하셔서 구약의 선지자들에게 말씀하셨을 뿐만 아니라, 그분의 말씀을 행동으로 옮기게 하심으로 메시지를 선포하게도 하셨다. 호세아는 이스라엘이 하나님께 신실하지 않음을 보여 주기 위해 음란한 여자와 결혼했고(호 1:2), 에스겔은 이스라엘이 포로로 잡혀가게 될 것을 전하기 위해 그들의 눈앞에서 성벽을 뚫었으며(겔 12:5), 예레미야는 하나님이 예루살렘을 어떻게 무너뜨리실지 보여 주기 위해 장로들 앞에서 옹기를 깨뜨렸다(렘 19:10-13). 그리고 예수님은 하나님 나라의 진리를 가르치시기 위해 50개 이상의 비유를 사용하셨다. 사실, 예수님은 비유를 사용하여 가르치는 것을 좋아하셨다! 하나님이 오늘날에도 여전히 비유를 사용하고 계신다는 것은 놀라운 일이 아니다.

성경은 말세에 하나님께서 그분의 영을 모든 육체에 부어 주실 것이며, 그로 인해 예언하고 환상을 보며 꿈을 꾸게 될 것이라고 말씀한다(행 2:17). 일부 사람들이 생각하는 것처럼 그런 시대는 열두 사도의 죽음과 함께 끝난 것도, 먼 장래의 일도 아니다. 하나님은 오늘도 꿈과 환상을 통해 말씀하고 계신다. 하나님이 해석을 허락해 주신 수많은 꿈과 환상들이 이 사실을 뒷받침한다. 이러한 꿈들에 드러난 정보와 권고는 대부분의 경우 하나님의 영으로부터 온 것일 수밖에 없다.

인간은 하나님이 기적을 행하시는 분이라는 것을 본능적으로 안다. 이것은 우리가 읽는 성경이 확증해 준다. 성경은 또한 하나님은 변하지 않으시고(말 3:6) 어제나 오늘이나 동일하시다고 말씀한다(히 13:8). 그러나 우리가 마음에 새겨야 할 진리는 하나님이 들을 귀 있는 자들(마 13:9)을 위해 지금도 기적을 행하신다는 것이다.

하나님이 하시는 말씀을 듣고 있는가?

다음은 목회자 친구가 들려준 꿈 내용이다.

이제 교수형에 처해지려는 테러리스트들이 보였고, 그와 동시에 그들이 어떻게 달아난 다음 공격을 가하려 하는지 설명하는 소리가 들렸다. 폭발음이 들리며 그들 중 한 명이 교수대에서 굴러 내려오는 모습이 보였고, 이어서 총소리가 들렸다. 부상을 입은 군인들은 장의자에 앉아 그 모습을 지켜보고 있다가 한쪽 어깨에 삼각건을 두른 사람이 일어나 앉아 있는 이들 머리 위로 기관총을 쏘며 테러리스트들에게 반격했다. 그 사람이 총을 난사하고 있어서 장의자에 앉아 있는 다른 군인들이 총에 맞을까 봐 약간 걱정이 되었다.

이것은 대단히 중요한 경고의 꿈으로, 그리스도의 십자가에 진심으로 나아가지 않는 거짓 개종자들(테러리스트들)이 일으킬 가능성이 있는 문제들에 대해 알려 준다. 교수대는 십자가를, 교수형을 피한다는 것은 그들이 그들을 향한 십자가의 요구를 회피하고 있음을 말한다. 이들이 테러리스트로 나타난 이유는 원수가 이들을 통해 그리스도의 몸 안에 분열과 갈등의 씨앗을 뿌리려 하기 때문이다. 이들은 알곡과 가라지 비유에서 가라지와 같은 자들이다(마 13:25, 27-28).

폭발음은 갑자기 터질 우려가 있는 사건에 대해, 그리고 이어서 많은 말들이 오게 될 것에 대해 말해 준다. 장의자에 앉아 있는 군인들은 하나님의 영적 군대인 교회를 보여 준다. 그들이 부상당한 모습으로 보이는 것은 과거의 상처들과 실망을 온전히 해결하지 않았기 때문이다. 삼각건을 두르고 반격을 가하는 군인은 사역 가운데 사람들에게 상처를 줄 수 있는 사건이 터진 후 뒤따르는 말들에 적절하게 반응하지 못하는 지도자의 모습일 가능성이 있다. 이것은 거짓 개종자들을 주의하라는 경고이다. 또한 과거의 상처들을 이겨 낼 것을 상기시켜 주고, 교회 안팎에서 들리는 모든 말에 반응하지 말라고 주의를 주는 것이다(이 꿈의 해석에 사용된 비유와 상징에 대한 설명은 꿈·환상 해석 샘플 43번을 보라).

만일 당신이 그리스도의 몸의 지도자라면, 하나님은 일정이 바쁜 당신이 쉬는(잠자는) 동안 말씀하실 것이다. 하나님이 주시는 이런 메시지를 놓치고 싶은가? 감사하게도 이 꿈을 꾼 친구에게는 성령님이 하시는 말씀을 들을 귀가 있어서 잠재적인 위험에 대비했다.

요셉과 다니엘

바로의 꿈을 해석할 수 있도록 요셉에게 능력을 주신 분은 바로 성령님이시다. "바로가 그의 신하들에게 이르되 이와 같이 하나님의 영에 감동된 사람을 우리가 어찌 찾을 수 있으리요 하고"(창 41:38). 또한 다니엘에게 놀라운 통찰력을 주신 분도 성령님이시다.

박수장 벨드사살[다니엘]아 네 안에는 거룩한 신들의 영이 있은즉 어떤 은밀한 것이라도 네게는 어려울 것이 없는 줄을 내가 아노니 내 꿈에 본 환상의 해석을 내게 말하라 (단 4:9)

요셉과 다니엘은 특별히 하나님의 영을 받은 자들이었다. 이들은 꿈과 환상과 그것의 해석을 통해 쓰임 받게 하시려고 하나님이 적절한 때와 장소에 두신 사람들이다. 요엘의 예언은 하나님이 요셉, 다니엘과 함께하셨던 바로 그 성령을 오늘 우리에게 더 큰 능력(요 14:12)으로 부어 주고 계신다고 말씀한다!

그러므로 하나님이 계획해 놓으신 대로 쓰임 받으려면, 우리 삶을 향한 그분의 계획 가운데 꿈이 얼마나 중요한지 인식해야 한다. 그분은 다니엘과 요셉에게 행하신 것처럼 꿈을 통해 말씀하시며, 지금 이때에 우리를 통해 성취해야 할 일들을 준비시키신다. 나는 우리가 꿈을 통해 받는 지시에 따를 때에 온전히 깨달을 수 있는 사명이 있다고 생각한다. 하나님이 이러한 꿈을 통해 말씀하시는 바를 깨닫게 되면, 성령에 대한 둔감함을 뉘우치고 그분과의 관계를 더욱 발전시켜야 한다.

예수님과 니고데모

예수님을 찾아간 니고데모는 그의 주목을 끄는 주님의 첫 말씀을 거의 이해하지 못했다. 니고데모가 "랍비여 우리가 당신은 하나님께로부터 오신 선생인 줄 아나이다 하나님이 함께하시지 아니하시면 당신이 행하시는 이 표적을 아무도 할 수 없음이니이다"(요 3:2)라고 하자, 예수님은 즉시 "진실로 진실로 네게 이르노니 사람이 거듭나지 아니하면 하나님의 나라를 볼 수 없느니라"(요 3:3)라고 답하신다.

예수님이 니고데모의 질문과는 상관없는 답을 하시는 것처럼 보이는가? 사실 니고데모는 언제냐는 질문을 하지도 않았지만, 예수님은 문제의 핵심을 찌르셨다. 니고데모는 유대인 중의 유대인으로, 예수님께 이스라엘의 선생으로 인정받은 사람이었다(요 3:10). 당시 유대인이라면 누구나 "메시아의 왕국은 언제 임하는가?"에 대한 질문을 마음에 품고 있었다. 예수님의 대답에는 너무 많은 것들이 담겨 있지만, 여기서는 한두 가지만 살펴보겠다.

우선 이 본문에서 예수님은 구약을 잘 알고 있는 사람에게 말씀하고 계신다. 둘째, 예수님은 오직 거듭나야만 하나님 나라를 볼 수 있다고 말씀하셨다. 그런데 니고데모는 여전히 깨닫지 못하고 이렇게 대답한다. "사람이 늙으면 어떻게 날 수 있사옵나이까 두 번째 모태에 들어갔다가 날 수 있사옵나이까"(요 3:4).

예수님은 영적인 것을 말씀하시는데, 니고데모는 인간적으로 생각하고 있다. 하나님이 꿈과 환상을 통해 우리에게 말씀하실 때도 이와 같은 일이 벌어진다. 하나님은 우리의 마음을 드러내시거나 하나님 나라에 대해 계시해 주시는데, 우리는 전혀 엉뚱한 생각을 하고 있다. 그분은 영적인 것을 말씀하시고, 우리는 인간적으로 생각하는 경향이 있다는 말이다. 예수님은 이렇게 대답하신다. "진실로 진실로 네게 이르노니 사람이 물과 성령으로 나지 아니하면 하나님의 나라에 들어갈 수 없느니라"(요 3:5).

여기서 예수님이 하나님 나라를 보는 것을 넘어 그곳에 들어가는 것에 대해 말씀하고 계시다는 것을 이해하는 것이 중요하다. 예수님이 누구에게 이야기하고 계신지 기억하라. 그는 이스라엘의 선생으로, 구약에 젖어 있는 사람이다. 약속의 땅에 들어가지 못한 사람은 누구인가? 모세이다. 그는 왜 들어가지 못했는가? 말씀에 불순종하여 므리바 물가에서 하나님의 성령에 민감하지 못했기 때문에 들어가지 못한 것이다(민 20:12).

그렇다면 들어간 사람들은 누구인가? 여호수아와 갈렙, 그리고 생각이 애굽(세상)에 매이지 않은 새로운 세대였다. 성경에 여호수아는 "그 안에 영이 머무는 자"(민 27:18)로, 갈렙은 "다른 영을 지닌 자"(민 14:24, KJV)로 기록되어 있다. 또 누가 들어가지 못했는가? 애굽에서 나온 후에도 그들을 인도하신 하나님을 믿지 않고 육의 눈으로만 보기를 고집한 모든 사람들이다(민 13:33).

이게 무슨 말인가? 하나님의 말씀을 알았고, 거듭났으며, 성경에 나타난 하나님 나라를 보면서도 인간적으로만 생각할 뿐 영적으로 생각할 준비가 되어 있지 않아 하나님이 그들을 위해 예비하신 것 안으로 들어가지 못하는 세대가 있다는 말이다(사 55:8-9, 롬 8:5-6).

당신은 이런 사람이 아닐 것이다. 그랬다면, 지금 이 책을 읽지도 않을 것이다. 하지만 성령의 인도하심을 받아 여정의 다음 단계인 약속의 땅으로 들어갈 준비가 되어 있지 않아 영적인 훈련의 장에서 죽을 위기에 처한 사람들이 있다(신 8:2-3). 이런 이들은 여전히 과거의 전통이나 종교적 관행에 묶여 있다. 만일 우리가 니고데모처럼 성령의 인도하심을 거부한다면, 성경 지식이나 교회 내 직분과 상관없이 영적인 유아기에 머물게 될 것이다(롬 8:14).

생각해 보라. 만일 성경 속 인물들이 특별히 꿈을 통해 인도받는 것을 무시했더라면, 다음과 같은 일들이 벌어졌을 것이다.

- 이삭이 태어나지 않았을 것이다(창 20:3, 6-7).
- 이스라엘도 없었을 것이다(창 41:37-41, 45:5, 50:20).
- 솔로몬의 왕국도 없었을 것이다(왕상 3:5-15).
- 장차 일어날 일들에 대한 이해가 없었을 것이다(단 2, 4장).
- 예수님이 오시지 못했을 것이다(마 1:20-24, 2:13, 22).

예수님이 오시지 않았다면 십자가의 죽으심을 통한 구원도 없을 것이고, 구원이 없다면 성령도 임하지 않으실 것이다. 또한 구원과 성령의 임하심이 없다면 영생도 없기에, 우리는 결국 하나님의 임재에서 영원토록 분리되고 말 것이다. 누군가 꿈을 진지하게 받아들였다는 사실이 참으로 다행이지 않은가?

늙은이? 젊은이?

꿈을 받아들여야 하는지 의구심이 드는 이유는 요엘의 예언에 기록된 나이 때문일 수도 있다. 따라서 이 문제를 명확하게 함과 동시에 꿈을 통한 성령의 인도하심을 무시하는 근본적인 이유에 대해 이야기해 보겠다.

"너희의 젊은이들은 환상을 보고 너희의 늙은이들은 꿈을 꾸리라"는 말씀(행 2:17)은 육신의 나이를 말하는 것이 아니다. 예수님이 니고데모에게 말씀하신 것처럼 영적인 것을 말씀하는 것이다. 잠이 들어야 꿈을 꾸게 된다. 영적인 용어로 잠은 죽음과 동의어이다.

예수님이 나사로를 다시 살리셨을 때를 기억하는가? "우리 친구 나사로가 잠들었도다 그러나 내가 깨우러 가노라"(요 11:11). 제자들은 이 말씀을 들었을 때, 예수님이 있는 그대로 말씀하시는 것으로 생각하고 이렇게 말했다. "주여 잠들었으면 낫겠나이다"(요 11:12). 예수님은 그들에게 명확하게 말씀하실 필요가 있었다. "나사로가 죽었느니라"(요 11:14). 주님은 차갑게 식어 버린 육신의 죽음을 말씀하시며 잠들었다고 표현하셨다.

다시 본론으로 돌아가서, 꿈을 꾼다는 것은 자고 있다는 말이다. 즉, 영적으로 우리가 죽은 사람과 같아진다는 말이다. 달리 말해, 꿈은 우리의 혼적 영역에 임한다. 영적인 의미에서 이 예언의 '늙은이'는 '옛 사람'(롬 6:6)을 말하는 것이다. 옛 사람은 하나님의 일들에 대해 죽어 있다. 그래서 믿는 자나 믿지 않는 자 모두 하나님의 영으로부터 꿈을 받는다는 사실을 인식해야 하는 것이다.

누구나 '옛 사람'을 통해 하나님으로부터 꿈을 받는다. 우리의 옛 사람 혹은 혼이 꿈을 받는다는 사실이 어쩌면 우리가 그것을 하나님으로부터 받았다는 사실을 부인하게 만드는 이유일지도 모르겠다. 생각해 보라. 꿈은 영의 세계에서 벌어지는 일을 자연계의 인간에게 연결시킨다. 이런 꿈들은 영의 사람이 하나님의 영에 맞출 때에만 해석될 수 있다!

반면 환상은 오직 믿는 자, 거듭난 사람의 영에 직접 소통하는 것이다. 요엘서 본문은 이런 이들을 '젊은이'라 부른다. 이들은 하나님의 뜻대로 행하기를 갈망하여 하나님의 영으로 능력을 덧입는 자들이다. 이것을 성경적으로 확증해 보자.

다윗은 시편에서 다음과 같이 기록한다. "좋은 것으로 네 소원을 만족하게 하사 네 청춘을 독수리같이 새롭게 하시는도다"(시 103:5). 다윗이 여기서 독수리를 언급하는 이유는 무엇일까? 이것은 부양이나 지지를 말하는 것이 아니다. 다윗은 우리가 하나님을 갈망하면, 그분이 우리에게 하나님의 살아 있는 말씀을 공급해 주시는데, 그 말씀을 받아들임으로 우리의 영적 자아(독수리)가 활력을 회복하게 된다는 것이다. 그러므로 우리의 영적 자아가 바로 '젊은이'이다.

사도 바울은 회심을 이렇게 표현했다. "그런즉 누구든지 그리스도 안에 있으면 새로운 피조물이라 이전 것은 지나갔으니 보라 새것이 되었도다"(고후 5:17). 여기서 우리의 옛 사람(자아)과 새 자아가 대조된다. '이전 것'은 그리스도의 십자가 앞에 나아오기 전 영적으로 죽은 우리의 존재를, 새롭다는 것은 우리 영의 사람이 태어난 것을 말한다. 예수님은 이렇게 말씀하셨다. "진실로 진실로 네게 이르노니 사람이 거듭나지 아니하면 하나님의 나라를 볼 수 없느니라"(요 3:3). 환상을 받는 사람들에 관해 본문은 아주 분명하게 말한다. 예수님은 우리가 '거듭나야' 보게 된다고 말씀하신다!

이제 태어난 영은 성장해야 하는데, 하나님의 뜻을 갈망하고 그분의 말씀을 먹고 마심으로 성장하게 된다. 일정 기간 동안 이렇게 받아들인 것을 적용하면, 이제 영은 젊은이가 된다. 사도 요한은 다음과 같이 확증한다. "청년들아 내가 너희에게 쓴 것은 너희가 강하고 하나님의 말씀이 너희 안에 거하시며 너희가 흉악한 자를 이기었음이라"(요일 2:14). 결론적으로 사도 바울은 우리 안에서 성장하고 있는 것은 바로 영의 사람이라는 사실을 분명하게 하기 위해 다음과 같이 말한다. "우리의 겉사람은 낡아지나 우리의 속사람은 날로 새로워지도다"(고후 4:16).

이처럼 나이는 꿈이나 환상을 받는 것과 아무 상관이 없다. 정말 중요한 것은 영의 사람의 수용 능력과 성장 및 발달이다. 꿈은 믿는 자나 믿지 않는 자 모두가 꾸는 것이다. 꿈을 이해하는 것은 영의 사람이 깨어 있느냐의 문제이다. 반면 환상은 하나님의 뜻을 갈망하고 그분의 말씀을 적용하는 믿는 자들만을 위한 것이다.

그렇다면 환상을 보는 불신자는 어찌 된 것일까? 그들은 약물이나 점과 같은 주술적 도구를 통해 환상을 보는 것이다. 나는 약에 취해 다양한 환상을 보는 사람들을 알고 있다. 약물을 사용하면 마귀가 꾸며낸 영의 세계가 열린다. 사실 성경 원어의 깊은 의미를 살펴보면, 약물을 사용하는 것이 주술과 직접적인 관련이 있음을 알 수 있다. 요한계시록 9장 21절의 '복술'은 헬라어 '파르마케이아'$_{pharmakeia}$로, 이 단어에서 '(약)조제실, 약국'을 뜻하는 'pharmacy'가 파생되었다. 바울은 갈라디아 교회에게 육체의 일에 대해 이야기하면서 '파르마케이아'를 '주술'로 번역했다(갈 5:20).

성경은 또한 친숙의 영의 영향력 아래서 영의 세계를 볼 수 있는 사람들을 보여 준다. 사도행전에서 바울과 실라는 점치는 여종에게 들려 있던 영을 쫓아낸 일 때문에 감옥에 갇혔다.

> 우리가 기도하는 곳에 가다가 점치는 귀신 들린 여종 하나를 만나니 점으로 그 주인들에게 큰 이익을 주는 자라 그가 바울과 우리를 따라와 소리 질러 이르되 이 사람들은 지극히 높은 하나님의 종으로서 구원의 길을 너희에게 전하는 자라 하며 이같이 여러 날을 하는지라 바울이 심히 괴로워하여 돌이켜 그 귀신에게 이르되 예수 그리스도의 이름으로 내가 네게 명하노니 그에게서 나오라 하니 귀신이 즉시 나오니라 (행 16:16-18)

바울이 이 영에게 나오라고 명령한 뒤, 다음과 같은 일이 일어났다.

> 여종의 주인들은 자기 수익의 소망이 끊어진 것을 보고 바울과 실라를 붙잡아 장터로 관리들에게 끌어 갔다가 (행 16:19)

점치는 영이 이 여종에게 영의 세계를 볼 수 있는 능력을 준 것은 분명하다. 그래서 이 영을 쫓아내자, 여종이 더 이상 영적인 환상을 볼 수 없게 된 것이다. 이것은 그로 인해 수익의 소망이 끊어진 여종의 주인들이 보인 반응을 보면 알 수 있다.

논쟁의 대상 꿈

꿈과 그것의 해석은 그리스도의 몸 가운데 큰 논쟁거리 중 하나이다. 우리가 이런 식으로 하나님의 인도하심을 받게 되면, 성경의 근본적인 가르침에서 벗어나 곁길로 빠지게 될 것이라고 염려하는 사람들도 있다. 하지만 우리의 경험으로는 오히려 그 반대이다. 교회가 꿈을 통해 말씀하시는 성령의 음성을 받아들이려면, 성경을 깊이 알아야 한다. 또한 꿈을 올바르게 해석하려면, 성경 전반에 대한 균형 잡힌 관점이 필요하다. 그러므로 꿈 해석을 잘하고 싶은 사람은 반드시 성경을 읽는 훈련을 받아야 한다. 뿐만 아니라 읽은 말씀을 믿고 삶에 적용해야 한다.

꿈을 하나님이 주신 메시지로 받아들이는 것은 우리를 잘못된 길로 이끄는 것이 아니라, 오히려 더 깊은 하나님의 세계로 인도한다. 성령께서 꿈을 통해 성경이 말씀하는 원리들을 적용하는(혹은 진리와 진리를 연결하는) 법을 가르쳐 주시기 때문이다. "사람의 지혜가 가르친 말로 아니하고 오직 성령께서 가르치신 것으로 하니 영적인 일은 영적인 것으로 분별하느니라"(고전 2:13).

그러므로 하나님의 말씀에 대한 견고한 토대가 없으면, 우리가 받은 것이 무슨 의미인지 이해하기는커녕 하나님이 주신 것인지도 알 수도 없다. 성령님은 오직 하나님의 말씀만 보증하신다. 만일 기록된 하나님의 말씀과 상반되는 음성을 듣는다면, 그것은 하나님이 말씀하시는 것이 아니다!

꿈이 위협이 되는 이유

이 논란의 실제적인 근원은 마귀이다. 마귀는 하나님의 백성들이 꿈을 통해 힘을 얻는 것을 원하지 않는다. 그는 끊임없이 하나님의 목적을 방해하려 한다. 예수님이 인간적인 생각으로는 이해할 수 없는 영적인 진리를 계시해 주실 때, 마귀는 베드로를 통해 다음과 같이 말했다.

이때로부터 예수 그리스도께서 자기가 예루살렘에 올라가 장로들과 대제사장들과 서기관들에게 많은 고난을 받고 죽임을 당하고 제삼일에 살아나야 할 것을 제자들에게 비로소 나타내시니 베드로가 예수를 붙들고 항변하여 이르되 주여 그리 마옵소서 이 일이 결코 주께 미치지 아니하리이다 예수께서 돌이키시며 베드로에게 이르시되 사탄아 내 뒤로 물러가라 너는 나를 넘어지게 하는 자로다 네가 하나님의 일을 생각하지 아니하고 도리어 사람의 일을 생각하는도다 하시고 (마 16:21-23)

베드로 개인의 목표와 제한된 관점을 통해 그리스도께 도전한 것처럼, 마귀는 여전히 하나님의 계획을 방해하기 위해 그분께 확신을 두지 않는 사람들을 이용하고 있다. 만일 그리스도 외에 돈이나 지위, 권력, 인정, 종교, 지성, 사람의 용납 같은 것에서 확신이나 안정감을 얻는다면, 그것을 위협하는 영적 진리가 선포되는 즉시, 우리의 옛 사람이 방해할 것이다. "육체의 소욕은 성령을 거스르고 성령(의 소욕)은 육체를 거스르나니 이 둘이 서로 대적함으로 너희가 원하는 것을 하지 못하게 하려 함이니라"(갈 5:17).

베드로의 경우처럼, 주로 영적인 교만이 마귀가 들어오는 통로가 되어 그리스도의 몸이 하나님이 뜻하신 길에서 벗어나게 만든다. 예수님께 책망받기 직전 베드로는 그분이 "그리스도시며 살아 계신 하나님의 아들"이라는 계시를 받았다(마 16:16-19). 예수님은 아버지로부터 이 놀라운 비밀을 받은 베드로를 복되다고 칭찬하시며, 그가 장차 임할 왕국에서 중추적인 역할을 하고 권세를 받게 될 것이라고 말씀하셨다. 얼마나 놀라운 약속인가! 하지만 이것은 그에게 너무 과분한 것이었다. 마귀는 베드로의 교만을 통해 예수님을 바로잡으려 하였다.

마귀는 우리의 눈을 가려 하나님이 실제로 꿈을 통해 말씀하고 계시다는 사실을 보지 못하게 함으로, 4천 년 넘게 하나님의 군대를 일으키는

데 사용해 오신 주요 통로 중 하나를 효과적으로 차단해 왔다. 그토록 오랫동안 꿈을 통해 말씀하신 하나님이 그 방법을 사용하지 않으려 하신다는 것이 이상하지 않은가? 더구나 그분은 더 많은 꿈을 주시겠다고 말씀하셨는데 말이다!

요약

- 성경이 꿈과 환상에 대해 어떻게 말씀하는지 듣기 전까지는 판단을 보류하라.
- 우리는 하나님이 그분의 영을 부어 주실 것이라고 말씀하신 마지막 때를 살아가고 있다.
- 성령의 부어짐에는 꿈과 환상을 통한 예언도 포함된다.
- 성령님은 오늘날 이 땅 위에 계시는 삼위일체 하나님의 대사이시다.
- 우리는 오늘날 믿음을 발휘하지 않으며 과거나 미래에서 살아가려는 경향이 있다.
- 믿음으로 살라는 것은 하나님이 지금 말씀하시는 것을 들으라는 부르심이다.
- 그리스도인들은 뉴에이지 운동이나 정신분석학에서 꿈 해석을 안내자 혹은 길잡이로 받아들이는 것을 보고 목욕물과 함께 아기까지 버리려 한다.
- 구약의 선지자들도 비유 형태의 꿈과 환상을 통해 하나님의 말씀을 받았다.
- 예수님은 비유로 가르치시는 방법을 선호하셨다.
- 오늘날 하나님은 일에 치여 사는 교계 지도자들에게 휴식하는(자는) 동안 꿈과 환상을 통해 말씀하실 수도 있다.
- 들을 귀가 없다면 지금 성령이 부어지는 것을 놓치게 될 것이다.
- 니고데모는 하나님이 영적인 것을 말씀하실 때 인간적인 것을 생각하는 우리의 성향을 보여 준다.
- 니고데모처럼 인간적으로만 생각하다가 반드시 들어야 할 영적인 것들을 놓치게 된다면, 우리도 이 세대를 향한 하나님의 음성을 놓치게 될 것이다.
- 꿈은 믿는 자와 믿지 않는 자 모두에게 임하지만, 환상은 믿는 자의 전유물이다.
- 성령님은 영적인 것은 영적으로 풀도록 가르치신다. 그러므로 성경에 대한 명확한 이해가 정확한 해석의 전제 조건이다.

- 마귀는 개인의 계획과 목표를 위협함으로 육신을 충동하여 하나님의 일을 방해한다.
- 하나님은 4천 년 넘게 꿈과 환상을 통해 우리를 인도하셨다. 그렇다면 더 많은 꿈을 주겠다고 말씀하신 그분이 어째서 지금은 중단하시겠는가?

2장

꿈이 중요한 이유

감춰진 비밀

1장에서는 간단하게 기초를 놓았다. 이제 꿈의 개별적 특성을 살펴보기 전에 하나님의 목적에 꿈이 그토록 중요한 이유를 설명하고자 한다. 이것은 오늘날 교회에서는 잘 가르치지 않는 진리이기 때문에 많은 그리스도 인들에게 도전이 될 것이다. 부디 베뢰아 사람들처럼 너그러운 마음으로 성경이 이 문제에 대해 어떻게 말씀하는지 찾아보기 바란다(행 17:11).

요셉은 열일곱 살에 언젠가 형제들과 부모가 자기에게 절하게 될 것을 보여 주는 꿈을 두 번이나 꾸었다(창 37:5-11). 그는 아버지의 편애와 이 계시로 인한 우쭐한 태도 때문에 형들의 적대감을 사게 되어 애굽으로 팔려 가게 되었다. 요셉이 애굽에서 노예 생활을 하고 감옥에 갇힌 동안 그가 꾼 꿈은 잠들어 있었다.

그런데 요셉은 결국 바로가 꾼 꿈들을 해석하는 일에 쓰임을 받는다. 그것들은 애굽 땅에 칠 년간 풍년이 든 후, 칠 년의 극심한 기근을 맞이하게 될 것을 보여 주는 꿈이었다(창 41:17-31). 바로는 요셉의 해석과 앞으로 어떻게 대처할지에 대한 조언을 듣고, 그를 애굽의 총리로 세웠다.

그 후 가뭄이 시작되자, 요셉의 형들이 식량을 사러 애굽에 왔다가 부지중에 그에게 절을 하게 된다. 약 20년 전 요셉의 꿈을 통해 예언된 대로 된 것이다. 이 사건을 주목하는 이유는 시편이 다음과 같이 기록하기 때문이다.

> 그가 또 그 땅에 기근이 들게 하사 그들이 의지하고 있는 양식을 다 끊으셨도다 그가 한 사람을 앞서 보내셨음이여 요셉이 종으로 팔렸도다 그의 발은 차꼬를 차고 그의 몸은 쇠사슬에 매였으니 곧 여호와의 말씀이 응할 때까지라 그의 말씀이 그를 단련하였도다 (시 105:16-19)

요셉은 "여호와의 말씀이 응할 때까지" 감옥에 갇혀 있었다. 여호와의 말씀은 무엇인가? 요셉이 열일곱 살에 받은 꿈, 다시 말해 그에 대해 하나님이 말씀하신 내용이었다!

더 깊이 들어가기

이 부분의 원문을 살펴보면, '말씀'에 해당하는 히브리어가 각각 다르다는 것을 알 수 있다.

> 여호와의 말씀[다바르]이 응할 때까지라 그의 말씀[에므라]이 그를 단련하였도다 (시 105:19)

하지만 여기서 조금 더 깊이 들어가면, 이 두 히브리어가 구약 전반에서 하나님의 말씀을 뜻하는 말로 교차 사용되었다는 것을 발견하게 된다. 많은 예들이 있지만, 시편 119편에서 몇 가지만 살펴보겠다.

> 여호와는 나의 분깃이시니 나는 주의 말씀[다바르]을 지키리라 하였나이다 내가 전심으로 주께 간구하였사오니 주의 말씀[에므라]대로 내게 은혜를 베푸소서 (시 119:57-58)

> 나의 영혼이 주의 구원을 사모하기에 피곤하오나 나는 주의 말씀[다바르]을 바라나이다 나의 말이 주께서 언제나 나를 안위하실까 하면서 내 눈이 주의 말씀[에므라]을 바라기에 피곤하니이다 (시 119:81-82)

> 고관들이 거짓으로 나를 핍박하오나 나의 마음은 주의 말씀[다바르]만 경외하나이다 사람이 많은 탈취물을 얻은 것처럼 나는 주의 말씀[에므라]을 즐거워하나이다 (시 119:161-162)

또 요셉에게 주어진 하나님의 말씀에 사용된 '다바르'는 십계명을 지칭하는 말로도 사용되었다. "여호와께서는 언약의 말씀[다바르] 곧 십계명[다바르]을 그 판들에 기록하셨더라"(출 34:28).

이처럼 꿈은 지금도 하나님이 우리에게 말씀하시는 방법 중 하나이다. 이것은 그림 전체를 보여 주는 것은 아니지만, 기록된 말씀이나 기도를 통해 우리에게 주시는 말씀을 보완하며 확장시켜 준다. 이것을 확증해 줄 또 다른 성경 이야기를 살펴보자. 야곱은 형 에서를 피해 달아나다가 벧엘에서 하나님을 만났다. 성경은 이 사건을 다음과 같이 기록한다.

> 그가 꿈을 꾸었으니 보라, 사다리가 땅에 섰는데 그 꼭대기가 하늘에 닿았고

보라, 하나님의 천사들이 그 위에서 오르락내리락하며 보라 주께서 그 위에 서서 말씀하시기를 나는 네 아비 아브라함의 주 하나님이요 이삭의 하나님이라 네가 누운 땅을 내가 너와 네 씨에게 주리라 네 씨는 땅의 티끌같이 될 것이며 너는 서쪽과 동쪽과 북쪽과 남쪽까지 멀리 퍼지리라 땅의 모든 족속들이 너와 네 씨 안에서 복을 받으리라 보라 내가 너와 함께 있어 네가 어디로 가든지 모든 곳에서 너를 지키며 너를 다시 이 땅으로 데려오리니 내가 네게 말한 바를 이룰 때까지 내가 너를 떠나지 아니할 것이라 하시더라 (창 28:12-15, 한글킹제임스성경)

이 꿈은 두려움 가운데 낯선 목적지를 향해 떠나는 야곱에게 대단히 큰 힘이 되었을 것이다. 하나님은 이렇게 야곱과의 만남을 마무리 지으시며 "내가 네게 '말한' 바를 이룰 때까지" 그를 떠나지 않겠다고 약속하신다. 달리 말해, '그분의 말씀'을 완수하실 때까지 그를 떠나지 않으시겠다는 말씀이다. 그렇다면 야곱에게 주신 그분의 말씀은 무엇인가? 그것은 조금 전에 그가 받은 꿈이었다.

이 말씀에 얼마나 큰 영향력이 있었는지 확인하기 위해 창세기 29장 1절을 원문 그대로 옮기면 다음과 같다. "그 후 야곱은 자기 발을 들어 동방 사람의 땅에 이르렀다." 집을 떠날 때의 무거운 마음은 하나님의 말씀을 받으면서 완전히 사라졌다. 야곱은 자신이 꾼 꿈을 하나님의 말씀으로 받아들였다!

꿈이 가르쳐 준다

예수님은 마태복음 5-7장에서 산상수훈을 전하신다. 많은 이들이 이 본문을 하나님 나라의 대헌장으로 여긴다. 본문 중반에는 다음의 유명한 구절이 나온다. "그런즉 너희는 먼저 그의 나라와 그의 의를 구하라 그리하면 이 모든 것을 너희에게 더하시리라"(마 6:33). 이것은 우리의 마음을 바로잡아 하나님이 다스리고 통치하시도록 허락해 드리면, 그분이 우리의 필요를 공급해 주신다는 약속이다. 특히 세상이 우리를 향해 하나님이 아닌 것에서 확신과 안정감을 구하라고 외쳐대는 현 상황에서는 더욱 도전이 되는 말씀이다.

대부분의 사람들이 예수님도 우리처럼 영적인 진리를 배우셔야만 했다는 사실을 망각한다. 성경은 예수님이 매일 성경을 읽으셨다는 것을 예언적으로 알려 준다.

[하나님의 종이 말씀하신다] 주 하나님께서 내게 제자와 가르침 받는 자의 혀를 주셨으니 나로 지친 자에게 때에 맞게 어떤 말을 선포해야 할지 알게 하시고 아침마다 깨우치시되 나의 귀를 깨우치사 제자[가르침 받는 자]같이 듣게 하신다 (사 50:4, 확대역)

마태복음에서 예수님이 가르치신 것의 근간, 즉 하나님 나라의 기초는 사실 950년 전에 솔로몬이 받은 꿈이었다.

기브온에서 밤에 여호와께서 솔로몬의 꿈에 나타나시니라 하나님이 이르시되 내가 네게 무엇을 줄꼬 너는 구하라 … 누가 주의 이 많은 백성을 재판할 수 있사오리이까 듣는 마음을 종에게 주사 주의 백성을 재판하여 선악을 분별하게 하옵소서 솔로몬이 이것을 구하매 그 말씀이 주의 마음에 든지라 이에 하나님이 그에게 이르시되 네가 이것을 구하도다 자기를 위하여 장수하기를 구하지 아니하며 부도 구하지 아니하며 자기 원수의 생명을 멸하기도 구하지 아니하고 오직 송사를 듣고 분별하는 지혜를 구하였으니 내가 네 말대로 하여 네게 지혜롭고 총명한 마음을 주노니 네 앞에도 너와 같은 자가 없었거니와 네 뒤에도 너와 같은 자가 일어남이 없으리라 내가 또 네가 구하지 아니한 부귀와 영광도 네게 주노니 네 평생에 왕들 중에 너와 같은 자가 없을 것이라 (왕상 3:5, 9-13)

여기서 우리는 꿈이 다양한 차원의 가르침을 줄 수 있음을 알 수 있다. 꿈을 꾼 자만 그 혜택을 누리는 것은 아니다. 여기서 솔로몬의 꿈은 따로 해석할 필요가 없다. 예수님의 이 가르침은 솔로몬의 꿈이 말하는 진리를 간단명료하게 연결시킨 좋은 예다. 하지만 대다수의 꿈은 비유와 상징, 수수께끼이므로 해석해야 한다. 해석하는 사람이 그 꿈을 받은 사람이 아니어도 그것에 담긴 영적 진리를 배우게 된다. 그리고 나중에 그 가르침을 접하는 모든 이들도 그 진리를 배운다. 우리는 꿈을 해석하면서, 하나님이 다른 이들의 꿈을 통해 우리의 삶 가운데 아주 정확하게 지적하신 것들을 나눌 필요성을 느꼈다.

요셉

성경에 나타난 대표적인 예가 요셉의 삶이다. 대부분의 사람들은 요셉의 삶을 피상적인 수준으로, 곧 어린이 성경에 그려진 인류의 완벽한 본에 대한 이야기로 읽는다. 하지만 요셉은 우리와 같은 평범한 사람이었다. 그는 약점이 없는 초인적인 존재가 아니었다. 그에게도 우리처럼 다뤄야 할 문제들이 있었다.

앞에서 살펴본 대로, 하나님은 감옥에서 그를 정결하게 하셨다. "그(여호와)의 말씀이 그를 단련하였다"(시 105:19). 여기서 '단련하다'에 해당하는 히브리어 '차라프'는 '(금과 은을 불로 제련하듯) 내부의 불순물을 걸러 내기 위해 문자적으로 혹은 상징적으로 정제하다'의 의미이다. 만일 요셉이 완벽한 사람이었다면, 왜 그에게 정제의 과정이 필요했겠는가?

　요셉이 감옥에 있을 동안, 그는 바로의 술 맡은 관원장과 떡 맡은 관원장의 꿈을 해석해 주었다. 술 맡은 관원장이 먼저 말했다.

　내가 꿈에 보니 내 앞에 포도나무가 있는데 그 나무에 세 가지가 있고 싹이 나서 꽃이 피고 포도송이가 익었고 내 손에 바로의 잔이 있기로 내가 포도를 따서 그 즙을 바로의 잔에 짜서 그 잔을 바로의 손에 드렸노라 (창 40:9-11)

　요셉은 그의 꿈을 다음과 같이 해석했다.

　세 가지는 사흘이라 지금부터 사흘 안에 바로가 당신의 머리를 들고 당신의 전직을 회복시키리니 당신이 그 전에 술 맡은 자가 되었을 때에 하던 것같이 바로의 잔을 그의 손에 드리게 되리이다 (창 40:12-13)

　그 해석이 좋은 것을 보고, 떡 맡은 관원장도 자신의 꿈을 해석해 주길 바라며 다음과 같이 말했다.

　나도 꿈에 보니 흰 떡 세 광주리가 내 머리에 있고 맨 윗광주리에 바로를 위하여 만든 각종 구운 음식이 있는데 새들이 내 머리의 광주리에서 그것을 먹더라 (창 40:16-17)

　요셉은 그의 꿈을 다음과 같이 해석했다.

　세 광주리는 사흘이라 지금부터 사흘 안에 바로가 당신의 머리를 들고 당신을 나무에 달리니 새들이 당신의 고기를 뜯어 먹으리이다 (창 40:18-19)

정확히 사흘 후 각 사람의 꿈은 그대로 성취되었다. 술 맡은 관원장은 복직되었고, 떡 맡은 관원장은 교수형을 당했다. 이만하면 요셉이 감옥에서 나와 바로의 집에 들어갈 수 있을 것 같다. 하지만 그렇게 되지 않았다. 이유가 뭘까? 하나님께서 아직 요셉을 정결케 하지 않으셨기 때문이다. 이어서 성경은 이렇게 기록한다. "만 이 년 후에 바로가 꿈을 꾼즉"(창 41:1).

창세기는 그 2년 사이에 무슨 일이 있었는지 기록하지 않는다. 성경에서 아무 말도 하지 않을 때, 오히려 가장 크게 외치고 있는 경우가 많다. 그렇다면 뭐라고 말씀하는 걸까? 이 기간에 요셉이 다시 살아났다는 것이다. 분명 3년째 되는 해였을 것이다.

히브리 사고방식에는 만 한 주, 여러 주들 중 한 주, 여러 달 중 한 주(일곱째 달은 절기의 달이다), 여러 해 중 한 주가 있다. 일곱째 해는 땅의 안식년이다(레 25:4). 그러므로 요셉은 제3일에 부활했다. 물론 이것은 어떤 면에서 그리스도의 부활과 비슷하며, 또한 숫자 3을 종종 '부활'로 해석하는 이유 중 하나다. 이야기는 여기서 끝나지 않고 더욱 흥미진진한 사건이 시작된다.

바로의 종들의 꿈을 정확히 해석해 주었는데도 여전히 아무도 알아주지 않는 난감한 상황 가운데 요셉은 무슨 생각을 했을까? 잠시나마 요셉은 술 맡은 관원장이 자신을 괴롭고 수치스러운 곳에서 건져 주길 소망했을 것이다. 어쩌면 그는 "하나님이 너에게 침묵하시면, 너는 네가 마지막으로 받은 계시의 자리로 돌아가야 한다"는 어릴 적 아버지의 가르침을 기억했을 수도 있다. 혹은 그런 놀라운 해석을 한 것이 얼마나 멋진 일인지 생각하거나 성령께서 행하신 놀라운 일을 되돌아보았을 수도 있다. 어떤 모양이든, 요셉은 술 맡은 관원장과 떡 맡은 관원장의 꿈과 해석을 통해 곰곰이 생각하기 시작한다.

요셉은 무엇을 발견했을까? 그들의 꿈을 묵상하면서 요셉은 복된 것은 믿음(열매)이며, 행위(구운 음식)는 저주와 죽음을 부른다는 사실을 깨닫는다. 또한 자신의 영광을 구하는 사람(떡 맡은 관원장)은 하나님(이 이야기에서는 바로)의 심판을 받는 반면, 자신이 섬기는 사람을 위해 기꺼이 목숨을 내려놓는 사람(술 맡은 관원장)은 다시 살아난다는 것이다.

떡 맡은 관원장은 꿈에서 자신이 구운 음식 세 광주리를 옮긴다. 새들이 있다는 사실을 알았다면, 떡 맡은 관원장은 왜 음식을 덮지 않았을까? 그것은 자신이 직접 만든 음식을 모든 사람에게 자랑함으로 영광을 받고자 했기 때문이다! 드러난 본심대로, 이것이 바로 그가 교수형을 당한 이유이다. 그는 자신의 영광을 구하는 사람이다.

요셉이 이 계시를 묵상하는 가운데, 하나님은 그의 마음을 드러내 보여 주신다. 이 과정을 계속 살펴보자. 첫 번째 꿈을 꾸었을 때, 그는 뭐라고 말하는가? 그는 이렇게 말한다. "청하건대 내가 꾼 꿈을 들으시오"(창 37:6). 여기서 누가 영광을 취하고 있는가? 바로 요셉 자신이다! 그런데 이어서 주목할 점은 그가 술 맡은 관원장과 떡 맡은 관원장의 꿈을 해석하기 전에 이렇게 말했다는 것이다. "해석은 하나님께 있지 아니하니이까 청하건대 내게 이르소서"(창 40:8).

이제 우리는 요셉의 낮아짐이 어떤 결과를 가져오는지 살펴볼 것이다. 당시 요셉은 거의 10년 동안 애굽에서 종살이를 하고 있었다. 그러나 그는 아직 하나님이 예비하신 차원에서 쓰임 받을 준비가 되어 있지 않았다. 술 맡은 관원장과 떡 맡은 관원장에게 한 말에서 요셉은 하나님을 우선시하였다. 하지만 그는 여전히 어느 정도의 영광을 원하고 있다. 이것은 두 사람의 꿈을 해석하면서 그가 무심결에 내뱉은 말에 잘 드러난다. 요셉은 다음과 같이 말한다.

당신이 잘 되시거든 나를 생각하고 내게 은혜를 베풀어서 내 사정을 바로에게 아뢰어 이 집에서 나를 건져 주소서 나는 히브리 땅에서 끌려온 자요 (나는) 여기서도 옥에 갇힐 일은 행하지 아니하였나이다 (창 40:14-15)

어떤 말을 내뱉은 후, "이런, 내가 정말 그런 말을 했어!"라고 생각해 본 적이 있는가? 바로 그런 일이 요셉에게 일어났다. 이 본문에서 '나'와 '나를'이라는 단어를 (영어로) 세어 보면 무려 일곱 번 등장한다(한글 성경에는 다섯 번 등장 – 역자 주).

숫자 7은 신적인 완벽함을 나타낸다. 하지만 여기서는 요셉이 하나님 안에서 성장하고 있지만, 여전히 지나치게 자신에게 초점을 맞추고 있음을 보여 준다. 비록 그가 올바른 말을 하지만, 그의 마음은 온전히 하나님께 내어 드리지 않은 상태이다. 그는 하나님 안에서 안식하고 있지 않다. 누구의 노력으로 이 감옥에서 나가길 기대하고 있는가? 요셉 자신의 힘이다. 이런 면에서 그는 술 맡은 관원장보다는 떡 맡은 관원장과 같다.

그가 마음에 감추고 있던 것 역시 술 맡은 관원장에게 한 말에서 드러난다. 요셉의 마음 가운데 아직 하나님께 순복하지 않은 영역들이 있다. 15절에서 그가 한 말을 자세히 살펴보면, 누구 탓에 그가 이 곤경에 처했다고 생각하는지 알 수 있다. 그는 이렇게 말한다. "나는 여기서도 옥에 갇힐 일은 행하지 아니하였나이다." 모든 책임이 그의 형들과 보디발의 아내에게 있다고 생각하는 그의 마음이 드러나는 말이다.

사실 그는 이렇게 말하고 있다. "저에게는 아무 책임도 없습니다. 그들의 책임이에요." 요셉은 마치 그들이 자신에게 빚을 지고 있는 것처럼 생각하는 듯하다. 요셉이 마음에 품고 있는 빚은 다름 아닌 용서하지 않는 마음이다(마 18:21-35). 용서하지 않는 마음이 있다는 것은 마음 가운데 하나님께 아직 내어 드리지 않은 영역이 있음을 분명히 보여 준다.

하나님께서 이것을 그에게 보여 주시는 동안, 시간은 계속 흘러간다. 그렇게 하나님의 완벽한 시간이 다가오고 있었다. 요셉에게 제3일(년), 곧 부활의 날이 다가온다. 그러나 부활을 경험하기 전, 그는 반드시 죽음을 경험해야 한다. 먼저 죽어야 부활을 경험할 수 있다!

요셉이 반드시 십자가에 못 박아야 했던 것은 무엇인가? 그것은 예수님을 십자가에 달리게 만들었던 것, 바로 죄이다. 요셉은 자신을 학대했던 사람들을 향한 용서하지 않는 마음을 묻어야만 했다. 그렇지 않으면 하나님의 성령은 그를 구덩이에서 건지실 수 없다. 이것은 요셉이 바로 앞에 서기 전의 상황을 기록한 성경이 확증해 준다. "여호와께서 요셉과 함께하셨다"(창 39:2, 21, 23). 바로는 요셉에 대해 다음과 같이 선언한다. "이와 같이 하나님의 영에 감동된 사람을 우리가 어찌 찾을 수 있으리요" (창 41:38).

이 시점에야 하나님은 비로소 온전히 거하실 수 있다. 더 이상 그분은 밖에서 보시지 않는다. 쓰레기를 처리했기 때문에 주님은 요셉 안에서 그를 지도하시고 인도하신다. 마침내 요셉은 포도를 짜서 바로의 손에 포도주잔을 받들어 올린 술 맡은 관원장과 같아졌다. 이제 그는 진실로 하나님께 모든 영광을 올려 드릴 수 있다.

요셉이 그의 꿈을 형들에게 나눌 때 했던 말과 술 맡은 관원장과 떡 맡은 관원장 앞에서 했던 말을 바로 앞에서 하는 말과 비교해 보면, 엄청난 변화가 일어났다는 것을 알 수 있다. "내가 아니라 하나님께서 바로에게 편안한 대답을 하시리이다"(창 41:16). 드디어 요셉은 진실로 하나님께서 그를 위해 예비하신 것을 행할 준비가 되었다. 이제 하나님께 모든 영광을 돌릴 준비가 되었기 때문이다.

이 사건에서 발견할 수 있는 진리는 우리 가운데 술 맡은 관원장과 떡 맡은 관원장이 있다는 것이다. 두 사람의 꿈을 통해 배운 가르침은 요셉의 생각과 마음의 의도를 드러내었고, "많은 백성의 생명을 구원하시기 위한"(창 50:20) 하나님의 목적에 쓰임 받도록 그를 단련했다.

이제 이 깨달음을 앞서 살펴본 시편 105편에 적용해 보자. "곧 여호와의 말씀[다바르]이 응할 때까지라 그의 말씀[에므라]이 그를 단련하였도다"(시 105:19). 여기서 우리가 이해해야 할 아주 중요한 사실이 있다. 그것은 요셉이 꿈을 통해 받은 예언의 말씀이 성취되기를 기다리는 3년 동안, 술 맡은 관원장과 떡 맡은 관원장의 꿈에 담긴 하나님의 말씀이 그를 정결하게 하였다는 것이다.

혼과 영의 분리

요셉의 삶에서 우리가 발견할 수 있는 것은 꿈들 안에 혼과 영을 쪼개고 생각과 마음의 숨은 의도를 드러내는 능력이 있다는 것이다. 히브리서는 이 사실을 강조한다.

> 하나님의 말씀은 살아 있고 활력이 있어 좌우에 날선 어떤 검보다도 예리하여 혼과 영과 및 관절과 골수를 찔러 쪼개기까지 하며 또 마음의 생각과 뜻을 판단하나니 (히 4:12)

성경이 알려 주는 숨겨진 진리는 그 꿈들에 혼과 영을 분리할 수 있는 힘이 있다는 것이다. 왜냐하면 꿈은 오늘 우리에게 주시는 하나님의 살아 있는 말씀의 보증이기 때문이다! 어떤 사람들에게는 이것이 매우 급진적인 생각으로 여겨질 것이다.

종종 사람들은 이렇게 말한다. "당신은 우리에게 또 다른 성경의 계시가 있어야 한다고 주장하는 건가요?" 아니다! 나의 논지는 하나님께서 여전히 말씀하고 계시고, 또한 정경으로 완성된 성경을 통해 말씀하시는 것을 멈추지 않으셨다는 것이다. 사도행전은 끝나지 않은 열린 책이며, 오늘날에도 여전히 기록되고 있다. 하지만 하나님이 오늘 하시는 말씀은 그분이 과거에 하셨던 말씀과 일치한다는 점을 강조하고 싶다(히 13:8). 이것이 바로 이 책을 가득 채운 비유와 상징들이 대부분 성경에 토대를 두고 있는 이유이다.

우리는 "병을 고치는 주의 능력"(눅 5:17)을 보고도 예수님 앞에 무덤덤하게 앉아 속으로 주님의 모든 말씀을 비판하고, 결국 하나님이 그들을 위해 예비하신 것을 받지 못한 바리새인과 율법사와 같아져서는 안 된다. 만일 그런 태도를 취한다면, 다른 사람이 우리가 앉아 있는 곳의 천장을 뚫고 하나님이 우리를 위해 계획하신 것을 믿음으로 붙잡게 될 것이다(눅 5:19-20).

우리는 정기적으로 사람들이 꿈을 해석할 수 있도록 돕는다. 하지만 사람들이 어떤 꿈의 의미를 생각하는 것과 그것을 입 밖으로 내뱉은 말에는 상당한 차이가 있을 수 있다. 다윗에게 전했던 나단 선지자의 비유처럼(삼하 12:1-13), 꿈과 그것의 올바른 해석은 본능적인 방어기제를 뛰어넘어 성령께서 교정하시는 자리로 인도한다.

목을 잡고 있는 손에 대한 꿈

이 책을 쓰는 동안, 마음의 실체를 드러내고 분별의 능력을 보여 주는 좋은 예를 경험했다. 어느 날 아침, 한 무리의 사람들과 대화하던 중 한 청년이 꿈에 자신이 옛 동료의 멱살을 잡고 있었는데, 그 의미가 무엇인지 물었다. 나는 그에게 그 꿈의 배경과 전에 그 동료를 위협한 적이 있는지 물었다. 그는 잠시 과거를 회상한 후 드러내놓고 협박한 적은 없지만,

위협을 느꼈을지도 모르겠다고 말했다. 그리고 전날 밤 용서에 대한 설교를 듣고 옛 동료를 용서한다는 고백을 했다고 하였다.

"누군가의 목을 잡은 손이라구요?" 나는 말했다. "복잡하게 설명하지 않아도 좋은 꿈이 아니라는 건 당신도 알겠지요." 하지만 뜻을 단정 지을 수는 없었다. 그날 오후에 그 꿈을 묵상하다가 전자 포켓 성경을 찾아보았다. 손과 목이란 단어를 검색하자, 즉시 두 구절이 떴다. 한 구절은 구약에, 다른 한 구절은 신약에 있었다. 구약의 성구는 손과 목의 연관성이 없었기 때문에 신약의 성구를 찾았는데, 다음과 같이 기록되어 있었다.

> 그 종이 나가서 자기에게 백 데나리온 빚진 동료 한 사람을 만나 (손으로) 붙들어 목을 잡고 이르되 빚을 갚으라 하매 (마 18:28)

이 구절이 용서에 관한 말씀이기 때문에, 나는 즉시 하나님이 말씀하시는 바를 깨달았다. 핵심적인 하나님의 말씀을 나누자, 성령께서 놀랍게 역사하셔서 깊은 찔림을 주셨다. 그 청년은 꿈을 통해 하나님이 그의 본심을 정확히 알려 주셨다는 사실에 깜짝 놀랐다. 그 꿈을 통해 하나님은 그가 진심으로 그의 옛 동료를 용서하지 않았고, 여전히 그 친구의 책임을 따지고 있으며, 동료가 자신에게 용서를 빌기 원한다는 사실을 보여 주셨다.

이것은 꿈을 통해 본심을 드러내시는 하나님의 능력의 좋은 예일 뿐만 아니라, 해석을 위해 성경을 사용하는 것이 얼마나 중요한지를 잘 보여 준다. 만일 비유와 상징 사전의 세부 사항이 꿈의 상황과 맞지 않다면, 이 방법은 특히 유익하다.

하나님 나라에 들어가다

이 경험은 이스라엘이 약속의 땅에 들어가기 전에 배워야만 했던 진리를 강조해 준다. 마찬가지로 우리 역시 하나님 나라에 온전히 들어가기 전에 반드시 이 진리를 배워야 한다. 예수님은 모세를 인용해서 이렇게 말씀하신다. "사람이 떡으로만 살 것이 아니요 하나님의 입으로부터 나오는 모든 말씀으로 살 것이라"(마 4:4).

사실 하나님 나라에 들어가는 것은 이 진리에 달려 있다. '나온'이 아니라 '나오는' 모든 말씀이라는 것에 주목하자. 우리는 어제의 만나로 하나님의 영적인 약속 안으로 들어갈 수 없다. 우리에게는 오늘의 살아 있는 말씀이 필요하다. 물론 마귀는 이것을 원치 않는다. 꿈에는 하나님이 오늘 우리에게 말씀하시는 핵심 요소들이 있기 때문이다. 사탄은 일단 이 진리가 드러나면, 교회가 다시 한 번 일어나 사도행전과 더욱 가까워진다는 것을 잘 알고 있다.

걱정이 많으면 꿈이 임하지 않는가?

지금도 나는 이런 말을 듣는다. "성경에 걱정이 많으면 꿈이 생긴다고 말씀하지 않나요?" 맞다. 그 질문은 어느 정도 맞는 말이다. 하지만 이 말씀은 어느 성경에 기록되어 있는가? 그것은 전도서에 기록되어 있다. "걱정이 많으면 꿈이 생기고 말이 많으면 우매한 자의 소리가 나타나느니라"(전 5:3).

솔로몬이 기록한 이 책의 관점은 어떠한가? 이 책은 해 아래의 삶을 비관적으로 바라본다(전 1:3, 이외에도 28회 등장한다). 따라서 이 책은 주로 하나님 없는 세상을 세속적인 불신의 관점으로 본다. 이 구절이 실제적으로 말하는 바는 이것이다. "세상은 걱정이 많으면 꿈이 생긴다고 말한다"(전 5:3). 이것은 과연 올바른 관점인가? 이것은 전혀 영적이지 못한 관점이다.

다른 대안으로 이 구절을 이렇게 이해할 수도 있다. "어리석은 자가 떠드는 동안 당신의 꿈(목표)을 이룰 수 있는 유일한 방법은 그 꿈을 열심히 추구하는 것이다." 어느 쪽으로 해석하든, 이 구절은 하나님을 배제한 상태에서 우리를 물리적으로 제한한다. 따라서 이것은 여기에 계시된 진리를 대적하는 공허한 변명일 뿐이다.

말씀과 성령의 연합

최근 호주를 방문한 영국의 유명한 교사가 하나님께서 (성경의 가르침에 견고한) 말씀의 사람이 (영적 은사를 추구하며) 성령의 인도하심을 따르는 사람과 함께하는 세대를 곧 일으키실 것이라고 말했다. 꿈을 하나님께서 주신 메시지로 수용하는 일은 이렇게 균형 잡힌 사람들 사이에 일어날 수 있으며, 또 일어나게 될 것이다. 이러한 사실에 대한 인식은 우리를 하나님의 다음 티핑 포인트(작은 변화들이 어느 정도 기간을 두고 쌓여, 이제 작은 변화가 하나만 더 일어나도 갑자기 큰 영향을 초래할 수 있는 상태가 된 단계 – 역자 주)로 인도할 것이다.

앞서 두 장을 읽은 후 스스로 "저도 말씀과 성령이 하나 된 세대의 일원이 되고 싶어요"라고 말하면서 동시에 "그렇지만 하나님은 저에게 꿈으로는 말씀하지 않으세요"라고 생각한다면, 과거에 하나님이 꿈으로 말씀하셨을 때 어떻게 반응했는지 깊이 묵상해 보길 바란다. 생각해 보라. 만일 당신이 누군가에게 말을 하는데 그 사람이 계속 그 말을 무시한다면, 그런 사람에게 계속 말하고 싶겠는가?

성경은 이렇게 말씀한다. "너희가 헤아리는 그 헤아림으로 너희도 헤아림을 도로 받을 것이니라"(눅 6:38).

하나님은 부자에게서 빼앗아 가난한 자에게 주는 분이 아니시다. 그분은 가난한 자의 것을 취해 부자에게 주시는 분이다! 믿어지지 않는다면 마태복음 25장 14-30절을 읽으라. 만일 당신이 이와 같다면, 읽는 것을 멈추고 영적인 우둔함으로 성령님을 슬프게 한 것에 대해 용서를 구하라. 마음의 죄를 용서해 달라고 구한 다음, 깨닫는(수용하는) 마음을 달라고 부르짖으라. 그리고 마지막으로 이렇게 고백하라. "주님 말씀하소서. 주의 종이 듣겠습니다."

요약

- 요셉의 삶은 꿈이 하나님의 살아 있는 말씀의 일부라는 점을 보여 준다. 꿈은 하나님이 기록된 말씀과 기도를 통해 우리에게 말씀해 주시는 것을 보강해 준다.
- 예수님은 솔로몬이 주전 950년에 꾼 꿈을 통해 하나님 나라의 원리들을 가르치셨다.
- 시편 105편 17-19절 본문에 의하면, 요셉은 바로의 술 맡은 관원장과 떡 맡은 관원장의 꿈을 통해 깨끗하게 단련되었다. 이 꿈들은 그가 꿈으로 받은 말씀이 성취되기를 기다리는 동안 그를 정결케 했다.
- 꿈과 그것에 대한 올바른 해석은 마음의 본능적 방어기제를 넘어 성령께서 주시는 찔림과 교정으로 인도한다.
- 꿈은 혼과 영을 분리하는 능력이 있고, 마음과 생각의 숨은 의도를 드러낸다.
- 하나님 나라는 "하나님의 입으로부터 나오는 말씀"을 끊임없이 받음으로 누릴 수 있다.
- 인간적인 사람(세상)은 많은 걱정 때문에 꿈이 생긴다고 생각한다.
- 밤에 들려주시는 하나님의 음성을 무시했던 영적인 우둔함을 회개하고, 성령님께 용서를 구하라.

3장

꿈과 환상의 목적

로마서 10장 17절은 말씀한다. "그러므로 믿음은 들음에서 나며 들음은 그리스도의 말씀으로 말미암았느니라." 헬라어 레마$_{Rhema}$는 단순히 '말씀'으로 번역되어 왔다. 레마는 사실 '선포된 말씀'을 뜻하며 '연설이나 글에 언급된 내용을 말로 내뱉은 것'[1])을 의미한다. 또한 고전 헬라어에서는 메시지를 가리키는 용어였다.

한마디로 레마는 하나님의 입에서 선포된 말씀 혹은 메시지이다(마 4:4 참조). 그리고 "성령의 검 곧 하나님의 말씀(레마)"은 다름 아닌 이 선포된 말씀 혹은 메시지이다(엡 6:17).

꿈과 환상은 우리가 하나님으로부터 선포된 이 말씀 혹은 메시지를 받을 수 있는 방법이다. 따라서 꿈과 환상의 주된 목적은 믿음을 창조하고, 세우고, 강화하는 것이다. 성령의 검인 꿈과 환상은 영과 혼과 관절과 골

---

1) W. E. Vine, M.F. Unger, and W. White Jr., Vine's Complete Expository Dictionary of Old and New Testament Words (Nashville, TN: Thomas Nelson, 1985). Used by Permission.

수를 찔러 쪼갠다. 그리고 그것은 생각과 마음의 숨은 의도를 드러내기 위해 성령께서 사용하시는 도구이다. 더 나아가 꿈과 환상은 개인적 차원에서 성령의 빛을 비춰 주어 우리가 나아갈 방향을 끊임없이 확증해 준다.

믿음을 세우다

기드온 이야기(삿 6-8장)는 어떻게 꿈이 믿음을 강화해 주는지에 대한 훌륭한 예이다. 하나님은 헤아릴 수 없이 많은 미디안 군대와 맞서 싸워 승리하게 하시기 위해 스스로 "약한 자 중 가장 약한 자"라고 고백하는 기드온에게 용기를 주신다(삿 6:15).

하나님은 확증을 주는 일련의 사건들을 통해 기드온의 믿음을 점진적으로 세우셨다. 두려워하는 기드온이 믿음으로 굳게 결단할 수 있게 만든 마지막 도구는 꿈이었다! 그것은 기드온이 꾼 것이 아니라 그가 우연히 엿들은 적군의 병사가 꾼 꿈이었다. 성경은 다음과 같이 기록한다.

> 기드온이 그곳에 이른즉 어떤 사람이 그의 친구에게 꿈을 말하여 이르기를 보라 내가 한 꿈을 꾸었는데 꿈에 보리떡 한 덩어리가 미디안 진영으로 굴러 들어와 한 장막에 이르러 그것을 쳐서 무너뜨려 위쪽으로 엎으니 그 장막이 쓰러지더라 그의 친구가 대답하여 이르되 이는 다른 것이 아니라 이스라엘 사람 요아스의 아들 기드온의 칼이라 하나님이 미디안과 그 모든 진영을 그의 손에 넘겨주셨느니라 하더라 (삿 7:13-14)

미디안 진영에 갑자기 굴러 들어온 보리떡 한 덩어리는 비유와 상징이 어떻게 꿈에 사용되는지 보여 주는 좋은 예이다. 보리는 밀과는 대조적으로 가치가 떨어지는 곡물이다. 보리의 낱알 수는 밀보다 적고, 태풍에 쉽게 떨어지며, 그렇게 단단하지도 않기 때문이다. 꿈은 이런 말로 시작된다. "보리떡 한 덩어리가 미디안 진영으로 굴러 들어와"(삿 7:13).

이것은 기드온이 사용한 놀라운 도구, 곧 횃불을 감춘 항아리를 깨뜨림과 동시에 나팔을 불어 원수를 충격에 빠뜨려 패배시키는 것을 보여 준다. 뿐만 아니라, 기드온의 영리한 선택과 상대적으로 열등하지만 연합된 이스라엘 군사들의 상황을 알려 준다(삿 6:16). 기드온은 용기를 얻었다. 아니 더 정확히 말하자면 믿음이 굳건해졌다. 적진의 두 병사가 나눈 꿈 이야기를 통해 하나님의 메시지를 들었기 때문이다.

치유의 믿음

라인하르트 본케의 《부흥, 성령의 축제》*Even Greater*[2]는 치유에 대한 믿음을 세우는 데 꿈이 어떻게 사용되었는지를 보여 주는 좋은 예이다.

1988년 극심한 고통 가운데 휠체어를 타고 다니던 영국인 여성 진 네일은 수차례 척추 수술을 받았지만 큰 차도가 없었다. 그녀는 결국 6개월간 깁스를 해야 했다. 깁스를 푸는 날, 그녀는 다시 걸을 수 없을 것이며, 아주 위험한 척추 재건 수술을 받는다면 조금 더 나은 삶을 살 확률이 반반이라는 말을 들었다. 매일 끊임없는 고통을 경험할 것인가, 아니면 위험한 수술을 감행할 것인가를 고민하던 어느 날 밤, 그녀는 두 가지 꿈을 꾸었다. 첫 번째 꿈에서 그녀는 자신이 수술을 받다가 수술대 위에서 죽는 모습을 보았다. 두 번째 꿈에서 그녀는 휠체어에 앉은 열두 명의 다른 사람들과 함께 넓은 방에 있는 자신의 모습을 보았다. 그녀는 외국인 억양으로 말하

---

2) Reinhard Bonnke, Even Greater (Orlando: Full Flame LLC, 2004).

는 어떤 남자의 목소리를 들으며, 그 방을 가득 채운 의자와 카펫의 색깔을 주목했다. 진은 그 강사(나중에 라인하르트 본케라는 것을 알게 됨)가 첫 번째 휠체어로 다가가 그곳에 앉아 있는 여자를 위해 기도하는 모습을 보았다. 그녀는 자리에서 일어났지만, 이내 완전히 포기한 채 의자에 털썩 주저앉았다. 그 강사는 이제 진에게 다가와 기도했다. 그러자 그녀는 휠체어에서 벌떡 일어났다. 진은 자신이 완전히 나은 모습을 보았다!

이 꿈은 진에게 두 가지를 말해 주었다. 첫째, 실제적인 꿈을 통해 하나님은 그녀에게 수술을 받지 말라고 분명하게 경고하고 계셨다. 두 번째 꿈은 하나님이 다른 계획을 준비해 놓으셨음을 보여 주었다. 이 계시를 받고 2주 후, 진은 영국 버밍햄에서 열린 라인하르트 본케의 집회에 참석했다. 그때까지 그녀는 라인하르트를 만난 적이 없었다. 단순히 그가 복음전도자이며, 그의 사역 가운데 기적이 일어나는 것은 특별한 일이 아니라는 말을 들었을 뿐이었다. 그녀는 소망을 품었다.

라인하르트가 단상에 들어서자, 진은 그가 자신이 꿈에서 본 남자와 비슷하다고 생각했다. 그리고 그가 입을 열어 말씀을 전하는 순간, 그녀의 마음에서 믿음이 일어나기 시작했다. 그의 억양과 액센트가 꿈속의 남자와 동일했기 때문이다. 그날 의자와 카펫 색깔을 포함해서 모든 것이 진이 꾼 꿈 그대로 되었다. 첫 번째 휠체어에 앉아 있던 여자는 치유받지 못했다. 그러나 진은 치유를 받을 만한 믿음으로 충만했다. 그녀는 결국 치유받았다. 하나님이 꿈을 통해 놀라울 정도로 정확하게 미래에 일어날 사건을 보여 주셨기 때문이다. 이것은 꿈에 영감을 받은 믿음을 통해 치유가 일어난 훌륭한 본보기이다.[3]

---

[3] 라인하르트 본케의 모든 출판물을 보려면 www.e-r-productions.com에 접속하라.

비밀을 드러내고 질문에 답하다

　지난해 십대인 큰딸 아이가 '당신을 은밀히 사랑하는 사람'이란 닉네임을 쓰는 사람에게서 이메일을 받았다. 몇 번의 이메일을 받은 후 딸은 아내와 나에게 와서 받은 메시지의 내용을 보여 주며 어떻게 대처해야 할지 조언을 구했다. 이메일 내용은 예의 바르고 간결했으며, 어떤 무례함이나 지나침이 없었다. 그럼에도 우리는 딸에게 데이트에 관한 우리(엄마와 아빠)의 원칙을 설명한 후 정중하게 거절하도록 독려했다.

　딸이 아직 어렸기 때문에 우리의 결심은 확고했다. 은밀히 사랑하는 사람이 남긴 마지막 메시지는 때가 되면 나에게 자신의 정체를 알리고 딸과의 데이트를 허락받고 싶다는 것이었다.

　며칠 뒤, 하나님은 밤에 꿈을 통해 딸에게 이메일을 보낸 사람이 누구인지 알려 주셨다. 나는 그를 눈앞에서 보았고, 하나님이 주시는 메시지를 깨달았다. 그리고 바로 일어나 아내에게 말했다. "은밀히 사랑하는 사람은 ○○야!" 그러자 아내가 말했다. "당신에게 미리 알려 줄 수도 있었어요." 힘빠지는 소리 아닌가!

　그로부터 몇 주 후, 나는 이 친구를 예배 후 지켜보고 있었다. 마침내 우리의 눈이 마주쳤다. 그는 말할 기회가 왔다고 확신하고 나에게 다가와 이렇게 말문을 열었다. "드릴 말씀이 있습니다." 나는 말했다. "이미 알고 있단다. 네가 은밀히 사랑하는 사람이란 걸 하나님께서 알려 주셨어. 하지만 내 딸은 아직 너무 어려. 그러니 이제 이렇게 하자"(나는 그리스도께 헌신한 이 젊은이와 그의 가족을 존경하고 있다. 그 청년에게 문제가 있는 것이 아니라 우리 딸이 너무 어렸다).

　그 시절 하나님은 우리가 마음에 품은 질문에 대해 보이는 형태의 메시지로 응답하셨다. 이러한 방식으로 이 사건과 관련된 우리의 두려움을 제거해 주셨다.

블레셋 군대가 진을 치자, 사울 왕은 하나님의 인도하심을 구하였다. 그러나 안타깝게도 사울은 당시 다윗을 향한 시기심 때문에 하나님과의 동행에서 벗어난 상태였다. 선지자 사무엘은 이미 죽은 뒤였다. 심히 당황한 사울은 하나님께 나아갔다. 그런데 성경은 이렇게 말씀한다. "사울이 여호와께 묻자오되 여호와께서 꿈으로도, 우림으로도, 선지자로도 그에게 대답하지 아니하시므로"(삼상 28:6). 사울은 원하는 계시를 받지 못했다.

이처럼 성경은 꿈이 하나님께서 우리의 질문에 응답하시는 방법 중 하나임을 명확히 증거한다(단 2:29). 하나님은 지금도 그 방법을 여전히 사용하고 계신다.

경고와 안내

최근 어떤 친구가 와서 다음과 같은 내용의 꿈을 해석해 달라고 부탁했다.

두 대의 차가 마치 정면충돌할 것처럼 서로를 향해 곧장 달려갔다. 젊은 두 운전자는 서로 담력을 겨루는 것처럼 보였다. 두 차는 충돌했고, 운전자도 다쳤다.

이 꿈은 하나님이 주신 경고였다. 주어진 상황은 꿈을 꾼 친구가 속한 사역 단체의 두 부서(자동차)가 서로 충돌하게 될 것을 의미한다. 영적인 미숙함 때문에 어느 부서도 양보하지 않을 것과 누가 다치게 될지 보여 주는 꿈이었다. 마음에 즉시 떠오른 말씀은 창세기 13장 7-9절이었다. 그들에게 필요한 것은 온유함과 하나님을 신뢰하는 마음이었다(이 꿈을 해석하는 데 사용된 비유와 상징에 관한 설명은 꿈·환상 해석 샘플 51번을 보라).

하나님은 임박한 비극을 피할 수 있도록 이 꿈을 주셨다. 이 단체의 지도자들이 하나님으로부터 온 이 말씀에 마음을 연 것은 매우 잘한 일이다. 결국 하나님께서 이 꿈을 통해 그 상황을 진정시키셨다고 말할 수 있어 안심이 된다.

이와 비슷하게 어떤 꿈은 꿈꾸는 자에게 경고하시는 하나님의 방법이라는 것을 보여 주는 성경 이야기들이 많다. 동방 박사들이 아기 예수님을 발견한 후 하나님은 그들에게 헤롯의 악한 의도를 경고하셨다. 성경은 이렇게 말씀한다. "그들은 꿈에 헤롯에게로 돌아가지 말라 지시하심을 받아 다른 길로 고국에 돌아가니라"(마 2:12).

그리고 바로 다음 구절에서 마리아의 남편 요셉은 장소를 옮기라는 비슷한 경고의 메시지를 받았다. 왜냐하면 헤롯이 그리스도를 위협적인 존재로 여겨 죽이려 했기 때문이다.

> 그들이 떠난 후에 주의 사자가 요셉에게 현몽하여 이르되 헤롯이 아기를 찾아 죽이려 하니 일어나 아기와 그의 어머니를 데리고 애굽으로 피하여 내가 네게 이르기까지 거기 있으라 (마 2:13)

이 경고가 매우 긴급했기 때문에 요셉은 즉각 응답했다. "요셉이 일어나서 밤에 아기와 그의 어머니를 데리고 애굽으로 떠나가니라"(마 2:14). 애굽에 잠시 머문 후 하나님은 꿈을 통해 또 다른 지시(말씀)를 내리심으로 요셉과 그의 가족을 이스라엘로 인도하셨다(마 2:19-20). 이야기는 여기서 끝나지 않는다. 요셉은 또 다른 꿈으로 다시 한번 경고를 받는다. 마태복음 2장에 기록된 네 번의 꿈은 모두 하나님의 다가올 약속을 보호하기 위한 것이었다.

지금까지 나는 하나님이 약속하신 아기(예수님)를 의도적으로 언급하고 있다. 이렇게 하는 첫 번째 이유는 그것이 바로 우리의 약속(아기)이 꿈으로 나타나는 방법이며, 마귀가 오늘도 여전히 같은 게임을 벌이고 있다는 사실을 우리에게 경고해 주기 때문이다. 마귀는 하나님의 약속이 출산될 때마다 그것을 무산시키려 할 것이다. 요한계시록은 어린 예수님을 위협하는 일에 대한 영적인 관점을 다음과 같이 설명한다.

하늘에 큰 이적이 보이니 해를 옷 입은 한 여자가 있는데 그 발아래에는 달이 있고 그 머리에는 열두 별의 관을 썼더라 이 여자가 아이를 배어 해산하게 되매 아파서 애를 쓰며 부르짖더라 하늘에 또 다른 이적이 보이니 보라 한 큰 붉은 용이 있어 머리가 일곱이요 뿔이 열이라 그 여러 머리에 일곱 왕관이 있는데 그 꼬리가 하늘의 별 삼분의 일을 끌어다가 땅에 던지더라 용이 해산하려는 여자 앞에서 그가 해산하면 그 아이를 삼키고자 하더니 (계 12:1-4)

이 같은 통찰은 2천 년 전처럼 오늘도 우리에게 한 가지 원칙을 제공한다. 만일 우리가 하나님 안에서 새로운 일을 곧 시작하려 한다면, 우리는 꿈을 통해 주시는 성령의 인도하심을 받는 일에 마음을 열어야 한다. 왜냐하면 태동한 모든 약속을 무산시키려는 원수의 계략이 있기 때문이다! 이 위협은 다음의 꿈처럼 매우 실제적이다.

어느 젊은 부부와 함께 그들의 집 밖에 풀로 엮은 텐트형 구조물 안에 있었다. 여자가 그곳에서 불을 지피자, 지붕에 불이 붙었다. 우리는 불을 끄려고 애쓰다가 나중에서야 불이 그 집에 번져 위층 침실에 있던 부부의 어린 자녀가 죽었다는 것을 알게 되었다.

나는 하나님께서 이 꿈을 통해 새로 출범한 사역을 무너뜨릴 수 있는 중상모략에 대해 경고하고 계신다고 생각한다. 불을 지른 여자는 하나님이 시작하신 사역을 중단시키려는 선동가들, 곧 그 교회나 교회의 지도자(혹은 그 꿈을 꾼 사람의 아내)일 가능성이 있다. 그 아기가 2층에 있다는 점 또한 주목하라. 이것은 출산된 것이 하나님으로부터 왔음을 말해 준다(이 꿈의 해석에 사용된 비유와 상징에 관한 설명은 꿈·환상 해석 샘플 21번을 보라).

교정

꿈이 사람의 마음의 본성(렘 17:9)을 진단하고, 인간의 마음을 쪼개고 분별하는 하나님의 말씀의 능력이란 점에서 그것의 일반적인 목적이 교정임을 알 수 있다. 우리는 이것을 요셉에 대해 다룬 이전 장에서 보았다. 그리고 그것은 성경 중 가장 오래된 책인 욥기에 시적으로 표현되어 있다. 엘리후는 다음과 같이 말한다.

> 하나님은 한 번 말씀하시고 다시 말씀하시되 사람은 관심이 없도다 사람이 침상에서 졸며 깊이 잠들 때에나 꿈에나 밤에 환상을 볼 때에 그가 사람의 귀를 여시고 경고로써 두렵게 하시니 이는 사람에게 그의 행실을 버리게 하려 하심이며 사람의 교만을 막으려 하심이라 (욥 33:14-17)

본문은 하나님께서 그릇된 결정을 바로잡으시려고 꿈을 통해 교훈하신다는 것을 보여 준다. 여기에 나와 있듯이 교정은 종종 경고를 동반한다. "그는 사람의 혼을 구덩이에 빠지지 않게 하시며 그 생명을 스올에서 건지시느니라"(욥 33:18, NASB).

만일 누군가 교정의 필요성을 거부하거나 하나님이 교정하시는 대로 즐거이 따르지 않는다면, 그분은 오래 참으시는 사랑으로 그를 두르시고 자비를 베푸셔서 순종할 수 있도록 반복해서 꿈을 주실 것이다. 하지만 결국 그분의 인내와 심판이 균형을 이룰 때가 올 것이다. 최근에 여기서 나눌 수 없는 꿈을 해석했는데, 내 영에 즉시 다음과 같은 말씀이 떠올랐다.

> 너희가 아는 바와 같이 그가 그 후에 축복을 이어받으려고 눈물을 흘리며 구하되 버린 바가 되어 회개할 기회를 얻지 못하였느니라 (히 12:17)

우리가 지금 살아 있는 것은 하나님의 선하심 때문이라는 사실을 마음에 계속 새겨야 한다(행 17:28). 하나님의 사랑하는 아들 예수 그리스도의 죽음을 통해 우리가 구원받은 것은 분명 하나님의 은혜이다(엡 2:8-9). 그러므로 꿈에 변화가 필요한 영역이 보인다면, 그것이 그 영역을 밝히 비춰 주시는 하나님의 갑절의 은혜라는 사실을 알아야 한다.

이 말의 핵심은 하나님께서 우리 개개인을 섬세하게 돌보고 계시며, 우리가 다치는 것을 원치 않으신다라는 것이다. 만일 우리가 보여 주신 부분을 고치지 않고 계속 고집한다면 결국 다치게 될 것이다. (우리의 제한된 시각 때문에) 그것이 합당하게 여겨지지 않을지라도 말이다. 이런 상황에서 우리가 해야 할 일은 하나님을 신뢰하는 것이다. 왜냐하면 그분은 그 순간을 초월해서 보시며, 조만간 우리가 맞이하게 될 것이 무엇인지 잘 아시기 때문이다. 사랑의 하나님은 항상 우리에게 가장 유익한 쪽으로 일하신다.

예언적인 꿈

예언의 말씀만큼 믿음을 강하게 만드는 것은 없다. 이런 이유로 하나님의 말씀이 장래에 대한 약속과 함께 꿈을 통해 임하는 경우가 많다. 꿈은 이와 같은 방식으로 천국을 즉시 이 땅에 가져오고, 새로운 미지의 영역들을 열어 주어 전혀 생각하지 못했던 기회를 준다.

하나님은 예언적인 꿈을 통해 그분의 나라를 확장시킬 그의 군대에게 용기를 주고 준비시키시며, 정렬시키고 인도하신다. 이것은 과거 기드온에게 계시된 꿈(삿 7:13-14)과 야곱이 받은 약속(창 28:12-15), 바로의 꿈(창 41:1-7)처럼 오늘날에도 동일하다. 아래의 꿈처럼 하나님은 예언적인 꿈을 통해 그의 사역자들이 좀 더 성령의 인도하심을 받을 수 있도록 길을 열어 주신다.

> 교회의 회중이 앉아 있는 구역을 가로지르는 강이 보였다. 그 강은 설교단과 회중 사이에서 흐르고, 교회 뒤쪽에 축구 경기장처럼 거대한 관중석이 있었다. 그런데 그 강이 설교자와 청중을 떼어 놓는 것 같아 걱정되었다.

이 꿈에서 강은 성령의 흐름이라고 할 수 있다. 강이 설교자 앞에 흐르고 있는 것은 좋은 일이다. 설교자가 성령님을 자기 앞에 모시고 있기 때문이다. 하나님은 많은 사람들(관중석)을 이끄실 것이다. 설교자 앞에 있는 강에 대한 염려는 성령을 따라 움직이는 것이 현재 이 설교자에게 편하지 않음을 보여 준다. 또한 하나님이 이 꿈을 꾼 사람에게 이 영역에 대한 도전을 주고 계신다는 것을 말해 준다(이 꿈의 해석에 사용된 비유와 상징에 관한 설명은 꿈·환상 해석 샘플 2번을 보라).

또한 하나님은 꿈에서 받은 예언적 약속을 통해 삶 가운데 부르심을 받은 사람들에게 그분의 은사와 부르심에 후회가 없다(롬 11:29)는 사실을 상기시키신다. 다음의 예는 하나님이 바로 이런 일을 하신다는 것을 보여 준다.

몇 년 전에 신학교에 같이 다닌 친구와 함께 있었다. 우리는 같이 사역했다. 우편함을 열어 보니, 내 우편함은 말 그대로 편지로 꽉 차 있었다. 편지가 너무 많아서 나머지 편지를 꺼내기 위해 쇠지레로 두세 개의 봉투를 빼내느라 시간이 좀 걸렸다.

이 꿈을 꾼 사람은 당시 남들이 인정하는 사역자의 위치에 있지 않았다. 꿈에서 그가 다른 사역자와 함께 있는 모습은 다시 한번 사역의 기회를 얻게 될 것을 보여 준다. 많은 편지 봉투들은 강사로 부르는 초청장을 뜻하며, 그가 순회 사역을 하게 될 것을 암시한다. 하나님은 미래를 알려주는 예언적 꿈을 통해 그가 순회 사역자가 되도록 인도하시고 용기를 주고 계신 것이다(이 꿈의 해석에 사용된 비유와 상징에 관한 설명은 꿈·환상 해석 샘플 3번을 보라).

앞날을 미리 알려줌

꿈은 내일 일어날 일을 미리 말해 줄 수도 있고, 지금부터 20년 후에 일어날 일을 알려 줄 수도 있다. 하나님께서 행하실 일에 대한 정확한 시간을 항상 알 수 있는 것은 아니다. 이러한 이유로 요셉(창 37:5-7)과 달리 아무에게나 모든 것을 털어놓지 않는 것이 지혜이다. 마리아처럼 행하는 편이 더 낫다. "이 모든 말을 마음에 새기어 생각하니라"(눅 2:19).

이스라엘이 전장에 나가기 직전, 하나님은 두려워하는 군사들을 분리하라고 말씀하셨다(신 20:8). 이들은 그런 상황을 직면할 믿음이 없는 자들이었다. 하나님은 그들로 하여금 두려움의 영을 제거하도록 하셨다. 왜냐하면 그 영은 엄청난 전염성이 있기 때문이다. 이와 마찬가지로 예수님은 야이로의 딸을 살리시기 직전, 의심하는 사람들을 내보내셨다(마 9:18-

26). 이처럼 하나님이 주신 약속을 소수의 선택된 사람들에게만 나누는 것이 지혜이다.

모든 사람이 당신의 삶에 임한 하나님의 부르심을 알아주거나 그것에 대해 감사하는 것은 아니다. 만일 성령 안에서 당신의 가치를 알아보지 못하는 사람들과 어울리며 그들에게 그것을 나눈다면(고후 5:16), 그들의 의심은 당신의 믿음을 잠식하여 하나님의 약속은 성취되지 못할 것이다.

구원

앞에서 요셉의 이야기를 통해 하나님께서 애굽뿐만 아니라 장래에 국가를 이룰 이스라엘을 구원하기 위해 꿈을 사용하셨음을 살펴보았다. 이 사건이 기록된 것은 교회로 하여금 꿈과 관련하여 이 이야기가 전달해 주는 영적인 유사성을 깨닫게 하기 위함이다.

요셉이 예수님의 모습을 보여 준다는 점은 이미 많은 이들이 알고 있다(부록 A를 보라). 그중 몇 가지를 살펴보자. 그는 형제들의 미움을 받았고, 은을 받은 유다에 의해 팔렸으며, 구덩이(지옥)에 던져졌다가 다시 살아나 영광을 얻었고, 형제들에게 두 번째 자신을 드러내었으며, 생명을 주는 씨앗을 나누어 주었다. 이것은 참으로 감동적이다. 하지만 더 놀라운 사실은 감옥에서 상징적인 꿈들을 해석하여 깊이 찔림을 받아 회개한 요셉을 일으키신 분이 바로 성령님이셨다는 것이다.

하나님은 오늘도 사탄의 죄수들을 해방시켜 그분의 전으로 인도하기 원하신다. 그리스도를 모르는 모든 사람, 곧 부자와 가난한 자, 똑똑한 자와 무지한 자, 성공한 자와 실패한 자 모두가 사탄의 종이다. 잠시 멈춰 곰곰이 생각해 보자. 이것은 우리의 관점을 올바르게 회복시켜 준다. 바울은 디모데에게 전한 교훈을 통해 이 진리를 알려 준다.

자신에게 거역하는 자를 온유함으로 훈계할지니 혹 하나님이 그들에게 회개함을 주사 진리를 알게 하실까 하며, 마귀와 그의 뜻에 사로잡혀 있는 그들이 마귀의 올무에서 벗어나게 하실까 함이라 (딤후 2:25-26 KJV)

위 구절에서 강조한 대로, 세상 사람들은 사탄의 포로일 뿐만 아니라 "그들 자신에게 거역하는 자"이다. 사람들이 복음을 거부함으로 교회나 복음을 거역할 뿐만 아니라 사탄의 통치 아래 머물러 있음으로 사실상 그들 자신에게 거역하고 있기 때문이다. 그들은 자유를 경험하기 원하지만, 정작 감금되어 있다!

이런 영적인 실상은 믿는 자들이 하나님 나라에 들어간 것과 사탄의 족쇄로부터 자유를 얻은 것에 감사하도록 격려받을 때 강화된다. 골로새서는 다음과 같이 말씀한다.

우리로 하여금 빛 가운데서 성도[하나님의 거룩한 백성]의 기업의 부분을 얻기에 합당하게 하신 아버지께 감사하게 하시기를 원하노라 그[아버지]가 우리를 흑암의 통제와 통치에서 건져내사 그의 사랑의 아들의 나라로 옮기셨으니 그 아들 안에서 우리가 속량 곧 죄 사함을 얻었도다 (골 1:12-14 AMP)

하나님은 사람들을 그의 나라로 인도하시고, 그들을 사탄의 사슬에서 풀어 줄 기회를 끊임없이 찾고 계신다. 왜냐하면 하나님의 주된 관심이 온 인류가 영생을 누리는 것이기 때문이다. 그러므로 하나님은 쉬지 않고 그들을 찾아 나서실 것이다. 심지어 그들이 깊은 잠에 빠졌을 때라도 말이다. 앞에서 읽은 욥기서 본문을 다시 한번 읽어 보자. 엘리후는 다음과 같이 말했다.

하나님은 한 번 말씀하시고 다시 말씀하시되 사람은 관심이 없도다 사람이 침상에서 졸며 깊이 잠들 때에나 꿈에나 밤에 환상을 볼 때에 그가 사람의 귀를 여시고 경고로써 두렵게 하시니 이는 사람에게 그의 행실을 버리게 하려 하심이며 사람의 교만을 막으려 하심이라 그는 사람의 혼을 구덩이에 빠지지 않게 하시며 그 생명을 스올(지옥)에 넘겨주지 않게 하시느니라 (욥 33:14-18 NASB)

여기서 우리는 구원받지 못한 사람들이 인생을 살아가는 동안 하나님이 그들을 구원하시기 위해 적어도 두 번은 꿈을 통해 말씀하고 계심을 볼 수 있다! 하나님은 우리가 그분과 함께 영원히 살기를 뜨겁게 갈망하고 계신다. 그분은 십자가 위에서 친히 죽으심으로[4] 길을 여셔서 아무도 지옥에 가지 않게 하셨다. 본문을 살펴보면, 사람들은 그 마음이 휘장으로 덮여 있기 때문에 그들이 꾼 꿈을 이해하지 못하고 있어서 그들에겐 하나님의 성령을 힘입어 그들의 꿈을 밝혀 줄 누군가가 절실하게 필요하다.

친구들은 종종 구원받지 못한 사람들이 꾼 꿈들에 관해 나에게 묻는

---

4) 안타깝게도 많은 사람들은 누가 그들을 위해 죽으셨는지 모르고 있다. 우리가 십자가 위에 달리신 예수님을 바라보는 것은 우리 대신 우리가 마땅히 받아야 할 죄의 심판을 받으신 하나님의 성육신을 보는 것이다. 예수님은 "너희가 만일 내가 스스로 있는 자(I am)인줄 믿지 아니하면 너희 죄 가운데서 죽으리라"(요 8:24) 말씀하셨다. 여기에서 예수님은 모세가 불타는 떨기나무에서 만난 분과 자신을 동일시하셨다(출 3:14). 그리고 주님은 이 말씀을 선포하심으로 돌에 맞아 죽을 위협을 자초하셨다(요 8:58-59). 또한 예수님은 임마누엘(우리와 함께 하시는 하나님, 사 7:14)과 영존하시는 아버지(사 9:6)로 불리신다. 골로새서는 이 진리를 신비라고 선포한다. "이는 … 하나님 곧 하나님과 그리스도의 신비한 비밀을 깨닫게 하려 함이니"(골 2:2 NKJV). 우리는 과연 이것을 이해할 수 있을까? 불가능하다! 그럼에도 불구하고 이것은 신약에 계시된 신비이다. 요한계시록 1장 8절과 22장 12-16절을 비교해 보면 알파와 오메가, 처음과 나중 되신 분은 다름 아닌 예수님이시다. 즉, 예수님은 전능하신 하나님이다! 당신과 나를 위해 십자가에 죽으신 분은 전능하신 하나님이다. 히브리서 기자는 이것을 아주 상세하게 말한다. "우리가 이같이 큰 구원을 등한히 여기면 어찌 그 보응을 피하리요"(히 2:3).

다. 강박적으로 청소하는 꿈을 반복적으로 꾸는 환자, 떨어지는 꿈을 계속 꾸는 아버지, 맨홀 뚜껑을 열기 위해 씨름하는 청년, 자기를 쫓아오는 화마를 피해 복도로 도망치는 자신의 모습을 반복해서 보는 할머니도 있다. 이 모든 꿈은 하나님께서 그들에게 구원이 필요하다는 것을 말씀해 주시는 것이다. 꿈과 그것의 해석에는 수많은 기회가 담겨 있다. 만일 우리가 눈을 들어 해석하는 법을 배운다면, 희어져 추수할 때가 된 영혼들을 보게 될 것이다(요 4:35).

우리의 이웃과 친구, 직장 동료, 고객들이 교회에 다닌 적이 없다 할지라도, 모두가 꿈을 꾸고 있다. 그리고 하나님은 우리에게 그들의 꿈을 해석할 수 있는 놀라운 도구를 주셨다. 겸손히 그들의 꿈에 관해 물어보라. 하나님이 친히 그들의 마음과 미래를 보여 주실 때, 그들은 우리가 전하는 메시지에 마음을 열게 될 것이다.

지금 이 책을 읽는 독자들 가운데 자신이 현재 하나님과 올바른 관계 가운데 있지 않다는 것을 깨달은 사람이 있다면, 이 책 뒤에 있는 부록 B를 먼저 보기 바란다.

요약

- 꿈과 환상은 믿음을 세우고 북돋아 주기 위해 하나님이 주신 레마의 말씀이다.
- 적진의 군사들이 나누는 꿈 이야기를 듣고 믿음이 강해진 기드온처럼 당신도 다른 사람의 꿈을 들음으로 믿음이 강해질 수 있다.
- 하나님은 사람들이 치유받을 준비가 되도록 꿈을 사용하신다.
- 꿈과 환상은 비밀을 드러내고 사람들의 마음속에 있는 질문에 응답한다.
- 꿈은 하나님께서 그의 백성을 경고하고 인도하시기 위한 강력한 도구 중 하나이다. 이 점은 특히 하나님 안에서 새로운 모험을 시작하는 사람들에게 더욱 그렇다. 왜냐하면 원수는 끊임없이 하나님의 약속을 무산시키기 위해 힘쓰고 있기 때문이다.
- 하나님은 우리를 교정하기 위해 꿈을 사용하신다.
- 많은 꿈 안에 있는 예언적 기능은 믿음과 인내를 강화해 준다.
- 당신이 받은 꿈이나 환상을 아무에게나 말하는 것은 지혜로운 일이 아니다. 적지 않은 사람들이 당신의 삶에 임한 하나님의 부르심을 인정하지도, 이해하지도 못할 것이기 때문이다. 당신의 꿈을 듣는 사람들의 의심은 당신이 받은 하나님의 약속이 성취되지 못하게 할 수 있다.
- 꿈은 하나님이 불신자에게 구원의 필요성을 알려 주시는 하나의 도구이다.
- 그리스도의 십자가 앞에 나오지 않는 모든 사람은 사탄의 죄수이다.
- 욥기에 따르면, 사람들의 영혼을 심히 사랑하시는 하나님은 그들이 지옥에 떨어지는 것을 막기 위해 그들이 사는 동안 적어도 두 번은 꿈을 통해 말씀하신다.
- 꿈을 올바르게 해석함으로 새로운 추수의 기회가 창출된다.
- 현재 하나님과 올바른 관계 가운데 있지 않다면, 이 책 뒤에 있는 부록 B를 읽어보라.

4장

모든 꿈은 다 하나님이 주신 것일까?(1)

모든 꿈은 다 하나님이 주신 것일까? 이것은 내가 자주 받는 질문이다. 이해할 수 없는 꿈들이 많고, 그런 꿈들은 매우 낯설다. 많은 사람들이 이렇게 이야기하는 것을 들었을 것이다. "어젯밤 이상한 꿈을 꿨는데, 이해가 되지 않아요."

진리는 이것이다. 하나님은 우리와 대화하려고 하신다. 그분은 매일 꿈을 통해 우리에게 말씀하신다. 모든 꿈을 통해서 말이다.

악몽

이런 생각이 들 수도 있다. "악몽은? 그것도 하나님이 주신 건가? 귀신이 공격하는 꿈도 하나님이 주신 건가?" 사실 그리스도인들이 깨어 있을 때조차 원수는 우리를 공격해서 넘어뜨릴 기회를 엿보고 있다. 뿐만 아니라 우리가 잠을 자고 있는 동안 우리의 영적인 감각은 어떤 영역에서 벌어지고 있는 (하늘의) 영적 전쟁이나 마귀의 눌림을 감지할 수 있다. 이와 관련해서 예수님이 원수를 무찌르셨다는 사실을 기억하는 것은 매우 중요하다(골 2:15). 성경은 우리가 뱀과 전갈을 밟고 원수의 모든 능력을 이길 권세를 받았다고 선포한다(눅 10:19). 하나님을 찬양하라!

악몽은 보통 어떤 신호이다. 악몽은 풀지 못하고 있거나 주목해야 할 문제에 대한 마음의 부르짖음이다. 일반적으로 그리스도인들이 성령을 따라 행하며 주님의 말씀대로 살고 있다면, 악몽을 꾸지 않는다. 하지만 계속 악몽에 시달리고 있다면, 그것은 분명 해결해야 할 마음의 문제라고 할 수 있다.

어떤 예언적인 꿈이나 환상은 악몽처럼 여겨질 수 있다. 그 이유는 그 꿈에 드러난 사안의 심각성 때문이다. 이런 경우는 보통 아주 강한 예언적 부르심이 있는 사람들에게 일어난다.

지속적인 악몽은 삶 가운데 눌림이 있다는 뜻이다. 이것은 억압하는 영이 괴롭히고 있음을 암시해 준다. 눌림은 사로잡힘이 아니라 괴롭힘이다. 만일 이런 일이 벌어진다면, 분별력 있고 신뢰할 만한 성숙한 그리스도인의 지도에 따라 상담과 사역을 받아야 할 것이다.

이러한 것들은 대부분 학대나 일종의 트라우마같이 깊은 영향을 준 과거의 사건이 초래한 생각이나 마음속에 자리잡은 견고한 진 때문이다. 이런 상황에서 우리가 알아야 할 것은 원수가 들어오도록 허용한 법적 근거가 무엇이냐는 것이다. 이 부분에 대한 설명은 앞으로 계속 이어갈 것이다.

악몽을 꾸는 또 다른 경우는 그리스도인인 우리가 입으로 범죄할 때이다. 술 취함이나 흡연, 성적 부도덕, 도둑질 같은 죄가 아니라 우리가 인식하지 못한 채 입으로 범하는 죄를 말하는 것이다. 우리는 '바보, 멍청이' 혹은 이와 비슷한 말로 다른 사람들과 자신을 저주하고 있다. 또 이것은 "미치겠다"와 같은 부정적인 말을 습관적으로 할 때 일어날 수 있다. 이와 비슷하게 우리는 공공연하게 의심이나 두려움을 고백하는 죄를 범할 수도 있다. 그런 말들은 원수에게 우리를 괴롭히도록 권리를 부여한다.

이처럼 우리 자신을 저주하고 하나님의 말씀을 부정하는 것은 성령을 근심하게 만들고, 원수에게 발판을 제공한다(엡 4:27-30). 우리는 다음과 같은 말씀대로 깨어 있어야 한다. "우리의 씨름은 혈과 육을 상대하는 것이 아니요 통치자들과 권세들과 이 어둠의 세상 주관자들과 하늘에 있는 악의 영들을 상대함이라"(엡 6:12).

그리스도인은 특별히 입으로 내뱉는 말과 고백에 주의해야 한다. 잠언은 우리의 혀에 생명이나 죽음의 말을 선포할 능력이 있다고 말씀한다(잠 18:21). 이것은 우리가 무시해도 되는 상투적인 말이 아니라 오히려 마음 깊이 새겨야 할 살아 있는 실재이다. 그러므로 마치 하나님의 말씀을 선포하듯 우리가 말하는 것과 사용하는 단어를 항상 하나님의 말씀과 일치시켜야 한다. 왜냐하면 이것이 우리에게 하나님의 약속을 받을 수 있는 능력을 주기 때문이다.

이처럼 우리의 말이 하나님의 말씀과 일치할 때, 원수는 당혹스러워한다. 하나님의 말씀은 무너질 수 없기 때문이다(요 10:35). 예수님은 이렇게 말씀하셨다. "천지는 없어질지언정 내 말은 없어지지 아니하리라"(마 24:35).

천사들과 귀신들은 끊임없이 우리의 모든 말을 듣고 있다. 만일 우리가 하나님의 말씀을 말하기 시작하고 우리가 쓰는 단어가 하나님의 말씀과 일치한다면, 그것은 하나님의 능력이 역사하게 만들고 천사들이 우리를 둘러싸 하나님이 예비하신 부르심의 길로 갈 수 있도록 힘을 북돋아 준다.

반면 우리가 죽음과 저주, 의심의 말을 하기 시작하면, 그것은 마귀에게 우리의 삶을 침해할 권리를 주고, 우리를 쳐서 하나님의 길에서 벗어나도록 만든다. 우리는 하나님의 말씀과 조화를 이루는 가운데 승리할 수 있다.

더 나아가 성경은 마귀가 우는 사자와 같이 두루 다니며 삼킬 자를 찾고 있다고 말씀한다. 만일 그리스도인인 우리가 악몽을 꾸고 끊임없이 원수의 공격을 받는다면, 그것은 우리가 어린 양의 피와 우리가 증언하는 말씀으로 이기는 법을 배울 수 있도록(계 12:11) 하나님이 허용하고 계신 것이다.

어떤 일이 발생하도록 허용하는 것과 끔찍한 두려움을 주는 가해자가 되는 것의 차이를 이해하는 것은 매우 중요하다. 성경은 말씀한다. "사람이 시험을 받을 때에 내가 하나님께 시험을 받는다 하지 말지니 하나님은 악에게 시험을 받지도 아니하시고 친히 아무도 시험하지 아니하시느니라"(약 1:13).

유혹

우리는 성경을 통해 원수가 우리를 찾아와 시험하거나 검증하는 것을 하나님이 허락하신다는 것을 알 수 있다. 예수님은 죄가 없으셨지만, 광야에서 마귀의 유혹을 받으셨다(눅 4:1-13). 이런 유혹은 그리스도께서 겪으신 것처럼 꿈이나 환상의 형태로 올 수 있다. 누가복음은 다음과 같이 기록한다. "마귀가 또 예수를 이끌고 올라가서 순식간에 천하 만국을 보이며"(눅 4:5). 마귀가 예수님께 천하만국을 '순식간에' 보여 주었다는 것은 이 유혹이 환상의 형태로 왔음을 알려 준다.

원수가 우리를 유혹하는 것을 하나님이 허락하시는 이유는 무엇일까? 이 질문의 답은 이중적이다. 만일 우리가 실패한다면, 마치 정련하는 불처럼 우리의 마음에 있는 것을 표출시켜 그것을 다루도록 한다. 따라서 우리는 보다 겸손하고 거룩한 제자로 성장한다.

이와 관련된 한 가지 좋은 예는, 하나님이 히스기야 왕을 떠나신 사건이다. 히스기야가 바벨론 사절단에게 그의 왕국에 있는 재물과 보물들을 보여 주었을 때(왕하 20:12-13), 다음과 같은 일이 일어났다.

> 그러나 바벨론 방백들이 히스기야에게 사신을 보내어 그 땅에서 나타난 이적을 물을 때에 하나님이 히스기야를 떠나시고 그의 심중에 있는 것을 다 알고자 하사 시험하셨더라 (대상 32:31)

하나님이 히스기야를 떠나신 것은 그가 마음에 품은 교만을 깨닫고 회개하여 영원한 고통을 겪지 않도록 하시기 위함이었다. 히스기야가 시험 받도록 허락하신 하나님은 그의 유익을 위해 일하셨다.

하나님은 우리가 시험당하는 것 역시 허락하신다. 그 이유는 우리가 승리하여 그런 유혹을 이겼을 때, 하나님 안에서 보다 강하게 성장하고 또 다른 차원으로 올라간다는 것을 깨닫게 하시려는 것이다. 그리스도께서 광야의 유혹을 통과하셨다는 것은 이제 사역할 준비가 되셨다는 뜻이었다.

> 예수께서 성령의 능력으로 갈릴리에 돌아가시니 그 소문이 사방에 퍼졌고 친히 그 여러 회당에서 가르치시매 뭇사람에게 칭송을 받으시더라 (눅 4:14-15)

욥기의 교훈

욥기를 읽으면 그가 의인임을 알 수 있다. 지구상에 그와 같은 사람은 없었다. 하나님이 친히 그의 의로움을 선포하실 정도로 그는 의로웠다. 마귀가 하나님께 나아왔을 때, 하나님이 그에게 어디에서 왔냐고 물으시자 "온 땅을 두루 다녔습니다"라고 대답했다(욥 1:7). 사탄은 이 땅에 사는 사람들의 삶 가운데 침범할 합법적인 근거를 찾는 중이었다. 특히 그는 욥을 포함해서 하나님과 교제하는 사람들을 주목했다. 욥의 시련은 아무런 이유도 없이 우연히 일어난 사건이 아니었다.

나는 성경의 이 사건이 모든 성도에게 잠재적으로 일어날 수 있는 일을 보여 준다고 믿는다. 영의 세계에서는 끊임없이 전쟁이 벌어지고 있다. 삼킬 자를 찾아 이리저리 배회하고 다니는 원수(벧전 5:8)는 하나님 앞에서 계속 성도들을 참소하고 있다. 그는 성도들의 삶에 침투할 발판을 마련하려고 안달이 나 있다.

하나님은 사탄이 욥의 목숨을 건드리거나 동의 없이 그에게 손대는 것을 허락하지 않으셨다. 정확히 말하자면, 마귀는 하나님의 동의 없이 아무것도 할 수 없다. 이것이 바로 바울이 "모든 것이 합력하여 선을 이루느니라"(롬 8:28)라고 말할 수 있는 이유이다. 주님은 사탄에게 말씀하셨다. "내가 그의 소유물을 다 네 손에 맡기노라 다만 그의 몸에는 네 손을 대지 말지니라"(욥 1:12).

그러자 사탄은 욥에게 재앙을 내리기 위해 하나님의 존전을 떠났다. 욥기서가 우리에게 격려가 되는 것은 비록 그가 한때 믿음이 약해진 것처럼 보였지만, 모든 시련과 원수의 공격이 오히려 욥을 정결하게 했을 뿐 아니라 더 강하고, 지혜롭고, 주님 앞에 더 신실하게 만들었기 때문이다. 그것은 하나님의 지혜였다. 왜냐하면 욥을 향한 하나님의 계획이 아직 끝나지 않았기 때문이다. 욥이 당한 공격에는 악몽도 있었다. 욥은 이렇게 말했다. "주께서 꿈으로 나를 놀라게 하시고 환상으로 나를 두렵게 하시나이다"(욥 7:14).

욥은 그가 꾼 악몽들을 하나님 탓으로 돌렸다. 그가 그런 악몽을 경험한 이유는 마귀가 그에게 접근하는 것을 하나님이 허락하셨기 때문이다. 하나님은 욥을 둘러싼 보호막을 제거하셨다(욥 1:10). 만일 우리가 거듭나서 하나님 앞에 의롭게 살면, 우리 역시 그러한 영적인 보호를 받을 수 있다(시 34:7; 사 5:1-2). 욥의 보호막이 제거된 이유는 궁극적으로 그의 유익을 위해서였다. 또한 영의 세계에서 벌어지고 있는 일을 우리에게 보여 주기 위함이다.

나는 오늘날 악한 영들이 합법적인 이유 없이 우리의 삶에 마음껏 드나들도록 하나님께서 허락하신다고 믿지 않는다. 원수가 하나님 나라인 우리에게 합법적으로 들어갈 빌미, 곧 우리가 해결하지 못한 문제가 있어야 비로소 이런 일들이 벌어지는 것이다(눅 17:21).

만일 우리가 악몽을 꾼다면, 그것은 원수가 들어올 수 있는 합법적인 권리를 가지고 있다는 뜻이다. 그러므로 우리는 그 이유를 알기 위해 성령의 도움을 구해야 한다. 원수가 들어오게 하는 요인들은 다음과 같다.

- 학대나 트라우마와 관련해서 용서하지 않는 마음(마 18:21-35)
- 거역과 회개하지 않은 죄(잠 17:11)
- 주술과 점(삼상 15:23, 16:14)
- 가계에 흐르는 저주들(출 20:4-5, 신 5:9)
- 우리의 입으로 내뱉은 잘못된 고백(엡 4:25-27)
- 극도의 시기, 질투, 분노(엡 4:25-27)
- 견고한 진: 하나님의 말씀을 거부하는 반항적인 태도(삼상 15:23, 잠 17:11)

음란한 꿈

만일 음란한 꿈을 꾼다면, 그것은 일반적으로 위에서 언급한 핵심적인 문제가 있다는 뜻이다. 그것은 한 가지 이상의 문제가 있다는 말이며, 종종 성적인 욕망으로 드러나기도 한다. 마귀는 시기와 용서하지 않는 마음, 정신적인 거역의 삼겹줄로 성적 욕망이라는 견고한 진을 짓는다. 나는 음란한 꿈에 시달리는 사람들의 삶 가운데 역사하는 변태의 영을 보아 왔다.

음란한 꿈에 시달리는 사람은 영적인 결박이나 혼의 묶임의 정체를 드러내고 그것을 끊어내는 기도를 하기 전에, 먼저 원수가 침범할 빌미를 주지 않도록 자백과 회개를 통해 마음의 더러움을 깨끗이 씻어 내야만 한다. 그런 꿈을 꾸는 사람은 계속해서 욕망의 눈으로 다른 사람들이나 미디어를 봄으로 그 불씨를 더 크게 만들지 않는 것이 특히 더 중요하다. 왜냐하면 그런 시선은 원수가 들어갈 수 있는 빌미를 계속 제공하기 때문이다. 특히 성적 욕망과 씨름할 때나 순수한 관계를 넘어 탈선하려는 생각이 든다면, 욥처럼 눈과 언약을 맺어야 한다(욥 31:1).

욥은 그의 처음 소유보다 갑절의 복을 받았다. 그는 고난을 통해 겸손해졌고, 통찰력과 지혜, 겸손을 얻었으며, 그를 대적하는 사람들을 위해 사랑의 마음으로 기도하게 되었다. 그것은 예수 그리스도께서 보여 주신 것과 동일한 성품이었다.

하나님은 우리를 인도하고 경고하시기 위해 간혹 악몽을 통해 우리를 불편하게 만드신다. 이런 꿈들은 심판을 보류 중인 주님에 대한 두려움을 나타내기도 한다. 빌라도의 아내(마 27:19)와 아비멜렉(창 20:3-7), 바로(창 41:8), 느부갓네살 왕(단 2:1, 4:5)의 경우가 이와 같다.

하나님은 간접적으로 원수가 우리를 괴롭히는 것을 허용하기도 하시고(마 18:34, 잠 17:11) 직접적으로 악몽을 주기도 하신다. 하지만 그것은 언제나 우리의 유익을 위해서이다. 이런 일은 우리가 주 안에서 온전히 성장하지 못하거나 마음 가운데 하나님의 말씀에 반하는 문제들을 고집하고 있을 때 벌어진다. 이로 인해 우리는 성장할 수 있고, 감춰진 마음의 문제들을 정확히 간파할 수 있으며, 원수를 이길 수 있게 된다. 그러므로 우리는 이러한 꿈을 감출 것이 아니라 믿을 만한 성숙한 자를 찾아가 그 꿈이 보여 주고 있는 문제를 다루어야 한다.

욥의 경우 처음에는 자신을 의롭게 여겼다. 그러나 원수의 공격으로 인한 시련과 환난은 그의 마음속 깊이 묻어 두었던 문제들을 적나라하게 드러내었다. 그는 분노를 품고 있었고, 옳지 않다고 여기는 것들에 대해 주님께 탄원했다(욥 38:1-2, 42:3). 결국 그의 고백과 회개는 하나님에 대한 더 큰 계시를 열어 주었다.

하나님은 우리를 위해 예비해 두신 모든 것을 우리가 온전히 누리기 원하신다. 또한 우리를 정결케 하시기 위해 간혹 원수를 사용하신다. 이것은 우리가 심판 날 주 앞에 설 때 어떤 후회나 아픔도 없이 당당하게 우리를 향한 하나님의 계획을 온전히 성취했음을 알게 하시기 위함이다.

비유 속에서 발견한 지혜

나는 모든 꿈이 하나님과의 소통이라고 믿는다. 이해할 수 없는 이상한 꿈 역시 무의미하거나 목적이 없는 것이 아니다. 사실 모두 중요한 꿈이다. 하나님이 꿈으로 우리에게 말씀하실 때, 주로 비유와 상징을 사용하신다는 점을 항상 염두에 두어야 한다. 하나님은 이렇게 말씀하신다. "내가 입을 열어 비유로 말하며 예로부터 감추어졌던 것을 드러내려 하니"(시 78:2).

이 예언은 단지 예수님의 가르침으로 성취된 것이 아니다. 그것은 오늘날에도 계속되고 있다. 하나님은 꿈과 환상으로 우리에게 말씀하신다. 예수님이 다양한 비유로 말씀하셨듯이 하나님은 오늘 우리에게 비유적인 꿈을 통해 말씀하신다. 따라서 우리는 성령님께 비유를 해석할 수 있는 영적 통찰력을 구해야 한다.

입에서 나온 것은 마음에서 나온 것이라는 예수님의 비유를 들은 베드로는 이렇게 간청했다. "이 비유를 우리에게 설명하여 주옵소서." 이에 예수님이 대답하셨다. "너희도 아직까지 깨달음이 없느냐?"(마 15:15-16) 비록 베드로가 깨어 주님의 존전에 있었을지라도, 그는 여전히 그 비유를 이해하지 못하여 설명과 해석이 필요했다. 우리도 마찬가지이다. 하나님이 꿈을 통해 비유 형태로 말씀하실 때, 그것을 이해하려면 해석해야만 한다.

잠시 멈춰 한 번 생각해 보자. 예수 그리스도는 역사상 가장 소통을 잘 하시는 분이다. 왜냐하면 그분은 매일의 삶 속에서 경험을 통해 우리의 눈높이와 사고방식으로 우리를 대하시기 때문이다. 예수님은 육체를 입고 이 땅에 오셨을 때 그렇게 하셨다. 그리고 그분이 아버지와 함께 계시는 동안, 꿈을 통해 여전히 그렇게 하고 계신다.

왜 비유와 상징인가?

왜 하나님은 우리에게 비유와 상징으로 말씀하시는가? 하나님이 비유와 상징을 사용하시는 이유는 이미지의 힘이 매우 강력하기 때문이다. 하나님이 창조하신 우리의 생각은 기록된 글보다 이미지와 소리에 더 친숙하며, 그러한 형태일 때 더욱 쉽고 빠르게 기억한다. 예를 들어, 운전을 하다가 '스쿨 존'에 들어서면 스쿨 존이라는 글자보다 표지판의 그림을 더 주목한다. 우리는 하나의 상징, 곧 한 여성이 아이의 손을 잡고 길을 건너는 모습을 본다.

이것은 비록 우리가 글을 읽는 속도가 아무리 빠를지라도, 우리의 뇌가 수용하는 시각적 이미지는 그것보다 월등히 빠르기 때문이다. 시각적 이미지에 비해 독서를 통해 정보를 얻는 속도는 상당히 느리다. 우리가 글을 읽으면 그것을 이해해야 하기 때문이다. 글을 읽는 동안 우리의 생각은 읽고 있는 정보를 이미지로 변환하려고 애쓰는데, 반드시 이 과정을 거쳐야 한다. 일단 읽었다면, 그것을 이미지로 만들어야 한다. 반면 이미지를 보거나 소리를 듣는 것은 우리의 생각과 마음에 곧바로 들어갈 수 있다.

이미지의 힘에 관한 또 다른 예는 컴퓨터에서 찾을 수 있다. 바탕화면에 있는 휴지통을 찾을 때, 휴지통이라는 단어를 보는가 아니면 휴지통을 상징하는 작은 아이콘을 보는가? 누구나 단어보다 아이콘에 더 빨리 반응할 것이다.

오늘날 교육 사업 분야에서 비유와 상징은 매우 효과적인 수단과 도구로 익히 알려져 있다. 프란체스코 쏘포[5]는 "비유와 상징은 친숙한 것을 다시 주목해서 그것을 새롭게 조명해 줄 수 있고," "어떤 생생한 이미지를 촉진함으로 미래의 행동을 보다 현실적으로 만들어 주며," "총체적으로 인지적·감정적·행동적 차원에 의미를 부여해 줄 수 있다"고 강조한다. 나아가 "비유와 상징은 메시지를 고도로 잘 기억하게 만들고, 관점과 사고방식을 재형성하는 기능을 한다"고 말한다.

브링크[6]는 비유와 상징이 논리적 설명보다 더 듣기 편하다고 말한다. 그가 듣기를 권면하는 이유는 상징이 창조적이기 때문이다. 비유와 상징은 깊은 생각과 행동을 자극할 수 있는 힘을 가지고 있다. 브라우시네와 빈스[7]는 우리에게 비유와 상징에 동참하고자 하는 마음을 촉진하는 능력

---

5) F. Sofo, Human Resource Development (Woodslane, Warriewood, NSW, Australia, 1999).

6) T. L. Brink, "Metaphor as data in the study of organizations," Journal of Management Inquiry (1993) 2.4, 366-371.

7) M. Broussine and R. Vince, "Working with metaphor towards organizational change," Organizational Development: Metaphoric explorations (London: Pitman Publishing, 1996).

이 있고, 그것을 통해 변화를 일으킬 수 있다고 말한다. 마지막으로 베니스[8]는 성공한 지도자들은 그들의 비전을 다른 사람들에게 정확히 전달하기 위해 비유와 상징을 사용하는 능력이 있다는 것을 발견했다. 오늘날 최고의 교육 사업가들이 2천 년 전 그리스도께서 사용하신 교수법을 홍보하고 있다니, 참으로 놀랍지 않은가!

예수님은 그것의 효과를 잘 알고 계셨다. 바로 그분이 우리를 지으셨다(요 1:1-3, 골 1:16). 예수님이 지금도 여전히 우리의 꿈과 환상 속에서 이렇게 강력한 방법으로 가르치고 계신다는 것은 그리 놀라운 일이 아니다.

이것이 바로 인터넷, TV, 라디오 등의 미디어가 아주 영향력 있는 소통 수단이 된 이유이다. 인터넷이 매우 강력한 이유는 그곳이 이미지로 가득 차 있어서 선하거나 악한 용도로 쓰일 엄청난 잠재력이 있기 때문이다. 인터넷이 잘못이라고 말하는 것이 아니다. 그것은 매우 효과적인 소통의 수단이자 거대한 정보의 공급처가 될 수 있다. 나의 자녀들은 학업을 비롯해서 다양한 목적을 위해 정기적으로 인터넷을 사용한다. 그런데 안타깝게도 소위 정보의 고속도로라 불리는 이것은 음란물과 주술을 비롯하여 경건하지 못한 정보들을 퍼뜨려 우리 사회를 좀 먹는 데 악용되고 있다.

내가 하나님의 말씀을 반복해서 듣는 습관을 들인 이유는 믿음이 그분의 말씀을 들음으로 오기 때문이다(롬 10:17). 만일 우리가 하나님의 말씀을 반복해서 듣는다면, 성경의 이야기를 우리의 내면의 귀가 들을 수 있는 기회가 많아질 것이다(겔 3:10). 어릴 적 나는 난독증으로 고생했다. 요즘에는 아이팟으로 드라마 성경을 듣는데, 그것을 시각화하여 더 잘 기억할 수 있다. 이와 유사하게 하나님은 꿈속에서 어떤 이미지를 우리에게 보여 주시기도 하지만, 무언가 강조하기 위해 목소리를 들려주시는 경우

---

8) W. Bennis, "The four competencies of leadership," Training & Development Journal(1984), 38.8, 14-19.

도 있다. 이것은 우리의 생각이 기록된 글자보다 이미지와 소리에 우선적으로 반응한다는 것을 보여 준다.

하나님이 비유를 사용하시는 이유는 우리가 꿈의 의미를 간절히 알고 싶어 한다는 것을 아시기 때문이다. 하나님이 우리에게 이런 식으로 말씀하신다는 것을 깨달으면, 그분이 말씀하시는 것을 알고자 그것을 더욱 갈망하게 된다. "일을 숨기는 것은 하나님의 영화요 일을 살피는 것은 왕의 영화니라"(잠 25:2).

하나님이 사용하시는 하늘의 신성한 코드(Divinity Code)에 대한 해답을 찾는 것은 우리의 선천적 본능이다. 이런 갈망을 가진 사람들은 참으로 복이 있다. 왜냐하면 성경은 구하고, 찾고, 두드리는 자는 만족할 것이라고 선포하기 때문이다(마 7:7).

마지막으로 하나님이 비유를 사용하시는 이유는, 그것이 인간의 방어 본능을 뛰어넘게 만드는 천부적인 능력을 보여 주기 때문이다. 우리는 이것을 다윗이 밧세바와 간음한 후 그가 책망받는 모습에서 볼 수 있다(삼하 12:1-15). 다윗을 찾아온 나단 선지자는 어느 가난한 자의 전 재산인 암양을 빼앗은 한 부자의 비유를 말한다. 다윗은 그 부자에게 심판을 내린다. 그러자 선지자는 다윗이 바로 그 부자라고 폭로한다! 다윗은 깊이 찔림을 받고 자신이 범한 죄를 회개한다.

하나님께서 우리에게 비유로 말씀하시는 이유는 그것이 우리와 관련이 있고, 우리의 생각 속에 깊이 뿌리내리게 하는 힘이 있기 때문이다. 그래서 예수님의 제자들이 주님의 비유의 가르침을 쉽게 기억하여 후에 복음서를 기록한 것이다. 또한 하나님은 비유와 상징을 사용하심으로 그분의 지혜를 암호화하신다. 그 이유는 비유와 상징이 우리에게 보다 쉽게 수용되고, 우리의 내면에 해석에 대한 갈증을 일으키며, 인간의 방어 본능을 뛰어넘기 때문이다.

요약

- 모든 꿈은 하나님과의 의사소통이다.
- 예언적 꿈이 악몽의 형태로 오는 것은 그 꿈이 전달하는 사안의 중대함 때문이다.
- 지속적인 악몽은 그 꿈을 꾸는 사람의 삶 속에 눌림이 있다는 것을 보여 준다.
- 부정적인 고백은 원수에게 우리를 괴롭힐 빌미가 된다.
- 우리가 사용하는 단어를 하나님의 말씀과 일치시키는 것은 매우 중요하다.
- 정사와 권세에 대한 승리는 하나님의 말씀과 조화를 이룰 때 주어진다.
- 하나님께서 마귀의 괴롭힘을 허락하시는 이유는 어린 양의 피와 우리가 증거하는 말로 그를 이기는 법을 배우게 하시려는 것이다.
- 우리는 특히 꿈에서 유혹을 쉽게 받을 수 있다. 이런 유혹의 꿈은 우리를 정결하게 만들거나 검증한다.
- 욥기는 영적인 세계에 대한 통찰을 제공한다. 마귀는 끊임없이 사람들의 삶 속에 들어갈 빌미를 찾고 있다. 하지만 그는 합법적인 근거 없이는 아무것도 할 수 없다. 마귀는 하나님께 허락을 구해야 한다.
- 원수가 침범하도록 허용하는 요인들은 다음과 같다.
  - 용서하지 않는 마음
  - 거역
  - 주술
  - 가계의 저주
  - 잘못된 고백
  - 극도의 시기, 질투, 분노
  - 견고한 진
- 음란한 꿈은 성적 욕망과 관련된 견고한 진이 있음을 암시한다.
- 악몽과 음란한 꿈에 시달리는 사람은 성령에 민감한 사람에게 상담을 받아

것이 좋다.
- 하나님은 우리를 정련하시기 위해 대적을 사용하신다.
- 이상한 꿈을 꾸는 이유는 하나님이 우리에게 비유로 말씀하시기 때문이다.
- 예수님은 세계 역사상 가장 탁월한 소통가이시다. 그분은 일상과 관련된 비유로 모든 사람의 눈높이와 사고방식에 맞춰 말씀하셨다.
- 하나님이 비유를 사용하시는 이유는 다음과 같다.
  - 메시지를 기억하기 쉽기 때문이다.
  - 보다 쉽게 들리게 하기 때문이다.
  - 깊은 사고와 행동을 촉진하기 때문이다.
  - 비전을 쉽게 전달하기 때문이다.
  - 친숙한 것을 새롭게 조명해 주기 때문이다.
  - 마음의 방어 본능을 뛰어넘기 때문이다.

5장

모든 꿈은 다 하나님이 주신 것일까?(2)

많은 이들이 꿈의 몇 가지 특성 때문에 모든 꿈을 하나님이 주신 것은 아니라고 생각한다. 하지만 나는 하나님이 모든 꿈을 통해 우리에게 말씀하신다고 믿는다.

우리가 꾸는 꿈은 거의 압도적으로 하나님이 우리에게 직접 말씀하시는 것이다. 그렇지만 성경은 원수에게도 환상을 보여 줄 능력이 있음을 암시하고 있고, 우리 자신도 하나님이 우리의 꿈을 통해 계시해 주시는 것에 영향을 줄 수 있음을 보여 준다.

원수에게서 온 꿈들

예수님이 성령의 인도하심을 따라 광야에서 시험을 당하셨을 때, 마귀는 미래를 보여 주었다. 성경은 기록한다. "마귀가 또 예수를 이끌고 올라가서 순식간에 천하 만국을 보이며"(눅 4:5).

어떤 식으로든 마귀가 미래의 왕국에 대한 환상을 보여 줄 수 있었다는 것에 주목하라. 누가 예수님을 이런 시험의 자리로 인도했는가? 하나님(성령님)이셨다(눅 4:1). 하나님은 언제나 통치하신다. 원수의 능력을 아시는 하나님이 그것을 허락하셨다. 그렇다면 누가 환상을 주었는가? 문자적으로는 마귀였다. 하지만 전혀 다른 높은 차원에서는 하나님이셨다. 하나님이 마귀의 계획을 미리 아시고 그것을 허락하셨기 때문이다. 그리고 그것을 오히려 하나님의 뜻과 목적을 위해 사용하셨다.

우리가 기억해야 할 것은, 원수는 오직 하나님이 허용하신 것만 할 수 있다는 것이다. 이 때문에 너무 성급하게 "이건 하나님이 주신 꿈이 아니야"라고 무시하거나 불신해서도 안 된다.

꿈에 대한 편견

또한 하나님은 꿈을 통해 우리의 마음에 어떤 사안들을 알려 주신다. 예레미야서에 따르면, 이것이 하나님이 우리와 소통하시는 방식이라는 것을 알 수 있다.

> 만군의 여호와 이스라엘의 하나님께서 이와 같이 말하노라 너희 중에 있는 선지자들에게와 점쟁이에게 미혹되지 말며 너희가 꾼 꿈도 곧이 듣고 믿지 말라
> (렘 29:8)

본문이 스스로 꾸며낸 꿈에 관한 말씀이 아닌 것처럼 보일 수도 있다. 하지만 다른 성경 본문은 다음과 같이 잠재적 가능성을 설명해 준다.

> 그런즉 너는 그들에게 말하여 이르라 나 주 여호와가 말하노라 이스라엘 족속 중에 그 우상을 마음에 들이며 죄악의 걸림돌을 자기 앞에 두고 선지자에게로

가는 모든 자에게 나 여호와가 그 우상의 수효대로 보응하리니 (겔 14:4)

이 본문은 우리가 미리 생각해 둔 계획(우상들)을 가지고 하나님 앞에 나아갈 경우, 우리의 마음에 품은 뜻대로 (이 경우에는 꿈으로) 응답하신다고 말한다. 하나님은 우리에게 어떤 꿈을 꾸게 하심으로 마음에 품은 우상을 보여 주신다. 예레미야에게 주신 하나님의 말씀을 살펴보면, 이러한 꿈들을 "너희가 스스로 지어낸 꿈"이라고 하신다.

그런 꿈은 꿈꾸는 자의 본심을 드러냄으로 그들이 하나님께 돌아오도록 돕는 그분의 메시지이다. 이것이 에스겔이 다음과 같이 말하는 이유이다. "이는 이스라엘 족속이 다 그 우상으로 말미암아 나를 배반하였으므로 내가 그들이 마음먹은 대로 그들을 잡으려 함이라"(겔 14:5).

[그림] 꿈의 근원

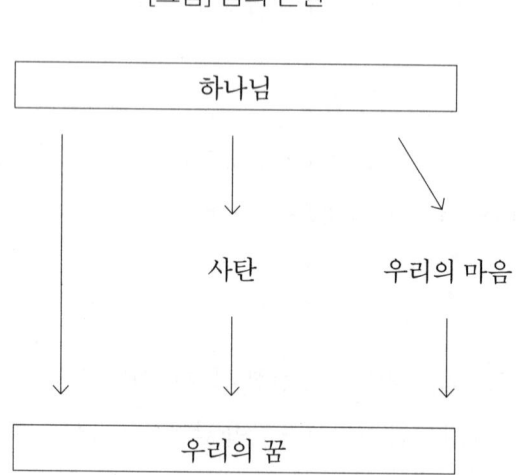

발람

발람도 이와 비슷한 상황을 경험했다. 발람은 처음부터 그를 통해 이스라엘을 저주하기 원하는 모압 왕 발락의 신하들과 함께 가지 말라는 말씀을 들었다(민 22:12). 그러나 더 높은 고관들이 와서 더 큰 보상을 약속하자, 언뜻 보기에는 하나님이 생각을 바꾸셔서 발람에게 그들을 따라가라고 하시는 것처럼 보인다(민 22:20). 그런데 아침에 발람이 발락의 진영으로 출발하려 하자, 하나님이 그에게 진노하시는 모습을 볼 수 있다(민 22:22). 이유가 무엇일까? 그가 발락의 신하들과 함께 감으로 하나님의 목적과 명령을 대적하고 있었기 때문이다.

성경은 발람에게 두 번째에 가라고 말씀하신 분이 하나님이라고 기록한다. 어떻게 이런 일이 가능할까? "밤에 하나님이 발람에게 임하여 이르시되 그 사람들이 너를 부르러 왔거든 일어나 함께 가라"(민 22:20). 하나님은 발람에게 그가 듣고 싶어 하는 말을 하셨다. 발람을 유혹에 빠뜨린 것은 탐심이었다. 이처럼 하나님은 마음에 품은 우상 때문에 '우리 스스로 지어낸' 꿈을 꾸게 하심으로 우리에게 말씀하신다.

하나님에 대한 불신

우리가 꿈의 출처를 너무 성급하게 불신하지 않는 것은 매우 중요하다. 우리의 꿈에는 진실함이 있다. 이것에 대해 몇 가지 예를 들어 보겠다. 내가 크리스천 치유 프로그램에서 사역할 때, 한 학생이 자기 목에 주사 바늘을 찌르고 있는 꿈을 꾸었다. 이것은 그가 단 한 번도 하지 않은 행동이었다. 이와 유사한 상황에 대해 일부 사역자들은 그 꿈을 신뢰할 수 없으며, 심지어 원수가 준 것이라고 한다. 하지만 이번 경우는 달랐다.

나는 꿈을 꾼 학생에게 아주 단순한 질문을 던졌다. "학생은 이곳에서 빨리 치유받고 싶은 거죠? 이것이 그 꿈의 해석이에요." 이렇게 묻자 성령의 찔림을 받았다는 것이 그의 표정에 확연히 드러났다. 그는 믿음이 없는 상태로 그 프로그램에 마지못해 참석하였는데, 하나님이 그런 마음의 숨은 동기를 드러내신 것이다.

결혼을 한 남자나 여자가 배우자 외의 사람과 부적절한 관계를 맺는 꿈을 꾸는 경우가 적지 않다. 이때 죄의식 때문에 성급하게 꿈을 무가치한 것으로 폄하하지 말라. 특히, 꿈속에서 성적인 흥분이 일어나지 않는 경우, 더욱 중요하다(성적인 흥분은 일반적으로 정욕이나 유혹의 문제가 있음을 보여 준다). 이런 경우 하나님이 주신 꿈이 아니라고 보는 것이 자연스러울 것이다. 그러나 성적인 친밀함을 상대방과의 하나 됨이란 측면에서 생각해 보자.

우리는 키스를 '포용' 혹은 '유혹'으로 해석하여 이 메시지를 너무 쉽게 평가절하하지 않도록 주의해야 한다. 따라서 어떤 남자가 흑인 여성의 키스를 받는다면, 죽음이 우리를 유혹하고 있다고 알려 주시는 것이다! 또한 우리는 꿈속에서 우리에게 키스하는 사람의 이름(만일 우리가 알고 있는 사람일 경우)에 주목할 필요가 있다. 예를 들어 린다가 키스할 경우, 그것은 원수를 용납하고 있음을 알려 준다. 린다의 뜻은 '지혜가 있는 사람'이지만 독일어의 어원인 '린디'의 뜻은 '뱀' 혹은 '뱀 같은'이다. 이것은 심각한 경고이며, 우리는 그것에 주의해야 한다.

꿈은 뇌의 화학작용인가, 아니면 뇌 훈련의 부산물인가?

어떤 사람들은 꿈을 그저 뇌의 화학작용이나 훈련의 부산물이라고 믿는다. 그게 사실이라면, 두 사람이 정확히 같은 꿈을 꾸는 것을 어떻게 설명할 수 있을까? 솔직히 그럴 확률이 얼마나 될까? 하지만 다양한 상황 속에서 이와 같은 일이 발생했다. 그중 나의 논점을 확증해 줄 두 가지 이야기를 인용해 보겠다.

첫째, 라인하르트 본케의 《부흥, 성령의 축제》에는 수천 마일 떨어져 전혀 다른 삶을 살고 있는 형 위르겐과 같은 꿈을 꾼 내용이 상세히 기록했다. 위르겐은 현수교를 지나다가 무저갱으로 떨어지는 꿈을 꾸었다. 그 후 그는 이것이 참으로 하나님께서 주신 경고인지 어떤 식으로든 자신의 동생을 통해 확증해 달라고 구했다. 라인하르트가 위르겐에게 정확히 똑같은 꿈의 내용을 편지에 써 보내자, 위르겐은 그리스도를 자신의 구원자로 영접했다.[9]

둘째, 브랜다 맥커리의 《인도: 한 번의 친절한 행동》India: One Act of Kindness에서 하나님은 두 자매(비니와 비나 탐피)에게 같은 날 밤 그리스도의 재림에 관한 동일한 꿈을 주셔서 인도에서 섬기기로 헌신한 두 자매와 그 가족에게 용기를 불어넣어 주셨다.[10]

모든 꿈을 진지하게 대하라

마지막으로, 우리가 단지 일부 꿈만 하나님이 주신다고 믿고 이상한 꿈들은 원수가 주었다고 생각하거나 우리가 상상한 것이 나타났다고 여긴다면, 입맛에 맞지 않는 본문을 자신의 상황에 따라 성령의 영감을 받지 않은 것으로 취급하고, 그것을 제거하려는 사람들과 같은 것이다.

어떤 꿈은 영감을 받은 것이고, 또 어떤 꿈은 그렇지 않은 것이라며 입

---

9) Reinhard Bonnke, Even Greater (Orlando: Full Flame LLC, 2004).

10) Brendan McCauley, India: One Act of Kindness (Oklahoma City: Tate Publishing, 2004).

맛대로 선택한다면, 하나님의 온전한 조언에 스스로 마음을 닫는 것이다. 이것은 영적 무감각으로 이어져 결국 균형을 잃고 능력 없는 삶을 살게 될 것이다.

　꿈을 무시하지 말고, 오히려 꿈이 마음의 본질적인 문제를 다루고 있다는 사실을 인식해야 한다. 하나님이 모든 꿈을 통해 소통하신다는 것을 인식하고 진지하게 받아들일 때, 우리 마음의 둔감함이나 편견의 문제가 얼마나 잘 드러날지 깊이 생각해 보기 바란다.

요약

- 하나님은 모든 꿈을 통해 말씀하신다.
- 하나님과 마귀, 우리의 마음은 꿈에 영향을 준다.
- 당신의 마음에 있는 우상에 대해 경각심을 가지고 인식하라. 왜냐하면 하나님은 당신의 우상에 따라 응답하시기 때문이다.
- 하나님은 발람이 듣고 싶어 하는 대로 그의 요청에 응답하셨다.
- 꿈의 표면적 출처 때문에 그것을 성급하게 불신하지 말라.
- 두 사람이 똑같은 꿈을 꾸는 것은 '과연 우리의 꿈이 뇌의 화학작용이나 훈련의 부산물인가'에 대한 답이 될 수 있다.
- 어떤 꿈이 진짜 영감을 받은 것인지에 대해 입맛에 따라 취사선택하지 말라.
- 모든 꿈을 진지하게 대하라.

6장

환상

환상의 세계로 들어가라 그리고 성장하라

나는 성령 안에서 행하는 것과 예언적인 삶이 우리가 성장해야 할 영역이라는 것을 배웠다. 이것은 꿈과 환상에 관한 이 책과 어떤 관련이 있을까? 이것을 이해하려면, 요엘을 통해 주신 하나님의 메시지를 깊이 생각해 봐야 한다. 하나님은 다음과 같이 말씀하신다.

말세에 내가 내 영을 모든 육체에 부어 주리니 너희의 자녀들은 예언할 것이요 너희의 젊은이들은 환상을 보고 너희의 늙은이들은 꿈을 꾸리라 (행 2:17, 욜 2:28)

본문은 예언과 꿈과 환상 사이에 어떤 연결점이 있음을 보여 준다. 실제로 꿈과 환상은 우리를 예언의 세계로 인도한다. 그런데 이것은 우리가 다 선지자라고 말하는 것이 아니다(엡 4:11). 하지만 꿈과 환상은 하나님이 선지자들과 소통하시는 주요 방법 중 하나이다. 이것은 하나님이 모세를 통해 주신 말씀으로 확증된다. "너희 중에 선지자가 있으면 나 여호와가 환상으로 나를 그에게 알리기도 하고 꿈으로 그와 말하기도 하거니와"(민 12:6).

그러므로 성령을 부어 주시는 하나님은 우리 모두를 예언할 수 있는 능력으로 무장시키신다. 이 사실은 우리를 흥분시키고 기대하게 만든다. 마치 이스라엘 백성이 광야에서 약속의 땅으로 이동할 때 하나님이 그들에게 원수가 거주하고 있는 땅을 차지하라고 말씀하신 것처럼, 그분이 우리를 위해 예비하신 곳으로 들어가라고 말씀하신다(신 2:24,31). 하나님은 이스라엘에게 하셨듯이 우리의 소유를 차지하도록 용기를 주신다. 왜냐하면 그것이 우리의 소유라는 사실을 모르면, 그곳에 들어갈 믿음을 잃기 때문이다.

예언과 같은 영적인 은사들을 충분히 발휘하려면, 하나님이 하룻밤 사이에 그것을 주지 않으신다는 사실을 깨달아야만 한다. 이것은 점진적인 것이다. 때로 우리는 실수를 범할 때가 있다.

처음 예언 사역을 시작했을 때, 실수하면 바로 낙담하곤 했다. 그때 나는 하나님이 내가 이 은사를 사용하는 것을 원치 않으신다고 생각했다. 하지만 시간이 지나 우리가 실수하는 것은 그리 중요하지 않다는 사실을 깨달았다. 실수하더라도 주님은 우리가 성장할 수 있도록 도우실 것이다. 이것이 바로 성경이 (꿈 해석을 포함하여) 예언을 분별하라고 말씀하는 이유이다(요일 4:1). 또한 엘리야가 사역할 당시, 성경이 선지자 학교의 필요성을 설명하는 이유이다(왕하 2장).

민감함이 필요하다

선견자(환상을 보는 사람)처럼 성령 안에서 보고, 예언하고, 심지어 꿈을 해석할 수 있는 강력한 영적 은사를 가지고 있는 사람이 있을 수 있다. 그러나 그 사람이 본 것을 언제, 어떻게 전할지를 아는 민감함을 갖는 것은 또 다른 문제이다.

예언 사역은 하나님이 보여 주신 것으로 무엇을 해야 할지 아는 것일 뿐만 아니라, 그분이 보여 주신 것을 받아 마음으로 분별하는 것에 관한 것이기도 하다. 간혹 하나님은 사람들에게 영적인 통찰력을 주셔서 그 계시와 관련된 사람들에게 기도하게 하신다. 하지만 그런 것이 없어도 알게 하실 때가 있다. 우리는 성령님께 은사에 맞는 지혜를 달라고 구해야 한다. 아무리 마음에 열정이 넘쳐도, 그것을 효과적으로 사용하도록 돕는 분은 성령님이시기 때문이다.

환상을 보는 것은 예언적인 사람 혹은 성령 세례를 받거나 영적인 은사를 사용하는 사람들 사이에서 보편적인 것이다. 환상은 우리가 깨어 있거나 혹은 자고 있을 때 나타날 수 있다. 종종 환상이 임했는데도, 그것을 받았다는 사실조차 인식하지 못할 때가 있다.

개인적으로 환상을 받기에 가장 민감한 시간이 잠들기 직전이나 잠에서 깨기 직전, 곧 우리의 의식을 깨우려 할 때라는 사실을 알게 되었다. 이러한 상황에서 우리의 둔감함 때문에 하나님이 말씀하시는 것을 놓치기 쉽다. "육에 속한 사람은 하나님의 성령의 일들을 받지 아니하나니 이는 그것들이 그에게는 어리석게 보임이요"(고전 2:14).

앞에서 설명했듯이, 환상은 인간의 영에 직접 주시는 계시로, 혼이나 의식적 활동에 방해를 받는 우리의 영 속에 주입하신 하나의 보증이다. 그렇지만 영적 분별력이 없으면, 우리의 본성은 그런 계시들을 스스로 지어낸 공허한 이야기로 취급해 버리거나 무시하려 한다.

사람들을 위해 기도할 때 종종 환상을 보는데, 그것은 마치 깨어 있을 때 꾸는 꿈과 같다. 환상은 본질적으로 대부분 비유적이거나 상징적이다.

하지만 실제 모습 그대로인 경우도 있다. 하나님이 환상에 대해 해석해 주시면, 마치 꿈을 해석해 주실 때와 아주 흡사하다. 그리고 입을 열어 선포하면, 그것은 기도를 받는 사람들의 삶에 매우 강력한 예언이 된다.

한 청년을 위해 기도해 주는데, 시작하자마자 자동차 타이어 사업장에서 일하는 그의 모습이 보였다. 환상 가운데 그는 파란색 벤치에서 일하고 있었고, 그 앞 창턱에 화분이 놓여 있었다. 나는 그가 창밖을 내다보며 마음의 소원을 품는 모습을 보았다. 내가 그 장면을 묘사하자, 그는 자신이 일하는 곳을 정말 상세하게 설명했다고 말해 주었다. 그는 실제로 창밖을 내다보며 소원을 품었다고 했다. 이 환상과 예언은 주님 안에서 그에게 용기를 주었다. 또한 하나님이 그를 섬세하게 돌보고 계신다는 것과 그의 인생을 향한 계획이 있음을 계시해 주었다.

요엘은 "너희의 젊은이들은 환상을 보리라"(욜 2:28)라고 예언한다. 이 책의 자료가 보여 주는 것처럼, 이 예언은 하나님이 오늘날 모든 신자에게 이 영적인 은사를 사용할 수 있는 길을 여셨다는 뜻이다. 예수님은 나다나엘을 소개받으셨을 때 이렇게 말씀하셨다. "보라 이는 참으로 이스라엘 사람이라 그 속에 간사한 것이 없도다"(요 1:47). 이 선포에는 개인적으로 나다나엘을 아는 사람이 아니면 알 수 없는 깊은 것이 계시되어 있다.

속이는 자인 이스라엘은 한때 육의 사람, 발꿈치를 잡는 자였다. 반면 나다나엘은 참으로 경건한 유대인으로, 예수님 시대에 아주 드문 사람이었다. 따라서 그는 자연스럽게 이렇게 질문했다. "어떻게 나를 아시나이까?" 그러자 예수님이 대답하셨다. "빌립이 너를 부르기 전에 네가 무화과나무 아래에 있을 때에 보았노라"(요 1:48). 예수님은 무화과나무 아래에 있는 나다나엘을 보기 위해 실제로 거기에 가시지 않았다. 나는 예수님이 환상을 보셨다고, 빌립이 나다나엘을 부르기 전에 그가 홀로 무화과나무 아래 있는 것을 성령 안에서 보셨다고 믿는다.

여기에서 보듯, 때로 환상의 비유적 특성과 현실적 특성이 동시에 작용하기도 한다. 예수님이 무화과나무 아래에 있는 나다나엘을 보셨을 때 (나는 그가 기도하던 중이었다고 믿는다), 그가 진정한 이스라엘 사람이라는 깨달음을 받으셨다. 무화과나무는 이스라엘을 뜻하며, 그가 기도 중이었다는 것은 그것이 사실이라는 것을 확증하는 것이었다. 예수님의 환상은 이 특별한 만남에 대한 믿음을 일으키는 초석이 되었다. 이 계시로 나다나엘은 마음을 열고 예수님을 하나님의 아들로 볼 수 있었다.

환상은 소생의 길로 인도한다

최근 인도에서 사역할 때, 환상 가운데 지붕이 반만 덮인 퍼걸라(지붕이 반쪽만 있는 야외용 목조 건축물)를 보았다. 즉각적으로 하나님이 내게 말씀하시는 것을 느꼈다. "무엇이 보이느냐?" 나는 이렇게 대답했다. "지붕이 반만 덮인 정자가 보입니다." 주님이 나의 영에 말씀하셨다. "내 백성 중 절반이 나의 보호 아래 있지 않다. 그들은 여전히 조상이 섬기던 우상들을 섬기고 있다. 그들은 두 주인을 섬기고 있다." 즉시 성경 구절 하나가 떠올랐다.

> 내가 그 우상들을 없애며 신상들을 놉 가운데에서 부수며 애굽 땅에서 왕이 다시 나지 못하게 하고 그 땅에 두려움이 있게 하리라 (겔 30:13)

순간 하나님이 인도에 임박한 심판에 관해, 특히 두 마음을 품고 있는 그리스도인들에게 경고하기 원하신다는 것을 깨달았다. 그리스도의 통치 아래 있는 자들은 보호받을 것이다. 반면 세상과 섞여 살아가는 사람들은 심판을 받을 것이다. 이것은 사실 듣기 좋은 메시지가 아니었다.

나는 사람들을 의식하지 않고 여러 집회에서 하나님이 주신 이 메시지를 나누었다. 아니나 다를까 몇몇 사람들은 집회 장소를 떠났다. 하지만 이 메시지를 전한 모든 교회에서 20-30%의 청중들이 앞으로 나아와 그들의 삶을 그리스도께 헌신했다! 대략 300명 정도 모이는 교회에서는 목회자의 딸이 앞으로 나와 회개하고 자신의 삶을 그리스도께 바쳤다. 그녀가 그렇게 할 수 있었던 이유는 성령의 찔림을 받았기 때문일 것이다.

환상은 하나님과 소통할 수 있는 매우 강력한 도구이다. 따라서 모든 사람은 환상에 마음을 열고 그것을 주목해야 한다.

듣기를 갈망하라

그렇다면 어떻게 해야 환상을 체험할 수 있을까? 아주 쉽다! 환상은 하나님의 뜻을 듣고 성취하기를 간절히 바랄 때, 그분의 말씀을 주시는 방법 중 하나이다.

하나님은 인간과 소통하시기 위해 성경의 처음부터 끝까지 환상을 사용하신다. 그분은 아브람에게 말씀하시기 위해 환상을 사용하셨다. "이후에 여호와의 말씀이 환상 중에 아브람에게 임하여 이르시되"(창 15:1). 그리고 주님은 사도 요한에게 계시를 주시기 위해 환상을 사용하셨다. "내가 그들의 수를 들었노라 이같은 환상 가운데 그 말들과 … 을 보니"(계 9:16-17).

베드로는 그리스도의 초림에 대해 알기 원했던 구약의 선지자들에 대해 다음과 같이 말한다.

이 구원에 대하여는 너희에게 임할 은혜를 예언하던 선지자들이 연구하고 부지런히 살펴서 자기 속에 계신 그리스도의 영이 그 받으실 고난과 후에 받으실 영광을 미리 증언하여 누구를 또는 어떠한 때를 지시하시는지 상고하니라 이 섬긴 바가 자기를 위한 것이 아니요 너희를 위한 것임이 계시로 알게 되었으니 (벧전 1:10-12)

이스라엘의 파수꾼들(선지자들)이 갈망했다는 사실에 주목하라. 달리 표현하자면, 그들은 "연구하고 부지런히 살펴서" 그와 같은 갈망의 결과 "계시로 알게 되었다." 하나님이 그분의 뜻을 듣고 성취하고자 하는 우리의 갈망에 대한 응답으로 계시를 주신다는 것은 몇몇 성구만 살펴봐도 알 수 있다.

모세는 이스라엘 백성에게 광야를 유리하는 목적에 대해 다음과 같이 말한다.

네 하나님 여호와께서 이 사십 년 동안에 네게 광야 길을 걷게 하신 것을 기억하라 이는 너를 낮추시며 너를 시험하사 네 마음이 어떠한지 그 명령을 지키는지 지키지 않는지 알려 하심이라 너를 낮추시며 너를 주리게 하시며 또 너도 알지 못하며 네 조상들도 알지 못하던 만나를 네게 먹이신 것은 사람이 떡으로만 사는 것이 아니요 여호와의 입에서 나오는 모든 말씀으로 사는 줄을 네가 알게 하려 하심이니라 (신 8:2-3)

여기에서 하나님은 우리가 육신의 굶주림과 영적인 굶주림의 차이를 깨닫기 원하신다. 우리 육신의 필요를 부인하지 않으시지만, 우리의 가장 중요한 필요는 영의 양식이란 것을 강조하신다. "여호와의 입에서 나오는 모든 말씀으로 사는 줄을 네가 알게 하려 하심이니라"(신 8:3).

우리가 놓치지 말아야 할 것은 예수님이 육신의 굶주림을 채우라는 유혹을 받으셨을 때 정확히 이 말씀으로 응수하셨다는 것이다(마 4:4, 눅

4:4). 이스라엘 민족이 실패한 것을 예수님은 통과하셨다. 그 이유는 예수님이 육의 양식보다 하나님의 말씀을 더욱 갈망하셨기 때문이다! 욥 역시 이 동일한 진리를 우리에게 알려 준다. "내가 그의 입술의 명령을 어기지 아니하고 정한 음식보다 그의 입의 말씀을 귀히 여겼도다"(욥 23:12).

요한복음에서 예수님은 제자들에게 사마리아의 추수에 관해 말씀하시며 하나님의 뜻을 성취하는 것과 음식을 연결하신다. 제자들이 식사하셨는지 여쭙자, 예수님은 다음과 같이 대답하셨다. "내게는 너희가 알지 못하는 먹을 양식이 있느니라"(요 4:32). 그들이 이 말씀의 핵심을 놓치자, 주님은 그들에게 상세히 말씀해 주셨다. "나의 양식은 나를 보내신 이의 뜻을 행하며 그의 일을 온전히 이루는 이것이니라"(요 4:34).

예수님이 사마리아 여인을 만나셨을 때, 그녀의 개인적인 삶에 대해 많은 계시를 받으신 것은 그리 놀라운 일이 아니다. 우리가 하나님의 말씀을 알기 원하고, 동일한 열정으로 그분의 뜻을 성취하기를 갈망하면, 그분은 분명 우리와 소통하실 것이다. 그리고 이때 주님이 사용하시는 주된 방법 중 하나가 바로 환상이다.

갈망하는 사람은 상을 받는다

수년 전 주님은 오랜 기간 성령 안에서 기도(방언)하고자 하는 갈망과 열정을 주셨다. 당시 나는 광고 회사의 사장이었기 때문에 그렇게 할 수 있었다. 하나님이 시간을 정해 주셔서 출근 전 두 시간, 점심시간에 두 시간, 저녁에 두 시간 성령 안에서 기도했다. 2년간 매일 6시간, 매주 5일 그렇게 순종했다.

사람들은 내가 미쳤다고 생각했지만, 나는 길을 다니면서 기도했다. 그러자 성령께서 삶 가운데 새로운 일들을 행하기 시작하셨다. 수많은 삶의 문제와 단점들과 (재물의 속임, 세상 염려, 육체의 정욕 같은) 견고한 진들이 떨어져 나가기 시작했다.

성경은 "사람이 무엇으로 심든지 그대로 거두리라"(갈 6:7) 말씀하신다. 이것은 보편적인 진리이다. 의를 심으면 의를 거두고, 죄를 심는다면 죄를 거두게 될 것이다. 기도를 심고 특정 기간 하나님을 찾는 데 열정을 쏟으면, 그에 합당한 상을 거두게 될 것이다. 하나님은 그분을 부지런히 찾는 자들에게 상을 주시겠다고 약속하신다(히 11:6). 나의 최근 사역은 주님이 그분의 말씀에 얼마나 신실하신지에 대한 가시적인 증거이다. 환상과 꿈 해석의 은사를 받고, 복음을 전할 때마다 표적과 이적이 나타나는 복을 누리고 있기 때문이다.

기름부음이 멍에를 부러뜨린다

최근 파키스탄에서 사역 중에 청중을 바라보고 있는데, 주님이 한쪽 다리가 아픈 여인을 보여 주셨다. 이 여인은 땅에 끌리는 긴 옷을 입고 있어서 다리는 보이지 않았다. 하지만 성령 안에서 그녀의 다리에 일종의 감염이 있는 것이 보였다. 나는 즉시 하나님이 보여 주신 것을 선포했다. 그리고 통역자를 통해 그녀에게 내 말이 맞는지 묻자, 그녀는 맞다고 하였다. 나는 기도해 주기 위해 그녀를 앞으로 불러내었다.

우리가 성령 안에서 본 것을 선포하면, 그것과 관련된 사람들의 믿음을 세우게 된다. 나는 그녀를 위해 기도한 후 계속해서 여러 은사로 사역하고 말씀을 전했다.

일주일 후 같은 장소에 다시 갔는데, 사람들이 흥분과 큰 기대로 웅성거리고 있었다. 그 여인의 다리에 있던 나병이 나았기 때문이다! 모든 영광을 하나님께 올려 드린다!

선교 일정을 마치고 우리는 어떤 목회자 가정에 작별 인사를 하기 위해 방문했다. 우리가 그 집에 들어갔을 때, 집안에 슬픈 분위기가 감돌았다. 그의 아버지가 심장병으로 침대에 누워 있었고, 가족들은 그가 그 밤을 넘길 수 있을지 확신하지 못하고 있었다. 나는 그를 위해 기도하자고 했다.

함께 기도하던 중 주님은 그가 두 발로 일어나 웃으며 일하고 있는 모습을 보여 주셨다. 그래서 나는 다시 한번 주님이 보여 주신 대로 죽지 않을 것이라고 선포하였다. 그리고 대략 일주일 뒤 그 목회자로부터 전화를 받았다. 그는 기쁨이 충만해 있었다. 주님이 보여 주셨던 모습 그대로 그의 아버지가 치유되었기 때문이다. 하나님께 영광을!

한두 해가 지난 후, 평소대로 하나님이 주신 꿈을 해석해 주기 위해 어떤 가정을 방문했다. 앉아서 두 부부의 꿈을 해석해 주던 중 나는 여러 환상을 받았다. 그중 한 환상 가운데 그들의 집 앞에 서 있는 차 안에 어떤 남자와 젊은 여자가 타고 있는 모습을 보았다. 성령께서는 내 마음에 성범죄자가 그들의 딸 주위에서 기회를 엿보고 있다는 감동을 주셨다. 그래서 그들에게 딸이 그리스도인이 아닌 남자를 사귀고 있는지 물었다. 결국 이 환상은 실제 상황이라는 것이 판명되었다. 그들의 관계는 밤늦게까지 함께 있을 정도로 발전해 있었다. 그 부부는 딸에 대해 심히 근심했다.

대화를 나누는 동안, 그들의 딸이 남자 친구와 함께 옷가게에 서 있는 환상을 보았다. 나는 이것이 무슨 뜻인지 알 수 없어서 본 그대로 설명했다. 이번에 본 환상은 비유였다. 그 부부는 노출이 심한 옷을 입는 딸 때문에 걱정이 많았고, 그 문제로 말다툼이 잦았다고 말했다. 대화를 마친 후 우리는 함께 기도했다. 그리고 성령께서 그 가정 가운데 묶인 것을 강력하게 파쇄하시도록 예언하며 선포했다.

다음 날 밤 집에 돌아온 딸은 부모에게 용서를 구하며 다시 하나님을 믿고 싶다고 했다. 이것은 어떻게 환상이 믿음을 일으켜 하나님으로부터 강력한 메시지를 받고 원수의 멍에를 부러뜨릴 수 있는지를 보여 주는 아주 멋진 예이다.

나는 이것이 바로 하나님께서 우리가 사역하기 원하시는 방식이라고 믿는다. 성령의 인도하심을 받는 것보다 좋은 것은 없다. 이것은 마치 사마리아 여인을 만나신 예수님과 같다(요 4장). 주님은 그녀에게 다섯 명의 남편이 있었다는 것을 아셨다. 그녀는 이 일을 계기로 마음을 열었고, 예수님이 하시는 말씀을 받아들였다. 이로 인해 그녀를 통해 사마리아에 복음이 전파되었다.

성경은 우리가 예수님을 안다면, 그분이 행하신 대로 행할 것이라고 말씀한다(요일 2:6). 주님은 이런 방식으로 행하셨다. 그분은 모든 선지자 중의 선지자이시다. 그분은 자신을 주장하거나 내세우지 않으셨다. 성령의 권능이 그분을 나타내 주셨다. 주님은 표적과 이적을 통해 군중을 모으셨다. 환상은 사람들의 마음을 열고, 믿음을 세우는 매우 중요한 열쇠이다.

지금도 우리는 성령 안에서 무언가를 받을 수 있다. 하지만 그것을 다 이해하지 못할 수도 있다. 하나님은 우리가 영적 전쟁을 잘 준비할 수 있도록 둘째 하늘(영계)에서 벌어지고 있는 원수의 계략을 계시해 주실 수 있다. 혹은 셋째 하늘(하나님이 거하시는 곳)과 그곳에 있는 기적의 창고를 보여 주실 수도 있다. 이같은 일은 우리에게 "없는 것을 있는 것으로 부르는"(롬 4:17) 능력을 주며, 그것이 자연계에 현실로 나타나는 것을 볼 수 있도록 도와준다.

드러난 속임수

앞에서 언급한 대로, 우리가 자고 있는 동안 환상을 받는 경우도 있다. 한번은 잠들기 직전에 모나리자에 관한 생생한 환상을 받았다. 그것이 얼마나 생생하고 현실적인지, 곧바로 정신이 번쩍 들었다. 그리고 이런 생각이 즉시 떠올랐다. "왜 모나리자에 대한 환상을 받았지?" 나는 아내에게 그 환상을 나누었다.

다음 날, 나는 모나리자에 대해 찾아보았다. 하지만 그 환상의 참된 의미를 깨닫기까지는 무려 8개월이나 걸렸다. 간혹 하나님은 꿈이나 환상의 해석을 즉시 알려 주지 않으실 때가 있다. 나는 이 유명한 작품이 어떤 신비와 음모에 연루되어 있다는 사실을 알게 되었다. 전문가들은 왜 이 여인을 그렸는지, 혹은 그녀가 실존 인물인지조차 확신하지 못하고 있었다.

일반적인 중론은 그녀가 정숙한 여인이 아니라는 것이었다. 16세기 이탈리아에서 머리를 푼 여성은 성적으로 행실이 나쁜 여자(창녀)를 의미하였다. 하지만 그 환상을 본 지 8개월 후 캐나다 국가 연구 위원회는 3D 이미지 기술로 이 작품의 인물이 원래 쪽진 머리였음을 밝혀냈다고 선언했다.[11] 결국 이 일로 그녀는 높은 도덕적 수준을 지닌 품위 있는 여성으로 최종 판결이 났다. 비유의 관점에서 보면, 모나리자는 신비와 기만을 보여 준다.

만일 우리가 꿈이나 환상 속에서 어떤 여성을 본다면, 그것은 교회를 뜻할 수 있다. 만일 그녀가 여성 사업가라면, 그것은 시장이 되어 가는 교회를 의미할 수 있다. 하나님은 모나리자의 환상이 세상의 눈에 비친 교회의 모습에 관한 비유와 상징임을 계시해 주셨다. 하나님의 교회는 높은 위상과 도덕적 평판을 가진 품위 있는 여성이지만(엡 5:27), 원수는 교회

---

11) M. Comte, "The Mona Lisa Masterpiece," The Advertiser (September 28, 2006), 33.

를 저급한 도덕적 기준을 가진 창기처럼 보이도록 그려 왔다.

　모나리자의 환상처럼 하나님께서 꿈이나 환상에 대한 해석을 즉시 알려 주시지 않는다면, 그것은 그분이 주실 더 깊은 계시가 있다는 뜻일 수도 있다(요 11:6,25). 또한 인내를 훈련하고(약 1:3), 더 큰 믿음을 세워 주기 위해(히 11:9-10), 혹은 더 깊은 갈망으로 하나님을 기다림으로 우리의 속사람을 강하게 만들기 위해(사 40:31) 해석의 타이밍을 조절하시는 경우도 있다. 때로는 꿈이나 환상만으로 온전히 해석하기에 충분하지 않을 수도 있다. 이런 경우에는 다른 계시들(꿈과 환상)이 그것에 대한 해석의 방향을 제시해 줄 것이다.

　마지막으로 계시와 그것의 해석 사이의 시간적 간격은 하나님의 목적을 방해하려는 인간의 노력을 막기 위해 고안된 것이라고 볼 수 있다. 이유를 불문하고, 우리는 꿈이나 환상을 받을 때마다 성령님이 그것을 해석해 주시기까지 기다려야 한다. 그러나 해석이 즉시 주어지지 않는다면, 하나님이 그분의 때를 구하는 자에게 항상 가장 유익한 응답을 주신다는 것을 신뢰함으로 마음의 안식을 누릴 수 있다.

요약

- 사도행전 2장 17절에 따르면 꿈과 환상은 우리를 예언의 세계로 인도한다.
- 우리는 실수를 통해 배우며 예언적인 것을 성장시킬 수 있다.
- 예언 사역은 하나님이 우리에게 보여 주신 것을 분별하는 마음이며, 동시에 그것으로 무엇을 해야 할지 아는 것이다.
- 환상을 받기에 좋은 시간은 잠들기 직전과 잠에서 깨기 직전이다.
- 꿈과 환상에서 비유적 요소와 실제적 요소는 서로 얽혀 있을 수 있다.
- 환상은 우리가 하나님의 뜻을 듣고 그것을 이루기를 간절히 갈망할 때, 하나님이 우리에게 말씀하시는 방법 중 하나이다.
- 우리는 생존을 위해 사는 것보다 하나님의 말씀과 그분의 뜻을 성취하는 것을 더 갈망해야 한다.
- 기도를 심으면, 반드시 하나님의 응답을 거두게 될 것이다.
- 환상은 사람들의 마음을 열고, 이에 뒤따르는 믿음을 세우기 위한 아주 중요한 열쇠이다.
- 하나님의 교회는 모나리자처럼 높은 위상과 도덕적 평판을 가진 품위 있는 여성이다. 하지만 원수는 교회를 저급한 도덕적 기준을 가진 창기로 그리는 것을 좋아한다.
- 꿈이나 환상에 대한 즉각적인 해석이 주어지지 않는 경우, 하나님이 그분의 때를 구하는 자에게 항상 가장 유익한 응답과 해석을 주신다는 것을 신뢰함으로 안식을 누릴 수 있다.

7장

주술에 의한 거짓 해석

해석의 출처

요엘의 예언대로 하나님은 그의 영을 모든 육체에 부어 주신다.

하나님이 말씀하시기를 말세에 내가 내 영을 모든 육체에 부어 주리니 너희의 자녀들은 예언할 것이요 너희의 젊은이들은 환상을 보고 너희의 늙은이들은 꿈을 꾸리라 (행 2:17, 욜 2:28)

우리가 성령을 따라 예언하고 꿈과 환상을 받는 것은 하나님의 뜻이 분명하다. 그러나 꿈과 환상을 받는 것과 그것에 대한 해석을 받는 것은 전혀 다른 문제이다. 많은 이들이 해답을 얻고자 하는 갈망 때문에 부지 중에 주술을 의지한다.

이와 관련하여 마귀는 삼위일체 하나님의 일원이 아니라는 사실이 매우 중요하다. 그는 사실상 타락한 천사이며 피조물에 불과하다. 그리고 그는 파괴하는 것 외에 어떤 것도 창조할 수 없다. 모방과 기만의 대가인 마귀는 건설적으로 창조하는 것이 불가능하다. 그는 모방을 통해 하나님께 속한 영광을 훔치려 하고, 더 나아가 성도들에게 속한 유업을 도둑질 하려 한다(요 10:10).

결과적으로 타로 카드나 점성술, 손금 (심지어 꿈 해석) 같은 주술적 활동은 사실 하나님이 성도들을 위해 예비하신 것을 마귀가 모방하거나 왜곡시킨 것이다. 마찬가지로 투시하는 사람을 찾아가는 사람들은 사실 거짓 선지자와 선견자를 방문하는 것이다. 투시자들은 영의 세계에 대한 민감함을 타고난 사람들로, 보통 그들의 삶 속에 역사하는 친숙의 영을 가지고 있다(행 16:16, 삼상 28:7). 투시자들은 불법적으로 하늘의 영계에 들어가 하나님이 성도들을 위해 예비하신 것을 강제로 장악하려는 마귀를 돕는다.

하나님은 창조주이시며 마귀는 모방꾼이라는 사실을 깨달으면, 그리스도인의 꿈 해석이나 성령의 은사들이 우리를 주술의 세계로 이끌 수 있다는 두려움을 가질 필요가 없다(고전 12장). 우리에게 영성을 주신 분은 마귀가 아니라 하나님이시다. 주술은 하나님이 우리를 위해 계획하신 것의 위조품이다. 진품이 아닌 위작은 아무 가치도 없다.

영적인 존재로서 하나님의 형상을 따라 행하는 것은 우리를 하나님의 계획으로 인도한다. 그러나 인간의 타락으로 인해 영적인 동반자로서 하나님과 동행하고 소통하는 우리의 부르심을 빼앗기고 말았다(창 3장).

우리가 영적인 차원을 누리지 못하고 사는 것은 하나님의 계획이 아니었다. 따라서 십자가에서 죽으신 예수님을 통해 우리는 다시 한번 우리의 참된 영적 본성을 회복할 길을 얻었다. 거듭난 신자들은 하나님이 의도하신 대로 성령의 인도함을 받는 사람으로 재창조되었다(고후 5:17). 따라서 그들은 예언할 수 있고, 성령의 은사들을 사용할 수 있으며, 꿈과 환상을 해석할 수 있다. 이것은 전혀 새로운 것이 아니다. 이것이 바로 우리가 창조된 목적이다.

예수님은 우리가 그저 구원만 받게 하려고 죽으신 것이 아니다. 주님은 구원받은 우리가 성령 충만하고 권능을 받아 하나님이 우리를 위해 예비하신 완전한 계획을 성취하게 하시려고 십자가를 지셨다. 하나님의 말씀에 의하면, 하늘의 세계에 들어가 주술을 사용하는 사람들은 불법적으로 행하는 것이고, 자신을 저주 아래 두는 것이며, 하나님의 원수로 자처하는 것이다(레 20:6, 신 18:11-12, 대상 10:13).

반쪽짜리 진리의 위험성

예수님은 제자들에게 이렇게 말씀하셨다. "그러나 진리의 성령이 오시면 그가 너희를 모든 진리 가운데로 인도하시리니"(요 16:13). 그분은 성령께서 "모든 진리", 즉 진리 자체, 오직 진리를 계시해 주신다고 말씀하셨다. 그러나 마귀는 부분적인 진리로 우리를 현혹시킨다. 그는 반쪽짜리 진리들이 거짓말보다 더 파괴적이고, 중독성이 강하며, 확신을 준다는 것을 잘 알고 있다. 반만 맞는 진리에 속거나 혼미하게 만드는 것은 종종 우리를 온전한 진리로부터 멀어지게 한다.

마귀는 수많은 반쪽짜리 진리들로 사실상 영적인 세계를 장악해 버렸다. 주말이면 집집마다 문을 두드리는 이단 신봉자들은 반쪽짜리 진리로 무장된 그들의 조직에 가입시키기 위해 힘쓰고 있다. 만일 당신이 반쪽 진리를 믿는 사람들과 함께한다면, 반쪽 진리의 함정에 빠지게 되어 그들이 만든 요새를 무너뜨리는 것이 얼마나 어려운지 알게 될 것이다.

이와 유사하게 인류가 타락할 때, 사탄은 하와에게 이렇게 말했다. "너희가 결코 죽지 아니하리라 너희가 그것을 먹는 날에는 너희 눈이 밝아져 하나님과 같이 되어 선악을 알 줄 하나님이 아심이니라"(창 3:4-5). 이것은 부분적으로 보면 사실처럼 다가오지만, 온전한 진리는 아니다. 교활한 마귀는 모든 혜택은 강조하면서 자신이 던진 제안의 단점이나 그것이 초래할 결과에 대해서는 언급하지 않는다.

인간이 한 가지 차원(선과 악 사이에서 선택)에서 하나님과 같다는 말은 진리이다. 하지만 그는 불순종이 인간을 죄에 빠뜨려 전능하신 하나님으로부터 단절되는 고통을 받는다는 말은 하지 않았다.

이것은 약 20년 전의 한 사건을 떠오르게 한다. 이제 막 구원받고 거듭난 한 자매는 하나님의 말씀과 옳고 그른 것이 무엇인지에 대해 무지했다. 회심 후 그녀의 삶에는 하나님의 은혜가 충만했다. 그렇지만 지식이 없어 영적인 것을 빼앗기고 말았다.

그녀는 침례 받기 일주일 전, 구원받기 전부터 정기적으로 상담을 해 주던 투시하는 사람을 찾아갔다. 그는 그녀가 침례 받을 것이라는 사실을 몰랐지만, 그녀의 삶에 대해 예언하다가 그녀가 곧 물에 가까이 갈 것 같은 느낌을 받았다고 말했다. 순간 그녀는 그의 말에 빠져들었다. 그는 이어서 말했다. "당신이 물에 가까이 가는 건 아주 위험해요. 반드시 물을 피하세요." 그 말에 그녀는 혼란에 빠졌고 두려움이 엄습했다. 안타깝게도 그녀는 침례를 받지 않았고, 결국 세상으로 돌아가고 말았다. 이것은 원수가 어떻게 부분적인 사실을 가지고 우리를 속이는지 보여 주는 대표적인 예이다.

예수님이 침례 받으신 후 광야에 가셨을 때도 비슷한 일이 일어났다. 마귀는 메시아께도 이 반쪽짜리 진리로 간계를 부렸다. 그러나 예수님은 마귀를 이기셨다! 마귀는 예수님께 진리를 던졌다. 게다가 그분을 속이기 위해 성경까지 이용했다. 그러나 하나님의 말씀이 인격화되신(요 1:14) 예수님, 곧 영과 생명으로 충만하신(요 6:63) 그분은 원수의 허를 찔러 굴복시키셨다. 예수님이 40일 금식을 끝마치신 직후였는데도 오히려 물러나야 했던 것은 마귀였다(눅 4:13).

예수님은 우리와 동일한 상황 가운데 말씀으로 마귀를 이기셨다. 내가 "하나님의 말씀을 인용함으로"라고 말하지 않은 것에 주목하라. 하나님의 말씀을 인용할 수 있는 사람은 많지만, 말씀을 살아내는 사람은 적다! 우리의 승리는 하나님의 말씀을 아는 것이 아니라, (하나님의 말씀이신) 예수님 안에서 우리가 누구인지 아는 것에 달려 있다(마 7:22-23). 더 이상 우리가 아니라 우리 안에 계시는 주님이 사시도록 하나님의 말씀을 완전히 흡수해야 한다(갈 2:20). 하나님은 성령을 통해 '말씀이 육신이 된 사람들에게' 오늘도 여전히 능력을 부어 주신다.

예수님은 개막전에서만 승리하신 것이 아니라 갈보리에서 궁극적인 승리를 얻기까지 계속 나아가셨다. 아버지께서는 그분을 죽은 자 가운데 살리셨고 하늘에 앉히셨다. 성경은 우리가 그 승리를 나누어야 한다고 말씀한다. 바울은 하나님이 우리를 "또 함께 일으키사 그리스도 예수 안에서 함께 하늘에 앉히셨다"(엡 2:6)고 선포한다. 이것은 우리도 그리스도 안에서 세상과 세상의 정욕을 이겼고, 믿음으로 천국에 승리자로 앉아 있다는 뜻이다. 성령께서도 모든 진리를 깨달을 수 있도록 우리에게 분별력과 하나님의 음성을 들을 수 있는 은사를 주신다(요 16:13).

진리를 알게 되면 그것에 미치지 못하는 모든 것에 대한 경종의 소리를 들을 수 있다. 모든 믿는 자는 거짓의 그림자라도 잡아내기 위해 말씀을 연구하고 적용하여 말씀에 완전히 젖어들어야 한다. 우리는 해석을 얻기 위해 주술이나 뉴에이지를 찾아갈 필요가 없다. 진정한 해석자가 우리 안에 내주해 계시기 때문이다. 하나님이 올바른 해석을 위해 우리 안에 쌓아 둔 말씀을 꺼내 주실 것이다.

요약

- 우리가 꾼 꿈과 환상에 대한 해석을 얻기 위해 어디로 갈 것인가는 중요한 문제이다. 많은 사람들이 해석을 얻기 위해 무당을 찾지만, 그것이 가져올 결과는 알지 못한다. 그들은 결국 저주 아래 있게 되어 하나님의 원수가 된다.
- 마귀는 모방과 기만의 대가이다.
- 마귀는 하나님께 속한 영광과 성도에게 속한 유업을 훔치려 한다.
- 투시하는 사람, 손금 보는 사람, 타로점을 보는 사람, 점성술사, 뉴에이지 꿈 해몽 자료 같은 것을 찾는 사람은 실제적으로 거짓 예언과 기만에 문을 열어 주는 것이다.
- 예수님은 단순히 우리를 구원하기 위해 죽지 않으셨다. 하나님은 우리가 부르심대로 진정한 영의 사람으로 살아가도록 성령을 충만하게 공급해 주셨다. 우리는 꿈과 환상의 해석을 통해 성령 안에서 영의 감각을 사용함으로 하나님이 주신 것을 누릴 수 있다.
- 마귀는 반쪽짜리 진리로 우리를 현혹시킨다. 이런 반쪽 진리는 우리를 속일 뿐만 아니라 온전한 진리를 발견하지 못하도록 막는다.
- 반쪽짜리 진리들은 마음에 견고한 진을 구축하여 우리를 영적으로 강탈한다.
- 마귀를 이기는 길은 단순히 하나님의 말씀을 인용하는 것이 아니라 (하나님의 말씀이신) 예수님이 우리를 알아주시는 것에 달려 있다!
- 진리를 알게 되면, 그것에 미치지 못하는 모든 것에 대한 경종의 소리를 들을 수 있다. 그러므로 우리는 성경을 연구하고 적용하여 말씀에 온전히 젖어들어야 한다.

8장

꿈과 환상을 넘어

의심과 불신의 선언

집 근처에 있는 교회의 게시판에는 이런 문구가 붙어 있다. "오늘날 성령의 은사는 없습니다." 얼마나 놀라운 의심과 불신의 선언인가! 이것은 그 이면에 있는 본질이 그저 지적이고 죽은 종교임을 선언한 것이다. 성령의 은사를 부인하는 것은 하나님의 말씀을 부인하는 것으로, 하나님을 그분의 영과 분리해서 알 수 있다고 주장하는 사람들이 주로 하는 말이다.

이 같은 선언과 관련하여 성경은 어떻게 말씀하는지 살펴보자. 사도 요한은 요한복음에서 예수님을 성육신하신 하나님으로 설명한다. 그는 3년의 공생애를 다룬 21장 중 몇 시간 분량의 다락방 강화에 요한복음 13장부터 17장까지 전체의 1/4 정도를 할애한다. 시간적 분량과 매우 대조되는 본문의 배분은 최후의 만찬 때 가진 성찬의 중요성과 그것이 어떤 목적도 없이 기록되지 않았음을 분명하게 말해 준다. 이 땅을 떠나시기 전에 제자들과 함께 친밀한 교제를 나누시던 주님은 또 다른 보혜사를 보내겠다고 약속하신다. "내가 아버지께 구하겠으니 그가 또 다른 보혜사를 너희에게 주사 영원토록 너희와 함께 있게 하리라"(요 14:16).

또 그분이 우리와 얼마나 오랫동안 함께하실 거라고 말씀하셨는지 주목하라. 영원토록이다! 이제 예수님이 여기에서 사용하신 단어를 조금 더 깊이 연구해 보자. '다른'에 해당하는 헬라어 '알로스'$_{allos}$는 '동일한 질의 다른'이란 뜻이다. '동일하지 않은 질의 다른'을 의미하는 헬라어는 '헤테로스'$_{heteros}$[12])이다.

예를 들어 내가 당신에게 테니스 공을 준 다음, "다른 공을 드릴게요"라고 하면서 골프 공을 주었다면 질적으로 차이가 나는 다른(헤테로스) 종류의 공을 준 것이다. 반면 동일한 종류의 다른(알로스) 공을 줘야 한다면, 반드시 테니스 공을 하나 더 줘야 한다. 그러므로 '알로스'라는 단어를 선택했다는 것은 예수님과 정확히 동일한 분을 보내 주겠다고 말씀하신 것이다. 이것은 성령님이 오실 뿐만 아니라, 그분이 예수님과 본질적으로 동일하시며 영원히 함께하신다는 뜻이다. 두 분은 동일하시기에 예수님을 대체하신 성령님 역시 동일한 사역을 하실 거라고 기대하는 것은 자연스러운 일이다.

이제 아버지께서 약속하신 성령(눅 24:49)이 "모든 먼 데 사람"(행 2:39)을 위한 것이라는 베드로의 선포를 살펴볼 것인데, 즉각적으로 앞에서 소개한 게시판의 선언이 성경에 위배된다는 것을 깨닫게 될 것이다. 베드로의 선언은 이 선물이 시간뿐만 아니라 거리의 제한도 받지 않는다는 예수님의 약속을 정확히 확증해 준다. 시간적·거리적으로 멀리 떨어져 있는

---

12) Blue Letter Bible. "Dictionary and Word Search for heteros (Strong's 2087)". Blue Let- ter Bible. 1996-2011. 30 Aug 2011. ⟨ http:// www.blueletterbible.org/lang/lexicon/ lexicon.cfm?strongs=G2087&t=KJV&page=4 ⟩

가? 그렇다면 이 말씀은 바로 우리를 위한 것이다!

오늘날 보혜사(돕는 분)라는 단어에 대한 우리의 이해도 성경 본래의 의미와 동떨어져 있다. 보혜사에 해당하는 헬라어 '파라클레토스'$_{Parakletos}$는 '누군가에게 말하다' 그리고 '용기를 북돋다'라는 뜻을 가진 단어에서 파생되었다. 이 단어는 법적인 고문이나 변호사를 묘사한다.[13] 이것이 바로 예수님이 바로 전 구절에서 "너희가 나를 사랑하면 나의 계명을 지키리라"(요 14:15) 말씀하신 이유다.

우리가 주의 말씀을 지켜 법적으로 하나님과 올바른 관계 안에 있으면, 성령님이 (파라클레토스로서) 그리스도의 대리자로 오셔서 예수님이 세상에 계시지 않을 동안 우리를 책임지실 것이다. 성령님은 오직 말씀과 일치하는 범위 안에서 책임을 지신다.

마지막으로 누가가 사도행전을 시작하며 사용한 단어를 주목해 보자. "데오빌로여 내가 먼저 쓴 글에는 무릇 예수께서 행하시며 가르치시기를 시작하심부터"(행 1:1). 여기서 누가는 "예수께서 모든 것을 마치셨다"고 말하지 않는다! 누가는 의도적으로 먼저 쓴 글(누가복음)에서 예수님이 행하며 가르치기 시작하신 것만 기록했다고 말한다. 그리스도의 사역에서 드러났듯이 그 시작은 지금도 진행 중이다. 왜냐하면 모든 믿는 자가 더 큰일(요 14:12)을 할 수 있는 능력을 받기 위해 성령을 부어 주시기 때문이다. 누가는 "행하시며 가르치시기를"이란 단어를 사용함으로, 성령을 통해 예수님의 사역이 계속되는 것을 분명히 밝힌다.

우리는 올바른 가르침이 있으면, 그 말씀을 확증해 줄(막 16:20) 행동도 뒤따른다는 것을 확신할 수 있다. 그렇다면 사도행전은 예수님의 사역이 아직 끝나지 않았고, 성령을 통해 여전히 행하며 가르치고 계신다는 것을

---

[13] Merriam-Webster Dictionary. http://www.merriam-webster.com/dictionary/helper

증명하고 확증해 준다. 따라서 오늘날에는 성령의 은사가 없다고 말하는 것은 마귀가 준 말로, 자신의 종교적 위치를 지키고 강화하려는 사람들(마 12:24)과 오직 사람의 일만 생각하는 사람들(마 16:23)이 퍼뜨린 것이다.

대부분의 교회가 이와 같지는 않을지라도, 오늘날 교회 안에서 성령의 은사가 외면당하고 있는 것은 우리 마음에 이와 같은 (잘못된) 믿음이 고착화되어 있음을 보여 준다.

초청을 기다리시는 하나님

하나님은 최고의 장인이시다. 그분은 상상을 초월하는 정교함으로 인간의 삶 속에서 벌어지는 일들을 설계하실 능력을 가지고 계신다. 성경은 우연의 결과처럼 보이는 사건들이 그리스도의 삶 가운데 일어날 일들에 대한 예시임을 말해 주는 예화로 가득하다. 몇 가지 예를 들자면, (앞서 살펴본) 요셉의 삶과 모리아 산에 이삭을 바친 아브라함, 요나의 죽음과 부활이 있다. 그리스도의 삶에 일어난 한 가지 결과는 지금 내가 나누고 싶은 성령에 관한 진리를 계시해 준다. 그런데 이것을 깨닫지 못하는 사람들이 많다.

요한복음은 예수님이 오천 명을 먹이신 후 사람들이 그분을 왕으로 삼으려 한다는 것을 간파하셨다고 기록한다(요 6:15). 예수님은 곧 벌어질 일들을 아시고 그곳을 떠나 홀로 산으로 가셨다. 이것은 눈여겨봐야 할 부분이다.

백성들이 예수님을 그들의 왕으로 칭송할 날이 예정되어 있었지만, 지금은 아니었다. 그날은 아직 도래하지 않았고, 주님이 예루살렘에 승리의 입성을 하시는 날에 이뤄질 것이었다(눅 19:37-40). 다니엘은 매우 정확한 예언으로 그날을 기록한다. 그는 예루살렘을 재건하라는 칙령이 선포된 날로부터 173,880번째 날[14] 메시아 나기드~Messhiah Nagid - 메시아 왕~를 인정하게 될 것이라고 말한다(단 9:25-26). 다니엘이 예언한 바로 그날 백성의 왕으로 인정받으신 예수님은 예루살렘에 입성하셨고, 결국 대속 제물로 죽으셨다. 이것은 다니엘의 예언에 모두 기록되어 있다.

따라서 예수님이 홀로 산에 올라가신 사건을 기록한 요한은 우리에게 보다 깊은 무언가를 보여 주고 있다. 이 사건에 대한 마가의 진술을 보면, 예수님은 그의 제자들을 배에 태워 건너편으로 보내신 후 기도하기 위해 산으로 올라가셨다(막 6:45-46). 요한은 덧붙여 이렇게 말한다. "저물매(저녁이 되매) 제자들이 바다에 내려가서"(요 6:16).

만약 예수님이 산에 오르신 것과 천국에 들어가신 것(히 8:1)을 나란히 살펴본다면, 저녁은 예수님의 떠나심(요 9:4-5)을 비유한다는 것을 알게 된다. 또한 예수님이 천국에서 제자들을 위해 기도하고 계신다는 것에 주목하자(히 7:25-26, 롬 8:34). 여기에서 우리는 놀라운 통찰을 얻을 수 있다.

우리가 발견한 것을 정리하면, 다음과 같다.

- 예수님은 생명의 빵으로 쪼개지셨다(요 6:35).
- 많은 이들을 먹이셨다.
- 왕으로 선포되셨다.
- 하늘로 올려지셨다.

---

14) 다니엘의 예언(단 9:25-26)을 연구할 때 우리는 다음 사항을 숙고할 필요가 있다.
- 고대의 모든 달력은 360일을 1년으로 본다.
- 69주간에서 주간은 7일의 기간을 말한다. 히브리인들에게는 7일의 기간, 7년의 기간, 이레가 있다(레 25:1-22, 26:33-35).
- 그러므로 69주=69*7*360=173,880일이다.
- 다니엘의 예언을 완전히 분석하고 싶다면 척 미슬러의 《코스믹 코드》(Cosmic Codes)를 보라(Idaho: Koinonia House, 2004), 235f.

- 물리적으로는 이 땅에 계시지 않는다.
- 그의 제자들을 위해 기도하고 계신다.
- 제자들은 인류의 바다를 건너갈 길을 만들고 있다.

우리가 여기에서 발견한 것들은 곧 일어날 일의 예언적 전조라는 것을 깨닫기 바란다. 그러므로 예수님이 내려가셔서 제자들이 힘겹게 노 젓는 것을 보신 사건(막 6:48)은 마치 자기 힘으로 살아가려고 애쓰는 우리를 향한 주님의 현실적 응답과 같다. 이보다 더 주목해야 할 것은 마가가 다음에 기록한 내용이다. "바람이 거스르므로 제자들이 힘겹게 노 젓는 것을 보시고 밤 사경쯤에 바다 위로 걸어서 그들에게 오사 지나가려고 하시매"(막 6:48). 예수님은 제자들의 힘겨움을 보시고도 지나가려고 하셨다. 왜 그러셨을까? 그들의 절박함을 보지 못하신 걸까? 주님은 무엇을 기다리고 계셨을까?

대답하기 전에 예수님이 바다 위에 있는 제자들에게 어떤 모습으로 나타나셨는지 생각해 보자. 마가는 다음과 같이 기록한다. "제자들이 그가 바다 위로 걸어 오심을 보고 유령인가 하여 소리 지르니"(막 6:49). 그들은 예수님을 유령이라고 생각했다. 하지만 그것은 그들의 착각이었다. 예수님은 물리적으로 물 위를 걷고 계셨다. 제자들의 이러한 반응을 기록한 것은 전혀 우연이 아니다. 이것이 예수님처럼 오늘날 성령님이 우리를 지나가시는 방법이기 때문이다.

잠시 이것에 대해 생각해 보자. 주님은 무엇을 기다리고 계신 것일까? 친히 배에 오르시기 전, 예수님은 우리가 육체의 일을 멈추고 충만한 믿음으로 그분을 초청하길 기다리고 계신다(마 14:28).

예수님이 죽으신 뒤 엠마오로 가는 두 제자에게 그들이 전혀 예측하지 못하고 알아보지 못하는 모습으로 나타나셨을 때, 이 진리를 다시 한번 강조하신다(눅 24:13-31). 성경은 다음과 같이 기록한다.

> 그들이 가는 마을에 가까이 가매 예수는 더 가려 하는 것같이 하시니 그들이 강권하여 이르되 우리와 함께 유하사이다 때가 저물어가고 날이 이미 기울었나이다 하니 이에 그들과 함께 유하러 들어가시니라 (눅 24:28-29)

놀랍지 않은가! 인류 역사상 가장 위대한 승리(죽음에서의 부활)를 쟁취하신 예수님은 제자들과 교제하러 가시기 전에 초청을 기다리고 계신다. 이것은 제자들의 무지를 보여 주며, 동시에 영적 민감함에 대한 필요성을 강조한다. 여기에서 기억해야 할 진리는 비록 성령께서 엄청난 능력을 가지고 계실지라도, 그분과 교제하려면 우리에게 민감한 영적 감각이 필요하다는 것이다.

관계를 위한 각성

이것은 엘리야의 삶에서 발견할 수 있는 교훈이다. 엘리야는 갈멜산에서 불을 내려 엄청난 승리를 얻었고, 그의 기도로 3년간 지속된 가뭄을 멈췄으며, 왕의 마차보다 앞서 달렸다(왕상 18:19-46). 그럼에도 불구하고 바로 다음 장에서 하나님은 그의 내면에 있는 잘못된 사고방식을 깨뜨리기 위해 권능과 성령의 내적 음성을 대비시키신다.

> 여호와께서 이르시되 너는 나가서 여호와 앞에서 산에 서라 하시더니 여호와께서 지나가시는데 여호와 앞에 크고 강한 바람이 산을 가르고 바위를 부수나 바람 가운데에 여호와께서 계시지 아니하며 바람 후에 지진이 있으나 지진 가운데에도 여호와께서 계시지 아니하며 또 지진 후에 불이 있으나 불 가운데에도

> 여호와께서 계시지 아니하더니 불 후에 세미한 소리가 있는지라 (왕상 19:11-12)

우리도 엘리야처럼 가시적으로 나타나는 하나님의 능력이나 사역에 너무 심취하여 정작 하나님과의 교제를 놓칠 수 있다. 모든 진실한 교제가 그렇듯이, 상대가 하는 말을 진실하게 들을 수 있는 유일한 방법은 마음과 마음으로 소통하는 것뿐이다. 우리의 자아가 죽는 만큼 성령에 대한 민감함이 자라게 된다.

엘리야는 마지막 남은 경건한 사람이 자신뿐이라는 생각에 집착했다(왕상 19:10,14). 그러나 이것은 잘못된 사고방식이었다. 과중한 사역에 탈진했을 때 찾아온 이세벨의 위협은 그의 이런 생각을 수면 위로 끌어 올렸다. 엘리야에게 가시적으로 임한 하나님의 엄청난 권능은 '하나님의 능력의 나타남'과 '하나님 그분' 사이의 차이를 분별할 필요가 있음을 보여 준다. 이런 면에서 우리는 가시적인 하나님의 능력인 환상과 꿈이 그 자체로 끝이 아니며, 오히려 우리를 성령님과 더 깊은 교제의 자리로 인도하기 위한 것임을 항상 명심해야 한다.

이어서 하나님은 엘리야에게 두 왕과 엘리사에게 기름을 부으라고 말씀하신다. 그런데 하나님께 위임받은 대로 하사엘과 예후에게 기름을 부은 사람은 사실 엘리야가 아니라 그의 후계자인 엘리사였다(왕하 8:13-15, 9:1-3). 이게 무슨 의미일까? 하나님께 더 가까이 갈수록 엘리야가 그의 후계자에게 자신의 전부를 쏟아 부었다는 뜻이다. 이렇게 함으로 엘리야는 엘리사 안에 꺼지지 않는 성령님을 향한 갈망과 민감함을 일깨우고, 그것을 발전시키도록 도왔다. 이런 갈망은 엘리야가 들림 받던 날 분명히 드러났다(왕하 2:1-14 참조).[15]

---

15) 길갈의 뜻은 '원형으로 세운 돌들'이며 요단강을 건넌 후 이스라엘이 처음으로 진을 친 곳이었다(수 4:19-20). 그곳에서 여호수아가 광야에서 태어난 모든 남자에게 할례를 행

이것은 계속 쉬라고 하거나 이제 그만 단념하라는 동료들(왕하 2:2-6)도 막을 수 없는 갈망이었다. 엘리야는 (길갈이 상징하는) 개종에 안주하거나 (벧엘이 상징하는) 하나님의 집에 들어가는 것에 만족하지 않았다. 엘리야에게 훈련받은 엘리사는 (여리고로 가는 그들의 여정이 상징하는) 가시적인 하나님의 능력에 만족하지 못하는 갈망을 키웠다. 그는 (내려가는 자 혹은 죽음을 뜻하는 요단에서) 자신의 목숨을 내려놓을 준비를 했고, 결국 갑절의 능력으로 보상을 받았다!

대가를 지불해야 한다는 것을 잊었는가?

우리는 신구약 성도들의 위대한 업적과 그리스도께서 친히 이루신 일에 대해 읽으면서도 정작 대가 지불에 대해서는 망각한다. 잠시 예수님을 생각해 보자. 우리는 그분을 신인(神人)으로 인정하고 경외한다. 그러나 주님이 하나님으로서 기적을 행하신 것이 아니라 한 인간으로 행하셨다는 것을 기억해야 한다. 그분은 성령의 충만함을 받은 사람이 어떻게 기적을 행하는지를 우리에게 보여 주신 것이다. 그렇다. 예수님은 우리처럼 사역을 위해 성령님을 온전히 의지하셨다. 주님이 기름부음을 받으셔야 했던 다른 이유는 무엇인가? 누가는 다음과 같이 기록한다.

함으로 언약을 갱신했고 "애굽의 수치를 굴려 보냈다"(수 5:2-9). 그러므로 길갈은 마음의 돌을 굴려 보내고 믿음의 삶을 새롭게 시작하는 것을 상징한다. 벧엘의 뜻은 '하나님의 집'이며 상속자로 입양된 우리가 살 새로운 집을 상징한다. 여리고는 가나안 땅에서 이스라엘이 첫 승리를 얻은 곳이며 종려나무의 성읍으로 알려져 있다(신 34:3). 따라서 이것은 하나님의 말씀을 실천할 때 오는 승리를 상징한다(계 12:11). 요단의 뜻은 '내려가는 자' 혹은 '죽음'이다. 그러므로 길갈-벧엘-여리고-요단으로의 여정은 새롭게 태어나서 영광에 이르기까지 믿음의 발걸음을 보여 준다. 엘리사가 갑절의 기름부음을 받았다는 것 또한 성령 안에서 성숙해 가는 그의 여정을 보여 주는 것이다!

주의 성령이 내게 임하셨으니 이는 가난한 자에게 복음을 전하게 하시려고 내게 기름을 부으시고 나를 보내사 포로 된 자에게 자유를 눈먼 자에게 다시 보게 함을 전파하며 눌린 자를 자유롭게 하고 주의 은혜의 해를 전파하게 하려 하심이라 (눅 4:18-19)

또 다른 성경은 이렇게 말씀한다.

하나님이 나사렛 예수에게 성령과 능력을 기름 붓듯 하셨으매 그가 두루 다니시며 선한 일을 행하시고 마귀에게 눌린 모든 사람을 고치셨으니 이는 하나님이 함께하셨음이라 (행 10:38)

예수님은 (구약의 모든 위대한 사람들처럼) 한 인간으로 사역하시기 위해 성령의 기름부음(곧 기도로 생성되고 신선하게 채워지는 기름부음)이 필요하셨다. 누가는 또다시 예수님을 한 인간으로 기술한다.

백성이 다 세례를 받을새 예수도 세례를 받으시고 기도하실 때에 하늘이 열리며 성령이 비둘기 같은 형체로 그의 위에 강림하시더니… (눅 3:21-22)

기름부음은 기도의 관계 속에서 부어진다. 우리가 언제나 기도하시는 예수님을 보는 것은 결코 우연이 아니다. 예수님은 광야에서(눅 5:16), 열두 제자를 세우시기 전에(눅 6:12), 베드로의 믿음의 고백 이전에(눅 9:18), 변화산에서(눅 9:28-29), 제자들에게 기도를 가르치시기 전에(눅 11:1), 5천 명을 먹이신 후(마 14:23)에 기도하셨다. 배신당하시던 날 밤 가룟 유다가 예수님이 계신 곳을 알았던 이유는, 그곳이 주님이 물러나 기도하시던 장소였기 때문이다(눅 22:39, 요 18:2). 예수님이 기도하러 가신 것은 사역 때문이 아니었다. 오히려 주님의 사역은 기도로 점철된 하나님과의 교제로부터 흘러나온 것이었다.

성경은 예수님이 기도하셨다고 기록할 뿐만 아니라 기도에 대한 갈망에 사로잡혀 계셨다고 말씀한다. "새벽 아직도 밝기 전에 예수께서 일어나 나가 한적한 곳으로 가사 거기서 기도하시더니"(막 1:35). 다른 상황에서도 주님은 "기도하시러 산으로 가사 밤이 새도록 하나님께 기도"하셨다(눅 6:12). 예수님은 기도의 열정으로 충만하셨다. 기도는 주님께 산소와 같았다.

안타깝게도 오늘날 우리에게는 이런 기도의 열정이 결핍되어 있다. 많은 이들이 예수님은 우리와 다르기 때문에, 결코 주님과 같은 차원의 사역을 할 수 없다고 믿고 있다. 그러나 이는 우리의 영적 성장을 가로막는 거짓말이다. 많은 경우 우리는 겟세마네 동산에 있던 제자들과 같다. 우리의 영은 원하지만, 육신이 약하다.

하나님의 일에 참된 열정을 가진 사람을 만나는 것은 상당히 고무적인 일이다. 감사하게도 나는 지금 그런 사람과 함께 일하고 있다. 20년 이상 사역하면서 아담 톰슨처럼 성령의 은사를 끊임없이 사용하는 사람을 본 적이 없다. 그를 통해 나타나는 성령의 능력은 개인적으로 엄청난 대가를 지불한 산물이다.

아담 톰슨은 성령 안에서 2년 동안 기도(방언)하는 삶을 살았다. 하지만 40일 금식이나 하나님 앞에 기도로 엎드린 수많은 밤들에 대해서는 말을 아꼈다. 영혼을 향한 꺼지지 않는 열정과 하나님께 대한 순종은 도시의 후미진 곳에서 죽어가는 영혼을 살리는 사역으로 이어졌다. 또 필리핀의 태풍과 민다나오 남부 지역 정글의 불개미, 그리고 인도에서 힌두교 근본주의자들의 돌팔매질을 견디는 힘이 되었다.

지금까지 오늘날에도 성령의 임재가 우리와 함께한다는 것을 확증했다. 성령님과 교제하기 위해 영적인 민감함을 개발해야 할 필요성에 대해 이야기했고, 하나님의 가시적인 나타남(능력)과 그분 자신(인격) 사이의 차이를 살펴보았다. 또한 이런 계시가 어떻게 하나님과의 더 깊은 교제로 초청하는지 탐구했다. 이것은 우리가 추구하는 기름부음을 얻기 위해 기도의 교제라는 대가 지불의 필요성을 알려 준다.

거울에 비친 자신의 모습을 보라

오래전부터 이런 말이 있다. "신약은 구약 안에 감춰져 있고, 구약은 신약 안에 드러나 있다." 이 말의 토대가 되는 전제는 신약은 이전에 인간이 이해하지 못했던 구약의 진리를 열어 준다는 것이다. 이 말은 사실이다. 또한 물리적 모형(상징)을 담고 있는 구약이 신약 안에 있는 우리의 영적인 위치를 더 깊이 이해할 수 있는 길을 열어 준다는 점에서 주목할 가치가 있다. 우리가 이 점을 더 심층적으로 다루기 위해 구약의 두 가지 상황을 비교하여 오늘날 우리가 하나님의 계획과 목적 가운데 어디쯤 서 있는지 살펴보는 것은 가치가 있는 일이다.

모세, 여호수아, 그리고 사사들

모세는 애굽에서 이스라엘 백성들을 이끌어 냈고, 여호수아는 그들을 약속의 땅으로 데리고 들어갔다. 여호수아가 가나안을 정복하기 시작했지만, 성경은 다음과 같이 기록한다.

그러나 므낫세 자손이 그 성읍들의 주민을 쫓아내지 못하매 가나안 족속이 결심하고 그 땅에 거주하였더니 이스라엘 자손이 강성한 후에야 가나안 족속에게 노역을 시켰고 다 쫓아내지 아니하였더라 (수 17:12-13)

이어지는 사사기에서도 여호수아가 다져 놓은 우세한 분위기를 이어가지 못했다고 설명한다.

베냐민 자손은 예루살렘에 거주하는 여부스 족속을 쫓아내지 못하였으므로 여부스 족속이 베냐민 자손과 함께 오늘까지 예루살렘에 거주하니라 (삿 1:21)

사사기의 첫 장은 에브라임, 스불론, 아셀, 납달리, 단 등 각 지파들이 원주민을 쫓아내지 못했다고 기록한다(삿 1:29-34). 왜 그들은 하나님이 그들에게 주신 약속을 성취하는 일에 실패했을까? 다음 장을 읽어 보자.

너희는 이 땅의 주민과 언약을 맺지 말며 그들의 제단들을 헐라 하였거늘 너희가 내 목소리를 듣지 아니하였으니 어찌하여 그리하였느냐 그러므로 내가 또 말하기를 내가 그들을 너희 앞에서 쫓아내지 아니하리니 그들이 너희 옆구리에 가시가 될 것이며 그들의 신들이 너희에게 올무가 되리라 하였노라 (삿 2:2-3)

이스라엘 백성이 가나안 정복에 실패한 이유는 그들의 사명을 반쯤 마쳤을 때 안주하고 긴장의 끈을 놓았기 때문이다. 그들은 그들을 둘러싼 주변 사회의 가치를 수용했다. 그로 인해 그들은 영적 무감각이라는 엄청난 대가를 지불해야 했다.

엘리야, 엘리사, 그리고 게하시

앞에서 살펴보았듯이, 엘리야는 엘리사에게 겉옷을 넘겨주었고, 엘리사는 스승에게 임한 성령의 능력을 두 배나 받았다. 엘리사에게도 그의 바통을 넘겨받을 준비를 하고 있는 사람이 있었다. 그는 엘리사의 종이자 문하생인 게하시였다. 하지만 하나님이 엘리사의 사역을 통해 나하만의 나병을 고치셨을 때, 게하시는 그의 주인이 거절한 보상을 받기 위해 나아만을 뒤쫓아 갔다(왕하 5:20-27). 게하시가 돌아오자, 엘리사는 다음과 같이 말한다.

> 한 사람이 수레에서 내려 너를 맞이할 때에 내 마음이 함께 가지 아니하였느냐 지금이 어찌 은을 받으며 옷을 받으며 감람원이나 포도원이나 양이나 소나 남종이나 여종을 받을 때이냐 (왕하 5:26)

"지금이 그럴 때냐?"는 말씀을 들었을 때, 게하시는 자신을 향한 하나님의 목적을 전혀 깨닫지 못했다. 나아가 자신이 물질적 안정을 추구하지 않았을 때 받게 될 기름부음의 가치를 전혀 몰랐다.

세례 요한, 예수님, 그리고?

이제 이것을 좀 더 절실히 느끼도록 예수님은 세례 요한의 사역을 엘리야의 사역과 비교하셨다. 세례 요한에 대해 예수님은 이렇게 말씀하셨다. "만일 너희가 즐겨 받을진대 오리라 한 엘리야가 곧 이 사람이니라" (마 11:14). 그리고 다음과 같이 말씀하셨다.

> 내가 너희에게 말하노니 엘리야가 이미 왔으되 사람들이 알지 못하고 임의로 대우하였도다 … 그제서야 제자들이 예수께서 말씀하신 것이 세례 요한인 줄을 깨달으니라 (마 17:12-13)

즉 요한은 엘리야와 동일한 영적 역할을 맡았다. 예수님이 세례를 받으신 곳이 요단강인 것은 우연이 아니다. 엘리야는 바로 이곳에서 자신의 겉옷을 엘리사에게 넘겨주었다. 요단은 또한 여호수아가 약속의 땅으로 들어가기 위해 이스라엘 자손들을 이끌고 통과한 곳이기도 하다. 세례 요한은 마치 모세처럼 광야에서 백성들을 새롭게 함으로 그리스도께 마음을 열어 하나님 나라에 들어가도록 준비시켰다(마 4:17, 12:28).

구약의 여호수아와 신약의 예수가 같은 이름인 것은 우연이 아니다. 무슨 말인지 이해되는가? 모세와 엘리야는 세례 요한을, 여호수아와 엘리야는 예수님을 예표하는 자들이었다. 게하시는 사사기의 이스라엘 자손들과 같은 위치에 있는 자이다. 그렇다면 오늘날에는 누가 이 역할을 맡고 있을까? 예수님은 그 겉옷을 누구에게 넘겨주셨을까? 바로 교회이다!

역할 비교		
출구	입구	정복
모세	여호수아	사사들
엘리야	엘리사	게하시
세례 요한	예수님	교회

어쩌면 이것은 교회가 이스라엘 자손들처럼 세상을 받아들이고 하나님이 의도하신 목적지 바로 앞에서 멈춰 버리게 될 것을 미리 경고해 주시는 것이 아닐까?

입구 vs 정복

이렇게 말하는 사람들이 있다. "그렇지만 예수님이 우리를 위해 다 이루셨잖아요?" 이 질문에 답하기 위해 잠시 여호수아가 요단강을 건너간 사건으로 돌아가 보자. 성경은 여호수아의 말을 이렇게 기록한다. "보라 온 땅의 주의 언약궤가 너희 앞에서 요단을 건너가니라"(수 3:11).

언약궤는 무엇인가? 그 안에 든 것은 무엇인가? 십계명을 기록한 두 개의 돌판과 아론의 싹 난 지팡이, 광야에서 얻은 만나이다. 두 돌판은 하나님의 말씀을, 아론의 지팡이는 부활을, 만나는 광야의 빵을 나타낸다. 누가 하나님의 말씀이며 부활이고 생명의 빵이신가? 세 가지 모두 예수님이시다! 그러므로 여기서 언약궤는 예수님을 나타낸다.

요단은 무슨 뜻인가? 요단의 의미는 '내려가는 자' 혹은 '죽음'이다. 따라서 요단으로 들어가는 언약궤는 죽음을 통과하는 예수님을 나타낸다. 법궤를 멘 사람들, 곧 제사장들의 발이 요단강에 닿았을 때 무슨 일이 일어났는가? 성경에는 다음과 같이 기록되어 있다.

> 곧 위에서부터 흘러내리던 물이 그쳐서 사르단에 가까운 매우 멀리 있는 아담 성읍 변두리에 일어나 한곳에 쌓이고 아라바의 바다 염해로 향하여 흘러가는 물은 온전히 끊어지매 백성이 여리고 앞으로 바로 건널새 (수 3:16)

법궤를 멘 기름부음 받은 자들이 강으로 들어가자, 아담 성읍까지 강물이 물러났다. 만일 "죄의 삯은 사망"(롬 6:23)이라는 말씀을 기억하며 그 성읍의 이름이 아담이란 사실이 우연이 아니란 것을 깨닫는다면, 그리스도께서 십자가에서 죽으신 사건에 대한 영적 진리를 앞서 보고 있다는 사실을 알게 될 것이다. 예수님이 죽음 속으로(요단) 들어가셨을 때, 죄의 물결이 아담까지 거슬러 올라가며 물러났다. 할렐루야! 그 뒤 이스라엘 자손들은 열두 개의 비석을 세웠는데, 이것은 열두 사도를 나타낸다(마 16:18). 그 후 그들은 약속의 땅을 취하러 나아가기 전에 상징적으로 할례를 통해 육신의 살을 베어냈다.

백성들은 마른 땅 위를 걷게 만든 언약궤를 통해 약속의 땅을 받았는가? 답은 '예'도 되고 '아니요'도 된다. 하나님이 길을 만드셨기에 '예'가 된다. 하지만 그들은 하나님의 인도하심을 따라 그 땅을 정화시켜야 했기 때문에 '아니요'이다(수 5:14-15). 사사기에서 살펴보았듯이 이스라엘은 우위를 점한 것을 계속 밀어붙이지 못했다. 두려움에 허를 찔린 그들은 정복하라고 파송된 지역 사회와 섞여 사는 것을 선택했다.

오늘날 우리는 땅에 해당하는 것들이 정결해지는 모습을 바라보면서 "우리가 사는 세상에 여전히 마귀에 눌린 자들과 구원받지 못한 이들이 있는가?" 자문해 볼 수 있다. 그렇게 함으로 예수님이 이 모든 일을 우리를 위해 행하셨는지 볼 수 있다.

예수님은 제자들을 그냥 지나치려 하셨다. 그리고 성령님도 바로 지금 우리가 타고 있는 배를 지나가고 계신다. 그런데도 게하시처럼 우리가 하나님의 시간표 어디쯤 서 있는지 쉽게 놓치거나 집이나 차, 은퇴 계획 같은 피상적인 안전장치를 마련해 달라고 극성스레 요구하고 있지는 않은가?

엘리사처럼 우리는 개종(길갈)의 자리에 안주하거나, 하나님의 집(벧엘)에 머물러 있거나, 하나님의 능력의 나타남(여리고)에 만족할 수 없다. 이제 육신의 살을 베고(요단을 건너) 예수님이 주신 성령의 모든 것을 진취적으로 취하라! 주님이 약속하신 말씀을 잊지 말라!

> 내가 진실로 진실로 너희에게 이르노니 나를 믿는 자는 내가 하는 일을 그도 할 것이요 또한 그보다 큰일도 하리니 이는 내가 아버지께로 감이라 (요 14:12)

이 말씀을 통해 예수님은 우리에게 갑절의 성령을 약속하신다. 엘리사처럼 우리의 주인 되신 성령님을 갈망하고 있는가? 엘리사처럼 인내의 시험을 맞을 준비를 하고 있는가? 아니면 세상 사람들처럼 운명론을 받아들여 그저 현실에 안주하며 살 것인가?

우리는 꿈과 환상을 기뻐해야 한다. 우리는 현실에 안주해서는 안 된다. 하나님이 우리를 위해 마련해 놓으신 것은 우리의 상상을 초월한다.

꿈과 환상은 우리 안에 성령을 향한 갈망과 민감함을 일깨우고 소생시키는 촉매제이다. 영안을 열어 보라. 그러면 하나님 나라와 완전한 승리로 이끌어 주는 갑절의 기름부음이 우리에게 있음을 깨닫게 될 것이다. 만일 이 책이 어떤 감동과 도전을 준다면, 그것으로 성령을 향한 열정의 불을 지펴라. 오직 하나님의 충만함으로 만족할 수 있는 열정을 일깨우라!

요약

- 성령님은 예수님과 동등한 분이시며, 예수님이 시작하신 일을 완성하러 오신다.
- 아버지의 약속(성령님)은 시간적·거리적으로 먼 모든 개개인을 위한 것이다.
- 올바른 가르침이 있는 곳마다 그리스도의 일을 행하는 것이 동반된다.
- 그리스도의 사역은 오늘날 성령의 사역을 그려 준다.
- 다음과 같은 일련의 사건이 시작되었다.
  - 예수님은 생명의 빵으로 쪼개지셨다.
  - 무수한 사람들을 먹이셨다
  - 왕으로 선포되셨다.
  - 하늘로 올라가셨다.
  - 물리적으로는 이 땅에 계시지 않는다.
  - 제자들을 위해 기도하고 계신다.
  - 제자들은 그들 자신의 힘으로 인간의 바다를 건너려고 고군분투하고 있다.
  - 그리스도는 성령으로 그들에게 오신다.
  - 성령에 대한 민감함을 개발해야 한다.
- 비록 성령께서 놀라운 능력을 가지고 계실지라도, 우리가 그분과 교제하기 위해서는 영적인 민감함을 키워야 한다.
- 엘리야의 삶은 '하나님의 가시적인 능력'과 '하나님 자신' 사이의 차이를 알려 주는 중요한 예이다.
- 꿈과 환상은 하나님의 가시적인 현현이지만, 그것이 끝이 아니다. 꿈과 환상은 우리를 더 깊은 하나님과의 관계로 인도하기 위한 것이다.
- 예수님이 행하신 기적들은 성령의 기름부음을 받은 자들에게 속한 것이며, 그것이 어떻게 역사하는지 우리에게 보여 주기 위한 것이다.
- 기름부음은 기도의 교제 속에 부어진다.
- 모세는 애굽에서 이스라엘 자손을 이끌어 냈고, 여호수아는 그들을 약속의

땅으로 인도하였다. 사사기는 이스라엘이 그 땅을 다 차지하지 못한 이유가, 그들이 반드시 정복해야 할 세상과 오히려 동화되었기 때문이라고 말한다.
- 엘리야는 엘리사에게 기름부음을 전수했다. 하지만 엘리사의 종이자 후계자인 게하시는 재물에 눈이 멀어 자기의 때를 깨닫지 못했다.
- 세례 요한은 예수님의 사역에 준비되도록 백성들을 인도하기 시작했다. 예수님은 백성을 약속의 땅으로 인도하셨고, 차례대로 그 바통을 교회에 넘겨주셨다. 교회는 이전의 사사들이나 게하시처럼 하나님이 교회를 위해 예비하신 것 바로 앞에 머물러 있다!
- 우리에게는 여전히 해야 할 일이 있다. 지금도 사람들이 지옥에 가고 있기 때문이다! 우리는 예수님이 성취하신 일에 머물러 있을 수만 없다. 성령님은 그 일을 완성할 수 있도록 우리를 더 깊은 곳으로 인도하기 원하신다. 우리는 꿈과 환상에 집착해서는 안 된다. 꿈과 환상은 우리가 정복을 완료하여 다른 이들에게 약속의 땅을 가져올 수 있도록 돕는 도구에 불과하기 때문이다.

9장

꿈의 언어: 해석의 원리

꿈을 해석하는 데 정형화된 공식은 없다. 해석을 위해 일련의 규칙을 적용하는 것보다 성령님과 깊은 교제를 갖는 것이 더 중요하다. 성령 하나님이 꿈을 주시는 분이기 때문이다.

하나님이 그가 하실 일을 [꿈을 통해] 바로에게 보이신다 함이 이것이라 (창 41:28)

바로께서 꿈을 두 번 겹쳐 꾸신 것은 하나님이 이 일을 정하셨음이라 하나님이 속히 행하시리니 (창 41:32)

하나님은 한 번 말씀하시고 다시 말씀하시되 사람은 관심이 없도다 사람이 침상에서 졸며 깊이 잠들 때에나 꿈에나 밤에 환상을 볼 때에 (욥 33:14-15)

그들은 꿈에 헤롯에게로 돌아가지 말라 지시하심을 받아 다른 길로 고국에 돌아가니라 (마 2:12)

꿈에 지시하심을 받아 갈릴리 지방으로 떠나가 (마 2:22)

성령 하나님은 또한 꿈을 해석해 주시는 분이다.

오직 은밀한 것을 나타내실 이는 하늘에 계신 하나님이시라 그가 느부갓네살 왕에게 후일에 될 일을 알게 하셨나이다 왕의 꿈 곧 왕이 침상에서 머리 속으로 받은 환상은 이러하니이다 (단 2:28)

해석은 하나님께 있지 아니하니이까 (창 40:8)

박수장 벨드사살아 네 안에는 거룩한 신들의 영이 있은즉 어떤 은밀한 것이라도 네게는 어려울 것이 없는 줄을 내가 아노니 내 꿈에 본 환상의 해석을 내게 말하라 (단 4:9)

그러나 이 진리를 (그리고 해석을 원하는 사람이 그것에 대한 성경적 기초를) 세운 후, 꿈을 통해 주시는 하나님의 메시지를 해석하는 몇 가지 원리가 있다.
이 원리들을 살펴보기 전에 먼저 말씀과 성령 안에서 우리에게 힘을 주는 하나님 나라의 원리들을 살펴보자. 그중 첫 번째는 영적 깨달음이 정신적 능력이 아니라 마음의 영역에 있다는 것이다. 예수님은 씨 뿌리는 자의 비유를 통해 이것을 강조하신다.

아무나 천국 말씀을 듣고 깨닫지 못할 때는 악한 자가 와서 그 마음에 뿌려진 것을 빼앗나니 이는 곧 길가에 뿌려진 자요 (마 13:19)

여기에서 예수님은 깨달음과 마음을 연결하시며 깨달음이 없는 마음은 열매를 맺지 못하는 경우가 많다고 설명하신다. 나아가 주님은 두 가지 땅(돌짝 밭과 가시덤불 밭)을 설명하시며 다음과 같이 말씀하신다.

> 좋은 땅에 뿌려졌다는 것은 말씀을 듣고 깨닫는 자니 결실하여 어떤 것은 백배, 어떤 것은 육십 배, 어떤 것은 삼십 배가 되느니라 (마 13:23)

열매를 맺는 땅이나 맺지 못하는 땅 모두 말씀을 듣는다는 것에 주목하라. 차이점은 깨달음이다. 본문에서 말씀하시는 깨달음이란 들은 말씀을 마음에 적용하는 것이다. 즉, 깨달음 understanding 은 하나님의 말씀 '아래 under 서 있는 것 standing'(혹은 말씀의 권위 아래 머무는 것)이다. 이 구절은 우리가 오직 하나님의 말씀을 삶에 적용할 때에만 열매를 맺게 된다고 말씀한다. 그리고 성령의 은사는 순종 여부에 달려 있기 때문에(요 14:15-16) 말씀을 적용하지 않으면 풍성한 해석의 열매를 얻을 수 없다.

두 번째 원리는 이것이다. (방언을 말하기에 성령을 받았고) 스스로 성령 충만하다고 여긴다면, 본질이 달라져야 한다. 단순히 교회에서 방언하는 것으로는 충분하지 않다. 방언을 하는 것이 매일의 삶 가운데 가장 중요하고 실제적인 부분이 되어야 한다. 사도 바울은 다음과 같이 말씀한다.

> 그런즉 형제들아 내가 너희에게 나아가서 방언으로 말하고 계시나 지식이나 예언이나 가르치는 것으로 말하지 아니하면 너희에게 무엇이 유익하리요 (고전 14:6)

바울은 무슨 말을 하고 있는가? 방언은 성령에 대한 민감함을 키우는 도구라는 뜻이다. 그는 왜 자신이 다른 누구보다도 방언으로 더 많이 기도한다고 했을까?(고전 14:18) 버스를 타고 다니든, 트럭을 운전하든, 학교에 걸어다니든, 이 모든 것이 방언으로 기도하며 우리 영의 사람을 훈련할 기회이다.

방언 기도를 통해 속사람을 성장시키면(유 1:20) 우리의 마음은 성령의 계시와 지식, 예언, 교리를 받는 수신기가 된다. 영적인 약속의 땅에 들어가는 것을 중요하게 생각한다면, 이스라엘처럼(수 6:8-10) 의심 많은 인간적인 생각을 내려놓고 영적인 나팔(쇼파르)을 입에 대고 성벽이 무너지는 모습을 보아야 한다.

성경에 기록되어 있는 꿈들(표 B)

	인물	본문	비유와 상징 여부	속성	내용
1	아비멜렉	창 20:3-7	X	경고	사라를 보호 죽음의 위협
2	야곱	창 28:12-15	O	약속	사다리(요 1:51) 땅, 자손, 하나님의 임재, 말씀의 성취
3	야곱	창 31:10-13	X	지시	현 상황을 확증해 주신 후 가나안으로 가라고 지시하심
4	라반	창 31:24	X	경고	야곱을 보호하심
5	요셉	창 37:5-7	O	약속	형제들을 다스리게 됨
6	요셉	창 37:9	O	약속	가족을 다스리게 됨
7	술 맡은 관원장	창 40:9-11	O	약속	부활의 약속(믿음)
8	떡 맡은 관원장	창 40:16-17	O	심판	심판의 조짐(행위)
9	바로	창 41:1-7	O	사전 경고	동일한 상황을 알리는 두 천사 (창 41:25)
10	미디안 병사	삿 7:13-14	O	사전 경고	적을 위축시킨 꿈이 기드온의 믿음을 강하게 해 줌
11	솔로몬	왕상 3:5-15	X	약속	듣는 마음을 구함
12	느부갓네살	단 2:31-35	O	장래의 일	꿈을 기억하지 못함(단 2:5)
13	느부갓네살	단 4:10-18	O	경고	교만에 대한 (7년간의) 심판: 하나님이 다스리시며, 누구든지 그분이 원하는 사람에게 주신다
14	다니엘	단 7:1-14	O	장차 일어날 일	꿈을 기록함(단 7:1)
15	요셉	마 1:20-23	X	지시	마리아를 아내로 맞으라
16	동방박사들	마 2:12	O	지시	헤롯의 시기와 질투에 대해 경고하여 다른 길로 고국으로 돌아가게 함

17	요셉	마 2:13	X	지시	천사를 통해 헤롯이 예수님을 죽이려 함을 경고하며 애굽으로 가라고 지시함
18	요셉	마 2:19–20	X	지시	천사가 이스라엘로 가라고 지시함
19	요셉	마 2:22	X	지시	갈릴리로 가라고 경고함
20	빌라도의 아내	마 27:19	O	경고	예수님의 재판에 관여함으로 고통 받을 것에 대해 경고함

비유와 상징을 담고 있는 경우와 아닌 경우

우리는 거의 대부분의 꿈이 비유와 상징을 담고 있다는 사실을 인식해야 한다. 꿈은 보통 비유와 상징, 수수께끼, 퍼즐 같은 형태로 임하기 때문에 잘 풀어야 한다. 성경에 기록된 20개의 꿈 중 12개가 상징적인 특성을 가지고 있다. 즉, 60%는 비유와 상징을 담고 있고, 나머지 40%는 있는 그대로이다(표 B). 있는 그대로인 경우에는 상징적 이미지로 구성되어 있지 않기 때문에 해석이 따로 필요 없다.

경험상 오늘날에는 성경 시대보다 비유 형태의 꿈이 더 많다. 아마도 성령이 부어졌고, 성경도 보다 쉽게 접할 수 있게 되었기 때문일 것이다.

대부분의 꿈이 비유와 상징으로 임하기에 우리는 그것을 무시해 버리는 실수를 범하기 쉽다. 꿈에 최근에 접한 것들이 등장하기 때문이다. 예를 들어 싱크대에 둥둥 떠 있는 벌 한 마리를 보고, 그날 밤 한 무리의 벌 떼 꿈을 꾼 후 어젯밤 싱크대에서 본 벌 때문에 그런 꿈을 꾼 것으로 여기며 무시해 버린다면, 하나님의 음성을 놓치는 것이다. 하나님이 우리의 영적 여정에 대한 새로운 관점을 주시기 위해 최근에 접한 이미지들을 사용하시기 때문이다.

예수님이 어부에게는 그물 던지는 것(마 4:19)을, 농부에게는 씨 뿌리기(마 13:1-9)를, 결속력이 강한 사회에는 결혼의 의미(눅 12:36-39)를 언급하신 것처럼, 성령님도 우리에게 익숙한 이미지를 사용하는 것을 좋아하신다. 또한 우리가 아는 사람이나 추상적인 요소들을 통해 진리를 전달하시는 경우도 있다.

한번은 아내와 함께 전쟁 영화를 본 뒤 다음과 같은 꿈을 꾸었다.

외국 군대가 침입하고 있었다. 그들은 바다로 이어지는 거대한 바위 기슭에 있었다. 나는 다른 사람들과 함께 높은 곳에서 그들이 상륙하는 모습을 내려다보다가 그들에게 쏠 총과 탄약을 준비하려고 달려갔다. 그렇게 하려면 30센티미터 높이의 좁은 모래 동굴을 기어서 통과해야만 했다. 깊은 동굴과 연결된 이 모래 입구의 바닥에는 열두 개의 오렌지색 촛불 같은 것이 있었는데, 각기 다른 단계로 꺼져 가고 있었다. 대부분 초가 있던 자리에는 촛농만 남아 있었다. 바로 이 시점에 이것이 꿈이라는 것을 깨달았다. 하지만 그 장면이 너무도 생생하고 실제적이어서 초가 타는 냄새와 서늘한 모래가 실제로 느껴졌다.

입구 안쪽에는 두 명의 동료, 남자 한 명과 여자 한 명이 있었다. 입구가 너무 좁아서 금방이라도 지붕이 머리 위로 무너져 죽을 것 같았다. 거기서 죽는 것은 문제가 되지 않았다. 임무를 완수하지 못하면 적들이 그곳을 점령할 때 죽을 목숨이었기 때문이다. 순간 포기해서는 안 된다는 것과 여기에 더 위태로운 것이 있음을 직감했다 바로 좁은 입구를 통과해 동굴 안쪽으로 들어가자, 배우 멜 깁슨을 연상시키는 남자가 아주 탄탄해 보이는 사막용 사륜구동차가 있는 곳으로 데려갔다.

다음 장면에서 우리는 무기(소총과 탄약)를 가지고 돌아오고 있었다. 나는 적이 침투하고 있음을 알아챘다. 멜은 돌아가기 위해 어떤 계획을 세워 두었는지 보여 주었다. 차를 달려 요새 형태의 건물 지붕 위를 뛰어넘은 다음, 다시 목적지 쪽에 있는 담을 뛰어넘는다는 계획이었다. 너무나도 아슬아슬하고 긴장되는 계획이었지만, 그가 우리를 돌아가게 해 줄 것을 믿었다. 또한 그 과정에서 우리가 총에 맞을 수도 있다는 것을 알았다.

나도 모르게 "정말 말도 안되는 꿈이야!"라고 말하고 있었다. 하지만 이 꿈의 해석은 다음과 같다.

이 침공은 원수의 미묘하고 악한 계획을 말한다(창 3:1, 행 13:10). 외국인들에 대한 반감은 없다. 다만, 성령께서 더 깊은 영적 진리를 보여 주시기 위해 과거의 유사한 사건을 사용하신 것뿐이다. 외세의 침략은 교회를 엔터테인먼트에 사로잡히게(중독되게) 만들고 있는 첨단 기술의 은밀한 잠입과 미묘한 영향력을 의미한다. 동굴은 교회가 숨어 있음을 말하며, 동굴 깊은 곳의 여자는 바로 교회이다.

좁은 모래 입구는 두 가지를 말해 준다. 첫째, 이 길은 압박 가운데 있으며(마 7:13-14), 둘째 우리, 곧 교회가 하나님의 말씀을 가지고 장난을 치고 있다는 것이다. 오렌지색 초들은 교회의 상태와 힘을 잃어 가고 있는 사도적 명령에 대한 경고이다(마 28:19, 눅 11:33, 행 1:8). 오늘날 대부분의 교회들이 육신의 안락함이나 온갖 오락과 즐거움을 추구하는 삶에 빠져들고 있다. 그러면서 말씀을 들고 세상으로 나가는 것이 아니라 오히려 사람들이 교회로 찾아오길 기다리는 방관자가 되어 버렸다.

여기서 좁은 문을 기어서 통과할 때 느낀 죽음의 공포는 이 계시를 나눔으로 경험하게 될 사람들의 조롱과 비웃음에 대한 두려움을 나타낸다. 더 위태로운 것이 있다는 깨달음은 이 일을 계속할 것을 말해 준다. 그 일을 하지 않으면 교회가 위험에 처할 것을 알기 때문이다. 이 모든 것이 꿈이라는 사실을 인식했음에도 실제처럼 느껴진 것은 이것이 특정한 영적 실상을 보여 주는 것이기 때문이다.

멜(Mel)은 '우두머리'(엡 2:20, 벧전 5:4)를 뜻한다. 따라서 이 꿈에서 멜 깁슨은 교회(여자 동료)가 숨기고 있는 예수 그리스도를 나타낸다. 사막용 사륜구동차는 예수 그리스도께서 이끄시는 강력한 사역을 상징한다. 그분은 이 메시지를 설교 강단으로 가져가셔서(마 10:27) 그것을 가로막는 방해 요소와 장벽들을 뛰어넘으실 것이다. 소총은 말씀을 전하고자 하는 마음(발사대)이고, 탄약은 그렇게 전해지는 말씀이다. 총에 맞는다는 것은 이 메시지를 전함으로 교회 안의 사람들, 곧 아군으로부터 포격을 맞는 것을 뜻한다.

오늘날 교회는 거짓된 안정감에 취해 있지 않은가?(계 3:17-18) 생명을 주는 복음의 메시지를 전하기보다 점점 방관자가 되어 가고 있지는 않은가? 진실로 하나님을 경배하고 있는가, 아니면 듣기 좋은 찬양의 선율과 멜로디를 경배하고 있는가?

모든 전자 장비를 쓰지 말아야 한다는 말이 아니다. 우리가 참으로 하나님을 예배하고 있는지 확증하기 위해 자신의 마음을 면밀하게 살펴야 한다는 말이다. 만일 이런 질문과 문제가 염려로 다가온다면, 우리에게 하나님의 성령과 말씀에 대한 새로운 차원의 민감함이 필요하다는 명백한 증거이다. 꿈을 통해 그런 문제와 질문이 생긴다면, 더욱 그러하다.

하나님은 세상 사람들에게 꿈, 곧 우리의 해석을 통해 하나님의 실상을 확증해 줄 꿈을 주시기 위해 교회가 영적인 민감함을 되찾기를 기다리고 계신다. 그러므로 영적인 민감함을 개발하고 키워 줄 '선지자 학교'가 필요하다. 이러한 예언 사역이 없다면, 우리는 교회를 세우기 위해 인간이 만든 시스템으로 회귀하게 된다.

그러니 이제 꿈으로 돌아가자. 이것이 이상하게 들리는가? 그럴 것이다! 그런데 이 꿈이 강에서 올라온 파리하고 흉한 소들이 살진 일곱 마리의 소를 잡아먹은 꿈(창 41:20)만큼 이상한가! 사람의 마음이 제거되고 짐승의 마음으로 바뀐다는 것은 또 어떠한가!(단 4:16) 하나님의 영은 당신에게 이것에 대해 뭐라고 말씀하시는가?

사람들은 우리에게 찾아와 이렇게 말한다. "제가 정말 이상한 꿈을 꿨어요." 아무리 이상해도 괜찮다. 어떤 꿈이라도 무시하지 말라. 꿈은 하나님이 우리에게 말씀하시는 것이다(이 꿈의 해석에 사용된 비유와 상징에 대한 설명은 꿈·환상 해석 샘플 53번을 보라).

몇 년 전 나는 거대한 백상아리 한 마리가 나의 딸들 중 하나를 잡아가는 꿈을 꾸었다. 당시에는 가족이 해변에 나가 있는 동안 아이가 납치될지도 모른다는 두려움이 있었다. 지금은 이런 종류의 꿈이 약탈자에 대한 하나님의 경고일 가능성이 더 높다는 것을 안다. 이것은 어린 시절의 만남과 친구 관계에 더욱 주의해야 한다는 경고이다. 만일 딸아이가 조금 더 성장한 경우라면, 성적·재정적 혹은 계약적인 약탈에 대한 경고일 수도 있다.

대부분의 꿈이 비유와 상징이기에, 영적으로 유사한 내용을 전달할 가능성이 크다. 떨기나무의 불은 심판을, 자동차 사고는 가족이나 사역, 사업의 잠재적인 재난을 경고하는 것일 수 있다. 하지만 여기서 중요한 것은 영적 재난의 가능성을 그것이 실제로 일어난 것처럼 긴급하게 다뤄야 한다는 것이다 .개인, 도시, 국가의 영적 번영과 행복이 실제적인 것보다 더 중요하기 때문이다(마 16:26). 이런 말을 하는 것은 영원에 비해 육신의 삶이 짧다는 것을 보여 주기 위함이다. 물론 둘은 비교가 되지 않는다.

배경

성경의 참된 의미를 찾기 위해 본문의 배경을 살펴보는 것이 중요한 것처럼, 꿈을 해석할 때도 꿈속의 주변 환경을 고려하는 것이 중요하다.

가끔 꿈의 특정한 요소의 의미를 묻는 문자나 전화를 받는다. 그러나 꿈의 나머지 부분과 꿈을 꾼 사람을 둘러싼 환경에 대한 이해가 없으면 정확한 그림을 그릴 수 없다.

성경을 예로 생각해 보자. 만일 우리가 특정 인물의 의미를 생각해 본다고 가정해 보자. 이를테면 야곱은 가나안으로 돌아오는 여정 가운데 형에서를 만나기 직전 브니엘에서 하나님을 대면한다(창 32:22-32). 하나님은 야곱으로부터 한 가지 고백을 받기 위해, 그리고 그에게 한 가지 계시를 주시기 위해 그와 씨름하신다. 이 절체절명의 순간을 성경은 이렇게 기록하고 있다. "그 사람이 그에게 이르되 네 이름이 무엇이냐 그가 이르되 야곱이니이다 그가 이르되 네 이름을 다시는 야곱이라 부를 것이 아니요 이스라엘이라 부를 것이니"(창 32:27-28).

야곱은 자신의 참된 정체성을 깨달아야 했다. 그의 이름은 문자 그대로 '움켜쥐는 자, 속여 빼앗는 자, 밀어내고 대신 앉는 자'라는 뜻으로, 오직 자신만 생각하는 사람을 묘사한다. 이런 그림은 그가 형 에서로부터 장자권과 축복을 훔침으로 성경이 확증해 준다. 라반의 가축이 잉태할 때, 야곱은 계속해서 자신을 속여 빼앗는 외삼촌 라반을 속이기 위해 악착같이 일하는 모습을 볼 수 있다(창 30:37-42).

만일 야곱과 씨름하는 분이 하나님이시라면, 왜 그에게 이름을 물어보신 걸까? 하나님은 분명 이미 알고 계셨을 텐데 말이다! 하나님은 그에게 이름을 물어보심으로 어떤 고백을 하게 하셨고, 이어서 한 가지 계시를 주셨다. 이것은 하나님께 나아가기 위해 우리가 해야 할 고백이다.

우리는 먼저 우리가 죄인임을 고백해야 한다. 죄는 이기심에 뿌리를 두고 있다. 따라서 죄는 우리가 다른 사람을 동정하지 않고 행하는 일들이다(사 53:6). 그의 이름처럼 야곱은 "나는 오직 나밖에 모른다!"라고 말한다. 그 고백 후 하나님은 그에게 이렇게 말씀하신다. "너는 더 이상 '속여 빼앗는 자'가 아니라 '이스라엘' 즉 '하나님과 함께하는 왕자'로 불릴 것이다."

야곱은 독선적으로 행동하며 오직 자신만을 위해 사는 사람, 곧 육의 사람, 옛 자아로 그려진다. 하나님께서 그를 이스라엘이라 말씀하실 때, 사실 그를 영의 사람으로 살도록 부르신 것이었다. 바로 이 시점부터 야곱과 이스라엘이 언급될 때마다 야곱은 육의 사람을, 이스라엘은 영의 사람을 나타낸다는 것을 알 수 있다.

우리는 이 사실을 창세기 35장에서 본다. 그는 세일산에서 에서를 만나기로 약속했다. 하지만 두려움 때문에(육의 사람이 발동해서) 전혀 다른 방향인 세겜으로 간다(창 33:14-18). 그리고 이곳에서 그의 딸 디나가 강간을 당하고 만다(창 34:2). 하나님은 그가 더 이상 야곱이 아니라 이스라엘임을 주지시켜야만 하셨다(창 35:10).

우리는 그에게 이 문제는 이미 끝난 것이 아닌가 생각할 수도 있다. 하지만 그렇지 않다. 여기서 야곱은 여전히 자신이 통제하고 싶어 한다. 그런데 오히려 창세기 49장에서 죽기 직전까지 영의 사람과 싸우는 모습을 볼 수 있다. 이 장에서 다룬 두 이름의 사용법은 따로 시간을 내어서 연구할 가치가 있다.

이런 통찰을 통해 말씀(성경과 꿈)에서 야곱(과 이 이름에서 파생된 이름들 - 제임스, 제이미, 제키, 제이크)을 본다면, 사실 그것은 육적인 사람을 의미하는 것이다. 그러나 항상 그런 것은 아니고, 야곱과 이스라엘이 함께 나올 때가 바로 그런 경우다. 하지만 야곱이라는 이름이 에서와 함께 등장할 경우, 그것은 또 다르다. 에서와 비교하자면 야곱은 영의 사람이고, 에서는 육의 사람이다. 이 진리는 다음의 말씀에 숨겨져 있다. "기록된 바 내가 야곱은 사랑하고 에서는 미워하였다 하심과 같으니라"(롬 9:13).

야곱이 누구와 함께 언급되어 있느냐에 따라 그 의미가 달라지듯, 꿈속의 특정 요소에 대한 의미도 주변 환경에 달려 있다. 그러므로 배경의 원리는 어떤 꿈을 해석하는 요소들이 다른 꿈의 요소에 동일하게 적용될 수 없다는 것을 가르쳐 준다. 꿈을 꾼 사람의 생활 속에 벌어지고 있는 일 역시 배경을 구성하는 요소로 살펴볼 필요가 있다.

탁구 치는 꿈

배경의 중요성을 보여 주는 한 가지 좋은 예를 소개하겠다. 이 책을 준비하는 동안 꿈을 꾸었는데, 여러 가지로 독특한 꿈이었다. 먼저 그날 밤 잠을 청하기 전, 영으로 아주 희미하게 문자 메시지가 수신될 때 휴대폰에서 나는 소리를 들었다. 이를 통해 나는 하나님께서 그날 밤 꿈을 통해 나에게 말씀하실 것이라고 느꼈다. 예상한 대로 다음 날 이른 아침, 다음과 같은 꿈을 꾸었다.

나는 이전에 딸아이의 농구 코치였던 글린과 함께 탁구를 치고 있었다. 탁구공은 단단한 고무공이었다. 글린이 먼저 서브를 넣었는데, 탁구공은 탁구대를 맞춘 후 바로 바닥으로 떨어졌다. 그런 서브를 받기란 불가능한 일이다. 나는 글린에게 말했다. "탁구를 계속 치고 싶지만, 당신은 내게 기회를 주지 않는군요!"

나는 침대에서 일어나 노트에 그 꿈의 내용을 기록했다. 그리고 누워서 그 꿈의 의미를 곰곰이 생각하다가 무심코 진열장 위에 있는 시계를 보았는데, 성령께서 시계의 숫자를 주목하라고 말씀하셨다. 3시 46분이었다. 그런 일은 전에도 없었고, 그 후로도 없었다.
이 꿈의 의미는 무엇일까? 이 꿈을 이해하려면, 그 당시 내 삶에 무슨 일이 있었는지(내 삶의 배경) 먼저 알아야 한다. 그날 아내와 나는 쇼핑하러 갔다. 그런데 한 상점에서 나올 때 아내가 울었다. 나는 아내에게 괜찮냐고 물었다. 그러자 아내는 괜찮다고 말했지만, 괜찮지 않은 것이 분명했다. 그럼에도 그 문제에 대해 다시 물어볼 상황이 아니었다.

조금 더 과거로 올라가 보자면, 우리 가족은 그 주간에 조카들과 함께 바닷가로 휴가를 떠나기로 했었다. 그리고 나는 이 책을 집필하기 위해 집에 머물기로 했다. 이 약속은 3주 전부터 예정되어 있었고, 내가 같이 가지 못하는 것을 가족들이 이해하고 동의했다고 생각했다. 하지만 우리가 쇼핑을 가기 전날, 아내는 왜 함께 가지 못하는지 물었다. 나는 이렇게 말했다. "당신이 휴가를 보내는 동안 나는 책을 쓰기로 이미 약속했잖아요." 아내는 아무런 대꾸를 하지 않았다.

몇 분간 그 꿈을 묵상한 후, 나는 하나님이 무슨 말씀을 하시는지 깨달았다. 그때 아내도 깨어 있는 것 같았다. 그래서 몸을 돌려 아내에게 말했다. "일어났어요? 조금 전 하나님이 꿈으로 내게 말씀하셨어요."

나는 아내에게 그 꿈 얘기를 해 주고 이렇게 말했다. "하나님이 이렇게 말씀하시는 것 같아요. 글린의 뜻은 '골짜기에서의 삶'이에요." 나는 부드럽게 계속 말했다. "여보, 글린은 바로 당신이에요. 그 순간 당신의 마음이 울적했지요. 탁구공은 말씀을 뜻해요. 당신은 아무 말도 하지 않았고, 또 내가 말하지도 못하게 했지요." 말을 잠시 멈춘 후 다시 이어갔다. "시계의 숫자는 당신이 우리의 관계 속에서 사람의(6) 기준을(4) 부활(3)시켰다는 뜻이에요(영어의 어순은 3, 4, 6이다 - 역자 주)."

성령께서 아내의 마음을 만지시자, 그녀는 울기 시작했다. 그리고는 그 주간에 내가 왜 가족 여행을 가지 않는지 친구들로부터 질문을 받았고, 이것이 아내에게 좋지 않은 영향을 주었다고 하였다. 그리고 내가 가지 않는 것에 대해 오해하여 마음의 상처로 남게 되었던 것이다. 하지만 이 꿈은 아내에게도 문제가 있다는 것을 깨우쳐 주었다.

우리는 이 책을 집필하기 위해 나만의 시간이 필요하다는 것을 다시 한번 확인했고, 결국 그 문제를 풀었다. 기도 시간을 가진 후 우리의 관계는 회복되었다. 그리고 아내는 아이들과 휴가를 떠났다.

비록 개인적이긴 하지만, 이 꿈은 꿈을 올바르게 해석하려면 꿈을 꾼 사람의 삶(배경 상황)을 이해하는 것이 얼마나 중요한지 보여 준다. 이런 이유로 다른 사람의 꿈을 해석할 때, 대부분의 경우 그 사람의 배경과 상황을 온전히 이해하기 위해 몇 가지 질문을 해야 한다.

해석을 결론짓기 전에 꿈을 전체적으로 묵상해 보라

꿈을 해석하기 전에, 특히 긴 꿈일 경우 이 원리를 따르려면 시간이 필요하다. 다니엘은 느부갓네살의 꿈을 해석할 때, 이 원리를 적용했다. 다음의 성경 말씀을 살펴보자.

> 나 느부갓네살 왕이 이 꿈을 꾸었나니 너 벨드사살아 그 해석을 밝히 말하라 내 나라 모든 지혜자가 능히 내게 그 해석을 알게 하지 못하였으나 오직 너는 능히 하리니 이는 거룩한 신들의 영이 네 안에 있음이라 벨드사살이라 이름한 다니엘이 한동안 놀라며 마음으로 번민하는지라 (단 4:18-19)

우리는 다음의 세 가지 목적을 가지고 해석을 위한 시간을 충분히 가져야 한다. 첫째, 하나님이 꿈을 통해 전달하시는 모든 이미지를 보아야 한다. 꿈속의 개별 요소들을 볼 수는 있어도, 전체를 보기 전에는 그런 요소들이 하나님이 말씀하시고자 하는 것에 어떻게 부합하는지 알지 못할 것이다. 전체를 보지 못하고 개별 요소만 보면 잘못 해석할 수 있다. 따라서 해석을 바르게 하려면, 전체의 모습이 개별 요소에 어떤 영향을 주는지 반드시 생각해 봐야 한다.

둘째, 반드시 그 꿈을 살펴볼 시간을 가져야 한다. 꿈을 올바로 이해하려면 꿈속의 장면들과 행동을 처음부터 마지막까지 면밀하게 살펴야 한다. 예를 들어, 하나님은 그분의 말씀을 이스라엘에게 전달하시기 전, 예레미야에게 토기장이를 살펴보라고 지시하셨다.

> 여호와께로부터 예레미야에게 임한 말씀에 이르시되 너는 일어나 토기장이의 집으로 내려가라 내가 거기에서 내 말을 네게 들려주리라 하시기로 내가 토기장이의 집으로 내려가서 본즉 그가 녹로로 일을 하는데 진흙으로 만든 그릇이 토기장이의 손에서 터지매 그가 그것으로 자기 의견에 좋은 대로 다른 그릇을 만들더라 그때에 여호와의 말씀이 내게 임하니라 이르시되 여호와의 말씀이니라 이스라엘 족속아 이 토기장이가 하는 것같이 내가 능히 너희에게 행하지 못하겠느냐 이스라엘 족속아 진흙이 토기장이의 손에 있음같이 너희가 내 손에 있느니라 (렘 18:1-6)

예레미야가 토기장이를 관찰함으로 이스라엘에게 전할 하나님의 메시지 더 잘 이해할 수 있었던 것처럼, 우리는 꿈속에 주어진 일차적인 단어들뿐 아니라 모든 장면을 통해 하나님이 전달하시고자 하는 메시지가 무엇인지 보아야 한다.

셋째, 충분한 시간을 가짐으로 꿈 해석을 전달할 방법에 대한 하나님의 지혜를 구할 수 있다. 해석을 받는 것과 그것을 통해 그 꿈을 꾼 사람이 어떤 행동을 취해야 할지, 그리고 그 해석을 어떻게 전달해 줄 것인지는 또 다른 문제이다.

하나님의 영으로 충만했던 요셉은 다음과 같이 말했다.

이제 바로께서는 명철하고 지혜 있는 사람을 택하여 애굽 땅을 다스리게 하시고 바로께서는 또 이같이 행하사 나라 안에 감독관들을 두어 그 일곱 해 풍년에 애굽 땅의 오분의 일을 거두되 그들로 장차 올 풍년의 모든 곡물을 거두고 그 곡물을 바로의 손에 돌려 양식을 위하여 각 성읍에 쌓아 두게 하소서 이와 같이 그 곡물을 이 땅에 저장하여 애굽 땅에 임할 일곱 해 흉년에 대비하시면 땅이 이 흉년으로 말미암아 망하지 아니하리이다 (창 41:33-36)

바로는 그의 신하들 앞에서 요셉을 인정했다. "이와 같이 하나님의 영에 감동된 사람을 우리가 어찌 찾을 수 있으리요?" 이어서 요셉에게는 다음과 같이 말했다. "하나님이 이 모든 것을 네게 보이셨으니 너와 같이 명철하고 지혜 있는 자가 없도다"(창 41:38-39).

해석을 잘 전달하는 방법(그리고 우리가 받은 꿈을 해석하는 법)을 알기 위해 우리는 성령님의 뜻을 구하는 마음을 가져야 한다. 앞에서 보았듯이 요셉은 더 이상 자랑하지 않았다. 그는 과거를 잘 정리했으며, 성령으로 충만했다. 따라서 하나님과도 화평하고, 자신의 내면도 평안해졌다. 우리가 과로나 스트레스로 인해 성령 안에 거하지 못하면, 올바르게 해석할 수 없다.

순서의 중요성

꿈의 순서나 차례도 매우 중요하다. 꿈의 배경과 상황, 전체 그림을 봐야 하듯, 정확한 순서나 차례를 알아야 한다. 순서는 꿈속의 모든 장면을 보는 것과 긴밀하게 연결되어 있다. 어떤 이유로든 꿈을 꾼 사람이 두서없이 정보를 제공한다면, 그 의미를 정확히 알 수 없어서 혼란에 빠질 수 있다. 따라서 꿈의 내용을 최종적으로 기록하기 전에 꿈의 핵심 사항을 일어난 순서대로 기록하는 것이 좋다.

과거, 현재, 미래

모든 꿈이 다 미래와 연결된 것은 아니다. 하나님은 종종 과거의 장면을 사용하셔서 어떤 배경을 설정하시고, 또 하나님이 아시는 것을 계시해 주심으로 믿음을 세워 주신다. 이처럼 하나님은 장래에 인도할 곳으로 우리를 인도하시기 전에 현재의 모습을 보여 주신다. 이런 종류의 꿈들은 첫 장면이 꿈의 여정에 중요한 힌트가 되기도 한다. 이런 꿈들은 상대적으로 길고, 어떤 선박이나 차량(꿈·환상 해석 샘플 25번과 48번을 보라) 혹은 복도 같은 곳에서 시작하거나, 아니면 이런 것들이 중심이 되기도 한다.

꿈은 지역 교회나 사람의 마음 상태를 계시해 주는 경우가 많다. 이런 종류의 꿈은 오직 하나님과 그와 관련된 사람들만 아는 진리를 밝히 드러낸다. 이런 통찰력을 통해 하나님은 겉으로 드러나지 않은 것을 수면 위로 끌어 올려 개인과 교회 혹은 사역 단체로 하여금 문제를 해결하게 하신다. 다른 사람이 이런 꿈을 꾼 경우, 언제 그 꿈을 전해야 할지, 혹은 관련된 사람들에게 꿈 해석을 전달해야 할지 여부와 관련하여 지혜가 필요하다. 또한 하나님의 타이밍을 잘 잡아야만 한다.

모든 꿈과 해석을 다 알릴 필요는 없다. 간혹 어떤 꿈들은 영적으로 어떻게 보이는지를 알려 주거나 특정 상황에서 영적으로 벌어지고 있는 것이 무엇인지에 대한 정보를 전달할 뿐이다. 또 기도가 필요한 꿈들도 있다.

반복되는 꿈

하나님이 어떤 꿈을 반복해서 꾸게 하신다면, 그것에 대한 확증이거나 그것의 중요성과 위급함이나 긴박함을 알리시는 것이다. 반복되는 꿈이 있다는 것은 처음에 그 꿈을 듣지 않았다는 말이다. 꿈이 반복된다면, 그 꿈을 반드시 주목해야 한다. 왜냐하면 하나님은 우리가 그 메시지를 따라 행하기 원하시기 때문이다.

요셉은 바로에게 다음과 같이 말했다. "바로께서 꿈을 두 번 겹쳐 꾸신 것은 하나님이 이 일을 정하셨음이라 하나님이 속히 행하시리니"(창 41:32). 여기에서 요셉은 그 반복된 꿈이 다름 아닌 하나님께서 바로에게 말씀하시는 것이며, 계시된 그대로 곧 실행될 것이라고 설명한다. 바로의 경우 두 개의 꿈은 서로 달랐지만, 동일한 사안에 대한 놀라운 두 가지 관점을 보여 주었다(창 41:17-25).

요한복음에서 예수님은 종종 이렇게 말씀을 시작하셨다. "진실로 진실로"(요 1:51, 기타 다른 구절도 있음). 예수님은 매우 놀라운 영적 진리를 전수하시기 전에 매번 제자들의 관심을 끌어 내셨다. 오늘날도 마찬가지이다. 성령님은 영적 진리를 깨우쳐 주시기 위해 반복되는 꿈을 통해 우리의 관심을 끌고자 하신다.

아브라함이 하나님께 순종해서 이제 막 그의 독자 이삭을 번제로 바치려 했을 때, 하나님은 그의 이름을 반복해서 부르심으로 그의 관심을 사로잡으셨다(창 22:11). 아브라함은 하나님께 순종하는 일에 전념했다. 하나님은 그런 그의 마음을 돌려 희생을 막기 위해 아브라함의 이름을 반복해서 불러야만 하셨다. 오늘날도 마찬가지다. 하나님은 반복적인 꿈을 통해 잘못된 것이나 우리가 몰두하고 있는 것을 깨뜨리시고, 동시에 사안의 긴박성을 깨우쳐 주신다.

자비로우신 하나님은 종종 불신자들에게 그들의 영혼의 문제에 관한 꿈을 반복적으로 주신다. 사람들이 추락하고, 썻고, 용변을 보고, 공포 가운데 날고, 혹은 침대 주변에 있는 어두운 존재를 보는 꿈은 하나님께 돌아오라고는 강력한 요청이다. 이것은 그들의 영의 사람이 하나님의 임재 앞에 영원히 머물도록 하시기 위함이다.

감정

꿈을 꾸는 사람의 감정은 꿈속에 나타난 장면이 전달하고자 하는 의미들을 암시해 준다. 비록 꿈에 나타난 시각적 요소가 같을지라도, 꿈을 꾸는 사람들의 감정은 다를 수 있다. 따라서 할 수만 있다면, 주어진 상황과 관련된 감정을 표현하는 것은 상당히 중요하다. 특정한 장면에서 느끼는 분노, 두려움, 확신, 염려의 감정은 시각적 이미지가 주는 의미만큼이나 시사하는 바가 크다.

예를 들어, 하늘을 나는 꿈은 아주 신나는 경험이 될 수도, 끔찍한 경험이 될 수도 있다. 두 장면 모두 성령 안에 거하는 삶을 묘사한다. 신나는 기분으로 나는 사람은 일반적으로 하나님의 성령 혹은 은사를 따라 행한다는 뜻이다. 반면 두려움을 느끼는 것은 영적인 문제나 위험에 대한 경고이다.

성별

꿈속에 나타난 남자나 여자는 실제 그 성별을 가진 사람을 뜻하는 것은 아니다. 하늘의 사고방식에 따르면 남녀 모두 인간이다. 베드로는 아내에 대해 다음과 같이 말씀한다.

> 아내들아 이와 같이 자기 남편에게 순종하라 이는 혹 말씀을 순종하지 않는 자라도 말로 말미암지 않고 그 아내의 행실로 말미암아 구원을 받게 하려 함이니 너희의 두려워하며 정결한 행실을 봄이라 너희의 단장은 머리를 꾸미고 금을 차고 아름다운 옷을 입는 외모로 하지 말고 오직 마음에 숨은 사람을 온유하고 안정한 심령의 썩지 아니할 것으로 하라 이는 하나님 앞에 값진 것이니라 (벧전 3:1-4)

아내들을 향한 가르침에서 베드로는 그들에게 "오직 마음에 숨은 사람을" 단장하라고 말씀한다. 이것은 성별과 아무런 관련이 없다. 왜냐하면 육의 사람에 관한 성경 말씀 안에 남녀가 다 포함되어 있는 것이 분명하기 때문이다. 바울은 로마의 성도들에게 다음과 같이 말씀한다.

우리가 알거니와 우리의 옛사람이 예수와 함께 십자가에 못 박힌 것은 죄의 몸이 죽어 다시는 우리가 죄에게 종노릇하지 아니하려 함이니 (롬 6:6)

죄에 대해 죽은 자로 살라는 이 말씀이 남녀 모두를 포함하고 있다는 것은 매우 분명하다. 이러한 이유로 여성의 꿈속에 나타난 늙은 남자는 그녀의 육의 사람, 즉 영을 대적하는 측면을 보여 준다.

마지막으로 환상 가운데 바울에게 나타나 유럽으로 오라고 손짓한 마케도니아 남자(행 16:9-10)는 결국 여성이었다는 것(행 16:13-15)에 주목하라. 또한 꿈속에 나타난 여성은 교회를 나타낼 수 있다(엡 5:25). 종종 교회는 누군가의 어머니, 자매, 혹은 여자 청년의 모습으로 그려지기도 하는데, 그 이유는 이런 여성들이 교회의 영적인 측면을 나타내기 때문이다.

지명과 인명

꿈에 나타난 지명과 인명은 매우 중요하다. 때때로 꿈에 등장한 사람은 그 사람 자체를 말하기도 하지만, 어떤 경우에는 그 사람의 이름이 꿈을 해석하는 핵심적인 열쇠가 되기도 한다. 꿈에 당신이 알고 있는 사람이 등장할 경우, 그것은 이름 대신 그 사람의 주된 성품이나 그 사람이 당신에게 의미하는 바를 나타낼 수도 있다.

다시 한번 강조한다. 꿈에 나타난 사람이 문자 그대로 그 사람이라고 단정하거나 혹은 그 사람의 이름이 뜻하는 것이라고 가정하기 전에 그 꿈을 전체적으로 살펴보는 것이 중요하다. 앞에서 나눈 멜 깁슨에 관한 꿈은 이름의 뜻이 어떻게 꿈 해석에 도움이 되는지를 보여 주는 좋은 예이다.

꿈에 등장한 인물들은 다음과 같은 뜻일 수 있다.

- 그들 자신
- 그들의 성품
- 그들의 지위나 역할, 혹은 그 사람들이 꿈을 꾼 사람에게 의미하는 바
- 그들이 대표하는 조직이나 교회
- 그들의 이름의 의미

이 책 뒤편에는 성경의 주요 인명과 지명의 의미가 수록되어 있다. 만일 당신이 다양한 꿈을 해석하기 원한다면, 이름의 뜻을 알려 주는 책을 보다 깊이 연구해 볼 것을 권한다.

인터넷의 검색 기능 역시 이름의 정의를 찾을 수 있는 좋은 도구이다. 하지만 아기 이름을 쓰는 많은 웹사이트들은 도박과 포르노와 관련이 있기 때문에 주의가 필요하다. 어떤 이름의 어원이 뜻하는 바가 정해져 있어도 계속 변화되기 때문에 그 의미를 최종적으로 수용하기 전에 여러 자료를 비교하는 것도 좋은 방법이다.

숫자들

숫자는 꿈 해석에 있어서 언제나 중요한 역할을 한다. 꿈속에서 본 숫자가 암시하는 바는 다음의 한 가지 예를 통해 잘 드러난다. 이 꿈은 특히 숫자의 중요성을 잘 보여 준다.

꿈속에 너무나도 사랑하지만 거의 얼굴을 보지 못하는 사람이 나왔다. 우리는 둘 다 일련의 숫자들을 들고 있었는데, 그 숫자들에는 맞는 짝이 있었다. 나는 6, 7, 8을 가지고 있었고, 그는 그것과 어울리는 숫자들을 들고 있었다. 그런데 그게 뭐였는지는 기억이 나지 않는다. 나는 그가 특정한 길로 나가면 내 숫자들을 볼 수 있게 게시해야 했다. 내 숫자들을 원형 교차로에 있는 저수지 길과 스마트 로(路) 모퉁이에 세워 두려 했다.

이 꿈은 남편과 아내의 관계와 연관되어 있다. 남편과 아내는 서로 도와야 한다. 그런데 이 부부는 서로 함께하는 시간을 충분히 갖지 않고 있다. 또한 하나님은 이 꿈을 통해 남편에게 말씀하고 계신다. 아내의 숫자는 6, 7, 8이다. 순서대로 놓인 이 숫자들은 그녀가 영적인 진보를 잘 이루고 있다는 것을 보여 주는 좋은 조합이다. 그녀의 숫자는 육(6)의 사람인 아내가 신적인 완성(7)의 길로 움직이고 있으며, 영적인 새로운 출발(8)을 준비하고 있음을 말한다. 이 숫자들이 설명하고 있는 내용이 바로 남편이 이해하고 받아들여야 할 코드이다.

남편의 숫자는 4, 3, 2일 가능성이 있다. 왜냐하면 이 숫자들은 순서를 완성하거나 10이 되기 위해 필요하기 때문이다. 이런 배경 속에서 이런 숫자의 조합은 남편이 이제 집에서 다스리고(4), 부활(3)을, 아내와의 연합(2)을 통해 경험하게 될 것이라는 뜻이다. 저수지 길과 스마트 로 역시 중요한 이유는 이제 곧(모퉁이) 그녀가 하나님(저수지)의 지혜(스마트)를 받아 반전(원형 교차로)하게 될 것이라는 뜻이기 때문이다.

이것은 참으로 멋진 꿈이다. 꿈속에서 숫자를 아름답게 사용했을 뿐만 아니라, 길의 이름 또한 매우 정교하게 사용되었기 때문이다.

비유와 상징 사전 역시 하나의 숫자가 그 숫자의 표면적 가치와 동일함을 보여 준다. 예를 들어, 꿈속에 등장한 숫자 3은 표면적으로 정확히 3을 뜻할 수 있다. 꿈의 개별 요소에 대해 해석할 때, 어떤 숫자에 대한 해석이 과연 올바른지 고민하며 성령의 내적 음성에 민감해져야 한다. 해석을 바르게 한다면 그것을 확증해 주는 '증인/증거' 혹은 내적인 확신이 있을 것이다. 그리고 꿈의 메시지 전체가 확연히 드러나게 될 것이다.

지역적·국가적·문화적 특이점

이 책에 수록된 비유와 상징 사전은 일반적으로 서구의 관점에 근거하고 있다. 따라서 지역 사회의 지식이나 특정한 상황의 문화적 관점을 잘 전달하지 못할 수도 있다.

예를 들어, 어느 날 아담은 순간적으로 어떤 사람의 손에 있던 바나나 한 덩어리가 반으로 잘리는 환상을 받았다. 이것이 특별한 의미가 없는 환상으로 느껴질 수도 있다. 하지만 그 당시 호주 북부(우리가 살고 있는 시골) 지역은 사이클론으로 인해 바나나 재배 지역이 초토화된 상황이었다. 말하자면, 바나나 가격이 1kg 당 15달러로 치솟아 매우 비싸졌다는 뜻이다. 따라서 그 환상은 나와 관련이 있는 사역 중 어떤 것의 가치가 떨어질 것임을 알려 주는 것이었다.

사전에 없는 내용이나 사전의 목록 중 원하는 주제에 대한 뜻을 찾지 못한다면, 그 주제와 관련된 성경 구절을 조사해 보라. 그리고 그 사람이나 장소, 사물이 당신에게 의미하는 것을 기록한 뒤, 어떤 해석이 꿈이 전달하는 전체 메시지에 가장 부합한지 살펴보라.

어떤 꿈은 그 안에 있는 특정한 요소를 인식하지 못하는 경우가 있다. 이런 이유로 나는 침대 곁에 노트를 놓고 잔다. 만일 한밤중에 귀중한 보물을 얻게 된다면, 즉시 그것을 정확하게 적어 두라. 왜냐하면 다음 날 아침 그것을 기억하지 못하는 경우가 많기 때문이다.

또한 하나님은 꿈을 통해 당신의 영적인 지각을 확장시키실 것이다. 물론 매번 즉시 해석하지는 못할 것이다. 사실 주님이 말씀하시는 것이 무엇인지 온전히 깨닫기까지 많은 시간을 기다려야 할지도 모른다. 하지만 온전히 깨닫는 때가 오면, 당신의 믿음이 한층 성장했음을 알게 될 것이다.

실용적인 제안

꿈과 그것의 해석을 중요하게 생각한다면, 꿈 일지를 만들어 보는 것도 좋다. 나는 단순하게 꿈의 내용과 날짜를 기록한다. 꿈의 길이에 따라, 받은 꿈을 적은 곳 아래에 적절한 공간을 남겨 두기도 하고, 반대쪽에 해석란을 만들기도 한다.

또한 커다란 노트를 늘 침대 곁에 둔다. 전에는 작은 노트를 쓰기도 했지만, 이제는 캄캄한 곳에서 쓰기도 편하고 불을 켜서 아내의 잠을 방해하지 않기 위해 더 큰 노트를 사용한다. 큰 노트는 다음 페이지로 넘어가지 않고도 한 페이지에 이것저것 마음껏 쓸 수 있다. 아침에 일어나면, 지난 밤 꿈을 기억할 수 있도록 몇 가지 중요한 요점만 기록한다.

아침에 재빨리 그 꿈을 받아쓰는 이유는 꿈의 순서를 올바로 기억하기 위해서이다. 그리고 지난 밤 꿈의 세부 사항이 다 떠오르면 기쁜 마음으로 그 내용을 노트에 기록한다. 이런 식으로 일정 기간 동안 하나님이 주신 말씀을 적은 일지를 가지고 있다.

기록한 꿈들을 읽는 것은 믿음을 세워 주는 좋은 훈련이 된다. 왜냐하면 그것을 통해 하나님이 과거에 성취하신 일이나 응답하신 일을 볼 수 있고, 동시에 주님이 장래에 나를 어디로 인도하실지 깨달을 수 있기 때문이다. 또한 꿈 일지는 기도해야 할 제목들을 알려 준다. 그리고 그것을 기도함으로 자신 있게 천국을 이 땅에 풀어놓을 수 있다(마 6:10).

요약

- 꿈 해석에 정형화된 공식은 없다. 꿈을 해석함으로 성령님과 친밀한 관계를 발전시켜 나갈 수 있다. 성령님은 꿈의 저자이자 해석자이시다.
- 이해$_{Understanding}$는 우리가 하나님의 말씀 '아래 설 때'$_{under-standing}$ (혹은, 말씀의 권위 아래 머물 때) 온다. 그러므로 해석은 순종에 달려 있다.
- 틈나는 대로 방언으로 기도하라. 여행 중에도 마찬가지이다. 왜냐하면 방언 기도는 계시와 가르침과 예언의 통로이기 때문이다.
- 대부분의 꿈은 상징적이다. 따라서 최근 우리가 실제로 경험한 것이거나 이상한 내용이 담겨져 있다고 해서 그 꿈을 무시해서는 안 된다.
- 재난에 관한 꿈은 영적인 유사성을 전달할 가능성이 크다.
- 꿈은 배경을 보고 해석해야 한다. 이것은 같은 꿈이라도 그 안에 있는 요소를 각각 해석해야 할 뿐만 아니라, 꿈을 꾼 사람의 삶 가운데 벌어지고 있는 일도 알아야 한다는 뜻이다.
- 우리는 꿈을 올바로 해석하기 위해 충분한 시간을 가져야 한다. 특히 긴 꿈일 경우 더욱 그러하다.
  - 하나님이 전해 주시는 이미지 전체를 봐야 하기 때문이다. 꿈 전체가 이해될 때, 비로소 꿈의 개별 요소에 대한 해석을 확증할 수 있다.
  - 개별 장면들이 전달하고자 하는 전체 메시지와 연결되는 것을 확인하려면 시간이 필요하기 때문이다.
  - 해석을 바르게 전달하는 법을 알려면 지혜가 필요하기 때문이다.
- 모든 꿈이 다 미래와 연결된 것은 아니다. 꿈은 각각 과거, 현재, 미래를 보여 주거나 세 가지 전부를 보여 줄 수도 있다.
- 관련된 사람들에게 모든 꿈을 알려 줄 필요는 없다. 간혹 어떤 꿈은 우리에게 어떤 것에 대한 영적인 모습이 어떤지, 혹은 영적으로 벌어지고 있는 일에 대한 정보만 주기도 한다. 다른 경우 그런 꿈은 기도하라는 요청이기도 하다.

- 반복되는 꿈은 중요성, 확증, 긴급함이나 급박함을 나타낸다. 또한 우리가 처음 그 꿈을 꾸었을 때 듣지 않았음을 의미한다.
- 자비로우신 하나님은 종종 불신자들에게 그들의 부르심에 관한 꿈을 반복해서 꾸게 하신다. 추락, 빨래, 공포스러운 비행, 침대 주변을 서성거리는 어두운 존재들을 보는 꿈은 모두 하나님과 올바른 관계로 돌아오라는 요청이다.
- 감정은 꿈의 의미를 전달한다. 유사한 장면일지라도 꿈을 꾸는 사람이 느끼는 감정에 따라 전혀 다른 해석이 나올 수 있다.
- 꿈에서의 성별은 고정되어 있지 않다. 여자가 남자를, 반대로 남자가 여자를 나타낼 수 있다. 꿈에 등장한 사람의 이름의 뜻은 이 차이점을 극복하는 데 도움이 된다.
- 인명과 지명의 의미는 꿈에서 매우 중요하다.
- 꿈에 등장한 사람의 의미는 다음과 같다.
    - 그들 자신
    - 그들의 성품
    - 그들의 지위, 역할, 혹은 그 사람들이 꿈을 꾸는 사람에게 의미하는 바
    - 그들이 대표하는 기관이나 교회
    - 그들의 이름의 의미
- 숫자는 꿈과 환상의 해석에 있어서 중요한 의미를 갖는다.
- 비유와 상징 사전이 특정한 꿈이나 환상에 등장하는 요소에 대한 설명을 제공하지 못할 수도 있다. 만일 특정 요소에 대한 새로운 깨달음이 꿈이나 환상 전체 상황에 부합하다면, 그것을 적용해도 된다.

10장

사전 사용 전 알아야 할 것들

꿈 해석은 은사인가, 개발해야 하는 것인가?

성경은 특별히 꿈과 환상을 해석하는 은사를 받은 사람들이 있다고 말씀한다. 다니엘과 요셉이 대표적인 예이다. 성경은 다니엘에 대해 이렇게 기록한다. "다니엘은 또 모든 환상과 꿈을 깨달아 알더라"(단 1:17). 두말할 필요 없이 이것은 하나님이 주신 능력이다. 하지만 우리가 성장할 수 있는 것 또한 하나님이 주신 능력이다.

엘리야가 엘리사에게 바통을 넘겨주려 했을 때, 자신이 들려 올라가는 것을 볼 수 있다면 그의 요구대로 갑절의 성령을 받게 될 것이라고 했다. 성경은 그 사건을 다음과 같이 기록한다.

건너매 엘리야가 엘리사에게 이르되 나를 네게서 데려감을 당하기 전에 내가 네게 어떻게 할지를 구하라 엘리사가 이르되 당신의 성령이 하시는 역사가 갑절이나 내게 있게 하소서 하는지라 이르되 네가 어려운 일을 구하는도다 그러나 나를 네게서 데려가시는 것을 네가 보면 그 일이 네게 이루어지려니와 그렇지 아니하면 이루어지지 아니하리라 (왕하 2:9-10)

갑절의 기름부음을 받는 것은 영의 세계를 볼 수 있는 엘리사의 능력에 달려 있었다. 엘리사는 불 병거가 와서 그의 스승을 데려가는 것을 보았다(왕하 2:11, 6:16-17). 성경을 읽을 때 전체 장면이 너무 빨리 지나가는 것처럼 보이기 때문에, 당시 엘리사에게 요구된 전제 조건을 쉽게 간과한다. 그의 삶에 임한 부르심을 성취하려면 영의 세계를 볼 수 있어야만 했다.

이 이야기가 그리스도인이 성숙해 가는 과정(길갈-벧엘-여리고-요단)의 정점에서 일어난다는 사실은, 영의 세계를 보는 것이 바로 우리가 성장해야 할 영역이라는 것을 강하게 시사한다. 그러나 엘리야는 엘리사에게 임할 이 선물의 전수 여부를 확증하지도, 부인하지도 않았다. 다만 하나님께서 그 여부를 확증해 주실 수 있는 신성한 것이라고 말한다.

히브리서 기자는 우리가 영적인 민감함을 키워야 한다고 가르쳐 준다. "단단한 음식은 장성한 자의 것이니 그들은 지각을 사용함으로 연단(훈련)을 받아 선악을 분별하는 자들이니라"(히 5:14). 이 구절은 우리의 영적 감각들이 훈련을 통해 개발된다는 말씀이다. 사무엘도 처음에는 하나님의 음성을 인식하지 못했다(삼상 3:4-9). 마찬가지로 우리도 반복적인 훈련을 통해 영적인 감각들이 개발될 것이다. 사무엘처럼 부르심을 주시는 분은 하나님이시다.

꿈 해석은 은사인가, 아니면 개발해야 하는 것인가? 모두 맞다! 앞서 말했듯이 경험적으로 보면, 예언적 부르심이 있는 사람들은 꿈이나 환상에 대해 영적으로 보다 민감하게 반응한다. 그리고 이 영역에 은사가 있는 사람들은 그것을 개발하기 위해 집중할 때, 비로소 그들의 잠재력을 온전히 펼칠 수 있을 것이다.

점선을 따라 그리라

한번은 어린 딸이 색칠하는 것을 도와준 적이 있다. 그 그림이 어떤 모양이고, 실제로 무엇인지 알아보기 위해 먼저 그 점선을 따라 그려야만 했다. 이 단순한 예는 꿈을 해석하는 방법을 잘 보여 준다.

꿈에 등장한 각각의 비유와 상징적 요소는 하나의 점과 같다. 성령의 도우심을 의지해 그 점들을 하나하나 연결하면, 꿈의 각 요소 이면에 있는 의미를 깨닫게 된다. 그리고 연결된 점들은 잊기 어려운 이야기, 곧 우리의 기억 속에 계속 떠오르는 하나의 그림과 이야기로 완성된다.

먼저 기도하며 꿈의 각 요소를 유심히 살펴야 한다. 이 책에 수록된 비유와 상징 사전은 꿈의 각 요소에 상응하는 뜻을 찾아볼 수 있게 구성되어 있다. 정형화된 공식이 아니라 하나님과의 관계가 더 중요하다는 사실을 명심하라. 꿈의 각 요소에 대한 해석이 적합한지 그리고 올바른지 마음에 확신을 주시는 분은 성령님이시다. 그리고 그 요소들을 서로 연결해서 완성하시는 분 역시 성령님이시다.

> 너희는 주께 받은 바 기름부음이 너희 안에 거하나니 아무도 너희를 가르칠 필요가 없고 오직 그의 기름부음이 모든 것을 너희에게 가르치며 또 참되고 거짓이 없으니 너희를 가르치신 그대로 주 안에 거하라 (요일 2:27)

또한 그 꿈에 적합하거나 그것을 잘 묘사해 주는 성경 말씀을 생각나게 하시는 분 역시 성령님이시다. 꿈의 한 요소에 대한 해석들 중 어떤 해석이 맞는지 어떻게 알 수 있을까? 다시 한번 강조하지만 성령님을 의지하는 것이 열쇠이다. 성령의 생각은 종종 우리의 지각을 뛰어넘어 갑작스럽게 임할 때가 있다. 성경 말씀이 생각날 때도 있을 것이다.

비유와 상징 사전을 살펴보면서 꿈의 배경도 깊이 생각해 보라. 이 말은 꿈의 한 가지 요소에 대한 해석이 다른 요소와 꿈의 전체 목적에 어떤 영향을 주는지 그 관계를 보라는 말이다. 비유와 상징 사전에서 주어진 꿈의 요소에 대한 해석이 다양할 경우 이 방법은 특히 더 중요하다.

경우에 따라 꿈이나 환상 속 특정 요소에 대한 의미를 바로 이해하게 될 수도 있다. 그런 상황에서 비유와 상징 사전을 열었을 때, 그 요소들이 하나님이 말씀하시는 그림을 온전히 그려 준다는 것을 확증하는 경우도 있을 것이다. 또 다른 경우에는 대략적인 꿈의 내용을 살펴보며 성령 안에서 기도(방언)할 때, 어떤 생각들이 마음에 떠오르기도 할 것이다.

앞에서 말한 멱살을 잡는 꿈을 해석하기 위해 사용한 방법 역시 매우 중요하다. 비유와 상징 사전에 꿈의 배경과 맞는 세부 사항이 없을 경우, 이 방법은 특히 더 유용하다. 이런 경우에는 성경을 사용하여 각 요소의 조합을 찾아보는 것이 좋다.

간혹 찾으려는 단어와 정확히 일치하는 단어가 성경에 없을 때가 있을 것이다. 이런 상황에서는 약간 방향을 바꿔 그 단어와 관련된 주제를 찾아볼 필요가 있다. 예를 들어, 증기라는 단어는 성경에 없다. 하지만 '물'과 '끓이다'라는 단어는 있다. 이럴 경우 키워드의 범위를 확장해서 찾아 봐야 한다.

꿈의 주제를 파악하라

몇 가지 꿈의 요소의 의미를 확증했다면, 이제 꿈의 주제를 찾아보라. 여기서 말하는 주제란, 한마디로 그 꿈이 과연 무엇을 말하고 있는가이다.

우리의 경험에 따르면, 적어도 90%의 꿈은 그 꿈을 꾼 사람에 관한 것이었다. 꿈은 우리 마음의 관심사를 말해 준다. 또한 정화시켜야 할 마음의 문제(성화)에 대해 알려 준다. 꿈은 우리의 질문에 대한 답과 관련이 있다. 그리고 건강 문제나 가족, 대인관계의 문제, 사역 혹은 직장 관련 문제 등 삶 속에 벌어지고 있는 큰 문제에 초점을 두고 있다.

우리의 마음을 무겁게 누르고 있는 문제는 무엇인가? 꿈의 중심은 우리 자신과 우리에게 영향을 주는 사람들이다. 그리고 꿈은 우리에게 영향을 주는 사람이나 조직을 보여 줄 것이다. 만일 사역을 하고 있다면, 꿈이 지도력이나 회중, 교단, 그리고 그와 관련된 관심사를 보여 줄 것이다.

꿈을 꿀 때 느끼는 감정은 그 꿈의 주제를 파악하는 데 도움이 되는 중요한 요소이다. 단순히 꿈에서 경험한 감정을 묻는 것만으로도 종종 주제를 정확히 파악할 수 있다. 이와 마찬가지로 꿈에서 상징적으로 한 행동은 그 꿈의 주제를 알려 주는 좋은 지표이다. 꿈에서 상징적으로 한 행동과 비슷한 행동을 어디서 했는지 자문해 보라.

예를 들어, 꿈에서 외투를 벗고 있다면, 어디서 권위를 포기했는지 자문해 보라. 꿈에서 버스를 타기 위해 줄을 서 있다면, 삶 가운데 기다리고 있는 것은 무엇인지 자문해 보라. 꿈에서 가지치기를 하고 있다면, 삶 속에 어떤 훈련을 적용하고 있는지 생각해야 한다.

꿈의 제목

하나님이 해석하라고 주신 모든 꿈에는 우리를 꿈의 목적으로 인도해 주는 제목이 있다. 모든 꿈과 환상은 목적을 위한 수단이다. 모든 꿈은 해석을 통해 소망과 미래를 밝혀 준다. 그리고 그 소망을 따라 믿음으로 행하면 사람들의 삶 속에 열매를 맺게 된다. 이것이 없다면 꿈은 무의미하다.

하나님은 항상 목적을 가지고 말씀하신다. 따라서 해석의 빛이 임할 때, 그 꿈의 목적이 무엇인지 자문해야 한다. 이것이 바로 꿈의 제목이다.

꿈의 목적 혹은 제목은 믿음을 세워 주는 격려, 하나님의 사랑에 대한 확증, 질문에 대한 응답, 비밀을 드러내거나 경고함, 주님의 인도하심이나 방향 지시, 교정, 예언적 약속, 혹은 구원의 초청 등과 같은 형태를 띤다.

다른 사람에 관한 꿈

경험적으로 보면, 삶 속에 예언적 부르심이 더할수록 다른 사람에 관한 꿈과 환상을 볼 가능성이 높다. 이것은 오중 사역 중 예언 사역(엡 4:11)으로, 선지자는 보다 광범위하게 영역을 초월하는 꿈을 꾸며, 더 큰 책임을 지게 된다. 따라서 개인적 차원의 꿈만 아니라 부르심에 따라 회중, 도시, 국가, 세계와 관련된 꿈을 꾼다.

하지만 그 꿈이 실제로 다른 사람에 관한 것이라고 단정하기 전에 하나님은 많은 경우 우리가 알고 지내는 다른 사람들, 곧 그 사람들이 우리에게 의미하는 바대로, 그것을 어떤 상징으로 사용하신다는 것을 기억해야 한다. 먼저 그 사람을 어떻게 생각하고 있는지 자문해 보라. 그 사람의 지위는 무엇인가? 그 사람의 성품은 어떠하며, 그가 가지고 있는 영적 은사는 무엇인가?

대표(상사)는 예수 그리스도를 뜻한다. 유명한 사역을 하는 사람은 우리 주변에 그와 비슷한 은사를 가진 사람을 뜻하기도 한다. 우리가 부끄럽게 바라보는 사람은 솔직하지 않은 영역일 수 있다. 꿈에 나타난 형(남동생)이나 여동생(누나)은 실제로 우리의 가족과 관련이 있을 수도 있고, 동시에 동료 신자(믿음의 형제)와 관련된 문제일 수도 있다. 마지막으로 그 꿈이 실제적으로 당사자에 관한 꿈이라고 단정하기 전에 꿈에 등장한 사람의 이름의 의미를 진지하게 생각해 보라.

하나님은 우리의 사역에 따라, 꿈을 통해 돌봐야 할 사람이나 우리의 영향력 아래 있는 사람들의 영적인 건강에 대해 상담해 줄 수 있는 통찰력을 주신다. 예전에 크리스천 치유 프로그램에서 사역할 때, 나는 몇몇 학생들에 관한 꿈을 받았다.

첫 번째 꿈에서 드보라는 배를 훔쳤다. 그녀는 밤중에 그 배를 몰래 훔쳐 홀로 출항하려 했다. 돛이 보일까 하여 한 줄로 늘어선 나무들 너머를 바라보고 있었다. 하지만 나무들 위로는 굴뚝과 연기만 보였다. 그때 누군가 이렇게 말했다. "그녀가 보스톤 베이에 도착하면, 사람들은 그녀를 잡을 수 없게 될 거야."

이 꿈에 대해 드보라와 함께 이야기하면서 그 주에 그녀가 가족 문제로 프로그램을 중단하고 떠나고 싶은 유혹을 받았다는 것을 알게 되었다. 꿈속에서 돛이 아니라 연기가 나타난 것은 그녀가 성령의 인도하심 없이 자기 혈기로 그렇게 하려 했음을 암시한다(요일 2:20, 요 3:8).

다른 꿈에서는 내가 고양이 바비를 위해 오른팔로 땅을 파고 있었다. 이 꿈은 내가 (나의 강점이자 부르심인) 성경을 가르치며 바비에게 은신처를 제공하고 있었음을 보여 준다. 이 꿈은 바비라는 학생이 마음의 문제를 해결하지 않고 회피하기 위해 성경을 연막으로 사용하고 있음을 깨닫게 해 주었다. 나는 이 꿈의 교훈을 거의 놓칠 뻔했다. 왜냐하면 2년 전 우리가 기르던 바비라는 고양이가 죽었기 때문이다.

주관적 해석의 문제점

꿈이나 환상을 받은 후 종종 그것이 말하는 바를 즉시 알기 어려울 때가 있다. 왜냐하면 그것에 너무 친숙하기 때문이다. 꿈이나 환상을 객관적으로 바라보려면 연습이 필요하다. 당신은 다른 차원의 이미지를 봐야만 한다. 이렇게 하는 것이 어렵다면, 그것을 기록한 뒤 잠시 떨어져 있는 시간을 가지라. 기도하며 주님을 찾으라. 그렇게 기도하는 동안 하나님은 마음을 열어 새로운 관점으로 그 메시지를 볼 수 있는 신선한 통찰력을 주실 것이다.

꿈을 통해 하나님의 음성을 듣는 (그리고 해석의 은사를 가진) 사람에게 도움을 받는 것은 주관적인 해석의 문제점을 해결하는 좋은 방법 중 하나이다. 하나님이 주신 해석을 듣는 능력은 훈련을 통해 더 좋아질 것이다. 또한 자신의 무능함을 인정할 때, 성령께서 순간적으로 그 의문점을 깨뜨리는 생각을 주셔서 눈앞에 전체 그림이 펼쳐지게 될 것이다.

마음의 우상들

마음에 목적을 품고 하나님 앞에 나아가 해석을 구하는 것은 매우 위험한 행동이다. 그렇게 한다면, 하나님은 당신이 듣고 싶어 하는 것을 주실 것이라고 성경은 선포한다. 하나님은 에스겔을 통해 이것을 경고하신다.

> 나 주 여호와가 말하노라 이스라엘 족속 중에 그 우상을 마음에 들이며 죄악의 걸림돌을 자기 앞에 두고 선지자에게로 가는 모든 자에게 나 여호와가 그 우상의 수효대로 보응하리니 (겔 14:4)

우리가 인도하심을 받기 위해 하나님 앞에 나아갈 때, 해석을 구하기 전에 마음의 중립을 지켜야 한다. 이 말은 꿈이나 환상에 대한 다른 사람의 해석을 무작정 다 받아들이라는 뜻이 아니다(이번 장 후반부에 있는 '모든 해석을 분별하라'는 내용을 보라). 핵심은 우리가 해석을 통해 하나님의 음성을 듣는다면, 반드시 그것에 순종해야 한다는 것이다. 우리가 듣고 싶은 말만 들으려 한다면, 실제로 듣고 싶은 것을 듣게 될 것이다. 그런데 이것은 매우 위험한 일이다.

뻔한 결론이 아니다!

하나님은 꿈이나 환상을 주실 때, 우리의 마음에 있는 최대 관심사를 통해 역사하신다. 꿈과 환상은 종종 선하든 악하든 잠재적 결과를 보여 준다. 그러나 그 결과는 완전히 닫힌 결론이 아니다. 이 사실을 모르면, 철학적이고 숙명적인, 혹은 패배주의적 사고방식으로 부정적 시나리오를 피하기 위해 아무것도 하지 않게 된다.

하나님이 어떤 문제와 위기 혹은 위험 요소를 보여 주시는 이유는 그 위험을 피하게 하시려는 것이다. 그러면 일이 엉망이 되기 전에 바로잡을 수 있게 된다. 느부갓네살이 한 나무가 잘리고 어떤 사람이 짐승처럼 대우받는 꿈을 꾸었을 때, 다니엘은 그것을 느부갓네살이 스스로 겸비하지 않으면 왕좌를 잃게 될 것이라는 하나님의 경고로 보았다. 다니엘은 그 일이 그대로 성취되는 것을 믿지 않는 것처럼 보인다. 왜냐하면 느부갓네살이 마음을 바꾸도록 간청함으로 그 꿈이 실현되는 것을 막으려고 애썼기 때문이다. 다니엘은 다음과 같이 말했다.

> 그런즉 왕이여 내가 아뢰는 것을 받으시고 공의를 행함으로 죄를 사하고 가난한 자를 긍휼히 여김으로 죄악을 사하소서 그리하시면 왕의 평안함이 혹시 장구하리이다 하니라 (단 4:27)

다니엘은 느부갓네살에게 임박한 하나님의 심판을 피할 수 있는 길을 알려 주었다. 그러나 느부갓네살은 듣지 않았고, 그 꿈 그대로 비천하게 되었다(단 4:28-33). 한편 바로가 임박한 기근에 관한 꿈을 꾸었을 때, 그는 요셉의 해석과 조언을 들었다. 그래서 결국 재난을 피하게 되었다(창 41:26-43).

또한 분명히 하나님의 말씀을 대적하는 것임에도 불구하고 자신이 원하는 것을 하기 위해 꿈과 환상에 대한 해석을 이용해서는 안 된다. 예를 들어, 동성애나 가정이 깨지는 꿈을 우리가 바꿀 수 없는 운명처럼 생각하고 그것을 정당화해서는 안 된다. 절대 아니다! 이런 꿈은 우리의 마음 상태에 관한 경고로, 우리가 이런 결과를 초래하는 것을 피하도록 미리 보여 주시는 것이다.

모든 해석을 분별하라

꿈과 환상에 대한 해석을 분별하는 것은 매우 중요하다. 1장에서 꿈과 환상은 하나님이 그의 선지자들에게 말씀할 때 사용하시는 방법임을 배웠다(민 12:6-8). 또한 꿈과 환상을 받는 것과 거기에 부합하는 해석과 선포가 (제한적인 의미에서) 예언 사역을 구성한다는 것을 보았다.

바울은 고린도 교회 성도들에게 예언 사역을 평가하고 헤아려 봐야 한다고 충고했다. "예언하는 자는 둘이나 셋이나 말하고 다른 이들은 분별할 것이요"(고전 14:29). 데살로니가 교회에 보낸 편지에서는 이렇게 말씀한다. "예언을 멸시하지 말고 범사에 헤아려 좋은 것을 취하고"(살전 5:20-21).

바울은 누군가 예언을 할 경우, 그가 하는 말을 평가하거나 분별할 필요가 있다고 말하고 있다. 우리는 하나님의 보물이 땅의 그릇들을 통해 전달된다는 것을 고려해야 한다. 그리고 우리 중 누구도 온전하지 못하다는 것 또한 인정해야 한다. 우리는 모두 성령의 역사에 있어서 성장해 가는 과정 중에 있다. 꿈과 환상과 그에 대한 해석은 예언과 같기 때문에, 이것을 잘 분별하고 평가해야 한다. 해석의 내용을 분별할 때, 고려해야 할 것들은 다음과 같다.

- 해석이 말씀과 일치하는가?
- 해석한 말이 올바를 경우, 그것이 정죄의 말은 아닌가?
- 예언이 미래와 소망을 주는가?
- 해석한 내용이 진리라는 내적 증거나 확신이 있는가?
- 예언이 마음의 소원과 일치하는가?
- 해석이 하나님께서 다른 통로로 말씀하신 것과 일치하는가?

위의 질문 중 하나라도 부정적인 대답이 있다면, 그것은 의문의 여지가 있는 것이다. 적어도 우리는 충분히 확증을 받을 때까지 그것을 '선반 위에' 올려 두어야 한다. 위 질문 중 두 가지 이상의 부정적인 대답을 했다면, 그것은 심각하게 의심해 봐야 한다. 그럴 경우에는 차후로 미루고, 그 해석을 멀리하는 것이 최선이다. 미래의 계시는 종종 미심쩍은 해석을 밝혀 줄 것이다.

비유와 상징 사전

비유와 상징 사전에는 꿈과 환상에 사용된 비유와 상징에 대한 포괄적인 목록이 수록되어 있다. 그런데 종종 하나님의 창의성과 우리 각 사람의 개성과 문화적 차이로 인해 정확한 해석을 제공하지 못할 수도 있다. 그런 경우, 꿈에 나타난 그 요소의 의미를 직감적으로 알게 될 것이다. 만일 그것이 맞다면, 나머지 해석도 맞게 될 것이다.

만일 해석에 대한 확신이 서지 않는다면, 하나님이 말씀하고 계시는 대상과 동물 혹은 사람의 특성이나 성질들을 연구해 볼 필요가 있다. 이것은 특히 동물과 관련이 있을 때 더욱 중요하다.

예를 들어, 꿈에서 특별한 종류의 앵무새를 보고 그 앵무새가 평생 단 하나의 짝과 산다는 것을 알게 된다면, 그것은 비유와 상징 사전 목록의 '험담'이라는 뜻 보다는 하나님이 당신에게 그 앵무새의 특별한 특성을 말씀하시는 것일 수 있다.

비유와 상징 사전의 목록에 없는 다양한 특성을 연구하는 것을 두려워하지 말라. 하나님이 어떤 꿈을 주신다면 게으름 피우지 말라. 그분은 어떤 자료가 우리에게 필요한지 제일 잘 아신다. 가장 단순한 해석의 능력을 간과하지 말라.

하나님이 주시는 메시지를 해독하는 재미를 누려 보라. 그리고 기존의 틀을 벗어나 창의적으로 생각하는 것을 두려워하지 말라.

요약

- 꿈과 환상에 대한 해석은 하나님이 주신 은사이다. 하지만 우리는 그 은사를 성장시켜 나가야 한다.
- 영적인 감각은 훈련을 통해 개발된다.
- 비유적인 꿈에 등장한 각 요소는 그림의 한 점과 같다. 일단 각 점을 서로 연결하면, 잊을 수 없는 하나의 이야기가 된다.
- 꿈의 각 요소의 적합성과 정확성을 확증해 주시는 분은 성령님이시다. 그리고 각 요소를 연결해 주시는 분 역시 성령님이시다.
- 우리의 경험으로 보자면, 대략 꿈의 90%는 꿈을 꾼 사람에 관한 것이다.
- 꿈은 주로 꿈을 꾸는 사람의 마음을 무겁게 누르는 문제에 관해 말해 준다.
- 꿈에서 표현된 것과 비슷한 감정과 행동을 어디서 경험했는지 자문하는 것은 그 꿈의 주제를 파악하는 하나의 좋은 단서가 될 수 있다.
- 모든 꿈은 목적을 담고 있다.
- 하나님은 종종 사역자들에게 그들이 목양하는 사람들의 영적 상태를 꿈으로 보여 주신다.
- 꿈을 해석하기 어려울 때는 점선의 그림을 이어 그리듯 그 꿈을 차례대로 기록해 보라.
- 해석을 얻기 위해 하나님께 나아갈 때, 반드시 마음의 중립을 지켜야 한다. 성경은 우리의 마음 안에 우상을 품고(이미 좋아하는 것을 결정해 놓고) 인도하심을 구하러 하나님께 나아가는 것을 경고한다.
- 꿈과 환상은 선하든 악하든 그 일이 어떻게 귀결될지를 보여 주는데, 이미 결정되거나 결론이 난 것은 아니다.
- 하나님이 어떤 문제나 위기 혹은 위험 요소를 보여 주시는 이유는, 그 문제가 커지기 전에 바로잡게 하시기 위해서이다.
- 꿈이나 환상에 대한 해석을 하나님의 말씀을 거역하는 변명거리로 사용해서는 안 된다.

- 꿈과 환상이 예언 사역을 구성하기 때문에 그에 대한 해석은 성경을 토대로 분별해야 한다.

<꿈·환상 해석의 첫걸음>

- 하나님이 우리와 꿈으로 소통하신다는 사실을 인식하라.
- 일어나면 즉시 꿈을 노트에 적으라.
- 꿈과 관련된 감정을 기록하라.
- 꿈을 기억하고 해석할 수 있도록 하나님께 도움을 구하라.
- 올바른 순서로 꿈을 배열하라.
- 마음에 떠오르는 성경 구절을 주목하라.
- 꿈의 여러 요소의 의미에 대해 '즉각적으로' 떠오르는 생각들을 기록하라.
- 비유와 상징 사전에서 각각의 요소에 대한 해석을 찾아보라.
- 성령께서 메시지를 잘 조합하시도록 맡기라.
- 꿈에서 느낀 감정과 행동을 고려해서 그 꿈의 주제를 밝히라.
- 삶 가운데 어디서 이런 감정을 느꼈는지 자문해 보라.
- 최근 마음의 관심사는 무엇인지 자문해 보라.
- 꿈을 전체적으로 살펴보고, 그 꿈의 제목이나 전체 목적을 확인하라.
- 꿈이 과거, 현재, 혹은 미래를 다루는지, 아니면 세 가지 모두인지 자문해 보라.
- 만일 아직 발견하지 못한 숨겨진 요소들이 있다면 해석을 보류하라.
- 일단 해석을 들었다면, 앞서 배운 질문 목록을 기준으로 해석을 분별해 보라.
- 꿈의 메시지를 긍정적으로 확증할 수 있다면 그것을 따라 행하라.
- 꿈이 다른 사람에 관한 것이라면, 그들을 위해 기도하라.
- 당신을 돌보시고 깊은 관심을 가지고 계신 하나님께 감사하라.

Part
II

꿈 해석 사전

꿈 · 환상 해석 샘플

* 해석의 굵은 글자는 비유와 상징 사전을 찾아보라.

1. 날아다니는 꿈
- 강, 딸, 날기/비행, 달리기, 폭포, 강둑, 장난/속임수

나는 강둑을 따라 달리고 있었다. 작은 딸아이가 앞서 달리고 있었는데, 내가 날 수 있다는 사실을 기억해 내기 전까지는 따라가기 힘들었다. 강 위로 날기 시작하면서 딸아이를 따라잡았다. 폭포 위를 날아 계속 강을 따라 내려갔는데, 딸아이를 찾기 위해 방향을 바꾸기 전까지는 정말 근사했다. 그러다 강둑에 있는 한 무리의 사람들 앞에서 날아다니며 약간의 재주를 부렸다.

[해석] **강**은 성령의 강이다. 작은**딸**은 당신의 후손이나 장차 당신을 앞질러 달려갈 사람들을 나타낸다. 강 위로 날아간다(**날다**)는 것은 성령의 초자연적 은사로 행하는 것이다. 하나님은 당신이 성령 안에서 행하기 시작할 때, 자기 영광(**장난/속임수**)을 주의하라고 경고하고 계신다. **폭포**는 당신이 하나님의 영의 부어짐에 참여하게 될 것을 시사한다. 당신이 앞에 두고 재주를 부리고 있는 **강둑**에 있는 사람들은 아직은 강에 들어가지 않았다.

2. 교회 안에 흐르는 강
- 교회, 회중, 강, 설교단, 관중석

교회의 회중이 앉아 있는 구역을 가로지르는 강이 보였다. 그 강은 설교단과 회중 사이에서 흐르고, 교회 뒤쪽에 축구 경기장처럼 거대한 관중석이 있었다. 그런데 그 강이 설교자와 청중을 떼어 놓는 것 같아 걱정되었다.

[해석] **강**은 성령의 흐름이다. 강이 설교자(**설교단, 회중**) 앞에 흐른다는 것은 설교자가 성령님을 우선시하고 있다는 것이다. 이렇게 하면, 하나님이 많은 무리들(**관중석**)을 붙여 주실 것이다.

3. 우편함
- 우편함, 편지, 많음

몇 년 전 신학교에 같이 다닌 친구와 함께 있었다. 우리는 같이 사역했다. 우편함을 열어 보니, 내 우편함은 말 그대로 편지로 꽉 차 있었다. 편지가 너무 많아서 나머지 편지를 꺼내기 위해 쇠지레로 두세 개의 봉투를 빼내느라 시간이 좀 걸렸다.

해석   (이 꿈을 꾼 사람은 인정받는 사역자의 위치에 있지 않았다.) 사역자의 위치에 있는 사람과 함께 있었던 것으로 보아 다시 한번 사역을 시작하게 될 것을 암시하는 꿈이다. **우편함**의 수많은 **편지**들은 말씀을 전해 달라는 초청장을 나타내며, 앞으로 순회 사역을 하게 될 것을 의미하는 것일 수도 있다. 하나님은 이 예언적이고 미래적인 꿈을 통해 당신을 격려하고 계신다.

4. 명판
- 명판, 나사, 암호

글자가 새겨진 (방패 모양의) 명판 여러 개가 보였다. 명판을 고정시킬 나사의 위치로 그 위에 새겨진 메시지를 해독하게 되어 있다는 것을 본능적으로 알았다. 일부 나사들은 모서리에 있었는데, 모서리에 있는 말이 메시지라는 뜻이었다. 중앙에 있는 나사들은 그 자리(중앙)에 있는 말에 주목해야 한다는 의미였다.

해석   명판은 당신이 공개적으로 나눠야 할 하나님의 메시지이다. 이 꿈은 당신이 받은 계시들(**암호**화된 단어들, **나사**)이 하나님으로부터 온 것임을 보여 준다. 여기서 본능은 성령의 인도하심(내적으로 아는 것)을 말한다. 이것은 당신이 받고 있는 것이 하나님으로부터 온 것임을 알려 주며 격려하는 꿈이다. 지금 하고 있는 일을 계속하라.

5. 호텔 프런트
- 호텔 프런트

호텔 로비에 있는 꿈을 꾸었다.

해석   (이 꿈을 꾼 사람에게 현재 직장에서 위치가 불안정한지 묻자, 재정적으로 어렵다고 답하였다.) 이 정보에 근거해서 보면, 머지않아 현재 근무하는 곳에서 벗어나 새로운 상황(**호텔 프런트**)으로 들어가게 될 것을 보여 주시는 것이다.

6. 버스와 짐가방

– 시외버스, 짐(가방), 버스 정류장, 마가렛(진주), 딸, 택시, 비용

누군가와 대화하기 위해 타고 있던 시외버스에서 내렸는데, 돌아와서 보니 버스가 이미 떠난 뒤였다. 버스에 짐이 있었기 때문에 (다른 이들과 함께) 다음 버스 정류장 쪽으로 걸었다. 버스가 떠나기 전에 따라잡지 못하면, 짐은 계속 실려 가게 될 것이다. 그래서 (그 버스에 타고 있는) 마가렛에게 (휴대폰으로) 전화를 걸어 짐을 다음 정류장에 내려 달라고 부탁할까 하는 생각이 들었다. 딸아이가 그 정류장 근처에 있었기 때문이다. 택시를 탈까 생각했지만, 비용이 들 것 같았다.

해석 **버스**는 당신이 현재 하고 있는 사역을 말한다. 버스가 앞서 떠났다는 것은 당신이 현재 위치에서 **짐**을 해결하지 못하고 떠날 것을 염려하고 있음을 나타낸다. 짐은 보통 용서하지 않는 마음을 의미한다. 마가렛은 '**진주**'를 뜻하는데, 이것은 값진 보석이신 예수님을 가리킨다.
택시를 타게 될 경우 지불하게 될 **비용**은 당신이 이 짐을 예수님께 맡겨 드림으로 해결하지 않으면 대가를 지불하게 될 것이라는 의미이다(당신은 하나님이 예비하신 가능성에 이르지 못하게 될 것이다).
사역 가운데 해결되지 않은 문제로 분노와 응어리를 품고 있는 사람이 있다면, 그들에게 용서를 구할 것을 권면한다. 당신에게 **딸**이 있다는 것은 이것이 당신의 미래와 관련이 있음을 암시한다.

7. 세탁실 기름부음

– 현대적인 집, 세탁실, 어리다, 부모, 옷장, 옷, 방향제, 얼굴 향기

나는 근사한 진열장과 문들이 있는 현대적인 집의 세탁실에 있었다. 꿈속의 나는 어린 소녀(딸)였는데, 벽 너머로 부모님이 서로 좋은 이야기를 하는 것이 들려왔다(부모님은 바로 옆 방에 있었다). 세탁실에는 옷장이 있었고, 그 안에는 옷이 들어 있었다. 그곳에는 방향제도 있어서 그것을 누르자 일부가 얼굴에 분사되었다. 그것을 멈출 수 없어서 문을 열었더니, 그 향기가 집안 곳곳에 퍼지면서 에어컨 속으로 들어가 온 집안에 진동했다.

해석 새 **집**은 그리스도인으로 새롭게 변화되고 잘 정돈된 당신의 집을 말한다. 세탁실(**세탁**)에 있다는 것은 당신이 방금 정결의 과정을 겪었음을 시사하며, **옷장** 안에 든 **옷**들은 이 사실을 더욱 강조한다. 이 옷은 당신이 정결해지면 입을 옷들이다. 떠오르는 말씀은 스가랴 3장 4-5절이다. 당신이 딸로 보인다는 것은 어리다는(**어린**) 것으로, 영의 사람

의 특성을 나타내는 경우가 많다. 또 딸은 하나님의 딸이라는 의미이다.
바로 옆방에서 서로 좋은 이야기를 하고 있는 **부모님**은 당신이 은밀한 곳에서 그리스도와 화평과 친밀함을 누리고 있음을 나타낸다. **방향제**는 기름부음으로, 일부가 **얼굴**에 뿌려졌다는 것은 당신의 마음에 기름부음이 임했다는 뜻이다. 기름부음이 임하면, 그리스도의 **향기**가 당신의 전 존재(집)를 채우게 된다.
이것은 참으로 멋진 꿈이다. 용기를 내라. 당신이 최근에 경험한 가지치기(정화)의 과정이 당신을 이곳으로 이끌었다.

8. 새로운 용수로와 지붕
- 식탁, 부모, 가운, 누군가를 기다림, 잠, 위층, 지붕, 앞마당, 용수로, 풀/잔디, 빨리

식탁에 앉아 부모님과 이야기를 나누고 있었다. 우리는 가운을 입고 무언가를 정리하고 있었다. 배경이 된 집은 현재 살고 있는 집이었다. 우리는 누군가를 기다리고 있었는데, 그 사람이 도착하자 부모님이 나가셨고, 나는 자려고 위층으로 올라갔다.
일꾼들이 앞마당에서 일하기 시작해서 자야겠다 생각했다. 그들은 위층 창문 바로 위쪽의 지붕 타일도 작업하기 시작했다. 아래를 내려다보니, 일꾼들이 앞마당의 모든 용수로를 교체하고 있었다. 그들은 땅을 파는 도구와 굴착기로 흙을 퍼내고 도랑을 파고 있었다. 용수로 파이프를 교체한 뒤 새로운 잔디로 덮는 일을 당일에 마치려 하고 있었다! 그 모든 것을 마치는 것은 쉬운 일이 아니었는데도, 그들은 가능하다고 확신하고 있었다.

해석 **식탁**은 예수님과의 친밀함 그리고 하나 됨을 말하는 것이다. **가운**을 입고 있다는 것은 방금 씻고 나와 편안한 분위기를 상징하는 것으로, 이 사실을 더욱 강조한다. **위층**으로 올라간다는 것은 안식하러 하나님께 가는 것을 말한다. 이 꿈은 하나님이 당신에게 입혀 주시는 **겉옷**의 외적 측면을 보여 준다. 하나님은 당신에게 능력의 옷을 덧입혀 주시고, 육신(**풀/잔디**)에 기름을 부어 주고 계신다. 동시에 하나님은 당신의 권세를 조정하시며 보호하고(**지붕**) 계신다. 게다가 이 꿈은 분명 속히 이루어질 것이다.

9. 기차역
- 기차역, 열차 출발, 대변인, 승강장, 휘어진, 400, 걱정스러운

기차역에서 한 무리의 사람들이 나와 함께 열차가 출발하기를 기다리고 있었다. 나는 대변인이 아니었지만, 해서는 안 되는 어떤 사건에 대해 이야기한 것 때문에 야단을 맞았다. 그 역의 승강장은 부드러운 에스(S)자 모양으로 휘어져 있었다. 기차가 하나 들어왔는데, 그것이 마지막 기차였고, 번호는 '400'이었다. 함께 있던 이들이 타고 있는 모습이 보

이지 않아 타야겠다는 생각이 들지 않았다. 동시에 내가 아는 사람들이 혹시 거기에 타고 있는지 걱정스럽게 살피며 '만일 이것이 마지막 기차인데 내가 타야 할 기차가 아니라면, 어떻게 해야 하지?' 하는 생각이 들었다.

해석 **기차역**은 당신이 사역을 기다리고 있다는 말이다. 당신이 대변인이 아니라는 것은 현재 설교할 단상 없이 다른 사역의 권위 아래에 있음을 나타낸다. 말 때문에 책망받았다는 것은 현 지도층이 좋아하지 않는 말을 하여 당신이 강단에 서지 못하고 있다는 뜻이다. 휘어진(**휘어지다**) 승강장(**부드러운 S자**)은 당신이 현재 성령에 묶여 있지만, 곧 풀어지게 될 것이라는 의미이다.

마지막 기차인 400(**넷[4]**)번 차는 당신이 그토록 기다리던 영적 기차가 아주 가까이에 있다는 뜻이다. 이스라엘은 400년간 애굽에 있다가, 그 후에야 해방되었다. 이것은 당신의 상황 가운데 특정한 시간이 되어야 열리는 영적인 타이머(**시계**)가 작동하고 있음을 시사한다. 당신은 하나의 기회가 닫히고 있는 가운데(400번 열차 떠남) 다음 사역의 기회(**기차**)가 아직 분명하게 보이지 않기 때문에 근심하고 있다.

이것은 격려하는 꿈이다. 하나님이 당신의 상황을 알고 계신다는 것을 알려 주는 것이다. 두려워할 필요 없다. 400번 기차가 떠나면(기차가 떠나기 전에 당신의 꿈이 끝나는 것 같다) 하나님의 기차가 들어올 것이다. 당신이 기대하는 것보다 늦는 것처럼 보이겠지만, 하나님이 곧 오실 것이다!

10. 추월과 자동차 사고에 관한 꿈
 - 승객, 아버지, 자동차, 추월, 비포장도로, 사각지대, 함께 있고 싶지 않음

다른 승객과 함께 아버지가 운전하는 차를 타고 여행을 하고 있었다. 우리는 다른 차 뒤에 있었고, 아버지는 앞차를 추월하고 싶어 하셨다. 전방에 곧게 뻗어 있는 길 아래에서 비포장도로를 달리는 차 한 대가 보였는데, 그 차는 우리 쪽으로 오고 있었다. 아버지는 그 차를 발견하고 주변을 둘러보시더니, 또 다른 차를 보고는 우리 앞에 있던 차 뒤로 물러났다. 우리가 왼쪽으로 완전히 휘어진 커브길을 돌았을 때, 아버지가 우측 사각지대로 커브를 돌아 간발의 차로 추월했다. 그것은 일종의 묘기였다. 만일 당신이 그 차 안에 있었다면, 다시는 그와 함께 있고 싶지 않을 것이다.

해석 **아버지**는 현재 당신이 관여하고 있는 사역의 지도자를 나타낸다. 차(**자동차**)는 사역이다. 전방에 곧게 뻗어 있는 길을 내려다본다는 것(**곧은, 창문**)은 영적인 시력이 있다는 뜻이다. (**비포장도로**) 다가오는 차와 정면충돌(**자동차 사고**)을 피했다는 것은 당신의 영적 시력 덕분에 자기 일을 하거나 지역 사역을 하고 있는 다른 사람과의 대립이나 잠재적 재

난을 막았음을 시사한다.

아버지가 도로에 차가 없을 때를 기다리지 않고 **추월**을 시도했다는 것은 지도층이 급하게 어떤 결정을 내리려 한다는 것이다. 운전자가 사각지대에서 추월한다는 것은 머지않아 영적인 눈이 먼 상태로 어떤 결정을 내리게 될 것이라는 뜻이다. 다른 차량과 충돌하지는 않았지만, 당신과 다른 승객은 그 지도층과의 여행을 계속할지 재고할(함께 있고 싶지 않음) 것이다.

11. 타일 플랫폼과 지붕
- 타일, 디디다, 지붕, 단(플랫폼), 세로, 집

우리 집 마당과 지붕 사이에 굵은 밧줄로 매달려 있는 슬레이트 타일들이 보였다. 이것들은 딛고 지붕으로 올라갈 수 있게 하나의 단을 이루고 있었다. 그 단의 가로는 타일 두 개 크기였고, 세로는 집의 크기와 같았다.

해석 타일은 글을 쓰는 것을 나타낸다. 당신은 책을 쓰게 될 것이고, 그로 인해 강단에 서는 기회를 얻게 될 것이다(**지붕**). 슬레이트 타일의 세로 길이가 **집**의 크기와 같았으므로, 이어서 많은 책을 쓰게 되거나 당신이 쓴 책(두 개의 타일이 있었으므로, 책들일 수도 있음)의 영향력이 지속될 것으로 보인다. 아니면 이 단(플랫폼)을 통해 다른 이들을 그 위에 세울지도 모른다.

12. 전망 좋은 땅
- 전망, 집, 사다, 십만(100,000)

나는 전망이 좋은 땅(집)을 샀다. 그곳은 아주 높은 지대에 위치해 있어서 멀리까지 내다볼 수 있었다. 이 땅의 가격은 십만 달러였다.

해석 이 땅(**집**)은 당신이 생명을 내려놓음(**사다**)으로 선지자의 직임을 시작하게 될 것을 말해 준다. **100**은 '전체'를, **1,000**은 '계속 증가함'을 뜻한다. 이것은 당신이 성령 안에서 성장함으로 값 주고 산 것임을 시사한다.

13. 창문을 닫는 꿈
- CD 설치, 컴퓨터, 젊은이들, 다른 방들, 소음, 창문을 닫음, 농담

어떤 사람의 집에 가서 내가 가진 CD를 그 집 컴퓨터에 설치해 주고 있었다. 아내가 CD를

실행했는데, 그 안에 든 것은 내가 아는 내용이 아니었다. 그 집에는 십대 후반에서 이십대 초반의 젊은이 3-5명이 살고 있었다. 자매 중 한 명은 내가 아는 사람으로, 이름은 앤이었다. 내가 어떤 방으로 들어가자, 다른 이들은 다른 방으로 들어갔다. 우리는 가로로 길고 좁은 창을 통해 이야기를 나누었다. 젊은이들은 다른 방에서 CD를 설치하고 있었는데, 집안 곳곳에 소음이 가득했다. 이 소음 때문에 시끄러워서 우리 사이에 있는 그 창문을 닫았다. 그런데 CD를 설치하는 데 문제가 있다고 하기에, 나는 잘 안 들린다고 농담을 했다. 그 CD에 든 내용을 모르기 때문에 도움을 줄 수도 없었다.

해석 앤(Ann)은 '은혜를 입었다'는 뜻이다. 당신의 딸들 중에 한나(Hannah)라는 아이가 있는 것을 안다. 앤은 한나에서 나온 이름이다. 그러므로 꿈속의 젊은이들은 당신의 자녀들이 분명하다.
아내가 CD를 실행했다는 것은 그녀가 아이들의 성장 과정(**컴퓨터 CD**) 가운데 주요 역할을 해 왔음을 시사한다. 이 꿈은 성숙한 청년/젊은이들, 곧 당신의 자녀들이 다른 방으로 들어가는 것으로 이제 그들만의 독립적인 삶의 단계에 들어가고 있음을 보여 준다. 자녀들의 관심사와 세상이라는 **소음** 때문에 당신이 그들의 삶 속에 미치는 영향력은 줄어들고 있다.
창문이 닫혔다는 것은 영향을 끼칠 기회가 줄어들고 있음을 말해 준다. 또한 소음은 당신이 바로 지금 시도하고 있는 계획을 방해하고 있다. 아내만큼 자녀들과 개인적으로 친밀하지 않은 것이 문제를 이렇게 키운 것이다. 당신이 **농담**을 했다는 것은 이 상황을 심각하게 받아들이지 않고 있음을 가리키는 것일 수도 있다.

14. 소형 크리켓 방망이
- 크리켓 방망이, 파란색, 녹색, 더 큰, 어린 시절, 새기다, 나라들

장식용 크리켓 방망이(기념품)를 샀는데, 그것을 진열장에서 꺼내 보니, 파란색과 녹색을 띠고 있었다. 생각보다 더 컸으며, 방망이 앞쪽에 어린 시절을 보낸 영국의 작은 마을의 선수들의 이름과 이니셜이 새겨져 있었다. 그리고 뒤쪽에는 이 방망이가 거쳐 온 여러 나라의 도장이 찍혀 있었는데, 스페인과 브라질 외에 여러 나라들을 본 것이 기억난다. 작고 보잘것없는 팀이었기 때문에 이것이 약간 이상하게 여겨졌다.

해석 크리켓 팀은 열두(11+1) 명의 선수로 구성되는데, 이것은 우리에게 열두(12) 사도를 연상시킨다. 소형 방망이라는 사실에 주목하라. 이것은 실제 방망이가 아니라 바통이다. **파란색**과 **녹색**을 띠고 있는 이유는 하늘(**파란색**)과 땅(**녹색**)의 영향력을 지니고 있기 때문이다. 영국의 시골 마을에서 어린 시절을 보냈다는 사실이 언급된 것은, 당신이 태어나기도 전

에 이 일에 부름 받았기 때문이다(갈 1:15).

방망이에 사인이 아니라 이름이 새겨져 있는 이유는 두 가지이다. 첫째, 이 방망이(바통)를 받은 자들이 자기 목숨을 대가로 지불한 사람들이기 때문이다. 둘째, 그들이 자기 이름을 남겼기 때문이다! 방망이가 생각보다 컸다는 것은 당신 앞에 (진열장 안에) 놓여 있는 것이 생각보다 더 중요한 부르심이기 때문이다. 이것은 방망이 뒤쪽에 지금까지 거쳐간 **나라**들의 도장이 찍혀 있는 것과 연결된다.

주님은 당신이 타석에 서라는 부르심을 받는 그때에 사도적이고 국제적인 사역이 시작될 것을 보여 주기 위해 **크리켓 방망이**를 사용하고 계신다.

15. 날아가는 성경
- 고속도로/대로, 자동차, 성경, 떨어지다

휘어진 고속도로 진입로를 도는데, 차 밖으로 성경이 떨어졌다.

해석 이 꿈에서 고속도로는 세속적인 세상이다. 하나님은 당신이 세상적인 직업을 택하면 부르심(**성경**)을 잃어버리게 될 것이라고 말씀하고 계신다.

16. 손에 주어진 돈에 관한 꿈
- 짙은 푸른색, 정장, 불성실한, 돈, 동전, 구기다, 떨어뜨리다, 집다

로비에서 이야기를 나누고 있는데, 짙은 푸른색 정장을 입은 어떤 불성실한 사람이 다가오더니 갑자기 돈을 주었다. 내 손에는 동전 몇 개와 50달러 지폐 두 장이 구겨져 있었다. 구겨진 지폐를 펴다가 동전 몇 개를 떨어뜨려서 허리를 굽혀 집었다.

해석 (이 사람에게 짙은 푸른색 정장을 입는 사람을 아느냐고 묻자, 자신이 특정한 일[도급 계약으로 받는 일을 할 때 그렇게 입는다고 했다. 당시 그 일은 6개월이 넘게 중단된 상태였다. 그 사람에게 그 일을 어떻게 생각하는지 물었는데, 그 일에 마음이 없는 것이 분명했다. 그는 매년 있는 워크샵에 참석하지 않음으로 이 일과 관련된 몇 가지 기회를 놓친 상태였다.) 이것은 이 일을 하고 있을 때의 당신이 꿈속의 불성실한 사람임을 말해 준다. 하나님은 이 일과 관련하여 예상치 못한 단기 수익이 있을 것을 보여 주고 계시는 것이 분명하다. 이것에 적은 돈만 관련되기 때문이다. 또한 동전을 떨어뜨려서(**떨어지다**) 집었다는 사실에 주목하라. 이것은 당신이 워크샵에 참석하지 않음으로 이 일을 놓쳤다가 다시 붙잡는 것을 보여 주는 것이다. 하나님은 떨어뜨린 동전을 줍는 모습을 보여 주심으로 이 기회를 잡으라고 격려하고 계신다.

17. 승강기

- 검은색, 여자들, 승강기, 죽이다, 빗, 말, 함정

검은 옷을 입은 두 여자가 승강기 안에서 나를 죽이려 했다. 나는 이후에도 이런 일이 계속될 것이라는 생각이 들었다. 한 여자는 긴 강철 손잡이가 달린 빗으로 나를 찌르려 했고, 다른 여자는 말의 꼬투리를 잡아 함정에 빠뜨리려 했다.

해석 이것은 하나님의 경고로, 당신이 성령 안에서 행하는 일과 그 일에 관한 것(**승강기**)부터 적용된다. 두 **여자**는 두 가지 미묘한 마귀의 세력(**검은**)이다.
첫 번째 여자는 교만의 덫을 사용하고 있는데, 이를테면 멋을 부리게 만드는 것(**빗**)이다. 두 번째 여자는 하나님이 원하시는 것을 전하기보다 사람들이 듣고 싶어 하는 말을 하고 싶게 만드는 술책(**함정, 사람에 대한 두려움**)이다.

18. 마라톤 경주

- 달리기, 경주, 백발, 노인, 다시 달림, 우승자, 서류 가방, 타이밍, 군중, 흥분, 지니고 다님

장거리 달리기를 하는 중이었는데, 나는 선수들 뒤편에 처져 있었다. 어떤 백발노인이 그 무리에서 나를 데리고 나와 선두주자들을 따라잡게 했을 때, 우리는 이미 트랙의 고리 구간을 완주한 뒤였다. 그 구간을 이미 돌았는데도, 노인은 선두로 인도하며 그 구간을 다시 달리게 했다. 그래서 이미 통과한 곳을 다시 달려야 했다.
그 노인은 이전 경기의 우승자로 알려진 인물이었다. 우리가 달리는 동안, 그 노인이 내 서류 가방을 들어 주었다. 나는 그의 타이밍(페이스 조절)이 항상 완벽하다는 것을 알고 있었다. 그는 자기 힘을 완벽하게 조절하여 다른 이들은 체력이 고갈된 경주 막판에 속도를 높이는 선수였다. 또한 군중(관중)도 다른 선수들을 제쳐 버리는 그의 명성을 알고, 그것에 열광하고 있었다.

해석 이것은 큰 힘을 주는 꿈이다. 장거리 달리기는 믿음의 **경주**이다. 하나님은 성령으로 당신을 회중 가운데서 지도자로 선두(**앞**)에 세우려 하신다. 꿈속에서 당신이 지나간 곳을 다시 달린 것은 과거의 일들을 해결하여 넘어서는 것을 상징한다
여기서 노인은 (바울과 같은) 사도의 겉옷(딤후 4:7)을 상징하는 것으로 보인다. 노인이 당신의 가르침을 상징하는 **서류 가방**을 들고 이 믿음의 경주를 하고 있다. 이것은 당신이 **군중의 열광을 의식하는 것과 관련이 있다.**
완벽한 페이스로 달린다는 것은 이 노인이 바울과 같다는 것을 증거한다. 또한 이것은 당신의 인생 후반에 전반부보다 더 많은 열매를 맺게 될 것을 시사한다. 노인이 결승점까지

속도를 높인다는 것이 이것을 보여 준다.

19. 침실과 라운지를 연결하는 문을 여는 꿈
- 방문자들, 기대, 침실, 라운지, 문을 염

우리는 방문객들을 기다리고 있었다. 나는 행복한 기대감으로 손님들을 맞기 위해 딸아이의 침실과 라운지 사이에 있는 (실제로는 존재하지 않는) 이중문을 열고 있었다.

해석 행복한 기대감은 좋은 징조이다. 하나님은 당신에게 은밀하게 주신 것이 긍정적으로 세상에 드러나게 될 것(**침실, 거실**)을 보여 주고 계신다. 또한 내면이 변화된 결과로 더 많은 기회와 이익과 교통(**문**)을 기대할 수 있다.

20. 초고속 항해
- 일몰, 초고속, 남쪽, 북쪽, 왼편, 나무, 고무나무, 해협, 심해, 얕다, 목적지, 물, 다른 누군가, 급상승하는, 멕시코 만류(대서양의 북서부 노스캐롤라이나 주 해터러스곶에서 뉴펀들랜드의 그랜뱅크스까지 북아메리카 연안을 따라 동북쪽으로 흐르는 해류)

일몰 직전에 쾌속정을 타고 있었다. 뉴질랜드에 가 본 적은 없지만, 그 나라의 남섬에서 북섬으로 이동하는 중이라는 것을 깨달았다. 내 왼편 (북서쪽 방향) 물속에는 많은 나무(커다란 고무나무)들이 있었다. (내가 그 배를 모는 것은 아니었지만) 나는 커다란 고무나무들이 서 있는 왼편의 얕은 물이 아니라, (북동쪽 방향의) 깊은 물길을 따라가고 있었다. 고무나무 사이사이로 자연스럽게 가는 것이 목적지로 가는 더 가까운 경로였다. 하지만 그 배를 모는 사람은 고무나무들 사이를 직선과 직각으로 항해하고 있었다.
이어서 내가 다른 사람이라는 것과 사실 그 배가 물에 있는 것이 아니라는 것을 깨달았다. 또 배가 항해하고 있는 물길 끝에는 목적지까지 자동적으로 속도를 높여 데려다 줄 멕시코 만류가 흐르고 있다는 것도 깨달았다.

해석 이것은 하나님이 성령 안에서 당신의 현재 위치를 보여 주시며 격려하는 꿈이다. 당신은 남쪽에서 **북쪽**으로 여행하고 있는데, 이것은 하나님과 그분이 당신을 위해 예비하신 영적 유업을 향해 가는 것이다.
커다란 고무나무(**큰 나무**)들은 유명한 교회 지도자들이다. 이것은 이러한 지도자들에게 인정을 구하여 목적지에 이르는 지름길을 찾으라고 유혹하는 것이다. 또한 유명한 지도자들이 당신과 친해져서 자기 사역에 합류해 달라고 요청하는 것일 수도 있다.
배를 모는 분은 성령님(보이지 않는 조력자)으로, 당신을 성령의 깊은 물을 지나 목적지로 데려가시는 중이다. 조금 돌아서 하나님이 당신을 위해 예비하신 곳으로 가는 것처럼 보이지만, 당신이 그 해협을 통과한 뒤에는 영적인 멕시코 만류로 인해 상황이 빠르게 진행될 것이다. 자신이 다른 사람이라는 것(인식하지 못함)을 깨닫는 것은 영의 사람이 이 여정을 경험하고 있기 때문이다.

당신이 탄 배가 사실 물에 있지 않다는 것은 두 가지를 말해 준다. 첫째, 당신은 성령 안에 있다. 둘째, 당신이 고무나무들을 피하고 있음을 시사한다. 그것은 물이 얕아서라기보다는 그것들과 얽히면 당신의 여정이 사실상 지체되기 때문이다.

21. 사역의 죽음에 관한 경고

- 젊은 부부, 지붕, 불, 어린 자녀, 불꽃, 죽이다

어느 젊은 부부와 함께 그들의 집 밖에 풀로 엮은 텐트형 구조물 안에 있었다. 여자가 그곳에서 불을 지피자, 지붕에 불이 붙었다. 우리는 불을 끄려고 애쓰다가 나중에서야 불이 그 집에 번져 위층 침실에 있던 부부의 어린 자녀가 죽었다는 것을 알게 되었다.

해석 이것은 험담(**불**)이 이제 막 당신이 시작하려는 새로운 사역(**아기**)을 파괴할 수 있음을 경고하는 꿈이다. **여자**는 하나님이 당신의 마음에 두신 것을 시험하고 중단시키기 위해 선동하는 교회 혹은 교회의 지도자를 나타내는 것일 수 있다. 또한 어린 자녀(**아기**)가 **위층**에 있다는 것을 주목하라. 이것은 당신이 가지고 있는 것이 하나님으로부터 온 것임을 말해 준다.

22. 피부 속 검은 플라스틱

- 피부 아래, 검은색, 플라스틱, 핀셋,

피부 속에 검은색 플라스틱 조각이 있어서 그것을 제거할 핀셋이 필요했다.

해석 이 꿈은 피상적이고(**플라스틱**) 성령의 빛도 없는(**검은색**) 사람이 당신을 괴롭히고 있음(**아래**)을 암시한다. 또한 하나님은 이 상황을 신중하고 조심스럽게 다루라고(**핀셋**) 말씀하고 계신다.

23. 뭔가 다른 것을 보고 듣는 꿈

- 호밀 빵, 보는 것 vs 듣는 것, 설탕을 입힌 사탕,

어떤 사람이 호밀 빵 한 덩어리에 어떤 좋은 성분이 함유되어 있는지 설명하는 것을 들었다. 하지만 내가 본 것은 설탕을 입힌 사탕이었다.

해석 하나님은 이 꿈을 통해 누군가 당신에게 제안하고 있는 것이 말 그대로가 아니라는 것을 보여 주고 계신다. 꿈속에서 어떤 사람이 영양가 높은 건강한 빵이라고 주장하고 있는데, 실상은 영양가 없이 열량만 높은 음식(**사탕**)이라는 것이 암시된다. 쉽게 말해 이 꿈은 당신 앞에 차려진 것을 통해 참된 본질을 얻는 것이 아니라, 듣기 좋기만 할 뿐이라는 것(**사탕**)을 말해 준다(히 5:12, 딤후 4:3-4).

24. 사람들 앞에서 씻는 꿈
  - 무리, ~앞에서, 씻기, 부끄럽지 않음, 즐거움

한 무리의 사람들 앞에서 씻고 있는 내 모습이 보였는데, 아무 부끄러움 없이 그것을 즐겼다.

해석 이 꿈은 당신이 교실이나 회중 앞에서 하나님의 말씀을 적용하는 모습(**씻다**)을 보여 준다. 이것은 또한 당신이 참회와 정직함으로 그렇게 하고 있음을 시사한다. 결국 이것은 당신이 하나님의 말씀을 준비하고 전하면서 정결해지고 있음(**물**)을 말해 준다.

25. 사륜구동차를 사는 꿈
  - 사륜구동차, 사다

아버지가 가까운 그리스도인 친구에게서 사륜구동차를 사는 모습을 보았다.

해석 이 꿈은 당신의 아버지가 가까운 그리스도인 친구의 영향력으로 순회 사역(**사륜구동차**)을 하게 될 것을 암시한다. 여기에서 산다(**사다**)는 것은 자기 삶을 내려놓는 것을 지칭한다. 즉, 하나님의 일을 위해 자신의 계획을 포기하는 것이다.

26. 라인하르트 본케
  - 유명한 사람, 강, 보호구역, 쾌속정, 망원 조준기, 소총, 발포

라인하르트 본케(유명한 복음전도자)가 가족들과 함께 강가의 보호 구역 혹은 공원 지역에서 즐거운 시간을 보내고 있는 모습이 보였다. 그런데 두 대의 쾌속정이 다가오더니 배에 탄 사람들이 망원경이 달린 소총을 꺼내 그를 향해 쐈다. 본케는 몸을 숙여 피했고, 함께 있던 사람들은 총을 쏘며 반격했다.

해석 (꿈을 꾼 사람에게 사도적 인물과 친분이 있는지 묻자, 그렇다고 대답했다.) 하나님은 이 사도

적 인물(유명인)이 밀려서 (망원경) 강력하게 사역하는 단체들(폐쇄적)로부터 비난의 말(소총)을 듣게 될 것을 보여 주고 계신다.
이것은 그 사람의 친구들이나 동역자들이 거친 말로 반격할 것에 대한 경고이다. 하나님은 말씀하신다. "원수 갚는 것이 내게 있으니 내가 갚으리라"(롬 12:19, 히 10:30).

27. 밀이 든 통
- 딸, 뒤쪽 베란다, 통, 막대기, 거미, 거미줄, 바구미(작은 벌레)

꿈속에서 딸아이와 함께 있었다. 우리는 뒤쪽 베란다로 나가 청소하다가 거기에 있는 밀이 든 통 몇 개를 들여다보았다.
나는 막대기를 들고 있는 딸에게 "이 통 좀 확인해 볼래?"라고 말했다. 딸아이가 막대를 그 안에 넣었다가 뺐는데, 거미줄이 붙어 있었다. 바구미(벌레)가 있는지 통 안을 들여다보았더니, 거미 한 마리가 보였다. 나는 "뚜껑을 덮고 그냥 두자"라고 하면서 드라이아이스를 가져와서 벌레들(거미와 바구미)을 죽여야겠다고 생각했다.

해석 뒤쪽 베란다는 사적이고 은밀한 것, 비밀스러운 것이다. **밀**(마 13:18-19)이 든 통(자루)은 사람들로, 말씀을 받은 자들이다. 창세기 42장 25절의 곡물을 담은 그릇(**자루, 통**)도 참조하라. **막대**는 훈육(성경대로 교정하거나 훈련하는 것)이다.
당신이 보고 있는 것은 딸의 내면이며, **거미**는 건드려지면 위협을 느껴 반발하게 되는 문제를 말한다. 또한 거미와 바구미는 말씀과 함께 뿌려진 것을 나타낸다. **바구미**가 밀을 어떻게 하는지 잠시 생각해 보라. 밀을 상하게 한다! 바구미는 한 사람의 내면에 심긴 말씀을 은밀하게 부패시키는 파괴적인 곤충이다. **거미줄**은 속임, 기만을 말한다. 이것은 당신이 모르는 것일 수도 있고, 당신의 딸이 속아서 해결하지 못하고 있는 문제일 수도 있다.
당신은 통을 그대로 두자고 말하면서 나중에 해결해야겠다고 생각하는데, 이것은 그 문제가 야기할 위험 때문에 직면을 피하며 해결하지 않는 당신의 성향을 보여 준다. 이 꿈은 표면적으로 드러난 문제를 다루라는 하나님의 경고이다. 그렇게 하지 않으면 나중에 그 결과로 인해 고통받게 될 것이다.

28. 낡은 집
- 딸, 캠프, 방, 낡은 집, 왼쪽, 살짝 열려 있는 문, 거실, 알렉스, 친구, 놀기, 의자, 강대상, 게임기, 대형 스크린, 침실, 취침 시간, 화장실, 사무실, 깨끗하다, 안전하다, 조용하다

꿈속에서 막내딸과 함께 어떤 캠프에 있었다. 우리는 방이 많은 낡은 집 안에 있었고, 나는 복도를 따라 걸었다. 왼편에 살짝 열려 있는 많은 문들이 있었지만, 그것이 있다는 것

만 인식했을 뿐 그것에 전혀 관심을 보이지 않았다.
딸과 함께 휴게실 혹은 거실처럼 보이는 방 안으로 들어갔는데, 알렉스와 어떤 친구가 게임을 하고 있었다. 방 안에는 의자가 없었다. 게임기가 올려져 있는 강대상만 있고, 벽에는 대형 스크린이 걸려 있었다. 우리는 게임기를 가지러 방을 빠져나와 침실로 올라갔다. 나는 속으로 우리가 게임을 해도 되는지, 알렉스가 싫어하지는 않을지 궁금해하고 있었다. 우리가 다시 돌아왔을 때, 알렉스는 신경쓰지 않았다. 그래서 우리는 게임을 했다.
그 후 취침 시간이 되어 아이들은 자러 갔고, 나는 화장실에 가야 했다. 화장실에 가려면 사무실과 연결된 딸아이의 방을 통과해야 했다. 그런데 알렉스가 사무실에서 자고 있었고, 화장실은 그 옆에 있었다. 내가 그 화장실로 간 것은 그곳이 깨끗하고, 안전하고, 조용했기 때문이다.

해석 낡은 집(낡은/오래된 집)은 과거이다. **복도**는 남편이 신앙을 버린 뒤 당신이 지나온 여정을 말한다. **왼쪽**에 살짝 열려 있던 **문**들은 당신도 남편처럼 신앙을 버리고 싶은 유혹을 받았음을 암시한다. 그러나 당신은 그렇게 하지 않았다. 이것은 좋은 일로, 하나님이 인정하신다!
하지만 그 후 당신은 강대상(**설교단**)이 있는 방으로 갔다. 이것은 남편의 강단(**말씀**) 사역을 뜻한다. 그곳에 의자가 없다는 것에 주목하라. 이것은 현재 남편에게 교인이 하나도 없음을 뜻한다. 그래서 당신이 보기에 남편의 부르심을 인정하기가 더욱 어려운 것이다.
거실에 들어감으로 당신은 성취와 약속의 장소에 이르렀는데, 그곳은 성경적으로 안식의 장소이다. 그런데 이곳에는 의자가 하나도 없다. 의자가 없는 것은 그것이 오락과 유흥에 방해가 되기 때문이다. 당신은 남편의 부르심, 곧 강단(**말씀**) 사역을 진지하게 받아들이지 않는 것으로 보인다.
앤이라는 딸은 이 여정 가운데 당신과 함께하신 하나님의 은혜이며, 알렉스는 그리스도(**사람들의 보호자**)이시다. 하나님은 지속적으로 당신을 보호하셨으며, 지금도 **사무실**이 상징하는 사업을 보호하고 계신다.
화장실에 가는 것은 딸의 방, 즉 하나님의 은혜를 통해 보여 주신 이런 상황을 깨달으면, 회개하게 될 것이라는 말이다.

29. 거미
- 부엌, 거미, 나뭇잎, 여자, 거미줄, 커튼 레일, 장식, 화장실, 살해당하다, 지갑, 돈

꿈에서 부엌에 있다가 무언가 천장을 가로질러 가는 것을 봤다. 그것은 서미 같기도 하고, 나뭇잎 같기도 했는데, 나뭇잎을 덮은 거미라는 것을 깨달았다.
그리고 거기에는 금발의 긴 생머리에 옷차림이 단정한 여자가 있었다. 그녀가 그 거미를

잡더니, 가는 거미줄을 커튼 레일에 장식으로 걸며 말했다. "저를 위해 이 거미를 돌봐주시겠어요?"

그녀는 화장실에 갔다(나는 그렇게 생각했다). 나는 거미를 보다가, 그것이 거기에 있는 게 싫어서 짓뭉개 버렸다. 여자가 돌아오자, 내 남편이 그녀에게 말했다. "아내가 거미를 죽였어요!" 그러자 그 여자는 지갑을 꺼내어 열면서 말했다. "당신에게 돈을 주어 거미를 돌보게 하려고 했어요."

해석 **부엌**은 당신의 마음이다. **거미**(잠 30:28, 킹제임스흠정역)는 가려지고 숨겨진 견고한 진이다. 거미가 **천장**을 가로질러 간다는 것은 견고한 진이 강하게 붙잡고 다스리고 있음을 암시한다.

여자는 거미와 관련이 있다. 그녀는 거미를 집에 있게 해 준다. 거미는 위협을 받으면 일어나 덤빌 것이다. 이 여자는 이세벨이며, 통제하고 조종하는 것을 좋아하는 더러운 영이다. **나뭇잎**은 번영을 말한다. 따라서 나뭇잎 아래에 거미가 있다는 것은 견고한 진(거미)이 풍요로운 삶을 가장하여 숨어 있다는 말이다. 부엌은 당신이 영적인 것을 먹는 곳을 말한다. 그리고 거미가 **커튼** 레일에 장식처럼 걸려 있는 것은 천국과 번영 사이에 관련이 있음을 말해 준다. 천국과 번영은 실제로 연결되어 있다는 사실에 주목하라. 하지만 오늘날 가장 빠지기 쉬운 올가미 중 하나는 성경이 말씀하는 것과는 반대로, 우리가 주로 복음보다는 돈에 초점을 맞춘다는 것이다(마 6:33).

이 여자가 **화장실**에 가는 것은 당신이 그것을 해독하고 제거한다는 뜻이다. 동시에 당신이 거미를 처리했다는 사실에 주목하라! 이것은 좋은 것이다. 돈이 마음을 지배하려 한다는 사실을 깨닫고 당신이 자신의 마음을 점검하고 고백하고 회개함으로 삶 가운데 돈의 영향력을 파쇄했다는 뜻이다.

하지만 그 여자는 돌아온다(이것은 이 영의 끈질긴 속성이다). 남편이 "아내가 거미를 죽였어요!"라고 말한 것은 가정의 권위자로서 "이세벨은 이 집에 있을 아무런 권리도 없다!"라고 선포한 것이다.

여자가 지갑을 꺼내 들고 돈을 주려 한 행동은 이것이 견고한 진(**지갑**)임을 확신시켜 준다. 영으로 당신이 갈림길에 있다는 것이 감지된다(지금은 결단의 시간이다). 당신은 돈을 통해 번영과 안정감을 누릴 것인지, 아니면 아무 조건 없이 당신의 마음을 하나님께 드릴 것인지 선택해야 한다. 당신은 내려놓는 것을 두려워하고 있다. 여자는 돌아와서 당신이 번영을 누릴 수 있는데, 이렇게 돈을 벌 수 있는 능력을 버리는 것은 손해라는 거짓말로 당신을 속이고 있다.

이것은 당신이 해결받아야 할 근본적인 문제를 보여 주는 좋은 꿈이다. 또한 이 꿈은 여자가 돌아오려 한다는 것을 보여 주지만, 하나님은 꿈을 통해 계시해 주셔서 그 일이 벌어지지 않도록 당신을 준비시켜 주신다.

30. 대학에 관한 꿈

- 애리스, 야외용 테이블, 잔디밭, 점심, 넓은 접시, 핑거푸드(손으로 쉽게 집어 먹을 수 있는 음식), 우정, 자매, 대학, 농담, 외면하다, 관계, 지루하다

7학년(중학교 1학년) 때 좋아하던 애리스라는 남자아이와 야외용 테이블에 앉아 점심을 먹고 있었다. 그 테이블은 잔디밭 너머로 (호주 애들레이드 대학의) 바르스미스 도서관을 바라보고 있었다. 우리는 핑거푸드 한 접시를 나눠 먹고 있었다.
우리는 친구사이였지만, 어색함이 있는 것 같았다. 어쩌면 친구 이상의 관계로 발전할 것 같았다. 내가 애리스를 보며 누나들은 지금 어떻게 지내는지 물었다. 그리고 의도치 않게 그에게 살짝 닿았다. 그는 누나들이 대학을 두세 번 졸업했으며, 이제는 아내가 될 준비를 하고 있다는 농담을 했다. 내가 얼굴을 돌려 외면하자, 그가 내 손을 부드럽게 어루만졌다. 우리가 친구 이상의 관계, 곧 연애에 서투르다는 것과 공부하는 게 지겨워서 뭔가 재미있는 일이 필요한 게 아닐까 하는 생각이 들었다.

해석 야외용 테이블에 앉아 있는 것은 당신의 관계와 교제와 교감 상태를 보여 준다. 애리스라는 소년의 이름은 '최고'라는 뜻으로, 숫자 7(**일곱**)과 연관이 있다. 이것은 당신과 그 남자아이가 아니라, 당신과 남편에 대해 보여 준다. 당신은 결혼 생활이 행복하기를 바라고, 하나님도 그것이 거룩하고 완벽하길 원하신다. 당신은 남편과 애리스 사이에서 무의식적으로 유사점을 발견하고 있는 것 같다. 하나님이 당신의 마음을 드러내고 계시는 것이다.
성령께서 당신이 피크닉과 공원이나 식물원 같은 곳에서 산책하는 것을 좋아한다는 것을 보여 주신다. 하나님은 당신과 남편 사이에 있을 어떤 어색함을 알려 주시는 것이다.
애리스의 누나들(**자매**)에 대한 질문은 사실 남편에게 교회들이 어떻게 하고 있는지 묻는 것이다. 의도하지 않게 닿았다는 것은 두 사람 사이에 오해가 있거나 그렇다는 것을 알고 있는 것이다.
누나들에 대한 농담은 당신이 교회들의 움직임을 진지하게 받아들이지 않고 있다는 뜻이다. **대학**을 두세 번 졸업했다는 것은 교회 안에서 지성이 지나치게 강조되고 있다는 말이다.
당신이 고개를 돌린다(**방향 전환**)는 것은 남편 혹은 교회를 향한 하나님의 부르심을 외면하고 있다는 의미이다. 어쩌면 당신은 교회에 대한 애정이 없었을 수도 있다. 지루함을 느낀다는 것은 현재 중년의 위기를 겪고 있음을 시사한다. 당신은 미래에 대한 안정감과 주님을 향한 첫사랑을 회복하는 것 중 어느 것을 선택할지를 두고 갈림길에 서 있다.

31. 노신사들

- 퍼레이드, 텐트, 발, 차갑다, 맨발, 신발, 발끝으로 살금살금 걷다, 노인

가족과 함께 퍼레이드(야외 공연)를 보러 가다가 작은 직사각형 모양의 텐트에 이르렀다. 바닥이 조금 차가워서 발을 내려다보았더니 맨발이었다. 속으로 왜 신발을 신지 않았을까 생각했다.
텐트 안으로 들어가니 무엇이든 보려면 뒤꿈치를 들고 발끝으로 서야 했다. 그곳에는 70대로 보이는 적어도 두 명의 노신사들이 있었는데, 존(요한)과 해리였다. 서로 인사를 나누면서 속으로 이분들이 여기서 무얼 하고 계신 걸까 생각했다.

해석 이것은 당신이 다른 교회로 이동하는 것과 관련이 있는 것 같다. 외부 영역(**바깥**)은 문제들이 드러나는 것을 암시한다. 직사각형 모양의 **텐트**는 집회 장소(교회)이며, 당신이 마음속으로 이러한 이동을 일시적인 것으로 여기지 않음을 말해 준다.
당신은 발을 내려다보며 신발을 신고 있지 않음을 깨달았다. 신발을 신지 않았다는 것(**신발, 신을 벗음**)은 준비되지 않았음을 시사한다. 바닥이 **차가운** 이유는 당신이 이러한 이동에 겁을 내고 있기 때문이다.
보기 위해 뒤꿈치를 들고 발끝(**발가락**)으로 서야 한다는 것은 믿음이 아닌 육신의 눈으로 그곳에 있는 것을 보려 하고 있음을 말해 준다. 거기에 무엇이 있는지 보려면, 성령 안에 있어야 한다. 당신은 이 사람들 앞에서 이와 같은 교회와 관련되었음이 드러나는 것을 위협으로 느끼는 것일 수도 있다.
두 명의 노신사(**옛 사람/노인**)는 옛 사람(롬 6:6), 곧 당신의 마음속에 있는 견고한 진을 나타내거나 (그리스도인이 되기 전) 옛 자아의 견고한 진들을 보여 주는 것일 수도 있다. 또한 그들이 70대(**칠십**)라는 것은 바벨론에서 풀려나 번성할 준비가 되었다는 뜻일 수도 있다. 당신의 남편은 존이 돈을 빌려 쓰는 것과 관련하여 분명 문제가 있다고 말했다. 이전에 해석해 준 꿈들을 보면 해리는 통제력에 문제가 있는 것 같다. 이 일과 두 사람 앞에 있는 것에 불안을 느끼는 것은 세상(돈과 관련된 세상적인 의미의 성공)을 선망하고 있거나 권위자에 대한 문제가 있음을 암시하는 것은 아닌지 기도하면서 생각해 보기 바란다.

32. 한 남자와 모퉁이를 도는 꿈

- 불면, 위층, 창문, 모퉁이, 집, 구급차, 자동차, 노부인, 걷기, 나무, 현관, 앉다, 계단, 구부리다, 슬픔, 아내, 왼쪽, 회색, 이른 아침, 거리, 실내복, 잔디, 입, 마스킹 테이프(보호 테이프), 면도용 크림, 돌다, 두꺼운 종이, 양말, 다섯, 여섯, 파란색, 검은색, 대로, 상점

새벽 세 시경쯤 된 것 같은데 잠이 오지 않았다. 나는 위층 창문으로 건너편 모퉁이에 있

는 집을 보았다. 구급차와 작은 차 한 대가 소리를 내며 그 집 앞에서 서는 모습이 보였다. 노부인에게 안 좋은 일이 생긴 것 같았다.

나는 산책을 가기로 마음먹었다. 걷다가 모퉁이 집 남자가 나무 뒤편으로 현관을 향해 걸어가는 모습을 보았다. 그 집 현관이 보이는 곳에 이르렀는데, 남자가 현관 근처 계단에 앉아 있는 모습이 보였다. 그는 문 쪽으로 얼굴을 돌리더니, 몸을 구부리고 슬피 흐느끼기 시작했다. 그의 아내에게 무슨 일이 생겼구나 하는 생각이 들었다. 가서 그를 위로해 줄까 하는 생각이 들었지만, 모퉁이를 돌아 왼쪽으로 계속 갔다.

이제 잿빛(회색빛) 아침이 밝아오고 있었다. 나는 젊은 시절 살던 곳 근처의 거리에 있었다. 맞은편에 옛 실내복을 입은 남자 세 명이 집 앞 잔디밭에 일렬로 서 있었다. 그들을 지나가다가 첫 번째 남자의 입에 뭔가 붙어 있는 것을 발견했다. 처음에는 그것이 X자 모양의 마스킹 테이프라고 생각했는데, 나중에는 면도용 크림 같았다. 나는 살짝 무서워서 달리기 시작했다. 하지만 곧 그들이 내게 힘을 주고 싶어 한다는 것을 느꼈다. 내가 돌아서자, 그들이 내게 건너와서 안아주며 힘을 주었다.

나는 다음 모퉁이로 나아가서 왼쪽으로 돌았다. 길 건너편에 두 남자가 있었는데, 나무들에 가려져 잘 보이지 않았다. 그런데 두 사람이 나에게 두툼한 종이 상자 두 개를 주었다. 그것을 열어 보았더니 양말 두 켤레기 들어 있었다. 하나는 파란색이고 다른 하나는 검은색이었다. 하나는 사이즈가 6, 다른 것은 5였던 것 같은데, 정확하지는 않다. 그리고 새벽 이 시간에 나와서 걷다가 이런 물건을 받는 것은 기분 좋은 일이라고 생각했다. 또 가족 중에 사이즈가 맞는 사람이 있을지 궁금했다.

그 후 그 거리의 막다른 곳에 이르면서 대로로 나왔는데, 거기에는 상점들이 있었다. 그곳은 내가 기대하던 곳이 아니었다.

해석 잠에서 깼다는 것은 당신이 현재 불안을 경험하고 있음을 말해 준다. 당신은 밖으로 나가서 무슨 일이 벌어지고 있는지 살펴봤다. **구급차**와 작은 자동차가 소리를 내며 그 집 앞에 섰다는 것은 이것이 긴급한 상황이며, 시급하게 해결해야 할 사안들임을 말해 준다. **남자**는 바로 그리스도이시다. 그분은 **나무** 뒤편으로 걸으시는데, 나무는 생명을 나타낸다(그분은 나무, 곧 생명 이면에 계신다). **여자**는 당신 자신이며 교회이다. 그는 건강하지 않은 아내(교회)를 위로하러 가지 않는다. 구급차는 그녀가 죽음을 눈앞에 두고 있음을 암시한다. 흐느껴 우는 그에게 다가가지 않는 것은 당신이 주님과 친밀하지 않음을 말해 준다. 집 밖에 계신 그리스도 역시 그분이 당신의 마음 **밖**에 계심을 보여 준다. 밖에 계신 주님은 당신과 소통하고 싶어 하신다. 당신은 하나님이 아니라 남편에게서 만족을 구하고 있다. 또 (**오른쪽**이 아니라) **왼쪽**(왼쪽=육신, 오른쪽=성령)으로 돌아 과거로 들어간 것은 당신이 과거의 문제들 때문에 그리스도를 등지고 있음을 말해 준다. 당신은 과거 때문에 그리스도와 친밀해지기 위해 애쓰고 있는 것이다.

잿빛(회색) 아침이 밝아오는 것은 당신이 미온적으로 행하고 있으며, 마음도 확실하지 않음을 암시한다. 당신의 마음이 갈망하는 것은 다 충족될 수 있을까?

집 앞 잔디밭에 있는 세 노인(옛 사람/노인)은 당신의 옛 삶에 있던 세 가지 견고한 진으로, 옛 자아가 일어나게 만든다. 잔디밭(풀/잔디)은 육신을 나타내며, 당신이 하나님의 일을 생각하지 않고 있음을 말해 준다. 확실하지는 않지만, 입에 X자 모양의 테이프를 붙인 남자는 말하는 것을 주의하라는 의미일 수도 있다. 면도용 크림은 입에서 나오는 말을 믿음의 고백, 곧 죽음이 아닌 생명을 선포함으로 정결하게 해야 한다는 뜻이거나 방언을 말하는 것일 수도 있다. 어떤 이유든 당신은 방언의 목적을 몰라서 그것을 중단했거나 그것의 가치에 의문을 품거나 혹은 명확하지도 않고 이질적인 것으로 여기고 있는 것이다. 이렇게 된 이면에는 교회의 가르침과 교육이 있는 것 같다. 이세벨의 영은 성령의 자유함을 싫어해서 방언은 잘못된 것이며 아무 목적도 없다고 말한다.

나머지 두 남자는 (31번 꿈에도 나타나는) 돈과 통제일 가능성이 있다. 당신은 그것이 잘못이라는 것을 알고 도망쳤다. 하지만 이들은 돕고 싶을 뿐이라고 말하는 유혹/기만의 영과 함께 활동한다.

각각의 **모퉁이**는 결단의 시간이다. 나무 아래 있는 두 남자(**둘, 남자**)는 종교적인 길과 영적인 길(가인과 아벨, 야곱과 이스라엘, 시몬과 베드로 등)을 나타낸다. 두 사람이 잘 보이지 않는 이유는 당신이 성령 안에서 행하고 있지 않기 때문이다(당신은 왼쪽으로 돌고 있다).

이들은 당신에게 두 개의 두툼한 종이 상자를 주는데, 열어 봐야 무엇을 받았는지 알 수 있다는 말이다. 그럼에도 무엇을 사용할 수 있는지 분별하려면 영적 통찰력이 필요하다. 두 켤레의 양말은 두 개의 다른 길을 갈 당신의 발에 신겨질 것이다. **파란색** 양말은 (성령께서 주신) 하늘의 길을, **검은색** 양말은 빛이 없는 (종교적/죄의) 길이다. 그리고 양말 사이즈가 의미하는 바는 다음과 같다. 5(**다섯**)는 은혜와 은총, 6(**여섯**)은 사람과 죄이다.

하나님은 당신에게 결단하라고 말씀하고 계신다. 성령께서 당신이 쉽게 결정을 내리지 못하며, 어느 한쪽을 선택하고 싶지 않아서 상황을 방치하는 경우가 많다는 것을 알려 주신다. 이것은 당신이 어떤 양말도 신지 않는 모습으로 나타난다. 당신은 양말을 집에 가져가려 하지만, 무엇을 가져가고 있는지 모른다. 어떤 양말도 신지 않았기에, 결국 기대하지 않은 곳에 이르게 된다.

대로(**고속도로**)는 혼잡한(많은 사람이 다니는 길, 마 7:13) 도로이다. 하나님은 당신에게 그분의 길을 선택할 것을 도전하고 계신다. 그렇지 않으면 주님 없이 살아가는 사람들처럼 많은 것을 성취하지 못한 채 분주하기만 한 삶을 살게 될 것이다.

당신은 그리스도와의 첫사랑을 회복해야 한다. 앞서 언급한 대로, 당신은 성령 안에서 기도해야 한다. 당신에게 영적 분별력과 명료함이 부족한 이유는 훈련하지 않기 때문이다. 현재 당신은 두 마음을 품고 있다. 불이 켜지면 바리새인의 누룩(과거에 배운 종교적 교리들)이 부풀어 올라 당신의 마음에 있는 모든 것을 부패하게 만들기 때문이다(마 16:6). 과거의 교리들은 압박을 받으면 움트는 씨앗을 뿌렸다. 또한 지금 내게 요한복음 21장 18절이 강하게 임하고 있다.

> 내가 진실로 진실로 네게 이르노니 네가 젊어서는 스스로 띠 띠고 원하는 곳으로 다녔거니와 늙어서는 네 팔을 벌리리니 남이 네게 띠 띠우고 원하지 아니하는 곳으로 데려가리라

당신은 스스로 옷을 입고 대로를 향해 가고 있다. 자기를 버리고 믿음으로 걸으라. 그리고 하나님이 뜻하시는 곳으로 인도하시도록 허락해 드리라.

33. 사다리를 들고 경주하는 사람들
- 달리기, 경주, 사다리, 트랙, 결승선, 언덕, 말, 코끼리, 보이지 않는 친구

육상 경기 트랙 위에 서 있었는데, 다양한 인원으로 구성된 팀들이 사다리를 들고 각자의 트랙을 달리며 결승선으로 보이는 곳을 향해 경주하고 있었다. 달리는 이들 중에는 내가 아는 사람들도 있었다. 처음에는 작은 언덕에 한두 명 씩 보였는데, 점점 많은 이들이 달려오더니 결승선을 향해 돌진하는 것 같았다. 말을 타고 언덕을 넘어오는 이들이 보였고, 마지막에는 코끼리를 타고 언덕을 넘어 곧장 내게로 오는 사람도 있었다. 그렇게 큰 코끼리가 돌진해 오는 모습을 보며 살짝 겁이 났다. 그 코끼리는 나와 부딪치기 직전에 멈췄다. 그때 보이지는 않았지만 누군가 내 곁에 있다는 것을 알 수 있었다.

해석 이들은 믿음의 **경주**를 하고 있다. 다양한 인원으로 구성된 팀은 가족, 개인, 회중을 나타낸다. 그들 모두가 들고 있는 **사다리**는 예수 그리스도와 십자가를 가리킨다.
말을 탄 사람들은 세상적인 것들을 가지고 그리스도인의 삶을 사는 이들일 수도 있지만, 믿음이 강한 자들을 상징할 가능성이 더 크다. 선수들이 넘어오는 **언덕**배기는 능력과 계시의 장소이다. 능력과 계시가 없다면 결승선까지 달려가지 못할 것이다.
당신의 트랙으로 돌진해 온 **코끼리**는 하나님이 당신에게 예정해 두신 큰 사역, 세상의 관심을 끌 사역을 상징한다. 당신이 경험한 예감은 자연계에서는 이런 일이 불가능하다는 의미이다. 보이지는 않지만 함께 있는 분(보이지 않는 협력자)은 성령님이시다. 바로 이 성령님이 이 꿈을 계획하신 분이며, 꿈속에 곁에 계신 분이다. 그분은 당신과 함께하실 것이다.

34. 주머니 속에 든 펜
- 푸른색, 짙은 푸른색, 펜, 잉크, 얼룩, 새다, 반복되는 꿈

나는 푸른색 셔츠를 입고 있었고, 주머니에는 펜이 꽂혀 있었다. 그런데 그 펜에서 짙은 푸

른색 잉크가 새어 나와 작은 동전 크기의 얼룩이 되었다. 그것을 본 친구가 나에게 그 얼룩에 대해 말해 주었다. 펜촉이 벌어져서 잉크가 새고 있었던 것이다. 나는 1년 동안 6개월에 한 번씩 두 번 이 꿈을 꿨다.

해석 당신은 많은 사람들이 불편하게 여길 책을 쓰게 될 것이다. 그 책의 주제가 많은 논쟁을 불러일으킬 것이지만, 당신은 포기하지 않을 것이다(**잉크**). **얼룩**은 그에 대한 반감을, 짙은 **푸른색**은 그 책에 기록될 성령의 영감을 말하는 것이다. 이 꿈은 당신이 전해야 할 메시지의 긴급함과 확증의 표로 두 번 반복된 것이다.

35. 바위에서 던져진 사람

- 브렛, 바위, 던짐, 추락, 벽, 발가락, 다리, 고통, 신음

브렛이라는 남자가 바위 위에 서 있는 조지를 떨어뜨리는 모습을 봤다. 조지는 암벽에 부딪힌 후 다른 바위 위에 떨어져 발가락과 다리를 다쳤다. 그는 고통에 신음하고 있었다.

해석 브렛은 '브리타니'(프랑스 지명은 브르타뉴. 자치권을 가졌다가 프랑스에 합병된 역사를 가지고 있음 - 역자 주)를 뜻한다. 브리타니는 프랑스에 있는 지역 이름으로, 영국적인 느낌을 담고 있다. 브렛이 조지를 밀었다는 것은 조지에게 변화가 없기 때문에 제거되었다는 의미이다. 암벽에 부딪힌 후 다른 **바위** 위에 떨어지는 것은 깨어짐을 말하는데(마 21:42-44). 이것은 또한 조지가 탁월하고 안정적인 자리를 빼앗겼음을 말해 준다.
다리를 다치는 것은 힘을 잃는 것을 말한다. 이 상황에서 **발가락**을 다치는 것은 조지의 영적 자녀들(가장 작은 신체 기관)의 걸음에 중대한 영향을 준다는 말이다. **신음**은 죽음을 통해 영이 풀려나는 것을 말한다.

36. 둥둥 떠다니는 꿈

- 방, 떠다니다, 창문, 눈, 안개, 현관, 왼쪽, 금이 가다, 유리, 바닥, 걸려 넘어지다, 텐트, 엄마, 아빠, 지퍼, 닫혀 있다, 들어갈 수 없는

커다란 방 안에 있었는데, 몸이 뜨기 시작하더니 방을 맴돌며 이렇게 말했다. "하나님이 집 안에 계신다!" 나는 보라색 커튼이 처진 커다란 창문 앞에 있었다. 하나님의 임재가 내게 임했고, 나는 그 방의 반대쪽으로 건너가기 시작했다. 앞이 잘 보이지 않았고, 눈앞에 희뿌연 안개가 있었다. 안갯속 하나님의 임재를 만지려고 두 손을 내밀자, 임재가 더 강해졌다.
나는 그 방을 떠나 현관으로 내려갔다. 왼쪽 눈으로 보는 것이 마치 금이 간 유리창으로

보는 것 같았다. 현관으로 내려가는데, 잘 보이지 않아 바닥에 있는 것들에 걸려 넘어질까 두려웠다.
마침내 어떤 텐트에 이르자, 그 안에 엄마와 아빠가 계셨다. 그런데 텐트의 지퍼가 잠겨 있어서 안으로 들어갈 수가 없었다. 꿈은 거기서 끝났고, 잠에서 깨었을 때 시편 22편과 예레미야 8장이 생각났다.

해석 주님은 당신이 하나님께 속한 하늘의 **집**임을 보여 주고 계신다. 이것은 이후 이 땅의 **텐트**(장막)인 당신의 부모님과 대조된다. **창문**은 '기회' 또는 '영혼의 눈'을 말하고, 보라색 커튼은 예수님이다.
기름부음으로 과거의 문제(당신의 부모님)가 제기된 것이다. 육신의 눈으로 보면 부모님과의 관계 때문에 당신이 걸려 넘어지고 있다(**왼쪽, 통로, 아버지**). 당신에게는 부모님과 관련된 문제가 있는 것 같다. 익숙한 곳이 하나도 없으므로, 그들의 존재가 당신을 두렵게 하는 것이다. 주님은 이것이 걸림돌이 될 수 있으며, 당신 안에 있는 하나님의 임재와 기름부음을 소멸시키고 있음을 경고하고 계신다.
당신의 부모님은 아직 구원받지 못했다(땅의 천막). 육신의 눈(**왼쪽 눈**)으로 보면, 그들은 당신과 하나님과 복음에 마음을 열지 않는(닫혀 있는 **지퍼**) 것 같다. 이것은 하나님과의 동행에 심각한 영향을 끼칠 가능성이 있다. 당신은 부모님과 깊은 사랑의 관계를 원한다. 하지만 부모님을 만나러 가면, 마치 물 한 통을 엎어 버린 것처럼 당신의 기름부음을 **빼앗**기게 된다. 가족과 연결될 때마다 그것이 육신 안에 있는 것처럼 (심지어 하나님의 일들에 관해 말하려 할 때도) 집중력을 잃고 슬퍼하며 떠나게 되는 것 같다.
하나님은 그들을 육신의 눈이 아니라 하나님의 눈으로, 곧 그분의 영광(안개)을 통해 바라봐야 한다는 것을 보여 주고 계신다. 하나님처럼 그들을 보려면 성령 안에 머물러 있어야 한다. 그렇게 하면 당신이 그들에게 예수님이 되어, 결국 그들이 마음의 문을 여는 것을 보게 될 것이다(**구름**).

37. 돌담
- 살아 있는 담

돌담 같은 것이 보였는데, 그것은 부드럽고 살아 있었다. 말로는 그것을 어떻게 표현할 수가 없다. 돌들은 부드러웠고 서로 교감하고 있었다. 그 담은 진동하고, 맥박이 뛰었으며, 살아 있었다. 그 담은 너무나도 놀랍고 아름다워서 계속 쳐다보고 싶었다.

해석 이 담(**벽**)은 바로 당신이고, 담의 **돌**들은 하나님이 당신 안에 두신 것들이다. 사람들은 당신에게 임한 기름부음에 놀랄 것이다.

38. 개구리와 드라이브스루에 관한 꿈

- 자동차, 드라이브스루, 개구리, 배수구, 절뚝거리다, 닭다리, 끈으로 묶이다, 나무, 깡충 뛰다, 검은색, 맹금류, 찢어지다, 이상하다

교회의 어느 노부인에게 받은 차를 타고 드라이브스루를 통과하고 있었다(이 노부인은 신뢰할 수 없는 사람이란 평판을 받고 있었다). 그때 개구리나 두꺼비 같은 것이 바닥에 있는 (안쪽에 작은 구멍들이 있는) 배수구를 따라 절뚝이며 기어가는 모습이 보였는데, 괜찮은 걸까 하는 생각이 들었다.
그런데 개구리의 다리들이 묶여 있는 것을 발견했다. 등에는 껍질을 벗긴 생 닭다리가 끈으로 묶여 있었다. 개구리가 어떤 나무 위로 뛰어오르자, 새 떼(까마귀, 갈가마귀 등의 크고 까만 맹금류)가 그것을 공격하여 갈기갈기 찢어 버렸다. 나는 조금 이상한 일이라고 생각하며 차를 타고 그곳을 떠났다! 그리고 잠에서 깼다!

해석 이것은 당신의 삶 가운데 실제로 벌어지고 있는 일이다. 당신은 차 안에서 먹고 있으므로, 무슨 일이 벌어지고 있는지 모르는 것이다. 하나님은 이 꿈을 통해 매일의 상황을 (당신은 테이크아웃한 음식을 자주 먹을 수도 있다) 당신에게 보여 주시는 것이다(**자동차**). 한 마디로 당신은 하나님이 먹여 살리시는 공급처로서의 사역을 구하고 있다. 당신의 차가 드라이브스루를 통과하고 있다는 것은 돈과 관련된 것을 신속하게 해결하려는 사고방식을 나타낸다. 당신은 급히 서두르느라 말씀을 묵상하거나 하나님을 찾지 않고 있다(히 5:14). 예수님과의 관계보다 사역을 우선하지 않도록 주의하라.
꿈에서 개구리를 본다면, 하나님이 당신에게 실제로 일어나고 있는 일을 보여 주시는 것이다. **개구리**는 다음의 두 가지를 나타낸다.
1) 속임(거짓말하는 영), 또는 당신이 속임에 넘어갔음을 나타낸다.
2) 당신의 삶에 영향력을 행사하는 견고한 진으로, 하나님이 아니라 육신의 아버지 같은 존재를 공급처로 기대하는 것이다. 육신의 아버지를 통해 약속들이 깨지는 경험을 하면서 다른 사람들에게 기대하게 된다. 주님은 삶에서 이런 일이 반복되는 것을 원치 않으신다. 하나님이 당신의 하늘 아버지가 되시며, 그분은 절대로 당신과의 약속을 깨지 않으시기 때문이다.

여호와께서 주시는 복은 사람을 부하게 하고 근심을 겸하여 주지 아니하시느니라 (잠 10:22)

사람의 약속은 보이는 것과는 다른 경우가 있다. 매력적으로 보이는 수많은 약속들에는 문제가 따른다. 당신이 어떤 그리스도인 여성에게 받은 차는 (그녀에 대해 묘사한 대로) 신뢰할 수 없는 출처에서 약속받은 사역을 나타낸다. 약속된 차는 당신이 기대하고 있는 약속

된 사역에 해당하는데, 둘 다 속임이다(개구리).

당신은 사역을 시작하기 전에 양육받고 견고히 세워져야 한다. 사역을 주시는 분은 사람이 아니라 하나님이시다. 당신이 그리스도 안에서 굳건히 세워져서 자신의 정체성을 깨닫고 성령이 선물로 주신 것들과 능력을 힘입는 것에 대해 온전히 인식하게 되면, 흘러넘치도록 사역할 수 있다.

개구리가 묶여 있다(**묶다**)는 것은 당신의 삶에 대한 그것의 지배력과 통제력과 영향력이 사라지고 있음을 의미한다. 하지만 당신이 (거짓된 약속들로 인한) 과거의 실망을 넘어섰다고 생각하더라도, 하나님은 이 일이 다시 일어날 가능성이 있음을 경고하고 계신다. 개구리의 다리가 묶여 있는 것은 이 문제가 일부만 해결되었을 뿐, 완전히 해결된 것은 아님을 뜻한다. **배수구**를 따라 절뚝이며 가는 것은 보람도 없고 기름부음도 없는 황량한 곳을 나타낸다.

개구리 등에 끈으로 묶여 있는 닭다리는 양식 혹은 공급받는 것을 의미한다. 생것, 혹은 (익히지 않은) 날 것은 아직 먹을 준비가 되지 않았다는 뜻이다. 아직 시험하는 불을 통과하지 않은 것이다.

새들이 까맣다는 것은 그것들이 악한 존재라는 의미이다. 하나님은 당신이 너무 일찍 사역할 때, 취약한 부분은 무엇이고 마귀가 어떻게 할지 보여 주시는 것이다(**나무**). 또한 이것은 마귀가 당신을 파멸시키기 위해 당신의 사역이 정상에 이를 때까지 기다리고 있음을 나타내는 것일 수도 있다.

이것은 하나님의 경고이지만 좋은 꿈이다. 하나님이 당신의 삶에 관심이 있다는 것과 어린 시절의 실망 때문에 당신의 삶을 향한 그분의 계획이 잘못되거나 좌절되는 것을 원치 않으신다(렘 29:11)는 것을 보여 준다. 당신은 거짓된 약속들로 실망하게 하는 사람들(아버지 같은 인물)에게 쉽게 상처받는다.

하나님은 사역을 향한 당신의 열망을 잠시 진정시키고 싶어 하신다. 당신의 삶을 향한 그분의 계획보다 앞서 나가면 원수가 활개 치며 큰 재앙을 초래하게 될 것이다. 하나님은 당신이 감당치 못할 역할을 시작하는 것을 원하지 않으신다. 그분의 시간에 문을 여실 것이다. 하나님의 타이밍은 완벽하다.

하나님은 우리에게 두려움의 영을 주지 않으셨다. 그러니 두려워하지 말라. 이것을 통해 하나님은 당신에게 분별의 은사와 지혜를 주실 것이다.

39. 지붕

- 바다, 앉다, 의자, 놀이, 장난감, 지붕, 물, 새다, 똑똑 떨어지다, 아무것도 하지 않다, 분노, 물받이 통, 청소, 마른 풀, 진흙, 쓰레기, 구멍, 흐르는 물, 거실

나는 친구인 톰의 집 거실에 있었다. 톰은 바닥에 앉았고, 그의 아내 진은 안락의자에 앉

아 있었으며, 아들 갈렙은 놀고 있었다. 그 방에는 다른 이들도 있었지만, 내가 모르는 사람들이었다. 나는 갈렙과 놀았는데, 갈렙이 장난감으로 가득 찬 자기 방을 보여 주었다. 그때 톰을 봤고, 지붕에서 물이 새고 있었다. 물이 톰 위로 똑똑 떨어지고 있는데도, 그는 가만히 앉아서 아무 조치도 취하지 않았다. 나는 안락의자에 앉아 있는 진을 보았다. 그녀는 언짢고 화가 난 것 같았다.

다음 장면은 그 집 지붕 위였다. 나는 물받이 통을 청소하고 있었는데, 그 안에는 마른 풀과 흙, 오물이 들어 있었다. 나는 그것을 치우다가 물이 커다란 구멍 주위로 흘러넘쳐 거실로 들어가고 있는 것을 보았다.

해석 이 꿈은 바닥에 앉은 톰과 안락의자에 앉아 있는(앉다) 진의 모습을 보여 준다. 이것은 톰이 가정에서 권위의 자리에 있지 않음을 암시하는 듯하다. 진에게 권위가 있어 톰을 무시할 가능성도 있다. 이렇게 잘못된 권위 구조가 성령을 소멸하여 성령이 가족들에게 흘러들어가는 것을 막고 있다.

성령님이 임하고 계시지만, 통로가 올바르지 않다. 그분은 문을 통해 들어오셔야 한다. 톰 안에는 막힌 것이 있다. 그는 아마도 낮은 자존감이나 자격이 없다고 느끼는 등의 견고한 진 때문에 걸려 넘어지고 있는 듯하다. 과거의 실패로 인해 이러한 견고한 진들이 그를 막고 있을 수도 있다. 진은 남편을 존중하지도, 신뢰하지도 않는 것 같다. 진이 톰의 어떤 부분을 용서해야 톰이 하나님이 주신 권위 안에서 걸을 수 있게 될 것이다. 그러면 역할을 올바르게 감당하지 못하도록 방해하는 무거운 짐에서도 해방될 것이다.

갈렙이 **장난감**이 가득한 방에서 놀고 있는 것은 그가 버릇없는 응석받이임을 암시하는 듯하다. 그는 아빠인 톰에게서 하나님의 길을 배우지 못하고 있어 미래가 걱정된다.

물이 새는 것은 성령님이 잘못된 통로로 임하고 계심을 시사한다. 그리고 진은 그것을 못마땅하게 여기고 있다. 어쩌면 이에 대해 아무런 조치도 취하지 않는 모습을 보이는 톰의 성격적 결함 때문에 그를 신뢰하지 않게 되었을 수도 있다. 이것이 당신에게 계시된 것은 당신을 위한 교훈이 있다는 뜻이다. 또 톰에게 스스로 깨닫지 못하는 약점이 있어 당신에게서 이 계시를 전달받을 수도 있다(잘 받아들이도록 기도하라. 이 꿈은 모든 가정, 특히 남편이 아내보다 더 영적인 가정에 적용된다. 남편이 지도력과 재정으로 안정감을 주지 못하는 경우, 아내에게 무시당할 수도 있다. 실질적인 것보다 영적인 것을 중시하는 사람이라면 더욱 그러할 것이다.)

톰은 더 훌륭한 남편이 되기 위해 나무 조각이나 마른 풀이나 지푸라기 등(꿈속의 풀, 흙, 오물)을 해결해야 할지도 모른다(고전 3:12). 우리는 자신의 문제를 해결하기 위해서가 아니라 다른 사람을 돕기 위해 기름부음을 받을 수 있다. 물이 심하게 새는 것은 우리의 약함 때문이다. 하나님의 은혜로 이것이 계시된 것은 그분의 계획이 열매 맺기를 바라시기 때문이다. 톰은 자신의 부르심과 하나님의 응답으로 기회의 문이 열리기를 기도하고 있다. 하나님은 다른 사역의 문이 열리기 전에 먼저 가정을 바로세우라고 말씀하고 계신다. 그분은 가정의 잘못된 구조 때문에 나중에 톰이 실패하는 것을 원하지 않으신다.

40. 두 켤레의 신발
- 신발

두 켤레의 신발이 보였다. 한 켤레는 내가 일(사역)할 때 신는 신발이었고, 나머지는 가까운 데 나갈 때 신는 신발이었다.

해석 하나님은 두 가지를 다르게 행하지 말라고 말씀하신다. 사역지에서 일하는 모습과 가정에서의 모습이 동일해야 한다고 말씀하고 계신다(**신발**).

41. 슬리퍼 안에 있는 거미
- 바닥, 슬리퍼, 짙은 푸른색, 거미

남편은 복음을 전하기 위해 자주 집을 비운다. 바닥에 있는 남편의 짙은 푸른색 슬리퍼가 보였는데, 거미 한 마리가 한쪽으로 기어 들어갔다.

해석 이것은 남편이 집에 없을 때 원수가 가정(**남편의 근간**)을 공격하여 성령 안에서 효과적인 사역을 하지 못하게 방해하려 한다는 경고이다. 사무엘상 30장 1-6절 말씀이 생각난다(**슬리퍼, 거미, 바닥, 푸른색**). 또한 남편이 사역을 마치고 돌아오면 원수가 가정에서 그를 공격하려 한다는 것을 경고하고 있다.

42. 불타는 지갑
- 친구, 지갑, 불, 죽음, 울타리, 모퉁이, 북쪽

(보이지는 않았지만) 친구가 함께 있었고, 나는 지갑에 불을 붙였다. 죽은 친구를 기억하기 위해 그렇게 하는 것이었다. 그 지갑은 철사로 만든 울타리 기둥에 걸려 있었다. 나는 스미스 로(路)와 메인노스(Main North) 로(路) 모퉁이에 있었다. 나중에 모든 신분증이 소실된 것이 걱정되었다.

해석 당신의 **친구**는 그리스도이시다. **울타리**는 옛 자아와 새로운 자아를 분리하는 경계선이다. 이것은 당신이 죽은 친구를 애도하기 위해 **지갑**을 태웠다는 점에서 분명히 드러난다. 그는 당신의 옛 자아이다.

스미스 로(路)와 메인노스 로(路) **모퉁이**에 있게 된 것은, 당신이 이제 곧 모퉁이를 돌아 무리(스미스) 가운데 길을 잃었다가 북편(North)에 거하시는 그리스도와 더 친밀하게 동행하게 될 것을 암시한다. 이 사건 후 돈이 아니라 불타 버린 신분증에 대해 더 걱정하는 모습은 이것이 정체성에 관한 문제라는 것을 다시 한번 확증해 준다.

43. 테러리스트
- 교수형, 테러리스트, 폭발, 쏘다, 군사, 상처

이제 교수형에 처해지려는 테러리스트들이 보였고, 그와 동시에 그들이 어떻게 달아난 다음 공격을 가하려 하는지 설명하는 소리가 들렸다. 폭발음이 들리며 그들 중 한 명이 교수대에서 굴러 내려오는 모습이 보였고, 이어서 총소리가 들렸다. 부상을 입은 군인들이 장의자에 앉아 그 모습을 지켜보고 있다가 한쪽 어깨에 삼각건을 두른 사람이 일어나 앉아 있는 이들 머리 위로 기관총을 쏘며 테러리스트들에게 반격했다. 그 사람이 총을 난사하고 있어서 장의자에 앉아 있는 다른 군인들이 총에 맞을까 봐 걱정이 되었다.

해석 이것은 대단히 중요한 경고의 꿈으로, 그리스도의 십자가에 진심으로 나아가지 않는 거짓 개종자들(**테러리스트**들)이 일으킬 가능성이 있는 문제들에 대해 알려 준다. 교수대는 십자가를, 교수형을 피한다는 것은 그들이 갈보리에서 죽지 않기에 십자가의 요구를 회피하고 있음을 말해 준다. 이들이 테러리스트들로 나타난 이유는 원수가 이들을 사용하여 그리스도의 몸 안에 분열과 갈등의 씨앗을 뿌리려 하기 때문이다. 이들은 예수님의 알곡과 가라지 비유에서 가라지 같은 자들이다(마 13:25, 27-28).
폭발음(**폭발**, **쏘다**)은 갑자기 터질 우려가 있는 사건에 대해, 그리고 이어서 많은 말들이 오가게 될 것에 대해 말해 준다. 장의자에 앉아 있는 군인들(**군사**)은 하나님의 영적 군대인 교회를 보여 준다. 그들이 부상당한 모습으로 보이는 것은 과거의 **상처**들과 실망을 온전히 해결하지 않았기 때문이다. 상처받은 사람들은 원수의 표적이 되기 쉽고, 그리스도의 몸에 속한 다른 이들의 행복과 번영에 대해 생각하지 않고 반응하는 경향이 있다.
삼각건을 두르고 반격을 가하는 군인은 사역 안에서 다른 사람들에게 상처 줄 수 있는 사건이 터진 후 뒤따르는 말들에 적절하게 반응하지 못하는 지도자의 모습일 가능성이 있다. 이것은 거짓 개종자들을 경계하고, 원수가 과거의 상처를 통해 활동한다는 것을 상기시킨다. 또한 교회 안팎에서 수군대는 모든 말에 다 반응하지 말라고 경고한다.

44. 암호화된 숫자
- 숫자, 암호, 둘(2), 셋(3), 넷(4), 여섯(6), 일곱(7), 여덟(8), 보이다, 원형 교차로, 저수지, 스마트, 모퉁이

꿈속에 너무나도 사랑하지만 거의 얼굴을 보지 못하는 사람이 나왔다. 우리는 둘 다 일련의 숫자들을 들고 있었는데, 그 숫자들에는 맞는 짝이 있었다. 나는 6, 7, 8을 가지고 있었고, 그는 그것과 어울리는 숫자들을 들고 있었다. 그런데 그게 뭐였는지는 기억이 나지 않는다. 나는 그가 특정한 길로 나가면 내 숫자들을 볼 수 있게 게시해야 했다. 내 숫자들을 원형 교차로에 있는 저수지 길과 스마트 로(路) 모퉁이에 세워 두려 했다.

해석 이 꿈은 남편과의 관계와 관련이 있다. 남편과 아내는 서로의 부족함을 채워 주어야 한다. 당신과 남편은 함께 보내는 시간이 부족한 것 같다. 하나님은 이 꿈을 통해 당신의 남편에게 말씀하고 계시는 것 같다. 당신의 숫자는 6, 7, 8이다. 이러한 순서의 숫자 조합은 당신이 영적으로 진보하고 있음을 보여 준다. 이 숫자들은 육신(6)의 사람이던 당신이 하나님의 온전함(7)으로 나아가고 있으며, 영적으로 새롭게 시작할(8) 준비가 되었음을 말해 준다(**여섯[6], 일곱[7], 여덟[8]**). 이 숫자들이 말하는 내용은 당신의 남편이 해독해야 하는 것이다.
남편의 숫자는 6, 7, 8이 각각 10이 되는 데 필요한 조합인 4, 3, 2일 가능성이 있다. 이러한 맥락에서 4, 3, 2는 남편이 지금 다스리고 있으며(4) 부활(3)을 아내와의 연합(2)을 통해 경험하게 될 것이라는 의미이다(**둘[2], 셋[3], 넷[4]**).
저수지 길과 스마트 로(路) **모퉁이**는 당신이 이제 곧(모퉁이) 하나님(저수지)의 지혜(스마트)를 받아 방향을 바꾸게(원형 교차로) 될 것을 말해 주는 것이기에 대단히 중요하다. 참으로 멋진 꿈이다!

45. 좀도둑
- 좀도둑, 슈퍼마켓, 꽃병, 점원

어떤 사람이 슈퍼마켓에서 꽃병을 훔치는 모습을 봤다. 그 사람은 꽃병 하나를 집어 들더니 가방 안에 거꾸로 넣었다. 가방 안에는 네 개의 꽃병이 들어 있었다. 그 후 그는 계산대 줄이 있는 곳에서 몸을 숙이더니, 아무도 보지 않을 때 들키지 않고 빠져나갔다. 그리고 슈퍼마켓 밖으로 나와 그 가방을 쇼핑몰 밖에서 기다리던 다른 남자에게 넘겨주었다. 내가 본 것을 점원에게 말하자, 그는 증거가 필요하다고 했다. 그러더니 내게 비상벨을 눌러도 된다고 말했다. 많은 이들이 무슨 일인지 보려고 모여들면, 좀도둑에게 시선이 집중되어 자신은 쉴 수 있기 때문이었다.

해석 좀도둑(**도둑**)은 마귀이다. **꽃병**은 사람들, 곧 잠재적으로 하나님의 영광을 나르게 될 자들이다. 꽃병을 거꾸로 넣은 것은 그들이 더 이상 하나님의 영을 운반하는 일에 사용될 수 없기 때문이다.

슈퍼마켓(**상점**)은 교회이며, 가게 **점원**은 그 무리의 목자이다. 안타깝게도 이 목자는 (돈을 벌기 위해 사역하는) 삯꾼이다. 자기에게 맡겨진 이들의 행복과 번영에 관심이 없기 때문이다(요 10:12-13). 쇼핑몰에 있는 사람은 종교의 영이다.

이 꿈은 사이비, 곧 유사 종교들이 어떻게 마귀에게 이용당하여 하나님의 종들을 유혹하여 진리에서 벗어나게 함으로 강탈해 가는지 보여 준다. 문제는 하나님의 말씀에 대한 견고한 기초가 없는 지체들은 진리를 분별할 수 없다는 것이다. 유사 종교들은 보통 그리스도의 신성, 삼위일체, 마귀, 지옥에 대한 왜곡된 시각을 가지고 있어 오늘날에도 역사하시는 성령의 능력을 무시한다.

46. 마르고 딱딱한 피자
- 피자, 요리, 마르다, 여자, 빨간 방, 아내, 빨간 머리 소녀, 싸움, 로비, 굵힌 얼굴, 발로 차다

피자를 주문했다. 요리하는 데 시간이 꽤 걸렸지만(한 시간 반 정도), 인내하며 기다렸다. 음식이 나왔는데, 마르고 딱딱해 보였다. 나는 그것을 가져온 여자에게 피자가 마음에 들지 않는다고 정중하게 말했다. 그런데 그녀가 너무 무례하게 굴어서 그것을 그녀에게 던지겠다고 위협했다. 그 후 나는 다른 사람이 없는 곳에서 담임 목사님에게 불평했다. 목사님은 자신이 해결해 보겠다고 말씀하셨다. 그런데 똑같은 피자를 들고 돌아오셨다. 나는 화가 나서 그 방을 나왔다(그 방은 빨간 방이었던 것 같다).

그 후, 내가 피자를 주문했던 곳에서 아내가 빨간 머리 소녀와 싸우고 있는 모습을 봤다(로비 앞쪽이었던 것 같다). 아내의 얼굴은 굵혀 있었다. 그 뒤 내가 바닥에서 빨간 머리 소녀와 몸싸움을 벌이며 그녀를 때리려 하고 있는 것을 깨달았다. 그녀는 나를 발로 차며 피하려 애쓰고 있었다.

해석 이 꿈은 당신과 교회의 관계와 관련이 있다. 이 **여자**는 교회이다. 당신은 하나님의 뜻(**음식, 피자**)이 완성되기를 기다리고 있는 것 같다. 그런데 당신이 기대하던 것이 오지 않는다. 인내하며 기다리고 있는 것으로 보아 이것은 당신의 관련 분야이거나 기대하고 있는 역할일 수도 있다.

당신은 생명 없는 딱딱하고 마른 것을 받는데, 이것은 종교적인 사고방식, 곧 "이쪽 일들이 그렇지 뭐" 하는 태도를 말하는 것 같다. 이것은 피자 굽는 속도, 곧 필요에 더디게 반응하는 태도로 나타난다. 음식을 만드는 것(**요리**)은 육체의 일들을 말하는 것이다.

당신이 불만을 드러내며 받은 것에 대해 말하자, 교회가 당신에게 등을 돌리는 것처럼 보인다. 당신은 전해 듣는 말이나 상황이 해결되는 방식이 마음에 들지 않아서 누군가에게 말하는데(피자를 던지겠다고 위협하는 모습) 이것은 교회를 떠나겠다고 위협하는 것일 수도 있다.

이로 인해 당신은 담임 목사 앞에 서게 된다. 담임 목사는 당신의 이야기를 들어 주지만,

그 이상의 것을 해주지는 못한다. 그는 오직 평화를 유지하고 싶을 뿐이며, 교회에 더 오래 다닌 사람들 편에 설 것이다. 빨간 방(**빨간색**)은 육신이 들고 일어나게 만드는 화가 나는 격정적인 상황이다.

이 와중에 당신의 아내는 상처받고(긁힌 얼굴은 상처받은 마음을 뜻한다), 몇 가지 문제들을 폭로하겠다(로비)는 악한 영의 협박에 위축되어 있다(**얼굴, 긁힘, 로비**).

이 꿈은 당신이 이 악한 영과 영적 전쟁을 하면서 끝이 난다. 이 영은 당신을 두려워하는 모습을 보이지만 기회가 되면 강하게 몰아붙일 것이다. 창세기 25장 25-27절의 말씀이 떠오른다.

47. 음녀
- 문, 거울, 엘리베이터, 왼쪽, 아름다운, 방, 노인들, 남자, 음녀

어느 도시 주변을 걷다가 어떤 교회를 발견하고 내려다보았다. 그 교회에는 두 개의 커다란 문이 있었다. 문 하나는 열려 있었고, 왼쪽에 있는 문은 닫혀 있었다. 그리고 두 개의 커다란 문 안쪽에 두 개의 작은 문이 보였다. 나는 그 문들을 통과하여 로비로 들어갔는데, 안쪽은 빛나는 금속 재질의 거울로 가득하여 아름다웠다.

이어서 엘리베이터가 보여 그중 하나에 탔다. 그 안에서 왼쪽을 보니, 또 다른 엘리베이터가 열려 있었다. 열려 있는 엘리베이터를 탈까 고민하다가, 길을 잃을까 걱정이 되었다. 그래서 있던 곳에 그대로 머물며 엘리베이터 버튼 쪽으로 몸을 돌렸는데, H자와 비슷하게 보였다. 순간 이것이 두 대의 엘리베이터 그림이며, 나는 왼쪽에 있는 것을 탔다는 것을 알았다. 버튼을 누르자 또 다른 아름다운 방으로 이동했다.

그 방 곳곳에 노인들이 있었고, 나는 몸집이 큰 사람과 이야기를 나누고 있었다. 그에게 그리스도인이냐고 묻자, 그는 그렇다고 대답했다. 또 나는 성경이 말씀하시는 것을 믿는지 물었고, 그는 그렇다고 대답했다. 이에 또다시 성경 전체를 믿느냐고 묻자, 그는 거의 그렇다고 말했다. 그러자 나는 설교하듯 그에게 반드시 성경 전체를 믿어야 한다고 말했다. 그때 내가 신발을 신고 있지 않다는 사실을 깨달았다.

그런데 그 남자가 가고, 붉은색 치마에 하얀 셔츠와 붉은색 점퍼를 입고 있는 50대 중후반의 여자가 같은 자리에 앉았다. 그녀는 그 의자 위에 누워 있었다. 내가 방언을 하냐고 묻자, 그녀는 그렇다고 답했다. 나는 그녀에게 방언이 하나님의 사랑 안에 머무는 유일한 길이라며 우리 힘으로는 그렇게 할 수 없다고 말했다. 나는 그녀가 걱정되었다. 그래서 이 모든 것을 전하는 것이었다. 나는 그녀가 지옥에 가지 않기를 바랐다. 이제 가야 했다. 그녀의 다리를 붙잡고 있는데 이상한 기분이 들었다. 나는 그녀에게 함께 방으로 가고 싶은지 물으려 했다. 그것이 옳지 않은 일이라는 것을 알고 있었다. 그래서 일어나 떠나려 하자, 그녀가 말했다. "가지 마세요. 더 듣고 싶어요."

해석 당신은 다른 이들이 열려 있는 넓은 길(두 개의 큰 문)로 들어가는데도 구원의 **문**으로 들어갔다(좁은 길, 마 7:13-14). 이 일은 당신이 침체되어(**아래**) 있을 때 일어났다. (작은 문들로 들어가기 전에) 열려 있는 문들은 그리스도를 발견하기 전에 당신에게 다가온 종교를 말한다. 또한 당신은 참된 교회는 그 안에 있다는 것을 깨닫고 있다(문 안에 있는 문).

안으로 들어왔기 때문에 당신은 빛나는 겉모습 외의 것을 보기 시작했다. **거울**은 뿌연 연기와 거울(속임), 허영심, 혹은 자아의 편견을 가리키는 듯하다. 안으로 들어온 당신은 위로 올라가고 싶어 한다. 즉 영적으로 성장하기 원한다. 꿈속의 **엘리베이터**는 영적 성장과 발전의 수단이다. 하지만 당신은 왼쪽에 있는 엘리베이터를 탔다. 이 상황에서 왼쪽은 육신적이고 독선적이며 종교적인 것, 불신, 저주받고 심판받는 죽음의 길로 하나님께 이르려고 시도하는 것을 나타낸다(**왼쪽, 오른쪽**).

당신은 다른 엘리베이터를 타면 길을 잃을까 걱정한다. 이것은 **오른쪽** 엘리베이터(하나님의 길)를 타면, 소중히 여기는 친구들을 잃을지도 모른다고 염려하는 것일 수도 있다.

당신은 올라가서 아름다운 방처럼 보이는 곳에 도착했다(유혹의 열매는 매력적으로 보인다는 것을 명심하라, 창 3:6, 13:10). 노인들을 본다는 것은 과거를 보고 있다는 의미이다. 이들은 하나님의 운행하심을 경험한 적이 있는 사람들(**옛 사람/노인**)이다.

당신은 몸집이 **큰** 사람과 이야기를 나눈다. 이 사람은 교회의 세상적인 권위를 나타낸다. 진리에 대해 집요하게 질문하면서 당신은 그가 모든 성경을 믿는 사람은 아니라는 것을 깨닫게 되었다. 또 자신이 **신발**을 신지 않았다는 사실도 깨닫는데, 이것은 당신이 그 사람에게 말할 권세를 빼앗겼다는 의미인 듯하다. 신발을 신지 않으면 자연스럽게 발밑을 조심하게 되고, 자유롭게 전쟁을 할 수 없다(여기서 전쟁은 간증이나 전도를 뜻한다).

당신이 신발을 신지 않은 이유는, 권위자가 있기는 하지만 그 사람 뒤에 영적인 세력, 곧 그 여자가 있기 때문이다. 그녀는 의자 위에 누워 있다. 의자는 권위의 자리이다. 그녀는 음녀(**창녀**)이다. 흰색 셔츠로 가렸지만 붉은 옷을 입고 있다(전에 이곳에 하나님의 운행하심이 있었지만, 음행을 하여 붉게 물들었다). 이 음녀가 당신의 질문들에 그렇다고 대답하는 것은 당신을 시험하고 유혹할 시간을 벌기 위해 달콤한 말을 하는 것이다.

분명 당신이 먼저 그녀의 다리를 만지면서 다가가긴 했지만, 그녀는 유혹적이며 자신을 매력적으로 보이게 하는 일에 탁월한 존재이다(잠 6:25-26, 7:10-18). 그녀는 당신을 성적으로 유혹하려 하지만(그녀는 남자의 마음을 잘 안다), 당신은 신의를 지켰다. 그곳에서 나오라!(딤후 2:22)

48. 군대에서 소대원을 찾는 꿈
- 군대, 학교, 버스, 차고, 병원, 외부, 발레

나는 순양함에 탑승해 있는 군대의 일원이었다. 우리는 알지 못하는 도시에 도착한 뒤 어느 학교를 숙소로 배정받았다. 이전 교회의 담임 목사님이 우리의 지휘관이었다. 나는 버스 안에 있는 소대원들을 찾으러 학교의 차고 안으로 들어갔지만, 버스가 보이지 않았다. 조금 더 들어가다 보니, 학교가 어린이 병원과 연결되어 있었다. 한 문을 통해 밖으로 걸어 나왔는데, 세 사람이 대화를 나누는 모습이 보였다. 그들 중 한 사람이 발코니 같은 곳에서 떨어지려 하여 손을 뻗어 그녀를 붙잡았다.

다시 안으로 들어가니, 여러 방과 복도가 마치 미로 같았다. 나는 그곳을 나와 오락 시설들이 모여 있는 곳으로 들어갔다. 거기서 한 아이가 묶여 있는 모습을 봤는데, 그 아이에게 정신적인 문제가 있다는 것을 깨달았다. 아이를 지나친 후, 점심시간에 탁구를 치기 위해 탁구대를 확보하러 달려가는 사람들의 모습이 보였다.

밖으로 나오자 보도를 걷고 있는 군중들에게 휩싸였다. 나는 발레 슈즈 한쪽을 신기 위해 멈춰 섰다.

숙소로 배정받은 학교로 돌아가고 싶은데, 걱정이 되었다. 어느 방향으로 가야 할지 확신이 서지 않았다. 마지막으로 기억나는 것은 테마파크의 수상 놀이기구를 타고 어떤 샛길로 내려가고 있었다는 것이다.

해석 순양함은 이 꿈이 그리스도인으로서 당신의 여정을 보여 주는 것임을 시사한다. 이것은 당신이 이전 교회의 담임 목사 밑에 있던 기간을 보여 주는 것이다.

학교는 삶을 통한 배움을 나타낸다. 당신이 **버스**를 찾고 있는 것은 사역을 구하고 있음을 말해 준다. **차고**는 조직 정비가 필요하다는 말이다.

다음으로 어린이 **병원**에 있는 것은 당신이 병들고 미성숙한 그리스도인들과 함께 일해 왔기에 개인적으로 자신을 치유하고 회복해야 할 필요가 있음을 말하는 것일 수 있다.

한 문을 통해 **밖**으로 걸어 나가는 것은 그리스도에게서 벗어나고 있음을 말한다. 밖에서 당신은 누군가 떨어지는 것을 막는 데 도움을 주었다

당신은 다시 그리스도 안으로 돌아왔다. 그리고 이기고 통과하려는 당신의 노력을 끊임없이 방해하는 것 같은 일들(**미로**)을 경험해 왔다. 오락 시설들이 모여 있는 곳에 이르러 당신은 정신적 문제를 가진 사람들이 방치되어 있는 것을 목격하며 소통과 교류가 아닌 거짓 사랑(**탁구**)과 재미와 유희에 빠져 있는 모습을 발견했다. 그 세계에서 빠져나온 뒤에는 많은 사람들에게 떠밀려 길을 잃고 아무데도 가지 못하고 있다. 바로 이때 **발레** 슈즈 한쪽을 신기 위해 멈춘다는 것은 하나님의 사랑으로 균형을 잡아 주시는 은혜를 보여 준다.

숙소로 배정받은 학교로 되돌아가고 싶은 것은 내면 깊은 곳에 당신이 교육받은 조직 안에서 자신을 다시 세우고 싶은 마음이 자리잡고 있음을 말하는 것일 수도 있다. 하지만 불확실한 기간을 통과하는 것처럼 보여도 성령의 인도하심을 받고 있다는 사실을 깨닫는다(수상 놀이기구). 이것은 당신이 한 번도 가 본 적 없는 곳으로 데려가기에 불확실성이 있지만 기쁨이 있음을 약속한다(요 21:18).

되돌아가고 싶은 갈망, 곧 과거의 조직과 체계에서 안정감을 구하는 것을 죽여야 한다. 이것이 감정적인 혼의 묶임들을 끊을 것이다. 그러면 성령 안에서 자유와 당신이 찾는 사역(버스)을 발견하게 될 것이다.

49. 앵무새
- 다채로운 색, 앵무새, 흰색, 먹이다

다채로운 색상을 자랑하는 앵무새가 코카투(머리에 닭 벼슬 모양의 깃털이 나 있는 오스트레일리아산 앵무새)인 척 하는 모습을 봤다. 나는 그 새에게 먹이를 주고 있었다.

해석 **앵무새**는 험담이다. 이것이 옳다고 주장하지만, 그것은 사실이 아니다(**흰색**). 당신이 앵무새에게 먹이를 주고 있는 것(**먹이다**)은 다른 사람들에게 험담 거리를 주고 있다는 뜻이다.

50. 홍수
- 마을, 직선 도로, 낡은/오래된 집, 중간, 더러운 물, 여자들, 홍수, 목재, 계단, 기초, 임신, 층, 노인

시골 마을 같은 곳 중앙에 곧게 뻗은 도로가 있었고, 도로 양쪽으로 오래된 집과 건물들이 있었다. 나는 그 길 한복판에 서 있었는데, 도로 한쪽에서 물이 뿜어져 나오는 모습이 보였다. 그 물은 더러웠다. 길에 있던 여자 두세 명이 이렇게 말했다. "물이 그리 깊지 않아서 아직 홍수를 뚫고 갈 수 있을 거야." 하지만 그들이 지나가는데, 물이 용솟음치기 시작하더니 깊어졌다.
그들을 지켜보면서 다른 길로 가기로 마음먹었다. 그 후 나는 단단한 시멘트 기둥을 기어 올라가고 있었다. 이 기둥은 실내 계단(과 기초)의 일부로, 수직 널판 및 외부 계단과 연결되어 있었다.
그렇게 기둥에 매달려 있는데, 임신 중이라 불편했다. 주위를 둘러보니, 약 1미터 떨어진 곳에 낡은 집이 있었다. 그 집 앞쪽에는 나무 계단이 있었고, 어린아이와 부부가 그 꼭대기에서 안심하며 편안함을 느끼고 있었다. 나는 이렇게 말했다. "나도 저 계단에 갈 수 있었어. 그랬다면 훨씬 편했을 거야."
얼마 지나지 않아 물이 빠져서 기둥에서 내려왔는데, 어떤 노인이 나를 지켜보고 있었다. 용솟음치는 물을 지나가던 여자들은 어떻게 되었는지 잘 모르겠다.

해석 시골 마을은 당신의 교회이다. 당신이 교회를 그렇게 생각하는 것일 수도 있다.

곧게 뻗은 도로는 의인의 길이며 앞에 놓인 것이다. 오래된 집과 건물들(**오래된/낡은 집**)은 변화되지 않는 사람들을 말한다. 경건의 모양은 있지만, 하나님의 말씀을 삶에 적용하지 않는 이들이다. 아직 당신에게는 이것이 분명하게 보이지 않을 수도 있다. 그들은 그리스도인으로서 성령으로 살기보다는 육신의 삶을 사는 것에 안주하고 있다. 중요한 것은 이들이 그리스도인처럼 보이고, 또 그렇게 행동하고 있다는 것이다. 하지만 하나님은 당신에게 그들의 본 모습을 보여 주고 계신다.

당신이 (길 한가운데 서서) 중요한 결단을 내리는 동안 더러운 물, 즉 추문들(남의 사생활을 캐는 것, 여기에 거짓말이 포함될 수 있다)이 쏟아져 나오고 있다. 이런 말들은 당신뿐만 아니라 여러 교회들에도 영향을 주는 것처럼(**더러운**) 보인다.

하나님은 교회 전반의 지도층에 대한 불미스러운 일들이 드러나게 하심으로 교회를 흔들고, 그 기초를 시험하려 하시는 것 같다. 어떤 사실이 드러나고, 미디어나 특정 인물이 그것을 파헤치기 시작하면서 더 많은 추문들이 쏟아져 나오게 될 것이다.

길에서 본 **여자**들은 교회들이다(그리스도의 신부, 엡 5:25). 자기 힘으로 통과하려고 노력하는 교회들은 휩쓸려 가게 될 것이다. 이 여자들은 물이 깊지 않으니 지나갈 수 있다고 말한다. 그러나 당신은 올바른 방향으로 가기로 결정했다(당신은 그것을 '다른 방향'이라고 부른다). 그것은 성령 안에서 그리스도를 구하는 것이다. 그리스도는 이와 같은 곤경에서 우리를 구원해 주실 유일한 분이시다(사 59:19). 그분이 기준이자 **계단**(창 28:12, 요 1:51)이며 **기초**(고전 3:11)이고 말씀이시다. 또 십자가는 굳게 붙잡아야 할 기둥(**장대**, 요 3:14)이다.

당신의 **임신** 기간으로 이 사건의 때를 알 수 있을 것 같다. 이제 6개월도 남지 않았기 때문에 그 기간 내에 일어나는 일들을 유심히 살펴볼 것을 권한다. 물론 우리는 항상 하나님의 시간표에 주의를 기울여야 한다. 또한 임신은 하나님의 약속을 가지고 있음을 말해 준다. 그것은 당신의 삶을 향한 예언의 말씀일 수도 있다.

나무 계단이 있는 낡은 집(**낡은/오래된 집**)을 살펴보는 것은 과거를 보는 것을 상징한다. 편안해 보이지만, 이것은 속임이다. 당신이 보고 있는 부부는 사실 편안하던 과거의 황금기를 돌아보고 있는 것이다. 우리는 예수님의 이 말씀을 마음에 새겨야 한다. "손에 쟁기를 잡고 뒤를 돌아보는 자는 하나님의 나라에 합당하지 아니하니라 하시니라"(눅 9:62). 편안해 보이지만, 나무(**목재**) 계단은 이 부부가 성령이 아니라 나무(육체)로 세웠음을 뜻한다(고전 3:12-13). 게다가 이것은 낡아서 변하지 않는다. 당신은 불편해서 떠나려 한다. 하지만 당신이 결정을 내리기 전에 급류가 멈출 것이다.

기둥에서 내려올 때 어떤 노인이 당신을 지켜보고 있는데, 이 노인(**옛 사람/노인**)은 당신의 과거이다. 당신은 안락했던 과거로 돌아가고 싶은 유혹을 받을 것이다. 하나님이 당신을 평안한 곳으로 이끌고 계신다. 당신은 야곱이 들어갈 수 없었던 은밀한 곳으로 들어갈 수 있다(창 28:12). 하나님은 성령님과 함께 영적인 일들을 하라고 당신을 부르고 계신다. 당신은 지금 염려하고 있는데, 성령 안에 거해야만 받은 약속을 성취할 수 있다. 당신을 염려하게 하는 것에는 과거에 경험한 가난에 대한 두려움이라는 혼의 묶임도 있다.

당신은 자기 힘으로 급류를 뚫고 지나가려던 여자들이 어떻게 되었는지 모르고 있다. 이들은 확고한 기초가 없는 사람들이다. 홍수가 나자, 그들은 휩쓸려 버렸다. 하나님의 말씀이 아니라 환경과 상황에 따라 움직였기 때문이다(마 7:24-27).

중요한 것은 하나님이 이 더러운 급류를 그분의 목적을 위해 사용하고 계신다는 것이다. 그분은 부흥에 앞서 교회를 깨끗하게 하고 계신다. 이스라엘 민족이 요단강을 건너 약속의 땅으로 들어갈 때는 요단강의 범람기이자 추수의 때였다(수 3:15).

하나님은 이 꿈을 통해 앞에 놓인 일들을 위해 당신을 준비시키고 계신다. 그분은 당신의 믿음의 분량을 헤아려 보시며 성령 안으로 들어가라고 말씀하고 계신다. 성령의 인도함을 받으라. 우리는 성령 안에서 하나님의 약속을 출산하고 열매 맺게 된다. 우리가 달려갈 길을 마치고 주님 앞에 설 때, (하나님의 약속이 성취된 것을 보며) 우리의 열매가 빛을 발할 것이다. 육신에 속한 모든 것, 곧 나무와 지푸라기는 소멸될 것이다.

51. 정면충돌
- 차, 충돌, 운전자, 부상

두 대의 차가 마치 정면충돌할 것처럼 서로를 향해 곧장 달려갔다. 젊은 두 운전자는 서로 담력을 겨루는 것처럼 보였다. 두 차는 충돌했고, 운전자도 다쳤다.

해석 하나님은 이 꿈으로 경고하고 계신다(자동차 사고). 주어진 상황을 살펴보면, 이것은 꿈을 꾼 사람이 속한 사역 단체의 두 부서(자동차)가 서로 등을 돌리게 될 것을 뜻한다. 영적인 미성숙함 때문에 어느 쪽도 양보하려 하지 않을 것이다. 그리고 그렇게 된다면, 이 꿈은 두 부서 모두 상처받게 될 것을 보여 주는 것이다. 지금 마음에 떠오르는 말씀은 창세기 13장 7-9절이다. 지금은 온유함과 하나님을 향한 신뢰가 필요한 때이다.

52. 흰색 영구차
- 흰색, 영구차, 여자, 승객

흰색 영구차 조수석에 존(교회 성도 중 한 명)이 앉아 있는 모습을 보았다. 다른 한 사람은 운전을 하고 있었고, 뒷좌석에는 여자 두 명이 타고 있었다.

해석 흰색 **영구차**는 화가 나는 상황을 묻어 버리는 것을 상징한다. 뒷좌석에 앉아 있는 두 여자가 그 상황을 말해 준다. 한 **여자**는 별거 중인 존의 아내와 관련된 문제를, 다른 여자는 가정 상담 가운데 목회자에게 배신당한 교회를 상징한다.

53. 외세의 침략

- 외국의, 군대, 침략, 바다, 바위, 소총, 모래, 동굴, 오렌지색, 초, 멜, 사막용 사륜구동차, 지붕, 벽

외국 군대가 침입하고 있었다. 그들은 바다로 이어지는 거대한 바위 기슭에 있었다. 나는 다른 사람들과 함께 높은 곳에서 그들이 상륙하는 모습을 내려다보다가 그들에게 쏠 총과 탄약을 준비하려고 달려갔다. 그렇게 하려면 30센티미터 높이의 좁은 모래 동굴을 기어서 통과해야만 했다. 깊은 동굴과 연결된 이 모래 입구의 바닥에는 열두 개의 오렌지색 촛불 같은 것이 있었는데, 각기 다른 단계로 꺼져 가고 있었다. 대부분 초가 있던 자리에는 촛농만 남아 있었다. 바로 이 시점에 이것이 꿈이라는 것을 깨달았다. 하지만 그 장면이 너무도 생생하고 실제적이어서 초가 타는 냄새와 서늘한 모래가 실제로 느껴졌다.

입구 안쪽에 두 명의 동료, 남자 한 명과 여자 한 명이 있었다. 입구가 너무 좁아서 금방이라도 지붕이 머리 위로 무너져 죽을 것 같았다. 거기서 죽는 것은 문제가 되지 않았다. 임무를 완수하지 못하면 적들이 그곳을 점령할 때 죽을 목숨이었기 때문이다. 순간 포기해서는 안 된다는 것과 여기에 더 위태로운 것이 있다는 것을 직감했다. 나는 좁은 입구를 통과해 동굴 안쪽으로 들어갔는데, 배우 멜 깁슨을 연상시키는 남자가 아주 탄탄해 보이는 사막용 사륜구동차가 있는 곳으로 데려갔다.

다음 장면에서 우리는 무기(소총과 탄약)를 가지고 돌아오고 있었다. 나는 적이 침투하고 있음을 알아챘다. 멜은 돌아가기 위해 어떤 계획을 세워 두었는지 보여 주었다. 차를 달려 요새 형태의 건물 지붕 위를 뛰어넘은 다음, 다시 목적지 쪽에 있는 담을 뛰어넘는다는 계획이었다. 너무나도 아슬아슬하고 긴장되는 계획이었지만, 그가 우리를 돌아가게 해 줄 것을 믿었다. 또한 그 과정에서 우리가 총에 맞을 수도 있다는 것을 알았다.

[해석] 외세의 침략은 교회를 엔터테인먼트에 사로잡히게(중독되게) 만들고 있는 첨단 기술의 은밀한 잠입과 미묘한 영향력을 의미한다. **동굴**은 교회가 숨어 있음을 말하며, 동굴 깊은 곳의 **여자**는 바로 교회이다.

좁은 모래 입구는 두 가지를 말해 준다. 첫째, 이 길은 압박 가운데 있으며(마 7:13-14), 둘째 우리, 곧 교회가 하나님의 말씀을 가지고 장난을 치고 있다는 것이다(마 7:26). 오렌지색 초들은 교회의 상태와 힘을 잃어 가고 있는 사도적 명령에 대한 경고이다(마 28:19-20). 오늘날 대부분의 교회들이 육신의 안락함이나 온갖 오락과 즐거움을 추구하는 삶에 빠져들고 있다. 그러면서 말씀을 들고 세상으로 나가는 것이 아니라 오히려 사람들이 교회로 찾아오길 기다리는 방관자가 되어 버렸다.

여기서 좁은 문을 기어서 통과할 때 느낀 죽음의 공포는 이 계시를 나눔으로 경험하게 될 사람들의 조롱과 비웃음에 대한 두려움을 나타낸다. 더 위태로운 것이 있다는 깨달음은,

이 일을 계속할 것을 말해 준다. 그 일을 하지 않으면 교회가 위험에 처할 것을 알기 때문이다. 이 모든 것이 꿈이라는 사실을 인식했음에도 실제처럼 느껴진 것은 이것이 특정한 영적 실상을 보여 주는 것이기 때문이다.

멜(Mel)은 '**우두머리**'를 뜻한다. 따라서 이 꿈에서 멜 깁슨은 교회(**여자** 동료)가 숨기고 있는 예수 그리스도를 나타낸다. 사막용 사륜구동차는 예수 그리스도께서 이끄시는 강력한 사역을 상징한다. 그분은 이 메시지를 설교 강단(**지붕**)으로 가져가서 그것을 가로막는 방해 요소와 장벽(**벽[담]**)들을 뛰어넘으실 것이다. 소총은 말씀을 전하고자 하는 마음(**발사대**)이고, 탄약(**총알**)은 그렇게 전해지는 말씀이다. 총에 맞는다는 것은 이 메시지를 전함으로 교회 안의 사람들, 곧 '아군'으로부터 포격을 맞는 것을 뜻한다.

54. 새집과 골디
- 새집, 금, 다섯(5), 정체성

새집에 들어갔다. 그 집은 보통 집보다 컸고, 안에 있는 모든 것이 새것 같았다. 안으로 들어가자, 거기 골디(Goldie)가 있었다. 그녀는 이렇게 말했다. "여기에는 나밖에 없어요. 강도도, 아무것도 없어요." 골디는 내 물건들을 살펴보더니, 나에 대해 말해 주는 것 다섯 개를 선택했다. 사진 한 장과 모자 하나 외에 세 가지가 더 있었다.

해석 새집(**집, 새로운**)은 영적 성장과 성취에 대한 약속이다. 골디라는 이름의 뜻은 '노란색 귀금속'이다. 이것은 돈을 나타내는 것으로, 당신의 영적 성장 및 돈과 관련된 번영을 가리키는 것이다. 이것은 영적 유업을 취할 때 그리스도 안에 있는 당신의 정체성을 빼앗아가는 돈의 미묘한 힘을 경계하라는 하나님의 경고이다.

꿈속에서 골디는 "여기에는 나 밖에 없어요. 강도도, 아무것도 없어요"라고 한다. 이것은 분명 우정의 표시이다. 하지만 그녀(**돈**)는 그리스도 안에 있는 당신의 정체성을 도둑질하고 있다. 당신에 대해 말해 주는 하나님의 은혜와 은총(**다섯[5]**)을 빼앗으려 하고 있다. 주의하라. 당신은 그리스도 안에 있는 당신의 정체성을 잃어버릴 여유가 없다. 예수님은 당신이 온 세상을 얻고도 영혼을 잃을 수 있다고 말씀하신다(마 16:26). 이것이 위험한 것이다(신 8:7-11,18).

55. 창문으로 걸어 나가는 꿈
- 폭풍, 창문, 위층, 지붕, 북쪽

강력한 폭풍이 다가오고 있다는 것을 알았다. 그 사실을 남편에게 말하자, 그는 창문으로 내다보려고 했다. 이어서 우리는 위층에 있었는데, 남편이 말했다. "내가 살펴볼게." 그는 곧장 창문으로 걸어 나가서 지붕으로 올라갔다. 그리고 물받이 배수관까지 가볍게 걸어가서 북쪽을 바라보며 다가오는 폭풍을 살펴보았다. 남편의 발을 보며 지붕 위에서는 조심하는 편인데, 평소와는 다르게 행동한다고 생각했다. 하지만 그는 그것은 문제가 되지 않는다는 듯 자신 있게 걸었다.

해석 **북쪽**에서 다가오는 **폭풍**은 하나님의 임박한 심판을 암시하는 것이다. 살펴보는 것(**망**)은 예언적 통찰력을 말하고, **위층**으로 올라가는 것은 하나님의 임재 안으로 들어가는 것을 나타낸다.
창문으로 걸어 나간다는 것은 당신의 남편이 하나님의 예언적 약속 안으로 들어가고 있음을 말해 준다. 그는 단순히 볼 뿐만 아니라 그곳으로 들어가고 있다(요 3:3-5). **지붕** 위에서 자신감 있게 걷는다는 것은 설교단에서 믿음으로 행하고 있다는 말이다. 그리고 남편이 전하는 메시지 중에는 심판에 관한 것도 있는 것으로 보인다.

56. 스케이트보드
- 스케이트보드, 묘기, 바퀴, 새로운

나는 스케이트보드를 타면서 몇 가지 묘기를 부리고 있었다. 묘기의 기본은 보드 뒷면을 발로 차서 미끄러지듯 나아가게 하는 것이었다. 묘기를 끝내고 보드를 집어 들었는데, 다른 청년이 나와 함께 있었다. 내 보드의 바퀴는 전부 닳아 있었다. 하지만 그 친구의 바퀴는 완전히 새것이었다.

해석 **스케이트보드**는 청소년 사역을 말한다. 묘기를 보여 준다는 것은 성령의 은사를 사용한다는 말이다. 바퀴는 당신의 영을 상징하는 것으로, **바퀴**가 닳았다는 것은 사역한 후 하나님 안에서 자신을 채우지 않고 있다는 뜻이다. 다른 청년의 바퀴가 완전히 새것이라는 것은 그 사람이 자신의 영을 새롭게 하기 위해 하나님과 시간을 보내고 있다는 말이다(사 40:30-31).

57. 버섯을 보는 꿈
- 식탁, 제이미, 오른쪽, 버섯

식탁이 있는 곳으로 걸어갔는데, 오랜 친구인 제이미가 내 오른편에 함께 있었다. 식탁에는 갖가지 버섯들이 있었다. 나는 그중 하나를 선택해야만 했다.

해석 여기서 **식탁**은 의사결정의 과정이며, **버섯**을 선택한다는 것은 의사결정자들이 당신을 어둠 속에 가두도록 허용한다는 의미이다.

오른편의 제이미는 육체가 다스리고 있다는 뜻이다. 따라서 당신은 영적으로 벌어지고 있는 일을 보지 못하고 있다. 당신은 하나님의 약속을 위해 야곱처럼 하나님과 씨름할 필요가 있고, 하나님이 주시는 승진을 얻기 위해 사람이나 사역을 의지해서는 안 된다(창 32:22-32).

58. 날아가는 버스

- 나비, 날기/비행, 버스, 캐롤린, 좌석, 외투, 추운, 광경, 해안선, 집

'나비'라는 이름의 날아다니는 버스를 타고 있었다. 전에 타본 적이 있는 캐롤린은 이번 비행이 최고는 아니었다고 말했지만, 나는 정말 멋진 비행이라고 생각했다. 비행기의 내부는 버스보다 더 컸고, 인테리어는 마치 747 점보 비행기 같았다. 우리는 하루 일정의 여행을 마치고 돌아오는 중이었다.

나는 다른 누군가와 함께하려고 자리를 옮겼다. 그런데 깜빡하고 외투를 다른 자리에 두고 와서 조금 추웠지만 괜찮았다. 다만 다른 사람에게 그 자리를 빼앗길까 염려되었다(하지만 그렇게 되지는 않았다). 사실 공중에 떠서 밖을 내다보기 전까지 우리가 탄 버스가 날고 있는 줄 몰랐다. 해안선을 따라 보이는 광경은 교통 체증도 없는 아주 멋진 모습이었다. 집으로 돌아오는 비행은 매우 편하고 즐거웠다.

해석 **나비**는 성령 안에 있는 사역을 뜻한다. 제한받지 않고 마음껏 다니는 나비는 땅에 묶여 사는 애벌레와 대조된다.

캐롤린은 '여자'라는 뜻이다. 이 상황에서 보자면, 이것은 삶 속에 있는 한 여성이 (성령 안에) 믿음으로 사는 것을 불편하게 느끼고 있다는 말이다. 하루 일정(낮/낮)의 여행은 그리스도 안에 있는 사역을 뜻한다.

좌석을 옮긴다(**앉다**)는 것은 역할과 권위의 변화를 말하는데, **외투**를 다른 좌석에 두고 왔다는 점에서 이것을 한층 더 확증해 준다. 변화된 역할 가운데 다른 사람이 당신의 과거의 자리를 차지할까 염려하고 있음을 보여 준다. 약간의 한기(**차가운**)를 느끼는 것은 역할 변화에 대한 어정쩡한 수용을 뜻할 수 있다.

공중에서 본다(**보다**)는 것은 성령 안에 있다는 것과 예언적으로 행한다는 뜻이다. **해안선**은 영계와 자연계 사이의 경계(믿음의 경계)이다.

교통 체증이 없다는 것은 정치적 혹은 종교적인 경쟁으로부터으로부터 자유롭다는 뜻이다. **집**으로 돌아가는 여정이 편안하다는 것은 천국으로 가는 당신의 길을 말한다.

59. 노트북 키보드 위로 물이 날아가는 환상
- 컴퓨터, 물, 날기/비행

노트북 위로 물이 슬로우 모션으로 날아가는 모습을 보았다.

해석 키보드(**컴퓨터**) 위로 날아가는 **물**은 당신이 저술하고 있는 것에 임한 기름부음을 말한다. 그 물이 슬로우 모션으로 움직인 이유는 당신이 저술하고 있는 것이 완성되기까지 시간이 걸리기 때문이다.

60. 머리와 뺨에 박힌 나사
- 아들, 머리, 뺨, 나사

아들의 머리와 뺨에 나사가 하나씩 박혀 있었다. 내가 손에 잡고 있던 전동드릴로 그것을 뽑아 주겠다고 제안했지만, 아들은 허락하지 않았다. 잠시 후 돌아온 아들이 말했다. "제가 다 뽑았어요."

해석 **나사**는 견고한 진을 뜻한다. 이 꿈은 당신의 아들에게 두 가지 견고한 진이 있음을 보여 준다. 하나는 마음가짐이고, 다른 것은 버릇없는 태도이다.
당신이 뽑아주는 것을 거절한다는 것은 아들에게 그것을 제거할 도구가 필요하다는 것을 말해 준다. 지금 이 두 가지 문제를 해결해야 하지만, 곧 아들에게 스스로 해결할 만한 적절한 환경이 주어질 것 같다. 당신의 **손** 안에 있는 전동(**배터리**)드릴은 당신의 마음 안에 계신 성령님을 상징한다. 아들의 문제를 강제로 해결하려 하지 말라. 당신이 하고 있는 일에 계속 충실하라. 그러면 아들이 직접 그 문제를 다루도록 하나님이 인도하실 것이다.

61. 금가루 소나기를 보는 꿈
- 소나기, 금

꿈속에서 소나기를 보았다. 그것은 금가루 소나기였다.

해석 성경 교사가 이 꿈을 경험했기 때문에 이것은 강력한 가르침의 기름부음일 가능성이 높다(**소나기, 금**).

62. 계산기를 들고 있는 아내에 관한 꿈
- 아내, 계산기, 아버지

아내가 계산기를 들고 있었고, 장인어른은 부재중이었다.

해석 이 꿈은 아내가 재정 문제로 염려하고 있음을 시사한다. 그녀가 재정적(**계산기**) 안정감을 하나님(그녀의 진정한 **아버지**)께 두고 있지 않기 때문이다.

63. 세 벌의 긴소매 티셔츠를 받은 꿈
- 옷, 파란색, 회색, 유명한 사람, 기자, 장모

진청색과 회색, 연한 청색의 긴소매 티셔츠를 받았는데, 거기에는 유명인의 글이 각각 새겨져 있었다.
여기자가 나의 집에 있었다. 그 기자는 두 벌의 셔츠에 기록된 내용을 베껴 쓰고 있었는데, 장모님이 그 기자를 집으로 불렀다.

해석 긴소매 티셔츠(**옷**)는 사역의 역할을 뜻한다. 세 가지 다양한 색상은 세 가지 역할을 말하는데, 이것은 과거, 현재, 미래일 가능성이 있다. 연한 청색은 당신의 영을, 회색은 불확실했던 시기를, 진청색은 성령의 사역을 의미한다(**파란색, 회색**).
유명인은 그리스도이시다. 나는 셔츠에 기록된 내용이 교회 안에 있는 기둥 같은 사역들이라고 믿는다(계 3:12).
이 꿈은 하나님께서 당신을 사도적 역할로 부르시고, 또한 당신의 사역이 교회사의 일부가 될 것을 시사한다(**장모**가 위임한 **기자**).

64. 고기가 없는 슈퍼마켓 꿈
- 슈퍼마켓, 고기, 뒷문, 상자, 진공청소기

한 무리의 사람들과 함께 슈퍼마켓에 갔는데, 그곳에는 고기가 많지 않았다. 나는 정문으로 나오지 않고 뒤로 돌아 상자들 위로 올라갔다. 창고에 있던 진공청소기 세 박스가 아래로 떨어졌다.

해석 슈퍼마켓(**상점**)은 상업적인 교회를 의미한다. **고기**가 부족하다는 것은 설교 내용에 성경의 진리가 결핍되어 있다는 뜻이다(히 5:12-14). 정문으로 나가지 않는다는 것(**뒷문**)은 당신이 이 교회를 비공식적으로 떠날 가능성을 시사한다. **진공청소기** 세(**셋**) **박스**는 성령의 충만을 부인하고 성경의 견고한 가르침이 결핍되어 있음을 말해 준다.

65. 크리스라는 친구가 모래에 잠겨 있는 꿈
- 모래

친구 크리스가 해변에 있었는데, 허리까지 모래가 차올라 있었다.

해석 주어진 정황을 살펴볼 때, 이 꿈은 크리스(최근 회심한 사람)가 회심 후 세상에 다시 잠겨가고 있음을 시사한다. 왜냐하면 그에게는 하나님의 말씀의 기초가 없기 때문이다 (**모래**).

66. 여우가 떠나는 꿈
- 여우, 들판

여우 한 마리가 들판을 떠나는 모습을 보았다.

해석 **여우**는 양을 해침으로 회중을 떠나게 만드는 정치적인 사람 혹은 정치의 영을 말한다. 따라서 이 꿈은 분열을 일으키는 사람이 교회(**들판**)를 떠난다는 의미의 좋은 꿈이다.

67. 다섯 개의 컴퓨터 CD에 관한 꿈
- 다섯, 컴퓨터 CD

다섯 개의 CD에 담겨져 있는 컴퓨터 파일 세트를 가지고 있었다(전에도 같은 꿈을 꾼 것 같다). 내가 이해할 수 없었기 때문에 그 파일을 하나의 그룹으로 보관하고 있었다. 정말 이해하기 어려워서 누군가에게 이 문제를 상의하기도 했다. 다시 한번 꼼꼼히 살펴보았지만, 여전히 수수께끼 같고 도대체 무슨 내용인지 이해되지 않았다.

해석 이 꿈은 믿음을 통해 받은 하나님의 은혜에 대한 당신의 생각인 듯하다. **다섯**은 하나님의 은혜와 은총의 숫자이다. 그 은혜와 은총은 믿음으로 다가갈 수 있다. **CD**(**컴퓨터 CD**)는 당신의 생각을 뜻한다. 이것이 말해 주는 것은 행위가 아닌 은혜로 받는 구원에 대해 당신이 잘 이해하지 못한다는 것이다. 어쩌면 당신은 전에도 이 꿈을 꾸었거나 아니면 하나님의 은혜를 믿는 믿음으로 행하라는 요청을 받았을 가능성이 크다. 하지만 그것은 여전히 당신에게 불편한 상태이다. 아마도 이전에 당신 자신의 노력과 힘으로 하나님의 인정을 받았다고 느꼈던 것 같다.

68. 잠을 자고 있는 아기에 관한 꿈
- 긴 의자, 아기, 자다, 유모차, 무거운, 침대, 식탁, 시트(얇은 천), 중심

어느 건물 앞에 있는 긴 의자에 가족이 함께 앉아 있었다. 나는 아기를 안고 있었는데, 곧 잠들었다. 유모차가 없었기 때문에 아기를 안고 있기에는 무거울 수도 있어서 친구의 집에 가서 아기를 눕힐 침대가 있는지 살펴보기로 했다.
친구의 집은 중앙에 침대가 있는 원룸이었고, 식탁은 모퉁이에 있었다. 그 집은 한창 꾸미는 중이었고, 작업을 다 마치지 않은 상태였다. 아기를 침대에 누인 후 살펴보니 시트에 몇 가지 자국들이 눈에 띄어 아기가 누운 자리를 조심스레 살펴보고, 아기 주변에 있는 침대보를 부드럽게 당겼다.

해석 가족이 **긴 의자**에 앉은 것은 하나 된 관계를 말한다. 긴 의자는 부업을 하거나 사역을 기다린다는 뜻이다.
어떤 건물 앞에 있다는 것은 당신의 약속이 성취되기 전에 있는 어떤 시간을 뜻하며, **아기**는 하나님의 약속이다. 아기가 자고 있다는 것은 공적인 삶을 살기에 앞서 개인적으로 쉼과 힘을 얻고 있다는 말이다.
무거움(무게)은 기대감과 책임감의 무게이며, 친구의 집에 가는 것은 그들에게 당신이 받은 약속을 나누고 싶어 한다는 것을 시사해 준다. **유모차**는 약속을 실행할 사역인데, 유모차의 부재는 당신을 위한 약속을 실행할 수 있는 공적인 사역이 최근까지 당신에게 없었다는 뜻이다.
원룸(집)은 당신의 친구들이 어쩌면 영적으로 미성숙할 수도 있다는 것을 보여 준다. 아기를 친구의 **침대**에 두고 싶어 하는 마음은 당신의 약속을 그들과 나누고 싶어 하는 것을 의미한다. 당신과 친구들 사이에 연합이 있기 때문이다.
중앙에 있는 침대는 이성이나 육체가 그 집을 다스린다는 뜻이다. 그리고 모퉁이에 있는 **식탁**은 그들에게 당신과의 교제가 그리 중요하지 않거나 당신과 같은 마음이 아니라는 의미이며, 이 가정의 진정한 주인은 그리스도가 아니라는 뜻이다. 이것은 그들이 인공적인 것들로 집 안을 꾸미고 있다는 것을 통해 확인된다.
시트에 있는 자국들은 당신이 나눈 약속에 대한 그들의 잘못된 생각을 말한다. 친구들이 당신의 믿음의 수준에 맞지 않는 말을 할 때, 당신은 하나님의 약속을 보호하려 했다. 아기 주변에 있는 침대보를 당긴 것은 당신이 그 약속을 보호하기로 선택했음을 알려 준다.

69. 운동복
- 흰색, 줄무늬, 운동복

꿈에 위아래가 희고 옆 라인에 빨간 줄이 있는 운동복을 입고 있었다.

해석 이것은 당신이 의의 길을 걷고 있음을 시사한다(**다리, 흰색, 줄무늬**). 왜냐하면 당신은 그리스도의 보혈로 정결하게 되었기 때문이다. 또한 이것은 당신의 믿음의 여정 안에 있는 능력과 은혜와 담대함을 말해 준다.

70. 젖은 들판 위에 생긴 타이어 자국에 관한 환상
- 물, 들판, 자동차, 색깔, 타이어 자국,

젖은 들판 길에 난 색상이 다른 네 개의 타이어 자국을 보았다.

해석 이 꿈은 씨 뿌리는 자와 씨앗 비유를 다시 취하는 것이다(마 13:3-9, 18-23). 젖은 **들판**은 세상 속에 선포한 하나님의 말씀(**물**)의 모습을 보여 주는 것이다.
색상이 다른 타이어(**자동차**) 자국은 그 말씀에 대한 개인의 반응을 뜻하는데, 이것은 모든 사람이 같은 방식으로 말씀에 반응하는 것이 아님을 상기시킨다. 말씀이 사람의 마음에 진실하게 뿌리내리는 것을 방해하는 여러 가지 마음의 문제가 있을 것이다. 또한 세상의 염려로 인해 분산된 마음을 가지고 있는 사람들이 있을 것이다. 이런 마음의 문제들은 하나님의 말씀이 당신이 사역하고 있는 사람들의 삶 속에 영향을 주는 것을 방해할 것이다. 당신의 일은 말씀을 전파하는 것이며, 청중들은 각기 자신의 길을 선택할 것이다. 그리고 그들이 진정한 혹은 거짓 신자인지는 그들의 열매로 알 것이다.

71. 버스에 남은 마지막 사람
- 시골, 버스, 관계가 있는

시골로 가는 버스를 타고 있었는데, 여행 중 버스를 탄 사람들과 다정하게 지냈다. 내가 그 버스에 혼자 남을 때까지 모든 승객은 점차 다 내렸다. 먼저 내린 사람들은 연결된 버스를 타고 다른 목적지로 간다는 것을 깨달았다.

해석 시골로 가는 **버스**는 당신이 최근 출석했던 시골 교회이다. 이 꿈에서 하나님은 그분의 타이밍에, 그분이 예비하신 곳으로 인도하시기 위해 당신을 준비시키신다. 주님은 당신이 다른 사람들을 바라보지 않도록 인도하신다. 왜냐하면 하나님이 그들을 위해 준비해 두신 것은 당신을 위해 준비하신 것과 다르기 때문이다. 다른 사람들은 성취하고 당신은 그렇지 못할 때, 어쩌면 당신이 실망하거나 걱정할 수 있는 곳에 갈 수도 있음을 알려 준다. 그 이유는 하나님이 당신을 위해 특별한 일을 예비해 두셨기 때문이다.
그리스도께서 공생애를 시작하시기 전에 30년을 준비하셨고, 세례 요한은 광야에서, 요셉은 애굽의 감옥에서 훈련받았다는 사실을 깊이 묵상해 보기 바란다. 우리는 하나님이 원하시는 수준만큼 반드시 여러 해 동안 준비되는 시간을 가져야 한다.

72. 주차장 안에 있는 설교 강단에 대한 환상
- 주차장, 플랫폼(단상)

여러 층으로 된 주차장에서 차를 올리는 램프 위에 설치된, 난간이 달린 설교단을 보았다.

해석 이 환상은 영적으로 갈 길을 잃은 사람들로 가득 찬 여러 교회에 당신이 설교 초청을 받는다는 뜻이다(**주차장**). 주차된 것처럼 고착된 사역은 하나님 안에 어떤 소명도 없다.

73. 대머리 꿈
- 대머리

정면으로 나의 머리와 얼굴을 쳐다보고 있었는데, 이전에 인식했던 것보다 머리카락이 더 많이 빠져 있었다. 정수리에는 머리털이 거의 없었고, 뒤쪽 머리카락은 목 뒤까지 이어져 있었다. 처음에는 깜짝 놀랐다. 하지만 이것이 현실이라는 것을 인정하고 마음을 내려놓았다.

해석 나는 이것이 당신이 최근 겪고 있는 육신의 욕구를 제거하는 것과 하나님이 당신을 겸비하게 하시는(**대머리**) 표징이라고 믿는다.

74. 철길을 넘어가는 화물차들에 관한 꿈
- 철길, 화물차, 땅을 고르는 (불도저나 포크레인 같은) 중장비

대형 철도역에서 볼 수 있는 것처럼 많은 철길을 보았다. 그런데 여러 화물차와 중장비 차량이 철길 위로 다니며 철로를 망가뜨리고 있었다.

해석 당신이 보고 있는 것은 하나님의 계획과 목적에 대한 감각이 없는 지도력이다(**트럭/화물차, 철길**). 이 꿈은 지도할 위치에 있는 사람들(이 상황에서는 꿈을 꾸는 사람의 남편)이 하나님의 일에 대해 서로 동문서답하는 모습을 보여 준다. 땅을 고르는 중장비는 육체로 일한다는 뜻이다.

75. 새로운 휴대폰에 관한 꿈
   아빠, 셋, 휴대폰, 코드, 유심카드, 콜링우드, MP3 곡, 충전

아빠와 나는 (세 개의 가게들 중) 한 휴대폰 가게에 갔다. 직원들은 긁힌 자국이 있는 나의 휴대폰을 고치고 광을 내었고, 그 폰에 맞는 코드와 새로운 유심카드를 주었다. 그리고 그들은 내게 콜링우드(호주의 풋볼팀으로 흑백 유니폼 때문에 까치라고도 부른다) 휴대폰 케이스도 주었다. 점원들은 아빠의 음악을 복사해 주었고, 내게는 여러 게임과 30달러어치 충전도 해주었다(이 꿈을 꾼 사람은 아홉 살 소년이었다).

해석 아빠(아버지)는 하나님을 표현한다. 세(셋) 개의 휴대폰(전화기) 가게는 하나님과의 완전한 소통을 뜻한다. 긁힌 휴대폰을 고치거나 수리한다는 것은 사람의 영을 새롭게 하거나 기도 생활을 바로 잡는다는 말이다. 이것은 새로운 유심카드를 발급 받음으로 확증된다. 유심카드는 휴대폰의 심장, 즉 성령 안에서 기도할 수 있는 능력이다. 성령 안에서 기도하는 것(방언기도)은 아버지와 바로 연결되는 직통선이고, 코드는 성령 안에서 하는 기도를 통해 여러 신비를 풀어낸다는 뜻이다.
콜링우드 휴대폰 케이스는 영웅처럼 옷을 입는다는 뜻이다. 복사한 곡은 하나님의 마음에서 나온 찬양의 노래들이며, 게임들은 성령의 은사들이다. 30(서른)달러의 충전은 이 일이 정확한 때에 일어날 것임을 보여 준다. 하나님은 이 부모에게 그들의 아들이 정한 때가 되면 성령 세례를 받는다는 것을 다시 확증해 주고 계신다.

76. 마귀에게 잡혀먹히는 꿈
   - 마귀, 먹기

꿈에서 마귀에게 잡혀먹혔다.

해석 이 꿈을 꾼 십대 소녀는 4개월간 크리스천 치유 프로그램에 참여하였고, 주말에 500km 떨어진 부모를 만나러 갈 예정이었다.
이 꿈의 해석은 아래의 성경 말씀이 가장 잘 설명해 준다.

   근신하라 깨어라 너희 대적 마귀가 우는 사자 같이 두루 다니며 삼킬 자를 찾나니 (벧전 5:8)

이 말씀은 우는 사자와 같은 마귀가 두려워하는 사람들을 흩어서 잡아먹으려 하는 모습을 잘 그려 주고 있다. 말씀의 배경을 살펴보면(벧전 5:5-9) 이 말씀은 젊은이와 노인과의 관계를 언급하면서 주어진 것임을 알 수 있다. 따라서 이 꿈은 하나님이 주신 경고이다.

마귀가 십대 소녀를 위협하고 자극해서 그녀가 치유 프로그램을 떠나 부모를 만날 때 육체로 반응하도록 만들려는 것이다. 부모와 자녀 사이에 존재하는 틈을 통해 그것을 가지고 장난치려 하는 것일 수 있다.

이런 상황에 대한 해결책은 겸손한 태도를 계속 유지하는 것이다. 그리고 이 성경 말씀 역시 겸손을 명한다(벧전 5:5). 우리의 싸움은 혈과 육에 관한 것이 아님을 명심하라(엡 6:12). 마귀는 항상 우리가 특정 자극을 받을 때 혈과 육으로 반응하게 만들려고 힘쓰고 있다. 따라서 사랑과 겸손이 영적 전쟁을 실행하기 위한 견고한 토대가 된다는 사실을 이해하는 것이 매우 중요하다. 하나님의 전신갑주를 입고 성령 안에 머물며 마귀를 대적하면, 그는 도망갈 것이다.

77. 제트기와 조종사가 출격하는 꿈
- 제트기, 조종사

공군 비행기 조종사들이 각자의 전투기를 타기 위해 급히 움직이는(조종사들이 전투 상황을 맞이하러 달려가는) 모습을 보았다. 이 광경은 마치 두 대의 전투기가 서로 싸우듯 하늘을 가득 채운 비행기들이 공중전을 하는 장면 다음에 있었는데, 멋진 군인 모집 광고처럼 흥미진진한 장면들로 가득했다.

해석 상황을 비춰볼 때, 이 꿈은 당신의 삶 가운데 벌어지고 있는 영적 전쟁에 대한 경고라고 믿는다. 따라서 기도와 중보가 요청된다.

78. 검은 옷을 입고 유혹하는 여자
- 검은색, 유혹하다, 키스, 뱉어내다

꿈속에서 검은색 옷을 입은 여자가 유혹하며 키스했다. 하지만 나는 그것을 뱉어 버렸다.

해석 이것은 경고의 꿈이다. 검은 옷을 입은 **여자**는 죽음의 영이다. **키스**를 받는다는 것은 당신이 원수의 거짓말을 받아들였다는 말이며, 그것을 뱉어냈다는 것은 당신이 그 거짓말을 인식하고 거절했다는 뜻이다. 이 꿈은 연속된 꿈들(꿈·환상 해석 샘플 77, 79를 보라) 중 하나였다. 따라서 정황에 맞춰볼 때, 이것은 건강 문제(죽음)와 관련된 거짓말이다. 이 꿈과 관련된 사람은 믿음으로 굳게 서서 원수의 거짓말을 대적하고 용기를 얻었다.

79. 물건을 훔치다 잡힌 도둑에 관한 꿈
- 도둑들, 두목, 총, 권총, 망원경, 경찰, 제니, 담요, 초콜릿

한 무리의 도둑이 우리 집에 있는 물건을 훔치고 있었다. 우리는 그들을 잡았고, 두목이 가지고 있던 총도 빼앗았다. 두목은 다른 총을 구하기 위해 다른 방으로 들어갔고, 나는 그를 붙잡아 무장해제 시켰다. 두 총 모두 권총이었는데, 둘 다 망원경이 달려 있었다.
우리는 경찰이 도착할 때까지 두목을 붙잡아 두고 있었다. 제니와 함께 밖으로 나갔을 때, 한 대의 차가 우리 집 맞은편에 멈췄다. 그 차는 보이지 않는 차였고, 차 안에 있는 사람 역시 보이지 않았다. 그럼에도 불구하고 그 차와 그 안에 있는 동승자의 윤곽을 볼 수 있었다.
우리는 두목을 바닥에 있는 담요 아래에 두었는데, 그는 바닥에 흩어져 있던 초콜릿을 입힌 달콤한 사탕 같은 것을 먹고 있었다.

해석 이것은 통찰력을 주는 경고의 꿈이다. 도둑의 무리는 악한 영이며, 그들의 두목은 정사 혹은 권세이다. **총**은 원수가 당신을 대적하기 위해 사용하는 말을 뜻한다. 그 두목이 다른 방으로 간다는 것은 이중 공격(두 개의 사건 혹은 두 가지 공격할 영역)을 말한다. **망원경**이 달린 **권총**은 공격이 아주 가까이 있음을 시사하며, 동시에 그것은 (둘째 하늘, 곧 영적인 세계로부터 오는) 영적인 공격이라는 뜻이다.
경찰은 천사를 말한다(단 10:13). 제니와 함께 밖으로 나간다는 것은 성령께서 당신의 영안을 열어주신다는 뜻이다(왕하 6:17).
담요 아래 두목을 둔다는 것은 당신이 정사의 영을 하나님의 말씀의 권위 아래 둔다는 의미이다. **초콜릿**은 하나님의 말씀을 뜻한다.

80. 등에 붙어 있는 다리가 긴 거미에 관한 꿈
- 긴 다리, 거미, 검은색, 아내

등에 다리가 긴 거미 한 마리가 붙어 있어서 아내가 그것을 떨쳐 내야 했다.

해석 한 마리의 **거미**는 당신의 삶 속에 있는 어떤 문제나 견고한 진이다. 이 거미의 다리가 길다는 것은 그것이 오래되었다(혹은 당신이 한동안 그 문제를 가지고 있었다)는 뜻이다. 이 점은 거미가 당신의 등에 있다는 것으로 확증된다. 등(뒤/등)에 있다는 것은 그 문제가 당신의 과거로부터 왔으며, 그것이 당신의 삶을 조종하고 있다는 뜻이다.
당신의 **아내**가 거미를 떨쳐 내야만 한다는 것은 그리스도의 몸이 당신의 삶의 묵은 문제를 다뤄 줄 것임을 시사한다. 나는 이 거미가 영적인 교만일 가능성이 상당히 높다고 본다. 거미의 긴 다리 역시 이 사실을 확증해 준다.

81. 양떼를 향해 화살을 쏘는 꿈
- 벼랑, 이웃, 양, 화살, 증거

벼랑에 서서 아래 물가에 있는 이웃의 양떼를 내려다보다가 그 양떼를 향해 화살 하나를 쐈다. 그 화살이 물가를 가로지르며 날아가자, 근처에 있던 양들이 무서워했다. 하지만 화살은 그들과 거리가 멀었다. 내가 쏜 화살이 물 위로 떠내려가면서 증거물로 남을까 걱정이 되었다.

해석 이것은 다른 교회(**이웃**)에 관해 잘못된 말을 하는 것에 대한 경고이다. 당신의 이웃의 **양떼**는 다른 교회이다. 내려다본다는 것은 예언적 통찰력을 가지고 있음을 말하며, **화살**을 쏜다는 것은 다른 교회를 향해 던진 말 때문에 당신이 위험에 처해 있음을 시사한다. 비록 당신이 했던 말이 그리 멀리 가지는 않았을지라도, 지혜 없이 던진 말에 대한 복수를 염려하고 있는 것이다(**증거**).

82. 뱀 꿈
- 나뭇잎, 침대, 뱀, 구멍

남편과 눕자마자 잠들었는데, 꿈에서 우리는 매트 형태로 정교하게 잘 짜인 부드러운 나뭇잎 위에서 자고 있었다. 아주 편안한 잠자리처럼 보였다. 그러다 갑자기 깼다. 우리 사이에 뭔가 미끄러지듯 지나가는 것을 느꼈기 때문이다. 나는 즉시 뱀이란 것을 알았다. 그래서 '움직이지 말아야지. 그렇지 않으면 물리고 말 거야'라고 생각했다.
남편은 깊이 잠들어 무슨 일이 벌어지고 있는지 모르고 있어서 남편을 깨울 수가 없었다. 나는 움직이지 않으려고 극도로 조심하며 우리 사이로 미끄러지듯 움직이는 뱀을 누워서 지켜보다가 뱀이 또아리를 틀고 쉭쉭하는 소리를 내는 모습을 보았다. 그 뱀이 지나가자마자, 또 다른 뱀이 우리가 누워 있는 나뭇잎 매트 아래로 기어가는 것을 느꼈다. 이번 뱀은 이전 뱀보다 거의 4-5배는 더 컸다.
그 뱀이 아래로 기어 다닐 때, 갈비뼈 아래에 있다는 것을 느꼈다. 나는 약간 간지러웠지만, 가능한 움직이지 않으려고 노력했다. 다음 날 아침 나뭇잎 매트 아래에 뱀이 지나간 자국과 (튜브처럼 생긴) 구멍들을 봤다. 나는 그 자국들을 누군가에게 보여 주며 그날 밤 일어났던 일에 대한 지혜나 해석을 구했다.

해석 **침대**는 당신의 동의, 정렬, 하나됨의 상징이다(사 57:8). 나뭇잎으로 만든 침대는 (하나님께서 정하신) 의로운 결혼생활과 관계를 구축한 긍정적인 말들을 의미한다. 뱀은 최근 둘 사이에 있었던 독설을 뜻하는데, 그것은 여러 문제를 일으킨다. 부부 사이에 뱀이 기어 다닌다는 것은 오해를 통해 두 사람 사이를 갈라놓으려는 욕망을 암시한다. 움직이지 않는 것은 독설에 반응하지 않는다는 말이다.

더 큰 뱀은 마귀이다. 몰래 잠복해 있는 마귀는 둘 사이를 헤집고 들어갈 기회를 엿보기 위해 부부 관계를 시험하고 있다(엡 4:25-27). 나는 갈비뼈가 당신의 마음이며, 간지럽다는 것은 당신에게 애걸해서 들어갈 발판을 마련하려는 시도라고 믿는다. 이것은 마귀가 아담의 갈비뼈로 창조된 여자를 통해 들어갔던 에덴동산을 연상시킨다. 요동하지 않는다는 것은 당신의 마음이 충성되다는 것을 보여 준다. 당신의 생각 이면에 역사하는 거짓의 영을 주의하라.

나는 뱀이 지나간 자국이 원수가 역사했다는 증거이고, 구멍들은 마귀가 부부의 하나 됨을 서서히 무너뜨리기 위해 노력하는 것이라고 믿는다. 지혜를 구한 것은 이 문제를 다루는 방법을 요청한 것이고, 해석은 무슨 일이 벌어지고 있는지 이해하려는 요청이다.

나는 이 꿈이 현재 벌어지고 있는 일과 관련하여 두 사람에게 주시는 하나님의 경고라고 생각한다. 이 문제를 해결할 방법은 항상 사랑과 겸손으로 무장하는 것이다. 뿐만 아니라 지금까지 서로에게 내뱉은 말에 대해 회개하며 두 사람 모두 성령님께 이 문제를 풀 수 있는 지혜를 구해야 한다. 이런 상황에서 큰 뱀은 매우 심각한 경고이다. 따라서 이 꿈은 두 사람의 결혼생활에 대한 심각한 경고로 받아들여야 한다.

83. 침대에서 신발을 신는 환상
- 침대, 신발

나는 침대에서 신발을 신고 있었다.

해석 이것은 당신이 복음을 전하는 일에 게으름을 피우고 있다는 표시이다(**침대, 신발**).

84. 개똥을 밟는 꿈
- 개똥, 악취

우리 아이들이 나에게 이렇게 말했다. "아빠, 그거 밟았어요!" 그것은 개똥이었다.

해석 이것은 당신의 자녀를 향한 불쾌함을 말한다. 불쾌함이 악취(**냄새, 개똥**)로 표현된 것은 당신이 자녀들에게 잘못된 영으로 질책해 왔음을 시사한다.

85. 대체 치료사에 관한 꿈

- 대체 치료사, 줄, 지방

대체 치료사에게 치료를 받기 위해 줄을 서 있었다. 하지만 나는 그곳에 있을 필요가 없다는 생각이 들었다. 그 치료사가 제공하는 서비스 목록을 살펴봤는데, 내게 적합하고 유익한 단 하나의 서비스는 '체지방 측정'이었다.

해석 줄을 서 있다는 것은 당신이 사역을 기다리고 있다는 말이다. '대체 치료사'는 당신이 그렇게 기다리는 동안 판에 박히지 않은(비범한) 어떤 의사에 주의를 기울인다는 뜻이다. 이것은 '믿음의' 교회에 가는 것과 같다. '체지방 측정'은 최근 당신의 기름부음의 분량을 인식하고 그것을 증가시키기 위해 영적인 식이요법을 시도한다는 말이다.

86. 의자를 사는 꿈

- 식탁, 바깥/야외, 의자, 구입

우리는 식탁 하나와 야외용 의자 두 개를 산 두 부부 중 한 부부였다.

해석 야외용 의자(**바깥/야외, 앉다**)를 구입한다는 것은 권위를 가진 독립적인 일을 하기 위해 당신의 삶을 내려놓는다는 말이다. **식탁**은 당신을 위한 하나님의 공급을 뜻한다. 당신이 두 부부 중 하나인 것은 당신이 그 일을 다른 부부와 함께 공유한다는 의미이다.

87. 누나가 아빠의 신발을 들고 있는 꿈

- 누나, 아빠, 신발

누나가 아빠의 신발을 들고 있는 모습을 보고 이렇게 말했다. "내려놔 누나. 아빠 신발을 가져가지 마!" 누나는 그 신발을 들고 도망쳤다.

해석 이 꿈은 아빠가 마음의 평강을 잃었다는 말이다. 왜냐하면 거역을 통해 아빠와 십대 딸 사이의 관계가 깨졌기 때문이다(**신발**). 또한 이것은 아빠의 장래 사역이 위태롭다는 경고이다.

88. 먼 거리에서 로켓이 발사되는 꿈

- 지평선, 로켓, 창공, 물

나는 한 무리의 사람들과 함께 어떤 은행에 앉아 이라크 지평선에서 발사된 로켓 같은 것을 보았다. 그것은 마치 창공을 향해 흔적을 남기며 올라가는 불꽃놀이 같았다. 그 로켓은 두 개의 미사일로 분리되었고, 그중 하나가 내려오더니 나를 비롯해서 함께한 사람들 옆을 아슬아슬하게 지나갔다. 수면 위로 지나간 미사일은 물을 빨아올리며 충격파를 일으켰다. 그 미사일이 제방을 강타했지만, 폭발하지는 않았다.

해석 이 꿈은 다가올 영적 전쟁에 대한 경고이다. 원수의 목표물은 당신이다. 로켓은 시작된 공격을 말한다. 그것이 **지평선**에 있는 이유는 예측할 수 있는 미래이기 때문이다. 이라크에서 로켓을 발사했다는 것은 원수를 묘사한다. 당신이 유일한 목표물이 아닌 이유는 로켓이 두 개의 탄두를 가지고 있기 때문이다. 물의 수면(**깊음**)은 당신의 마음을 말한다. 비록 그것이 처음에는 당신의 마음을 움직였지만(**충격파**) 폭발하지는 않았다. 그 말은 그것의 충격이 계속되지 않는다는 뜻이다. 또한 물은 성령님을 의미한다. 성령님은 그 공격을 비켜가게 하심으로 당신을 보호하셨다.

89. 다리를 스트레칭하는 꿈
- 다리, 스트레칭

다리를 스트레칭하며 운동하는 내 모습을 보았다.

해석 이 꿈은 하나님이 당신을 위해 마련하신 사역을 하기에 앞서 선행해야 할 준비와 갖춰야 할 힘을 말한다(**다리**, 스트레칭). 나는 당신이 더 많은 시간을 할애해서 성령 안에서 기도해야 한다고 생각한다(유 1:20).

90. 뱀이 가득한 댐에 관한 꿈
- 댐, 농장, 뱀

어릴 적 자랐던 농장에 있는 댐의 둑을 따라 걷고 있었다. 그런데 그 댐은 뱀으로 가득 차 있었다.

해석 **농장**은 추수 밭을 표현한다. **뱀**이 가득한 댐을 본다는 것은 예언적으로 전에는 성령(**물**)께서 계셨던 곳이었지만, 이제는 죄와 위선으로 대체된 곳을 본다는 뜻이다.

비유와 상징 사전

ㄱ

가게: '상점', '물류 창고' 항목을 찾아보라.

가구/가재도구: (1) 과거의 기질/문제 (낡은) (2) 하나님의 은사와 부요와 약속들 (새로운) (3) 당신의 내면에서 일어나고 있는 일들을 나타내는 것일 수도 있다 (하나님의 집, 예. 식탁 - 소통, 의자 - 권위, 소파 - 게으름 등).
'의자', '카우치', '집2', '소파', '식탁/상' 항목을 찾아보라.
➔ (1-2) 잠 24:3-4, 고후 5:17 (3) 고후 5:1.

가나안: (1) 약속된 땅 (2) 하나님이 약속하신 나라 (3) 내면에 있는 하나님의 왕국 (성령 충만).
➔ (1) 출 13:5,11 (2) 눅 24:49 (3) 눅 17:21.

가나안 족속들: (1) 영적인 정사/권세들, 영들 (2) 거래 혹은 교역(안락함, 탐욕, 물질주의, 소유욕)으로 몰락함 (3) 이들은 영적인 정직함/정결함을 제거한다 (당신을 "무장 해제 시킨다").
➔ (1) 출 3:8 (2) '가나안'의 어근은 '상인'과 관련이 있다. 창 13:7 (3) 시 51:10, 삼하 12:1-7.

가난의 영: (1) 상황이 어려울 때 축복하라는 요청을 받으면 거절하거나 망설임 (2) 자기 힘으로 살아가야 한다는 사고방식 (3) 자기 복을 잃어버림.
'비둘기' 항목을 찾아보라.
➔ (1-3) 잠 3:27-28, 11:24-25 (비교. 왕상 17:10-14, 마 14:15-21, 15:32-38).

가라앉다: (1) 삶 가운데 사역/관계/한 시기의 죽음 (2) 죽음 (3) 심판 (4) 믿음의 씨름 (두려워함) (5) (긍정적인 것 혹은 부정적인 것에) 압도됨 (6) 이것은 옛 자아의 한 단면이 사라지는 것을 뜻할 수도 있다. 따라서 긍정적인 징조일 수 있다.
➡ (1-3) 창 7:20-22, 출 15:5,10, 삼상 17:49, 왕하 9:24, 시 9:15 (4) 마 8:24-26, 14:30-31 (5) 눅 5:7 (6) 롬 6:3.

가래: (농기구) (1) 새로운 국면이 열림 (2) 하나님의 새로운 시즌 (3) 마음의 완고함을 제거하라는 경고 (4) 마음을 열라 (5) 하나님을 구할 때 (더 깊이 파고들 때) (6) 파종기/준비기 (7) 하나님의 말씀을 마음에 적용함 (깊이 파고 들어감) (8) 하나님의 말씀.
'땅을 팜', '삽' 항목을 찾아보라.
➡ (1) 사 42:9, 43:19 (2) 아 2:11 (3-4) 렘 4:3-4 (5) 창 26:18, 호 10:12 (6) 창 8:22, 호 10:12 (7) 눅 6:48 (8) 마 13:21, 막 4:17 (말씀으로 인해 밝혀짐), 고후 4:7, 히 4:12.

가려움: (1) 심판 (2) 자신이 듣고 싶은 것을 들음 (가려운 귀).
➡ (1) 신 28:27 (우리말, 킹흠정, 한글킹) (2) 딤후 4:3.

가로등: (1) 예수님 (2) 믿는 자.
➡ (1) 요 8:12 (2) 마 5:14-15.

가루: (1) 심판 (2) 시달린/기진한.
'먼지/티끌' 항목을 찾아보라.
➡ (1-2) 출 32:20, 신 28:24, 왕하 23:6, 마 21:44, 눅 20:18.

가리키다: (1) 하나님의 손가락 (하나님이 친히 하신 일을 가리킴) (2) 참소 (3) 방향을 제시함 (길을 가르쳐 줌).
'손가락', '안내자', '쿡 찌르다' 항목을 찾아보라.
➡ (1) 출 8:19, 31:18, 눅 11:20 (2) 사 58:9 (3) 출 14:16.

가뭄: (1) 환난, 시험/테스트 (2) 무덤 (3) 심판 (4) 재정적인 어려움 (5) 하나님의 사랑이 없음 (6) 영적인 혹은 자연적 기근 (7) 하나님의 영이 없음 (8) 하나님 말씀의 결핍.
'비-비가 내리지 않음' 항목을 찾아보라.
➡ (1) 창 31:40, 신 8:15, 사 58:11, 렘 2:6, 17:8, 호 13:5 (2) 욥 24:19 (3) 왕상 17:1, 시 32:4, 렘 50:38, 학 1:11 (4) 고후 8:9,14 (5) 엡 3:17-19 & 계 2:4 (6) 암 8:11 (7) 겔 37:5-6,9-10 (8) 암 8:11.

ㄱ

가발: (1) 거짓 기름부음/권위 (2) 성령이 없는 (3) 아닌 척 가장함 (4) 지위/계급이 높은 (거물/높으신 분-big wig) (5) 긴급한 법정 소송 사건 (판사의 가발).
➲ (1) 삼하 14:26 & 15:10 (2) 삿 16:19-20 (3) 삼상 28:8, 롬 1:21-22 (4-5) 행 23:2-5.

가방: (1) 짐(가방)을 짐 (2) 마음 (3) 돈 (4) 안전 (5) 보물 (6) 사업 (7) 회계 담당자 (8) 도둑 (9) 소지함 (10) 패션 용품 (11) 하나님보다 자신을 우선시함 (구멍 난 가방) (12) 억압 혹은 문제를 감당함 (13) 기름부음/겉옷을 받음 (파란색 가방) (14) 믿음이 충만한 마음 (돈 가방).
➲ (1) 욥 14:7, 눅 11:46 (2) 마 6:21, 행 8:18-20,22-23 (3) 왕하 5:23, 12:10, 잠 7:20, 사 46:6 (4-5) 눅 12:33 (6) 신 25:13, 미 6:11 (7) 요 13:29 (8) 요 12:6, 13:29 (9) 삼상 17:40,49 (10) 수 9:4-5 (11) 학 1:6 (12) 사 9:4 (13) 삼상 16:1 (14) 삼상 2:35, 느 9:7-8, 롬 10:8.

가속 페달: (1) 성령 안으로 들어가야 함 (서둘러야 함) (2) 속도를 올려야 함 (3) 힘내라!
➲ (1) 요 6:63, 롬 8:11, 고전 15:45 (2) 삼상 20:38, 삼하 15:14 (3) 계 3:8.

가스: (1) (거룩한 혹은 악한) 영 (2) 당신의 생명.
'독' 항목을 찾아보라.
➲ (1) 욥 15:13, 27:3 (킹흠정, 한글킹) (2) 약 4:14.

가슴(몸통): (1) 마음 (2) 의 (3) 믿음과 사랑.
➲ (1) 출 28:29 (2) 사 59:17, 엡 6:14 (3) 살전 5:8.

가시: (1) 죄 (2) 저주 (3) 부(재물)의 속임/세상의 염려 (4) 악한 사람들 (5) 말씀/생명을 질식시키는 것/사람 (6) 완전히 에워싸인 (7) 육신의 연약함 (8) 심판에 직면함.
'나무1' 항목을 찾아보라.
➲ (1-2) 창 3:17-18 (비교, 창 22:13, 요 19:2) (3) 마 13:22 (4) 마 13:25 (가라지), 눅 6:44-45 (5) 눅 8:14 (6) 호 2:6 (7) 고후 12:7,9 (8) 히 6:8.

가시덤불: (가시 떨기나무) (1) 하나님의 가시적인 임재 (2) 돌이킴을 말하는 것일 수도 있다 (3) 하나님이 당신에게 말씀하고 싶어 하신다 (4) 은신처 (5) 성장하고 있는 신자 (6) 믿지 않는 육신의 사람 (7) 겸손한 사람 (8) 사람들을 믿고 신뢰하는 자.
'나무1' 항목을 찾아보라.

간호사: (1) 그리스도 (2) 성령님 (3) 교회를 돌봄 (4) 부드럽고 친절하게 새 신자들을 양육하는 사람 (5) 사랑으로 말씀을 전하는 사역자들 (6) 어린 자들을 먹이고 부양하는 사람 (7) 돌보는 사람 (8) 남종 혹은 여종 (9) 천사들 (10) 치유의 천사 (하나님의 치유 능력이 임했음을 알려 주는 하나님의 사자/전령).
'의사', '병원' 항목을 찾아보라.
⇨ (1) 사 40:11 (2) 요 14:26, 15:26 (3) 행 4:35 (4) 출 2:7,9, 살전 2:7 (5) 살전 2:7-8 (6) 민 11:12 (7) 룻 4:16 (8) 사 49:23 (9) 마 18:10, 히 1:14 (10) 요 5:4.

갈고리: (1) 약속 (2) 복음 (3) 능력 있는 말씀 (4) 정치적인 일(덫)에 강압적으로 끌려감 (5) 유혹의 덫.
⇨ (1) 행 2:38-39, 7:17, 엡 3:6 (2) 마 4:19 (3) 고전 2:4 (4) 겔 19:4, 38:4 (5) 창 4:7.

갈다: (분쇄하다) (1) 교만한 사람이 심판받음 (2) 심판이 다가옴 (3) 성관계 (4) 가혹한 대우 (5) 감금되어 힘든 일을 함.
⇨ (1) 마 21:42,44 (2) 마 24:41 (3) 욥 31:10 (4) 사 3:15 (5) 삿 16:21, 애 5:13.

갈대: (1) 쉽게 흔들리는 사람 (두 마음을 품은 사람) (2) 애굽/세상의 상징물 (3) 거짓 지지/후원이나 신뢰 (4) 환경/상황에 따라 움직이는 사람 (5) 상처 입은/흠이 있는 사람들 (상한 갈대) (6) 왕의 홀/규를 흉내낸 것.
⇨ (1) 왕상 14:15, 마 11:7 (2-3) 왕하 18:21, 사 36:6, 겔 29:6 (4) 마 11:7 (5) 사 42:3, 마 12:20 (6) 마 27:29-30.

갈등: (1) 경고 (2) 그리스도를 위한 고난 (3) 영적 전투 (4) 내적 싸움.
'전투', '다투다', '싸움' 항목을 찾아보라.
⇨ (2) 빌 1:30 (3) 엡 6:12, 골 2:1 (4) 갈 5:17.

갈비뼈: (1) 마음 (2) 영적으로 태어남 (3) 유혈 사태, 살육 (4) 아내.
⇨ (1) 영적으로 태어나는 곳이자 갈비뼈가 심장에 가깝기 때문에 (2) 창 2:21-23 & 요 19:34 (3) 삼하 2:23 (킹흠정, 한글킹), 3:27 (킹흠정, 한글킹), 4:6 (킹흠정, 한글킹), 20:10 (킹흠정, 한글킹), 단 7:5 (4) 창 2:21-23.

갈색: (브라운) (1) 이 세상의/세속적인 (하늘의 것과 대비를 이루어) (2) 죄 (3) 육신의 불완전함들 (4) 손상된, 결함이 있는 (5) 피부가 검은.
⇨ (1) 고후 4:7 (2) 시 104:35, 전 7:20, 마 9:6 (3) 창 6:12, 고후 4:7 (4) 창 30:32-

40 (5) 아 1:5–6.

갈퀴: (1) 모음/모으는 자.
'포크' 항목을 찾아보라.
➲ (1) 대상 13:2.

감독1: (감리교 사역자) (1) (지키고 보호하는) 감독자 (2) 덮어 줌 (3) 영적 권위.
'목사', '제사장' 항목을 찾아보라.
➲ (1–3) 딤전 3:1–2, 벧전 5:2.

감독2: (관리자, 감독관) (1) 성령님 (2) 지도자.
➲ (1) 요 14:26, 행 16:6–7 (2) 행 6:3.

감옥: (1) 세상 (2) 사로잡힘, 속박 (3) 요새 (4) 갇혀 있는 곳 (5) 마음을 정결케 하는 곳 (6) 진리를 단련하는 곳 (7) 사탄의 왕국 (8) 심판/징벌 받는 곳 (9) 지옥 (10) 포로로 사로잡힌 (11) 그리스도의 포로 된/갇힌 자 (12) 하나님의 사랑에 강권함을 받는 (13) 자신의 생각/말에 매인/묶인.
➲ (1) 골 1:12–13, 딤후 2:25–26 (2) 사 20:4, 61:1 (3) 슥 9:12 (4–6) 창 42:16 (비교. 시 105:17–19) (7) 딤후 2:26 (8) 벧후 2:4 (9) 벧후 2:4, 유 1:6 (10) 딤후 3:6 (킹흠정, 한글킹) (11) 엡 3:1, 몬 1:1,9 (12) 고후 5:14 (13) 잠 23:7.

감자: (1) 육신의 행위들 (씻지 않은 감자) (2) 이 땅의 보물로 가득한 마음 (감자 한 자루).
➲ (1) 창 3:17 & 렘 17:5 (2) 마 6:19.
 - 매쉬드 포테이토: (삶아서 으깬 감자 요리) (1) 이유식.
➲ (1) 롬 14:2, 히 5:14.

감자튀김: '프렌치프라이' 항목을 찾아보라.

감추다: (1) 숨김 (2) 덮어서 가림 (3) 부인함.
➲ (1–2) 삿 3:16, 잠 11:13 (3) 마 26:70,72.

갑옷: (1) 그리스도 (2) 하나님의 보호 (3) 자연의 이론, 논리 (믿음 없음) (4) 보호 (5) 보험 (6) 개인의 재능을 거절함 (순응을 강요함) (7) 인간적인 개입, 간섭 (8) 논쟁, 주장 (9) 하나님과 함께 바르게 섬.

⇨ (1) 롬 13:12-14 (2) 롬 13:12, 엡 6:10-18 (3-6) 삼상 17:38-39 (7) 사 22:8 (8) 눅 11:22 (9) 고후 6:7.

강: (1) 성령님 (2) 성령의 운행하심 (3) 하나님의 말씀 (4) 생명 (생명의 강) (5) 사랑 (6) 경계 혹은 영역 (7) 자아의 죽음 (강을 건넘 혹은 더러운 강) (8) 약속의 땅으로 들어감 (강을 건넘) (9) 평강 (10) 영원 (11) 형통, 번성.
'시내', '지류', '강둑', '강바닥', '개울' 항목을 찾아보라.
⇨ (1-2) 겔 47:1-12, 요 7:38-39, 행 11:16 (3) 잠 18:4, 암 8:11, 엡 5:26 (4) 겔 47:9, 계 22:1 (5) 엡 3:18-19 (본문은 이 사랑의 길이와 너비와 깊이와 높이를 언급한다. 높이는 이것이 어디에서 오는지를 말해 준다!) (6) 수 1:11 (7-8) 신 27:3, 수 3장, 왕하 5:12 (9) 사 48:18 (10) 단 12:7 (11) 시 1:3.

강간: (1) 제압당하여 빼앗김 (2) 강제로 빼앗음 (3) 빼앗긴 순결 (4) 정욕 (5) 정욕의 영 (6) 욕보임/비천하게 함 (7) 살인 (8) 도덕, 윤리적으로 유린당함 (9) 수치, 치욕 (10) 거짓을 받아들임 (달갑지 않은 씨가 뿌려짐).
⇨ (1-4) 삼하 13:1-2,11-14 (비교. 삼하 12:4,7-9, 잠 6:26-32) (5) 창 19:5-9, 삿 19:22-27 (6) 신 22:28-29 (7) 신 22:25-26 (8) 창 34:2,5 (9) 삼하 13:19 (10) 사 59:4,13.

강단: (1) 설교단.
'설교단' 항목을 찾아보라.
⇨ (1) 창 23:3, 마 10:27.

강도: (1) 마귀 (2) 불순종/죄의 결과 (3) 마귀/귀신의 개입을 초래함 (4) 십일조를 하지 않음 (5) 저주를 받음 (6) 어떤 것에 대한 권리/자격이 없음 (7) 하나님을 부인함 (8) 임박한 멸망 (9) 음행 (10) 하나님이 세우신 지도자를 알아보지 못하고 선출함 (11) 도둑이 구속/구원받을 기회
'훔치다', '도둑' 항목을 찾아보라.
⇨ (1) 요 10:10 (2) 레 26:21-22, 사 42:24 (3) 암 3:10-11, 마 12:29, 막 3:27 (4) 말 3:8-9 (5) 말 3:9 (6) 빌 2:6 (7) 시 62:10,12, 잠 28:24 (8) 잠 21:7 (우리말, 킹흠정, 한글킹), 사 17:14 (9) 호 6:9 (킹흠정) (10) 요 10:1-2, 롬 13:1 (11) 겔 33:15-16 (비교. 눅 19:8-9).

강둑: (1) 성령의 흐름 밖에 있는 (2) 안으로 들어가지 않음 (3) 이제 곧 들어감 (4) 결단의 시간 (결단하는 곳) (5) 기도하는 곳 (6) 열매를 많이 맺음, 형통/번성.

ㄱ

'강' 항목을 찾아보라.
⇒ (1) 겔 47:6, 요 7:37-38 (2-4) 왕하 5:10-14 (5) 행 16:13 (6) 시 1:3.

강바닥: (1) 하나님의 성령이 없는 (2) 길을 만듦 (3) 심판 (4) 성령님을 슬프게 함 (5) 성령을 소멸시킴.
⇒ (1) 사 44:3, 눅 11:24-26, 요 7:37-38 (2) 수 5:1, 계 16:12 (3) 사 19:4-6, 42:15, 44:27, 50:2, 겔 30:12 (4) 엡 4:30 (5) 살전 5:19.

강신술 모임: (1) 더러운 영들을 초청함 (친숙의 영들).
⇒ (1) 삼상 28:7,11.

강아지: (1) 미성숙한 불신자 (2) 관심과 지지가 필요한 사람 (3) 애매한 태도로 따르는 자 (4) (성견으로) 성장할 사람.
'개' 항목을 찾아보라.
⇒ (1) 계 22:15 (2) 요 6:26 (자기 육신을 만족시키기 위해 따르는 사람들), 또한 강아지에게는 지속적인 돌봄이 필요하다 (3) 마 8:19-22, 10:38 (비교. 요 6:2 & 6:66) (4) 마 13:32 (겨자씨가 자라 나무가 되는 것처럼).

강아지 목욕: (1) 재활 사역 (2) 극빈자나 멸시당하는 자들을 대상으로 하는 사역 (3) 이 세상의/세상적인 재활.
⇒ (1) 삼하 9:6-8 (2) 삼상 17:43, 24:14, 눅 7:39, 약 2:1-5 (3) 창 12:10.

강철: (1) 강한 (2) 강력한 (3) 인류의 힘 (4) 사람의 힘.
'활', '철' 항목을 찾아보라.
⇒ (1-4) 삼하 22:35 (킹흠정, 한글킹), 욥 20:24 (킹흠정, 한글킹), 시 18:34 (킹흠정, 한글킹).

개: (1) 불신자/어리석은 자 (2) 하나님의 권위를 거부하는 태도 (3) 세상을 상징함 (4) 육신 (5) 당신을 공격하거나 달려드는 사람 (6) 말로 당신을 공격함 (7) 과거의 방식으로 돌아감 (자아가 강하여 육신 가운데 행함, 권위를 멸시함) (8) (상 밑/아래) 속임수를 쓰는 자 (9) 말로 물어뜯는 자들 (10) 견고한 진 (11) 위로하는 친구 (12) 멸시 받는 혹은 하찮은 (13) (선하거나 악한) 파수꾼 (14) 게으른 (15) 문제를 처리하지 않음 (누워 자고 있는 개) (16) 종교의 영 (목축/목양견) (17) 거짓말쟁이 (18) 포악한 (폐차장을 지키는 개) (19) 정죄의 영 (다른 개[육체]를 공격하는 크고 포악한 개) (20) 귀신 (악한 영) (21) 정욕의 귀신 (22) 우울증 (큰 개) (23) 발각될까 봐 두려워함 (추적하는 사냥개).

'불독', '마스코트', '애완동물', '강아지' 항목을 찾아보라.
➲ (1) 신 23:18, 잠 26:11 (비교. 시 14:1), 마 16:26-27, 계 22:15 (2) 시 22:16 (3) 마 7:6, 15:26 (4) 사 56:11 (식욕은 육신의 특징이다), 빌 3:2 (확대역-유대교화 또는 유대인화 하는 사람, 율법/형식주의자) (5) 잠 26:17, 마 7:6 (6) 시 59:6-7, 빌 3:2 (7) 벧후 2:10,22 (8) 막 7:27-28, 눅 16:21 (9) 출 11:7, 렘 15:3, 마 7:6 (10) 눅 16:21 (11) "개는 사람의 친구다" (12) 삼상 17:43, 24:14, 삼하 9:8 (13) 사 56:10-11 (14) "재빠른 갈색 여우가 게으른 개를 뛰어넘는다(The Quick Brown Fox Jumps Over The Lazy Dog-영어 알파벳 26자를 모두 포함하여 타자, 폰트 등을 테스트할 때 많이 사용되는 문구)" (15) 사 56:10 (16) 시 22:16, 창 3:15 & 요 11:47-48,53, 빌 3:2 (17) 계 22:15 (18) 시 22:16, 렘 15:3 (19) 요 3:19, 롬 5:16, 8:1 (20) 시 22:20, 빌 3:2 (21) 사 56:11 (22) 사 56:10 (23) 삼상 24:14.

개구리: (1) 더러운 영 (2) 귀신의 세력 (3) 귀신 (4) 속임수 (5) 거짓말하는 영.
➲ (1-4) 출 8:2-13 (각각의 재앙은 귀신들에게 능력을 받은 애굽의 신들의 무능함을 보여 준다, 비교. 고전 10:19-20), 시 78:45, 105:30, 계 16:13 (4-5) 왕상 22:22, 계 16:13.

개똥: (1) 거슬리는 것 (2) 거치는 것을 받아들임 (개똥을 밟음).
➲ (1) 습 1:17 (한글킹) (2) 시 119:165.

개미: (1) 근면, 부지런함 (2) 지혜로운 사람 (3) 작은 (4) 하찮은, 보잘것없는.
➲ (1) 잠 6:6 (2-3) 잠 30:24-25 (4) 잠 30:25.
- 개미집: (1) 가장 낮은 산 (2) 육체의 일들.
➲ (1) 사 40:4 (2) 갈 5:19-21.
- 흰개미: (1) 이단자 (2) 깎아내리는 말들 (내부에서 붕괴, 파멸함) (3) 보이지 않지만 파괴적인 (4) 보이지 않지만 집을 무너뜨리는 작은 죄들 (5) 암.
➲ (1) 딤후 2:17, 딛 3:10-11 (2-3) 행 15:24, 딛 1:11 (4) 갈 5:9 (5) 딤후 2:17.

개미핥기: (1) 근면 성실한 사람들의 파괴자 (2) 참견하기 좋아하는.
➲ (1) 잠 6:6-8 (2) 생김새, 신체적 특징.

개울: (1) 믿는 자 혹은 교회 (2) 말씀 혹은 성령의 부어짐 (3) 회복/재충전의 장소 (4) 부흥 (사막에 흐르는 시내) (5) 의 (6) 말씀을 시험하는 탁류 (7) 변덕스러운 사람 (물살의 변화) (8) 압도당한 (넘쳐흐르는 물) (9) 심판 (불의 강).

'시내', '지류', '강', '물' 항목을 찾아보라.
➲ (1) 아 4:12-15, 사 66:12 (2) 시 46:4, 78:16,20 (3) 시 126:4 (4) 사 35:6 (5) 암 5:24 (6) 눅 6:48-49 (7) 욥 6:15 (8) 시 124:4 (9) 사 30:28,33, 단 7:10.

객실: (1) 쉼, 안식 (2) 편안한 (3) 휴일 혹은 휴식 (4) 친밀함.
'움막', '오두막' 항목을 찾아보라.
➲ (1-2) 룻 1:9, 삼하 7:1, 대상 28:2 (킹흠정, 한글킹), 사 66:1, 겔 44:30, 단 4:4 (3) 눅 9:10 (4) 마 14:13.

거꾸로: (위아래가) (1) 뒤집힌.
'공중제비' 항목을 찾아보라.
➲ (1) 행 17:6 (킹흠정).

거리1: (사람이나 차가 다니는 길) (1) 폭로된, 드러난 (2) 일반에게 알림 (공개함) (3) 공표 혹은 선포 (4) 유명한 (5) 삶의 길, 인생길 (6) 앞에 놓여 있는 것 (7) 모이는 곳 (8) 하나님을 신뢰하라고 촉구함 (곧은 길) (9) 순수한, 다른 계획이나 목적이 없는 (맑은 유리 같은 정금) (10) 멸망의 길 (큰/넓은 길) (11) 거리는 한 도시의 도덕성, 번영 혹은 영적 상태를 보여 주는 척도일 수 있다 (12) 세상 (거리는 붉은 줄을 매어 놓은 집[교회]과 대비된다) (13) 먼지(죄)가 있는 곳 (14) 보살핌을 받지 못하는 (바깥 길거리) (15) 부지런한/분주한 곳 (16) 무시당하는 곳.
'길1', '걷다', '길2', '고속 도로' 항목을 찾아보라.
➲ (1) 마 6:5 (2) 삼하 21:12, 에 6:9, 잠 1:20, 전 12:4, 아 3:2, 사 15:3, 막 6:56, 행 5:15, 12:10 (3) 삼하 1:20, 느 8:3 (킹흠정, 한글킹), 에 6:11, 잠 1:20-21, 전 12:5, 사 42:2, 렘 11:6, 마 6:2, 12:19, 눅 10:10-11 (4) 눅 13:25-26 (5) 잠 7:8, 26:13 (6) 시 119:105, 잠 4:18, 사 42:16 (하나님의 길에는 빛이 비친다) (7) 느 8:1 (킹흠정, 한글킹), 욥 29:7, 눅 14:21 (8) 잠 3:5-6 & 행 9:11-15 (9) 계 21:21 (10) 아 3:2 & 마 7:13-14 (11) 창 19:2, 삿 19:15-27, 시 55:11, 144:13-14, 사 59:14, 렘 5:1, 7:17 (12) 수 2:19, 잠 7:12 (13) 삼하 22:43, 시 18:42, 사 10:6 (14) 욥 31:32, 렘 14:16, 길(거리)에서=밖 (15) 잠 22:13, 26:13 (16) 사 51:23.

거리2: (공간·시간상의 간격) (1) 시간 (2) 낡은, 오래된 (3) 물리적으로 떨어진/분리된 (4) 신뢰의 문제 (멀리 서 있는 사람).
'지평선/수평선' 항목을 찾아보라.
➲ (1) 행 2:39 (2) 수 9:13 (3) 갈 2:12, 유 1:19 (4) 삼상 26:13-25.

거머리: (1) 당신의 생명을 빨아먹는 사람 (2) 당신의 자원과 힘을 흡수함 (3) 스펀지 (4) 다른 사람들의 생명을 노리는 탐욕스러운 사람.
'모기', '기생충' 항목을 찾아보라.
⮕ (1–4) 잠 30:15.

거미: (1) 문제 혹은 견고한 진 (2) 두려움을 일으키는 혹은 처리하려면 골치 아플 수 있는 문제 (3) (얽히게 될 위험성이 있는) 위협 (4) 속이는 자 (거미줄=거짓말) (5) 주문을 거는 사람 (6) 거짓된 신뢰 (7) 집요한, 질긴 (8) 얽힌 것을 풀거나 빠져나오기 어려운 사람 (9) 영리한 사람 (10) 갈등 (11) 아주 큰 거미는 죽음을 뜻할 수도 있다 (12) 죽음 혹은 위험 (흑거미) (13) 붉은(혹은 등이 붉은) 거미는 죄를 뜻할 수도 있다 (14) 붉은 거미는 임신 초기일 수 있다 (초음파 기기로 보는 의료 영상) (15) 붉은 거미를 죽이는 것은 유산이나 낙태를 뜻할 수도 있다 (16) 영향력이 큰 속이는 자 (다리가 긴 거미) (17) 오래된 문제 (다리가 긴 거미) (18) 거미에 물리는 것은 당신을 향한 악의에 찬 말을 뜻할 수도 있다 (19) 저주 (노란 거미) (20) 두려움의 영 (날아다니는 거미) (21) 하늘에서 벌어지는 전투 (날아다니는 거미) (22) 종교의 영 (흰 거미) (23) 악한 영 (24) 약탈하는 사람/기관/교회/문제 (사냥꾼 거미: 호주의 독이 없는 큰 거미로 크고 털이 많음) (25) 말로 남편을 정죄/비난함 (흑거미:블랙 위도우, 암놈이 수놈을 잡아먹는 독거미).
'물다', '뱀' 항목을 찾아보라.
⮕ (1) 고후 10:4–5 (2–3) 행 4:17,21,29, 벧전 2:23 (4) 사 59:4–5 (5) 왕상 19:2 (6) 욥 8:14–15 (7) 잠 30:28 (8) 창 31:27 (9) 잠 30:28 (13) 사 59:5–6 (16) 잠 30:28 (이세벨처럼) (17) 막 5:25 (18) 왕상 21:9–10,13 (19) '노란색' 항목을 찾아보라 (20) 딤후 1:7 (21) 엡 6:12 (22) 마 23:27 (23) 딤전 3:6, 딤후 2:26 (24) 시 91:3, 124:7, 호 9:8 (25) 잠 21:9.

거미줄: (1) 포식자의 덫 (2) 속임 (3) 악한/불의한 계략 (4) 거짓된 신뢰 (5) 오래된 곳 (한 시대의 종말[낡은 가죽 부대]) (6) 영적으로 활동하지 않는 (버려진 집) (7) 인터넷에 중독된.
'거미', '그물', '덫' 항목을 찾아보라.
⮕ (1–3) 사 59:5–6 (4) 욥 8:14 (5) 마 9:17 (6) 사 58:12, 학 1:4 (7) 시 91:3, 124:7.

거북이: (1) 느릿느릿 움직이는 교회 (2) 전통적인 종교 (3) 거짓/흉내낸 복음 (거짓 반석).
⮕ (1–2) 계 3:1–2 (3) 갈 1:6–7.
 - 바다거북: (1) 종교의 영 (완고한 마음[등껍질]) (2) 전통적인 교회 (오래된 덮개) (3) 무엇보다도 보호/안전을 염려하는 (4) 소심한 (복음을 전하지 않는) (5) 뱀 같은 머리 (악의적인/유해한 생각) (6) 몸을 사림 (7) 믿는 자 (8) 변화가 더딘 (9) 움츠러듦, 물러남.

'조개' 항목을 찾아보라.
 ⮕ (1) 마 23:4, 요 12:37-40 (2) 마 15:1-3, 막 7:5 (3) 살전 5:3 (4) 욜 2:10 (비교. 창 15:5) (5) 롬 3:13 (6) 마 26:56, 막 14:50 (7) 사 28:16 (8) 렘 48:11 (9) 갈 2:12.

거식증: (1) 영적 계시가 없음 (2) 영적으로 고갈됨 (기름부음/기름이 없음) (3) 거짓의 영 (4) 이기적인 마음 (5) (언어적, 감정적, 성적) 학대의 징후일 수 있음 (6) 스트레스 (7) 실제 거식증.
 ⮕ (1-2) 잠 28:25, 사 58:11 (3) 왕상 22:22 (4) 잠 11:25, 28:25 (5-6) 단 6:18.

거실: (1) 드러내다, 적발하다 (2) 공공장소 (3) 진리 (4) 계시된 (5) 번성함 (6) 휴식처, 쉴 곳.
 ⮕ (1-4) 왕하 9:2-3, 20:4-5, 대하 29:16, 에 2:11, 렘 26:2 (5) 시 92:13 (6) 사 32:18.

거울: (1) 하나님의 말씀 (2) 사람의 마음 (3) 자만심, 허영심 (4) 자기에게 집중함 (5) 속임 ("교묘한 속임[smoke and mirrors]") (6) 비춰 봄 (7) 과거 (뒤를 봄).
 ⮕ (1) 고전 13:12, 약 1:23-24 (2) 잠 27:19 (3-4) 삼하 14:25-26 (5) 잠 12:17,20, 14:8,25, 26:26 (6) 눅 15:17, 요 14:9 (예수님은 어떤 면에서 아버지를 비추시는 분이다) (7) 창 19:26 (뒤돌아보면 무력해질 수 있다), 수 8:20 (뒤돌아보면 영향력을 빼앗길 수도 있다), 빌 3:13.
 - 깨진 거울: (1) 상한 마음 (2) 깨진 초점/비전 (3) 하나님의 약속들을 포기함.
 ⮕ (1) 잠 20:5, 27:19 (마음은 물처럼 투영하고 비춘다) (2) 잠 29:18, 애 2:9, 합 2:2 (3) 합 2:2, 마 14:29-30.

거인: (1) 큰 시험 (2) 위협/두려움 (3) 압도적인 (4) 원수의 저항 (5) 큰 믿음 (당신이 거인인 경우) (6) 장애물을 놓음 (7) 귀신들 (8) 기름부음의 필요성 (일반적인 전투가 아님, 비교. 엡 6:12) (9) 우리 자신이 아니라 하나님을 바라봐야 한다 (10) 거인들은 몰아낼 필요가 있다 (11) 천사.
 ⮕ (1) 삼상 17:4,16 (2) 민 13:32-33, 삼상 17:11 (3) 욥 16:14 (4) 신 3:1,11, 삼하 21:16-22 (5) 마 8:10 (6) 마 15:22-28 (7) 창 6:4 (8) 삼상 17:33-47 (9) 민 13:33 (10) 신 2:20-21, 3:13, 수 13:12, 17:15 (11) 계 7:1, 10:5,8.

거지: (1) 하나님이 없는 사람의 영적 상태를 인식함 (2) 하나님을 알기 위해 나아오는 첫 번째 단계이기에 좋은 징조임 (3) 간구, 간청 (4) 절박함 (5) 기도.
 ⮕ (1-2) 마 5:3, 눅 16:23 (3) 시 38편, 렘 42:2, 단 9:3 (4) 잠 30:7 (5) 삿 13:8.

거짓말쟁이: (1) 마귀 (2) 속임, 기만.
→ (1) 요 8:44 (2) 시 5:6, 101:7, 109:2.

거친: (1) 준비되지 않은 혹은 기경되지 않은 마음 (2) 엄한, 무정한 (3) 선지자의 복장.
→ (1) 신 21:4, 사 40:4, 눅 3:5 (비교. 눅 3:9) (2) 창 42:7, 삼상 20:10, 왕상 12:13 (3) 슥 13:4 (새번역, 킹흠정), 마 3:4, 막 1:6, 계 11:3.

거품1: (입에서 나온) (1) 불면 쉽게 날아가 버리는 (2) 실속 없는 (3) 마귀에게 눌림 (입).
→ (1) 호 10:7 (2) 유 1:13 (3) 막 9:18,20, 눅 9:39.

거품2: (비눗방울) (1) 영적인 존재 (2) 생명 (성령이 안에서 일어나게 함) (3) 보호 (거품에 둘러싸인) (4) 생각 혹은 계시 (말풍선) (5) (부글부글 끓어오르는) 분노 (6) 누군가의 삶 가운데 혹은 특정 기간에 일어난 사건 (7) 무너지기 쉬운, 취약한 (8) 분리 혹은 차이.
'풍선', '기포' 항목을 찾아보라.
→ (1) 겔 1:21 (2) 요 4:14 (3) 욥 1:10, 시 5:12, 32:7,10 (4) 고후 10:5 (5) 욥 30:27 (6) 삼상 10:2-9, 히 1:1 (7) 시 80:12, 89:40, 사 5:5 (8) 엡 2:14.

걱정: (염려) (1) 두려움의 영 (2) 두 마음을 품음.
→ (1) 딤후 1:7 (2) 마 6:25,31,34.

건너가다: (1) 구원 받음 (하늘 왕국에 들어감) (2) 영의 세계로 들어감 (3) 삶의 여정 (4) 해방 (5) 옛것에서 나옴 (6) 새로운 것으로 들어감 (7) 두 마음을 품음 (앞뒤로 왔다 갔다 함) (8) 육체와 성령의 싸움 (앞뒤로 왔다 갔다 함).
'주차 차단기', '철길/철로' 항목을 찾아보라.
→ (1) 출 14:16, 벧전 3:20-21 (2) 왕하 2:8-9,14 (선한), 왕하 21:6 (악한) (3) 요 6:16-21 (4) 신 4:20 (5-6) 신 6:23 (7) 약 1:6-8 (8) 갈 5:17.

건물: (1) 개개인 (2) 강건한 개개인 (3) 교회 (4) 기도의 망대/탑 (파수대) (5) 사업, 일 (6) 영광스러워진 사람 (7) 탐심 (곳간) (8) 천국의 저택 (9) 설립, 창건.
'창고(곳간)', '집2' 항목을 찾아보라.
→ (1) 고전 3:9, 6:19, 요 2:21, 마 7:24,26 (2) 고전 3:9, 갈 2:9 (3) 고후 6:16 (하나의 성전을 이룸), 엡 2:21-22, 벧전 2:5 (4) 마 21:33, 막 12:1, 눅 14:28 (5) 마 24:1 & 요 2:16, 막 13:2 (6) 막 14:58, 고후 5:1 (7) 눅 12:18 (8) 요 14:2 (9) 스 3:10, 사 44:28.

- 삼층 건물: (1) 성령 충만 (2) 그리스도 안에서 성숙함 (3) 첫째 하늘, 둘째 하늘, 셋째 하늘을 보여 줌 (당신이 있는 층이 어느 하늘인지를 말해 준다).
'집2', '셋(3)' 항목을 찾아보라.
➡ (1-3) 골 2:9-10, 요일 5:8, 계 12:11 (비교. 창 6:16), 고후 12:2.

건초: (1) 육적인 동기 (2) 육신의 일들.
➡ (1-2) 고전 3:12-13.

건축가: (1) 하나님.
'계획' 항목을 찾아보라.
➡ (1) 시 127:1, 고전 3:9,16.

건축자: (1) 하나님 (2) 복음 전도자들/믿는 자들 (3) 거짓 건축자 (4) 당신 (5) 교회 건축자 (6) 사업가 (유명해지려 함).
'일꾼' 항목을 찾아보라.
➡ (1) 시 127:1, 히 3:4, 11:10 (2) 고전 3:10 (3) 마 21:42 (4) 유 1:20, 고전 3:10 (5) 마 16:18, 행 8:5-6,14-15 (6) 창 11:4-5.

걷다: (1) 믿음으로 살아감 (2) 성령님과 보조를 맞춤 (3) 그리스도인이 되기 전의 삶의 방식(세상적으로 살아감) (4) 하나님의 길을 걸음/행함 (5) 인내 (6) (긍정적 혹은 부정적인 방향으로) 진출함 (7) 전진 혹은 앞으로 나아감 (8) 자연인의 생각, 판단 (9) 형제를 미워함 (어둠 가운데 걸음).
'발걸음', '걸음을 옮김' 항목을 찾아보라.
➡ (1) 롬 4:12, 6:4, 고후 5:7, 갈 2:14 (2) 롬 8:1,4,14, 갈 5:25 (3) 엡 2:2, 벧전 4:3 (4) 사 2:3 (5) 사 40:31 (6) 시 1:1, 엡 5:2 (7) 요일 1:7 (8) 엡 4:17 (9) 요일 2:11.
- 함께 걸음: (1) 동의, 합의.
➡ (1) 암 3:3, 시 1:1.

걸려 넘어짐: (1) (회개하지 않은) 죄 (2) 안내를 쉽게 무시함 (3) 부러워하는, 시기하는 (4) 구원을 잃어버릴 위험이 있는.
'미끄러운' 항목을 찾아보라.
➡ (1) 시 38:16-18 (2) 욥 12:5 (3) 시 73:2 (4) 히 2:1.

걸음을 옮김: (내딛음) (1) 당신의 유업으로 들어감 (걸어 들어감) (2) 이김, 승리 (걸어

들어감) (3) 담대함 혹은 용기 (나아감) (4) 성장 혹은 발전의 단계들 (디딤돌).
'발걸음', '걷다' 항목을 찾아보라.
➜ (1) 수 3:13 (2) 민 13:30, 요일 4:4 (3) 행 4:31 (4) 고후 3:18.

검시관: (1) 사망 확인 (2) 교회가 어떻게 죽었는지 선포하시는 주님 (3) 당신의 죽음과 심판의 가능성을 조사하는 주의 천사 (주님을 만날 준비를 하라) (4) 죽음의 천사일 수도 있음 (대상이 아직 살아 있다면, 이것은 약탈하려는 악한 영에 대한 경고이다).
➜ (1-2) 롬 6:11 (2) 계 3:1 (3-4) 욥 4:15-17, 유 1:9.

검열관: (1) 재갈, 입마개 (2) 편집 (3) 삭제.
➜ (1) 시 63:11.

검은색: (1) 빛 또는 생명이 없는 (2) 성령이 없는 (혼으로 기능함) (3) 사악한, 못된 (4) 죄 (5) 속이는 (6) 애통, 애곡 (7) 죽은 혹은 부정한 (8) 탈진한 (9) 기근 (10) 지옥 (11) 죽음 (12) 재정적으로 탄탄한 (흑자[黑字]).
'흑인', '흑백', '여자-15번' 항목을 찾아보라.
➜ (1) 창 1:2-3, 애 4:8 (2) 요 13:30, 약 2:26, 마 25:8, 요일 1:5 & 롬 8:9, 고전 2:14 (3) 아 5:11 & 창 8:7 & 사 48:22 (4) 애 4:8 (5) 잠 7:9 (6) 렘 8:21 (히. '카다르'-검다, 슬퍼하다) (7) 애 4:8, 마 23:27 (회칠, 흰색과 대비를 이룸) (8) 렘 14:2,8 (히. '카다르'-피곤하여) (9) 계 6:5-6 (10) 벧후 2:17 (11) 욥 3:5.

검침원: (1) 성령의 능력/하나님의 권능을 판단/평가함.
➜ (1) 행 8:18-19, 고전 2:4.

겉옷: (1) 의 (2) 구원 (3) 권위 혹은 지위 (4) 영적인 기름부음 (겉옷) (5) 전념, 헌신 (6) 영적 성장 (새 [겉]옷) (7) 옷차림으로 그 사람의 성격과 역할을 알 수 있다. 예를 들면, 사무엘상 15장 27-28절에서 사울의 겉옷은 그의 왕국을 상징하며, 마태복음 3장 4절에서 세례 요한은 선지자의 옷을 입고 있다. 마가복음 10장 50절에서 바디매오는 '거지의 겉옷'을 걸치고 있었다. 요한복음 19장 23절에서 예수님은 이음새가 없이 통으로 짠 옷을 입고 계셨다. 요한복음 21장 7절에서 베드로는 어부의 옷을 입고 있었다.
'망토', '무지개'(채색옷), '예복' 항목을 찾아보라.
➜ (1) 욥 29:14, 사 61:10 (2) 사 61:10 (3) 창 37:3, 요 19:2 (4) 레 21:10, 삼상 28:14, 마 9:20, 14:36 (5) 막 10:50 (6) 삼상 2:19.

게: (1) 강인해 보이는 신자 (2) 영적으로 무장한 신자 (3) 까칠한 사람 (4) 게를 잡는 것은 반문화 무리들 가운데 복음을 전하는 것을 뜻할 수도 있다 (5) (살아 있는 반석이신) 하나님의 약속 (6) 하나님의 전신 갑주를 믿는 자들 (7) 견고한 진 (8) 부정한 일에 참여함 (게를 먹음) (9) 암을 일으키는 영.
'물고기', '바닷가재', '그물' 항목을 찾아보라.
➲ (1) 마 4:18-19, "단단한 껍질을 가진 갑각류"처럼 (2) 엡 6:12이하 (3) 살짝만 건드려도 집게로 공격하는 것이 게의 특성임 (5) 벧전 2:4-5 (6) 엡 6:11, 벧전 2:4-5 (7) 욥 21:6, 시 48:6 (8) 레 11:9-10.

게임: (1) 사업 (경기/시합) (2) 영적으로 미숙함 (3) 기독교 신앙/교리를 가지고 장난침 (4) 핵심을 놓침 (예. 중요한 것은 영혼들이다) (5) 하나님의 왕국 안에서의 삶.
'공', '카드놀이', '운동장', '놀다', '장난감' 항목을 찾아보라.
➲ (1) 막 9:33-34 (2) 고전 13:11 (3) "이건 그냥 게임에 불과하다"라는 말처럼 (4) 마 11:16-19 (5) 딤후 4:7.

겨: (쭉정이) (1) 쓰레기 (2) 마음이 없는 (내용/본질이 없음) (3) 무게가 거의 나가지 않는 (중요하지않은) (4) 쉽게 날아가 버리는 (5) 순식간에/금방 지나감 (6) 불의한 자를 분리함 (7) 심판.
➲ (1-4) 욥 21:18, 시 1:4, 사 17:13, 33:11, 41:15 (5) 호 13:3, 습 2:2 (6-7) 마 3:12, 눅 3:17, 사 5:24, 렘 23:28.

겨드랑이: '암내', '털이 많은' 항목을 찾아보라.

겨울: (1) 죽음 (2) 시련/환난 (3) 희미한 빛 (그리스도의 계시가 없음) (4) 진행이 어려움 (5) 우기 (6) 가지치기의 때 (7) 동면/안식의 때 (8) 계획과 준비의 때.
➲ (1) 아 2:11-14 (부활에 이르는 죽음을 표현함) (2) 막 13:18-19 (3) 요 10:22-24 (4) 행 27:12, 딤후 4:21 (5) 아 2:11 (6) 요 15:2 (7) 사 18:6, 행 27:12, 28:11 (8) 왕상 20:22-26.

격식을 차린: (1) 종교적인 (2) 공식적인/질서 있는 (적법한).
➲ (1) 사 10:1 (규정된 형식) (2) 고전 14:40.

견과류: (1) 하나님의 말씀 (2) 약속의 말씀들 (3) 하나님의 말씀을 왜곡하는 사람 (달콤하게 가공한 견과류).
'씨(앗)' 항목을 찾아보라.
➲ (1-2) 마 13:19-23, 눅 8:11, 벧전 1:23 (3) 마 4:6.

견인: - 견인되다: (1) 주요 운송 수단(차량)을 타고 있지 않음 (2) 함께함 (3) 힘이 없는 사람 (4) 일치/조화됨.
- 견인하다: (5) 파탄에 이른/꺾인 사역을 도움 (6) 발전소 (7) 힘이 있는 사람 (8) 길을 보여 줌.
'끌어당기다', '견인차', '트레일러' 항목을 찾아보라.
➲ (1-4) 왕상 19:19 (5) 갈 6:2 (6-8) 시 23:1-2, 사 40:11.

견인차: (1) 오중 사역의 은사 (2) 다른 사람들을 돕는 강력한 사역 (3) 사도적 사역.
➲ (1) 엡 4:11-12 (2) 행 18:26 (3) 행 5:12, 고후 12:12.

결혼: (1) 회심 (그리스도와 하나 됨) (2) 연합 혹은 결합된 (3) 동맹, 협력 관계 (4) 혼의 묶임 (5) 둘이 하나가 됨 (6) 그리스도와 그분의 교회 (7) 믿음 (8) 그리스도의 재림 (9) 세상에 대한 염려 (10) 성찬/친교 (피로연) (11) 말 그대로 결혼.
'신랑', '신부' 항목을 찾아보라.
➲ (1) 고전 6:17 (2) 창 2:24, 마 19:4-6 (3) 창 26:26-28, 삼상 18:3 (4) 삼상 18:1 (친구 사이), 고전 6:16 (성적 파트너) (5-6) 엡 5:31-32 (7) 딤전 5:11-12 (8) 계 19:7 (9) 고전 7:33 (10) 계 19:9.

결혼식: '결혼' 항목을 찾아보라.

경계(선): (1) 보호, 숨겨 줌 (2) 하나님의 왕국 (3) 결단 (4) 천국과 지옥 (5) 의인과 죄인 (6) 복된 자와 저주 받은 자 (7) 하나님의 말씀을 분별하거나 하나님의 말씀으로 분별함.
➲ (1) 창 19:8 (2) 신 17:14 (3) 민 13:30-14:1 (4-6) 마 25:33-34, 눅 16:26 (7) 딤후 2:15, 히 4:12.

경기장: '스포트라이트', '무대' 항목을 찾아보라.

경마장: (1) 믿음의 경주 (2) 경쟁의 영이 있는 교회.
'경주마' 항목을 찾아보라.
➲ (1) 히 12:1 (2) 마 26:33, 막 9:33-34.

경배: (1) 목숨, 생명 (희생제물) (2) 섬김 (3) 천국을 활성화함 (그리스도의 주 되심을 어떤 상황에 풀어놓음) (4) 하나님의 싸움.
➲ (1) 창 22:5,10 (2) 마 4:10 (당신이 무엇을 경배하고 있다면 그것을 섬기고 있는 것이

다) (3-4) 대하 20:21-22, 시 22:3, 고후 10:4.

경정맥(목정맥): (1) 독이 되는 생각 (뱀이나 거미가 목을 문 경우) (2) 영적인 생명이 소진됨 (목에서 피를 빨아냄).
'목', '목구멍' 항목을 찾아보라.
➲ (1) 시 58:4, 갈 3:1 (2) 레 17:11.

경주: (1) 믿음의 경주 (2) 그리스도의 생명 (3) 인생행로, 일생.
➲ (1) 갈 2:2, 딤후 4:7, 히 12:1-2 (2-3) 시 19:1-6.

경주마: (1) 경쟁의 영 (교만).
'말' 항목을 찾아보라.
➲ (1) 마 26:33, 막 9:33-34.

경찰: (1) 권위, 권세 (2) 영적 권위, 권세 (3) 영적 권위/권세를 행사하는 당신 (당신이 경찰임) (4) 천사 (5) 하나님 (6) 보호 (7) 악을 행하는 자들을 처벌함 (8) 법적인 것과 밀접한 관련이 있음 (9) 율법 (10) 율법주의/비판의 영.
➲ (1) 롬 13:1 (2) 고전 6:1, 딤후 4:1-2 (3) 눅 10:19 (4) 출 23:20, 시 91:11, 사 63:9, 눅 4:10, 행 7:53 (5) 욥 5:17, 히 12:23, 계 20:12 (6) 롬 13:4 (7) 벧전 2:13-14 (8-9) 행 7:53 (10) 마 22:35-36, 행 4:1-3, 5:17-18.
- **사복경찰**: (1) 목사 (2) 아버지 혹은 남편 (인정받지 못한 권위자) (3) 변장한 천사 (4) 하나님 (5) 눈치채지 못한 조사 (6) 비밀경찰 (7) 세금을 징수함 (국세청) (8) 회계원.
➲ (1) 고전 6:1, 딤후 4:1-2 (2) 엡 5:23-24 (3) 창 19:1,5, 히 13:2 (4) 창 18:1-3, 20-21 (5) 잠 24:12 (6) 수 2:1 (7) 마 17:24 (8) 요 12:5-6.

계단/층계: - 내려가는 계단(걸음): (1) 사망/지옥으로 가는 계단 (2) 하나님을 떠남 (3) 방종, 제멋대로 굶 (4) 하나님을 떠나 나쁜 길로 빠짐 (5) 용기를 잃음 (6) 정죄/사형 선고를 받은 (계단 아래로 던져짐) (7) 점점 더 하나님을 두려워하지 않게 됨 (내려갈수록 더 멀어지는 계단).
'남쪽' 항목을 찾아보라.
➲ (1) 삼상 20:3, 잠 5:5 (2) 시 44:18, 73:2 (3) 눅 12:16-21 (4) 잠 7:25-27 (5) 삿 20:40-43 (6) 대하 36:3, 사 54:17, 마 12:41-42, 벧후 2:6 (7) 시 1:1, 잠 5:3-5, 아 2:15.
- 올라가는 계단(걸음): (1) 천국/하나님께 가는 계단 (2) 예수 그리스도 (3) 육체 (4) 하나님이 정하신 (5) 제자도 (노력이 요구됨) (6) 하나님이 당신을 성령의 일들을 생각하는

곳으로 이끌고 계실 수도 있다 (7) 성령 안에서 성장함 (8) 찬양 (9) 믿음에서 믿음으로/영광에서 영광으로 나아감 (10) 교회.
'천사—오르락내리락하는 천사들', '발걸음', '사다리', '승강기', '걷다' 항목을 찾아보라.
⇨ (1-2) 창 28:12, 요 1:51 (3) 출 20:26 (비교. 왕상 10:19-20[여섯 층계]과 겔 40:22[일곱 층계]) (4) 시 37:23 (5) 마 5:1-2 (6-7) 사 40:31, 엡 2:6 (8) 시 68:4 (9) 롬 1:17, 고후 3:18 (10) 마 16:18-19, 요 1:51 (그리스도의 몸이기에), 엡 3:10.

계명: (1) 하나님은 한 분이시다. 하나님을 사랑하고 사람을 사랑하라 (사랑) (2) 규칙, 규범 (3) 지시 혹은 안내/지도 (4) 하나님의 말씀 (5) 율법 (6) 사람의 전통과 명령 (겨루어 봄).
⇨ (1) 막 12:29-31, 요 13:34, 14:21, 15:10,12, 딤전 1:5 (2) 마 15:9 (3) 마 8:18, 요 10:18, 11:57, 12:49-50, 살전 4:2, 히 11:22 (4) 출 34:28, 민 15:31, 요일 2:7 (5) 롬 7:9,12, 엡 2:15, 6:2 (6) 막 7:8-9, 골 2:21-22, 딛 1:14.

계산: (1) 해결하려 함 (2) 머릿속으로 답을 내려 함 (암산).
'계산기' 항목을 찾아보라.
⇨ (1-2) 잠 3:5-6.

계산기: (1) 인간적으로 해결하려 함 (2) 재정의 초점.
'계산', '계산자' 항목을 찾아보라.
⇨ (1) 요 6:7 (2) 마 9:9.

계산대/카운터: (1) 판매 중인 것 (계산대 위에 있는 것) (2) 거래 (3) 속이는 것 (계산대 밑에 있는) (4) 뇌물 (계산대 밑에 있는) (5) 설교단 (6) 영적인 양식에 대한 갈급함/영적인 음식을 구함 (계산대에 서 있음) (7) 당신이 제공하고 있는 것.
⇨ (1-2) 행 24:26 (3) 시 26:10, 막 12:13 (4) 잠 21:14 (5) 양식을 내주는 곳으로 (6) 시 78:19, 마 15:22-28, 요 6:67-68 (7) 요 12:2.

계산자: (고정자와 미끄럼자의 여러가지 특성을 가진 대수 눈금을 설치해 놓고, 고정자에 대해 중앙의 미끄럼자를 밀리게 하여 계산하는 기구) (1) 스스로 문제를 해결하려고 애씀 (2) 정밀함 (3) 계산함.
'계산기' 항목을 찾아보라.
⇨ (1) 마 19:26, 엡 2:9 (2) 마 10:30 (3) 눅 14:28.

계속적인: (1) 끝이 없는 (2) 진행 중인 (3) 꾸준한 (4) 끈질긴 믿음 (5) 거함 (6) 영원 (천국).

⮕ (1) 행 20:7, 롬 2:7, 히 7:3,23-24, 13:14 (2) 행 1:14, 2:42,46, 롬 9:1, 히 13:15, 벧후 3:4 (3) 행 6:4, 18:11 (4) 눅 18:1-8, 요 8:31, 행 14:22, 골 1:23, 딤전 5:5, 약 1:25 (5) 요 15:9-10, 요일 2:24 (6) 사 57:15.

계약금: (1) 성령 충만함 (2) 약속된 것에 대한 보증.
⮕ (1-2) 고후 1:22, 5:5.

계획: (1) 당신을 향한 하나님의 뜻 (2) 하늘의 청사진들.
⮕ (1) 렘 1:5, 29:11 (2) 출 25:40, 눅 1:31-32.

고기: (1) 하나님의 말씀 (2) 견고한 성경의 가르침 (3) 하나님의 뜻대로 행함.
⮕ (1) 욥 12:11, 34:3 (히브리어 '오켈'에는 "음식" 외에 "고기·양식"의 뜻도 있다), 고전 3:2 (킹흠정, 한글킹), 히 5:12 (단단한 음식-고기) (2) 히 5:14 (단단한 음식-고기) (3) 요 4:34 (헬라어 '브로마'에는 "음식" 외에 "고기·양식"의 뜻도 있다).

고대의: (1) 아주 오래된 (2) 오래 지속되다 (3) 선조 (4) 오래전 (5) 지혜.
'골동품', '오래된' 항목을 찾아보라.
⮕ (1-2) 신 33:15, 삿 5:21, 시 119:100 (3) 삼상 24:13, 스 3:12 (4) 왕하 19:25, 시 77:5 (5) 욥 12:12.

고등학교: (1) 영의 훈련 (2) 고등 교육을 받는 곳 (3) 영원으로 들어감/죽음 (시험/졸업) (4) 영적 성인기에 들어감 (시험/졸업).
⮕ (1) 사 50:4, 눅 1:80 (2) 마 5:1-2 (3) 계 20:12 (4) 마 5:9 (여기서 "아들"이란 아버지를 닮은 성숙한 아들을 말한다).

고래: (1) 예언적인 사역 (성령에 민감한 지도자) (2) 거대한 물고기 (3) 큰 물고기 (4) 영향력 있는 신자.
⮕ (1) 고래가 먼 거리에서도 소통이 가능한 고도로 예민한 생물인 것처럼, 선지자도 성령님께 민감하다 (2-3) 마 12:40 (비교, 킹흠정, 한글킹) (4) 믿는 자들이 물고기라면, 큰 물고기는 중요한 인물이다.
- 범고래: (1) 예언적 전사 (2) (친근해 보이지만 위험한) 친숙의 영 (3) 약탈하는 교회 지도자 (4) 영적 약탈자.
'바다코끼리' 항목을 찾아보라.
⮕ (1) 삼상 15:32-33, 왕상 18:40 (2) 마 7:15 (3) 요 12:6 (4) 행 8:18-19.

고릴라: '킹콩' 항목을 찾아보라.

고무줄: (1) 사실/진리를 왜곡함 (과장) (2) 포기하지/내려놓지 못함 (3) 다시 회복함 (4) 부당하게 묶여 있는, 거짓 묶임.
➔ (1) 창 20:10-12 (2) 창 19:26, 30:25-27 (3) 눅 22:32 (4) 롬 8:1-2.

고발: (1) 참소, 비난 (2) 정죄 (3) 원수의 공격 (4) 다스림 (5) 고소함.
➔ (1) 욥 13:19 (2) 시 69:27 (3) 잠 28:15 (4) 슥 3:1-7 (5) 마 5:40.

고소하다: (1) 빼앗긴 것에 대해 영적으로 합법적인 권리를 행사함 (2) 세상의 부를 요구함 (3) 용서하지 않는 마음을 품음 (고소당함) (4) 실제 소송 당할 위험성.
➔ (1) 잠 6:30-31 (2) 출 3:22, 12:35-36 (3) 마 5:23-26, 18:32-35, 눅 12:58.

고속 도로: (1) 하나님의 길 ("높은[high]" 길[way]) (2) 광고 경로 (3) 넓고 쉬운 길 혹은 지름길 (세상의 길) (4) 지옥으로 가는 고속 도로 (5) 안전하지 않은 (6) 주요 노선 (7) 인생길 (믿음의 길) (8) 영적 쇠락 (텅 빈 고속 도로) (9) 하나님을 위해 준비된 마음 (10) 천국으로 가는 고속 도로 (11) 기도 ("높은[high]" 길[way]).
'길1', '길2', '거리1' 항목을 찾아보라.
➔ (1) 요 14:6 (2) 마 22:9-10 (3-4) 막 10:46 (5) 삿 5:6 (6) 삿 20:31-32, 21:19, 민 20:19 (7) 잠 16:17, 사 35:8, 렘 31:21 (8) 사 33:8 (9) 사 40:3 (10) 사 62:10, 요 1:51 (11) 대하 7:14 (비교. 요 14:6 & 14:13-14).
  - 고속 도로 순찰대: (1) 사역에 대해 평가받음 (주행 안전성) (2) 천사들.
'자동차' 항목을 찾아보라.
➔ (1) 딤전 3:1-7 (2) 히 1:14.

고양이: (집고양이) (1) 악랄한 공격 (2) 마술, 점술 (검은 고양이) (3) 자립, 독립 (4) 독립의 영 (5) 거역의 영 (6) 가르치기 힘듦/말을 잘 듣지 않는 마음 (7) 부자 (살찐 고양이) (8) 게으름 (살찐 고양이) (9) 고위 공직자 (살찐 고양이) (10) 호기심 (11) 새끼 고양이 (12) 무죄, 결백함.
'개', '마스코트', '애완동물' 항목을 찾아보라.
➔ (1) 단 6:12,24 (이 악의적인 음모는 그에 못지 않게 악랄한 공격으로 심판받았다) (2-5) 삼상 15:23 (6) 딤후 3:7 (7-9) 계 3:17 (10) "호기심으로 고양이를 죽인다(지나친 호기심은 위험하다)"는 말처럼 (11) 겔 19:3.
  - 고양이 사료: (1) 독립성을 키움 (2) 독립적으로 가르침 (3) 주술/마술을 부림.
➔ (1) 갈 2:12 (2) 행 18:26 (3) 행 8:10-11.

고양이족제비: (몽구스) (1) 전쟁의 천사.
➲ (1) 단 10:13.

고요한: (1) 평강 (2) 잠잠함 (3) 하나님의 임재의 표징 (4) 위협이 제거됨.
➲ (1-4) 시 23:2, 막 4:39, 눅 8:24.

고추: (칠리, 향신료, 향품) (1) 매운 (2) 인도 (3) 멕시코.
➲ (1-3) 왕상 10:2,10,15.

고층 건물: '건물', '탑/타워' 항목을 찾아보라.

고층 아파트: (1) 갑작스런 승진 (2) 선지자의 직무 (3) 도움이 되지 않는 문제들에 정신이 팔려 있음 (아이보리색 고층 건물).
'탑/타워' 항목을 찾아보라.
➲ (1) 창 41:14 (2) 민 22:41 (3) 삼하 11:1-2.

고통: (1) 영적 해산 (2) 성령 안에서 무언가를 출산하라고 촉구함 (3) 징계/훈육 (4) 죄에 대한 심판 (5) 마음이 아픔 (6) 악인의 형통함을 이해하려 애씀 (7) 죽음의 고통 (8) 나쁜 소식.
➲ (1) 삼상 4:19, 시 48:6, 사 13:8, 66:7-8, 렘 22:23, 미 4:10, 롬 8:22 (새번역 외), 행 2:24, 계 12:2 (2) 삼상 1:12-17, 왕상 18:42-44, 롬 8:26-27 (3) 욥 33:19, 사 21:3, 26:16-18 (하나님의 징계로 출산하게 된다는 것에 주목하라) (4) 시 25:18, 렘 15:18-19, 30:23 (킹흠정, 한글킹), 51:8-9 (5) 시 55:3-4 (핍박하는 말에), 렘 4:19, 6:24 (6) 시 73:3,16 (7) 시 116:3, 행 2:24 (8) 사 23:5.

고환: '생식기' 항목을 찾아보라.

곡물: (1) 하나님의 말씀 (2) 믿는 자 (3) 영적인 열매 (4) 복.
'씨(앗)' 항목을 찾아보라.
➲ (1) 고전 9:9-11, 딤전 5:17-18 (2) 요 12:24-25 (3) 막 4:28 (4) 신 7:13, 잠 11:26.

곡식 가루: (1) 십자가 (짓밟히신 그리스도) (2) 겸손/비천 (3) 그리스도의 몸을 위해 개인의 명성을 버림 (빵을 만들기 위해 죽은 밀알 하나) (4) 깊이 뉘우치는 마음 (으깨진 씨앗) (5) 번영.

'굽다', '보리', '빵', '맷돌', '씨(앗)', '밀', '이스트(효모)' 항목을 찾아보라.

⮕ (1) 왕하 4:40-41 (비교. 사 53:5 & 요 12:24) (2) 출 11:5 (가장 낮은 지위), 레 5:11 (가난한 사람의 예물, 비교. 민 11:8 & 요 6:32-33 & 빌 2:7-8) (3) 요 12:24, 고전 10:16-17 (4) 시 34:18, 51:17 (5) 겔 16:19, 계 18:13.

- 베이킹파우더가 든 스스로 부푸는 밀가루: (1) 잘못된 가르침 (2) 자신을 높이기 위해 다른 사람들을 짓밟음 (3) 종교적인 행위들 (4) 자기 의의 행위들.

⮕ (1) 마 16:11-12 (2) 눅 11:53-12:1 (3-4) 마 12:2, 막 2:16, 7:2-13, 눅 11:38.

곤충: (1) 해충 (2) 재앙 (3) 작은.
'벌레1' 항목을 찾아보라.

⮕ (1-2) 출 5:3 & 8:21 (3) 마 23:24.

곧은: (1) 하나님께 속한 (2) 충실한 영적 진보 (3) 하나님을 신뢰함 (4) 준비된 혹은 열린 마음 (5) 이탈하거나 돌아가지 않는 (6) 마음이 올바른 (7) 전진하겠다는 결단 (8) 길에서 벗어나지 않음 (9) 의로운 (10) 순종하는.
'바로 선' 항목을 찾아보라.

⮕ (1) 약 1:17 (2) 잠 3:5-6, 요 1:23 (3) 잠 3:5-6 ("그가 네 길을 지도하시리라"="네 길을 곧게 하시리라") (4) 사 40:3-4, 마 3:3, 막 1:3, 요 1:23 (5) 행 16:11, 21:1 (6) 눅 13:11-13 (7) 히 12:12-13 (8) 삼상 6:12, 잠 4:25 (9) 겔 1:7 (10) 겔 1:12.

골/득점: (1) 성공 (2) 성취 (3) 세상을 이김.
'홀인원' 항목을 찾아보라.

⮕ (1-2) 딤후 4:7, 몬 3:12 (3) 계 3:21.

- 득점골: (1) 영혼들을 구함.

⮕ (1) 행 2:41.

골동품: (1) 대단히 오래된 (2) 가치 있는 (3) 모금, 헌금 (4) 뒤떨어진, 낡은 (5) 존중.
'고대의', '오래된' 항목을 찾아보라.

⮕ (1) 욥 12:12, 시 77:5 (2) 마 13:52 (3) 눅 12:33 (4) 삼상 2:22 & 4:18 (5) 욥 32:6.

골목: (1) 어려운 시기를 통과함 (2) 하나님의 길이 아니거나 아직 아님 (3) 준비되지 않은 마음 (4) 열외됨 (5) 믿음을 버림 (6) 주목받지 못하는 길 (7) 숨기는 것이 있음 (8) 뒷골목 (9) 마귀의 길.

'뒷문' 항목을 찾아보라.
⮕ (1) 삼상 22:1 (2) 시 119:105 (3) 사 40:3, (4) 행 15:37-38 (5) 잠 14:14 (6) 눅 14:23 (7-8) 삿 5:6 (9) 시 23:4.

골조: (건물의 뼈대) (1) 성령님 (2) 명철, 총명 (3) 구조(물), 건물.
⮕ (1) 엡 2:21-22 (2) 잠 24:3 (3) 사 61:4.

골짜기: (1) 움푹 파인 곳/땅 (2) 소망 없음 (3) 낙심, 낙담 (4) 괴로움 (5) 두려움 (6) 분리 (7) 적의 영역 (8) 애통 혹은 비통 (9) 죽음의 그림자 혹은 죽음 (10) 울음 (11) 지옥 (12) 교만 혹은 오만 (영적 시야를 제한함) (13) 소금 (14) 겸손한 사람 (높아지게 됨) (15) 결실이 많음, 비옥함 (16) 판결, 판정 (17) 환난 (18) 시련 (19) 감춰진 (은밀한 곳).
'언덕/야산' 항목을 찾아보라.
⮕ (1) 사 7:19 (2) 시 23:4 (3) 민 32:9 (4) 수 7:24-25 (아골 = 괴로움) (5-6) 삼상 17:3 (7) 삿 1:19,34 (8) 겔 7:16, 슥 12:11 (9) 시 23:4, 사 57:5 (10) 시 84:6 (눈물[히. 바카]) (11) 잠 30:17 ('까마귀' 항목을 찾아보라) (12) 사 22:1,5 (13) 삼하 8:13, 왕하 14:7 (14) 사 40:4, 눅 3:5 (15) 아 6:11, 사 65:10 (16-18) 욜 3:14 (19) 아 2:1 & 2:16.

골키퍼: (1) 복음을 변호함.
⮕ (1) 빌 1:7,17.

골퍼: (1) 믿음으로 행하는 사람 (말씀을 따름).
'공', '골프장' 항목을 찾아보라.
⮕ (1) 시 119:133.

골풀: (1) 거짓말하는 선지자.
⮕ (1) 사 9:14-15.

골프장: (1) 믿음 안에서 진보함 (말씀을 선포한 다음 그대로 따름).
'공', '골퍼', '홀', '홀인원' 항목을 찾아보라.
⮕ (1) 신 8:3, 30:14, 수 1:8, 시 119:105.

골프채: (1) 설교단.
'공', '나무1', '물' 항목을 찾아보라.
⮕ (1) 말씀(골프공)을 쳐 올리는 곳으로.

골함석: (물결 모양으로 골이 죽죽 지게 만든 함석. 주로 지붕을 이거나 울타리를 치는 데 쓴다) (1) 지붕 재료 (2) 지도력 혹은 덮개 (시골 교회일 가능성이 있음) (3) 확고한 믿음 (4) 폭풍을 피하고 보호 받으면서 성령의 흐름을 흘려보낼 수 있는 (5) 녹이 없음 = 강한 성격.
'울타리', '철', '지붕' 항목을 찾아보라.
⮕ (1) 창 19:8, 수 2:6, 마 8:8, 10:27, 막 2:4-5.

곰: (1) 적, 원수 (2) 어린 그리스도인들을 강탈해 가는 자 (3) 강력한 영적 세력 (4) 맹렬한 분노 (5) 압제하는 지도자 (6) 러시아 (7) 적그리스도 (8) 종교의 영 (9) 이란 (10) 지역의 영.
⮕ (1-2) 삼상 17:34-37 (3) 계 13:2 (4) 잠 17:12 (5) 잠 28:15 (6) 겔 38:16,18 (7) 계 13:2 (8-9) 단 7:5 (비교. 단 2:39, 8:20-21, 10:20) (10) 삼상 17:36.

공: (1) 말, 말씀 (2) 예언적인 말씀.
'축구', '골프', '골퍼', '테니스/테니스장' 항목을 찾아보라.
⮕ (1) 아래의 항목들을 살펴보라 (2) 요 6:63.
- 공을 잡음: (1) 귀 기울여 들음 (2) 다른 사람의 말을 붙잡음 (3) 당신의 말을 책잡으려 함.
'포수의 글러브' 항목을 찾아보라.
⮕ (1) 마 13:19, 막 12:13 (2) 눅 20:20,26 (3) 막 12:13.
- 공을 던짐: (1) 말(선포)함 (2) 다른 사람들에게 전달함 (3) 버림, 내던짐.
⮕ (1) 시 50:17 (2) 딤후 2:2 (3) 사 22:18, 막 12:8.
- 공을 참: (1) 메시지를 전함 (2) 목적지를 향해 감 (3) 박해, 핍박 (4) 하나님을 대적함 (5) 교만해져서 하나님을 잊어버림.
⮕ (1) 삿 11:17,19, 딤후 2:2 (3-4) 행 9:5, 26:14 (5) 신 32:15,18, 삼상 2:29.
- 공을 침: (1) 효과적인 말 (2) 권위 있는 말.
⮕ (1) 삼상 3:19 (2) 행 5:40, 16:32.
- 공을 패스함: (1) 가르침 (지식을 전달함).
⮕ (1) 요 8:20, 행 15:35.
- 굴러가는 공: (1) 말/말씀을 기록함 (2) 기록된 말씀.
⮕ (1-2) 스 6:1-2, 사 8:1, 34:4, 렘 36:2, 겔 3:1-3, 슥 5:1-2.
- 바람 빠진 공: (1) 능력 없는 말 (2) 성령이 없는 말 (3) 성령을 상실함.
⮕ (1-2) 욥 33:4, 고전 2:4, 4:20, 살전 1:5, 히 1:3 (비교. 눅 4:32) (3) 삿 16:20.
- 투명한 공: (1) 허황된 말 (마음과 영이 없음).
⮕ (1) 삼상 3:19.
- 회전하는 공: (1) 거짓말 (2) 속이는 말 (3) 이야기보따리를 풀어놓음 (이야기를 들려줌).

➲ (1) 잠 6:19, 10:18, 12:19, 22, 14:5,25, 19:5,9, 21:6, 26:28, 30:6.

공구함: (1) 당신을 대적하는 데 사용될 수 있는 것들 (2) 해결사 (3) 유지/보수.
➲ (1) 막 12:13, 눅 20:20-26 (2) 룻 4:6 (3) 대상 26:27, 시 16:5.

공군: (1) 사역하는 천사(들) (2) (선하거나 악한) 영 (3) 하늘.
➲ (1-3) 계 8:13, 14:6, 19:17.

공동묘지: (1) 죽음 (2) 생명(하나님의 영)이 없는 (3) 피상적임, 겉치레 (4) 믿음 없음 (열린 무덤) (5) 어떤 일의 끝 (6) 무엇을 잠재우거나 죽임.
'무덤', '묘지' 항목을 찾아보라.
➲ (1) 마 8:22, 눅 9:60, 행 2:29 (2) 겔 37:1-10 (3) 마 23:27-28 (4) 시 5:9, 약 2:26 (5) 요 19:30 (6) 창 35:2-4.

공룡: (1) 시대에 뒤떨어진 (낡은) (2) 거대한 포식자 (3) 악한 영/마귀 (4) (야생의) 괴물 (5) 몹시 사나운 (폭력적인) (6) 길들일 수 없는.
'괴물' 항목을 찾아보라.
➲ (1) 마 9:17, 고후 5:17 (2) 욥 41:14 (3) 계 12:9 (4) 욥 41:2-5 (5) 욥 41:10 (6) 욥 41:4.

공예품: (1) 주술/마술.
➲ (1) 왕하 9:22, 대하 33:6, 미 5:12, 갈 5:19-20.

공원: (1) 휴식처 (2) 만족과 기분 전환 (3) 비공식적인 (4) 초목이 무성한 (5) 보기에 매력적임 (6) 애굽 (사람이 만든 공원) (7) 야속이 땅 (자연 공원) (8) 교회 (9) 믿는 자.
'동산/정원' 항목을 찾아보라.
➲ (1) 시 23:2 (2) 전 2:5-6 (3) 에 7:8 (4-5) 창 13:10 (6-7) 신 11:10-11 (8) 아 4:12, 8:13 (9) 아 4:12,15.
- 공원 감시원: (1) 비공식적인 권위.
'정원사' 항목을 찾아보라.
➲ (1) 마 11:29.

공작새: (1) 허세, 과시 (자기에게 관심을 가짐) (2) 교만 (3) 하나님의 영광을 입음.
➲ (1) 잠 25:27 (자기 홍보), 요 5:44, 7:18, 12:43 (2) 딤후 3:2 (3) 창 37:3.

공장: (1) 열매를 많이 맺는 교회 (2) (선하거나 악한) 사업, 일 (3) 꾸며낸 (지어낸=거짓말) (4) 사람이 만든 (5) 반복적인 본성의 행위 (6) 장사하는 교회 (자기 이익을 위해 날조함) (7) 행위에 기초한 교회.
➡ (1) 행 2:41-42,47 (2) 시 127:1, 딤전 3:3,8, 유 1:11 (3) 엡 4:25, 골 3:9, 딤전 4:2 (4) 창 11:3-5 (6) 잠 15:27, 딤전 6:5 (7) 계 3:15-17.

공중 부양: (1) 성령 안에서.
➡ (1) 겔 3:12,14, 8:3.

공중제비: (1) 거듭남 (상황을 바로잡음) (2) 마음을 뒤흔듦 (소란, 소동) (3) 완전히 쓰러뜨림 (4) 기념/축하 행사.
➡ (1) 행 17:6 (2) 눅 23:28, 요 16:20 (3) 겔 21:27 (4) 출 15:20-21, 삼하 6:14.

공항: (1) 사명이나 사역을 기다림 (2) 사역의 이동 (3) 영적 기초를 다짐 (4) 영적 충전 (5) 성령님을 기다림.
'기차역' 항목을 찾아보라.
➡ (1) 사 40:31, 눅 2:25 (2) 행 15:35-37,40 (3) 행 2:42, 딤후 3:16-17 (4) 행 4:31, 6:3, 7:55, 11:24, 13:2-3,9 (5) 행 2:1.

과부: (1) 믿음을 버림 (2) 실제로 혹은 영적으로 남편이 없는 (3) 영적인 비통함 (4) 하나님의 돌보심을 받는 (5) 수확하고 남은 것을 모음 (6) 하나님을 신뢰함 (7) 과부를 압제하는 것은 하나님을 두려워하지 않는다는 뜻이다 (8) 과부들을 학대하는 사람은 하나님의 심판을 받게 된다 (9) 과부가 된 것은 심판을 상징하는 것일 수도 있다 (10) 비난 (11) 하나님이 우리의 남편이 되어 주실 곳 (12) 죽음의 영 (흑색과부거미: 암컷이 수컷을 잡아먹음).
'여자' 항목을 찾아보라.
➡ (1) 엡 5:23-25 & 딤전 5:11-12 (2) 출 22:22,24, 삼하 20:3 (3) 사 54:6 (4) 신 10:18, 시 68:5, 146:9, 잠 15:25 (5) 신 24:19-21 (6) 왕상 17:9-15, 딤전 5:5 (7) 시 94:6, 사 1:16-17,23, 10:2 (8) 사 1:23-25 (9) 사 9:17, 47:8-10 (10-11) 사 54:4-6 (12) 사 59:5.

과속: (1) 하나님의 때/타이밍보다 앞서 가려고 애씀.
'속도' 항목을 찾아보라.
➡ (1) 삼하 18:19-23,29-30.

과수원: (1) 결실이 많음, 비옥함.
'과일나무', '농장(플랜테이션)', '포도원' 항목을 찾아보라.
➲ (1) 전 2:5, 아 4:13.

과시하다: '트릭' (3)번 내용을 살펴보라.

과일나무: (1) 믿는 자.
'과수원', '농장(플랜테이션)', '포도원' 항목을 찾아보라.
➲ (1) 시 1:3.

과학자: (1) 자기 머리로 해결하려 애씀 (2) 초자연적인 일들을 논리적으로 판단함/추론함 (3) 사람의 지혜(지성)로 하나님께 나아가려 애씀 (4) 반기독교적인 진화론자들 (5) 그리스도인 과학자들 (하나님의 지혜).
➲ (1) 마 16:7-10 (2) 사 10:12-13, 요 20:25, 행 2:15 (3) 고전 1:25, 2:5, 딤후 3:5 (4) 롬 1:25, 벧후 3:4-7 (5) 왕상 4:29, 마 2:1.

관: (1) 죽음.
'무덤', '묘지' 항목을 찾아보라.
➲ (1) 창 50:26.

관광객과 관광버스: (1) 교회마다 찾아다님 (2) 느긋한 영적 여정 (3) 표적을 구함 (4) 비효율적인 선교 (5) 쾌락을 추구하는 사람 (6) 일하는 법/요령을 배움, 익힘 (7) 구경/관광은 하지만 실제로는 아무 데도 가지 않음 (성과가 없는) (8) 그냥 스쳐 지나가는 사람 (9) 잠시 머무는 사람.
'버스', '여행 가이드' 항목을 찾아보라.
➲ (1) 왕하 2:1-5 (2) 계 3:16 (3) 마 12:39 (4) 행 13:13 (5) 약 4:3 (6) 눅 8:1 (7) 요 3:3,5 (8) 요 6:66 (9) 창 12:10, 행 7:6.

관람차: (1) 영원 (2) 하나님의 뜻 (천국을 이 땅에 가져옴) (3) 인생 (기복, 좋은 때와 나쁜 때가 있음) (4) 심란한 변화 (빠르게 회전하는 관람차 안에서 필사적으로 매달려 있음).
➲ (1) 창 9:11 ("다시는 아니할 것이라"), 겔 1:18-20 (영은 영원하다) (2) 마 6:10 (3) 전 3:6 (4) 마 6:28.

관리인: (1) 하나님 (2) 목회자/지도자.

'수위' 항목을 찾아보라.
⇨ (1) 시 23:1, 벧전 5:7 (2) 행 20:28.

관목: '가시덤불' 항목을 찾아보라.

관절염: (1) 죄 (2) 속이 곪아 있는 (3) 무력해진 (4) 뻣뻣한/융통성 없는/종교적인 (5) 쓴 뿌리/용서하지 않음 (6) 묶임 (7) 하나님의 말씀이 필요함 (약).
⇨ (1) 레 21:17-19 (2) 전 7:26, 렘 4:18, 약 3:14 (3) 엡 4:16 (본문과 대비됨), 골 2:19 (5) 행 8:23 (6) 마 22:13, 요 11:44, 행 21:11 (7) 히 4:12.

광: (곳간) (1) 육신적이거나 미성숙한 그리스도인 (2) 탐욕 위에 세워진 사람이나 조직/단체 (녹슨 광) (3) 작업장.
⇨ (1) 고후 5:1 (2) 약 5:3 (3) 삼상 13:19, 사 54:16.

광대: (1) 항상 웃을 거리를 찾는 사람 (2) 즐겁게 해 주는 사람, 연예인 (3) 눈치 없는 (4) 관심/주목을 끄는 사람 (5) 바보 혹은 어리석은 (6) 화장한 얼굴 (7) 조커 (8) 하나님의 것들을 가지고 장난침.
⇨ (1) 전 2:2-3 (2) 딤후 4:3-4 (3) 삼상 25:25,36 (4) 행 8:9-11,13,18-24, 벧전 3:3-4 (5) 전 2:2-3 (6) 왕하 9:30, 잠 14:13, 렘 4:30 (7) 엡 5:4 (8) 요 6:66 (이들은 진리를 찾는 일에 진심도 아니었고, 진지하지도 않았다).

광대뼈: (1) 하나님의 원수들이 자기 잘못을 인정하게 함.
⇨ (1) 시 3:7.

광산: '동굴', '터널' 항목을 찾아보라.

광야: '사막' 항목을 찾아보라.

괴물: (1) 귀신 (2) 악한 영 (3) 두려움.
'공룡' 항목을 찾아보라.
⇨ (1-2) 눅 4:33, 계 12:9 (3) 삼상 17:11.

교사: (1) 성령님 (2) 그리스도의 성숙한 제자 (3) 육신적인(거짓, 학구적인, 악마 같은, 돈을 밝히는) 교사 (4) 자연 (5) 계시 (6) 예수님 (7) 유명한 교사.

➲ (1) 눅 12:12, 요 14:26, 고전 2:13, 요일 2:27 (2) 롬 12:7, 엡 4:11, 골 1:28, 3:16, 딤전 3;2, 딤후 2:24, 히 5:12 (3) 딤전 4:3, 딛 1:11, 벧후 2:1, 계 2:20 (4) 왕상 4:30-33, 고전 11:14 (5) 갈 1:12 (6) 엡 4:20-21 (7) 행 13:1.
  - 지도자 같은 교사: (교장 선생님) (1) 권위 있게 가르치는 사역 (2) 그리스도 (3) 율법 (4) 성령님 (5) 타고난 교사.
➲ (1-2) 마 7:29, 요 3:2, 6:45 (3) 갈 3:24-25 (4) 요 14:26, 요일 2:27.

교실: (1) 마음 (2) 잘 알아듣는 마음 (3) 훈련/교육의 장 (4) 철저히 구비되고 준비됨.
'학교' 항목을 찾아보라.
➲ (1) 욥 8:10, 시 90:12, 잠 4:4, 16:23, 사 29:13, 골 3:16 (2) 요일 2:13-14 (3) 마 26:55, 막 12:35, 14:49, 눅 20:1, 21:37, 요 7:14,28 (4) 막 10:39,42-45, 딤후 3:16-17.

교차로: (1) 결단의 시간 (2) 선택 (3) 약함.
➲ (1) 수 24:15 (2) 눅 22:42 (3) 마 25:36, 고전 4:11-13.

교통: (1) 인생의 다른 행보 (차도/차선) (2) 다른 사역들이 분주해짐 (3) 계속 차선을 변경하고 끼어들기 하면서 전진하는 것은 목숨을 가지고 장난친다는 뜻이다. 이것은 그 결과를 깨닫지 못한 채 성적인 관계를 맺고 있음을 암시할 수도 있다.
'자동차', '버스', '트럭' 항목을 찾아보라.
➲ (1) 잠 14:12, 마 7:13-14 (2) 단 12:4, 고전 12:28, 엡 4:11 (3) 신 30:15-16,19.

교회: (1) 특정 회중을 언급하는 것일 수도 있다 (2) 전반적인 교회를 언급한 것일 수도 있다 (3) 교회는 꿈이나 환상 가운데 집으로 나타나는 경우가 많다 (4) 개인을 뜻할 수도 있다 (5) 예배처.
'회중' 항목을 찾아보라.
➲ (1) 계 2:1,8,12,18 (2) 딤전 3:15 (3) 롬 16:15, 고전 16:19, 딤전 3:15 (4) 고전 3:16, 6:19 (5) 삼상 1:3, 행 24:11.

구(球): (공처럼 둥글게 생긴 물체) (1) 영 (2) 생물.
'공', '원', '바퀴' 항목을 찾아보라.
➲ (1-2) 겔 1:16,19-21.

구급차: (1) 질병을 경고함 (2) 심각한 사고를 경고함 (3) 죽음을 경고함 (4) 죄인들을 그

리스도께로 인도하는 사람 (5) 기도의 도움이 필요함 (6) (사이렌이 울리는 구급차) 비상 상황 (7) 긴급한 요구.
'응급 구조사' 항목을 찾아보라.
➲ (1) 겔 33:5, 막 6:55 (2) 왕상 22:34, 겔 33:5 (3) 왕상 22:35, 겔 33:5 (4) 막 2:4-5 (5) 약 5:13-16 (6) 암 3:6 (7) 출 12:33.

구내식당: '레스토랑' 항목을 찾아보라.

구더기: (1) 불순종 (2) 벌레 먹음/썩음 (3) 심판 (4) 죽음 (5) 부패 (6) 경멸/멸시당하는 사람 (7) 영원한 죽음 (8) 육신을 먹어 치움 (9) 몸(교회)을 먹다가 날개가 생겨 날아가 버림 (사실 지체가 아님).
'파리', '벌레2' 항목을 찾아보라.
➲ (1-2) 출 16:20,24 (3) 신 28:39, 사 66:24, 행 12:23 (4) 욘 4:7, 행 12:23 (5) 욥 17:14 (6) 욥 25:6, 시 22:6, 사 41:14, 미 7:17 (7) 막 9:44,46,48 (킹흠정, 한글킹) (8) 욥 19:26 (킹흠정, 한글킹), 24:20 (9) 창 13:5-11, 요 6:70, 12:6.

구덩이: (1) 지옥 (2) 함정 (3) 감옥 (4) 마음.
➲ (1) 창 37:20, 잠 1:12, 사 14:15, 겔 26:20, 계 9:1-2,11, 11:7 (2) 잠 22:14, 23:27, 26:27, 28:10, 렘 18:22 (3) 렘 38:10-13 (4) 고후 4:7.

구레나룻: (1) 성숙으로 나아감 (아직 턱수염이 아님).
➲ (1) 삼상 17:33, 요일 2:13.

구름: (1) 하나님의 임재 (2) 하나님의 영광 (3) 성령님 (4) 안내, 인도 (5) 하나님의 은총 (6) 다가오는 소나기 (7) (축복 혹은 심판의) 약속.
'먹구름', '소나기', '폭풍', '비' 항목을 찾아보라.
➲ (1) 출 16:10, 24:16, 민 16:42 (2) 왕상 8:11, 대하 5:14 (3) 민 11:25 (4) 출 13:21, 느 9:12 (5) 잠 16:15 (6) 눅 12:54 (7) 창 9:14, 왕상 18:44-45.

구리: '동' 항목을 찾아보라.

구멍: (1) 은신처 (2) 집, 소굴, 굴, 둥지 (안식처) (3) 넋 (4) 신흙 구덩이 (5) 영적인 문/포털 (6) 동굴 (7) (옷에) 흠이 있는 (8) 비어 있는 (9) 배출구 (10) (옷이) 닳아서 해진 (11) 바뀌지 않음 (옷) (12) 무언가를 놓침 (완벽하지 않은) (13) (옷을) 교체해야 할 때 (14) 당

신의 마음 (지표면의 구멍) (15) 언약 (무지개의 원형이 만들어 내는 고리/반지).
- (1) 삼상 14:11, 사 2:19, 7:19, 렘 13:4, 16:16, 미 7:17 (2) 사 11:8, 렘 48:28, 마 8:20, 눅 9:58 (3) 사 42:22 (4) 사 51:1 (5) 겔 8:7-12 (6) 나 2:12 (7-9) 학 1:6 (10-11) 마 9:16 (13) 눅 5:36-38 (14) 고후 4:7 (15) 창 9:12-13.

구명정: (1) 구출, 해방 (2) 구원 (3) 구조.
- (1-3) 창 7:1, 행 9:25, 고후 11:33.

구속복: (정신이상자나 난폭한 죄수를 제압하기 위해 입히는 옷) (1) 상황을 타개할 능력이 없는 (무력한) (2) 자기 힘으로 아무것도 할 수 없는 (3) 통제/제어 아래 있는 (4) 무장 해제된 혹은 부상을 입은 (5) 아무 위협도 되지 않는 (6) 통제하는 영 (7) 힘과 영향력의 상실 (8) 거칠고 통제할 수 없는 (9) 어리석은 자.
'팔' 항목을 찾아보라.
- (1) 애 1:14 (2) 삿 15:12-14, 단 3:21,23-27, 엡 6:10-11 (3-4) 삼하 23:21, 왕상 22:34 (5) 삿 15:12-14 (6) 왕상 21:7, 전 7:26 (7) 왕상 13:4 (8) 막 5:3-5 (9) 잠 7:22, 14:16-17, 20:3.

구슬 목걸이: (1) 외적 치장 (2) 세속적인 치장.
- (1-2) 벧전 3:3, 딤전 2:9.

구운 콩: (1) 계시 (양념된 씨).
- (1) 출 29:7 & 눅 8:11.

구유: (1) 새로운 시작 (2) 시작된 축복 (3) 양육 (4) 아기 (5) 임신 (6) 식판 (7) 당신을 먹이는 손.
- (1-5) 눅 2:7,12,16 (6) 잠 14:4 (7) 사 1:3.

구제: (1) 선행 (2) 하나님께서 주목하시는 선물들 (3) 선물들.
- (1) 마 6:1 (2) 행 10:4 (3) 행 24:17.

구토: '토하다' 항목을 찾아보라.

국세청: (1) 마지못해 줌 (마치 당신에게 세금이 부과된 것처럼 느낌) (2) 돈에 욕심을 내는 교회 (3) 실제 세금 문제 (4) 하늘의 보고에 심음 (5) 하나님의 재정권을 존중/경외함.

➡ (1) 고후 9:7 (2) 계 3:17 (4) 말 3:10, 고후 9:6 (5) 신 8:18, 행 5:3-4.

국적: '원주민', '민족/나라' 항목을 찾아보라.

국제선: (1) 다국적인 사역 (2) 땅에서 하늘로 (천국에 들어감) (3) 이 땅의 영역에서 하늘의 영역으로 여행함.
'해외' 항목을 찾아보라.
➡ (1) 행 19:26 (2) 요 1:51, 계 4:1 (3) 왕하 2:11, 행 1:9.

군대: (1) 영적인 힘 (2) 하나님의 백성 (3) 영적 전쟁 (4) (뜻을 같이하여 질서를 지키며) 영적인 걸음을 맞추는 사람.
➡ (1) 왕하 6:16-17 (1-3) 엡 6:12 (4) 대상 12:33,38, 욜 2:7.

군사: (1) 영적 전사 (2) 영적 전쟁 (3) 마음속의 싸움을 말하는 것일 수도 있다 (4) 자신의 생각을 하나님의 말씀과 일치시켜 전투에 대비함 (5) 천사 (6) 그리스도.
'전투', '무기' 항목을 찾아보라.
➡ (1) 삿 6:12 (2) 엡 6:12-18 (3) 고후 10:3-5 (4) 벧전 1:13 (5) 단 10:13 (6) 수 5:13-15.

군중/무리: (1) 천국에서 지켜보는 자들 (2) 바쁜 (3) 분주함 (4) 회중 (5) 목자 없는 양 (6) 따르는 자들 (7) 공공장소 (8) 여론.
➡ (1) 히 12:1 (2-3) 눅 9:10-11 (4) 마 5:1 (5) 마 9:36 (6) 막 10:46 (7-8) 느 8:3, 요 8:59.

굴: (1) 안식처 (2) 은신처.
➡ (1-2) 시 104:18, 잠 30:26.

굴곡: (1) 변화 (2) 변동, 전환 (3) 하나님의 길에서 벗어남 (4) 사악함 (굽은, 구부러진) (5) 패역 (뒤틀린, 비뚤어진).
'휘다/휘어지다', '모서리', '길모퉁이', '휘어진' 항목을 찾아보라.
➡ (1) 출 13:17-18 (우회하도록), 잠 24:21 (킹흠정-'변하는 데 능숙한 자들') (2) 창 11:31 (가나안으로 가는 도중 하란에서 멈춤), 출 13:17-18 (3) 신 5:32, 시 5:8, 사 40:3 (4) 행 13:10, 유 1:4 (5) 민 22:32, 신 32:5, 행 13:10.

굴뚝: (1) 혼의 묶임 혹은 원수에게 문/틈을 열어 줌.
➡ (1) 엡 4:27.

굴레: (1) 혀를 통제/제어함.
➲ (1) 욥 30:11, 시 32:9, 39:1, 약 1:26, 3:2.

굴리다: (1) 마음을 감동시키려 함 (2) 옮기거나 이동시키려 함 (3) 마음의 완고함을 제거함 (4) 애통 (땅바닥에서 구름) (5) 하나님 안에서 나아감 (변화됨).
'원', '둥근', '정사각형', '바퀴' 항목을 찾아보라.
➲ (1) 마 28:2 (지진), 막 16:3-8, 눅 24:2 (2) 계 6:14 (3) 창 29:3 (비교. 신 10:16 & 수 5:8-9, 렘 4:4) (4) 미 1:10-11 (5) 수 5:8-9.

굶주림: (1) 비천/겸손해짐 (2) 하나님과 그분의 말씀을 향한 영적 갈망 (3) 심판 (4) 의에 대한 갈망 (5) 어려움에 처한, 궁핍한 (6) 육체를 부인함 (7) 거짓 교리에 취약한.
'금식', '갈증' 항목을 찾아보라.
➲ (1-2) 신 8:3 (3) 신 28:48, 32:24, 욥 5:5 (4) 마 5:6 (5) 욥 22:7 (6) 시 107:5 (7) 잠 27:7, 마 4:6, 눅 4:10-11.

굽다: (빵) (1) 자초한 일 (2) 무엇을 지어내거나 꾸밈.
'제빵사', '요리하다' 항목을 찾아보라.
➲ (1) 창 40:16-18, 렘 17:9, 호 7:6 (2) 삼하 15:3-6, 고전 4:5, 고후 2:11.

궁(궐): (1) 영적으로 부유한 그리스도인 (2) 왕(하나님)의 임재가 있는 곳 (3) 보좌(권위)가 있는 곳 (4) 잔치가 벌어지는 곳 (5) 왕을 알현하는 곳 (6) 칙령이 공포되는 곳 (7) 영광(영화)을 누리는 자리 (8) 즐거움의 자리 (9) 형통의 자리 (10) 번영을 누리는 자리 (11) 교만과 심판의 자리.
➲ (1) 고후 5:1 (2) 시 45:8-9, 48:3 (3) 에 1:2 (4) 에 1:5 (5) 에 2:3 (6) 에 3:15, 8:14 (7) 시 45:13-14 (8) 시 45:15 (9) 시 122:7 (10) 단 4:4 (11) 암 6:8.

궁수: (1) 증오에 차서 지독한 말을 내뱉는 사람 (2) 마음을 아프게 하는 말을 하는 사람 (3) 상처 주는 사람 (4) 육신/세상의 남자 혹은 여자.
'화살', '활' 항목을 찾아보라.
➲ (1-2) 창 49:23 (2) 시 64:3 (3) 삼상 31:3, 대하 35:23, 욥 16:13 (4) 창 25:27 & 27:3.

권능: (1) 성령의 기름부으심 (2) 권위, 권세 (3) 기적을 행할 능력.
'힘' 항목을 찾아보라.
➲ (1) 행 1:8 (2) 눅 4:36, 9:1, 계 13:2 (3) 행 10:38.

권총: (1) 말/생각을 통한 근거리 공격 (2) 가까운 사람 중 당신을 대적하여 말하는 사람 (3) 정욕의 영 (9mm 구경).
'총알', '총', '소총', '연기-연기를 피움' 항목을 찾아보라.
➲ (1) 창 44:18, 말 3:5 (2) 마 26:14-16 (3) 삼하 13:14-15.
 - 매그넘 357: (리볼버용 총탄 규격 중 하나) (1) 영향력 있는 말 (2) 위협 (3) 두려움.
'활', '총알' 항목을 찾아보라.
➲ (1) 삼상 17:43-44 (2-3) 삼상 17:7.

궤: (상자) (1) 그리스도 (2) 하나님의 임재 (3) 보좌 (4) 구원의 방주 (5) 시은좌 (은혜의 자리).
➲ (1) 출 25:10, 수 3:13,16, 골 2:9 (2) 삼하 6:11-12 (3) 시 80:1, 계 11:19 (4) 창 6장 (5) 히 9:4-5.

궤도: (1) 인생길 (2) 성령의 인도하심을 받음.
'날다', '행성', '인공위성' 항목을 찾아보라.
➲ (1) 시 16:11, 19:4 (2) 롬 8:14.

귀: (1) 마음 (2) 말 그대로 귀 (3) 허탄한 이야기에 귀 기울임 (4) 하나님의 음성을 들음 (5) 영적으로 듣기를 갈망함 (귀를 깨끗이 함).
'귀먹은', '들음', '가려움' 항목을 찾아보라.
➲ (1) 마 10:27, 11:15, 13:9,15,43, 눅 1:44, 9:44, 행 28:27, 계 2:7,11,17,29, 3:6,13,22 (2) 마 10:27, 눅 22:50-51, 행 7:51,57, 11:22 (3) 딤후 4:4 (4) 요 10:3 (5) 사 50:4, 마 11:15.
 - 귀를 뚫음: (1) 사랑을 서약함 (2) 노예로 서약함 (3) 주인(하나님)의 음성에 민감함.
➲ (1-3) 출 21:5-6.

귀 기울이다: (1) 잘 받아들이는 마음 (2) 영적인 깨달음 (3) 믿음을 세움.
➲ (1-2) 마 13:18-23 (3) 롬 10:17.

귀걸이: (1) 들음 (2) 거짓 신들에게 귀 기울임/순종함 (3) 사랑의 종 (하나님을 향한 귀) (4) 영적 민감성 (깃털 장식이 있는 귀걸이) (5) 하늘의 영광을 들음 (꽃 귀걸이) (6) 하나님의 음성을 들음 (금 귀걸이) (7) 구속의 말씀을 들음 (은 귀걸이) (8) 거짓 복음을 들음 (동/놋 귀걸이).
'착용하다', '송곳', '들음' 항목을 찾아보라.

⮕ (1) 신 5:1, 막 4:9 (2) 창 35:2-4 (3) 출 21:1-6 (4) 마 11:15 (5) 계 19:1 (6) 출 21:5-6 & 계 9:13 (7) 출 21:5-6 & 마 26:15 (8) 출 21:5-6 & 왕상 14:26-27.

귀금속: (1) 성령의 은사들 (2) 세상의 호의 (3) 자원하는 마음 (4) 전리품들 (5) 하나님의 은총 (6) 사리 분별, 신중함 (7) 지식의 입술 (8) 겉모습을 지나치게 중시함 (9) 구원, 의, 기쁨 (10) 세상의 유혹 (11) 하나님께 영광을 돌리는 사람들 (12) 음녀 교회의 장신구.
⮕ (1) 창 24:53 (2) 출 3:22, 11:2-3, 12:36, 욥 28:12-18 (지혜에 비길 수 없다) (3) 출 35:22 (4) 민 31:51,53-54, 대하 20:25 (5) 대하 32:27-29, 겔 16:12 (6) 잠 11:22 (7) 잠 20:15 (8) 사 3:21 (9) 사 61:10 (10) 겔 23:26-27, 호 2:13-14 (11) 말 3:17 (킹 흠정, 한글킹), 고전 3:12, 벧전 2:5 (12) 계 17:4-5, 18:12.

귀뚜라미: (1) 괴롭게 하는 사람 (2) 황폐한 혹은 텅빈.
⮕ (1) 삼하 16:5-9 (2) 마 23:27, 사 34:13.

귀먹은: (1) 영적으로 듣지 못함 (2) 굳어진 마음 (3) 영적 깨달음이 없는 (4) 불신자 (5) 귀먹고 말 못하게 하는 영.
'말 못하는' 항목을 찾아보라.
⮕ (1-3) 마 13:13-15, 막 4:12, 눅 8:10, 행 28:27, 히 3:15, 요 8:43 (4) 사 29:18 (5) 막 9:25-26.

귀신: (1) 타락한 천사 (2) 악한 영 (3) 더러운 영 (4) 육체적 고통 (5) 묶임, 속박 (6) 억압, 압박 (7) 중독 (8) 자멸, 자기 파괴 (9) 질병 (10) 죽음의 영 (11) 견고한 진 (12) (귀신이 들어오는 근거가 될 수도 있는) 사건, 문제 (13) 병약함의 영 (14) 말 그대로 귀신.
⮕ (1) 계 1:20 & 12:4 (2) 삼상 16:14 (3) 마 10:1, 막 5:8 (4) 행 10:38 (4-5) 눅 13:12,16 (6) 삼상 16:14 (4-8) 마 17:15-18 (9) 마 8:16, 눅 8:2 (10) '수확하는 자' 항목을 찾아보라 (11) 눅 8:29 (12) 마 18:34-35 & 엡 4:27 (13) 마 4:24, 눅 8:2.

그늘: '그림자' 항목을 찾아보라.

그루터기: (1) 사람이 잘려 나감 (2) 심판 (3) 비천해짐/겸손해짐.
⮕ (1-3) 단 4:15-26.

그리핀: (사자 몸통에 독수리의 머리와 날개를 한 신화적 존재) (1) 지휘/명령하는 천사 (2) 하나님으로부터 온 강력한 예언의 천사.

'사자', '독수리' 항목을 찾아보라.
➔ (1) 삼하 1:23, 단 7:4 (2) 계 22:6.

그림: (1) 표현 (2) 이미지 (3) 예화 (4) 어떤 사물 혹은 사람을 닮은 존재 (5) 우상 (6) 개념 형성 (7) 관점 혹은 비전 (8) 영적인 깊이가 없음.
'색칠하다', '사진' 항목을 찾아보라.
➔ (1–3) 마 13:3 (묘사) (4) 창 5:3 (5) 민 33:52 (킹흠정, 한글킹) (6–7) 합 2:2 (8) 고전 2:10.

그림자: (1) 어둠 (2) 죄 (3) 하나님을 떠남 혹은 하나님을 피해 숨음 (4) 질병 (5) 죽음 (6) 은신처 (7) (긍정적인 혹은 부정적인) 영향력 아래 있는 (8) 미리 보기, 예고 (9) 참된 실체가 없는 (10) 아래, 밑 (11) 보호 (피난처) (12) 징표, 표적 (13) (인생의) 덧없음 (14) 덮임, 가려짐 (15) 신뢰 (16) 매임, 묶임.
'어둠', '밑' 항목을 찾아보라.
➔ (1) 시 107:11,14, 아 2:17, 4:6, 사 9:2 (2–3) 창 3:8, 욥 34:22, 요 3:19–21, 약 1:17 (4–5) 욥 3:5, 10:21–22, 16:16, 시 23:4, 44:19, 마 4:16, 눅 1:79 (6) 시 17:8, 사 49:2, 막 4:32 (7) 삿 9:15, 행 5:15 (8–9) 골 2:17, 히 8:5, 10:1 (10) 아 2:3, 히 9:5 (11) 창 19:8, 시 91:1, 63:7, 사 4:6, 25:4, 30:2, 단 4:12 (12) 왕하 20:9–11 (13) 대상 29:15, 욥 8:9, 14:1–2, 시 102:11, 109:23, 144:4, 전 6:12 (14) 욥 40:22, 시 80:10 (15) 시 36:7, 57:1 (16) 시 107:10,14.

그물: (1) 하나님의 왕국 혹은 어둠의 왕국을 위한 전도 (2) 천국, 하늘 왕국 (3) 사역 (4) 함정 (5) 인과응보 (자기 그물에 걸림) (6) 유혹하는 마음 (7) 죽음 (8) 인터넷에 빠져 있음.
'낚시', '갈고리', '거미줄' 항목을 찾아보라.
➔ (1) 마 4:19, 23:15 (2) 마 13:47 (3) 마 4:19 (4) 시 57:6, 140:5, 잠 29:5 (5) 시 141:10 (6) 전 7:26 (7) 전 9:12.

극장: '무대' 항목을 찾아보라.

근육 만들기: (1) 성령 안에서 기도함 (2) 말 그대로 근육 만들기/키우기 (3) (이익을 노리고) 끼어들다, 강제로 비집고 들어가다 (4) 힘(무력)을 과시함.
➔ (1) 유 1:20 (3) 창 27:36 (4) 삼상 17:5–10.

근채: (1) 작은 문제 (2) 더 중요한 일들은 무시하면서 하찮은 것들을 신경 씀.
➔ (1) 마 23:23.

긁다/긁히다: (1) 상호간의 호의 (누군가의 등을 긁어 줌) (2) 자극하는 것, 화나게 하는 것 (3) 불완전함, 미비함 (4) 상처 입은 마음 (긁힌 얼굴).
➲ (1) 벧전 4:10 (2) 잠 17:25 (3) 눅 23:4, 요 18:38 (4) 시 109:22, 147:3.

금: (틈, 균열) (1) 낡은 가죽 부대 (2) 흠, 결점 (3) 연합되지 않음 (4) 불모지 (갈라진 땅).
➲ (1) 수 9:4, 마 9:17 (2) 단 6:4, 호 10:2 (3) 고전 6:7 (4) 왕하 2:19.

금/금빛: (1) 정제된/순수한/거룩한 (2) 영광 (3) 부유한, 위대한 혹은 능력 있는 (4) 기름 부음 (금빛 꿀) (5) 1등 (6) 돈 (7) 아름다운 혹은 귀한 (8) 성령 안에서 행한 공적들 (9) 존귀/존귀한 (10) 풍족한 혹은 복된 (11) 종교적인 영광.
'보석', '노란색' 항목을 찾아보라.
➲ (1) 욥 23:10, 히 9:4, 계 21:15,18-21 (2) 애 4:1, 사 60:9, 벧전 1:7 (3) 겔 16:13, 단 2:38 (4) 슥 4:12 (5) 왕상 10:21 (6) 왕하 12:13 (킹흠정, 한글킹), 대하 24:14 (7) 슥 4:2-6, 계 5:8 (8) 고전 3:12, 딤후 2:21 (9) 딤후 2:20 (10) 계 3:18 (11) 계 17:4.

금고: (1) 마음 (2) 견고한 진 (3) 안전한.
➲ (1) 시 57:7, 112:7-8, 잠 31:11 (2) 고후 10:4 (3) 시 91:1.

금문교: (1) 하나님의 영광의 통로 (2) 부의 통로.
➲ (1-2) 계 21:21.

금속: (1) 자연인의(인간적인) 힘을 상징함 (2) 강한 (3) 이 땅의 보물 (4) 녹슬기 쉬운 (5) 세상이 가치 있게 여기는 (6) 상거래 (7) 돈.
'납' 항목을 찾아보라.
➲ (1) 수 17:16,18 (2) 단 2:40 (3-4) 마 6:19 (5-7) 겔 27:12, 마 22:19-21, 25:16.

금식: (1) 자아에 대한 죽음, 자기를 버림 (2) 그릇 혹은 옷을 정결케 함 (3) 하나님 앞에 자신을 낮춤 (4) 육을 차단함 (5) 능력을 줌 (6) 그리스도를 갈망함 (7) 영의 감각을 예민하게 하려고 육신을 죽임 (8) 차려 놓은 것을 삼키지 않음 (9) 세상과의 분리 (10) 말 그대로 금식.
➲ (1) 마 6:16, 눅 2:37, 행 13:2 (2) 마 9:14-17 (3) 시 35:13 (4) 고전 9:27 (5) 마 17:21 (킹흠정, 한글킹), 눅 4:2,14 (6) 막 2:20, 눅 5:35 (7) 마 3:4 & 눅 1:80 (8) 잠 23:1-3,6-8 (9) 단 1:8.

금요일: (1) 6, 여섯 (2) 사람 (3) 두 배의 수입, 소득 (4) 안식 직전 (5) 승리 직전 혹은 승리 (6) 육신의 날.
'낮/날', '다섯(5)'[세상에서는 금요일을 한 주의 다섯 번째 날로 여긴다] 항목을 찾아보라.
➲ (1-2) 창 1:26-31 (3) 출 16:5,22,26,29 (4) 출 23:12 (5) 수 6:3 (6) 세상에서 한 주의 일을 마치는 날로 즐기는 것처럼.

기/깃발: (1) 항복 (백기) (2) 민족/국가, 민족 의식 (3) 영적 전쟁 (4) 찬양 (5) 하나님의 왕국 (6) 사랑 (7) 덮개/보호.
'현수막' 항목을 찾아보라.
➲ (1) 롬 6:16 (2-3) 시 20:5, 아 6:4,10 (4) 시 150:6 (5) 시 20:5, 60:4 (6-7) 아 2:4.

기계: (1) 인간이 만든 기구/장치 (2) 방법 혹은 시스템 (3) 교만의 근원이 될 수 있음 (4) 풍족함의 상징 (5) 전쟁의 도구가 될 가능성이 있음 (6) 사람들을 의지함 (7) 사람의 힘을 대표하는 것 (8) 사람의 원조 (9) 세상을 의지함/기대함 (10) 적은 수고로 큰 효율을 얻는 방법을 채택함.
➲ (1-5) 대하 26:15-16 (6-10) 왕상 10:29, 왕하 18:24, 사 31:1.

기계적인: (1) 인간이 주도하는 (2) 행위, 행동 (3) 인간의 힘.
➲ (1-3) 대하 26:15-16.

기관/단체: (1) 교회.
➲ (1) 행 11:26, 15:5.

기관총: (1) 방언을 말함 (2) 성령 안에서 기도함 (3) 강력한 말씀 사역.
➲ (1-2) 행 2:3-4, 10:46, 19:6, 고전 14:2,4-5, 유 1:20 (3) 삼상 3:19.

기근: (1) 하나님 말씀의 결핍 (2) 가나 (3) 실제 기근.
➲ (1) 암 8:11 (2) 렘 29:17.

기념비/기념물: (1) 십자가 (2) 기억 (우리는 십자가 안에서 구약의 성취를 본다) (3) "스스로 있는 자/여호와" (하나님의 이름) (4) 유월절 어린양의 희생 (5) 애굽(세상)에서 탈출함 (6) "여호와 닛시(여호와는 나의 깃발)" 아래서 승리함 (7) 이스라엘 자손들을 위해 대제사장이 심판(판결)을 짐 (8) 나팔절 (9) 생명의 빵/떡 (10) 죽음을 이김 (요단 강물이 끊어짐).

➲ (1-2) 고전 11:24-25, 딤후 2:8 (3) 출 3:15 & 요 8:24 (4) 출 12:6-7,13-14 (5) 출 13:3,8 (6) 출 17:14-15 (7) 출 28:29-30 (8) 레 23:24 (9) 레 24:7 (10) 수 4:7.

기념일: (1) 부흥, 회생 (2) 기억을 되살림 (3) 기념비 혹은 생각나게 하는 것.
➲ (1) 시 85:6 (2-3) 출 12:14, 레 23:24, 민 10:10.

기념품: (1) 생각나게 하는 것 (2) 트로피 (자기 영광).
➲ (1-2) 삼상 17:54 (2) 삼상 15:9,12.

기니피그: (1) 약한 (2) 무서워하는 (3) 지혜로운 (4) 겁많은 (5) 졸(卒), 볼모 (6) 실험 (7) (애완동물처럼) 계속 간직하려 하는 죄.
'애완동물' 항목을 찾아보라.
➲ (1-4) 잠 30:24-26 (킹흠정) (5-6) 실험 재료로 이용당했기에 (7) 히 12:1.

기다: (포복하다) (1) 경고 (2) 의심스러운 (3) 숨기는, 비밀스러운 (4) 성령 없이 경건의 모양만 있음 (5) 가증한 것.
➲ (1) 딤후 3:6 (2-4) 딤후 3:6 (5) 겔 8:10.

기다리다: (1) 사역을 기다림 (2) 준비하는 때 (3) 하나님의 때를 기다림 (4) 하나님과 함께 시간을 보내야 할 필요성.
'웨이터' 항목을 찾아보라.
➲ (1-2) 눅 1:80 (3) 사 49:2 (4) 시 27:14, 사 40:31.

기대다: (1) 믿다 (신뢰하다) (2) 애정(사랑)을 보이다 (3) 물리적으로 힘이 없는 (4) 나이가 많이 들었다는 표 (5) 부축/보좌 받음 (6) 지원/후원을 구하다.
➲ (1) 왕하 18:21, 사 36:6, 히 11:21 (비교. 잠 3:5) (2) 아 8:5, 요 13:23, 21:20 (3) 삿 16:26, 삼하 3:29 (4) 히 11:21 (5) 왕하 5:18, 7:2,17 (6) 왕하 18:21.

기둥: (1) 신뢰할 수 있고 확실하게 짐을 지는(책임감이 강한) 지도자 (2) 그리스도 (3) 교회 (4) 성령님 (5) 부활 (6) 안정성과 견고함 (7) 언약의 증거 (8) 묘비 (9) 부식되는/좀먹는 사람 (소금 기둥) (10) 지혜의 일곱 기둥 (11) 그리스도의 재림에 대한 경고 (연기 기둥).
➲ (1) 갈 2:9, 계 3:12 (2) 창 35:14-15 (3) 창 35:14-15, 딤전 3:15 (4) 출 13:21-22 (불과 구름) (5) 창 28:18 (기둥이 세워짐) (6) 아 5:15 (7) 창 31:51-52 (8) 창 35:20 (9) 창 19:26 (10) 잠 9:1 (11) 욜 2:30.

기름: - 기름띠: (1) 잘못된 영 (도로/길에 쏟아져 있는 기름) (2) 다른 사람들을 배교/변절하게 만드는 사람 (3) 교활한 성품 (4) (긍정적으로 혹은 부정적으로) 통제 불능의.
⮕ (1) 시 32:2, 사 19:14 (2) 잠 14:14, 렘 2:19, 3:6, 8:5 (3) 시 55:21 (4) 요 21:18.
- 기름 유출: (1) 성령의 흐름을 차단함 (2) 비극적인 환경의 변화들 (환경적 재난) (3) 기름부음 (4) 세상을 거슬리게 하는 성령의 폭발적인 부흥.
⮕ (1) 살전 5:19 (2) 마 27:51,54 (3) 삼상 16:13 (4) 마 12:24,28 (하나님의 성령에 감정이 상함), 행 2:15.
- 더러운 기름: (1) 더러운 영 (2) 어리석음.
⮕ (1) 전 10:1 (2) 전 10:1.

기름부음: (1) 성령님 (2) 거룩하게 구별함, 성별 (3) 영적 대관식 (4) 하나님의 일에 구비됨 (5) 지도자의 지위 혹은 임무.
'향수', '뿌리다' 항목을 찾아보라.
⮕ (1) 행 10:38 (2) 출 28:41, 29:29, 30:30 (3) 삼상 15:1 & 10:1 & 11:15, 16:13 & 삼하 2장 (4) 출 28:41, 고후 1:21 (5) 삼상 10:1.

기름짐 & 살찜: 크게 두 가지 의미로 나눌 수 있다 (긍정적) 잘생긴 (부정적) 부유함과 교만 때문에 하나님을 저버리고 성령의 일들에 둔감해진 사람.
- (긍정적) 잘생긴: (1) 잘생긴 (2) 가장 좋은 것 (3) 무성함, 번성함 (4) 관대한 (5) 풍성한 (6) (선한) 영향력 (7) 성령의 기름부음.
⮕ (1) 창 41:4 (2) 창 4:4, 45:18, 삼상 2:29, 삼하 1:22, 눅 15:23,30 (3) 민 13:20, 시 92:14 (4) 잠 11:25 (5) 사 30:23 (6) 시 92:14, 잠 11:25 (7) 사 21:5, 행 10:38 (기름을 붓는다는 것은 "기름이나 지방을 바르거나 문지른다"는 뜻이다).
- (부정적) 교만한/둔감해진: (1) 육신 (2) 하나님을 저버림 (3) 교만 (4) 둔감해진 (5) (돈을 위해 사역하는) 삯꾼 (6) 육신적인 욕망을 따라 살아감 (7) (나쁜) 영향력 (8) 영적으로 게으름/육체를 의지함 (살찐 엉덩이) (9) 이런 무리들은 "살육/도살의 날을 위해 살찌운" 것처럼 심판이 예비되어 있다 (10) 방종한, 제멋대로 하는.
'고양이' 항목을 찾아보라.
⮕ (1) 신 32:15, 렘 50:11 (킹흠정, 한글킹), 삼상 2:15-16 & 4:18 (2) 신 31:20, 32:13-15 (3) 시 17:10 (4) 시 119:69-70 (살진 마음=둔감해진), 사 6:10 (5) 요 10:13 (6) 시 78:29-31 (7) 시 78:31 (킹흠정, 한글킹) (8) 느 9:25-26 (9) 약 5:5 (10) 삿 3:17,21-22, 약 5:5.

기린: (1) 교만 (2) 거만함.
⮕ (1-2) 시 131:1, 사 2:11, 3:16.

기생충: (1) 다른 사람의 영적 생명을 도둑질하여 살아가는 사람 (2) 얻어낼 것이 있어 함께하는/따르는 사람.
'벼룩', '거머리', '구더기' 항목을 찾아보라.
➲ (1) 레 17:11 & 잠 30:15, 딤후 3:4-7 (2) 요 12:6.

기숙학교: '사립학교' 항목을 찾아보라.

기어 올라감: (1) 정복, 극복 (2) 압도함 (3) 인간의 노력 (4) 예수님과의 만남을 준비함 (5) 도둑질 (넘어 들어옴) (6) 성령 안에서 성장함 (기어 올라감) (7) 영적인 진보를 이룸 (기어 올라감) (8) 성장해 감 (기어 올라가는 아이들).
'넘기다', '아래로', '사다리', '위2' 항목을 찾아보라.
➲ (1) 삼상 14:13 (2) 욜 2:7,9 (3) 암 9:2 (4) 눅 19:4 (5) 요 10:1 (6-7) 사 40:31 (8) 호 9:12, 마 22:24.

기자: (1) 역사.
➲ (1) 에 2:23, 6:1.

기저귀: (1) 미성숙 (2) 걸려 넘어지게 하는 것에 대해 영적으로 인식하지 못함.
➲ (1-2) 엡 4:14.
- 흠뻑 젖은 기저귀: (1) 육신의 완고함을 제거하기 위해 하나님을 기다림 (임재에 젖음).
➲ (1) 시 69:2-3.

기차: (1) 영향력 있는 사역 (2) 규모가 큰(계속 이어지는) 사역 (3) 운명/사명으로 가는 수단 (4) 교회 (5) 육신이라는 수단 (계획과 목적이 있는 사역, 예. 철도를 놓음) (6) 수익성이 좋은 노력 혹은 돈 (7) 가로막는 것이 없음 (8) 기차의 진로를 막으려는 것은 위험하다.
'화물', '기차역', '철도 승강장', '철길/철로' 항목을 찾아보라.
➲ (1) 행 5:12 (2) 행 2:42 (3) 렘 29:11 (4) 행 2:42 (5) 요 3:8 (6) 기차처럼 줄줄이 혹은 길게 연결되어, "수월한 돈벌이/횡재(gravy train)"라는 표현처럼 (7-8) 왕상 19:1-3.
- 선로 없이 달리는 기차: (1) 성령이 이끄시는 사역.
➲ (1) 요 3:8.
- 선로에서 벗어난 기차: (1) 탈선한, 좌절된 (2) 하나님의 뜻에서 벗어난 사람 혹은 교회.
➲ (1) 욥 12:24, 시 107:40 (2) 사 53:6.
- 탈 수 있는 모형 기차: (1) 속이고 있는 교회 (2) 영적인 영향력이 없는 (계속 원을 그

리며 돔) (3) 사람들을 속임/이용함 (4) 영적으로 미성숙한 (5) 작은 교회.
- (1–2) 계 3:1 (3) 행 5:37 (4) 고전 13:11 (5) 행 2:46.

기차역: (1) 사역이 풀리기를 기다림 (2) 오고감 (3) 교차점, 환승역 (4) 지원, 봉사 활동을 하느라 분주한 교회 (5) 기초 혹은 토대.
'공항', '기차' 항목을 찾아보라.
- (1) 사 49:2, 행 12:25–13:1,2–3 (2–4) 행 11:26,30, 12:25, 14:26–28, 15:2,30,35–36, 18:22 (5) 행 1:8.

기초/토대: (1) 그리스도 (2) 하나님의 말씀 (3) 마음 (4) 역사 (5) 시작 (6) 창세기 (7) 바위, 반석 (8) 사랑.
- (1) 고전 3:11 (2) 마 5:18, 7:24–25 (3) 사 28:16 (공동번역), 마 13:23, 행 13:22, 엡 3:17 (4–5) 욥 4:19 (7) 마 7:24–25 (8) 엡 3:17.

기타: (1) 찬양과 경배 (2) 자유로운 형식의 예배 (헤드 없는 기타) (3) 종교적인 유혹(혹은 거짓된 경배)을 상징할 수도 있다 (4) 공연을 함/관중을 의식한 행위를 함.
'음악', '악기', '로큰롤' 항목을 찾아보라.
- (1–2) 시 33:2, 92:3 (새번역, 우리말 등), 144:9, 150:4, 사 38:20 (3) 딤전 4:1, 딤후 3:13, 요일 2:26 (4) 삼하 6:5, 요 7:18.

기포: (1) 새로운 영적 삶.
'탄산음료' 항목을 찾아보라.
- (1) 요 4:14, 7:38–39.

긴/길다: '길이' 항목을 찾아보라.

긴급함: (1) 시간이 다 됨 (2) 육체 (성령이 이끄시는 것과 반대로 밀고 나아감) (3) 자극, 도발 (4) 박해 (마귀는 자기의 때가 얼마 남지 않았기에 박해를 가한다) (5) 격분, 격노 (6) 기초가 없음 (어떤 일을 재촉하거나 서두르는 것을 주의하라).
'서두름(급함)', '속도', '시간' 항목을 찾아보라.
- (1) 고전 7:29, 계 12:12–13 (2) 삿 16:16, 왕하 2:17 (3) 눅 11:53–54 (4) 출 14:8–9, 계 12:12–13 (5) 단 3:19,22 (6) 사 28:16.

길1: (여정, 과정) (1) 앞에 놓인 것 (2) 의인의 길 혹은 어둠의 길 (3) 지침 (4) 생각의 길

(당신의 생각이 나아가고 연결되는 길이 사고방식이다) (5) 인생의 여정.
'자갈2', '길2' 항목을 찾아보라.
➲ (1-2) 잠 2:13, 사 42:16, 렘 18:15 (옛 길 = 의의 길) (3) 시 17:4, 119:105 (4) 잠 23:7, 약 1:8, 벧후 3:1-2 (5) 시 119:105.

길2: (도로) (1) 예수 그리스도 (기독교) (2) 생명(믿음)의 길 (3) 당신 앞에 놓여 있는/당신을 기다리고 있는 것 (4) 의인들의 길 (5) 평강 (6) 결단 (도로 한복판 혹은 교차로) (7) 그들의 길을 따라감 (지인이 당신을 태우고 도로를 주행함) (8) 멸망 (넓은 길) (9) 편을 바꿈 (도로를 건너감).
'시골길', '고속 도로', '길1', '거리1' 항목을 찾아보라.
➲ (1) 요 14:6 (유일한 길) (2) 시 16:11, 잠 2:19 (3) 출 23:20, 잠 5:21, 22:6, 눅 10:3 (4) 시 23:3, 잠 2:13,20, 4:11 (5) 사 59:8 (6) 수 24:15 (7) 시 1:1,6, 18:21, 95:10, 119:3, 139:24 (8) 마 7:13 (9) 행 9:11-15.
- 구불구불한 길: (1) 앞에 있는 것을 볼 수 없음 (2) 앞에 놓인 어려운 길 (3) 죄 혹은 악 (4) 자기 신뢰 (하나님을 신뢰하지 않음) (5) 두 마음을 품음 (6) 불안정함 (7) 평강을 잃어버림.
'시골길', '비뚤어진', '위2', '아래로' 항목을 찾아보라.
➲ (1) 약 1:6 (믿음의 눈이 없음) (2) 애 3:9 (3) 잠 2:15 (4) 잠 3:5-6 (새번역) (5-6) 약 1:6-8 (7) 사 59:8.
- 길에서 벗어남: (1) 악 (2) 탐욕 (3) 간음.
➲ (1) 잠 4:26-27, 롬 3:12 (2) 유 1:11 (3) 잠 7:25.
- 도로 공사/보수 작업: (1) 자신의 운명/사명을 준비함 (2) 자기 사명을 발전시킴 (3) 다른 사람들을 위해 길을 닦음 (4) 하나님을 위해 마음을 준비함 (5) 속도를 늦추라고 경고함 (6) 우회/돌아감 (7) 당신의 길에 있는 장애물을 제거함 (8) 앞에 놓인 문제들 (9) 바뀐/달라진 운명 (10) 지체, 지연 (11) 방향 전환 (우회로).
➲ (1) 출 23:20, 사 40:3-4 (2) 대하 27:6, 사 57:14 (3) 사 62:10 (4) 말 3:1, 마 3:3, 11:10 (5) 민 22:22-35 (6) 출 3:2-4, 요 4:3-4 (하나님이 지정하심), 마 2:13-15 (보호), 막 6:31 (쉼), 눅 4:1-2,14 (시험) (7) 사 40:3-4 (8) 민 22:22-33 (9) 행 8:26-39, 9:3-6 (10) 창 11:31 (11) 신 5:32.
- 도로 봉쇄/바리케이드: (1) 지연 (하나님의 때를 기다림) (2) 사명을 가로막는 죄 (3) 점검 (확인/테스트 받음) (4) 매복, 기습 (5) 경고 (6) 다른/대체 경로가 필요함 (7) 왔던 곳으로 돌아가라 (8) 바꿔야 할 개인의 계획과 목표 (9) 심장이나 동맥의 잠재적인 문제.
➲ (1) 행 16:6-7 (비교. 행 19:10, 벧전 1:1), 시 105:19, 요 11:6, 눅 19:38 & 요 6:15 (2) 민 14:22-24 (3) 창 42:16, 삿 12:5-6, 시 105:19, 마 4:1 (4) 잠 7:6-23 (5) 민 22:22-35 (6) 행 16:6-10 (7) 호 2:6-7 (8) 민 22:22-35 (비교. 계 2:14) (9) 신 2:30.

- 도로 조명 상태: (1) 빛=의, 어둠=악.
➲ (1) 잠 4:18-19.
- 돌이 많은 길: (1) 두 마음을 품음 (불안정한 길) (2) 불안한/불확실한 상황 (혹은 요동치는 상황을 통과하고 있음) (3) 힘든 시기를 통과함 (4) 완고한 마음으로 걷고 있는 여정.
➲ (1) 약 1:8 (2) 시 18:7 (3) 잠 13:15, 사 63:17 (4) 호 10:12.
- 파인 도로: (포트홀) (1) 흠이 있는/잘못된 기초 (2) 앞으로 펼쳐질 거북한/불편한 여정 (3) 흔들림/격동을 경험함 (4) 고생, 결핍 (5) 사역을 지연시킴 (6) 짓밟힘/억압당함 혹은 마음의 문제들 (7) 굽은 길.
'비포장도로' 항목을 찾아보라.
➲ (1) 마 7:26-27, 고전 3:11-15 (2-3) 민 22:32, 잠 28:10, 사 24:18, 눅 6:47-48 (4) 잠 13:15, 렘 2:6 (5) 삿 16:4 & 잠 23:27 (6) 잠 22:14, 마 12:11 (7) 눅 3:5.
- T자형 도로: (1) 결단, 결정 (2) 하나님과 세상 사이에서 선택함 (T자형 교차로) (3) 미지근한 (교차로에 서 있음: 우유부단).
'교차로' 항목을 찾아보라.
➲ (1) 수 24:15 & 마 25:33 (2) 수 24:15 (3) 계 3:16.

길 안내서: (1) 길을 잃은 (2) 방향을 구함 (3) 안내 (4) 길을 알고 싶어함 (5) 어떤 사람이 있는 곳.
➲ (1-5) 출 33:13, 시 25:4, 렘 42:3, 행 16:17.

길모퉁이: (1) 즉시, 곧 (2) 결정, 결심 (3) 돌림, 돌이킴 (방향이나 태도의 변화) (4) 세상적인 것에서 영적인 것으로 옮기거나 그 반대 (5) 세상적으로 눈에 띔 (도시) (6) 통과함, 거쳐감 (7) 전환점.
'교차로', '왼쪽', '오른쪽' 항목을 찾아보라.
➲ (1) "모퉁이만 돌면", "아주 가까운/임박하여(just around the corner)" (2) 잠 7:8,12,22 (3) 마 2:22, 16:23 (4) 마 16:23, 눅 7:44, 9:54-55, 요 20:16, 행 9:35 (5) 마 6:5 (6) 막 10:46 (7) 대하 26:9, 느 3:24.
모퉁이에서 좌우 어떤 방향을 택하는지가 대단히 중요하다.

길이: (1) 시간의 분량 (2) 나이.
'측정/측량', '큰' 항목을 찾아보라.
➲ (1-2) 신 25:15, 30:20, 왕상 3:14, 욥 12:12, 시 21:4, 잠 3:2,16.

김: (스팀) (1) 분노 (2) 능력 혹은 강력한 (3) 발산/분출함.

↪ (1) 사 64:2,5 "화가 난다"는 뜻으로 "스팀받다" (2) 욥 41:20-22,31-32 (3) "김이 나다", "울분을 터뜨리다(let off steam)"처럼.

깁스: (1) 실제적인 문제를 은폐함 (2) 겉보기에만 대충 수습하는 일 (3) 플라시보 (위약 효과).
↪ (1) 마 15:8 (2) 왕하 12:2-3, 15:3-4,34-35, 마 9:16.

깃털: (1) 덮개 (2) 보호 (3) 신뢰 (4) 성령님 (5) 영광 (6) 겁쟁이 (하얀 깃털) (7) 천사들의 증거. '천사', '새' 항목을 찾아보라.
↪ (1-3) 시 91:4 (4) 사 40:31 (5) 겔 17:3,7 (6) 계 21:8 (7) 출 25:20, 사 6:2.

깊은/깊음: (1) 마음/중심 (2) 대양/바다 (3) 죽음과 동의어 (깊은 잠) (4) 잘 뿌리 내린/기초가 튼튼한 (5) 지옥 (6) 심오한 (7) 비밀들 (8) 하나님의 마음 (하나님의 말씀).
↪ (1) 창 1:2, 7:11, 레 13:3, 시 42:7, 64:6, 잠 18:4, 20:5, 단 2:22, 요 4:11 (2) 창 1:2, 느 9:11, 욥 38:30, 41:31, 시 104:5-6, 107:24, 사 51:10, 63:13, 슥 10:11, 눅 5:4, 고후 11:25 (3) 창 2:21 & 요 19:34, 창 15:12, 사 29:10 (4) 시 80:9, 눅 6:48 (5) 시 88:6, 140:10, 잠 22:14, 23:27, 사 30:33, 욘 2:3 & 마 12:40, 눅 8:31, 롬 10:7 (6-7) 시 92:5, 단 2:22, 고전 2:10 (8) 창 1:2, 단 2:22, 요 4:11.

- 더 깊은: (1) 더 큰 헌신, 열심 (2) 영적으로 더 진보함 (3) 계시 (하나님의 것들에 더 깊이 들어감) (4) 붙잡힌 혹은 덫에 걸린 (지옥에 감).
↪ (1-2) 겔 47:3-5 (3) 잠 3:20 (4) 시 18:4, 욘 2:5-6.

까마귀: 다음과 같이 크게 두 가지 방향으로 해석된다 (1) 불신자 (2) 하나님의 보살핌을 받음 (3) 세상의 지지, 후원 (4) 악한 영/귀신 (5) 영적인 시력을 빼앗아 가는 자. '새' 항목을 찾아보라.
↪ (1) 창 8:7 & 사 57:21, 레 11:13,15 (부정한 새) (2) 욥 38:41, 시 147:9, 눅 12:24 (3) 왕상 17:4,6 (4) 새는 하늘의 존재인데 까마귀는 검다. 따라서 빛/생명이 없는 존재임이 강조된다 (5) 잠 30:17 (비교. 마 13:4).

깎다/밀다: (1) 분리 (2) 육신을 잘라냄 (3) 영적인 정결함 (4) 아슬아슬한 상황 (5) 비통함의 표현 (6) 수치, 치욕 (7) 거룩하게 구별하는 맹세 (맹세를 지키거나 깨뜨림) (8) 기름 부음을 잃어버림 (9) 애통. '머리카락', '면도칼' 항목을 찾아보라.
↪ (1) 민 6:18-19 (2) 창 41:14 (3) 레 14:8-9, 민 6:9, 8:7, 신 21:12, 행 21:24 (4)

"아슬아슬하다(be a close shave, 면도날이 바싹 스쳐 지나가는 것처럼)" (5) 레 21:1-5, 욥 1:20, 렘 41:5 (6) 삼하 10:4-5, 대상 19:4, 고전 11:5-6 (7) 민 6:18-19 (8) 삿 16:17-20 (9) 미 1:16.

깡마른: (1) 하나님의 말씀이 없음 (2) 영적인 가난 (3) 빈곤 (4) 기근 (5) 저주 받은 (말라 빠진).
'쇠약한', '기름짐 & 살찜', '앙상한' 항목을 찾아보라.
➡ (1-2) 암 8:11 (3-4) 창 41:19 (5) 신 28:17-18.

깨끗하게 하다: (정화하다) (1) 정결하게 하다 (2) 깨끗하게 된 (3) 분류/분리하다 (4) 가지치기를 함.
➡ (1) 히 1:3 (2) 막 7:19, 히 9:14,22, 10:2, 벧후 1:9 (3) 마 3:12, 눅 3:17, 고전 5:7, 딤후 2:21 (4) 요 15:2.

깨끗한: (1) 구속 (2) 겉모습과 내면의 실제를 비교하는 것일 수 있다 (3) 한 번도 사용되지 않은 (4) 준비가 되어 있음 (5) 보혈 아래 있는.
'나병 환자' 항목을 찾아보라.
➡ (1) 딛 2:14, 마 8:2-3, 막 1:40-42 (2) 마 23:25-28 (3) 마 27:59 (4) 계 21:2 (5) 요일 1:7.

깨어 있음: (1) 경계 태세 (2) 깨어 주시는 (3) 부활 (4) 구원 (5) 영적으로 감동됨.
➡ (1) 사 52:1, 고전 15:34, 엡 5:14 (2) 마 26:40, 계 16:15 (3) 요 11:11 (4) 엡 5:8-14 (5) 학 1:14, 행 17:16.

깨지기 쉬운: (1) 취급 주의 (2) 유혹에 쉽게 넘어가는/약한 (3) 예민/민감한.
➡ (1) 갈 6:1 (2) 창 4:7, 삿 16:19-20 (3) 삼상 18:8.

깨진: (1) 상한 영 (2) 상한 마음 (3) 효과 없는 일 (부러진 손) (4) 잘 걷지 못함 (한쪽 발이 부러짐) (5) 걷지 못함 (두 발이 부러짐).
➡ (1) 욥 17:1 (2) 잠 15:13 (3) 욥 22:9 (4) 히 12:13 (5) 삼하 4:4.

깨뜨림: (1) 어김, 범함 (2) 도둑질해 감 (3) 파괴함, 망가짐 (4) 부서짐, 찢음 (5) 자아의 죽음, 자기를 버림 (6) 회개함 (7) 간절한 믿음 (8) 중단된/파기된/효과 없는 (9) 신체적으로 상한 (10) 흩어짐, 해산함 (11) 가지치기 (12) 말로 마음을 표현함 (터뜨림).

⊃ (1) 마 5:19, 요 5:18, 7:23, 롬 2:23 (2) 마 6:19-20, 24:43 (3) 마 12:20, 막 5:4, 눅 5:6, 요 21:11, 행 27:41, 엡 2:14, 계 2:27 (4) 마 21:44, 눅 20:18, 행 2:42,46, 21:13, 고전 10:16, 11:24 (5) 마 14:19, 15:36-37, 26:26, 막 14:3, 눅 24:35 (6) 삿 21:15, 욜 2:13 (7) 막 2:4-5 (8) 요 10:35 (9) 요 19:31-32,36 (10) 행 13:43 (11) 롬 11:17,19, (12) 갈 4:27.

꺼림: (1) 죄의식 (2) 죄 (3) 두려움.
⊃ (1-3) 창 40:16.

껍질이 벗겨짐: (1) 덮개 (2) 육체 (3) 마음이 드러남 (4) 심판 (5) 고생/수고함 (어깨가 벗겨짐) (6) 고뇌 (7) 불에 태운 뒤 할 일 (가죽을 벗김).
⊃ (1) 고후 5:4, 벧후 1:13-14 (2) 골 1:22 (3) 눅 2:35 (4) 욜 1:7 (5) 겔 29:18 (6) 욥 30:30 (7) 출 29:14.

꼬리: (1) 굴종하는 (2) 2위/두 번째 (3) 밑/하위에 (4) 불순종 (5) 저주 받은 (6) 말썽꾼 (7) 거짓 선지자 (8) 강하게 쏘는 것 (9) 영향력 혹은 충성.
'머리' 항목을 찾아보라.
⊃ (1-3) 신 28:13 (4) 신 28:44 (5) 창 3:14 (뱀은 몸 전체가 꼬리이다!) (6) 사 7:4 (킹흠정) (7) 사 9:14-15 (8) 계 9:10,19 (9) 계 12:3-4.

꼬집다: (1) 육신의 도전 (2) 육신의 유혹 (3) 걸려 넘어지게 하는 것.
⊃ (1-3) 창 4:7.

꼭두각시: (1) 조종하는 혹은 통제하는 영 (2) 다른 사람의 명령대로 움직이고 있는 (3) 누군가의 통제를 받는 (4) 마음 없이 떠들어대는 말 (5) 진심이 아닌.
'앵무새', '리모컨' 항목을 찾아보라.
⊃ (1-3) 왕상 21:7-8 (4) 사 29:13, 마 15:8 (5) 요 12:5-6.

꽃: (1) 의인들/정직한 자들 (2) 번영 (3) 덧없는 인생 (4) 그리스도께 찬양(향기)을 올려드림 (5) 옷 (6) 생명 (7) 일시적인 사람의 영광 (8) 영광.
⊃ (1) 잠 14:11 (2) 시 103:15, 시 27:6 (3) 약 1:10-11 (4) 왕상 6:29,32,35 (5) 마 6:28,30 (6) 사 35:1 (7) 벧전 1:24 (8) 마 6:28-29.

꽃피다: (1) 많은 결실을 가져올 가능성/잠재력 (2) 하나님께 택함받은 (3) 풍성함 (4) 기쁨과 즐거움 (5) 아름다움 (6) 교만 (7) 봄과 관련된 (여름은 수확기).

⮕ (1) 창 40:10, 민 17:8 (2) 민 17:5 (히. '파라흐' – '싹이 나다', '꽃피다') (3) 사 27:6, 35:2 (4) 사 35:2, 합 3:17-18 (5) 사 35:1 (6) 겔 7:10 (7) 아 2:11-12.

꽃가루 알레르기/건초열: (1) 육신의 일들로 인해 영적인 것들이 중단됨 (2) 세상에 압도되어 사로잡힘.
⮕ (1) 고전 3:12,15 (2) 요일 2:16.

꽃병: (1) 육체 (2) (사람이라는 그릇, 용기로서의) 개인/사람들.
⮕ (1-2) 막 14:3, 요 2:6-7.

꾸미다: '착용하다' 항목을 찾아보라.

꿀: (1) 하나님의 말씀 (2) 기분 좋은 말 (3) 은혜 혹은 자비 (4) 열매가 차고 넘침 (5) 하늘에서 내려온 만나 (6) 축복과 풍요 (7) 자기 영광 (8) 하나님의 공급 (9) 달콤한/듣기 좋은 말 (10) 영적인 깨달음을 줌 (11) 돈 (12) 순전한 하나님의 말씀 (야생 꿀) (13) 계시 (14) 약속의 땅에 참여함.
'벌' 항목을 찾아보라.
⮕ (1) 삿 14:8, 시 19:9-10, 119:103, 잠 24:13-14, 사 7:15, 겔 3:3 (2) 잠 5:3, 16:24, 아 4:11 (3) 마 3:4 (메뚜기는 '심판'을, 꿀은 '은혜'를 뜻한다) (4) 출 3:8,17, 33:3, 레 20:24 (5) 출 16:31 (6) 민 13:27, 14:8, 신 8:8 (7) 레 2:11, 잠 25:27 (8) 신 32:13, 삼하 17:29, 시 81:16 (9) 잠 5:3-4, 25:16, 계 10:9-10 (10) 삼상 14:27,29 (11) "젖과 꿀이 흐르는 땅" (12) 마 3:4, 막 1:6 (13) 출 16:31 & 신 8:2-3 (14) 출 13:5.

꿈: (1) 메시지 (2) 말씀 (3) 방향 (4) 지시 (5) 경고 (6) 예언.
⮕ (1) 창 37:8, 단 2:9, 마 2:13 (2) 시 105:17-19 (비교. 창 37:5-10), 마 2:13,19-20.
- 꿈속에서 꿈을 해석함: (1) 메시지를 해독함.
⮕ (1) 창 41:25, 단 2:28.
- 꿈꾸는 사람: (1) 선지자 (2) 당신의 "옛 자아" (육적인 사람).
⮕ (1) 민 12:6, 신 13:3, 렘 23:28 (2) 행 2:17.
- 반복되는 꿈: (1) 긴급성이 요구됨 (곧 나타나게 됨) (2) 하나님의 메시지라는 확증 (3) 하나님이 당신의 관심을 끌려 하심 (4) 믿음으로 충만한 결단이 요구됨 (5) 혼의 묶임일 가능성이 있음 (동일 인물에 관한 반복적인 꿈) (6) 해결되지 않은 문제 (7) 서약/맹세에 묶인 (꿈속에 동일한 인물이 여러 차례 등장할 수도 있다).
⮕ (1) 창 41:32 (2) 창 41:32, 마 18:16 (3) 창 22:11, 출 3:4 (4) 수 1:6-7,9 (5) 잠 26:11

(6) 마 18:34-35 (7) 민 30:2, 잠 6:2-5.

꿰뚫다: (1) 슬픔과 비통.
➲ (1) 눅 2:35, 딤전 6:10.

끄다: (1) (덮어씌워서) 불을 끄다 (2) (불 혹은 빛을) 끄다 (3) 멈추다 혹은 제한하다 (4) 갈증을 해소시키다.
➲ (1) 마 12:20 (2) 민 11:2, 삼하 21:17, 막 9:43-45, 엡 6:16, 히 11:34 (3) 왕하 22:17, 살전 5:19 (4) 시 104:11.

끈: (1) 통제 (2) 혼의 묶임 (3) 세대적인 저주 (4) 감정/정서적 애착 (5) 요새/견고한 진 (6) 묶임 (7) 생명 (영과 육 사이의 끈) (8) 예수님의 보혈 (9) 보호와 안전 (10) 고리/연결 (11) 죄 (혹은 죄의 노예가 됨) (12) 사로잡힘 (13) 죽음 (14) 뜻이 같은 사람들의 무리.
'묶인', '밧줄', '탯줄' 항목을 찾아보라.
➲ (1) 시 2:3 (2) 창 44:30 (부모-자식), 삼상 18:1 (친구 사이), 고전 6:16 (성적 파트너) (3) 출 20:5, 34:7, 민 14:18, 신 5:9 (4) 호 11:4 (5) 마 12:29, 막 3:27, 고후 10:4 (6) 욥 36:8, 시 118:27, 잠 5:22 (7) 시 129:4, 전 12:6 (8) 수 2:15,18 (9) 시 129:4, 전 4:12, 사 54:3 (10-11) 잠 5:22, 사 5:18 (12) 왕상 20:31-32 (13) 삼하 22:6, 시 116:3 (14) 시 119:61.

끌다: (1) 복음 전도 (그물) (2) 정복하여 사로잡음 (3) 실패와 패배 (4) 우상숭배 (5) 지연.
➲ (1) 요 21:8 (2) 창 37:28 (3) 왕하 19:28, 사 37:29, 겔 29:4, 38:4, 암 4:2 (4) 합 1:15-16 (5) "늑장 부림(Dragging your feet-직역하면 발을 질질 끔)"처럼.

끓임: (1) 분노 (2) 정화 (3) 활기/생기를 띠게 함.
'압력솥' 항목을 찾아보라.
➲ (1) 창 44:18, 민 11:1, 사 42:25 (2) 민 31:23 (3) 렘 20:9.

끝없이 떨어짐: (1) 무저갱 (2) 바닥이 없는 구덩이.
➲ (1-2) 계 9:2, 11:7, 17:8, 20:1-3.

ㄴ

나감: (1) 영적인 군사 행동을 시작함 (2) 떠남.

'들어옴', '바깥/야외' 항목을 찾아보라.
⮕ (1) 수 14:11, 삼하 3:25, 왕상 3:7 (공동번역, 우리말) (2) 요 13:30.

나귀: (1) 겸손 (2) 충성된 짐꾼 (3) 종 (4) 사사, 재판관 (흰 나귀) (5) 적대적이거나 완고한 사람 (6) 의지가 강한 혹은 완고한 사람 (7) 불신자 (8) 안내/지도가 필요함 (9) 깨달음이 없는.
⮕ (1) 슥 9:9, 마 21:5 (2) 창 42:26, 49:14, 민 22:30, 사 1:3 (3) 창 42:26, 출 23:5 (4) 삿 5:10 (5) 창 16:12 (6) 잠 26:3, 렘 2:24 (7) 신 22:10 & 고후 6:14, 욥 1:14 (8) 잠 26:3 (9) 시 32:9.

나라: (지역) (1) 후손 (2) 그 나라가 당신에게 어떤 의미인지 그리고 그 나라 사람들의 특징에 대해 생각하라 (3) 국제적인 (여러 나라) (4) 하나님의 왕국에 들어감 (다른 나라에 들어감).
각 나라 이름을 찾아보라.
⮕ (1) 창 10:20,31, 12:7 (4) 수 1:11, 요 3:5.

나무1: (식물) (1) 사람 (2) 의로운 신자 (3) 예수 그리스도 (4) 국가/지역 혹은 민족/나라 (5) 십자가 (6) 생명 (7) 하나님의 왕국 (8) 가족 (9) 한패, 동류 (10) 물가에 심겨진 나무라면, 번영을 뜻한다 (11) 나무에 달린다는 것은 심판 혹은 저주 받았다는 뜻이다 (12) 잔잔한 물가에 있는 나무는 평강/안식을 뜻한다 (13) 푸른 나무 아래에 있다는 것은 우상숭배 혹은 영적 간음을 뜻할 수도 있다 (14) 저주 받은 (나무에 박힘) (15) 세상/재물에 대한 염려(가시떨기)에 질식된 신자 (16) 하나님이 아니라 사람들을 신뢰하는 자 (성장을 멈춘/왜소한 나무)
'가시덤불', '상록수', '가시', 개별 나무 이름을 찾아보라.
⮕ (1–2) 시 1:3, 사 7:2, 61:3, 렘 17:8 (3) 아래의 '큰 나무' 항목을 보라 (4) 왕상 4:33, 시 29:5 (5) 벧전 2:24, 행 5:30, 10:39, 갈 3:13 (6) 계 2:7, 22:2,14 (7) 눅 13:18–19 (8) 요 15:5 (비교, 요 1:12), 롬 11:17, "가계도(family tree)"처럼 (9) 사 7:2, 24:13, 65:22 (10) 민 24:6, 시 1:3 (11) 에 2:23, 갈 3:13 (12) 시 23:2 (13) 렘 3:6 (14) 갈 3:13 (15) 마 13:22 (16) 렘 17:5–6.
  - 나무 위의 집: (1) 저주 받은 사람 (2) 그리스도 안에 있는 당신 (3) 하나님의 왕국 안에 있는 당신.
'집2' 항목을 찾아보라.
⮕ (1) 갈 3:13 (2) 엡 1:1 (3) 마 12:28, 13:31–32.
  - 뿌리 뽑힌/잘려 나간 나무: (1) 심판에 대한 경고 (2) 사역의 붕괴 (3) 하나님이 세우

신 것이 아님 (4) 죽음 혹은 파멸.
➡ (1) 단 4:14-15,24-26, 눅 13:6-9, 마 3:10 (2) 단 4:14-15 (3) 마 15:13 (4) 눅 13:6-9.
- 큰 나무: (1) 예수님 (2) 교회 혹은 지도자 (3) 법인, 단체 (4) 기업 혹은 나라의 지도자 (5) 하나님의 왕국 (6) 장수 (7) 교만, 거만 (장대한 나무) (8) 크게 번영함 (장대한 나무) (9) 기초가 튼튼한 신자.
'상수리나무' 항목을 찾아보라.
➡ (1) 사 11:1, 렘 23:5, 33:15-16 (2) 시 37:35, 눅 13:18-19 (3) 계층 구조처럼 (4) 단 4:10-11,20-22 (5) 마 13:31-32 (6) 창 21:33 (7) 겔 31:3-10 (8) 시 92:12 (9) 사 61:3.

나무2: (목재) (1) 육신의 일 (이 땅의 수고, 노력) (2) 성령이 아니라 자아에게서 나온 (3) 굴욕/불명예 (4) 소문을 퍼뜨리는 사람 (험담) (5) 다툼.
'나무1' 항목을 찾아보라.
➡ (1-2) 고전 3:12-13,15 (3) 딤후 2:20 (4) 잠 26:20 (5) 잠 26:21.

나물/약초: (1) 쓴맛.
'향료/양념' 항목을 찾아보라.
➡ (1) 출 12:8, 민 9:11.

나병 환자: (1) 죄인.
➡ (1) 죄는 영적인 나병이다(레 13:14-17). 나병 환자는 치유 받는 것이 아니라 정결하게 되는 것이다(마 10:8). 나병 환자들이 레위기 14장 2-8절에서 어떻게 정결하다고 선포되었는지 주목하라. 새 두 마리(하늘의 존재=예수님과 성령님)를 가져다가 하나는 흐르는 물 위 질그릇 안에서 잡고(비교. 고후 4:7), 다른 새는 잡은 새의 피에 적신 후 풀어 준다. 나병 환자는 모든 털을 밀고(육신을 잘라내고) 몸을 씻어야(말씀을 적용해야) 한다.
민 5:2, 왕하 5:1이하, 7:8, 대하 26:16-21, 눅 17:12-19을 찾아보라.

나비: (1) 새로운 피조물 (2) 믿는 자 (3) 영광스러워진 (천국의) 몸 (4) 성령 안에 있는 (5) 탈바꿈/탈피한 (더 이상 애벌레가 아닌) (6) 더 이상 땅의 일에 마음 두지 않는 (7) 죽음을 통해 영화롭게 된 (8) 이 교회 저 교회를 돌아다니는 사람 (영적 나비) (9) 이스라엘 (야곱[애벌레]이 이스라엘[나비]이 됨).
➡ (1-2) 고후 5:17, 엡 4:22-24, 벧전 3:18 (3) 고전 15:40 (4) 계 1:10 (5) 고후 5:17 (6) 겔 3:14, 8:3, 11:1 (7) 고전 15:53-55 (8) (비교. 고전 12:18,25) (9) 사 41:14 (비교. 창 32:28).

나사: (1) 제자리에 고정된 (2) 견고한 진 (머리에 박힌 나사) (3) 나사의 위치는 견고한 진이 어느 영역에서 영향을 미치는지 나타낼 수도 있다 (예. 턱에 박힌 나사는 말하는 것에 문제가 있음을 암시할 수도 있다) (4) 지적으로 도전 받는 혹은 미친 (나사가 풀린).
'못' 항목을 찾아보라.
➲ (1) 사 22:23, 골 2:14 (2-3) 고후 10:4-5 (잘못된 사고방식이 자리잡은) (4) "나사가 풀리다"처럼.

- 윙 너트: (집게 나사) (1) 영적으로 단단히 조임 (2) 조립함/합침 (3) 영적으로 무시함/방치함 (풀어서 분리함).
➲ (1-3) 벧전 1:13, 살후 2:3.

나이: (1) 실제 연령 (2) 세대 간의 연합 (3) 몇 년 지났는지가 어떤 특징을 나타내기도 한다(예를 들면, 15년은 결백, 18년은 옛 자아를 완전히 벗어버림, 92년은 심판과 분리를 뜻할 수도 있다) (4) 여성의 나이는 한 개인이나 교회의 나이일 수도 있다.
'아기', '회색', '오래된', '어린/젊은', '청소년' 그리고 개별 숫자 항목을 찾아보라.
➲ (2) 요일 2:12-14.

나이트클럽: (1) 세상 (어둠 가운데 있는 사람들이 모이는 곳) (2) 그리스도가 없는 교회.
'술집', '호텔' 항목을 찾아보라.
➲ (1) 창 1:5 & 요일 1:5-6 (2) 요 8:12, 11:10, 13:30.

나체: '벌거벗은' 항목을 찾아보라.

나침반: (1) 방위, 방향 (2) 위치, 지점 (3) 하나님 (하나님은 북방에 거하신다고 알려져 있다).
'북쪽', '남쪽', '동쪽', '서쪽' 항목을 찾아보라.
➲ (1-2) 욥 26:7 (3) 레 1:11, 욥 37:22, 시 48:1-2.

나팔: (트럼펫) (1) 경고 혹은 경보 (2) 모임 (3) 선택 받은 자들을 모음 (4) 휴거된 자들의 모임 (5) 하나님의 음성/말씀 (6) 자기 영광 혹은 자신의 선함을 널리 알림 (7) 심판 (8) 전쟁/전투 신호 (9) 기념함 (10) 희년 (11) 기뻐함.
'쇼파르', '천둥' 항목을 찾아보라.
➲ (1) 민 10:9, 렘 4:19, 암 3:6 (2) 출 20:18-20 (3) 마 24:31 (4) 고전 15:52, 살전 4:16 (5) 출 19:16,19, 고전 14:8, 계 1:10, 4:1 (6) 마 6:2 (7) 수 6:4, 계 8:2 (8) 민 10:9, 31:6, 고전 14:8 (9) 레 23:24 (10) 레 25:9 (11) 시 81:3.

낙서: (1) 누군가에게 말을 퍼부음 (2) 자기 홍보 (이니셜 낙서) (3) 경고 (벽에 쓴 글).
➡ (1) 대하 32:17, 막 15:29, 눅 23:39, 고전 5:11 (2) 삼하 15:4 (3) 단 5:25.

낙타: (1) 종 (2) 인내 (3) 자원/자금이 풍부함을 뜻함 (4) 짐을 나르는 짐승 (5) 보물을 가져오는 자 (6) 대상 (7) 여정.
'낙타털', '대상' 항목을 찾아보라.
➡ (1) 창 24:10, 마 3:4, 막 1:6 (2) 창 24장 (3) 마 19:24 (4) 창 24:61, 왕하 8:9, 사 30:6 (5) 사 30:6, 마 2:11 (6–7) 창 24:10.

낙타털: (1) 예언자의 겉옷 혹은 부르심 (짐을 지는 자로서).
'낙타' 항목을 찾아보라.
➡ (1) 왕하 8:9 (낙타가 짐을 나르는 존재로 나타난다), 마 3:4 & 11:9.

낙태: (1) 약속을 앗아가려 한다는 것을 경고함 (헤롯의 영) (2) 실제 낙태.
'출산/출생', '자녀/자식' 항목을 찾아보라.
➡ (1) 출 1:16, 마 2:16, 계 12:4.

낙하산: (1) 성령으로 천국을 이 땅에 가져옴 (2) 믿음의 도약 (낙하산이 없음) (3) 탈출 계획 (4) 출구 (5) 안전망, 안전(보장)책 (6) 생존 본능 (7) 자기 보호 (8) 사랑.
➡ (1) 마 6:10, 요 5:36 (2) 마 14:29 (3) 수 2:15,18 (4) 행 9:25 (5) 행 5:1–2 (6) 민 13:31, 막 14:50 (7) 눅 22:54–60 (8) 아 2:4, 6:4, 롬 8:38–39, 고후 5:14.

낚시: (1) 복음 전도 (2) 영혼을 구원함/얻음 (3) 증언함 (4) 조사/정탐함 (5) 동료/배우자를 구함 (6) 말씀을 전하다/알리다 (낚싯줄을 던짐) (7) 창조적인 복음 전도 (플라이타잉-낚싯바늘에 깃털이나 짐승의 털을 감아 제물낚시를 자작함).
➡ (1–2) 마 4:19 (3) 행 1:8,22, 2:32, 3:15 (4) 눅 20:20, "찾아다니다, 뒤지다(fishing around)"처럼 (5) 잠 18:22 (6) 마 4:19 (7) 고전 9:22.
- 낚싯대: (1) 마음 (2) 복음 전도의 도구 (복음 전도에 쓰임받는 사람이나 물건) (3) 세상에 사로잡힌/열중한 (검은 낚싯대).
➡ (1) 렘 9:8, 마 12:34 (2) 마 4:19, 요 21:6 (3) 요일 2:16.
- 낚싯바늘: (1) 복음 전도 사역 (2) 미끼를 묾 (3) 하나님의 말씀으로부터 얻은 메시지 (4) 그리스도께 인도함 (5) 뜻에 반하는 일에 끌어들이거나 그런 것에서 끌어냄.
'그물' 항목을 찾아보라.
➡ (1) 행 8:5–7 (2) 창 3:6 (3) 마 17:27 & 고전 9:14 (4) 행 8:12 (5) 겔 38:4, 사 37:29.

- 낚싯줄: (1) 물고기를 잡는 도구 (2) 복음.
⮕ (1-2) 마 4:19, 롬 1:16.

난간: (1) 장벽 (2) 지지, 후원.
⮕ (1) 신 3:5, 욥 38:10-11, 시 107:16 (2) 욥 40:18.

난관에 빠짐: (1) 악한 메신저, 사자.
⮕ (1) 잠 13:17.

난로: '오븐/화덕' 항목을 찾아보라.

난파: (1) 믿음으로 행하지 않음 (2) 신성모독 (3) 불순종 (4) 사람들의 말에 귀 기울임 (5) 잘못된 동기로 행함 (6) 하나님 왕국의 일보다 개인의 만족과 쾌락을 추구함 (뒤집힌 배) (7) 시작은 좋았지만, 유혹에 빠져 돈으로 성취감을 구하는 사람이나 사역을 뜻할 수도 있다 (8) 사역에 맞서 전투태세를 취한 영적 세력들.
'자동차 사고', '폭풍', '파도' 항목을 찾아보라.
⮕ (1-2) 딤전 1:19-20, 마 8:25-26, 히 11:29 (3) 삼상 15:26-28 (4-5) 행 27:10-11,41 (6) 유 1:11,13 (비교. 마 6:33) (7) 딤전 6:9-10 (8) 마 8:25-26, 행 27:14-18.

날개: (1) 성령의 이끌림/인도를 받는 (2) 덮개 (3) 보호/신뢰 (4) 친밀함 (날개 아래) (5) 따뜻함 (6) 감춰진/피난처 (7) 경배와 섬김 (8) 하늘의 (9) (선한 혹은 악한) 하늘의 존재들 (10) 탈출 (11) 기쁨 (날개 아래) (12) 영광 (13) 들어 올려진 (14) 금방 사라지는 부 (15) 누군가의 지배/통치를 받게 됨 (16) 치유 (17) 영적 심판 (날개에 불이 붙은 비행기) (18) 하나님의 불을 전해 주는 천사 (불이 붙은 새의 날개).
'천사', '새', '깃털' 항목을 찾아보라.
⮕ (1) 출 19:4, 신 32:11, 시 18:10, 139:9, 사 40:31, 계 12:14 (2) 출 25:20, 37:9 (3) 룻 2:12, 시 36:7, 61:4, 91:4 (4) 왕상 8:6-7 (3-5) 마 23:37, 눅 13:34 (6) 시 17:8, 57:1 (7) 사 6:2, 계 4:8 (8-9) 전 10:20, 겔 1:4이하, 10:5이하, 단 7:4이하 (10) 시 55:6-8, 렘 48:9 (11) 시 63:7 (12) 시 68:13 (13) 슥 5:9 (14) 잠 23:5 (15) 사 8:8, 렘 48:40, 49:22, 겔 17:3 (16) 말 4:2 (17) 레 1:17 (18) 사 6:6.

날다: (1) 육신에서 벗어나 영의 단계로 올라감 (물리/자연적인 법칙을 깨뜨림) (2) 성령 안에서 (3) 경배 (4) 은사를 발휘함.
⮕ (1) 시 55:6, 잠 23:5, 사 40:31 (2) 마 3:16, 4:1, 눅 23:46, 행 8:39 (3) 느 8:6, 사

6:2-3 (4) 고전 12:7 (성령의 나타나심으로 날아다님).

남겨 둔: (1) 특별한 과업을 위해 구별해 둠 (2) 따로 구별해 둔 복 (3) 심판을 위해 구별된 (4) 보호받는 (5) 간직하다 혹은 보류하다.
➡ (1) 사 49:2, 행 9:15, 딤후 2:20-21 (2) 창 27:36, 벧전 1:4 (3) 벧후 2:4,9,17, 3:7, 유 1:6 (4) 롬 11:4 (5) 삼하 8:4, 렘 3:5.

남근: '생식기' 항목을 찾아보라.

남쪽: (1) 하나님을 멀리 떠난 곳 (2) 회복처 (3) 시험/시련의 장소 (뜨거운 바람의 근원지) (4) 세상으로 돌아감 (남쪽을 향해 감) (5) 남쪽과 관련된 당신의 환경과 상황을 생각해 보라.
'아래로', '북쪽', '계단/층계-내려가는 계단(걸음)' 항목을 찾아보라.
➡ (1) 시 48:2, 75:6 (2) 시 126:4 (남쪽에 있는 시내들은 폭우가 내린 뒤 갑자기 채워진다) (3) 아 4:16 (이스라엘의 남풍은 적도에서 불어오기 때문에 뜨겁다) (4) 창 12:9-10, 민 14:3-4, 수 15:4.

남편: (1) 예수님 (2) 하나님 (3) 실제 남편.
'신랑' 항목을 찾아보라.
➡ (1) 마 9:15, 25:1,13, 요 3:29 (2) 사 54:5 (3) 요 4:16.

납: (1) 무거운 (2) 방패.
'금속' 항목을 찾아보라.
➡ (1) 슥 5:7-8 (2) 납은 밀도가 커서 엑스레이가 통과하지 못한다.

납치: (1) 빼앗다/빼앗기다 (2) 누군가를 잡아 두고 몸값을 요구하는 마귀.
➡ (1) 창 30:15 (2) 딤후 2:25-26.

낮/날: (하루) (1) 빛 (2) 영광 혹은 존귀 (3) 하나님의 일을 해야 할 시간 (4) 안내, 지도 (5) 그리스도의 임재 가운데 있음 (6) 그리스도 안에 있음 (7) 하루가 일 년에 해당하는 경우도 있다.
숫자 1-7과 월요일-토요일 항목을 찾아보라.
➡ (1) 창 1:5 (2) 계 21:24-25 (3) 요 9:4 (4) 요 11:9 (5-6) 요 8:12, 9:4 (7) 민 14:34, 겔 4:6.

낯선: (1) 이방의 (2) 인식하지 못한/알려지지 않은/변장한 (3) 하나님께 속하지 않은 (4) 집/국내가 아닌 (5) 세상적인 (6) 모독적인, 불경한 (7) 거짓의 (8) 학대받는, 부당하게 대우받는 (9) 거슬리는 (10) 거짓말쟁이 (11) 믿지 않음 (12) 정상이 아닌, 보기 드문 (13) 동성애.
'외국/타지에서 온', '낯선 사람', '생소한' 항목을 찾아보라.
→ (1) 창 35:2,4, 출 2:22, 시 137:4 (2) 창 42:7, 수 24:23, 시 114:1, 행 17:20 (3) 창 35:2,4, 출 30:9, 레 10:1, 히 13:9 (4) 출 2:22, 히 11:9-10 (5) 출 22:21, 신 32:12, 수 24:20 (6) 레 10:1 (7) 신 32:16 (8) 욥 19:3 (비교. 킹흠정, 한글킹) (9) 욥 19:17 (비교. 킹흠정, 한글킹) (10) 시 144:7,11 (11) 잠 2:16-17, 6:23-24, 22:14, 27:13 (12) 벧전 4:4,12 (13) 유 1:7.

낯선 사람: (나그네) (1) 불신자 (믿음의 가족이 아님) (2) 소속되지/어울리지 못함 (3) 그리스도 (그리스도께서 낯선 사람으로 등장하신다면, 당신이 그리스도를 모른다는 말이기에 아래의 성경 구절처럼 시험(테스트)이거나 엄중한 경고이다) (4) 천사 (5) 나그네/거류자 혹은 순례자 (6) 가족에 속하지 않은 (외국인/이방인) (7) 집/국내에 있지 않은 (8) 추방된 자 (9) 자기 양식이 없는 자 (10) 자기 외의 (11) 알려지지 않은 혹은 알지 못하는 (12) "무리 중"에는 없는.
'이방인', '외국/타지에서 온', '외국인', '낯선' 항목을 찾아보라.
→ (1) 창 17:12, 출 12:42-43,48, 29:33 (킹흠정), 레 22:25, 신 17:15, 시 18:45 (킹흠정), 시 54:3, 잠 2:16-17 (킹흠정), 6:1, 11:15, 27:13, 사 1:7, 눅 17:18, 엡 2:19 (2) 창 15:13 (3) 마 25:38,40,45 (4) 히 13:2 (5) 창 17:8, 23:4, 28:4, 36:7, 37:1, 레 25:23, 출 6:4, 히 11:13, 벧전 2:11 (6) 창 31:15 (킹흠정), 출 18:3, 욥 19:15, 시 69:8, 마 17:25 (7-8) 출 2:22, 시 119:19 (9) 레 19:10, 23:22 (10) 잠 27:2 (11) 눅 24:18, 요 10:5 (12) 마 25:35-36.

내려가다/내려오다: (1) 영적으로 약해짐 (2) 죽음 (3) 하늘에서 이 땅으로 가져옴 (4) 겸손하게 함 (5) 포기하다.
'떨어지다', '아래로' 항목을 찾아보라.
→ (1) 창 12:10, 26:2, 46:4, 욘 1:3,5 (2) 창 37:35, 44:29,31, 수 3:11,13,16 (요단은 "내려가는 자/죽음"을 뜻한다), 욥 7:9 (3-4) 시 18:27, 빌 2:5-8 (5) 창 21:16.

내일: (1) 미래.
→ (1) 약 4:14.

내장: (1) 섭식 장애 (입에서 내장을 끄집어 냄) (2) 시련, 고초 (입에서 내장을 끄집어 냄) (3) 사악함 (내장을 쏟아냄) (4) 심판 받게 되어 있는 (내장을 쏟아냄).
'배1' 항목을 찾아보라.
➜ (1) 마 15:17 (2) 잠 18:14 (더 이상 견디거나 참을 수 없음) (3) 행 1:18 (4) 삼하 20:10, 행 1:18.

냄새: (1) 예수님의 임재 (향기로운) (2) 사랑, 흠모 (향기로운 향품) (3) 받으실 만한 제물 (향기로운) (4) 회복의 향기 (꽃향기) (5) 속임/부정 행위 (6) 교만 (7) 싸움, 전투 (8) 귀신들 (악취 혹은 유황 냄새) (9) 거슬리는 것/악감정 (악취) (10) 좋은 혹은 나쁜 기억 (어떤 문제를 생각나게 하는 것) (11) 영들을 분별함 (냄새를 맡음) (12) 죽음의 영 (악취) (13) 잘못된 영 (악취) (14) 부활 (물의 기운) (15) 훌륭한 조언/권고 (기분 좋은 향) (16) 충절 (백향목 향) (17) 우상숭배 (냄새를 맡지 못함) (18) 사랑 (사과 냄새).
'코', '악취', '연기-연기를 맡음' 항목을 찾아보라.
➜ (1) 시 45:7-8, 아 1:13, 3:6-7 (2) 아 1:12, 4:10-11, 5:5,13 (3) 창 8:20-21, 빌 4:18 (4) 호 14:6 (5) 창 27:27, 사 34:3, 속이는 것을 눈치채고 "뭔가 수상한 냄새가 나는데"라고 하는 것처럼 (6) 사 3:16-24 (7) 욥 39:25 (8) 전 10:1, 계 9:2-4 (9) 창 34:30, 출 7:21, 8:14, 16:20, 삼하 10:6 (킹흠정), 전 10:1, 사 3:24 (10) 민 11:5 (11) 고전 12:17 (12) 요 11:39 (13) 출 7:18, 8:14 (14) 욥 14:9 (15) 잠 27:9 (16) 아 4:11, 호 14:6 (17) 신 4:28, 시 115:4-6 (18) 아 7:8.

냉동고: (1) 마음 (2) 마음속에 오랫동안 품은 문제 (장기간 보관) (3) 식어진 사랑 (4) 완고한 마음.
'얼어붙은', '얼음' 항목을 찾아보라.
➜ (1) 눅 6:45 (2) 창 42:9 (3) 마 24:12 (4) 욥 38:30.

냉장고: (1) 마음 (2) 냉정한 사람, 교회 혹은 상황 (3) 육신을 먹임 (4) 죄 (5) 불이 없음 (6) 성령이 없는 (7) 사랑이 없는.
➜ (1-2) 마 24:12, 계 3:15 (3) 고전 6:13, 빌 3:19 (4) 마 24:12 (5) 레 6:13 (6) 마 25:8 (7) 마 24:12.

너구리: (1) 사악하고 적응 능력이 뛰어나며 기회 포착을 잘하는 도둑.
➜ (1) 요 12:5-6.

널빤지: (1) 육신적인 마음의 문제.

➲ (1) 마 7:3.

넓은: (폭이) (1) 파멸, 멸망 (길/문) (2) 사방으로 둘러싸인 (3) 쉬운 (길/문) (4) 깊은 인상을 주려고 넓게/크게 만듦 (5) 깊은 (강).
➲ (1–3) 마 7:13–14 (4) 마 23:5 (장신구) (5) 엡 3:18–19 (새번역), 겔 47:3–5.

넘어가다: (지나가다) (1) 해방/구원 (2) 약속의 땅으로 들어감 (건넘) (3) 소유권 (차지함) (4) 승리 (5) 영광.
➲ (1) 창 8:1 (킹흠정, 한글킹), 출 12:27, 사 31:5 (넘어와서 구원/보존함) (2) 신 2:29, 3:18, 27:3, 시 23:5 (3) 신 3:18, 9:1, 11:31, 수 1:11 (4) 신 2:24, 9:1–4, 수 5:1, 삿 11:32, 삼상 14:6–14, 삼하 10:17–19 (5) 잠 19:11 (킹흠정), 막 4:35–41, 눅 8:22–25.

넘기다: (1) 민감성이 없음 (2) 더 이상 문제가 아님 (3) 자기 세력/권력을 확장함 (4) 한 단계 뛰어넘음 (5) 겸손의 부족 (6) 야망 (7) 정복함, 이김.
'추월' 항목을 찾아보라.
➲ (1) 막 9:33–37 (2) 마 9:10–13, "잘 넘기다"처럼 (3) 사 14:13–14, 롬 10:6 (4–5) 눅 14:8–11 (6) 왕상 1:5 (7) 계 12:11.

넘어짐/떨어짐: (1) 하나님으로부터 시선을 뗌 (2) 하나님의 보호/지지를 상실함 (3) 하나님을 두려워하지 않는 (4) 서 있는 것/걷는 것/똑바른 것의 반대 (5) 통제 불능 (6) 죄를 지음 (7) 죽음 (8) 경배 (엎드림) (9) 전쟁/논쟁/불화 (사이가 틀어짐) (10) (누군가에 대한) 공격 (11) (누군가를) 안음, 포옹함 (12) 영향력 아래 들어감 (13) 가르침, 지시를 받아들이지 않으면서 말이 많은 사람 (14) 조언/지지가 없음 (15) 재물이나 부를 의지하는 사람 (16) 교만/지나친 자신감 (17) 나쁜 혀를 가짐/나쁜 길로 감 (18) 남의 불운/불행을 고소한 듯이 바람 (19) 혼란한 마음 (20) 다른 사람을 함정에 빠뜨리려는 사람 (21) 완고한 마음.
'다이빙', '떨어지다', '승강기' 항목을 찾아보라.
➲ (1–4) 시 20:8, 64:8–10, 91:7 (시편 전체를 살펴보라), 116:8–9, 118:13–14, 히 12:1–2 (5) 마 17:15, 요 18:6 (6) 민 11:4 (킹흠정), 행 1:25, 고전 8:13 (7) 창 14:10, 출 21:33–34, 행 5:5,10 (8) 창 17:3, 요 11:32 (9) 창 45:24, 출 1:10 (10) 눅 10:30 (11) 창 33:4 (12) 레 19:29 (13) 잠 10:8,10 (14) 잠 11:14, 전 4:10 (15) 잠 11:28 (16) 잠 16:18 (17) 잠 17:20, 28:18 (18) 잠 24:17 (19) 잠 25:26 (20) 잠 26:27, 28:10, 전 10:8 (21) 잠 28:14.

넘쳐흐르다: (1) 성령/능력으로 충만함 (2) 방언을 말함으로 자신을 세움 (3) 이김, 정복함 (4) 성령 사역 (5) 넘칠 만큼 많음.
'홍수' 항목을 찾아보라.
➲ (1) 시 23:5, 막 5:30, 행 2:4, 13:9 (2) 요 7:38-39, 딤후 1:6-7, 유 1:20 (3) 창 49:22 (4) 시 133:2-3 (5) 시 115:13-14, 마 13:12, 24:12.

넥타이: (1) 일, 사업 (2) 격식을 차린.
➲ (1) 잠 6:20-21 (2) 공식 행사의 검은색 나비넥타이.

넷(4): (1) 통치 혹은 지배 (2) 땅 혹은 육체 (3) 창조 혹은 창조적인 일들 (4) 물질적인 것 혹은 이 땅의 것의 완성 (5) 이 땅의 영역 (6) 이 땅의 노력 혹은 육체/육신 (7) 세상 (특히 도시) (8) 구분/경계, 나눔 (9) 충분하지 않은 (10) 알려지지 않은 (11) 견딜 수 없는 (12) 누군가 변하지 않고 있다는 말일 수도 있다 (정사각형의 네 모서리와 면).
'땅1', '이 땅의' 항목을 찾아보라.
➲ (1) 창 1:16, 잠 30:31 (2) 성경의 네 번째 책 민수기는 히브리어로 '베미드바르', 곧 "광야"이다. 이것은 하늘과 대비되는 광야, 곧 땅을 말하는 것이다. 잠 30:24, 막 13:27 (3-4) 넷째 날에 물질계가 완성되었다. 욥 1:19 (하나님은 욥을 영적 온전함으로 이끌어 들이시려고 물질적 완전함을 빼앗아 가셨다), 요 4:35 (5) 요 11:17,39, 19:23, 행 10:11,30 (6) 창 47:24, 행 27:29 (7) 창 15:13, 행 7:6 (애굽은 세상을 말한다, [4 x 100, 100 = 전체/온전한, 400 = 온전한 이 땅의 영역 혹은 이 땅의 영역이 온전해짐, 영적인 통치가 시작됨]) (8) 창 1:14-18, 2:10 (갈라진, 나뉜) (9) 잠 30:15 (10) 잠 30:18 (11) 잠 30:22.

년/해: (1) 한 해는 한 때와 같을 수 있다 (2) 한 해는 하루와 같을 수 있다.
'시간' 및 개별 숫자 항목을 찾아보라.
➲ (1) 단 7:25 (2) 민 14:34, 겔 4:6.

노란색: (1) 환영하는 (노란 리본) (2) 두려워하는 혹은 겁이 많은 (3) 두려움의 영 (4) 죄 (부정한) (5) 하나님의 영광 (6) 관심을 구함 (오만, 허영) (7) 심판 (8) 저주/재앙.
'금/금빛' 항목을 찾아보라.
➲ (1-3) 오늘날의 문화적 연관성 (4) 레 13:30-36 (누르스름한 털은 나병과 관련이 있다. 나병은 육체의 죄와 같기에 치유받는 것이 아니라 정결해지는 것이다) (5) 시 68:13-14, 벧전 1:7 (금과 영광의 연관성), 사 60:9 (금과 영광의 연관성) (6) 잠 25:28, 27:2, 사 42:8, 48:11, 렘 9:23-24, 마 6:2, 요 8:50, 행 12:23, 고후 12:5-6 (7) 계 9:17 (8) 단

9:11 (죄로 인해 저주 받은) & 레 13:30 (나병은 일종의 죄다).

노래기: (1) 골칫거리 (2) 해충.
'벌레2' 항목을 찾아보라.
➔ (1-2) 막 10:41.

노래하다: '음악' 항목을 찾아보라.

노를 저음: (1) 자기 수고/노력 혹은 자기 힘으로 일함 (2) 성령님께 저항함 (바람을 거슬러 감).
'배2', '카누' 항목을 찾아보라.
➔ (1) 막 6:48 (2) 요 3:8.

노새: (1) 이제 세상 가운데 있지는 않지만, 아직 겸손하지 않음 (말과 나귀 사이의 중간) (2) 미지근한 (3) 고집이 센 (지혜가 없음).
'나귀', '말' 항목을 찾아보라.
➔ (1) 신 8:2 (아직 광야에 있는) (2) 계 3:16 (3) 시 32:9.

노인/옛 사람: (1) 육신의 사람 (옛 사람) (2) 불신자 (3) 과거 혹은 역사 (4) 할아버지 (5) 족장 (6) 지혜 (7) 하나님 (8) 견고한 진 (9) 원수 (마귀).
'원주민', '토박이' 항목을 찾아보라.
➔ (1) 마 9:17, 롬 6:6, 고후 5:17, 엡 4:22, 골 3:9, 유 1:4 (2) 눅 1:18, 요 3:4 (3) 벧후 1:21 (킹흠정, 한글킹) (4) 삼상 2:31 & 4:18-19, 잠 17:6 (5) 창 25:8, 43:27 (6) 욥 12:12 (7) 단 7:9,13,22 (8) 창 25:23, 애 1:7, 호 7:9 (9) 계 12:9.

노크: (1) 갈망 (2) 기회 (당신이 노크를 하고 있는 경우, 기회를 찾고 있다는 뜻일 수도 있다. 반면 당신이 노크하는 소리를 듣는다면 그것은 당신에게 기회가 열리고 있다는 뜻일 수도 있다) (3) 친밀함에 대한 예수님의 갈망 (4) 응답에 대한 갈망/하나님을 찾고자 하는 갈망 (5) 잠들어 있는 마음 (6) 준비되어 있어야 함 (7) 교제를 청함 (8) 그리스도께서 알지 못하시는 (친밀함으로 들어가기에는 너무 늦은) (9) 하나님을 기다리라고 촉구함 (10) 당신의 관심을 끌고자 노력하시는 하나님 (신호).
'문', '초인종', '부르심' 항목을 찾아보라.
➔ (1) 마 7:7-8 (2-3) 계 3:20 (기회가 문을 두드린다) (3) 마 7:7-8, 눅 11:9-10 (4) 아 5:2 (5) 눅 12:36 (6) 행 12:13-16 (7) 눅 13:25 (9) 눅 12:36 (10) 계 3:20.

노트북: (1) 마음 (2) 생각 (3) 업무, 집필, 게임, 발표 등 당신이 이것으로 무엇을 하는지 나타내는 것일 수도 있다 (4) 순회 사역.
'컴퓨터', '하드 드라이브', '하드웨어', '메인보드', '소프트웨어' 항목을 찾아보라.
⊃ (1) 시 139:23, 에 1:20-22 (2) 엡 4:23 (3) 고전 4:12 (4) 느 2:7.

노파: (1) 육신의 사람 (2) 교회사 (3) 할머니 (4) 여자 족장 (5) 지혜 (6) 성령님 (7) 과거 혹은 역사.
⊃ (1) 롬 6:6 (2) 엡 5:25,27,31-32 (3) 딤후 1:5 (4) 창 18:11, 벧전 3:5-6 (5) 잠 8:1-2,22-23 (6) 창 2:24 (비교. 엡 5:31-32 & 빌 2:7) (7) 딤후 1:5.

녹: (1) 부식 (2) 부패 (3) 이 땅의 보물 (4) 하늘의 보물을 쌓아야 함 (5) 기강(규율과 통제)이 없는 (유지 보수가 필요함) (6) 인격이 결여됨 (7) 암 (8) 탐심 (9) 오래된 문제 (녹슨).
⊃ (1-4) 마 6:19-20, 약 5:3 (5) 전 10:18 (7) 약 5:3 (8) 마 6:19, 약 5:3 (9) 마 6:19-20 & 히 8:13.

녹색: (1) 의 (2) 시기, 질투 (3) 평강 (4) 위선적인 (5) 번성하는 (6) 비옥한, 풍요로운 (7) 생명 (8) 성장 (9) 열심인 (10) 젊음 (11) 기쁨 (12) 열매를 많이 맺는 (13) 결실 없는 (14) 자아/육신의 공로, 수고 (15) 육체 (16) 행악 (17) 우상숭배 (18) 땅 (19) 자비 (20) 기름부음 혹은 기름부음 받은 자 (올리브그린 색) (21) 부활, 회복.
⊃ (1) 시 92:12, 잠 11:30 (2) 잠 14:30, 겔 31:9, 행 7:9, 13:45 (3) 시 23:2 (4) 마 23:28-29 (5) 눅 23:31 (6) 아 2:13, 사 15:6-7 (7) 출 10:15-17 (8-10) 사 53:2 (12) 렘 11:16, 17:8, 호 14:8 (13) 막 11:13 (14) 시 37:35 (15) 사 40:6-8, 벧전 1:24 (16) 시 37:35 (17) 신 12:2, 왕상 14:23, 왕하 16:4, 17:10 (18) 창 1:30, 출 10:15, 계 8:7, 9:4 (19) 창 9:12-13 (무지개 중앙의 색깔) (20) 슥 4:12-14 (21) 창 8:11.

놀다: (1) 어린아이 같음, 순진함 (2) 영적인 미성숙 (3) 영적으로 듣지 못함 (4) 외적 반응을 살핌 (5) 성적 타락 (6) 영적인 우상숭배 (7) 경배 (8) 어리석음 (9) 성령 안으로 들어감 (10) 천진난만 (11) 평화의 표징 (12) 가벼운, 진지하지 않은.
'장난감' 항목을 찾아보라.
⊃ (1-4) 마 11:15-19, 눅 7:32 (5) 레 21:9, 삿 19:2, 호 2:5 (6) 출 32:6, 렘 2:20, 3:6, 고전 10:7 (7) 삼상 16:16-18,23, 삼하 6:5, 대상 15:29 (8) 삼상 26:21 (9) 왕하 3:15 (10) 사 11:8 (11) 슥 8:5 (12) "사람을 가지고 놀다"처럼.

놋: (1) 심판 (2) 재정적인 궁핍 (3) 사랑 없음 (4) 3위, 3등.

⮕ (1) 출 27:1-2, 계 1:15 (새번역 외) (2) 마 10:9 (3) 고전 13:1 ("구리") (4) 막 12:42 (렙돈: '작은'이라는 뜻으로 그리스의 최소 단위 구리 동전).

농구 골대: (1) 내려오는 하늘의 결승선들 (2) 앞에 있는 것을 잡으려고 나아감.
⮕ (1-2) 빌 3:13-14.

농담: (1) 상황을 진지하게 받아들이지 않음.
'웃음' 항목을 찾아보라.
⮕ (1) 전 2:1-2, 7:4, 사 24:11.

농부: (1) (좋은 혹은 악한) 영적 지도자들 (2) 하나님 아버지 (3) 그리스도 (씨 뿌리는 자) (4) 설교자 (5) 복음 전도자 (6) 사역자 (7) 믿는 자 (8) 수고하고 애쓴 자 (9) 일꾼.
⮕ (1) 마 21:33-45, 막 12:1이하, 눅 20:9이하, 딤후 2:6 (2) 요 15:1, 고전 3:9 (3) 마 13:37 (4-9) 고전 3:6.

농원/재배지(Plantation): (1) 교회 (2) 하나님의 왕국.
'과일나무', '과수원', '포도원' 항목을 찾아보라.
⮕ (1) 열매 맺는 나무들이 모여 있는 곳으로 (비교. 시 1:3) (2) 마 21:28-31.

농장: (1) 추수할 들/밭 (2) 하늘의 왕국/천국 (3) 하나님의 왕국 (4) 세상 (5) 이스라엘 (6) 믿는 자 (7) 복음 전도 사역.
'밭/들(판)'과 '추수' 항목을 찾아보라.
⮕ (1) 마 9:36-37, 13:24-30, 요 4:35 (2) 마 13:24-30, 20:1이하 (3) 마 21:28-32, 요 10:9,16 (4) 마 13:38-39, 21:33-43, 계 14:15 (5) 사 5:1이하, 눅 13:6-9 (6) 고전 3:9.

높은: (1) 하나님 (지존-지극히 높으신) (2) 고양된/고귀한 (3) 하늘, 천국 (4) 영적인 땅, 지역 (5) 안전한 (망대)/안심 (6) 영적으로 들어 올려진 (7) 교만한 (8) 찬양 (9) 지혜 (10) 하나님께 가증한 것 (사람들에게 대단히 높이 평가받는).
'높이', '언덕/야산', '산' 항목을 찾아보라.
⮕ (1) 창 14:18-20, 시 18:13, 78:35, 83:18 (2) 출 14:8, 민 33:3, 삼하 23:1, 욥 5:11, 눅 14:8,10 (3) 출 25:20, 욥 11:8, 16:19, 22:12, 시 68:18, 103:11, 사 6:1 (4) 삼상 9:12,14, 10:5, 왕상 3:4 (5) 삼하 22:3, 시 18.2 (킹흠징, 힌글킹), 시 61:2-3, 91:14, 144:2 (킹흠정, 한글킹) (6) 삼하 22:49, 23:1 (7) 욥 21:22, 시 18:27, 시 62:9 (새번역, 킹흠정, 한글킹), 75:5, 101:5, 잠 21:4 (8) 시 149:6 (킹흠정, 한글킹) (9) 잠

8:1-2, 9:1,3, 24:7 (10) 눅 16:15, 20:46.

높이: (1) 어떤 것을 헤아리는 기준 (2) 영적인 차원 (3) 한 사람을 판단하는 척도 (인간적인 면) (4) 하늘 (5) 영적 고지 (6) 교만 (7) 힘 (8) 하나님의 집 (9) 위대함과 통치권.
'높은', '작은', '큰' 항목을 찾아보라.
➡ (1) 롬 8:39 (사랑) (2) 엡 3:18 (3) 삼상 17:4, 단 3:1 (비교. 삼상 16:7) (4) 욥 22:12, 시 102:19, 148:1, 잠 25:3 (5) 렘 31:12, 겔 20:40 (6) 렘 49:16, 겔 31:10 (7) 렘 51:53, 암 2:9 (8) 겔 20:40 (9) 단 4:20-22.

뇌졸중/풍: (1) 나쁜 피 (2) 가족과 관련된 문제 (3) 원수의 공격 (4) 심판.
➡ (1) 삿 5:26-27 (2) 사 1:5 (3) 왕하 4:17-37 (4) 렘 30:23.

누더기: (1) 무기력함 혹은 나른함 (2) 자기 의 (3) 죄.
➡ (1) 잠 23:21 (2-3) 사 64:6.

누룩: '이스트(효모)' 항목을 찾아보라.

눈1: (보는) (1) 마음/영 (2) 주님의 눈 (3) 제2의 눈 (영의 눈) (4) 선견자 (5) 예언의 은사 (크게 뜬 눈) (6) 영적인 지각 (마음의 이해력) (7) (마음의 속사람과는 다른) 겉 사람을 가리킬 수도 있다 (8) 교만 (내려다봄) (9) 하나님을 기다림 (올려다봄) (10) 하나님의 일들에 대해 차단된 (눈을 감고 있음 혹은 눈이 없음) (11) 그룹 (천사) (12) 영적인 시력/상상력 (오른쪽 눈) (13) 육신적인 지도자 (오른쪽 눈이 상하거나 보이지 않음).
'눈물', '눈짓' 항목을 찾아보라.
➡ (1) 잠 20:27 & 마 6:22, 마 13:15 (2) 시 33:18, 34:15, 139:16, 잠 5:21, 15:3 (3-5) 민 24:4,16, 삼상 9:9, 사 1:1 (6) 엡 1:18 (7) 시 36:1, 73:7, 131:1, 잠 4:21, 21:2, 23:26,33, 전 2:10, 11:9, 사 44:18, 마 13:15, 요 12:40 (8) 시 17:10-11, 131:1, 잠 3:7 (9) 시 25:15, 121:1-2, 123:1-2, 141:8, 145:15 (10) 행 28:27 (11) 겔 10:2 (12-13) 슥 11:17.
　- 검은 눈: (1) 박해받는 선지자 (2) 가정 폭력, 데이트 폭력 (3) (신체적, 감정적 혹은 영적) 학대 (4) 마음을 둘러싼 어둠 (5) 상처받은 마음.
➡ (1) 왕상 19장 (2) 삼상 22:19, 렘 4:31 (3) 눅 22:63-64 (4) 롬 1:21, 엡 4:18 (5) 시 109:22, 147:3.
　- 눈들: (일곱 눈 혹은 많은 눈) (1) 예언의 영 (예수의 증거) (2) 완벽한 계시 (3) 예언적 기름부으심의 표징 (4) 하나님의 영.
➡ (1-3) 계 19:10 (4) 사 11:2, 계 5:6.

눈2: (하늘에서 내리는) (1) 깨끗한 (흰색) (2) 의의 옷/예복 (땅에 내린 눈은 질그릇에 의의 옷을 입힌 것과 같다) (3) 영광 (4) 충전함, 새롭게 함 (5) 하나님의 말씀 (6) 죄 (나병은 육신에 나타난 죄와 같다) (7) 어울리지 않는 영예, 명예 (여름에 내리는 눈).
'눈사람' 항목을 찾아보라.
➲ (1) 욥 9:30, 시 51:7, 사 1:18, 애 4:7 (2) 마 28:3 (비교. 욥 37:6 & 고후 4:7) (3) 단 7:9 (비교. 막 9:3 & 벧후 1:17), 계 1:14 (4) 잠 25:13 (5) 사 55:10-11 (6) 출 4:6, 민 12:10, 왕하 5:27 (7) 잠 26:1.
- 눈 뭉치: (1) 영향력 없는 경건의 말 (2) 능력 없는 말 (3) 사랑 없는 말.
➲ (1) 삼상 3:19 (2) 고전 2:4 (3) 마 24:12.

눈가리개: '눈먼', '베일' 항목을 찾아보라.

눈먼: (1) 영적인 소경 (2) 영적으로 어둡거나 무지한 (3) 믿지 않는 자 (4) 뇌물을 받은 (5) 완고한 마음 (6) 믿음 혹은 사랑이 없음 (7) 미움, 증오.
➲ (1) 사 42:18, 56:10, 마 15:14, 눅 4:18, 요 9:39 (2) 고전 12:1, 사 42:7,16, 마 23:16-17,26, 계 3:17 (3) 사 29:18 (4) 삼상 12:3, 신 16:19 (5) 요 12:40, 고후 3:14-15, 4:4 (6) 벧후 1:9 (7) 요일 2:11.

눈물: (1) 슬픔 혹은 비애 (2) 비통, 근심 (기대가 무너짐) (3) 고난 (4) 고뇌, 괴로움 (5) 기쁨 (6) 아픔 (7) 회개.
'울부짖음', '슬픔' 항목을 찾아보라.
➲ (1) 요 16:20, 계 21:4 (2) 시 6:7, 31:9 (3) 시 31:9 (4) 시 88:9 (5) 시 126:5, 요 16:20, 딤후 1:4 (6) 요 16:20, 계 21:4 (7) 히 12:17.

눈사람: (1) 냉담한/무정한 사람 (2) 의로운 사람.
➲ (1) 마 24:12 (2) 시 51:7,10.

눈짓: (윙크) (1) 속임 (2) 행악 (3) 임박한 재난.
➲ (1) 시 35:19-20 (2) 잠 6:12-13 (3) 잠 10:10.

눕다: (1) 믿음으로 서 있지 않음 (2) 영적으로 죽은 (3) 올바르지/정직[바르게 섬하지 않은 (4) 쉼 (5) 악 (6) 하나님의 영광에 압도된 (7) 매인, 묶인 (8) 복음에 충실하지 않은 (9) 죄 많은.
'죽음', '아래로', '자다', '서다', '바로 선' 항목을 찾아보라.
➲ (1) 롬 5:2, 11:20, 고전 2:5, 16:13, 고후 1:24 (2-3) 시 51:10-11 (4) 욘 1:5 (5)

잠 16:17 (6) 왕상 8:11, 단 8:18 (7) 레 26:13 (똑바로 서는 것의 반대) (8) 갈 2:14 (9) 삼하 22:24, 시 37:37-38 (정직[바르게 서 있는 것]의 반대).

뉴스: '소식' 항목을 찾아보라.

느낌: (1) 영적인 민감함. 꿈이나 환상 속에서 어떻게 느끼는지가 그 의미를 강하게 암시해 준다 (2) 예를 들어, 날아가는 동안 평강을 느끼는 것은 성령 안에서 평안하다는 뜻이다. 하지만 동일한 상황에서 임박한 위험을 느낀다면 영적 상태에 대한 경고이다 (3) 중요한 것은 육신과 마찬가지로 영적으로도 미각, 촉각, 후각, 시각, 청각 등 다섯 가지를 느낄 수 있다는 것이다.
➲ (1) 엡 4:19 (3) 왕상 18:44, 왕하 6:16-17, 시 34:8.

늑대: (이리) (1) 사탄 (2) 거듭나지 않은/회개하지 않는 약탈자들 (3) 약탈하는/탐욕스런 사역자들 (4) 거짓 선지자들 (5) 자기 이익을 위해 사람들을 무자비하게 파멸시키는 사람들 (6) 성적인 혹은 재정적인 약탈자 (7) 사나운 (8) 속임 (9) 독립의 영 (외로운 늑대).
➲ (1) 요 10:10-12 (2) 마 10:16, 눅 10:3 (3) 벧후 2:15 (탐심), 유 1:11 (탐심) (4) 마 7:15, 행 20:29 (5) 겔 22:27 (6) 삿 16:4-5 (7) 합 1:8 (8) 마 7:15 (9) 창 49:27.

늘이다: (1) 확장 (2) 과장 (3) 사역을 위해 준비함 (근육을 스트레칭함) (4) 영향력이 확대됨 (5) 영적인 혹은 물리적인 능력과 지배권을 행사함 (혹은 휘두름, 종종 강압적으로) (6) 덮개 (7) 영적으로 깨어남 (8) 영적인 다음 단계로 옮겨짐 (9) (손을) 뻗음 (10) 안음, 받아들임 (손) (11) 도와줌 (손) (12) 믿음을 행사함 (13) 지배/통치권을 나타냄 (14) 심판 (손) (15) 강제로/무력으로 (16) 손을 내밈 (간청함) (17) 표적과 기사를 행함 (능력을 행사함) (18) 동일시함 (몸과 몸을 맞댐) (19) 하나님께(혹은 거짓 신에게) 간청함 (20) 도전, 반항 (21) 자비 혹은 은혜를 표현함 (22) 오만함 (목).
'큰' 항목을 찾아보라.
➲ (1) 사 54:2 (2) "팔뚝만 한 물고기/바나나"처럼 (3) 눅 1:80 (4) 사 8:8 (5) 출 14:16,21,26-27, 15:12, 신 4:34, 5:15, 9:29, 수 8:18-19, 삼상 24:6, 26:9,11, 삼하 24:16, 왕상 8:42 (기도로 안내/지시를 받는), 사 8:8, 23:11 (6) 출 25:20, 왕상 6:27 (7) 아 5:2, 사 50:4, 슥 4:1 (8) 롬 1:17, 고후 3:18 (9) 마 12:13, 고후 10:14 (공동번역, 킹흠정) (10) 마 12:49 (11) 마 14:30-31 (12) 막 3:5 (13) 행 4:30 (14) 출 3:20, 6:6, 7:5,19, 8:5-6, 왕하 21:13 (달아보았으나 부족함), 사 5:25, 9:12,17,21, 10:4 (15) 출 6:6 (16) 잠 1:24, 롬 10:21 (17) 신 7:19, 행 4:30 (18) 왕상 17:21, 왕하 4:34-35 (19) 욥 11:13, 시 44:20, 68:31, 88:9, 143:6 (20) 욥 15:25 (21) 잠 31:20 (22) 사 3:16.

늪: (1) 성령의 흐름이 없음 (2) 결과물이 없음 (3) 성령을 소멸함 (4) 고여 있는 물 (5) 수렁에 빠진.
➡ (1) 마 13:58 & 행 10:38 (2) 막 4:24 (3) 살전 5:19 (4) 출 15:23 (5) 시 69:2,14, 히 12:1.

닌자: (1) 영적으로 특별한 요원, 공작원 (강하고 용맹한 사람들) (2) 악한 영/귀신 (3) 죽음의 영.
➡ (1) 삼하 23:8-12 (2-3) 렘 9:21, 욜 2:9.

ㄷ

다듬다: (1) 짧게 자름 (2) 세세하게 손을 봄 (3) 아름답게 꾸밈 (4) 불필요한 것을 잘라냄 (5) 다듬거나 다듬지 않는 것이 충성, 맹세 혹은 존중/존경의 표시일 수도 있다 (6) 훈육함 (가지를 침으로).
'가지-가지를 치다' 항목을 찾아보라.
➡ (1,3) 렘 2:33 (킹흠정) (2) 마 25:7 (4) 행 27:32 (5) 삼하 19:24 (6) 요 15:2.

다락방: (1) 머리/생각 (2) 기억됨 (기억) (3) 천국 (4) 옛것들을 간직해 두는 곳.
➡ (1) 고후 5:1 & 창 40:17,19, 고후 10:5 (2) 행 10:4 (3) 창 28:12, 마 6:20 (4) 마 6:20.

다리1: (건너다니는) (1) 십자가 (2) 예수 그리스도 (3) 교회 (4) 틈을 메움 (5) 목적 달성을 위한 수단 (6) 인간이 만든 운명 (7) 인간적인 노력 (8) 인생길 혹은 삶의 여정 (9) 연결고리 (10) 구원 사역 (다리 역할을 하려 애씀) (11) 관계 혹은 소통 (12) 인간이 만든 구조(물).
➡ (1) 삼하 18:9 ('상수리나무' 항목을 찾아보라) (2) 요 1:51, 벧전 3:18 (3) 요 1:41-42, 고후 5:20 (4) 겔 22:30 (10) 그리스도의 십자가가 다리가 된다는 사실 때문에 (11) 시 133:1 "다리를 놓다"처럼 (12) 창 11:4.

다리2: (신체) (1) 힘/능력 (2) 사람의 힘 (3) 걸음/행함을 뜻함 (4) 지지, 지탱 (5) 드러낸 다리는 수치, 치욕 혹은 누군가의 힘을 노출시킴을 뜻할 수도 있다 (6) (넓적)다리 밑에 손을 넣는 것은 맹세를 뜻한다 (7) 영적인 걸음이 영향을 받음 (손상된 다리) (8) 장기간의 영향력 (긴 다리).
'무릎1', '팔다리', '정강이', '허벅다리', '운동복 바지' 항목을 찾아보라.
➡ (1) 창 32:25, 시 147:10, 아 5:15 (2) 시 147:10, 단 2:33-34 (3) 레 1:9,13 (정결케 된 걸음을 말한다), 고후 5:7 (4) 창 32:25 (5) 사 47:1-3 (6) 창 24:2-

3,9, 47:29 (7) 삼하 4:4, 고후 5:7 (8) 창 6:4 (비교. 민 13:33, 삼상 17:4).
- 다리가 긴: (발이 빠른) (1) 영향력/세력 있는 (2) 끈질긴/집요한 (3) 오만 혹은 교만.
➔ (1-2) 잠 30:28 (이세벨처럼) (3) 눅 20:46.
- 다리털 제모: (1) 육신에서 벗어나 성령으로 행함 (2) 아름다운 걸음.
➔ (1-2) 롬 8:1-4, 갈 5:16.
- 부러진 다리: (1) 꺾인 힘 (2) 맞서 싸울 수 없는 (3) 게으름 (4) 죽음 (5) 어리석은 자의 입에서 나온 지혜.
'무릎1' 항목을 찾아보라.
➔ (1) 시 147:10 (2) 엡 6:11,13-14 (3) 잠 22:13, 26:13 (4) 요 19:31-33 (5) 잠 26:7.
- 털이 많은 다리: (1) 성령 안에서 행하지 않음 (매력 없는) (2) 육신으로 행함 (3) 자기 힘으로 행하는 사람.
'털이 많은' 항목을 찾아보라.
➔ (1-2) 갈 5:16 (3) 창 25:25 (육신의 사람).

다림질: (1) 마비된 양심 (2) 거짓말쟁이 (3) 위선 (4) 죄를 처리/해결함 (5) 그리스도를 위해 흠 없이 준비된 (셔츠나 드레스를 다림질함) (6) 옷에 풀을 먹임 (교만) (7) 반역.
➔ (1-3) 딤전 4:2 (4) 엡 5:26-27 (5) 엡 5:27 (6) 시 75:5 (7) 신 31:27.

다섯(5): (1) 은혜 (2) 풍부함 (3) 은총 (4) 구속 (5) 멀티태스킹 (오중 사역).
➔ (1) 창 45:11 (2) 창 1:20-23 (3) 창 43:34, 레 26:8 (4) 민 18:16 (5) 엡 4:11.

다운로드: (1) 계시.
➔ (1) 마 16:17, 약 1:17.

다이너마이트: (1) 성령의 영향력.
➔ (1) 행 1:8, 8:19, 10:38, 롬 15:13.

다이빙: 1) 믿음으로 담대히 나아감 (성령님에 대한 신뢰) (2) 지지/후원의 부족 (3) 감춤 (4) 영적으로 낮아짐 (5) 하나님의 깊은 것들 속으로 들어감.
'내려가다/내려오다', '아래로', '넘어짐/떨어짐' 항목을 찾아보라.
➔ (1) 행 4:29-31 ("자신 있게 뛰어듦") (2) 삿 15:20 (3) "몸을 숨기기 위해 뛰어들다 (diving for cover)"처럼 (4) 시 107:12 (5) 겔 47:5.

다이아몬드: (금강석) (1) 예수님 (2) 고귀한 행위 (3) 영원한 표, 흔적 (4) 다이아몬드라

는 말은 "정복할 수 없다"는 뜻의 헬라어 '아다마스'에서 유래했다 (5) 마찰에 닳지 않는/잘 견디는 성질 (6) 자연 물질 중 가장 단단하다고 알려진 (7) 빛을 분산시키는 데 탁월한 (8) 확고한/흔들림이 없는/단호한 (9) 갓 지파와의 연관성.
'보석' 항목을 찾아보라.
➲ (1) 벧전 2:4 (2) 고전 3:12 (3) 렘 17:1 (4) 겔 3:8-9 (매우 견고한) (9) 출 28:18.

다이어리: (1) 당신의 마음 (당신이 중요한 것을 기록하는 곳으로) (2) 마음속의 계획, 지침, 일정 (3) 결전/운명의 날 (하나님의 약속) (4) 기억 (5) 기록 (6) 잊지 못할 순간 (7) 고대하던 사건 (8) 개인적인 비밀.
➲ (1) 신 11:18 (2) 민 15:39, 잠 19:21, 합 2:2 (3) 에 4:14, 갈 4:4 (4-6) 삼상 30:6, 느 4:14, 시 78편 (7) 딛 2:13 (8) 마 13:35.

다투다: (1) 논쟁하다 (2) 영적으로 싸우다 (3) 경쟁하다, 겨루다.
➲ (1) 욥 40:2, 잠 29:9, 행 11:2 (2) 신 2:9,24, 사 41:12, 49:25, 유 1:3,9 (3) 렘 12:5.

다트: (1) 마음을 찌르는 말 (2) 믿음의 방패의 필요성.
'화살' 항목을 찾아보라.
➲ (1) 삼하 18:14, 잠 7:23 (2) 엡 6:16.

닦다: (1) 정결하게 하다 (2) 지우다/잊다 (3) 돌려주다, 갚다 (4) 말리다 (5) 심판 (6) 위로 (눈물을 닦아 줌).
➲ (1) 왕하 21:13, 눅 7:38,44, 요 11:2, 12:3 (2) 느 13:14 (공동번역, 킹흠정, 한글킹), 잠 6:33, 30:20 (3) 사 25:8, 계 21:4 (4) 요 13:5 (5) 눅 10:11 (6) 계 7:17, 21:4.

달1: (월) '인명 & 지명 사전'에서 1-12월 항목을 찾아보라.

달2: (천체) (1) 아내, 어머니, 여자, 자매 (?) 교회 (3) 충성된 증인 (4) 달은 밤을 다스리고 지배하며, 태양 빛을 반사한다 (비교. 말 4:2) (5) 하나님의 영광을 비춤 (6) 기념 행사 (7) 부활 (8) 사탄.
'월식' 항목을 찾아보라.
➲ (1) 창 37:9-10, 고전 11:7 (2) 아 6:10 (3) 시 89:37 (4) 창 1:16, 시 136:9 (5) 고전 15:41, 계 21:23 (6-7) 삼상 20:5 (초하루) (8) 마 17:15. '간질'에 해당하는 헬라어 '세레니아조마이'는 달에 해당하는 헬라어 "셀레네"에서 유래했다. 여기서 달은 어둠의 통치자인 사탄을 상징한다.

달라붙다: (1) 결합 (2) 끌어안다, 받아들이다 (3) 매달리다.
➲ (1) 창 2:24, 눅 10:11, 행 11:23

달력: (1) 계획함 (2) 약속 (3) 결전의 날.
'낮/날'과 개별 숫자 항목들을 찾아보라.
➲ (1-2) 왕상 20:22,25-26 (3) 단 9:25 & 마 21:4-5.

달리다: (1) 믿음의 경주 (2) 서두름 (3) 두려운 (도망침) (4) 만나다 (그쪽으로 달려감) (5) 교전하다 (그쪽으로 달려감) (6) 제멋대로 함/스스로를 몰아붙임 (7) 용기 (8) 열정/열심을 보여 줌 (9) 탐욕 (뒤쫓음) (10) 감찰 (두루 다님) (11) 공격 (12) 자연적 혹은 영적인 힘 (13) 풍부함/넘쳐흐름 (넘침) (14) 단단히 딛고 섬 (15) 찾고 구하려 (16) 다투다, 경쟁하다 (싸움) (17) 막을 수 없음 (18) 모이기 위해 (함께 달림) (19) 훈련/단련된 (20) 당신의 사명 (21) (함께 달리려) 동맹을 맺다 (22) 원수들을 앞질러 감.
'뒤쫓다', '숨기다', '서두름(급함)' 항목을 찾아보라.
➲ (1) 갈 5:6-7, 히 12:1-2 (2) 창 18:7, 삿 13:10 (3) 삿 7:21 (패배), 9:21 (4) 창 18:2, 24:17, 왕하 4:26 (5) 삼상 17:48 (6) 삼하 18:23-24, 롬 9:16 (7) 삼하 22:30, 시 18:29 (8) 왕상 19:20, 눅 19:4, 요 20:4 (9) 왕하 5:20-21, 유 1:11 (10) 대하 16:9 (11) 욥 16:14, 행 7:57 (12) 시 19:5, 사 40:31 (13) 시 23:5, 78:15, 119:136, 133:2, 눅 6:38 (14) 잠 4:12 (15) 아 1:4, 사 55:5 (16) 욥 15:26, 렘 12:5 (17) 욜 2:7 (18) 행 3:11 (19) 고전 9:24-27 (20) 사 40:31, 갈 2:2, 빌 2:16 (21) 벧전 4:4 (22) 왕상 18:46.
 - 달리는 사람/주자: (1) 믿음의 경주 참가자 (2) 육체를 훈련/단련하는 자 (3) 하나님을 기다리는 자 (체력, 지구력) (4) 탐욕 (5) 죄인 (6) 사자, 메신저 (7) 포고자, 알리는 사람.
➲ (1) 갈 2:2, 히 12:1-2 (2) 고전 9:24-27 (3) 사 40:31 (4) 유 1:11 (5) 잠 1:16, 6:18 (6) 삼상 4:12, 17:17, 삼하 18:19-23, 렘 51:31 (7) 삼상 8:11.

달팽이: '민달팽이' 항목을 찾아보라.

닭: (1) 교회 (2) 하나님 (3) 예수 그리스도 (4) 모으는 자 (5) 보호자 (6) 무서워하는, 겁먹은 (7) 더러운 영 (8) 계시 (치킨 너겟) (9) 교회에 대한 비판 (후라이드 치킨).
➲ (1) 시 17:8 & 50:5 & 91:4, 사 49:5, 마 23:37, 행 14:27 (2) 시 91:1,3-4 (3) 마 23:37, 눅 13:34 (4-5) 마 23:37, 눅 13:34, 시 17:8 (6) "겁쟁이(chicken)에 불과해"처럼 (7) 레 20:25 (8) 마 23:37 & 요 6:51 (9) 행 8:1, 요삼 1:10.
 - 암탉: (1) 그리스도 (2) 위로, 양육, 보호 (3) 교회.
➲ (1-2) 마 23:37, 눅 13:34 (3) 마 23:37 & 행 14:27.

담배: (1) 불쾌한, 싫은 (2) 냄새나는 (3) 불쾌한 언사를 계속함 (4) 중독적인 생활 방식으로 돌아가게 하는 유혹/시험 (5) 근거지 (6) 더러운 영.
'약물 사용', '연기-연기를 피움' 항목을 찾아보라.
➡ (1) 욥 19:17 (2) 욜 2:20 (3) 사 29:21, 엡 4:29, 5:4 (4) 삿 8:33, 고전 10:13 (5) 시 78:61, 겔 30:18 (6) 막 9:25 (사람이 진리를 듣거나 말하지 못하게 막음), 계 14:11, 18:2.

담배 파이프: '연기-연기를 피움' 항목을 찾아보라.

담비: (1) 더러운 영 (2) 호기심과 장난기가 많고 순수하게 보이지만, 실상은 치명적으로 성령을 죽이는 사람 (담비는 피를 좋아하는데, 생명[성령]은 피에 있다).
➡ (1) 레 11:29-30 (새번역) (2) 레 17:11 & 욥 33:4.

담요: (1) 덮개, 가리개 (2) 권위 (3) 덮어 가림, 질식시킴.
➡ (1) 왕상 19:13 (2) 왕하 2:14 (3) 겔 32:7.

당구대: (1) 친교/성찬 (2) 종교적인 마음 (돌판) (3) 당구대 주변에서 오가는 많은 말.
'스포츠', '따내다' 항목을 찾아보라.
➡ (1) 고전 10:21 (2) 고후 3:3 (3) 왕상 13:20, 시 78:19, 단 11:27, 요 13:28.

당구장: (1) 이름만 기독교/그리스도인인 단체 (당구를 하지 않음) (2) 이교/이단 단체 (암흑가 거물들의 소굴, 많은 말[당구공들]과 많은 모임[여러 당구대]이 있지만 성령이 없음[당구를 하지 않음]).
'수영장' 항목을 찾아보라.
➡ (1) 계 3:1. (2) 요일 4:1-2.

당구채: (1) 강한 영향력을 미치는 말 (권위 있는 말) (2) 권위를 가지고 말할 준비를 함 (당구채에 초크를 칠함).
➡ (1) 출 14:16, 눅 4:36 (2) 사 49:2.

당근: (1) 어둠 속에서 볼 수 있게 비축해 놓은 것들 (썰어 놓은 당근) (2) 영적인 눈이 열림.
'야채/채소' 항목을 찾아보라.
➡ (1) 시 112:4, 사 9:2, 42:16 (2) 단 1:12,17.

당뇨: (1) (하나님과의 관계의 척도인) 마음에 기쁨이 없음 (2) 구원받지 못한 (건강하지

않은 피) (3) 귀신의 교리 (결함이 있는 DNA) (4) 말 그대로 당뇨.
'인슐린' 항목을 찾아보라.
➲ (1) 시 16:8–11 (2) 레 17:11 (3) 고후 11:4.

당혹감: (1) 수치/치욕 (2) 벌거벗음 (하나님의 영광이 없는) (3) 사람들을 의식하는 (사람을 두려워함) (4) 실패를 인식함.
➲ (1) 창 9:22-23, 삼상 20:34, 삼하 19:5, 대하 32:21 (2) 창 2:25, 출 32:25 (킹흠정, 한글킹) (3) 잠 29:25 (4) 시 142:4.

닻: (1) 예수 그리스도 (2) 안전하고 확실함 (3) 소망 (4) 브레이크 (5) 속도를 줄이다.
➲ (1–3) 히 6:19–20 (4) 행 27:29 (5) 물돛이 배의 속도를 늦추는 역할을 하는 것처럼.

대나무: (1) 젊은 그리스도인 (2) 허울뿐인 그리스도인 (마음이 없음) (3) 중국 (4) 징계, 훈육.
➲ (1) 잠 11:28, 사 60:21 (2) 사 29:13, 마 15:8 (3) "죽의 장막" (4) 잠 23:13 (막대기나 지팡이).

대로: '고속 도로' 항목을 찾아보라.

대리석: (1) 풍요와 부의 상징 (2) 견고하고 강한 (3) 영적으로 죽은 (차가운).
➲ (1) 에 1:6, 계 18:12 (2) 아 5:15 (새번역 외) (3) 눅 22:55-57, 계 3:15–16.

대마초: (마리화나) (1) 거슬리는 것 (2) 속임/기만의 영 (3) 모방하는 영 (4) 성령의 일들 안으로 들어감 (취함).
➲ (1) 욥 19:17 (2) 왕상 22:22 (3) 행 8:9–10 (4) 행 7:48 (지극히 높으신 이보다 높은 존재는 없다! 비교. 엡 5:18), 요일 1:4.

대머리: 다음 두 가지의 두드러진 사고방식이 있는 것 같다 (1) 겸손해짐과 겸손 (긍정적) (2) 육신을 끊어내는 표 (부정적) (3) 수치나 굴욕 (4) 심판 (5) 애통함 (6) 대머리 독수리처럼 머리가 완전히 벗겨진 사람이 우호적이지 않거나 적대적이라면, 마귀일 가능성이 있다. 자연적으로 대머리가 된 경우에는 전자(긍정적), 머리를 민 경우에는 후자(부정적)를 나타내는 것일 수 있다.
'머리카락', '머리', '면도칼', '깎다/밀다', '스킨헤드족', '독수리–대머리 독수리' 항목을 찾아보라.
➲ (1) 사 22:12, 미 1:16 (2) 레 13:40–41, 왕하 2:23 (3) 레 21:5, 겔 7:18 (4) 사 15:2, 렘 47:5 (5) 암 8:10 (6) 미 1:16.

대문: (성문) (1) 예수 그리스도 (하늘의 문) (2) 마음 (3) 진입로, 통로 (4) 방벽, 방책 (닫힌 문) (5) 기회 (열린 문) (6) 지도층 (문기둥/문설주) (7) 그리스도를 알지 못함 (닫힌 문) (8) 능력 (9) 권세 (10) 좁은 문 (생명) (11) 넓은 문 (멸망) (12) 입구, 통로 (13) 분리 (14) 장로의 지위, 직책 (15) 성전 문 (미문) (16) 통제하는 곳 (17) 지켜보는 곳 (18) 출구 (19) 큰 문, 입구 (20) 빗장을 지른 문 (21) 희생제사를 드리는 곳 (22) 보호 (23) 증인들이 있는 곳 (24) 갇힌 (25) 죽음 (26) 감사드림 (27) 사람들의 권세와 힘 (놋과 쇠) (28) 의 (29) 지혜가 있는 곳 (30) 재판하는 곳 (31) 소통의 장 (32) 예배 (양문) (33) 복음 전도 (어문) (34) 토대가 되는 가르침들 (옛 문) (35) 자아의 죽음 (골짜기 문) (36) 깨끗하게 함, 정제함 (분문) (37) 성령의 새롭게 하심 (샘문) (38) 하나님의 말씀 (수문) (39) 중보 (마문) (40) 그리스도의 재림 (동문) (41) 소집함 혹은 휴거 (함밉갓 문).

'문' 항목을 찾아보라.

➲ (1) 창 28:12,17 & 요 1:51, 시 24:7,9, 118:20, 삼하 23:15 (2) 시 24:7,9 (3) 시 100:4 (4) 느 7:3, 13:19, 계 21:25 (5) 잠 1:21–22, 8:34 (6) 룻 4:11, 잠 31:23, 갈 2:9, 계 3:12 (7) 눅 13:25 (8–9) 창 22:17, 24:60, 시 69:12, 127:5, 마 16:18 (10–11) 마 7:13–14, 눅 13:24 (12) 잠 17:19, 눅 7:12, 행 10:17 (13) 눅 16:20,26 (14) 창 19:1, 23:10, 34:20, 룻 4:1–2,11, 삼상 4:18, 9:18, 욥 29:7, 잠 31:23 (15) 행 3:2,10 (16–17) 행 9:24 (18) 행 12:10 (19) 삼상 21:13, 행 12:13, 계 21:12 (20) 신 3:5, 행 12:14 (21) 행 14:13, 히 13:12 (22) 출 20:10, 신 3:5 (23) 룻 4:10–11 (24) 삼상 23:7 (25) 욥 38:17, 시 9:13, 107:18, 마 16:18 (26) 시 100:4 (27) 시 107:16 (28) 시 118:19 (29) 잠 1:20–21, 8:1,3,34, 24:7 (30) 룻 4:1–2,10, 잠 22:22 (31) 잠 31:31 (32) 느 3:1 (33) 느 3:3 (34) 느 3:6 (35) 느 3:13 (36) 느 3:13 (37) 느 3:15 (38) 느 3:26 (39) 느 3:28 (40) 느 3:29 (41) 느 3:31.

대본: (1) 자신이 듣고 싶은 말을 함 (2) 말과 마음속의 생각이 일치하지 않는 사람 (3) 미리 연습한 대사.

➲ (1) 마 21:30, 눅 22:71 (비교. 눅 18:23) (2) 잠 23:7, 렘 23:16 (3) 요 11:21,32 (마르다와 마리아는 예수님을 기다리는 동안 부질없이 이 말을 주고받았을 것이다).

대사: (1) 하나님이나 사탄 또는 한 나라의 대변자 (2) 평화를 구하는 자 (3) 메신저(사자) (4) 괴로움 혹은 건강 (5) 스파이 (6) 속임, 기만.

➲ (1) 겔 17:15, 고후 5:20 (2) 사 33:7, 눅 14:32 (3) 사 18:2 (4) 잠 13:17 (5) 대하 32:31 (6) 수 9:4.

대상: (1) 선물 (2) 참고 인내하는 여행 (3) 교회(신부)를 모음.

'낙타' 항목을 찾아보라.
➲ (1–3) 창 24:10.

대성당: (1) 사람들의 주목을 받는 교회.
➲ (1) 행 11:26.

대안 치료사: (1) 믿음의 사역/교회.
➲ (1) 잠 13:17 (한글킹), 마 9:22, 눅 17:19, 행 14:9.

대양: '바다' 항목을 찾아보라.

대장: (1) 예수님 (2) 고난을 통해 얻은 권위 (3) 지도자 (4) 목사.
➲ (1–2) 히 2:10 ("창시자", 킹흠정, 한글킹) (3) 계 6:15 (4) 렘 51:23, 행 20:28, 벧전 5:2.

대적: (1) 마귀 (2) 인간적인 반대 세력 (3) 악한 영들 (4) 종교 지도자들 (5) 자아 (육신) (6) 세상.
➲ (1) 벧전 5:8 (2) 마 5:25, 눅 12:58, 18:3, 21:15–16, 빌 1:28 (3) 고전 16:9 (4) 눅 13:14–17 (5) 행 18:6 (킹흠정), 딤후 2:25–26 (킹흠정) (6) 요 16:33, 벧후 2:20, 요일 5:4–5.

대접: (1) 마음.
'식기/그릇' 항목을 찾아보라.
➲ (1) 전 12:6.

대타/대역: (대체물/대용품) (1) 약속 (2) 교체자/후임.
➲ (1) 창 4:25 (2) 삼상 16:1.

대통령 전용기: (1) 그리스도께서 함께하시는 사역.
➲ (1) 마 28:18–20

대포: (1) 강력한/권능의 음성 (2) 충격을 주는 말 (무자비한 마음) (3) 대단히 설득력 있는 말 (4) 지도자 (5) 분노 (6) 제어되지 않는 혀/마음.
➲ (1) 눅 4:32, 행 7:22, 히 12:26 (2) 왕상 19:2–3 (3) 롬 16:18, 골 2:4 (4) 전 8:4 (5) 단 2:12–13 (6) 시 32:9, 약 3:5–6 (어디로 튈지 모르는 사람).

대학: (1) 교육 (2) 공부 (3) 지성 혹은 인간의 지혜 (4) 학위 혹은 자격 (5) 사람의 권위 (6) 사람의 지혜 (7) 자연인/육의 사람 (8) 성령의 학교 (고등 교육).
➡ (1–2) 행 22:3, 딤후 2:15 (3) 고전 1:19–20,25, 약 3:13–18 (4) 요 7:15, 행 7:22 (5–6) 요 7:15–17, 고전 2:1–5 (7) 고전 2:14 (8) 요 14:26.

대형 수조: (1) 교회.
'양어장' 항목을 찾아보라.
➡ (1) 물고기를 보관하거나 키우는 곳.

대형 폐기물통: (1) 폐기물 (2) 치우다 (3) 해체, 철거 (4) 재정비.
'쓰레기차', '쓰레기', '쓰레기통/봉투' 항목을 찾아보라.
➡ (1–4) 느 4:2.

댐: (1) 하나님의 운행하심을 막거나 저항함 (2) 가능성, 잠재력 (3) 절제된 성령의 흐름 (4) 저지/방해함 (5) 하나님의 보호.
'깊은/깊음', '호수', '연못', '저수지', '물' 항목을 찾아보라.
➡ (1) 창 26:15, 신 2:30, 행 2:17, 6:8–10 (2) 말 3:10 (3) 대하 32:3–5,30 (4) 창 26:18 (5) 수 3:13, 사 59:19.

더러움: (1) 죄로 가득한 (2) 불법, 죄악 (3) 자기 의 (4) 교회에 대한 세상의 관점 (5) 비속어 (6) 이익을 탐함.
➡ (1) 욥 15:16, 시 14:3, 53:3, 사 4:4 (2) 슥 3:3–4 (3) 사 64:6 (4) 고전 4:13 (5) 골 3:8 (6) 딤전 3:3,8, 딛 1:7,11, 벧전 5:2.

더함: (1) 영적 성장 (2) 구원.
➡ (1) 벧후 1:5–7 (2) 창 50:20 (요셉의 이름은 "더하다"라는 뜻이다).

던지다/내던지다: (1) 퍼붓는 말 (2) 말함 (3) 위험 (4) 무너뜨리기 위해 (5) 정죄, 형을 선고함 (넘어뜨림).
'공', '계단/층계–내려가는 계단(걸음)' 항목을 찾아보라.
➡ (1–2) 삼상 17:40–49, 삼하 16:13 (3) 삼상 18:11 (4) 렘 1:10 (5) 대하 36:3.

던짐: (낚시, 그물 등) (1) 예언 사역 (2) 예언함 (3) 믿음으로 나아감.
➡ (1–2) 창 22:4–13, "눈을 들어" 시선을 던짐 (3) 전 11:1.

덫: (1) 위험에 대한 경고 (2) 속임, 기만 (3) 갑작스러운 멸망 (4) 견고한 진 (5) 타락/신앙을 버렸음을 상징함 (6) 죄.
'올무' 항목을 찾아보라.
➲ (1) 왕하 6:9, 고후 2:11, 딤후 2:26 (2) 렘 5:26-27 (3) 전 9:12 (4) 잠 11:6, 12:13 (5) 수 23:13 (6) 잠 5:22.

덮다: (1) 가려 줌 (2) 죄를 숨김 (3) 보호 (4) 사랑.
➲ (1) 시 32:1, 91:1 (2) 시 69:5, 잠 28:13, 사 30:1 (킹흠정, 한글킹), 눅 23:30 (3) 시 91:1, 마 23:37 (4) 아 2:4, 벧전 4:8.

데오드란트: (탈취제) (1) 복 (향기) (2) 하나님의 은총 (3) 실족케 하는 것을 덮어 버림 (4) 실족케 하는/거슬리는 것을 처리함.
'암내' 항목을 찾아보라.
➲ (1-4) 아 4:10, 잠 27:9, 마 11:6, 눅 7:23, 빌 4:18.

도끼: (1) 무겁고도 엄중한 경고의 말(씀) (2) 회개 (3) 용서 (4) 심판 (5) 심판의 도구 (6) 작은 도끼 (7) 하나님의 말씀.
➲ (1) 단 4:14, 마 3:7-12 (2-5) 마 3:10-11 (5) 마 3:10-11 & 행 8:22, 눅 17:3-4 (회개와 용서는 연결되어 있다) (6) 대상 20:3, 사 10:15 (7) 마 3:10-11.

도넛: (1) 마음 없는 달콤한 말 (거짓 약속) (2) 영적인 양식.
'원', '바퀴' 항목을 찾아보라.
➲ (1) 잠 23:1-3,7-8, 사 29:13, 마 15:8 (2) 겔 1:19.

도둑: (1) 경고 (2) (소유물, 덕/장점, 영적 은사 등을) 도둑맞을 가능성이 있음 (3) 마귀 (4) 파괴자 (5) 살인자 (6) 불신자 (7) 의심 (8) 일곱 배로 돌려받음 (도둑이 잡힘) (9) 위험한 동역/협력 관계 (10) 수치 (11) 조롱 (12) 저주 받은 (13) 마음이 이 땅의 보물에 집중되어 있음 (14) 악한 마음 (15) 교회 안에서 부당 이익을 취하는 자 (16) 기도하지 않음을 뜻함 (17) 조롱하는 자 (18) 돌보지 않음 (19) 경고/예고도 없이 (20) 간음하는 자.
'강도', '훔치다' 항목을 찾아보라.
➲ (1-5) 요 10:1,10 (5) 욥 24:14 (6) 시 50:17-18, 고전 6:9-10 (7) 약 1:6 (8) 잠 6:30-31 (9) 잠 29:24, 사 1:23 (10) 렘 2:26 (11) 렘 48:27 (12) 슥 5:3-4 (13) 마 6:19-21 (14) 마 15:19, 막 7:21-22 (15) 마 21:12-13 (16) 마 24:43, 계 16:15 (17) 마 27:44 (18) 요 12:6 (19) 살전 5:2-4, 벧후 3:10, 계 3:3, 16:15 (20) 삼하 12:4,7-

9. 잠 6:26-32.

도둑질: '도둑' 항목을 찾아보라.

도랑: (1) 원수의 방해 (2) 덫, 함정 (3) 음녀 (깊은 구덩이) (4) 지옥 (5) 거절/거부당하는 곳 (6) 인간이 만든 수로 (7) 우울, 쇠약.
➡ (1-2) 시 7:15, 57:6, 사 42:22 (3) 잠 23:27 (4) 마 15:14 (5) 욥 9:31 (6) 왕하 3:16-17, 사 22:11 (7) 삼상 28:20-21.

도로: '길2' 항목을 찾아보라.

도로 교통 공단: '고속 도로-고속 도로 순찰대' 항목을 찾아보라.

도르래: (1) 성령님 (2) 격려자.
'크레인/기중기' 항목을 찾아보라.
➡ (1) 겔 3:14, 8:3, 11:1 (2) 잠 12:25.

도마: (1) 심판/심판의 (2) 모진/험한 말 (3) 육신을 처리함 (지방을 잘라냄) (4) 설교 준비.
➡ (1-2) 마 3:10 (3) 롬 8:13 (4) 히 4:12.

도마뱀: (1) 마귀 (2) 더러운 영 (3) 끈기, 강인함 (꼭 붙어 있음).
'뱀' 항목을 찾아보라.
➡ (1) 사 27:1 (2) 레 11:30 (3) 잠 30:28.
- 목도리 도마뱀: (1) 두려움의 영 (2) 귀신.
➡ (1-2) 딤후 1:7.

도미노: (1) 영적 가속도 (2) 다른 이들의 넘어짐 (3) 민감한 균형 (4) 상호 연결 (5) 반향, 반동 (6) 충격파.
'카드놀이', '넘어짐/떨어짐' 항목을 찾아보라.
➡ (1-6) 삼상 14:15-16,20.

도박: (1) 당신의 영원한 운명을 가지고 장난을 침 (2) 육신이 영을 지배함 (영원한 것보다 일시적인 것으로 채움) (3) 중독 (4) 견고한 진 (5) 탐욕 (6) 속임, 기만 (7) 하나님 없이 결정함.

⏵ (1–2) 마 16:26, 눅 12:20 (3) 시 1:1 (여기서 '죄인'은 습관적인 죄인을 말한다), 딤전 6:9 (4) 막 10:21–22 (5) 잠 1:19, 15:27, 전 5:10 (6) 딤전 6:10 (7) 창 16:2 (아브람은 하나님께 여쭤보지 않았다), 왕하 1:3, 대상 10:14, 사 50:11.

도서관: (1) 지식을 구함 (2) 하나님에 대한 지식을 추구함 (3) 하늘의 지혜 혹은 풍성함 (위층에 있는 도서관) (4) 책들 (5) 검토 (5) 조회 혹은 조사 (6) 역사 (7) 가만히 있어 알지어다.
'학교' 항목을 찾아보라.
⏵ (1) 롬 15:4 (2) 잠 2:3–5, 딤후 3:16 (3) 롬 11:33, 약 3:17 (4) 전 12:12 (5–6) 스 4:15, 에 6:1 (7) 시 46:10.

도시: (성, 성읍) (1) 세상 (2) 인구가 많은, 조밀한 (3) 말씀을 전하는/전도하는 곳 (4) 교만 (5) 심판을 받을 각각의 도시 (6) 박해가 있는 곳 (7) 그 도시에 대한 영적 권세를 말하는 것일 수도 있다 (8) 생명을 나타낸다 (9) 분주한 (10) 도시의 형태나 이름에 주목하라 (11) 국제적인 영향력 (다른 나라에 있는 도시의 경우) (12) 새 예루살렘 (현대적인 도시) (13) 천국, 하늘의 왕국 (14) 유명해짐 (대도시로 감).
'벽돌', '탑/타워' 항목을 찾아보라.
⏵ (1) 창 11:4, 사 14:21, 마 5:14 (2) 마 8:34, 21:10, 막 1:33 (3) 마 11:1 (4) 마 4:5–6 (5) 마 10:15 (비교. 10:11,14), 11:20–24 (6) 마 10:23, 23:34, 눅 4:29 (7) 눅 19:17,19 (9) 눅 17:28–29 (11) 왕상 10:24 (12) 사 62:1–4, 계 3:12 (13) 시 103:19, 단 2:44, 마 3:2, 계 12:10 (14) 창 13:12, 14:12, 요 7:3–4.

도예가/도공: (토기장이) (1) 하나님.
⏵ (1) 렘 18:6.

도자기: '용기' 항목을 찾아보라.

도지사/군수/총독: (1) 그리스도 (2) 통치자 (3) 권세와 능력 (4) 주최자, 책임 진행자 (5) 재판장 (6) 결정권자 (7) 치안 판사+ (8) 율법 (9) 키잡이 (배를 조종하는 사람).
⏵ (1) 마 2:6 (2) 마 2:6 (3) 눅 20:20, 롬 13:1 (4) 요 2:8–9 (5) 행 24:10 (6) 마 27:2,11,14,21 (7) 고후 11:32 (8) 갈 4:2 (9) 약 3:4 (한글킹).
(+영미법에서, 약식 재판의 권한을 가지는 재판관. 형사 사건에서 예비 심문을 할 수 있으며 체포 · 수색 · 압수 영장을 발부할 수 있다)

도착: (1) 사명/약속의 땅으로 들어감 (차를 타고 도착함).
➲ (1) 수 1:11.

도취된 상태: (황홀경) (1) 방언을 말함 (2) 천국의 기쁨 (3) 회복/부흥 (4) 들어 올려짐 (5) 기쁨.
'약물 사용' 항목을 찾아보라.
➲ (1) 삼상 10:4-6 (예언하다의 문자적 의미는 "도취된 상태로 말하는 것"이다) (2) 고후 12:4 (3) 행 2:4 (4) 살전 4:16-17 (5) 요 16:24.

도토리: '씨(앗)' 항목을 찾아보라.

독: (1) 거짓말 (어떤 사람에게 삼키라고 요청받거나 강요당하고 있는 것) (2) 죽음 (3) 누군가를 대적하는 말 (4) 죄 (5) 과도한 음주.
'미끼' 항목을 찾아보라.
➲ (1) 시 140:3, 롬 3:13 (2) 왕하 4:40 (3) 시 56:5, 140:1-3 (4) 롬 6:23 (5) 잠 23:30-32.

독사: (1) 재앙을 가져올 가능성이 있는 작고 사소한 문제 (2) 아들/딸/자녀의 악의에 찬 말.
'뱀' 항목을 찾아보라.
➲ (1) 행 28:3-6 (2) 잠 30:14.

독수리: (1) 영적인 자아 (2) 선지자 (선견자) (3) 하나님 (4) 힘 (5) 이스라엘 (6) 신속함 (7) 하늘의 안식처 (보금자리) (8) (노력이 아니라) 성령으로 들어 올려진 (9) 안정되지 않은 가정/교회 (이동해야 할 때) (10) 심판의 도구 (11) 천사 (흰 독수리) (12) 전쟁하는 천사.
➲ (1) 사 40:31, 마 24:28 (2) 출 19:4 & 삼상 9:9 (3) 출 19:4, 신 32:11-12, 요한복음은 예수님의 신성을 보여 준다 (예. 독수리) (4) 시 103:5, 사 40:31 (5) 계 12:14 (6) 신 28:49, 삼하 1:23, 욥 9:26, 렘 4:13, 애 4:19, 합 1:8 (7) 욥 39:27, 잠 23:5, 렘 49:16, 옵 1:4 (8) 잠 30:19 (9) 신 32:11-12 (10) 잠 30:17, 겔 17:3-21 (11) 눅 17:37 & 요 20:12 (12) 단 10:6,13.
- **대머리 독수리**: (1) 예리한 눈을 가진 (2) 광야의 새 (3) 죽음을 상징함 (4) 영혼을 지옥으로 끌고 가는 귀신들.
➲ (1) 욥 28:7 (2) 사 34:15 (3) 마 24:28, 눅 17:37 (4) 레 11:13-14.

돈: 돈의 사용은 크게 세 가지로 나눌 수 있다.

- 긍정적인 의미: (1) 믿음 (2) 수입 (3) 하나님을 삶 가운데 가장 우선시하는 것에 대한 복 (4) 은사 혹은 달란트를 상징함 (5) 값을 주고 권리를 삼 (6) 구속, 속량 (되사려 함) (7) 하나님의 영광의 분량 (금화) (8) 희생제물 혹은 예물을 드림 (9) 감사드림 (화폐) (10) 하나님의 말씀 (11) 씨(앗).
- 돈을 사용하는 방법: (12) 하나님과 돈 사이에서 결단함 (13) 영적으로 투자해야 함 (14) 액수가 아니라 마음이 중요하다.
- 부정적인 의미: (15) 악의 뿌리 (돈에는 조종하고 통제하는 힘이 있다) (16) 교회 안에서 장사/사업함 (17) 탐욕 (탐심은 영적인 생명을 제거한다) (18) 속임수, 미혹 (19) 배신을 뜻할 수도 있음 (20) 세상의 권력 (21) 뇌물.

'환전', '재물', '씨(앗)', '보물' 항목을 찾아보라.

➡ (1) 벧전 1:7 (비교. 잠 23:23 & 요 17:17 & 롬 10:17 [하나님 왕국의 화폐인 믿음]) (2) 왕하 12:11, 잠 10:4 (3) 대하 1:11-12, 잠 10:22, 마 6:33 (4) 마 25:15 (5) 행 7:16 (6) 레 25:51, 민 3:49, 사 52:3 (7) 사 60:9 (8) 막 12:41 (9) 시 100:4 (10) 창 44:2 (비교. 눅 8:11) (11) 말 3:10 (12) 막 6:8, 눅 16:13, 행 4:36-37, 8:18-20 (13) 마 25:27, 눅 19:23 (14) 막 12:42-44 (15) 딤전 6:10 (16) 요 2:14-16 (17) 잠 1:19, 15:27, 사 56:10-11, 행 24:25-26 (18) 마 13:22, 28:12-13,15, 행 24:25-26, 계 3:17 (19) 막 14:11 (20) 전 10:19 (세계 어디에서나 사용되고 이해되는 일반적인 것), 마 22:17-21 (21) 삼상 8:3, 시 26:10, 암 5:12.

돌: (1) 마음 (2) 말 (3) 믿는 자 (4) 사람들 (5) 예수 그리스도 혹은 하나님 (6) 육체 (7) 그 위에 세울 만큼 강함 (8) 완고한 마음 혹은 죽은 (9) 마음(우물)의 벽 (10) 증거 (11) 기념물 (12) 율법 (13) 죽음 혹은 죽은 (14) 걸림, 실족하게 하는 것 (15) 심판 (돌을 던짐).

'벽돌', '기초/토대', '보석' 항목을 찾아보라.

➡ (1) 잠 3:3, 고후 3:3 (2) 삼상 17:40,49, 마 16:17-19 (3) 엡 2:20, 벧전 2:5-8 (4) 마 24:2, 눅 19:40,43-44, 요 2:6, 전 3:5 (5) 창 28:11-18 & 요 1:51 (야곱의 행동은 죽음[잠]과 부활[기둥]을 상징한다), 49:24, 단 2:34-35 (6) 겔 11:19, 36:26 (7) 요 1:42 (8) 삼상 25:37-38, 욥 41:24, 겔 11:19, 36:26, 슥 7:12 (9) 창 29:2-3,8-10 (10) 창 31:46-49, 수 24:26-27 (11) 수 4:7-9 (12) 수 8:32 (13) 요 8:59, 10:31 (14) 사 8:14 (15) 레 20:27, 요 8:59, 10:31.

- 다듬은/다듬지 않은 돌: (1) 성령님이 정하신 (다듬지 않은 돌) (2) 인간의 공, 수고 (다듬은 돌) (3) 우상숭배 (다듬은 돌).

➡ (1-2) 수 8:31, 사 37:19, 애 3:9 (3) 단 5:4,23.

- 던지는 돌/물매용 돌: (1) 말.

➡ (1) 삿 20:16, 삼하 16:6,13.

- 돌 던지면 닿을 거리: (아주 가까운 거리) (1) 목소리가 들리는 거리.
➲ (1) 눅 22:41.
- 돌 위에 떨어짐: (1) 깨짐, 부서짐.
➲ (1) 마 21:44.
- 돌이 많은: (1) 완고한 마음 (2) 깊지 않음 (3) 마음의 경험이 없음 (4) 압박을 받아 시듦 (5) 고난과 박해로 마음이 상한.
➲ (1) 겔 11:19, 슥 7:11-12 (2-5) 마 13:5-6, 막 4:5-6,16-17.
- 위로 돌이 떨어짐: (1) 으깨짐 (2) 가루가 됨 (3) 심판.
➲ (1-3) 마 21:44.
- 흰 돌: (1) 정결한 마음 (2) 새 이름.
➲ (1-2) 계 2:17.

돌고래: (1) 교사 (2) 소선지자.
➲ (1) 욥 12:7-8, 35:11, 돌고래가 가진 지능 때문에.

돌다/돌리다: (방향을 바꾸다, 변화되다) (1) 바뀐 경로 혹은 (방향의) 변화 (2) 부인함 혹은 외면함 (3) 당신을 공격함 (4) 회개 (5) 영적인 것(영역)으로 이동함/들어감 (6) 육신/자연적인 것(영역)으로 이동함 (7) 하나님께 나아감 (8) 마음의 태도를 바꾸기 위해 (9) 인정하거나 확인하려고 누군가를 돌아봄 (10) 예상하지 못한 기회 (더 좋은 것으로 바뀜) (11) 슬픔이 기쁨으로 변화됨 혹은 그 반대 (12) 더 나쁜 일이 됨.
'길모퉁이', '춤', '유턴' 항목을 찾아보라.
➲ (1) 마 2:22, 눅 1:17, 행 13:46 (2) 마 5:42 (3) 마 7:6 (4) 눅 17:4, 행 3:26 (5) 마 9:22, 16:23, 눅 2:45, 7:9, 9:55, 23:28, 요 1:38, 16:20, 20:16 (6) 요 21:20-21 (7) 눅 1:16, 17:15, 행 11:21 (8) 눅 1:17, 행 7:39, 13:8 (9) 눅 7:44 (10) 눅 21:12-13 (11) 요 16:20, 행 2:20 (12) 왕상 17:18.

동: (1) 힘 (2) 의로움 (3) 담대함 (4) 3등, 3위.
'놋', '금', '은', '납' 항목을 찾아보라.
➲ (1-3) 계 1:15, 2:18 (새번역 외) (4) 민 31:22, 올림픽 메달처럼.

동굴: (1) 은신처 (2) 요새, 산성 (3) 피난처나 은신처 (4) 무덤 (매장지) (5) 당신의 내면에서 일어나는 일 (6) 은둔한, 속세를 버린 (7) 은밀한 곳 (8) 임시 거처 (9) 땅속, 지하 (10) 지옥.
'터널', '지하' 항목을 찾아보라.
➲ (1) 창 19:30, 왕상 18:13, 19:9,13 (2) 삿 6:2, 대상 11:15-16 (3) 시 57:1, 142:5

(4) 창 25:9, 49:29-32, 50:13, 요 11:38 (5) 벧전 3:4 (6) 왕상 19:9, 잠 18:1 (7) 아 2:14 (8) 왕상 18:4 (9) 창 19:30 (10) 벧후 2:4, 유 1:6.
- 작은 동굴: (1) 마음 (2) 이 땅의 보물 (3) 종교적인 사당.
'신당', '보물' 항목을 찾아보라.
➲ (1-3) 마 6:19-20.

동물: - 집짐승: (1) 그리스도 (2) 믿는 자들 (3) 이스라엘.
- 야생 동물: (4) 이방 나라들 (5) 불신자들 (6) 세상의 길로 돌아가는 사람들 (7) 마귀의 능력.
개별적인 동물 항목을 찾아보라.
➲ (1) 레 4:3,14,23 (2) 사 53:6 (3-4) 렘 50:17 (4-5) 단 7:3이하, 8:3,20 (6) 벧후 2:12-15, 유 1:10-11 (7) 성경의 부정한 짐승들은 마귀의 능력을 상징한다.

동물원: (1) 다양한 유형/인종이 섞여 있음 (2) 감금된/좌절된 (3) 전시 중인 (4) 당신의 환경을 벗어난 (5) 통제 불능의 (6) 세상.
➲ (5) 혼란스럽고 시끄럽고 통제되지 않은 상황이나 장소를 "동물원"이라고 함 (6) 요일 2:16.

동산/정원: (1) 믿는 자의 마음 (2) 사람의 영 (3) 교회 (4) 성장 (5) 하나님과의 친밀함을 누리는 곳 (6) 일터 혹은 당신이 돌보고 있는 곳 (7) 영생 (늘 푸른 동산) (8) 죽는 곳, 매장지일 수도 있다 (9) 죄를 가리킬 수도 있다 (동산에 숨음) (10) 새 생명을 뜻할 수도 있다 (열매를 많이 맺음) (11) 의.
'공원', '후원', '뜰-앞뜰' 항목을 찾아보라.
➲ (1) 아 4:16-5:1, 막 4:7-8 (2) 아 4:15, 렘 31:12 (3) 아 4:12 (4) 창 2:9, 눅 13:19 (5) 창 3:8, 아 4:12,15-16, 6:2,11, 요 18:26 (6) 창 2:15 (7) 사 51:3, 58:11 (8) 요 19:41, 왕하 21:18,26 (9) 창 3:10 (처음으로 죄를 지은 장소라는 것을 생각하라) (10) 민 24:6, 렘 31:12 (기쁨) (11) 사 61:11.

동성애: (1) 재생산을 할 수 없는(복음적이지 않은) 사람들과의 연합 (2) 남자들의 모임 (3) 육신적인 욕망대로 사는 사람들 (4) 적그리스도의 영.
'생식기', '성2' 항목을 찾아보라.
주의: 꿈꾸는 사람이 꿈속에서 성적 충동이나 변태적 욕망을 경험한다면, 포르노/음욕/성범죄 등 성에 관한 문제나 악한 영이 관련되어 있을 가능성이 대단히 높다.
➲ (1) 막 10:35-37 (비교. 막 10:9, 엡 5:31-32) (2) 마 14:15, 15:23, 막 10:35-37

(3) 롬 1:24,27 (4) 단 11:37, 롬 1:25.
- 동성애 행위: (1) 가증한 것 (2) 정욕 (3) 남용, 오용 (4) 범함, 침해 (5) 귀신의 괴롭힘.
➡ (1-3) 롬 1:24-28, 고전 6:9.

동전: (1) 돈 (2) 공급 (3) 상대적으로 적은/작은 돈 (4) 각국의 돈 (갖가지 색깔의 다양한 동전들).
'금/금빛', '돈' 항목을 찾아보라.
➡ (1-2) 마 17:27 (3) 막 12:42 (4) 삼하 8:11, 대상 18:11.
- 백원/오백원: (1) 소량의 돈 (2) 넓은 마음을 나타낼 수도 있음 (3) 겉모습을 보지 말라 (4) 용서하지 않는 문제.
➡ (1-3) 막 12:42, 눅 21:2-4 (4) 눅 12:58-59.

동쪽: (1) 하나님의 영광의 처소 (2) 해(아들)가 떠오름 (3) 기대, 예상 (4) 하나님을 기다림 (5) 찬양과 경배 (6) 하나님을 의지함 (7) 동쪽에서 온 고귀한 사람에게 선물/메시지를 받는다면 하나님이 주신 것이다 (8) 동쪽의 신뢰할 수 없는 근원에게서 선물을 받는다면 마귀로부터 온 것이다 (동방 종교) (9) 자신의 상황과 환경 가운데 동쪽과 관련된 것들을 생각해 보라.
'서쪽'과 '해' 항목을 찾아보라.
➡ (1-2) 겔 43:1-2 (3) 태양은 동쪽에서 뜬다, 말 4:1-2 (4) 욘 4:5 (5) 민 2:3 ('유다'는 "찬양"이라는 뜻이다).

돛: (1) 성령의 인도함을 받는 (2) 성령님을 기다림 (돛을 펴지 않음 혹은 빈 돛) (3) 여정 (4) 믿음의 테스트 (5) 상한 영 (찢어진 돛, 부러진 돛대).
'돛대', '배2' 항목을 찾아보라.
➡ (1-2) 요 3:8, 행 13:4 (3) 행 13:4 (4) 눅 8:23-25 (5) 잠 15:13.

돛대: (1) 똑바른, 곧은 (2) 힘이 센 사람 (3) 돛 (4) 힘 (5) (술에) 취한 (6) (높이 솟은 굴뚝과 대비를 이루어) 성령의 인도함을 받는 것을 뜻함 (7) 선지자 (파수꾼).
'노를 저음', '돛', '배2' 항목을 찾아보라.
➡ (1-2) 겔 27:5 ('백향목' 항목을 찾아보라) (3-4) 사 33:23 (5) 잠 23:34-35 (6) 요 3:8 (7) 왕하 2:15, 시 74:9, 사 30:10.

돼지: (1) 불신자 (2) 죄 (3) 더러운 영 (4) 귀신/마귀 (5) 분별없는 여자.
➡ (1-2) 마 7:6, 눅 15:13-18 (3-4) 마 8:30-32, 막 5:16 (5) 잠 11:22.

되새김질: (1) 묵상 (2) 해결/마무리가 필요함.
➲ (1) 레 11:3 (2) 레 11:4.

두 번째: (1) 영적인 (2) 수평적인 사랑 (3) 부인함 (4) 종 (송아지/수소) (5) 알려진, 공개된 (6) 1등이 아닌 혹은 선택받지 못한 (7) 최고가 아닌.
'둘(2)' 항목을 찾아보라.
➲ (1) 요 3:3-4, 고전 15:46-47, 히 8:7-8, 9:3,7, 10:9, 계 2:11, 21:8 (2) 마 22:39, 막 12:31 (3) 막 14:72 (4) 계 4:7, 또한 신약의 두 번째 책(마가복음)은 그리스도를 지칠 줄 모르는 종으로 묘사한다 (5) 눅 13:34-35, 행 7:13 (6) 마 22:25-26,39 (7) "2등", "이류"라는 말처럼.
- 두 번째 자리/좌석/줄: (1) 차선, 두 번째로 좋은 (2) 열등함, 하위 (3) 하나님이 맡겨 주신 자리를 감당할 만한 자격이 없다고 느낄 가능성이 있음.
➲ (1-3) 삿 6:15, 삼상 10:22, 마 22:25-26.

두개골: (1) 생각과 계획 (2) 십자가 (3) 죽음 혹은 죽음에 대한 경고 (4) 독에 대한 경고 (5) 저주/저주 받은 (6) 해적 행위.
'해골' 항목을 찾아보라.
➲ (1) 삿 9:52-53 (그의 생각과 계획이 좌절되었다) (2-3) 요 19:17-18 (5) 왕하 9:34-35 (6) 해적의 상징-두개골과 두 개의 대퇴골을 교차시킨 모양.

두건/후드를 쓴: (1) 분별력을 잃은 생각/가려진 마음 (2) 무엇을 가리거나 숨김 (3) 덮인 (4) 불명예 혹은 수치 (5) 그리스도가 필요함 (6) 두려움 (7) 해를 끼치는 입술 (8) 애통.
➲ (1) 고후 3:13-15 (2) 창 38:15 (비교. 창 3:8) (3-4) 렘 14:4, 겔 7:18, 고전 11:4 (5) 렘 14:4, 고후 3:16 (6) 출 34:30 (7) 시 140:9, 잠 10:6 (8) 삼하 15:30, 에 6:12.

두꺼비: (1) 악의에 찬 사람.
'개구리' 항목을 찾아보라.
➲ (1) 롬 3:13, 약 3:8.
- 수수두꺼비: (독두꺼비) (1) 재앙/저주 (2) 거짓(사이비) 종교라는 골칫거리 (3) 더 큰 문제가 되어 버린 해결책 (우리나라의 황소개구리처럼).
'개구리' 항목을 찾아보라.
➲ (1-2) 출 8:2 (3) 창 16:1-2.

두꺼운: (1) 기름진 (2) 하나님께 무신경한 (3) 뻔뻔스러운 (4) 무딘 혹은 냉담한 마음.

'기름짐 & 살찜', '앙상한' 항목을 찾아보라.
⮕ (1–2) 신 32:15 (3) "낯 두껍다"는 말처럼 (4) 마 15:16 (깨달음은 마음의 수용성과 관련이 있다. 마 13:19).

두들겨 맞음: (1) 악담, 욕설 (언어 폭력) (2) 신랄한 언어 공격 (3) 육체적 손상에 대한 경고.
⮕ (1–2) 눅 22:64–65.

두루마리: (1) 하나님의 말씀 (2) 고문서 (3) 하늘 (4) 컴퓨터에 입력한 말.
'책', '도서관' 항목을 찾아보라.
⮕ (1) 렘 36:2,4,6, 겔 2:9–3:3 (2) 스 6:1–2 (3) 사 34:4, 계 6:14 (4) 컴퓨터 화면 스크롤.

두피: '대머리', '머리카락', '머리', '면도칼' 항목을 찾아보라.

둘(2): (1) 증인 (2) 증거 (3) 분할/나눔 혹은 분리 (4) 차이, 다른 점 (5) 연합 혹은 합의 (6) 보상: 증가, 배가 (7) 후원/지지 (8) 따뜻함 (9) 의심 (두 마음을 품음) (10) 죽음 ('부활'을 뜻하는 3 앞의 숫자) (11) 둘째 하늘 (영의 세계) (12) 반복되는 상황.
'쌍둥이' 항목을 찾아보라.
⮕ (1) 마 18:16 (2) 요 8:17 (3) 창 1:6–8 (4) 창 13:6–7, 출 8:23, 마 24:40–41 (5) 암 3:3 (6) 전 4:9 (7) 전 4:10,12 (8) 전 4:11 (9) 마 14:30–31, 21:21, 막 11:23, 약 1:8, 4:8 (10) 창 1:6–8 (축복이 없음) (11) 엡 6:12 (비교. 고후 12:2) (12) 막 14:72.

둥근: (원형의) (1) 하나님 (2) 하나님께 속한 (3) 육신을 잘라냄을 말함 (4) 변화된 혹은 변화함.
'원', '굴리다', '정사각형', '바퀴' 항목을 찾아보라.
⮕ (1) 계 4:2–3 (2) 창 9:13 (3) 수 5:8–9 (우리말, 킹흠정, 한글킹) (4) 수 5:9.

둥지: (1) 침대 (2) 가정/집 (3) 강제로 성장시킴 (둥지를 부숨) (4) 안전, 무사 (5) 어린 것들이 안전한 곳 (6) 약한, 공격받기 쉬운 (둥지 밖으로 던져짐) (7) 교만 (높은 둥지) (8) 나그네, 일시 체류자 (보금자리가 없음).
⮕ (1) 마 8:20 (2) 민 24:21, 시 84:3, 104:17 (3) 신 32:11–12 (4) 욥 39:27, 렘 22:23, 48:28, 49:16 (5) 시 84:3 (6) 잠 27:8, 사 16:2 (7) 옵 1:4 (8) 눅 9:58.

뒤: (1) 과거의 일 (2) 거꾸로, 반대 방향으로 (3) 뒤쪽, 뒤편 (4) 비밀문 (5) 짐 (6) 돌아감

(7) (뒤에서) 당신을 조종하려 함 (8) 뒤에서 떨어지지 않음 (9) (어떤 사람/상황으로) 돌아가지 않음 (10) (등지고) 떠나감 (11) (등져서) 마주볼 수 없거나 직면하려 하지 않음.

'배낭', '앞' 항목을 찾아보라.

➡ (1) 빌 3:13 (2) 창 9:23 (3) 빌 3:13 (4) 행 27:30-32 (5) 마 23:4, 행 15:28 (6) 왕상 13:16,19 (7) 마 16:22 (8) "어떤 일(것)의 결과로" (9) 삼상 15:11, 왕상 14:9 (10) 출 23:27, 수 7:8,12 (11) 출 33:23, 삿 18:26.

- 뒤로: (뒤를 향해) (1) 과거 (2) 타락함, 신앙을 버림 (3) 하나님께 등 돌림 (4) 준비되지 않은/준비가 필요한 (5) 후퇴, 물러섬 (6) 자기 성찰의 필요성 (7) 어디로 향하는지 모름.

➡ (1) 창 9:23 (과거를 덮음), 빌 3:12 (새번역, 우리말, 킹흠정, 한글킹) (2) 사 1:4 (3) 렘 7:24, 15:6, 애 1:8 (4-5) 수 7:5,10-11.

- 뒤이어/뒤따라: (1) 과거 (2) 뒤따름 (3) 나중 (4) 추구함.

➡ (1) 빌 3:13 (2) 마 10:38, 16:24 (3) 요 13:36 (4) 롬 9:31, 고전 14:1

- 뒤쪽에: (1) 과거 (2) 뒤이어 (3) 따라가기 위해 (4) 정해진 때에 일어날 일 (5) 나중에 (6) 떠남, 벗어남.

'앞' 항목을 찾아보라.

➡ (1) 빌 3:13 (2) 마 10:38 (3) 막 8:34 (4-5) 욜 2:28 (6) 창 19:26 (롯의 아내는 떠나지/벗어나지 못했다).

뒤꿈치: (1) 배신 (2) 뒤에서 공격함 (3) 과거의 삶 (4) 드러난 과거 (5) 함정/덫 (6) 저지, 방해.

'벽/담' 항목을 찾아보라.

➡ (1) 창 3:15, 시 41:9, 요 13:18 (2) 창 49:17 (3) 시 49:5 (4) 렘 13:22 (5) 욥 18:9 (6) 창 25:26.

뒤돌아보다: (1) 온전히 헌신하지 않는 (2) 불순종/하나님을 거절함 (3) 세상에 붙잡힌 (4) 과거의 쾌락, 즐거움을 바라는 (5) 과거를 바라봄/생각함 (6) 하나님의 은혜에 감사하지 않음.

➡ (1) 눅 9:62 (2) 행 7:39 (3) 히 10:38 (4) 창 19:26 (5-6) 민 11:5-6.

뒤집어진/뒤집힌: (안팎이) (1) 상황이 전도된 사람 (예. 하나님 나라보다 돈을 우선함) (2) 마음의 비밀을 드러내거나 감지함.

➡ (1-2) 마 6:33, 23:25-28.

뒤쫓다: (1) 위협함 (누군가를 뒤쫓음) (2) 위협 당함 (쫓김) (3) 기도하라는 부르심 (쫓김) (4) (당신이 쫓고 있는 것에) 사로잡힌.

'감추다', '달리다' 항목을 찾아보라.

➲ (1) 레 26:7 (2-3) 신 1:44 ("호르마"의 뜻은 '봉헌'이다) (4) 왕하 5:20 (돈을 쫓아감).

뒤편: (1) 과거 (2) 보이지 않게 (3) 권위/권한이 없는 (4) 겸손히 혹은 비굴하게 (5) 부족한, 뒤지는.
'뒤', '뒷문', '후원' 항목을 찾아보라.
➲ (1) 빌 3:12-13,14, 눅 9:62 (2) 마 9:20 (3) 신 28:13,44, 마 16:23 (4) 눅 7:38 (5) 고후 12:11.

뒷문: (1) 과거 (2) 의심/불신 (3) 은밀한(숨겨진) 문 (4) 길이 아닌 곳으로 들어오는 (5) 신앙을 버림 (6) 눈에 띄지 않는 문 (7) 이탈 (8) 은밀한 죄
➲ (1-2) 창 18:10,12-13 (3) 창 31:27, 렘 39:4 (4) 요 10:1 (5) 렘 2:19, 5:6, 요 16:32 (6) 마 1:19 (7) 요 10:12 (8) 눅 12:2.
- 뒷문으로 건물에 들어감: (1) 시스템을 거쳐 들어오지 않음 (2) 비밀리에 (3) 세상의 주목을 피함.
➲ (1-3) 요 7:10.

듀공: (주로 인도양에 사는 거대 초식성 포유류) (1) 세상의 우상 (바다소).
'바다코끼리' 항목을 찾아보라.
➲ (1) 출 32:24, 왕상 12:28.

드라이브 스루: (1) 부작용이 있음에도 어떤 문제를 무조건 가장 **빠른** 방법으로 해결하려는 사고방식.
➲ (1) 마 14:15.

드러머/고수: (1) 하나님 (적당한 시기/타이밍을 책임지시는 분) (2) 지도자 (사역의 중추/심장/맥).
'박자', '드럼', '음악', '경배' 항목을 찾아보라.
➲ (1) 갈 4:4, 엡 1:10 (2) 요 13:25.

드럼: (1) 영적 전쟁.
'박자', '드러머', '음악', '경배' 항목을 찾아보라.
➲ (1) 대하 20:21-22, 고후 10:4.

드레스: '옷을 입다' 항목을 찾아보라.

들것: (1) (무지로 인한) 영적 전쟁의 희생자.
➲ (1) 삼상 31:3.

들불: (1) 심판 (2) 하나님과의 만남 (3) 억제/제어할 수 없는 말 (험담, 비방, 거짓말, 거짓 약속 등).
➲ (1) 마 13:40, 벧후 3:7 (2) 출 3:2 (3) 약 3:6.

들어 올림: (1) 영계로 데리고 들어감 (들어 올림) (2) 하늘의 처소로 데리고 들어감 (3) 구속함 (끌어올림, 끌어냄) (4) (눈을 들어) 영적인 환상을 받음 (5) 하나님의 왕국으로 데리고 들어감 (일으킴) (6) 사로잡힌 자들을 풀어 줌 (일으킴) (7) (눈을 들어) 아버지를 바라봄 (8) 믿음 (눈을 들어 바라봄) (9) 자기를 버림 (십자가에 들린) (10) 상하게 함 (발꿈치를 듦) (11) 말씀을 선포함 (소리를 높임) (12) 부활함 (일으킴) (13) 교만 (높아짐).
'손-손을 듦/들어 올려진 손', '풀어놓음', '구덩이' 항목을 찾아보라.
➲ (1) 약 4:10 (2) 엡 1:3, 2:6 (3) 마 12:11 (4) 마 17:8, 눅 16:23, 요 4:35, 6:5, 8:7,10 (몸을 일으키심) (5) 막 1:31, 행 3:7-8 (6) 막 9:27 (7) 눅 18:13, 21:28, 요 11:41, 17:1 (8) 요 3:14-15 (9) 요 8:28, 12:32 (10) 요 13:18 (11) 행 2:14 (12) 행 9:41 (13) 딤전 3:6 (킹흠정, 한글킹).

들어옴: (1) 군사 원정을 마침.
'나감' 항목을 찾아보라.
➲ (1) 왕상 3:7, 삿 3:10, 삼하 3:25.

들음: (1) 마음으로 받음 (2) 순종 (3) 이해함.
➲ (1) 겔 3:10, 막 4:9, 8:18 (2) 시 49:1, '듣다'에 해당하는 히브리어 '샤마'에는 '순종하다'라는 뜻도 있다 (3) 왕상 3:9.

들통: '물통' 항목을 찾아보라.

등 마사지: (1) 양육 (2) 돌봄 (3) 다른 이의 필요를 섬김 (4) 기름부음을 임파테이션하여 멍에를 부러뜨림.
➲ (1-3) 사 9:4, 10:27, 마 11:30 (4) 사 10:27.

등(불): (1) 하나님의 말씀 (2) 믿는 자의 마음 (3) 교회 (4) 하나님의 영 (일곱 등불).
'초(촛대)', '등잔대', '빛', '불꽃', '횃불' 항목을 찾아보라.

➲ (1) 시 119:105 (2) 잠 20:27, 마 5:14 (3) 계 1:20 (4) 계 4:5.

등대: (1) 예수 그리스도 (2) 교회 (3) 능력 있는 신자 (4) 랜드마크.
➲ (1) 마 4:16, 눅 2:32, 요 1:9, 8:12, 9:5 (2-3) 마 5:14,16, 눅 16:8, 요 12:36 (4) 마 5:14-16.

등잔대: (1) 교회 (2) 계시 (깨우침).
'등(불)' 항목을 찾아보라.
➲ (1-2) 계 1:20.

디딤돌: (1) 점진적인 계시의 말씀 (2) 믿음으로 행함 (3) 과도기에 있는 (4) 건너감.
➲ (1-2) 수 1:3, 삼상 16:1 (하나님은 누구에게 기름을 부어야 할지 사무엘에게 말씀하지 않으셨다), 히 11:8 (3) 사 40:3, 행 22:21 (4) 수 4:7.

디저트/후식: (1) 방종 (2) 기업/약속/복.
'아이스크림' 항목을 찾아보라.
➲ (1) 잠 25:16 (2) 레 20:24.

따내다: (1) 하나님의 은총과 축복 (2) 승리 (3) 구원 (4) 경주를 마침/완주함 (5) 재정의 복 (돈을 얻음).
➲ (1) 신 28:6 ("나가도", "들어와도"는 전쟁에 나가고 돌아오는 것을 뜻한다), 시 41:11 (2) 대상 26:27 (3) 잠 11:30 (4) 고전 9:24, 딤후 4:7, 히 12:1 (5) 잠 10:22, 엡 2:7.

딸: (1) 당신의 미래 (2) 육신의 딸 (3) 동료 신자-여성-믿음의 딸들 (4) 하나님이나 다른 사람이 세운 일, 교회, 사역 혹은 도시를 뜻하기도 한다 (5) 여자 후손.
➲ (1) 욥 21:8, 시 103:5, 욜 2:28, 고후 4:16 (2) 행 21:9 (3) 마 9:22, 눅 13:16, 고후 6:18, 벧전 3:6 (4) 요 12:15 (5) 눅 1:5, 8:48.

딸기: (1) 로맨스/연애 (2) 사랑과 우정 (3) 좋은 열매 (4) 유혹.
'산딸기' 항목을 찾아보라.
➲ (1) 아 2:3 (2) 달콤한 향을 가진 "심장 모양"의 열매이기에 (3) 마 7:17 (4) 창 3:6.

땀을 흘림: (1) 인간적인 수고 혹은 자기 노력 (2) 죄 (3) 고뇌, 괴로움 (핏방울처럼 떨어지는 땀) (4) 걱정 (5) 가난한 사고방식.

⇨ (1) 창 3:19, 겔 44:18 (2) 창 3:17-19 (3) 눅 22:44 (4) 초조해서 식은땀이 나는 것처럼, "초조해하다(sweat it)" (4-5) 삼하 9:6-7, 마 6:31-33,34, 눅 10:38-42.

땅 고르는 기계: (1) 회복 사역 (2) 예언 사역.
'불도저' 항목을 찾아보라.
⇨ (1) 갈 6:1 (2) 사 40:3-4.

땅1: (지상) (1) 믿음이 없는 영역 (2) 보이는 영역 (3) 본질적으로 영적이지 않은 영역 (4) 인간 (5) 하나님의 발등상 (6) 순례의 땅 (7) 물리적/물질적 영역.
'이 세상의', '넷(4)', '하늘', '바다', '토양' 항목을 찾아보라.
⇨ (1) 고전 2:14 (2) 마 6:10 (3) 고전 15:46-47 (4) 고후 4:7 (5) 행 7:49 (6) 히 11:13 (킹흠정, 한글킹) (7) 마 6:10.

땅2: (영토 또는 지역) (1) 하나님의 약속 (2) 성령 충만한 신자 (3) 하나님의 왕국 (4) 이것은 우리의 유업이다.
⇨ (1) 출 12:25, 신 6:3, 9:28 (2-3) 눅 11:20, 17:21 (비교. 눅 24:49 & 행 2:1-4. 이것은 이스라엘이 가나안 땅에 들어가는 것과 평행을 이룬다. 또한 주목할 것은 예수님이 사도행전 1장 6-8절의 질문에 이중으로 성취될 것을 설명해 주셨다는 사실이다. 주님은 성령의 내주하심으로 장래에 실질적으로 성취될 것과 현재의 성취가 있을 것을 말씀하신다. 또한 땅을 유업으로 받을 것을 기다리면서[시 37:9] 기름부음 받은 사람[사 40:31]도 있다는 사실에 주목하라) (4) 창 12:7, 신 19:8.
- 분할된 땅: (1) 유업으로 들어감.
⇨ (1) 수 1:6.

땅을 팜: (1) 진리를 밝혀 냄 (2) 거름을 줌 (3) 우물을 팜 (4) 장기전을 준비함 (5) 찾음, 구함.
'흙', '삽', '가래', '불도저-대형 불도저', '발굴하다' 항목을 찾아보라.
⇨ (1) 마 13:44 (2) 눅 13:8 (3) 창 26:18-19 (4) "한 우물만 파다", "꾹 참고 기다리다(dig in)"처럼 (5) 마 7:7, 13:45-46.

땅콩: (1) 하나님의 말씀 (2) 어리석은 사람 (바보).
'씨(앗)' 항목을 찾아보라.
⇨ (1) 눅 8:11 (2) 시 14:1,4.

땅콩버터: (1) 단순화된 말씀 (부드러운 땅콩잼) (2) 단단한 음식 (땅콩이 씹히는 땅콩잼)

(3) 마음 (땅콩버터가 든 병) (4) 속임 (부드럽다고 말하지만 실제로는 땅콩이 씹히는).
➲ (1-2) 히 5:12-14 (3) 잠 14:14 (그릇으로서의 마음), 요 16:6 (4) 시 55:21.

때수건/수건: (1) 정결하게 함 (2) 섬기는 마음.
'수건/타월' 항목을 찾아보라.
➲ (1-2) 요 13:4-5.

떨어지다: (1) 하늘의 공급 (2) 하나님의 말씀 (이슬) (3) 교훈, 가르침 (비) (4) 흘러넘침 (5) 비 (6) 유혹 (입술) (7) 다투기를 좋아하는 아내/교회 (8) 붕괴 (9) 작고 하찮은 것 (10) 사라지게/떨어져 나가게 될 (11) 하나님의 명령이나 약속을 포기하려 함 (12) 무엇을 놓으려 함.
'내려가다/내려오다' 항목을 찾아보라.
➲ (1) 삿 5:4, 시 65:11, 68:8-9, 눅 22:44 (2) 겔 20:46, 21:2 (킹흠정), 아 5:2 (3) 신 32:2 (4) 삼상 14:26, 아 5:5, 욜 3:18 (5) 삼하 21:10, 욥 36:27-28, 시 65:11-12, 68:8-9, 잠 3:20 (6) 잠 5:3 (7) 잠 19:13, 27:15 (8) 전 10:18 (9) 사 40:15 (10) 벧전 1:24-25, 벧후 3:17 (11) 히 4:11 (새번역) (12) 마 26:39, <u>행 27:32</u>.

똥: (1) 소멸될 육체의 일 (2) 범죄, 실족케 하는 것 (3) 찌꺼기, 폐기물, 쓰레기 (4) 거름 (5) 처리/해결함, 성령으로 새롭게 되는 것을 우선하다.
'배설물', '쓰레기', '소변' 항목을 찾아보라.
➲ (1) <u>욥 20:7</u>, 시 83:10, 113:7, 렘 8:2, 겔 4:12, <u>습 1:17</u>, <u>빌 3:4-8</u> (2) 마 16:23, 눅 14:33, 롬 5:17 (3) 왕상 14:10, 왕하 9:37, 18:27, 애 4:5, 빌 3:8 (4) 렘 16:4, 25:33, 마 13:8 (5) 느 3:14-15.

뛰어다니다: (1) 젊음, 팔팔함 (2) (불가능을) 극복함 (3) 기쁨.
➲ (1) 시 29:6, 114:4 (2) 아 2:8 (3) 렘 48:27 (킹흠정, 한글킹).

뛰어오르다: (1) 기쁨 (2) 예배 (3) 성령 안에서 (4) 장애물을 극복함 (5) 회복, 부흥 (6) 치유 (7) 공격당함 (뛰어오름, 달려듦).
'점프' 항목을 찾아보라.
➲ (1) <u>눅 1:44</u>, 6:23 (2) 삼하 6:16, 왕상 18:26, 행 3:8 (3-4) 삼하 22:30, 아 2:8 (5) 사 35:6, 눅 1:41 (6) 행 14:10 (7) 행 19:16.

뜨개질: (1) 연결된 (2) 연합된 (3) 엮인/결합된 (4) 사랑 (5) 결속됨.

⇨ (1) 행 10:11 (매어, 묶여) (2) 삿 20:11, 골 2:2 (3) 골 2:19 (4) 삼상 18:1 (5) 대상 12:17, 골 1:17.

뜨거운: (1) 분노 (2) 괴로움, 곤란 (3) 하나님을 향해 불타는 (4) 열정적인 (5) 직면/대면함 (6) 기세가 사나운, 맹렬한 (7) 정결케 함 (8) 심판 (9) 삼켜버림 (10) 최신의.
'차가운/추운', '불' 항목을 찾아보라.
⇨ (1) 출 32:19,22, 22:24, 신 9:19 (2) "곤경에 처하게 하다(land someone in hot water)"처럼 (3) 계 3:15-16 (4) 시 39:3, 렘 20:9 (5) 말 4:1 (6) 삼하 11:15 (7) 겔 24:11 (8) 단 3:22 (9) 호 7:7 (10) "방금 나온 따끈따끈한 소식(hot off the press)"처럼.

뜰: - 뒤뜰: (1) 눈에 띄지 않는, 은밀한 (2) 사적인 (3) 닫힌 (4) 출구 (5) 일, 노동 (6) 과거 (7) 우상숭배로 돌아감 (8) 불순종 (9) 당신의 가족.
'동산/정원' 항목을 찾아보라.
⇨ (1-2) 마 24:3 & 요 18:1, 눅 8:17 (3) 아 4:12 (4) 왕하 9:27, 25:4 (5) 창 2:15, 3:23 (6) 룻 1:15-16, 삼하 12:23 (7) 수 23:12-13 (8) 욥 23:12.
- 앞뜰: (1) 공공의, 공개된 (2) 널리 알려진 (3) 열린 (4) 입구 (5) 기대감 (6) 믿음 (7) 미래 (8) 순종.
'동산/정원' 항목을 찾아보라.
⇨ (1-2) 요 18:20 (4) 대하 3:4 (5) 삿 11:34.

ㄹ

라디오: (1) 선지자 (예언의 말씀을 받는 자) (2) 하나님께 주파수/채널을 맞춤.
'스테레오', '텔레비전' 항목을 찾아보라.
⇨ (1) 렘 1:4,9 (2) 왕하 3:15, 계 1:10.

라디오 방송국: (1) 세상의 영 (2) 복음을 전하는 소리/예언적 음성 (3) 하늘에서/중보하며 선포함 (하늘에 있는 정사/통치자들과 싸움).
⇨ (1) 엡 2:2 (2) 눅 8:39, 행 13:49 (3) 엡 6:12.

랑데부: (1) 미리 계획해 두었던 일정, 약속.
⇨ (1) 에 4:14, 요 4:3-4,6-7.

랜드마크: (1) 십자가 (2) 안내 혹은 방향을 알려 주는 기준점 (3) 믿음의 기념물 (4) 하나

님의 공급하심에 대한 기념물 (5) 기억해야 할 것.
'등대', '기념비/기념물' 항목을 찾아보라.
➡ (1) 골 2:14-15, 갈 6:14 (2-4) 수 4:3-7, 마 26:13 (5) 출 17:14-15.

러그: (1) 안내와 인도를 구함 (양털) (2) 기초, 기반 (3) (기반/세력이) 약화됨 (4) 깨끗하게 함 (러그 청소).
➡ (1) 삿 6:37 (2) 엡 6:11-14 (우리는 진리의 기초 위에 서야 한다) (3) 깔려 있던 러그를 치워 버림. "갑자기 지원/도움을 끊어 버리다(pull the rug out from under)"처럼 (4) 마 3:12, 눅 3:17.

레게 머리: (1) 하나님을 경외하지 않음 (부정한) (2) 육신적인 남자나 여자 (3) 하위 문화와의 연합 (4) 영적으로 묶인 (5) 제멋대로 구는 영 (영적으로 방치된).
➡ (1) 단 4:33 (2) 창 25:25 (3) 벧전 3:3 (4) 막 5:2-5,15 (5) 잠 25:28.

레몬: (1) 시큼한 혹은 쓴 (2) 신맛 나는(마음에 들지 않는/싫은) 열매 (3) 어떤 사람이 악독해진 것에 대한 문제 (4) 불평 (5) 열매.
'열매/과일' 항목을 찾아보라.
➡ (1-2) 겔 18:2 (3) 행 8:23 (4) 욥 7:11 (5) 갈 5:22.

레스토랑: (1) 마음 (하나님과 친교/교제를 나누는 곳) (2) 교회 (3) 친교/교제 (4) 누군가의 신임을 받는/기밀에 참여하는 (5) 천국.
'식사', '앉다', '식탁/상' 항목을 찾아보라.
➡ (1) 계 3:20 (2) 고전 11:20,33-34 (3) 창 18:4-8 (4) 창 18:16-17 (5) 계 19:9.

레이싱 카트: (지붕, 문이 없는 작은 경주용 자동차) (1) 미성숙한 그리스도인의 행보 (2) 불완전한 그리스도인의 행보.
'카레이서' 항목을 찾아보라.
➡ (1) 고전 13:11.

레이저: (1) 계시적인 말씀 (정확한 말) (2) 예언 (3) 심판 (4) 심판의 말씀 (5) 경종 혹은 경고 (6) 영 안에서 목표물/표적이 됨 (어떤 사람이나 사물에 레이저 포인터 표시가 있는 경우) (7) 연구 초점 (레이저 포인터) (8) 수준을 측정/분석함 (측정을 받음).
➡ (1) 시 119:105,130, 히 4:12 (2) 벧후 1:19 (3) 호 6:5 (4) 사 51:4, 슥 3:5 (5) 욜 2:1 (6) 왕상 22:34, 욥 2:5-6 (7) 사 50:4 (8) 암 7:7.

레즈비언: (1) ("성공한" 대형 교회에 심취하여) 그리스도가 아닌 다른 교회에 시선이 가 있는 교회 (2) 말 그대로 레즈비언.
➲ (1) 계 2:18-20.

레코드판: (1) 틀/판에 박힌 생활 (레코드판을 재생함) (2) 구식/보수적인 예배 (3) 향수.
➲ (1) 신 2:3, 시 78:41,57 (2) 시 144:9 (3) 창 19:26.

로봇: (1) 프로그램화된 사람 (2) 종교적인(기계적인) 사람 (3) 마음이 없는 (무정한) (4) 과학 기술을 지닌 사람.
➲ (1) 마 16:22-23, 롬 12:2 (2) 막 7:3-9 (3) 마 15:8, 막 12:28-33 (4) 대상 22:15, 아 7:1.

로봇 공학: (1) 기술 (2) 컴퓨터 사용/인터넷 (3) 전자 기기들 (4) 인간이 만든.
➲ (1-4) 대상 22:15, 아 7:1.

로켓: (1) 강력한 사역 (2) 급하게 세워짐 (3) 급성장함.
'폭탄', '미사일' 항목을 찾아보라.
➲ (1-2) 창 41:14 (3) 로켓이 날아오르는 것처럼.

로큰롤: (1) 거역 (2) 마술, 주술 (3) 육체적 관계, 성적 음행 (4) 분노 (5) 영적 전쟁 (경배).
➲ (1-2) 삼상 15:23 (로큰롤의 기초는 '반역'이다) (3) 잠 30:19 (5) 시 144:1, 고후 10:4.

로터리: (1) 상황이 역전되는 것을 경험하다 (2) 육신적인 것이 영적인 것이 되다 혹은 그 반대 (3) 회개 (4) 방향의 전환 (5) 산 곳곳을 돌아다님.
➲ (1-2) 마 9:22, 16:23 (3) 눅 17:4, 행 26:20 (4) 신 2:3 (5) 신 1:6.

록 밴드: (1) 강력한 예배, 경배 (2) 거짓된 예배 (3) 크게 기뻐함 (4) 회복, 부흥.
'로큰롤' 항목을 찾아보라.
➲ (1) 대상 6:31-32, 15:16 (2) 출 32:17-19 (3) 삼상 18:6 (4) 대하 5:13-14.

롤러코스터: (1) 환경/상황에 휩쓸려 오르락내리락하는 통제 불능의 삶 (2) 불안정한 (3) 감정에 사로잡힌 (4) 시련 (5) 마음을 준비(회개)하라고 촉구함 (6) 절망하는 자를 들어 올리고 교만을 낮춤.
➲ (1-3) 시 109:23 (우리말, 한글킹) (4) 약 1:2,6 (5) 사 40:3-4 & 막 1:4 (비교. 행

13:24) (6) 눅 3:4-6.

루비: (홍보석) (1) 예수 그리스도 (2) 마음 (3) 지혜 (4) 덕 있는 아내 (5) 값을 매길 수 없는 (6) 귀중한 (7) 비교할 수 없는 (8) 붉은.
'보석', '빨간색', '보물' 항목을 찾아보라.
➡ (1) 잠 31:10 (교회를 위해 지불하신 값, 우리말, 킹흠정, 한글킹) (2) 잠 31:10-11 (우리말, 킹흠정, 한글킹) (3) 욥 28:18 (우리말, 킹흠정, 한글킹), 잠 3:13,15 (우리말, 킹흠정, 한글킹), 8:11 (우리말, 킹흠정, 한글킹) (4) 잠 31:10 (우리말, 킹흠정, 한글킹) (5) 욥 28:18 (우리말, 킹흠정, 한글킹) (6) 잠 3:15 (우리말, 킹흠정, 한글킹) (7) 잠 8:11 (우리말, 킹흠정, 한글킹) (8) 애 4:7 (우리말, 킹흠정, 한글킹).

리모컨: (1) 게으름 (2) 참된 예배와 섬김의 행위 없이 "쉽고 편하게 믿으려 함" (3) 다른 사람이 좌지우지함 (꼭두각시)/다른 사람이 결정권을 가지고 있음 (4) (태도, 입장 등이) 어중간한/멀리 떨어져 있는.
'버튼', 'RC카' 항목을 찾아보라.
➡ (1) 삿 18:9, 잠 18:9, 21:25 (2) 약 2:13 (3) 왕하 24:17 (4) 막 14:54.

리무진: (1) 화려함 (2) 부유함 (3) 사람들의 주목을 받는.
➡ (1-3) 아 3:9-10.

리본: (1) 선물, 은사 (2) 결승선.
'책갈피', '은줄', '술 장식' 항목을 찾아보라.
➡ (1) 엡 4:8 (2) 딤후 4:7.

립스틱: (1) 당신의 말에 집중시킴 (2) 거침없이 말함 (3) 죄악의 말 (빨간 립스틱) (4) 죽음의 말 (검은 립스틱) (5) 유혹함 (6) 여성스러운/여자다움 (7) 사랑.
➡ (1) 시 19:14, 잠 12:6 (2) 민 12:1 (3) 시 59:12, 잠 10:19, 사 6:5 (4) 잠 10:21, 16:30, 18:21 (5) 잠 5:3 (6) 삼상 25:3 (7) 아 4:3.

ㅁ

마구간: (1) 불신자의 집/구원받지 못한 자처럼 살아감 (2) 세상/육신 가운데 살아감.
'창고(곳간)' 항목을 찾아보라.
➡ (1-2) 신 17:16, 사 31:1.

마귀: (1) 모든 악의 수장 (2) 타락한 천사 (3) 더러운 영.
➡ (1) 마 12:24, 막 3:22, 눅 11:15 (2) 사 14:12-15, 겔 28:14-15 (3) 계 18:2.

마네킹: (1) 생명이 없는 혹은 죽은 (2) 가식적인 사람 (3) 새 옷 (4) 새로운 지위에 맞게 준비됨 (5) 하나님 안에서 성장함 (6) 특별한 행사/날 (7) 시류에 관심이 많지만, 하나님과의 관계는 확고하지 않은 그리스도인.
➡ (1) 롬 8:11 (2) 눅 20:46 (3-5) 삼상 2:19 (6) 마 22:11-12 (7) 약 4:4.

마당: (1) 기초, 토대 (땅바닥) (2) 분류하는/깨끗게 하는 곳 (3) 저장고, 보관 창고 (4) 땅바닥 (5) 낮춤.
➡ (2) 룻 3:3,6, 사 21:10, 마 3:12, 눅 3:17 (3) 신 15:14, 호 9:2, 13:3, 욜 2:24, 미 4:12 (4) 삿 6:37 (5) 룻 3:3.

마룻바닥: (1) (하나님께 속하지 않은) 육신적인 사람의 기초, 토대.
➡ (1) 고전 3:12.

마른/건조한: (1) 성령이 없는 (죽은) (2) 하나님을 갈망함 (3) 황량한 곳 (4) 광야 (5) 사막 (6) 골짜기.
➡ (1) 겔 37:2,9-10 (2) 시 42:1 (3) 욥 15:34 (4) 사 50:2, 렘 51:43, 겔 19:13 (5) 렘 50:12 (6) 겔 37:1-2.

마비: (1) 몸져 누운 (2) 죄 때문에 영적으로 누워 있는/정체되어 있는.
'침대' 항목을 찾아보라.
➡ (1) 마 8:6, 9:2 (킹흠정) (2) 시 51:9-10, 막 2:3-5.

마스코트: (1) 관련된 팀, 조직/기구 혹은 회사를 나타냄.
➡ (1) 민 2:2-3.

마스크: (1) 위선 (2) 거짓/속임 (3) 숨김 (4) 겉과 속이 다른.
'의상을 빌림' 항목을 찾아보라.
➡ (1) 마 23:27 (2) 창 38:14-16, 잠 14:13 (3) 시 10:11 (4) 갈 2:11-12.

마시다: (1) 기운을 냄, 재충전됨 (2) 술 취함 (3) 성령에 참여함 (4) 육신의 자아를 드러냄 (영적 자아를 내려놓음) (5) 웃고 즐김 (6) 쓴맛 (7) 술 마시고 흥청댐 (무절제) (8) 승리

(9) 회복/부흥 (10) 지연/꾸물거림 (11) 만족 (종종 수고의 열매를 즐김) (12) 속임 (13) 간음 (다른 사람의 잔으로 마심) (14) 목숨을 바침 (산 제물) (15) 쏟아놓은 마음/혼 (16) 번영 (17) 다른 사람과의 교제/손을 잡음/연합 (18) 불순종 (19) 믿음 (20) 오만 (21) 평화 (22) 절망 (23) 쾌락, 즐거움 (24) 하나님의 진노 (25) 눈물 (26) 시내, 개천 (27) 폭력 (28) 함께함 (29) 지혜 (30) 과분한 은혜 (31) 받아들임 (32) 무거운 마음 (33) 왜곡된/굽은 재판 (34) 마취제 (35) 자기 영광 (36) 만족함이 없음 (37) 무감각/무분별/미혹 (38) 영적인 갈증 (39) 예물 (40) 심판 (41) 더러워진 물 (42) 더럽힘 (43) 완고한 마음 (긍휼이 없음) (44) 안일함 (45) 구속 (46) 축하/기념 (47) 공급 (48) 새로운 약속의 피 (49) 독 (50) 오래된 포도주 (51) 새 포도주 (52) 하나님의 뜻 (53) 성령님 (54) 영적인 연합 (55) 걸림돌 (56) 예수 그리스도 (58) 음행.

'시내', '컵/잔', '음수대/급수대' 항목을 찾아보라.

➲ (1) 창 21:19, 25:34, 룻 2:9, 삼하 16:2, 왕상 19:6,8, 마 10:42 (2) 창 9:21, 왕상 16:9 (3) 요 4:14 (4) 창 9:21, 삼하 12:3 & 시 51:10 (5) 창 43:34, 삿 19:21-22, 왕상 18:41-42, 전 8:15, 9:7 (6) 출 15:23-24, 민 5:24, 사 24:9, 렘 8:14, 9:15, 23:15, 호 4:18, 마 27:34,48 (7) 출 32:6, 삼상 30:16, 사 5:11, 엡 5:18 (8) 민 23:24, 겔 25:4 (9) 삿 15:19, 삼하 11:13, 사 43:20 (10) 삿 19:4,6 (11) 룻 3:3, 삼상 1:9, 전 2:24, 3:13, 5:18 (12) 삼하 11:13, 잠 20:1, 23:7, 사 22:13 (자기 기만), 합 2:15 (13) 삼하 12:3, 잠 5:15, 호 2:5 (14) 삼하 23:15-17, 마 20:22-23, 26:42, 막 10:38-39 (15) 삼상 1:15 (16) 왕상 4:20-21 (17) 왕상 13:8, 욥 1:4,13, 막 2:16, 눅 5:30, 13:26, 고전 10:21, 11:25-29 (18) 왕상 13:19-22 (19) 왕상 17:10 (20) 왕상 20:12, 단 5:1-3 (21) 왕하 6:22-23, 사 36:16 (22) 왕하 18:27 (23) 에 1:8, 욜 3:3 (24) 욥 21:20, 시 75:8, 사 51:17,22, 63:6, 렘 25:15, 계 14:8,10, 18:3 (25) 시 80:5, 102:9 (26) 왕상 17:4,6, 시 110:7 (27) 잠 4:17 (28) 잠 5:15, 아 5:1, 렘 2:18, 16:8, 겔 23:32-34 (29) 잠 9:1-5, 마 11:18-19 (30) 잠 25:21-22, 롬 12:20 (31) 잠 26:6 (킹흠정, 한글킹) (32) 잠 31:6 (33) 잠 31:4-5 (34) 잠 31:7, 막 15:23 (35) 사 5:22, 37:25, 슥 7:6 (36) 사 29:8, 암 4:8, 학 1:6 (37) 사 29:9-10, 56:12, 렘 51:57, 욜 1:5 (38) 사 32:6, 요 7:37 (39) 렘 7:18, 32:29, 44:17-19 (40) 렘 25:17,26-29, 46:10, 49:12, 겔 4:10-11, 23:32-34, 31:14 (41) 겔 34:18-19 (42) 단 1:8 (43) 암 4:1, 6:6 (44) 마 24:49, 눅 12:19,45, 17:8,27-28 (45) 마 26:27 (46) 마 26:29, 막 14:25, 눅 22:18 (47) 마 6:25, 막 9:41 (48) 막 14:23-24 (49) 막 16:18 (50) 눅 5:39 (51) 요 2:10 (52) 눅 22:42, 요 18:11 (53) 요 4:12-14, 고전 12:13 (54) 요 6:53-56 (55) 롬 14:21 (57) 고전 10:4 (58) 계 18:3.

마시멜로: (1) 영양가 없는 (단단하지 않은) (2) 달콤하고 기분 좋은 (3) 사람들을 기쁘게 하는 메시지.

'바위/암석', '모래' 항목을 찾아보라.
➲ (1) 히 5:14 (2) 딤후 4:3 (3) 갈 1:10.

마약상: (1) 시험/유혹하는 자 (2) 마귀 (3) 세상 (마약상의 아내) (4) 폭리를 취하는 사람 (5) 조종과 통제 (6) 주술/마술 (7) 의존/의지함 (8) 친숙의 영들.
'약물 사용' 항목을 찾아보라.
➲ (1–2) 마 4:1, 요 10:10 (3) 눅 4:5–6, 계 12:9 (5) 행 13:8–10 (8) 왕하 21:6.

마음/심장: (1) 본모습 (2) 사람의 내면 (3) 영 (4) 한 사람을 판단하시는 하나님의 척도 (5) 내면 깊은 곳의 생각 (6) 생각, 사고 (7) 감정 (8) 뜻, 의지 (9) 핵심 혹은 중심 (10) 지혜가 축적되는 곳 (11) 깊은 곳 (12) 하나님의 참된 제단.
➲ (1–2) 시 19:14, 24:4, 28:3, 55:21 (3) 롬 2:29, 8:27, 고후 1:22 (4) 삼상 15:17 (5) 창 6:5, 27:42 (6) 창 24:45, 출 4:21 (7) 창 42:28 (우리말, 킹흠정, 한글킹), 출 4:14, 레 26:16 (킹흠정, 한글킹) (8) 출 7:23 (우리말, 킹흠정, 한글킹), 25:2, 35:5,21–22 (9) 출 15:8 (킹흠정, 한글킹) (10) 잠 35:25–26,35, 36:1–2 (11) 시 64:6 (12) 렘 17:1.
- 굳은/완고한 마음: (1) 교만 (2) 완고함 (3) 하나님의 뜻에 반하는.
➲ (1–2) 느 9:16, 단 5:20 (3) 출 7:14.

마이크: (1) 말을 하거나 노래할 기회 (2) 연단 (3) 메시지를 상세히 설명함, 확장시킴.
➲ (1–3) 마 10:27, 눅 12:3.

마피아: (1) 폭력배 (2) 공갈 협박자 (3) 지하 공작 혹은 체제 전복 활동 (4) 조롱하는 사람 (암살자).
➲ (1–3) 요 12:5–6 (4) 요 18:2–3.

마흔(40): (1) 승리에 다가가는 시련/시험/심사/검증 혹은 단련 기간 (2) 5 x 8 = 40, 은혜[5]의 시간 뒤에 부흥이나 회복[8]이 이어지는 것을 뜻한다 (3) 4 x 10 = 40, 확장되거나 완전한[10] 통치[4]를 뜻한다 (4) 40일은 40년을 뜻하기도 한다 (반대로 40년이 40일을 뜻할 수도 있다).
➲ (1) 신 8:2, 민 13:26 & 14:34, 눅 4:1–14 (2) 삼상 17:16,52, 왕상 19:4–7,15–16 (3) 삼하 5:4 (4) 민 14:34, 겔 4:6 (비교. 마 4:1–2, 예수님은 이스라엘이 실패한 광야의 시험을 통과하셨다).

마흔다섯(45): (1) 하나님의 은혜가 함께하는 시험과 시련 뒤에 부흥, 회복을 경험함.

⇨ (1) '마흔(40)', '다섯(5)' 항목을 찾아보라.

마흔하나(41): (1) 시험/시련이 끝난 뒤 새로운 시작 (2) 시련 뒤의 사랑.
'마흔(40)', '하나(1)' 항목을 찾아보라.
⇨ (1) 눅 4:14-15 (2) 아 8:5.

막다른 길: (1) 소망 없음 (2) 좋지 않은 결정 (3) 돌아서다, 돌아오다 (4) 잘못된 길 (5) 나눠주지 않음 (6) 불순종.
⇨ (1) 엡 2:12, 히 3:10-12 (2) 창 12:10, 갈 1:6, 유 1:11 (3) 창 13:1,3, 약 5:20 (4) 갈 2:18 (5) 마 10:8, 막 4:24 (새번역), 눅 6:38 (6) 왕상 13:9-22.

막대/대: (긴 막대기) (1) 훈련 (2) 심판 (3) 지배권 혹은 통치권 (4) 하나님의 말씀 (가르는/분별하는 도구) (5) 예수 그리스도 (6) 보호.
'지팡이' 항목을 찾아보라.
⇨ (1) 시 23:4, 잠 13:24, 계 2:27 (2) 출 7:19, 8:5,16, 9:23, 10:13, 시 2:9 (3) 출 17:9-11, 계 12:5, 19:15 (4) 출 4:17, 7:10, 14:16, 17:6 (5) 출 7:10,12 & 요 3:14 (6) 시 23:4.
 - 막대기: (1) 징계, 훈육 (2) 하나님의 말씀 (3) 개인 혹은 사람들의 무리 (4) 연합 (막대기 다발 혹은 묶음들) (5) 하나님의 말씀을 자기 이익을 위해 사용함 (막대기를 빙빙 돌림) (6) 장작.
⇨ (1) 잠 13:24 (2) 삼상 17:40,43, 출 14:16 (여기서 지팡이, 곧 히브리어 '맛테'가 홍해를 가른다) (3-4) 겔 37:16-22 (5) 딤전 6:3-5, 벧후 2:1, 3:16 (6) 왕상 17:10,12, 행 28:3.

막대사탕: '사탕' 항목을 찾아보라.

만(10,000): (1) 이 땅의 언어로 표현할 수 있는 가장 큰 수로 여겨짐 (2) 극단/최고.
⇨ (1) 레 26:8 (원수/대적들), 마 18:24 (빚), 고전 4:15 (스승들), 고전 14:19 (말), 유 1:14 (성도들).

만찬: (1) 어린양의 혼인 잔치 (큰 잔치) (2) 언약의 식사 (3) 친밀한 교제 (4) 최후의 만찬 (5) 예수님의 죽음을 기억함 (6) 축하/기념 행사 (7) 마음을 열고 그리스도와 교제하라고 촉구함.
'식탁/상' 항목을 찾아보라.

⮕ (1) 눅 14:16, 계 19:9,17 (2) 눅 22:20 (3) 요 12:2, 21:20, 계 3:20 (4) 요 13:2,4 (5) 고전 11:20,24-25 (6) 막 6:21 (7) 계 3:20.

만화 캐릭터: (1) (실존하지 않는) 가공의 인물 (2) 꾸며낸 이야기/신화 (3) 살아 움직이는 (4) 무엇을 뜻하는지 알아내려면 인물의 기질과 성격, 옷 색깔, 말한 것들을 연결시키라 (5) 또한 알려진 사람과 만화 캐릭터 사이에서 무의식적으로 연상되는 것이 있을 수도 있다.
⮕ (1-2) 딤전 4:7.

만화경: (1) 관계와 감정의 혼란 (어릴 때 악몽일 가능성이 있음) (2) 어린아이처럼 하나님의 영광을 받음 (3) 혼란.
⮕ (1) 마 19:14 (2) 마 18:10, <u>롬 8:17</u> (3) 고전 14:33, 약 3:16.

말: (동물) (1) 세상을 바라봄/의지함 (2) 육체, 살 (3) 세상을 고용함 (4) 하나님을 바라보지/의지하지 않음 (5) 신속함 (6) 힘 (7) 능력 (8) 권세 (9) 기근 (검은 말) (10) 사망 (청황색 말) (11) 전쟁 (붉은 말) (12) 세상의 영 (해마) (13) 신성한, 하나님의 (백마) (14) 경쟁하는 영 (경주마).
⮕ (1) 신 17:16, 왕상 10:28, 대하 9:28, 사 31:1 (2) 사 31:3, 계 19:18 (3) 왕하 7:6 (4) 신 17:16, <u>사 31:1</u> (5) 렘 4:13, 합 1:8 (6) 사 31:1, 렘 47:3 (7) 계 9:19 (8) 계 6:2 (9) 계 6:5 (10) 계 6:8 (11) 계 6:4 (12) 렘 6:23, 50:42 (13) 계 6:2 (14) 삼하 18:22, 시 147:10.
 - 백마 탄 자: (1) 예수 그리스도 (2) 전사 (3) 충성되고 진실한 (4) 정의 (5) 재판관.
⮕ (1-5) 계 19:11-13.

말 못하는: (1) 하나님에 대한 신뢰로 침묵함 (2) 책망할/꾸짖을 말이 없음 (3) 무지 (4) 우상숭배 (5) 악한 영의 영향력 (귀먹고 말 못하는) (6) 하나님의 말씀을 의심한 결과 (7) 불신.
'귀먹은', '말없는' 항목을 찾아보라.
⮕ (1) <u>시 39:9</u>, 사 53:7 (2) 시 38:13-14 (3) 사 56:10 (4) 합 2:18-19, 고전 12:2 (5) 마 9:32-33, 12:22, <u>막 9:17-18</u>,<u>25-26</u> (6) 눅 18:21-23 (7) "믿음의 고백이 없음".

말뚝: (1) 확실성 (2) 확장 (말뚝을 견고히 하거나 이동함).
⮕ (1) <u>사 33:20</u> (2) <u>사 54:2-3</u>.

말벌: (1) 악한 영들 (2) 하나님이 원수의 세력을 제거하는 데 사용하심 (3) 침, 가시/쏘는

것 (4) 고통스러운 징벌/채찍질.
'벌' 항목을 찾아보라.
➡ (1-2) 출 23:28, 신 7:20, 수 24:12 (3-4) '말벌'에 해당하는 히브리어 '치르아'의 어근은 '차라아트'로 '나병, 악성 피부 질환'을 뜻한다.

말없는: (1) 말할 수 없는 (2) 트라우마 (3) 상한 영 (4) 침묵함 (5) 두려움.
'말 못하는' 항목을 찾아보라.
➡ (1) 눅 1:20 (2) 창 45:3 (3) 잠 15:13, 17:22 (4) 시 32:3, 50:21, 전 3:7, 암 5:13, 눅 14:5-6, 20:26 (5) 삼하 3:11.

맛보다: (1) 경험함 (2) 시험함, 시도해 봄 (3) 참여함 (4) 강하게 함 (5) 분별함 (6) 마음의 계시 (7) 변하지 않는 (좋지 않은 맛) (8) 겸비함 (먹지 않음).
'사탕', '시다', '레몬' 항목을 찾아보라.
➡ (1) 마 16:28, 눅 9:27, 요 8:52, 벧전 2:3 (2) 욥 34:3, 마 27:34, 요 2:9 (3) 눅 14:24, 히 6:4-5 (4) 삼상 14:29 (5) 욥 6:30 (6) 시 34:8, 119:103-104, 잠 24:13-14 (7) 렘 48:11 (8) 욘 3:7.

망: (상대편의 동태를 알기 위해 멀리서 동정을 살핌) (1) 예언적으로 봄 (2) 선지자적 직분.
'보다', '창문' 항목을 찾아보라.
➡ (1-2) 삼상 9:9.

망아지: '말', '나귀' 항목을 찾아보라.

망원경: (1) 시간 혹은 공간적으로 먼 (2) 장기적인 약속 (3) 천국의 환상을 곧 보게 됨 (4) 의로 돌아옴 (5) 선지자 혹은 선견자 (6) 둘째 하늘에서 바라봄/살펴봄 (망원경으로 보이는 모습).
'저격수', '음시' 항목을 찾아보라.
➡ (1-2) 창 3:15 & 갈 4:4, 창 15:5 (3) 겔 1:1, 단 4:13, 행 26:19 (4) 단 12:3 (5) 삼상 9:9 (6) 시 14:2, 53:2 (첫째 하늘은 창공[신 4:19], 셋째 하늘은 하나님이 거하시는 처소[고후 12:2], 둘째 하늘은 영의 세계이다[엡 6:12]).

망치: (1) 하나님의 말씀 (2) 하나님의 말씀으로 생각을 사로잡아 잘못된 (사람의) 생각을 제거함 (3) 사람이 만든 건물을 말함 (4) 사람들의 부정한/사악한 노력들 (5) 우상숭배 (6) 바벨론(혹은 전쟁을 좋아하는 나라) (7) 공산주의.

'인명 & 지명 사전'에서 '마가/마크'를 찾아보라.
➲ (1) 렘 23:29 (2) 삿 4:21, 5:26 ('시스라'는 "사슬로 묶는다"는 뜻으로, 견고한 진[마음의 태도]을 뜻할 수도 있다. 비교. 고후 10:3-5) (3) 왕상 6:7 (4-5) 시 74:6, 사 44:12, 렘 10:2-5 (6) 렘 50:23 (7) 국기에 "망치와 낫"이 있음.

망토: (외투) (1) 영적인 권위 (2) 덮음 (3) 영적 지위 혹은 직임 (4) 기름부음 (5) 하나님 앞에서 애곡하거나 자신을 낮춤 (겉옷을 찢음) (6) 본래의 자아로 되돌아감 (겉옷을 벗음) (7) 악의 영향을 받는 (드라큘라의 망토처럼).
'겉옷', '예복' 항목을 찾아보라.
➲ (1) 왕하 2:14 (2) 삼상 28:14, 시 109:29 (3) 삼상 15:27-28, 왕상 19:19, 왕하 2:8,13-14 (4) 출 29:21,29, 40:13, 레 8:30 (5) 스 9:3, 욥 1:20, 2:12 (6) 요 21:7 (7) 요 8:44.

망한: (1) 멸망함 (보호 받지 못함) (2) 드러남, 들킴 (3) 힘이 없는 (4) 망하게 된 혹은 끊어지게 된.
➲ (1) 민 21:29 (2-4) 사 6:5.

매: (1) 눈/관찰력이 예리한 (2) 감시하고 있는 (3) 영적 상승 기류를 타고 비상함 (4) 영적 약탈자/포식자.
➲ (1-2) "매의 눈"이라는 표현처럼 (3) 욥 39:26 (4) 매는 작은 포유류는 물론 다른 새들도 잡아먹는다.

매끄러운: (1) 영적인 (2) 영적으로 효과가 있는 (하나님의 효과) (3) 속이는 말 (4) 준비.
➲ (1) 창 27:11 (털이 많은 에서가 '육체'를 상징한다면 야곱은 '성령'을 상징한다) (2) 삼상 17:40 (이들은 하나님의 말씀[시내] 안에서 모난 부분들이 다듬어져 있었다) (3) 시 55:21 (기분 좋게 들리는 말이지만, 사실 그는 다른 마음을 품고 있었다), 잠 5:3, 사 30:10 (4) 눅 3:5.

매달다: (1) 저주받은 (2) 십자가 (3) 회심 (4) 그리스도 (5) 낙심 (늘어진 손) (6) 후회와 죄책감을 느낌 (7) 둘째 하늘 (긍정적인 경험).
➲ (1) 막 9:42, 갈 3:13 (2) 눅 23:39 (3) 갈 2:20 (4) 행 5:30, 10:39 (5) 히 12:12 (6) 마 27:4-5 (7) 겔 3:14, 8:3.

매듭: (1) 요새 (2) 확보된 (3) 수수께끼 혹은 비유 (4) 묶인 (5) 풀어 주는 데 어려움이 있음.
➲ (1-2) 마 12:29, 막 3:27 (3-4) 단 5:16 ('의문'[수수께끼]에 해당하는 히브리어 '케타르'의 본래 의미는 '매듭'이다) (5) 요 19:12.

매복: (1) 갑작스런 마귀의 공격 (2) 잘못된 방향으로 생각하면 세속적이고 이기적인 생각에 매복해 있는 원수를 만나게 된다.
'하이재킹' 항목을 찾아보라.
➲ (1) 눅 10:30 & 요 10:10 (2) 요 13:27, 고후 10:3-5.

매음굴: (사창가) (1) 지체들이 자신을 세상에 팔거나 불법적으로 돈을 버는 교회 (2) 죄의 집 (3) 정욕의 문제.
➲ (1) 계 17:3-4 (2) 잠 5:20-22 (3) 마 5:28.

매춘: (1) 돈 때문에 착취당하는 (2) 자기 몸을 팜 (3) 성 상납/접대 (4) 불법 거래 (5) 은밀한 거래.
➲ (1-5) 창 38:15-18.

맥박: (1) 생명.
➲ (1) 레 17:11.

맨발: '신발' 항목을 찾아보라.

맨홀: (1) 마음 (2) 지옥에 이르는 길 (사망의 방으로 내려가는).
➲ (1) 고후 4:7 (2) 잠 7:27.

맷돌: (1) 심판 (2) 겸손해지는 곳.
'가루' 항목을 찾아보라.
➲ (1) 마 18:6, 막 9:42, 눅 17:2, 계 18:21 (2) 행 8:33 (비교. 사 53:5 & 빌 2:8).

맹세: (1) 약속 (2) 서약 (3) 충성 (4) 언약.
➲ (1-4) 창 21:22-31, 24:2-3,8, 전 8:2.

머리: (1) 예수 그리스도 (2) 권위 (3) 지도력, 지도층 (4) 아버지 (5) 복된 (6) 기초 (단 2:31-33, 이 신상이 발이 아니라 머리에서부터 시작된다는 것에 주목하라) (7) 반감 혹은 혐오 (머리를 흔듦).
'참수', '접시-큰 접시' 항목을 찾아보라.
➲ (1) 고전 11:3, 엡 4:15, 5:23 (2) 출 18:25 (3-4) 출 6:14, 민 1:4, 대상 29:11, 시 133:2 (5) 신 28:13 (6) 시 133:1-3, 단 2:37-39 (7) 시 44:14, 109:25.

- 머리를 때림: (1) 그리스도나 지도층을 조롱함 (2) 조롱함 (3) 멸시당하는 (4) 비꿈, 빈 정거림 (5) 경멸 (6) 모욕 (7) 치명타 (8) 심각한 상처, 치명상
➲ (1–6) 마 27:31, 막 15:19 (7–8) 창 3:15.
- 머리 위: (1) 참소 (머리 위에 어떤 표시가 있는 경우) (2) 압도된 (3) 복종 (발이 머리 위에 있는 경우) (4) 전가함 (손이 머리 위에 있는 경우) (5) 해방, 구출 (6) 가려진 혹은 불분명한 (7) 핵심을 놓친.
➲ (1) 마 27:37 (2) 슥 9:6, 시 38:4 (3) 시 66:12 (4) 레 16:21 (5) 욘 4:6 (6) "이해할 수 없는(over one's head)"이라는 표현처럼.

머리카락: (1) 기름부음 (2) 자만심 혹은 허영심 (3) 죄 (4) 하나님께 구별하여 드림 (5) 가림을 뜻함 (여자) (6) 영광 (사자의 갈기처럼 곱슬거리는 머리) (7) 힘 (8) 백지 한 장 차이 (정확한) (9) 보호 혹은 돌봄 (10) 선지자 혹은 은둔자 (11) 무수한, 헤아릴 수 없는 (12) 겸손한 사랑과 헌신 (13) 수치, 부끄러움을 뜻함 (남자의 긴 머리) (14) 오만, 허영 (남자의 긴 머리) (15) 하나님을 위해 구별된 (긴 머리의 소년) (16) 세상에 있는 사람 (포니테일[망아지 꼬리]) (17) 생각이라는 견고한 진 (머리카락에 걸린) (18) 오만/교만 (머리채가 잡힌) (19) (긍정적 혹은 부정적으로) 마음을 새롭게 함 (머리를 감음).
'대머리', '백발', '털이 많은' 항목을 찾아보라.
➲ (1) 삿 16:19–20 (2) 삼하 14:26, 딤전 2:9, 벧전 3:3 (3) 레 13:3–4,10이하 (4) 민 6:5–8,18–19 (5) 고전 11:15 (6) 잠 16:31, 아 4:1, 단 7:9, 고전 11:15, 계 1:14 (7) 삿 16:22,28–30 (8) 삿 20:16 (새번역 외) (9) 삼상 14:45, 삼하 14:11, 왕상 1:52, 마 10:30, 행 27:34 (10) 왕하 1:8 (11) 시 69:4 (12) 눅 7:38,44, 요 11:2, 12:3 (13) 고전 11:14 (14) 삿 16:17, 삼하 14:26 (15) 삿 13:5 (16) 사 31:1 (17) 창 40:17 (18) 삼하 18:9 (비교, 삼하 14:26) (19) 딛 3:5 & 롬 12:2.
- 머리를 자름: (1) 맹세를 깸 (2) 맹세함 (3) 수치, 치욕 (4) 신체를 잘라냄.
'면도칼', '깎다/밀다' 항목을 찾아보라.
➲ (1) 민 6:5 (2) 행 18:18 (3) 렘 7:29, 겔 5:1–2 (4) 레 14:8.
- 머리카락이 뽑힘/쥐어뜯김: (1) 모욕, 학대 (2) 수치스러운 (3) 이용당함 (머리카락 일부가 뽑힘) (4) 좌절, 낙담.
➲ (1) 사 50:6 (2) 스 9:3, 느 13:25 (3) 사 50:6 (4) 어떻게 해야 할지 모르는 상황에 '자기 머리를 쥐어뜯는' 것처럼.
- 머리카락이 희거나 검기를 원함: (1) 입에서 나오는 말을 주의하라고 경고함 (2) 지킬 수 없는 약속들.
➲ (1–2) 마 5:36–37.
- 붙임 머리: (1) 권위/가림 (2) 가리는 것을 마음에 들어 하지 않음 (붙임 머리를 떼어 냄).

➲ (1-2) 고전 11:15.
- 잘린/민 머리카락/털: (1) 수치 (2) 복종, 종속 (3) 심판 (4) 비천/겸손해짐 (5) 맹세가 깨짐.
'대머리' 항목을 찾아보라.
➲ (1-3) 사 3:24, 7:20, 15:2, 렘 7:29, 겔 5:1 (4-5) 삿 16:19-21.
- 커트/이발: (1) 죄에서 정결케 됨 (2) 거절, 거부 (3) 기름부음의 상실 혹은 기름부음을 제거함.
➲ (1) 레 14:8 (2) 렘 7:29 (3) 삿 16:19-20.
- 타지/그슬리지 않은 머리: (1) 하나님의 보호.
➲ (1) 단 3:27.
- 빨강 머리: (1) 악한 영, 빨강 머리로 나타나 영향을 끼치는 경우가 있음 (2) 영적으로 미숙하고 정욕이 가득한 사람 (3) 강하고 영향력 있는 육신적인 교회 혹은 사람 (소녀/여성) (4) 마녀 (소녀/여성) (5) 불 같은 혹은 열정적인 여자 (6) 여우 (7) 세속적인 사람 (육의 사람).
'여우' 항목을 찾아보라.
➲ (1) 창 25:25,34 & 유 1:6 (2) 창 25:25-34 (3-5) '빨간색'과 '여자' 항목을 찾아보라 (6) 겔 13:3-4 (7) 창 25:25,27 & 마 13:38.

머물다: (1) 안식과 회복/재충전의 장소 (2) 잠시 머무는 것(순례)이 아니라 정착(거주)함 (3) 하나님이 계획하신 부르심 바로 앞에서 멈춰 섬.
➲ (1) 눅 24:29 (2) 히 11:9-10 (3) 민 13:31.

먹구름: (1) 환란, 고난 (2) 괴로움, 문제 (3) 심판 (4) 시험/시련 (5) 압박 (6) 우울 (소망 없음).
➲ (1) 욜 2:10, 행 2:20 (2) 계 9:2 (3) 시 18:9-11, 렘 23:19, 25:32 (4) 마 24:29 (5) "먹구름이 드리우다"처럼 (6) 행 27:20.

먹다: (1) 말씀을 읽거나 공부함 (말씀을 완전히 이해함) (2) 사귐, 교제함 (3) 협약, 계약 (언약) (4) 친구 사이 (5) 육신적인 욕망에 사로잡힌 (6) 하나님 없이 세상이 제공하는 최고의 것 (7) 받아들임 (8) 계시 (9) 집어삼킴 (10) 취함 (11) 소멸시킴.
'물다', '식인종' 항목을 찾아보라.
➲ (1) 사 55:1,10-11, 렘 15:16, 히 5:12-14 (2) 욥 42:11 (3) 아 4:16 (4) 시 41:9 (5) 잠 23:2 (6) 전 2:24, 3:13, 8:15 (8) 마 16:15-17 (9) 벧전 5:8 (10-11) 창 41:20,27-30.

- 먹었지만 뭔가 아쉬움: 만족이 없는 이유들 (1) 하나님과 반대로 걸음 (2) 행실이 악함 (3) 하나님의 음성에 귀 기울이지 않음 (4) 죄 (5) 하나님의 집을 무시함.
⮕ (1) 레 26:23-26 (2) 잠 13:25, 사 9:18-20 (3) 사 55:2-3 (4) 미 6:13-14 (5) 학 1:4,6.
- 배불리 먹음: 다음의 모든 이들이 만족을 얻게 될 것이다 (1) 십일조를 드리는 자들 (2) 온유한/겸손한 자들 (3) 의인들 (4) 회개하는 자.
⮕ (1) 신 14:28-29 (2) 시 22:26 (3) 잠 13:25 (4) 욜 2:12,26.

먹이다: (1) 말함 혹은 가르침 (2) 연료 공급 (3) 하나님의 뜻대로 행함.
⮕ (1) 고전 3:1-2 (2) 잠 26:20 (3) 요 4:34.

먼: (1) 누군가에게서 분리/차단됨 (2) 무가치하다고/자격이 없다고 느낌 (3) 두려운 (4) 비사교적인, 붙임성 없는.
'지평선/수평선' 항목을 찾아보라.
⮕ (1) 눅 17:12, 23:49 (2) 눅 18:13 (3) 계 18:10,15 (4) 잠 18:24.

먼지/티끌: (1) 인간 (2) 비천/겸손해진 (3) 수많은 (4) 문제의 그늘 속에 있는 (5) 발밑 (6) 죽음 (7) 죽을 수밖에 없는 인간의 시작과 끝 (8) 명예가 손상된, 치욕스러운 (9) 경멸 혹은 반감 (먼지를 날리거나 발의 먼지를 털어버림)
'모래 폭풍', '땅1' 항목을 찾아보라.
⮕ (1) 창 2:7 (2) 사 2:10-11, 47:1 (3) 창 13:16, 28:14, 민 23:10, 대하 1:9 (4-5) 나 1:3 (6) 사 26:19 (7) 창 3:19 (8) 시 7:5 (9) 삼하 16:13, 행 22:23.

멍: (1) 때려서 상처를 입힘 (혹은 다친) (2) 승리함, 이김 (3) 억압함 혹은 마음을 싸맴 (4) 상처 입은 (5) 나쁜 말을 듣는, 모함당하는.
⮕ (1) 창 3:15 (2) 창 3:15, 롬 16:20 (3) 마 12:20, 눅 4:18, 9:39 (4) 사 1:6, 53:5 (5) 잠 25:18.

멍에: (1) 율법적인 속박 (2) 압제, 압박 (3) 연합됨 (4) (무거운 혹은 가벼운) 짐 (5) 통제 아래에 있는 (6) (묶어서) 사용할 수 있는 힘, 권세 (7) 섬김 (8) 반나절 갈이 땅 (약 1,220평).
'묶인', '알/달걀' 항목을 찾아보라.
⮕ (1) 행 15:10, 갈 5:1 (2) 레 26:13, 신 28:48, 왕상 12:4 (3) 고후 6:14 (4) 사 9:4, 10:27, 14:25, 58:6, 마 11:29-30 (5) 창 27:40 (6) 욥 1:3, 42:12 (7) 렘 27:2,7, 딤전 6:1 (8) 삼상 14:14.

메가폰/확성기: (1) 널리 알려진 (2) 큰 소리/큰 소리로.
➲ (1) 마 10:27.

메달: (1) 존귀 (2) 영광 (3) 상(급).
➲ (1-2) 출 15:1, 시 8:5, 고후 2:14, 히 2:7 (3) 계 22:12.

메뚜기: (1) 적은, 작은 혹은 하찮은.
'메뚜기떼' 항목을 찾아보라.
➲ (1) 민 13:33.

메뚜기떼: (1) 심판/재앙/전염병 (2) 율법의 저주를 말함 (3) 귀신들 (4) 전투용 헬기일 가능성이 있음 (5) 무섭게 먹어 치우는 자 (6) 죽음 (7) 겸손히 기도하라는 촉구 (8) 개인의 약함 (9) 군대 (한 무리) (10) 회복할 수 있는 (11) 무수한 (떼) (12) 변덕스러운 (오늘은 있다가 내일은 사라짐) (13) 선지자 (심판의 도구로서).
'메뚜기', '꿀' 항목을 찾아보라.
➲ (1) 출 10:3-4, 신 28:38,42, 왕상 8:37, 시 78:46, 105:34, 욜 1:4 (2) 신 28:15,38, 마 3:4 (3) 계 9:2-3,7 (4) 계 9:7-10 (5) 대하 7:13 (6) 출 10:17-19 (7) 대하 7:13-14 (8) 시 109:22-23 (9) 잠 30:27 (10) 욜 2:25 (11) 나 3:15 (12) 나 3:17 (13) 마 3:4 (비교. 마 5:17, 7:12, 11:13, 22:40).

메모장: (1) 마음.
'종이', '두루마리' 항목을 찾아보라.
➲ (1) 롬 2:15, 히 8:10.

메스: (1) 하나님의 말씀.
➲ (1) 히 4:12.

메시지: (1) 하나님이 주신 말씀 (2) 편지 (3) 꿈.
➲ (1) 요일 1:5, 3:11 (2) 삼하 11:14 (3) 민 12:6, 렘 23:28, 마 2:13.

메아리: (1) 되돌아온 메시지 (2) 전달받은 메시지 (3) 튕겨 나오는 말씀 (완고한 마음) (4) 자기가 한 말/행동이 그대로 돌아옴 (5) 헛되이 돌아오지 않음.
➲ (1) 창 32:6 (2) 출 19:8 (3) 민 13:26 (4) 시 7:16 (5) 사 55:11.

메인보드(마더보드): (1) 마음/생각 (2) 어머니와의 혼의 묶임 (3) 하나님의 깊은 의도.
'컴퓨터', '하드 드라이브', '노트북' 항목을 찾아보라.
➡ (1) 롬 12:2, 고전 2:16 (2) 창 25:28, 27:6 (3) 골 2:9-10.

멘토: (1) 성령님 (2) 멘토가 필요한.
➡ (1) 요 16:7,13, 요일 2:27 (2) 왕상 19:21.

면: (1) 하나님의 영광.
'울/양모' 항목을 찾아보라.
➡ (1) 계 1:14.

면도칼: (1) 속이는 혀 (2) 심판의 도구.
'머리카락', '깎다/밀다' 항목을 찾아보라.
➡ (1) 시 52:2-4 (2) 사 7:20, 겔 5:1이하.
 - 이발소 면도칼: (1) 죽음 (2) 누군가를 말로 무자비하게 죽임 (3) 위협 (4) 경고 (5) 멈추다, 중단하다 (당신이 하고 있는 일을 "끊어 버리는" 것처럼).
'참수', '죽이다', '살인', '목', '경정맥(목정맥)', '목구멍' 항목을 찾아보라.
➡ (1) 사 1:11 (2) 시 57:4 (3-5) 잠 23:2.

면접시험: (1) 결전의 날 (2) 섬김/사역 전에 받는 테스트 (3) 새로운 직장.
➡ (1) 행 9:6,15, 갈 1:15-16 (2) 눅 4:13-14.

면허증: (1) 사역자의 권위, 권세 (2) 결혼 서약 (3) 허가.
'자동차' 항목을 찾아보라.
➡ (1) 마 28:18-20 (2-3) 고전 7:39.

멸망(시키다): (1) 파괴하다 (2) 죽이다 (3) 심판 (4) 기근 (5) 마귀.
➡ (1) 렘 4:7 (2) 에 9:24 (3) 창 18:28 (4) 욜 1:10 (5) 요 10:10.

멸치: (1) 어린 학생/들 (작은 물고기 떼) (2) 좋지 않은 인상(맛)을 주는 것 (3) 소금의 짠맛을 잃어버리지 않은 사람.
➡ (1) 마 4:19, 19:14 (2) 왕하 4:40-41 (3) 마 5:13.

명왕성: (1) 지옥 (2) 마귀 (3) 멀리서 온 사람.

⊃ (1-2) 명왕성, 곧 플루토는 하데스(지옥)의 또 다른 이름이다 (3) 마 2:1.

명함: (1) 새로운 모험 (2) 새로운 연대/조합 (3) 정체성.
⊃ (1-2) 행 13:2-3 (3) 계 2:17.
 - 빈 명함: (1) 새 이름 (2) 새로운 시작 (3) 하나님의 은총 (4) 정체성을 상실함 (5) 하나님이 이제 곧 당신과 함께 새로운 일을 하려 하심.
⊃ (1-2) 사 62:2, 습 3:20 (쉬운성경), 계 2:17 (3) 삼상 10:7, 삼하 7:3 (4) 시 9:5 (5) 사 42:9, 43:19.

모기: (1) 영적인 생명을 도둑질하는 작은 자극/고통 (2) 영적 기생충 (3) 당신의 생명을 약화시키는 (혹은 당신을 독살하는) 보이지 않는 공격 (4) 악한 영 (5) 당신의 재정을 도둑질하는 영.
⊃ (1) 레 17:11 (2) 요 12:6 (3) 신 25:18 (4) 요 10:10 (5) 미 7:2-3, 마 27:6 (핏값/피 묻은 돈, 비교. 출 21:30 & 레 17:11).

모래: (1) 믿는 자들 (2) 증가, 배가 (3) 셀 수 없는 (4) 많은 혹은 다수의 (5) 영적 경계 (해변) (6) 흠이 있는/불완전한 기초 (7) 불순종 (하나님의 말씀을 듣고 행하지 않음) (8) 당신을 향한 하나님의 생각 (9) 수렁에 빠짐 혹은 짓눌림/둔해짐 (10) 믿을 수 없는 기초 혹은 하나님에 대한 잘못된 확신 (굳은 모래) (11) 오랫동안 지속된 문제 (굳은 모래).
'해변', '해안선' 항목을 찾아보라.
⊃ (1-2) 창 22:17, 32:12 (3) 창 41:49, 욥 29:18, 렘 33:22 (4) 수 11:4, 삿 7:12, 삼상 13:5 (5) 렘 5:22, 계 13:1 (6-7) 마 7:26-27 (8) 시 139:17-18 (9) 출 14:25 (새번역 난외주), 욥 6:3, 잠 27:3.
 - 젖은 모래: (1) 마음이 무거운, 우울한 (2) 어리석은 자의 분노.
⊃ (1) 욥 6:2-4 (2) 잠 27:3.

모래 폭풍: (1) 임박한 심판에 대한 경고를 선포함 (2) 도시나 국가에 불리한 이 땅의 중언 (3) 보혈 안으로 들어오라는 부르심 (4) 회개가 없으면 그 도시나 나라의 힘은 무너지게 될 것이다 (5) 해방과 회복에 앞서 나타나는 표징.
'먼지/티끌', '회오리바람' 항목을 찾아보라.
⊃ (1) 나 1:3 (비교. 출 8:16 & 마 10:14) (2) 출 8:16 & 마 10:14 (비교. 신 4:26, 19:15) (3-4) 출 12:7,12-13 (비교. 창 49:3, 신 21:17, 시 78:51) (5) 출 12:31.

모래성: (1) (기초가 없는) 불안정한 사람 (2) 말씀을 듣지만 행하지 않는 사람 (3) 말씀을 듣기만 하고 적용하지 않는 교회 (박해/여론의 흐름에 쉽게 편승하는 사람들).
➲ (1–3) 마 7:26–27 (비교. 고후 5:1).

모랫길: (1) 하나님의 계시 없이 택한 길들 (2) 자기 힘으로 조치를 취함.
'자갈길' 항목을 찾아보라.
➲ (1–2) 출 2:12, 마 7:26.

모서리: (구석) (1) 율법주의 (2) 은혜 (3) 다투는 아내/교회 (4) (모퉁이에) 감춰진 (5) 전부/전체 (사방) (6) 전 세계 (사방) (7) 기초적인 (8) 중요하지 않은 (9) 맨 끝 (10) 벌 받는 곳 (11) 통제되지 않음 (12) 중심이 아님.
'중심', '정사각형' 항목을 찾아보라.
➲ (1) 레 19:27, 21:5 (2) 레 19:9, 23:22 (3) 잠 21:9, 25:24 (4) 사 30:20, 행 26:26 (5) 욥 1:19, 겔 7:2, 행 11:5 (6) 사 11:12, 행 10:11, 계 7:1 (7) 욥 38:6, 사 28:16, 엡 2:20 (8) 삼상 10:22 & 15:17, 잠 21:9 (9) 렘 9:26, 25:23 (10) "구석에 가서 서 있어!" 또는 구석으로 데려가서 야단치는 것처럼.

모으다: (1) 추수 (2) 부흥, 회복 (3) 보호하다 (4) 교회 (모임).
➲ (1) 눅 3:17, 계 14:15 (2) 막 1:33–34, 눅 8:4 (3) 마 23:37 (4) 행 14:27.

모자: (1) 정체, 신원 (2) 역할 혹은 책임 (3) 덮개 (4) 권위 (5) 존귀 (6) 불명예, 수치.
모자의 형태에 주목하라. 예를 들어 선장의 모자를 쓰고 있다면, 당신이 사역을 이끌 것이라는 뜻이다. 만일 그것이 쿡 선장의 모자라면, 당신은 그리스도를 위해 한 나라를 취하게 될 것이다. 투구나 헬멧은 구원 혹은 영적 전쟁을 의미하며 당신의 생각을 지킬 필요가 있다는 말이다(엡 6:17).
'투구' 항목을 찾아보라.
➲ (1) 신 1:15, 삿 11:11, 삼상 10:1 (2) "감투를 많이 쓰다", "일인 다역을 하다(wear many hats)"라는 표현처럼 (3–6) 고전 11:3–16.
 - 야구 모자: (1) 임시적 혹은 친근한 권위 (2) 약한 권위.
➲ (1) 고전 11:10.
 - 방한모: (1) 두려움의 영 (2) 도둑 (3) 마귀의 계략을 깨닫지 못함 (알지 못하는 괴한, 가해자).
'테러리스트' 항목을 찾아보라.
➲ (1) 롬 8:15 (2) 요 10:10 (3) 고후 2:11, 엡 6:11.

모터: (1) 힘 (2) 성령님 (3) 인간의 힘 (4) 인간의 영 (5) 마음/심장.
'나귀', '자동차', '휘발유', '황소' 항목을 찾아보라.
⇨ (1-2) 미 3:8, 눅 1:17, 4:14, 롬 15:19 (3) 슥 4:6, 엡 2:2 (4) 시 39:3, 104:4, 잠 20:27 (5) "심장은 우리 몸의 기관실이다".
- 선외 모터: (보트에 다는) (1) 성령의 능력 (2) 복음 전파.
⇨ (1) 미 3:8, 눅 4:14, 고전 4:20 (2) 막 1:17.

모텔: (1) 잠시 머무는 곳 (2) 재충전하고 휴식하는 곳 (3) 여정(혹은 인생길)을 말함 (4) 마주치는 곳 (5) 발견하는 곳.
'침대' 항목을 찾아보라.
⇨ (1-3) 창 42:27, 43:21, 눅 10:34-35 (4) 출 4:24 (5) 눅 24:28-31.

모퉁잇돌: (1) 그리스도 (2) 우두머리 (3) 기초, 토대.
⇨ (1-3) 시 118:22, 막 12:10-11, 엡 2:20.

목: (1) 의사 결정/결정자 (2) 복속 (목을 밟음) (3) 승리 (목을 밟음) (4) 지배, 통치 (목에 멘 멍에) (5) 교만 (늘인 목) (6) 죽음 (부러진 목) (7) 영광 (8) 힘/지지, 후원 (9) 교만 (뻣뻣한/곧은 목) (10) 완고함 (뻣뻣한/곧은 목).
'경정맥(목정맥)', '목구멍' 항목을 찾아보라.
⇨ (1) 시 73:6, 잠 3:3-4 (2-3) 수 10:24 (4) 창 27:40 (5) 사 3:16 (6) 삼상 4:18 (7) 아 4:4, 7:4 (8) 욥 41:22, 시 133:1-2, 아 4:4 (9) 대하 36:13, 시 75:5 (10) 시 32:9, 렘 17:23.

목걸이: (1) 가슴/마음에 두는 것 (2) 마음의 상태 (3) 의사 결정/결정자 (4) 교만 (5) 멍에 (6) 복속/섬김.
⇨ (1-2) 출 28:30, 사 59:17, 엡 6:14, 살전 5:8, 벧전 3:3-4 (3) 출 28:15,22 (4) 시 73:6 (5) 신 28:48 (6) 렘 28:14.

목검: (1) 육신적인 말 (2) 육신으로 싸움 (3) 순진한 생각 (4) 싸움이나 훈련을 장난으로 생각함.
⇨ (1) 고전 3:12-15 & 엡 6:17 (2-3) 고전 3:12-15 & 히 4:12 (4) 삼상 17:42-43.

목구멍: (1) 마음의 통로 (2) 열린 무덤 (3) 말은 그 사람의 마음 상태를 보여 준다 (4) 죽음의 위협 (목에 들이댄 칼) (5) 하나님이 없는 혹은 하나님을 놓친 (갈증 혹은 마른 목) (6) 용서하지 않는 마음 (멱살을 붙잡음) (7) 위협.

'경정맥(목정맥)', '목', '목마른', '면도칼-이발소 면도칼', '혀' 항목을 찾아보라.
➲ (1–3) 시 5:9, 롬 3:13 (4) 잠 23:2 (5) 시 69:3 (비교. 요 19:28) (6–7) 마 18:28.

목마른: (1) 하나님을 향한 갈망 (2) 영원한 충족에 대한 갈망 (3) 건조하고 척박한 신자 (4) 채움 받기를 갈망함 (5) 광야에 있는 (6) 굶주림이 말씀과 관련이 있다면 갈증은 성령님에 대한 필요와 관련이 있다.
'굶주림', '목구멍' 항목을 찾아보라.
➲ (1–3) 시 42:1–2, 69:3 (비교. 시 69:21, 요 19:28), 요 7:37–39 (4) 마 5:6 (5) 느 9:15 (6) 느 9:15, 요 6:35, 7:38–39.

목사: (1) (머리되신) 예수님 (2) 목자 (3) 실제 목사 (4) 목사의 이름과 그 뜻을 확인하라.
'제사장' 항목을 찾아보라.
➲ (1–2) 요 10:11, 히 13:20.

목소리: (1) 하나님 (아버지의 음성) (2) 하나님의 말씀 (3) 능력 있는 증인 (4) 세미한 소리 (5) 하나님 (나팔 소리) (6) 악 혹은 귀신 (불안하게 하는 소리).
➲ (1) 삼상 3:4–9, 시 29:3–4 (2) 행 9:4–5 & 요 1:1 (3) 눅 3:4 (4) 왕상 19:12, 시 46:10 (5) 출 19:16,19 (6) 막 1:26, 9:26.

목수: (1) 예수님 (2) 창조자 (3) 건축자.
➲ (1) 마 13:55 (2) 마 13:55 (3) 삼하 5:11, 왕하 12:11.

목요일: (1) 다섯(5) (2) 은혜 혹은 은총.
'낮/날', '넷(4)'[세상 사람들은 목요일을 한 주의 네 번째 날로 본다] 항목을 찾아보라.
➲ (1) 창 1:22–23 (2) 창 43:34, 45:11, 레 26:8.

목욕: (1) 씻음 (2) 정결 (3) 말씀을 적용함 (4) 회심이 필요함 (온몸을 씻음) (5) 매일의 고백(손이나 발 등 몸의 일부를 씻음) (6) 침례 (목욕물에 잠김).
➲ (1) 레 14:5 (2) 민 19:9,17 (3) 엡 5:26 (4–5) 요 13:4–15 (6) 행 8:38–39.

목을 조르다: (1) 영적 생명이 억눌림/막힘 (2) 파이톤의 영 (3) 세상의 염려가 믿음을 억누름 (4) 성령의 흐름을 막음.
'질식', '죽이다', '살인', '파이톤' 항목을 찾아보라.
➲ (1) 욥 7:15 (2) 행 16:16–18 (3) 마 13:22 (4) 살전 5:19.

목자: (1) 그리스도 (2) 하나님 (3) 목사 (4) 삯꾼 (5) 탐욕스런 목사들 (6) 가짜 목자들. '양' 항목을 찾아보라.
➔ (1) 마 25:31-32, 26:31, 요 10:2,11,14, 히 13:20, 벧전 2:25 (2) 창 49:24, 시 23:1, 80:1, 사 40:10-11 (3) 창 46:34, 행 20:28, 벧전 5:2 (4) 요 10:12-13 (5) 사 56:11, 겔 34:2-5 (6) 렘 50:6.

목재 테라스: (1) 기초, 토대 (2) 연단, 강단.
➔ (1) 딤후 2:19 (2) 마 10:27.

목줄: (1) 통제/제어하다 (2) 통제/지배받음.
➔ (1-2) 사 10:27 (1) 레 26:13, 신 28:48 (2) 사 9:4, 행 15:10, 고후 6:14, 갈 5:1.

몸: (1) 죽음 (시체) (2) 그리스도의 몸 (3) 하나님의 성전 (4) 희생 제사/제물 (5) 영적인 몸 (6) 조직, 단체 (7) 육신.
➔ (1) 시 79:2, 110:6 (2) 롬 12:5, 고전 6:15, 엡 5:30 (3) 고전 6:19 (개인), 고후 6:16 (공동체) (4) 롬 12:1 (5) 고전 15:44 (6) 고전 12:25 (7) 롬 8:13, 고전 6:16, 골 1:22.

몸값: (1) 그리스도의 생명 (2) 속량의 값, 속전 (3) 지옥에서 벗어남 (4) 종/노예살이에서 벗어남 (5) 부는 영혼을 구속/구원할 수 없다 (6) 목숨에는 목숨으로 (7) 간음 (속전으로 대속할 수 없는 것) (8) 개인을 대속하기 위해 지불된 값.
➔ (1) 잠 21:18, 마 20:28, 막 10:45, 딤전 2:5-6 (2) 출 21:30 (3) 욥 33:23-28, 렘 31:11 (4) 사 35:10, 51:10-11, 렘 31:11 (5) 시 49:6-10 (6) 사 43:3-4 (7) 잠 6:32-35 (8) 출 30:12-15.

못: (1) 하나님의 말씀 (2) 하나님이 주신 말씀을 깊이 새김 (마음과 생각에 말씀을 새김) (3) 확실하고 안전하게 고정함 (4) (잊혀지지 않는) 기억술 (5) 빚을 완전히 갚음 (6) 준비 (7) 대적, 대항 (휘어진 못).
➔ (1) 사 22:23, 골 2:14 (2) 삿 4:21-22, 5:26, 전 12:11, 골 2:14 (3) 스 9:8, 사 22:23, 41:7, 렘 10:4, 골 2:14 (4) 사 49:15-16 & 요 20:25 (5) 골 2:14 (6) 대상 22:3 (7) 딤후 4:15.
-못 박는 기계: (타카, 네일 건) (1) 찌르는 말 (2) 가혹한 말.
➔ (1-2) 전 12:11.

묘지: (1) 사망의 골짜기 (2) 마른 뼈 골짜기 (3) 영적으로 죽은 (4) 종교적인 혹은 위선적인

'공동묘지', '관', '무덤', '죽음' 항목을 찾아보라.
→ (1) 욥 10:21-22 (2) 겔 37:1-14 (3) 시 107:10-11,14 (4) 마 23:27-28.

무거운: (1) 우울, 눌림 (2) 비통 (3) 슬픔 (4) 하나님의 영광 (5) 짐 (6) 책임 (7) 심각한 (8) 거물, 유력자들/결정적 패 (9) 폭력배 혹은 영적 거인들 (10) 부/번영 (11) 존귀/공경 (12) 죄/죄의식, 죄책감.
'운반', '기름짐 & 살찜', '무게' 항목을 찾아보라.
→ (1-3) 시 119:28 (4) 왕상 8:11, 고후 4:17 (5-6) 출 18:18 (7) "무거운 주제", "심각해지다(get heavy)" (8-9) "거물(heavies)"이라는 표현처럼 (10) 창 31:1 (비교. 킹흠정 및 한글킹) (11) 말 1:6 ('공경하다'에 해당하는 히브리어 '카보드'에는 단순한 무게감이 아니라 '중량감'의 의미가 담겨 있다) (12) 시 38:4, 히 12:1.

무게: (1) 영광 (2) 능력 (3) (우리를 저지/방해하는) 죄 (4) 마음/영/행동을 달아봄 (5) 측정/판단함 (6) 더 중요한 (더 무거운) (7) 책임.
'천칭', '무거운' '체중 감량' 항목을 찾아보라.
→ (1) 고후 4:17 (2) 고후 10:10 (3) 히 12:1 (4) 삼상 2:3, 시 58:2, 잠 16:2, 사 26:7, 단 5:27 (5) 욥 6:2, 31:6 (6) 마 23:23 (7) "막중한 책임감/무게를 느낀다"는 표현처럼.
- 무게를 달다: (1) 충분히 생각함 (가늠해 봄/평가함) (2) 예언의 말씀을 판단/분별함.
'저울' 항목을 찾아보라.
→ (1) 딤후 2:15 (2) 고전 14:29, 살전 5:20-21.

무기: (1) 말씀 혹은 찌르는 말 (2) 영적인 무기들: 순종, 믿음, 하나님의 말씀, 기도, 진리, 의, 예수님의 이름, 평강의 복음, 구원.
'화살', '총', '손' 항목을 찾아보라.
→ (1) 전 9:17-18, 사 54:17 (2) 고후 10:4-5, 엡 6:10-18.

무당/마녀: (1) 마귀의 세력 (악한 귀신) (2) 조종/통제하는 사람 (3) 주술/주문을 거는 사람 (4) 속임 (5) 조종하는 교회.
이들은 (문이신) 그리스도와 관계없이 영계에 들어가는데, 하나님은 이것을 가증하게 여기신다.
'주술/마술', '주술사', '여자-경건하지 않은 여자' 항목을 찾아보라.
→ (1-5) 출 22:18, 삼상 28:3-25, 계 2:20.

무대: (1) 사람들의 주목을 받는 (2) 성공 (3) (공연장에서/스포트라이트 아래서) 공개적

으로 소개됨 (4) 허울, 가면 (각색됨).

'설교단', '스포트라이트' 항목을 찾아보라.

⇨ (1) 눅 1:80 (2) 수 1:8 (3) 창 37:9 & 42:6, 눅 1:80 (4) 마 2:4,8.

- 무대 뒤편: (1) 내면의 자아에서 벌어지고 있는 일 (이면에서, 은밀히) (2) 그리스도께 영광을 돌림.

'스포트라이트' 항목을 찾아보라.

⇨ (1) 벧전 3:4 (2) 골 3:3.

무더기: (1) 쌓거나 모으려 함 (2) 증인, 증거 (3) 폐허 (4) 많음 (무더기, 더미) (5) 원수를 선대하라 (원수의 머리에 숯불을 쌓아 올림).

⇨ (1) 창 31:46, 욥 16:4 (킹흠정, 한글킹), 27:16, 롬 12:20, 딤후 4:3, 약 5:3 (2) 창 31:48,51-52 (3) 신 13:16, 수 8:28, 왕하 19:25, 사 17:1, 25:2 (4) 삿 15:16 (5) 잠 25:21-22.

무덤(묘비): (1) 죽음 (2) 어둠 (3) 비통, 애통 (4) 확실한 것 (5) 의인의 부활 (곧게 선 묘비는 부활을 뜻할 수도 있다) (6) 교만을 무너뜨리다 (7) 위선 (회칠한 무덤) (8) 승리.

'공동묘지', '관', '죽음', '묘지' 항목을 찾아보라.

⇨ (1) 출 14:11, 욥 33:22-30, 38:17 (2) 시 88:6 (3) 창 50:10, 삼하 3:32, 요 11:31 (4) 시 89:48, 잠 30:15-16 (5) 창 35:20 & 28:18, 시 49:15, 겔 37:12-14, 마 27:52-53, 요 12:17 (6) 사 14:11 (7) 마 23:27, 눅 11:44 (8) 고전 15:55-57.

무딘: (1) 무딘 무기는 효과 없는 말을 의미한다 (2) 무례한, 노골적인 또는 눈치 없는 (3) 둔한 (4) 종종 직설적인 말은 목소리를 높일 필요가 있다.

⇨ (1) 시 58:6, 사 54:17 (2) 엡 5:4 (3) 사 59:1 (4) 전 10:10.

무릎1: (넙다리와 정강이의 사이에 앞쪽으로 둥글게 튀어나온 부분) (1) 마음과 관련이 있음 (2) 해사[解祀]함 (3) 기도/간청 (4) 겸손히 순복/복종함 (5) 그리스도께 순복함 (6) 하나님 혹은 거짓 신들에게 헌신함 (7) 두려움 (특히 외반슬[안짱다리]) (8) 연약함 (9) 위로/위안받음 (무릎 위에 앉음) (10) 복을 받기 위해 (무릎을 꿇음).

⇨ (1) 롬 10:9-10 & 빌 2:10-11, 롬 11:4 (2) 창 30:3, 왕상 18:42, 욥 3:12 (3) 왕상 8:54, 대하 6:13, 스 9:5-6, 단 6:10-11, 엡 3:14-15 (4) 창 41:43, 왕하 1:13 (5) 빌 2:10, 롬 14:11 (6) 왕상 19:18, 겔 47:4, 롬 11:4 (7) 사 35:3-4, 겔 7:17, 21:7 (좋지 않은 소식을 받는 즉시), 단 5:6, 나 2:10 (우리말, 킹흠정, 한글킹. 마음이 녹아내린다는 것은 두려움을 뜻한다) (8) 시 109:24, 히 12:12 (9) 왕하 4:20, 사 66:12-13 (10) 창

48:9,12 (히브리어 '바라크'에는 "축복하다" 외에 "무릎을 꿇다"의 뜻도 있다).

무릎2: (앉은 자세로 허리에서 무릎까지) (1) 위로 (2) 마음.
➲ (1) 왕하 4:20 (2) 왕하 4:39, 느 5:13 (킹흠정), 잠 6:27 (품), 전 7:9 (품, '품'에 해당하는 히브리어 '헤크'는 '무릎'으로 번역되기도 한다).

무지개: (1) 언약의 약속 (2) 기억 (3) 하나님의 영광 (4) 천국의 환상 (5) 천사 혹은 천상의 존재.
'색깔-다양한 색깔의'와 개별 색깔 항목들을 찾아보라.
➲ (1-2) 창 9:12-15 (3) 겔 1:28 (4) 계 4:2-3 (5) 계 10:1.

무화과: (1) 정치적인 이스라엘을 뜻한다 (2) 거짓 종교 (무화과나무 잎) (3) 번영 (4) 기도 (무화과나무 아래에서) (5) 심판 (열매가 떨어짐, 열매가 없음) (6) 자기 의 (무화과나무 잎) (7) 죽은 종교 시스템 (결실하지 못함).
➲ (1) 마 21:19, 호 9:10 (2) 창 3:7 (죄를 덮을 수 없다) (3) 왕상 4:25, 아 2:13 (4) 요 1:48-50 (5) 사 34:4, 나 3:12, 욜 1:7, 합 3:17, 마 21:19 (임박한 심판) (6) 창 3:7 (스스로 가림) (7) 마 21:19-20.

묶다: (1) 확보된 (2) 단단히 고정되어 있는 (3) 이끌다, 인도하다.
➲ (1) 마 21:2, 막 11:2, 눅 19:30 (2) 출 39:31, 삼상 6:7, 왕하 7:10 (3) 잠 6:21-22.

묶음: (1) 생명 (2) 보물 (3) 모인 무리.
➲ (1) 삼상 25:29 (2) 창 42:35, 아 1:13 (3) 마 13:30, 행 28:3.

묶인: (매인, 속박된) (1) 말에 영적으로 묶인 (2) 통제/지배 받는 (3) 사로잡힌 혹은 갇힌 (4) 자유의 반대말 (5) 영적으로 죽은 사람은 매여 있을 수 있다 (6) 종교에 (7) 세상에 (8) 더러운 영/귀신에 (9) 사탄에 (10) 불의/불법, 죄에 (11) 성령에 (12) 나라나 정부에 (13) 사람들을 기쁘게 하려고.
'끈', '풀어놓음', '밧줄' 항목을 찾아보라.
➲ (1) 행 23:12,14,21, 마 16:19, 18:18 (2) 막 5:3-4 (3) 막 6:17-20, 요 18:12 (4) 요 8:33 (5) 요 11:44 (6) 요 18:12, 행 9:2,14,21, 21:11 (7) 행 7:7 (8) 눅 8:29 (9) 눅 13:16 (10) 행 8:23 (11) 행 20:22-23 (12) 행 22:29 (13) 행 24:27.

문: (1) 그리스도 (2) 기회 (3) 입 (4) 입구 (5) 믿음 (6) 마음 (7) 멈출 수 없는 하나님의 일

(8) 부담, 짐 (밀고 들어가는 문) (9) 과도기를 통과함 (10) 유혹 (살짝 열린 문 혹은 문 앞에 있는) (11) 멸망 (넓은 문) (12) 영계로 들어가는 문 (아치형 문) (13) 결단 (선택해야 할 여러 문들) (14) 폭력 (문에 난 총알 구멍들) (15) 증언함 (집집마다 방문함) (16) 기름부음이 필요함 (삐걱거리는 문) (17) 강간 (박차고 들어간 문).
'뒷문', '앞문/정문', '열쇠', '옆집' 항목을 찾아보라.
➲ (1) 창 6:16, 요 10:7 (2) 골 4:3 (3) 시 141:3, 골 4:3 (4) 골 4:3 (5) 행 14:27 (6) 계 3:20 (7) 계 3:7-8 (8) 시 109:22 (9) 삿 11:16, 시 23:4 (10) 창 4:7 (11) 마 7:13 (12) '원' 항목을 찾아보라 (13) 수 24:15 (14) 겔 8:7-9 (15) 계 3:20 (16) 잠 26:14 & 마 25:8-12 (17) 창 19:9.
- 문 안의 문: (1) 입 안의 입 (다른 사람을 대변하는 사람) (2) 기회 속의 기회 (3) 소문화, 하위문화 (4) 목소리 속의 목소리.
➲ (1) 잠 27:2, 사 28:11, 요 5:43, 14:26, 18:34, 행 8:34 (2) 느 7:3, 에 2:21, 잠 8:3,34 (3) 욥 38:17, 행 12:13,16 (대문) (4) 마 10:20.
- 슬라이딩 도어/미닫이문: (1) 가까운 출구 (2) 알려지지 않은 문, 입구 (3) 신앙을 버릴 기회.
➲ (1) 삼상 19:10 (2) 요 10:1-2, 20:26 (3) 사 31:1, 행 7:39.

문서 보관함: (1) 마음 (2) 기억.
➲ (1) 잠 3:1, 4:4,20-21 (2) 대상 28:9, 사 50:4.

문설주: (문지방) (1) 십자가 (2) 사랑의 종.
➲ (1) 출 12:6-7 (2) 출 21:6.

문신/타투: (1) 거친 (2) 신분 혹은 신분증 (3) 육신적인 사람 (4) 도망자 (5) 부랑자 (6) 메시지 (7) 문신의 위치를 알아야 해석할 수 있다. 보통 다리의 문신은 타락한 힘을, 얼굴의 문신은 더러워지거나 오염된 마음을 뜻한다 (8) 문신에 알아볼 수 있는 형체나 숫자가 있는 경우에는 큰 의미를 담고 있으므로 반드시 개별적으로 해석해야 한다.
'폭주족', '흉터' 항목을 찾아보라.
➲ (1) 시 22:16 (2-5) 창 4:14-15 (6) 아 8:6, 사 49:16.

문어: (1) 육신의 통제 혹은 영향력 (촉수들) (2) 통제하는 영 (3) 견고한 혼의 묶임 (머리 위에 있는 문어).
'여덟(8)', '오징어' 항목을 찾아보라.
➲ (1) 출 2:14, 잠 6:5, 갈 2:4 (2) 왕상 21:7-10 (3) 고후 10:4-5.

물: (1) 성령님 (흐르는 물) (2) 하나님의 말씀 (잔잔한 물) (3) 정결케 함 (4) 마음 (5) 하나님을 향한 갈망 (목마름) (6) 기도 (7) 사람들 (8) 평강 (잔잔한 물) (9) 고요한 (잔잔한 물) (10) 성령 안에 있음 (물속/수중에) (11) 구원자 (물 밖으로 끌어낸 사람) (12) 영적으로 죽어 있는 신자들 (악취 나는 물) (13) 심판 (악취 나는 물) (14) "휘저어진" 감정 (15) 불안정한.

'깊은/깊음', '물속' 항목을 찾아보라.

➲ (1) 레 14:6 (히브리어로 '흐르는 물'은 "생수/살아 있는 물"을 뜻한다), 요 7:37-39 (2) 엡 5:26 (3) 요 13:5-10 (4) 애 2:19 (비교. 잠 18:4 & 눅 6:45) (5) 시 42:1-2, 63:1, 69:21, 요 19:28, 출 17:3-6에서 백성들의 목이 마를 때 "반석 앞에 서 계신 주님을" 치자 물이 나왔다는 사실에 주목하라. 육신의 갈증은 영혼의 만족을 주시는 분이 하나님이라는 영적 계시로 그들을 인도했다 (6) 시 126:5, 렘 31:9, 50:4 (7) 계 17:15 (8) 시 23:2, 막 4:39 (9) 시 107:29 (10) 겔 32:14 (11) 출 2:10 (12) 출 15:23-24 (12-13) 출 7:18, 계 3:1 (14) 렘 51:55, 마 14:30, 눅 8:24 (15) 창 49:4.

- 더러운 물: (1) 분쟁을 일으킴 (흙탕물을 일으킴) (2) 더러운 말 (3) 독한 말을 뿌림 (불평/투덜거림) (4) 문제의 핵심/근원에 그리스도(소금)를 적용/의뢰하지 않음 (5) 하나님의 영의 흐름을 혼란시키는 개인의 육신적인 문제들 (6) 불안정한 성질 (7) 기만, 속임수 (8) 거짓말 (9) 말씀에 더함 (더럽혀진 진리) (10) 행실이 나쁨 (11) 호소력/매력이 없는.

'홍수', '강', '물속' 항목을 찾아보라.

➲ (1) 사 57:20, 겔 32:2, 34:18-19 (2-3) 민 20:24, 잠 18:6 (4) 출 15:23-25, 왕하 2:19,21, 잠 18:4, 약 3:10-11 (5) 고후 4:7 (6) 욥 8:11 (7-8) 시 62:4 (입으로 하는 말과 마음이 다름), 시 78:36-37, 101:7, 120:2, 잠 14:25 (9) 잠 30:5-6, 고후 2:17 (10) 사 57:20 (11) 왕하 5:12.

- 뜨거운 물: (1) 하나님을 향해 불붙은 마음 (2) 분노에 찬 말 (3) 곤경에 처한 것을 깨달음.

➲ (1) 렘 20:9 (비교. 애 2:19 & 마 24:12) (2) 시 79:5 & 엡 5:26 (3) "곤경에 처한(in hot water)"이라는 표현처럼.

- 맑은 물: (1) 성령님 (2) 생명 (3) 정결, 깨끗하게 됨 (4) 하나님의 말씀.

➲ (1) 요 7:38, 약 3:11, 계 21:6 (2) 계 22:1 (3) 겔 36:25, 히 10:22 (4) 엡 5:26.

- 물을 줌: (1) 기름부음 안에서 선포함 (2) 복음을 나눔 (정결케 함) (3) 말/선포함.

➲ (1) 요 6:63, 7:38-39 (2) 엡 5:26 (3) 잠 18:4.

- 물 한 잔: (1) 하나님의 말씀의 계시가 장착/구축됨 (2) 하나님의 영과 함께하는 사 (물을 마시는 경우) (3) 영생 (4) 헌신적인 행위 (물 한 잔을 줌) (5) 악을 선으로 갚음 (원수에게 줌).

'유리컵(잔)' 항목을 찾아보라.

➲ (1) 잠 18:4, 암 8:11, 엡 5:26 (2) 요 4:14 (3) 요 4:14 (4) 마 10:42 (5) 잠 25:21.

- 흐르는 물: (1) 생수 (성령님).
➡ (1) 레 14:5-6,50-52 (새 두 마리 = 천상의 두 존재 = 예수님과 성령님), 아 4:12,15, 사 44:3, 렘 2:13, 17:13, 요 4:10-11, 7:38-39, 계 7:17.

물고기: (1) 믿는 자들 (2) 회심 (잡힌/낚인 물고기) (3) 인류 (잠재적 믿는 자들) (4) 영적인 양식 (복음) (5) 성령 안에 있는 신자들 (날치) (6) 초신자 (금붕어) (7) 재정의 복 (물고기 입에서 나온 돈) (8) 회복, 부흥 (배 안으로 뛰어 들어온 물고기) (9) 진리의 계시 (영적 다운로드) (10) 장래의 배우자.
➡ (1-3) 전 9:12, 합 1:14, 마 4:19 (4) 요 6:11, 21:13 (5) 사 40:31 (6) 고후 3:18 (7) 마 17:27 (8) 눅 5:6-7 (9) 요 21:10-19 (10) 잠 18:22, 눅 5:7, 고전 7:28,36,38.

물다: (1) 말이 전파됨, 말의 영향을 받음 (2) 말로 편견 혹은 적의를 품게 함 (3) 파괴적인 (집어삼키는) 말 (4) 유혹에 빠짐 (5) 중독된 (6) 믿음의 시험 (7) 험담, 뒷담화 혹은 비방 (뒤에서 물릴 경우).
'먹다', '뱀', '거미' 항목을 찾아보라.
➡ (1) 마 27:20 (2) 창 3:1-6, 행 13:8-10 (3) 시 52:4 (4) 창 3:1-6 (5) 잠 23:2-3 (6) 막 16:17-18 & 행 28:3-6 (7) 민 21:5-6.

물류 창고: (1) 천국 (2) 철저하게 구비/준비하는 곳 (3) 풍부한 공급처 (4) 관습에 매이지 않는 교회 (5) 지하 교회 (6) 성령의 흐름을 막음 (성령을 사용하지 않음).
➡ (1) 빌 4:19 (2) 대하 2:9 (3) 대상 29:16 (4) 말 3:10 (5) 삼상 22:1-2 (6) 행 7:51, 살전 5:19.

물매/새총: (1) 믿음 (목표물을 향해 돌을 듦) (2) 마음 (물매 주머니) (3) 하나님의 말씀 (던진 돌).
➡ (1) 삼상 17:34-37 & 히 11:32 (2) 삼상 25:29 ('싸개/보자기'에 해당하는 히브리어 '카프'는 '오목한 그릇'을 말한다) (3) 벧전 2:8.

물속: (1) 육신의 죽음 (2) 세례/침례 (3) 죽음 혹은 죽은 (4) 양심을 정결케 함 (5) 압도된 (6) 가라앉음/파산함 ("익사하지 않다/빚지지 또는 파산하지 않게 하다[keep one's head above water]"의 반대) (7) 깊은 곳 (8) 성령 안에 있는 (9) 빠짐, 가라앉음 (10) 믿음으로 행하지 않음.
'깊은/깊음', '익사', '물' 항목을 찾아보라.
➡ (1) 창 6:17, 벧후 3:6 (2) 행 8:38-39, 고전 10:1-2 (3) 욥 26:5, 롬 6:3 (4) 벧전

3:21 (5–6) 시 61:2, 77:3 (킹흠정), 124:4, 142:3, 143:4 (7) 시 42:7 (8) 겔 47:5 (9) 출 15:5, 시 69:14, 욘 2:3 (10) 마 14:30.

물웅덩이: (1) 성령의 보증.
➲ (1) 행 2:17–18.

물집: (1) 복음으로 인한 마찰 혹은 불화를 경험함 (2) 당신의 일에 영향을 주는 마찰 (손에 생긴 물집) 혹은 당신의 걸음에 영향을 주는 마찰 (발에 생긴 물집) (3) 새로운 역할에 적응하는 수고 (다른 사람의 자리를 임시로 담당함).
'여드름' 항목을 찾아보라.
➲ (1) 마 5:10, 10:35 & 엡 6:15 (2) 마 13:20–21 (3) 막 9:33–34.

물통: (1) 구원받지 못한 사람 (나무 그릇) (2) 보잘것없는 (3) 인간이라는 그릇 (4) 설교자, 전도자 (5) 얄팍한 사람 (플라스틱 물통).
'비닐', '용기', '나무2' 항목을 찾아보라.
➲ (1) 출 7:19 (2) 사 40:15 ("통의 한 방울 물과 같고") (3) 민 24:7 (4) 민 24:7 & 눅 8:11 & 엡 5:26 (5) 마 15:8–9, 골 2:18.

미국: (1) 성령(독수리) 안에 있는 (2) 바벨론.
➲ (1) 사 40:31 (2) 계 17:5.

미끄러운: (1) 하나님이 없는 (2) 말씀이 없는 (3) 경건한 자에 대한 음모를 꾸밈 (4) 하나님을 두려워하지 않고 행악함 (5) 손대기 어려운 (6) 완전히 이해하기 어려운.
'걸려 넘어짐' 항목을 찾아보라.
➲ (1) 삼하 22:37 (2) 시 17:4–5, 35:6 (길이 어두움) (3) 시 35:4,6 (4) 시 73:3,18, 렘 23:11–12 (5) 눅 20:26 (6) 벧후 3:16.

미끄러지다: (1) 성실함/진실함이 없는 (2) 하나님을 신뢰하지 않음 (3) 마음에 없는 말 (4) 속임수, 기만 (5) 회개하지 않음 (6) 영적인 간음 (7) 신앙을 버림 (8) 심판.
➲ (1–2) 시 26:1 (우리말, 킹흠정) (3) 시 37:31 (우리말, 킹흠정) (4–5) 렘 8:5 (6) 호 4:16 (한글킹) (7) 렘 8:5, 호 4:16 (새번역, 킹흠정, 한글킹) (8) 신 32:35 (킹흠정).

미끼: (1) 유혹 (2) 덫/함정 (3) 넘어질/죄를 지을 가능성이 있음 (4) 하나님의 말씀을 잘 못 사용함 (5) 하나님의 말씀 (6) 표적과 기사 (7) 계시 (8) 복음.

'낚시', '독', '벌레2' 항목을 찾아보라
⮕ (1) 눅 4:1-2, 13:1, 고전 10:13 (2-3) 사 8:14, 29:21, 마 13:57, 18:6 (4) 고후 2:17, 벧전 1:23, 벧후 2:1 (5-6) 히 2:3-4 (7) 마 16:15-18 (8) 마 4:19.

미로: (1) 하나님의 마음을 발견하려 애씀 (집 안의 미로) (2) (변화가 많은) 복잡한 상황에서 빠져나가려 애씀 (3) 앞길이 복잡해 보여서 어찌해야 할지 몰라 방황함 (4) 지속적으로 경건한 결단을 내려야 할 필요성 (5) 힘겨운 시기를 이겨내고 통과하려면 하나님과 더욱 친밀하게 동행해야 함.
'분실물/유실물 센터' 항목을 찾아보라.
⮕ (1) 삼상 13:14, 행 13:22 (2) 출 18:20, 33:13 (3) 마 10:39, 16:25 (4) 수 24:15, 눅 3:4-5 (5) 출 33:14-15, 시 37:5, 잠 20:24, 사 40:22 (하나님은 당신의 길을 내다보실 수 있다), 렘 10:23.

미사일: (1) 능력 있는 말씀 (2) 파멸의 말 (3) 하나님의 말씀 (유도 미사일) (4) 설교 (5) 공격 (6) 심판 (7) 시련, 고통.
'화살', '폭탄', '로켓', '창' 항목을 찾아보라.
⮕ (1) 사 54:17, 눅 4:32,36, 고전 2:4 (2) 삼상 18:11, 19:9-10, 20:33 (3) 히 4:12 & 사 55:11 (4) 마 3:1-2, 4:17 (5) 시 109:3, 렘 18:18 (퍼붓은 혹은 가시 돋친 말) (6) 욥 20:23-25, 시 64:7, 겔 39:3 (7) 욥 34:6.

미소: (1) 어떤 사람 위에 임한 성령의 기름부음과 기쁨 (2) 어떤 사람 위에 임한 은혜 혹은 은총 (3) 복이 전이됨 (4) 기쁨, 만족스러운 (5) 어떤 사람 위에 임한 하나님의 영광 (6) 하나님의 지혜가 전이됨 (계시) (7) 사랑.
⮕ (1) 시 104:15 (2-3) 시 67:1, 119:135 (4) 시 80:3-4,7,19, 눅 3:22 (5) 사 60:1, 마 17:2 (6) 전 8:1 (7) 시 31:16.

미술 수업: (1) 예언 학교.
⮕ (1) 왕하 2:5, 6:1.

미술관: (1) 예언 집회 (2) 인정받은 예언 사역 (3) 인정받은 창조의 기름부음 (4) 창조의 기름부음을 받음.
⮕ (1) 왕하 2:3 (2) 창 37:3, 41:12, 단 5:11-12 (3) 삼상 13:14 & 16:13 (4) 출 31:2-4.

미용사: (1) 자만심 (2) 단장/손질함 (허영심) (3) 교회 (머리카락[육체]을 다듬는 곳으로서).

'이발소' 항목을 찾아보라.
➜ (1-2) 삼하 14:26, 딤전 2:9, 벧전 3:3 (3) 민 6:19.

미용실: (1) 몸단장 (2) 준비됨 (3) 겉모습보다 내면의 아름다움을 추구하라 (4) 헛됨.
➜ (1-3) 벧전 3:3-4, 계 21:2 (4) 삼하 14:25.

미친: (1) 어리석음 (2) 분노/격노 (3) 두려움 (4) 불순종의 저주 (5) 편집증, 망상증 (6) 집착, 강박증 (7) 귀신 들림/마귀의 눌림 (8) 성령의 일들에 깊이 빠진 사람 (일반적인 사람, 자연인의 눈에는 미친 것처럼 보인다).
➜ (1) 호 9:7 (2) 눅 6:11 (3) 딤후 1:7 (4) 신 28:28 (5) 마 2:16 (6) 잠 19:13, 27:15, 눅 18:5 (7) 눅 8:35 (8) 고전 2:14.

미터기: (1) 전력/능력 공급 (2) 기름부음을 가늠/측정함 (3) 마음 (주차 요금 징수기처럼) (4) 적절한 때.
➜ (1-2) 막 5:30, 눅 6:19, 8:46 (3) 느 7:5 (4) 에 4:14, 단 2:21.

민달팽이: (1) 무법함 (2) 부정한 문제 (3) 가증한 것 (4) 의의 진리를 갉아먹음.
➜ (1) 합 1:14 (2-3) 레 11:41-45, 20:25, 22:5-6 (4) 딤후 2:17.

민족/나라: 먼저 꿈이나 환상에 나타난 나라가 그것을 본/꾼 사람에게 어떤 의미인지 질문해야 한다. 그 나라의 특징들은 무엇인가? 또한 그 나라와 그 사람 사이에 어떤 관련성이 있는지 조사해 보라. 지인 중에 그 나라 국적을 가진 사람이 있는가? 아무 관련도 없다면, 그 나라에 대해 조사해 보거나, 장차 그 나라와 관련된 상황 혹은 사람을 마주하게 될 것에 민감하게 깨어 있음으로 하나님이 더 많은 정보를 제공해 주시길 기다리라.
(1) 방향을 구한 후 그 나라나 민족이 꿈이나 환상에 나타날 수도 있다.
➜ (1) 행 16:9.

밀: (1) 하나님의 말씀 (2) 믿는 자들 (3) 자기 목숨을 내려놓은 신자들 (자아에 대한 죽음) (4) 정결해진 마음 (타작/체질함) (5) 주요 수확물과 관련됨 (하나님의 은총) (6) 열매를 많이 맺음, 양식/공급.
'보리', '겨', '씨(앗)' 항목을 찾아보라.
➜ (1) 마 13:20, 막 4:14 (2) 마 3:12 (쭉정이와 대비됨), 13:25,29-30 (가라지와 대비됨), 눅 3:17 (3) 요 12:24-25 (4) 대상 21:20, 눅 22:31 (5) 출 34:22, 룻 2:23 (보리 추수에 이은 밀 추수), 삼상 6:13 (6) 신 8:8, 32:14, 삼하 17:28, 시 81:16, 147:14, 아 7:2.

밀가루: '곡식 가루' 항목을 찾아보라.

밀다: (1) 자기 힘으로 일(행)하다 (2) 성령이 없음 (3) 육신적인 혹은 미성숙한 지도력 (4) 고군분투하다 (5) 누군가에게 원하지 않는 일을 하라고 강요하다 (6) 그들/당신의 계획과 목적대로 행하다 (7) 몰아내다 (8) 넘어뜨리려 함 (9) 패권을 행사하다 (10) 지배력과 영향력을 확장하다 (11) 압박하다 (12) 넘쳐흐름 (꼭꼭 누른 넉넉한 양).
'버튼', '끌어당기다' 항목을 찾아보라.
➡ (1–2) 롬 8:14 (밀어붙이는 것이 아니라 인도하심을 받음) (3) 시 80:1, 사 40:11 (4) 꿈쩍도 안하는 것을 힘겹게 밀어 보는 것처럼 (5) 떠밀려서 무엇을 하거나 무엇을 하라고 밀어붙이는 것처럼 (6) 어떤 일을 계속 과감하게 밀어붙이는 것처럼 (7) 왕상 22:11 (8) 욥 30:12 (우리말, 킹흠정, 한글킹) (9–10) 단 8:4 (11) 단 11:40 (킹흠정) (12) 눅 6:38.

밀수: '도둑' 항목을 찾아보라.

밀초: (밀랍) (1) 녹아 없어진 (2) 봉인.
'초(촛대)' 항목을 찾아보라.
➡ (1) 시 22:14, 68:2, 97:5, 미 1:4 (2) 왕상 21:8.

밑: (1) 열등한/낮은 상태, 지위 (2) 복속/예속된 (3) 영향을 받는 (4) 숨겨진 (옷 속) (5) 그늘 아래 (6) 그림자 속 (7) 우상숭배 (푸른 나무) (8) 영적 간음 (9) 보호와 안전 (10) 안전하게/윤택하게 살아감 (11) 눈엣가시 (속으로) (12) 권력/권위 구조.
'위아래' 항목을 찾아보라.
➡ (1) 신 28:13 (2) 삼하 12:31 (3) 눅 6:40 (4) 삿 3:16 (5) 아 2:3 (6) 시 91:1 (7) 신 12:2 (8) 렘 2:20, 3:6,13 (9) 시 91:1–4 (10) 왕상 4:25, 미 4:4, 슥 3:10 (11) 느 4:1, 에 5:9 (12) 마 8:9.
 - 밑으로/아래로 지나감: (1) 소유되어 계수됨 (2) 시험 받음 (3) 판단 받음 (4) 죽음 (5) 복속된, 예속된.
➡ (1–3) 레 27:32, 렘 33:13 (4) 고전 10:1–2 (5) 느 2:14, 사 28:15, 렘 27:8, 겔 20:37.

ㅂ

바구니: (1) 마음 (2) 첫 열매 (3) 복을 받아 열매를 많이 맺음 (4) 하루치 일 또는 공급 (5) 믿음으로 흘러넘침 (6) 사람들의 무리 (가족, 교회, 나라) (7) 저주받은 열매 (8) 탈출용 광주리.

➲ (1) 창 40:16-17, 신 28:5 (2) 신 26:2-9 (3) 신 28:4-5, 렘 24:1 (4) 창 40:16-18 (5) 마 14:20, 15:37, 16:9-10 (6) 렘 24:1-10 (7) 신 28:17, 암 8:1-2, 렘 24:1 (8) 행 9:25, 고후 11:33.

바구미: (1) 하나님의 말씀을 몰래 파괴함.
'밀', '개미-흰개미' 항목을 찾아보라.
➲ (1) 고후 2:17.

바깥/야외: (1) 덮개/지붕이 없는 혹은 드러난 (2) 유명해지고 싶은 갈망 (3) ('내부/안쪽'과 대비되는) 친밀하지 않은 혹은 친교가 없는 (4) 그리스도 밖에 있는 (5) 독자적으로 혹은 개별적으로 (6) 성령 안에서 (하늘의 처소/영원) (7) 세상과 교류함 (8) 하나님과 단절됨.
'나감' 항목을 찾아보라.
➲ (1) 삼하 11:11 (2) 요 7:4 (3) 요 13:30 (4) 엡 2:12 (5) 행 13:2 (6) 고후 12:2, 계 3:20 (7) 눅 15:12-13, 요 13:30 (8) 마 25:10-12, 계 22:15.

바나나: (1) 열매 (2) 임금/급여 (그 손의 열매).
'열매/과일', '노란색' 항목을 찾아보라.
➲ (1) 신 1:25 (2) 잠 31:16,31.
- 바나나 껍질: (1) (행동 또는 발밑을) 조심하라.
➲ (1) 시 73:2.

바느질: (1) 연결함 (2) 하나로 만듦 (3) 봉함 (4) 수선함 (5) 영적 진리를 육신적인 사람에게 주려 함.
➲ (1-2) 창 3:7 (3) 욥 14:17 (4) 전 3:7 (5) 막 2:21.

바늘: (1) 생명을 구함 (2) 생명을 주입함 (3) 공포나 두려움이 동반되는 것은 원수가 당신을 타락시키려 한다는 뜻일 수도 있다 (당신의 피를 중독시킴) (4) 공격받음 (마음에 독을 퍼뜨림).
'약물 사용', '주사기' 항목을 찾아보라.
➲ (1-2) 레 17:11 (3-4) 삼상 15:23 & 계 9:21.

바다: (1) 세상 (인간 세상의 바다) (2) 믿지 않는 세상 (3) 세례/침례 (4) 목소리를 높임 (거친 바다).
'해변', '해안선', '모래', '파도' 항목을 찾아보라.

➲ (1) 왕상 18:44 (여기서 구름은 엘리야의 기도를 상징하는 것이었다!), 시 98:7, 사 17:12, 렘 50:42, 합 1:14, 계 17:15 (2) 사 60:4-5 (비교. 시 2:1 & 89:9-10) (3) 고전 10:1-2 (4) 렘 6:23.

바다코끼리: (1) 당신을 공격한다면 악한 영이다 (바다코끼리는 해양 포유류로 물개처럼 지느러미 발을 가지고 있다).
'돌고래', '듀공', '고래' 항목을 찾아보라.
➲ (1) 마 8:28, 벧전 5:8 (바다코끼리의 포효).

바닷가재: (1) 물질의 풍부함을 누림.
'게', '새우' 항목을 찾아보라.
➲ (1) 단 1:8.

바람: (1) 성령님 (2) 고난/역경/괴로움 (강한 바람) (3) 거짓된 가르침 (4) 악한 영들 (5) 부활 (두 번째 바람).
'먹구름', '폭풍' 항목을 찾아보라.
➲ (1) 요 3:8, 행 2:2-4 (2) 마 7:25, 8:25-26 (3) 엡 4:14 (4) 단 7:2-3, 마 14:24, 엡 4:14 (거짓된 가르침 이면에 이들이 있다) (5) 창 8:1, 삿 15:19, 눅 8:55 (영이 돌아옴).

바래다: (1) 죽다 (2) 죽음 (3) 일시적인 (4) 영생과 단절됨 (5) 나이 든 혹은 늙은.
➲ (1) 사 1:30, 24:4, 64:6, 렘 8:13, 약 1:11, 벧전 5:4 (2) 벧전 1:4 (3) 사 28:1 (4) 겔 47:12 (5) 수 9:13.

바로 선: (1) 의로운 (2) 믿음으로 섬 (3) 진리 (4) 지도자의 지위 (5) 속박되지 않은 (6) 선한 (7) 정직한 행동 (8) 하나님 (9) 흠 없음, 고결함 (10) 명철 (영적인 것에 주파수를 맞춘/고정한) (11) 복된.
'비뚤어진', '굽은', '아래로', '곧은', '서다', '큰' 항목을 찾아보라.
➲ (1) 잠 11:6 (2) 고후 1:24 (3) 전 12:10 (4) 창 37:7 (5) 레 26:13 (6) 삼상 29:6 (7) 시 37:14 (8) 시 92:15 (9) 시 11:3 (10) 잠 15:21 (11) 시 112:2, 잠 11:11.

바벨론: (1) 사로잡혀 간 곳 (2) 음행이 벌어지는 곳 (3) 마귀들과 더러운 영들의 처소 (4) 풍요와 사치와 부를 뜻함 (5) 하나님의 진노를 마주함 (6) 고통을 당함 (7) 반역의 상징 (8) 세상의 시스템과 가짜 교회 (9) 유혹 (10) 음행.
➲ (1) 마 1:17 (2) 계 14:8, 17:5 (3) 계 18:2 (4) 계 18:3,12-14 (5) 계 16:19, 18:9

(6) 계 18:10 (7) 사 13:1-22 (8) 계 17:5, 사 13:11 (9) 수 7:21 (10) 계 17:5.

바비큐: (1) 마음 (2) 독립심 (밖에서 무언가 요리함/꾸밈) (3) 단단한 성경의 가르침 (고기 파티) (4) 길거리 설교.
➲ (1) 호 7:6 (2) 잠 18:1 (비교. 한글킹) (3) 히 5:12 (4) 막 6:12.

바쁜: (1) 다른 계획과 목적들 (2) 장사/상거래 (3) 완고한 마음들.
➲ (1) 눅 10:31-32,41 (2) 요 2:14-16 (3) 마 13:4,19 (길을 오가는 사람들이 많이 다져져 있다).

바위/암석: (반석) (1) 그리스도 (2) 하나님 (3) 하나님의 말씀 혹은 계시 (레마) (4) 참된 예배처인 사람의 마음 (진정한 제단) (5) 완고한 마음 (6) 말씀을 행하는 자 (7) 걸려 넘어지게 하거나 걸림돌이 되는 그리스도 (8) 은신처, 피난처 혹은 요새 (9) 교회의 기초 (10) 구원 (11) 소망, 희망 (12) 강한/힘 (13) 견고하고 안전한 기초 (14) 거짓 신들 (15) (맨 바위/바위 표면처럼) 척박한, 불모의 (16) 바벨론 자손들이 멸망하는 곳.
➲ (1) 출 17:6, 민 20:8,10-11 ('일곱[7]' 항목을 찾아보라), 고전 10:4 (2) 신 32:4,18,30, 삼상 2:2, 삼하 22:2-3,32, 욥 29:6, 39:27-30, 시 18:2,31, 28:1, 42:9, 61:2, 78:35, 92:15, 아 2:14, 사 51:1 (3) 마 7:24, 16:18 (4) 삿 6:20-21,26, 13:19, 욥 28:5-11, 요 4:24 (비교. 삼상 14:4, '보세스'와 '세네'는 '다윗'과 '사울'을 상징할 수도 있다. '보세스'는 "빛나다", '세네'는 '가시'를 뜻하는 말이다) (5) 렘 5:3 ('얼굴' 항목을 찾아보라), 23:29, 눅 8:6,13 (6) 마 7:24 (7) 사 8:14, 롬 9:33, 벧전 2:8 (8) 출 33:21-22, 민 24:21, 삼상 13:6, 23:25, 24:2, 시 27:5, 31:3, 71:3, 94:22, 렘 49:16 (9) 마 16:18 (10) 신 32:15, 시 18:46, 62:2,6, 89:26, 95:1 (11) 욥 14:18-19 (12) 시 19:14, 31:2, 62:7, 사 17:10 (13) 시 40:2, 마 7:24 (14) 신 32:31,37 (15) 겔 26:14 (16) 시 137:8-9 (비교. 시 91:12).

바이올린: (1) 사랑의 악기 (2) 마음 (바이올린 케이스) (3) 예배/경배. '음악', '악기' 항목을 찾아보라.
➲ (1) 시 18:1 (2) 엡 5:19 (3) 요 4:24, 빌 3:3.

바자회: (1) 기회를 구함 (2) 두 번째 배우자를 찾는 중년의 사람 (3) 낡은 가죽 부대로 가득한 교회.
➲ (1) 갈 6:10 (2) 룻 3:7-9 (다른 사람의 옷이 덮이기를 원함) (3) 마 9:17, 행 21:30.

바지: '옷' 항목을 찾아보라.

바퀴: (1) 성령님 (2) 영 (3) 나아가다, 전진하다 (4) 움직일 수 있는 (5) 반복 (6) 굴러가다, 회전하다 (7) 수송.
'자동차', '자전거', '원', '인라인/롤러스케이트', '킥보드' 항목을 찾아보라.
⇨ (1) 욥 33:4 & 렘 18:3 (녹로/물레), 히 9:14 (영원 = 끝이 없는) (2) 전 12:6, 겔 1:20 (3) 출 14:25 (4) 왕상 7:30–33 (5–6) '바퀴'에 해당하는 히브리어 '갈갈'에는 '선회하다, 빙빙 돌다'라는 뜻도 있다 (7) 창 45:27.
- 바퀴 튜브: (1) 성령 (2) 영적인 사람.
'풍선', '자전거' 항목을 찾아보라.
⇨ (1) 겔 1:20, 요 3:8 (2) 엡 3:16.

바퀴벌레: (1) 죄 (2) 부정한 (3) 영적으로 어두운 곳 (4) 슬금슬금 침입함 (5) 빛 가운데 아직 드러나지 않은 마음의 영역들 (6) 거짓말 (7) 더럽히는 생각들 (머리카락 속 바퀴벌레들).
⇨ (1–2) 레 5:2, 11:31,43, 20:25 (3) 요일 1:6–7 (4) 딤후 3:6, 유 1:4 (5) 고전 4:5, 고후 4:6, 벧후 1:19 (6) 요일 1:6–7 (7) 딛 1:15.

박물관: (1) 오래된, 옛날의 (2) 역사 (3) 죽은 교회 (4) 전통을 존중하고 그 역사를 숭배하는 교회.
⇨ (1–3) 신 32:7, 시 44:1 (4) 마 23:29–30.
- 전쟁 영웅들/박물관: (1) 믿음의 거장들.
⇨ (1) 히 11장.

박수: (손뼉) (1) 승리 혹은 대성공 (2) 찬성, 승인 (3) 조롱 (4) 계시로 인한 믿음 (마음과 생각이 하나 됨) (5) 축하.
'왼쪽', '오른쪽' 항목을 찾아보라(왼손[마음]과 오른손[입]).
⇨ (1) 시 47:1 (2) 왕하 11:12, 사 55:12 (3) 욥 27:23, 애 2:15 (4) 롬 10:9–10 (5) 왕하 11:12.

박자: (1) 하나님께 맞추기 (2) 속도를 줄임 (맞추기 위해 속도를 늦춤) (3) 시간이 얼마 남지 않음 (속도를 높임) (4) 뒤쳐져서 끼어들 필요가 있음 (다른 사람들이 당신보다 더 빨리 뜀).
⇨ (1) 창 5:22 (2) 전 3:1 (3) 고전 7:29 (4) 막 5:27.

박쥐: (1) 악한 영들 (2) 더러운 영들 (3) 우상숭배 (4) 어둠의 자식들 (5) 주술이나 악한 영의 감각을 사용하여 보게 하는 눈먼 영.
'뱀파이어/흡혈귀' 항목을 찾아보라.
➲ (1-2) 레 11:13,19, 신 14:18 (3) 사 2:20 (4) 살전 5:5 (5) 삼상 28:8.

반복되는 말: (1) 관심이 필요한 중요한 것, 특히 당신의 이름이 여러 차례 언급되거나 불리는 경우, 잠시 벗어나서 하나님의 음성에 귀 기울이라고 촉구하는 것이다.
➲ (1) 창 22:11, 출 3:4, 행 9:4.

반지: (1) 정체성, 인장 (2) 권위와 지위/신분 (3) 언약 (4) 결혼 혹은 가족 (5) 손 (6) 부요함 (7) 교만 (8) 약속 (9) 독립의 영 (가운데 손가락에 낀 반지).
➲ (1) 창 38:18, 에 3:12, 8:8, 단 6:17 (2) 창 41:42-43, 에 3:10, 8:2, 눅 15:22 (3) 창 9:13 (무지개는 하늘의 반지이다), 창 17:11-14 (4) 고전 7:39 (5) 아 5:14 (새번역, 킹흠정) (6) 약 2:2 (7) 사 3:16,21 (8) 창 9:10-13 (9) 에 3:10-11.

반짝임: (1) 신비한 매력 (2) 오만, 허영 (3) 외견상의 매력 (4) 좋게 보임.
➲ (1-4) 고후 11:14, 딤후 3:5, 벧전 3:3-4.

반창고: '깁스' 항목을 찾아보라.

받침: (1) 영향력 (2) 지지 혹은 힘 (3) 기초, 토대.
➲ (1-2) 창 32:25 (3) 출 26:19,21, 아 5:15.

발: (1) 사자, 메신저 (2) 복음/좋은 소식을 전하는 자 (3) 사역 (4) 마음 (5) 걸음 (6) 범죄.
'깨진', '신발' 항목을 찾아보라.
➲ (1) 롬 10:15 (2-3) 사 52:7 (4) 잠 6:18 (5) 행 14:8,10 (6) 잠 6:18, 마 18:8.
- 더러운 발: (1) 죄성 (2) 거슬리는 것 (먼지를 털어버림).
  ➲ (1) 요 13:10 (2) 눅 10:11.
- 딛는 발: (1) 패배 혹은 압제 (당신을 밟는 누군가의 발) (2) 승리 (당신이 누군가를 혹은 어떤 것을 밟음) (3) 짓밟힘.
  ➲ (1-2) 수 10:24, 마 5:13, 눅 10:19 (3) 마 5:13.
- 물갈퀴가 있는 발: (1) 성령 안에서 행함 (2) 성령의 일들에 대한 경험이 많음.
  ➲ (1-2) 겔 47:5, 마 14:26, 갈 5:16.
- 발로 차다: (1) 저항/반대하다 (2) 공격, 침략 (3) 힘, 능력 혹은 무력을 사용함.

'공' 항목을 찾아보라.
- ➡ (1) 행 9:5 (킹흠정, 한글킹) (2) 민 22:23-25, 시 36:11 (3) 시 147:10.
- 발을 구름: (1) 공격, 침략 (2) 도전/도발 (3) 짜증, 성질을 부림.
- ➡ (1-3) 겔 25:6.
- 발을 헛디딤: '넘어짐/떨어짐' 항목을 찾아보라.
- 절단된 발: (1) 신뢰할 수 없는 증인 (어리석은 자) (2) 복음을 전할 수 없는.
- ➡ (1) 잠 26:6 (2) 롬 10:15.

발가락: (1) 사람의 걸음/행보 (2) 왕국/몸/교회의 가장 작은 부분 (3) 영적 후손 (가장 작은 지체들) (4) 여섯 개의 발가락은 인간의 지배/통치의 극치를 상징한다 (5) 닿으려고 혹은 보려고 안간힘을 씀 (까치발) (6) 은밀히, 조용히 (뒤꿈치를 들고 발끝으로 걸음) (7) 지배적인/우세한 민족/나라 혹은 초강대국 (엄지발가락) (8) 지도자 혹은 왕 (9) 투지, 기력 (10) 새로운 영적 활력, 기력 (발끝으로 달림).
'발', '신발' 항목을 찾아보라.
- ➡ (1) 출 29:20, 레 8:23, 14:14 (2) 단 2:41 (3) 고전 12:23-26 (4) 삼하 21:20 (5) 눅 19:3 (6) 딤후 3:6, 유 1:4 (7-8) 단 2:41 (9) 삿 1:6-7 (10) 왕상 18:46.
- 엄지발가락: (1) 권력, 지배/통치 (2) 추진력, 영향력 (3) 세력 (4) 지도력.
'손가락-엄지손가락' 항목을 찾아보라.
- ➡ (1-3) 삿 1:6-7.

발걸음: (1) 따라감 (2) 후임/후계자 (법정 상속인) (3) 안내, 지도 (4) 기대/예상 (소리가 커짐) (5) 떠남 (지침/약해짐).
'걸음을 옮김', '걷다' 항목을 찾아보라.
- ➡ (1) 아 1:8, 요 21:19,22, 롬 4:12, 히 12:1-2 (2) 왕상 3:14, 8:25, "아버지의 길로 행하며/걸음대로 걸으며"처럼 (3) 시 25:9 ('지도하다'에 해당하는 히브리어 '다라크'에는 "밟다"의 뜻도 있다) (4) 삼하 5:24, 왕상 14:6, 왕하 6:32, 사 52:7 (5) 사 40:31.

발견하다: '분실물/유실물 센터' 항목을 찾아보라.

발굴하다: (1) 기초를 마련함 (2) 당신의 마음을 엶 (3) 당신의 마음을 살핌 (4) 마음의 비밀들을 드러냄 (5) 당신의 마음을 정결케 함 (6) 당신의 마음을 크게 함.
'땅을 팜', '흙', '불도저-대형 불도저', '삽', '가래' 항목을 찾아보라.
- ➡ (1) 마 7:25 (2) 아 5:2, 행 16:14 (3) 대상 28:9, 시 139:23, 렘 17:10, 롬 8:27 (4) 시 44:21 (5-6) 창 26:18 (비교. 고후 4:7).

발굽이 갈라진: (1) 정결한 (2) 분리된 (3) 틀림없는, 확실한 (4) 말씀의 인도를 받는.
➲ (1-4) 신 14:6.

발레: (1) 충만한 은혜 (은혜로운) (2) 사랑.
➲ (1) 창 6:8, 요 1:14 (2) 고후 8:7, 13:13.

발목: (1) 걸음, 행함 (2) 지지, 후원 (3) 기초/토대 (4) 새로운 지위, 신분 (5) 힘있게 복음을 전파함 (6) 불편한 사이, 관계 (삔 발목) (7) 효과 없는 설교 (삔 발목) (8) 신실하지 못한 사람 (삔 발목) (9) 관계 (10) 깨어진 관계 (부러진 발목).
➲ (1) 겔 47:3 (2-4) 행 3:7 (5) 시 147:10 & 롬 10:15, 고전 4:20 (6) 엡 4:16 (7) 삼상 3:19 (8) 잠 25:19 (9-10) 엡 4:16.
- 발목까지 잠기는 깊이: (1) 첫걸음 (2) 얕은 (3) 헌신되지 않은.
➲ (1) 겔 47:3.

발바닥: (1) 영토, 소유권 (2) 약속 (3) 믿음으로 나가다 (4) 안식처 (5) 사람의 다리, 하지 (6) 거처 (집).
➲ (1-2) 신 11:24, 수 1:3, 왕상 5:3, 말 4:3 (3) 수 3:13 (4) 창 8:9, 신 28:65 (5) 삼하 14:25, 욥 2:7, 사 1:6 (6) 겔 43:7.

발자국/발자취: (1) 천사와의 만남 (2) 사명 (3) 하나님의 약속을 요구/주장함 (4) 증거 (누군가 그곳에 있다는 증거) (5) 견고한 요새의 증거 (커다란 발자국).
➲ (1) 창 32:1-2, 삼하 5:24 (2) 시 17:5, 18:32-33 (3) 수 1:3 (4) 삼상 26:12,16, 욥 13:27 (5) 민 13:33.
- 발자국 속의 발자국: (1) 동일한 영 (2) 누군가의 믿음/본을 따름.
➲ (1) 고후 12:18 (2) 롬 4:12, 벧전 2:21.

발전기: (1) 하나님의 능력 (2) 성령님 (3) 성령 충만한 능력의 사역.
➲ (1) 시 62:11, 68:35, 71:18 (2) 미 3:8, 눅 4:14 (3) 눅 1:17.

발진: (1) 죄 (2) 부정함 (하나님을 떠남).
'나병 환자' 항목을 찾아보라.
➲ (1-2) 레 13:2-3, 14:56-57.

발코니: (1) 예언적 환상 (2) 선지자의 위치.

➲ (1) 민 22:41 (2) 민 22:41, 삼상 9:19.

발톱: (1) 공격성 (2) 어떤 발톱이 당신이나 다른 사람을 움켜쥐고 있다면, 그것은 죽음의 영일 수도 있다 (3) 사탄에게 시달림 (4) 괴롭힘, 고문 (찢는 발톱) (5) 견고한 진/요새.
➲ (1) 시 7:2, 렘 5:6, 호 5:14 (2) 시 18:4, 시 116:3 (3) 삼상 17:34, 사 5:29, (암 3:4 & 벧전 5:8) (4) 마 18:34 (킹흠정), 욜 4:18 (5) 고후 10:4-5.
 - **내향성 발톱**: (1) 지도자를 상하게 하여 그리스도의 몸에 영향을 줌 (엄지발가락) (2) 자초한 문제가 심각해져서 걸음에도 영향을 미침 (3) 당신의 자녀/영적 자녀들의 문제 (당신의 몸에서 가장 작은 지체) (4) 많은 고통을 가져오는 작은 문제 (5) 주변 나라들에게 영향을 미치는 한 나라의 수난.
'발가락' 항목을 찾아보라.
➲ (1) 고전 12:12 (2) 삼상 2:29-30, 잠 29:15 (3) 고전 12:12 & 갈 6:10 (비교. 마 10:35-36) (4) 삼상 2:29-30 (5) 단 2:41-42.

발판: (비계-높은 곳에서 공사를 할 수 있도록 임시로 설치한 가설물) (1) 임시적인 구조물 (2) 준비를 위한 구조물 (3) 지지, 지원.
'트렐리스' 항목을 찾아보라.
➲ (1-2) 출 26:15, 35:11, 행 7:47-48, 고전 15:46 (3) 행 20:35, 살전 5:14.

밤: (1) 어둠 (2) 악 (3) 배신, 배반 (4) 그리스도의 부재 (5) 실족함, 걸려 넘어짐 (밤에 다님) (6) 은밀한 혹은 숨은 (어둠을 틈타) (7) 밤에 다니는 것은 옛 자아(믿지 않는 자신)를 암시한다 (8) 심판 (9) 무지 (10) 불신의 세계.
'어둠', '낮/날' 항목을 찾아보라.
➲ (1) 창 1:2,5, 살전 5:5 (2-3) 요 13:30, 고전 11:23 (4) 요 8:12, 9:4, 11:10 (5) 요 11:10 (6) 요 3:2, 7:50, 19:39 (7) 요 3:2 (비교. 마 27:4 & 요 13:30, 유다는 예수님이 누구신지 알아보지 못했다!) (8) 유 1:6 (9) 요 3:2 & 4, "아무것도 모르는/깜깜한"처럼 (10) 요 3:2, 13:30.

밧줄: (1) 묶인, 결박된 (2) 영향을 받는 (끌려감) (3) 영향을 주는 (끌어 당김) (4) 올가미 (5) 하나 된/연합된 힘 (삼겹줄) (6) 발이 묶임, 억류됨 (7) 묶여 있음, 속박됨 (8) "미진한 부분(loose ends 매듭이 풀려 있는)"이 있음 (길게 늘어져 있는 밧줄) (9) 죄 (10) 당신이 어떤 것 혹은 사람에게 묶여 있는 경우, (긍정적인 혹은 부정적인) 혼의 묶임을 뜻하는 것일 수도 있다 (11) 마음을 새롭게 함 (밧줄[혼의 묶임]을 끊어버림) (12) 의존성.
'묶인', '끈', '목줄', '풀어놓음', '붉은 실' 항목을 찾아보라.

➲ (1) 삿 16:11-12 (2-3) 사 5:18, 행 27:30-32 (4) 마 27:5 (5) 전 4:12 (6) 행 24:27 (7) 창 49:11 (9) 사 5:18 (10) 창 44:30 (부모와 자녀), 삼상 18:1 (친구 사이), 고전 6:16 (성관계를 맺는 상대) (11) 롬 12:2 (12) 행 27:32.

방: (1) 마음의 골방 (2) 마음의 견고한 진 (3) 지위 혹은 자리 (4) 저장 공간 (기억) (5) 역사 혹은 세대들 (시대/연대를 나눔) (6) 기간 (년/해) (7) 행정 부서들.
'집2', '저택', '위층 방' 항목을 찾아보라.
➲ (1) 왕상 6:5, 느 10:37-39, 13:4-5,7-9 (비교. 고전 6:19) (2) 고후 10:4-5 (3) 왕상 2:35 (새번역, 공동번역), 잠 18:16, 마 23:5, 눅 14:7-10 (4) 눅 12:17 (5) 왕상 8:20, 19:16, 방 안을 뒷걸음질쳐 통과하는 것은 세대나 시간을 거슬러 올라가는 것이다 (6) 행 24:27 (7) 왕상 20:24.
- 넓은 방: (1) 복을 줌 혹은 비옥함/열매를 많이 맺음.
➲ (1) 창 26:22, 시 31:8, 말 3:10.
- 안쪽 깊은 곳에 있는/작은 방: (1) 고문실 (2) 지옥의 일부 (3) 침실.
➲ (1-2) 잠 7:27 (3) 렘 35:4.
- 방이 없음: (1) 어려움 혹은 불편함 (2) 가난함 (3) 형통/번성 혹은 풍성함.
➲ (1) 막 2:2 (2) 눅 2:7 (3) 말 3:10.
- 빙빙 도는 방: (1) 소란, 혼란 (2) 질병 (3) 술 취함.
➲ (1) 고후 6:5 (소동) (2) 눅 13:11 (3) 시 107:27.

방망이: (1) 하나님의 레마의 말씀 (2) 당신 차례 혹은 이닝(회) (3) 마음 (4) 훈육, 징계 (바로잡아 주는 매, 회초리) (5) 말의 영향력 (혀).
'공', '크리켓', '스포츠', '심판' 항목을 찾아보라.
➲ (1) 히 4:12 (2) 에 4:14, 갈 1:15-16 (3) 마 12:34-35 (4) 잠 13:24 (5) 전 8:4, 눅 4:32.
- 손잡이가 없는 방망이: (1) 실제적인 영향력이 없는 위치 (2) 영향력이나 권력을 빼앗김.
➲ (1) 왕하 24:1,17 (2) 창 49:6.

방목장: '밭/들(판)' 항목을 찾아보라.

방문/방문자: (1) 임파테이션/능력의 전이 (2) 누군가를 맞아 그들의 말을 수용함 (3) 단기 사역 (4) 천사의 방문 (5) 하나님을 뵘.
➲ (1-2) 창 21:1 (3) 행 10:33 (4) 창 19:1-2, 히 13:2 (5) 창 18:1-3.

방울: '종' 항목을 찾아보라.

방충망: (1) 덮개 (2) 마귀로부터의 보호.
'파리' 항목을 찾아보라.
⮕ (1–2) 전 10:1.

방파제: (1) (세상[바다]을 향해 손을 내미는) 교회 (2) 말씀을 전하는 단, 대.
⮕ (1) 행 11:22, 13:1–3 (2) <u>마 4:19</u> & <u>롬 10:14–15</u>.

방패: (1) 믿음 (2) 하나님의 말씀 (진리) (3) 보호자 (4) 하나님 (5) 영적 전쟁/전투 (6) 영적 전사들 (7) 의로운 (8) 통치자 (9) 은혜 (10) 강한 사람 (11) 구원 (12) 집안, 가문.
⮕ (1) 시 28:7, 115:9–11, 잠 30:5, <u>엡 6:16</u> (2) 시 91:4, 119:114 (3) 창 15:1, 시 33:20 (4) 삼하 22:3, 시 3:3, 84:9, 115:9–11 (5) 대상 12:8, <u>시 76:3</u> (6) 대상 12:24 (7) 시 5:12 (8) 시 47:9 (9) 시 84:11 (10) 아 4:4, 나 2:3 (11) 삼하 22:36, 시 18:35 (12) 옛날 기사들이 갑옷 위에 가문의 문장(바탕에 방패 모양이 있음)이 있는 옷을 입던 것처럼.

방향제: (1) 성령의 기름부음.
⮕ (1) <u>사 61:1–3</u>.

밭 가는 사람: (1) 마음을 준비시키는 사람 (2) 하나님 (3) 개척자, 선구자 (4) 종 (5) 믿는 자.
'농부', '씨 뿌리는 자' 항목을 찾아보라.
⮕ (1) 사 28:24–25, 마 3:3 (2) <u>호 2:23</u> 고전 3:9 (3) 고전 3:6 (4) 눅 17:7 (5) 눅 9:62.

밭/들(판): (1) 세상 (2) 믿는 자 (3) 추수 (밭에 있는 사람) (4) 교회.
'농장', '추수' 항목을 찾아보라.
⮕ (1) 마 13:38 (2) <u>고전 3:9</u> (3) <u>마 9:38</u>, 요 4:35 (4) 눅 15:25, 17:36 (킹흠정, 한글킹).

밭을 갈다: (1) 믿는 자 (2) 추수를 위해 준비함 (3) 하나님을 구하라고 촉구함 (4) 소망 (5) 준비하는 마음 혹은 열린 마음 (6) 굳은 마음을 허물어뜨림 (7) (좋은 혹은 나쁜) 말로 마음을 움직임 (8) 질문함 (9) 채찍질함 (10) 과거를 바라봄 (뒤돌아봄) (11) 앞을 봄 (12) 교류 (씨 뿌림) (13) 예배.
'농부', '밭 가는 사람' 항목을 찾아보라.
⮕ (1) 눅 17:7,10 (2) 욥 4:8, 잠 20:4, 21:4 (우리말, 킹흠정, 한글킹), 사 28:24–25, 호 10:11, 고전 9:10 (3) 호 10:11–12 (4) <u>고전 9:10</u> (5) 사 28:24–25 & 마 13:18–19 (비교. 눅 3:4–5) (6) <u>호 10:12</u> (7) 욥 4:8, 잠 21:4 (우리말, 킹흠정, 한글킹), 호 10:13

(8) 삿 14:18 (9) 시 129:3 (10-11) 눅 9:62 (쟁기질하는 사람은 앞을 보면서 두 가지[가까운 미래와 먼 미래]에 초점을 맞춰야 곧게 나아갈 수 있다) (12) 신 22:10 (비교. 고후 6:14), 삿 14:18 (사회적 교류) (13) 호 10:11.

배1: (사람이나 동물의 몸) (1) 사람의 영 (그 사람의 중심) (2) 심장, 마음 (3) 직감 (4) 자궁 (5) 묵상 (영적으로 소화하기) (6) 내장계.
⮕ (1) 잠 20:27 (2) 마 12:40 (KJV-땅의 심장 속) (3) 욥 34:4 (4) 욥 3:11 (5) 시 19:14 (6) 막 7:19.

배2: (선박) (1) 큰 사역 (2) 대형 교회 (연대[fellow-ship]=동료 + 배) (3) 그리스도 (4) 믿는 자 (5) 교회 (그리스도의 몸 전체 혹은 개별적인 모임들) (6) 교역 (7) 일, 사업 (8) 부 (9) 힘 (10) 화물 (11) 여정, 항해 혹은 이동.
'전함', '화물', '난파' 항목을 찾아보라.
⮕ (1) 창 6:14-15 (2) 마 14:22-33, 막 6:45-54, 눅 5:3,10, 요 6:15-21 (각 사건은 예수님이 떠나시고 재림하실 때까지 교회가 이어받을 세상의 반대와 적대에 대해 이야기한다) (3) 창 6:13-14 (그리스도는 하나님이 마련하신 구원의 방주이다), 행 27:31 (4) 약 3:4-5 (5) 창 6:13-16 & 마 24:37 (6) 대하 9:21, 잠 31:14, 계 18:17 (7) 왕상 10:15, 시 107:23 (8) 왕상 9:26-28, 계 18:19 (9) 사 23:14 (10) 행 21:3 (11) 마 9:1, 막 5:21.
- 공기 부양선/호버크라프트: (1) 영적인 매개체 혹은 영 (2) (긍정적) 천사 (3) (부정적) 악한 영 (부정적인 일을 저지르거나 부양선의 색이 어두운 경우).
'자동차-수륙 양용차' 항목을 찾아보라.
⮕ (1) 욥 4:15, 겔 10:17 (2) 막 6:49 (3) 마 12:43.

배관: (1) 말씀과 성령의 그릇 (사람 혹은 교회) (2) 성령과 하나님의 말씀에 인도를 받음.
⮕ (1) 왕하 20:20 (비교. 왕상 18:1,6-7) (2) 삼하 5:8.

배관공: (1) 성령님 (2) 생명을 주시는 성령님과 사람들을 연결해 주는 기름부음 사역 (3) 하나님/예수 그리스도.
⮕ (1) 사 44:3, 요 7:38-39 (2) 삿 15:19, 요 7:38-39 (3) 요 1:33, 4:14, 행 2:17-18.

배꼽: - 피어싱한 배꼽: (1) 양심의 찔림 혹은 마음의 순종 (2) 하나님의 말씀에 찔림.
⮕ (1) 행 2:37 (2) 눅 2:35.

배낭: (1) 짐(가방)을 짐 (2) 짐 (3) 마음 (4) 마음의 짐, 부담.

⇨ (1) 욥 14:17 (2) 마 11:29-30 (3) 마 16:9 (깨닫는 것은 마음의 문제임) (4) 사 19:1 ('짐'에 해당하는 히브리어에는 '짊어지는 짐'과 '선지자의 계시', 두 가지 의미가 있다).

배낭 여행자를 위한 숙소: (1) 어떤 문제나 짐을 지고 오가는 사람들.
'유스 호스텔' 항목을 찾아보라.
⇨ (1) 눅 11:46.

배설물: (1) 더러운 (더럽혀진) (2) 죄 (3) 자기 의 (4) 정화/청소가 필요한.
'똥', '하수 오물', '화장실', '소변' 항목을 찾아보라.
⇨ (1-4) 사 64:6, 빌 3:8.

배수구: (1) 생명이 없는 물웅덩이 (2) 해독함 (3) 분실 (하수구로 흘려보냄) (4) 무기력하거나 부정적으로 생각함.
'홈통', '넘쳐흐르다', '배관', '세면대' 항목을 찾아보라.
⇨ (1) 딤후 3:7 (2) 시 107:23 (3) 눅 15:8, 빌 3:8 (4) 욘 2:3-6.

배터리: (1) 성령님 (힘·능력의 근원, 동력원, 전원) (2) 능력 (3) 여력, 예비 전력 (4) 생명.
⇨ (1) 눅 1:35, 행 1:8, 롬 15:13 (2) 행 10:38 (3) 마 25:3-4 (4) 고후 13:4.
- 배터리 충전: (1) 성령으로 신선하게 충만해짐.
⇨ (1) 행 1:8, 2:3-4, 4:8,31,33, 9:17, 13:9.

백(100): (1) 완전한 총수[總數] (10x10 = 온전함) (2) 전체 (3) 온전한 복 (4) 최고의 복 (5) 재정적인 온전함 (백만 원) (6) 용서하지 않는 죄/빚 (7) 하나님의 영광 (300) (8) 사람들의 수치, 치욕 (300) (9) 온전한 추수.
⇨ (1-2) 눅 15:4-6 (모든 양떼) (2) 십일조는 10분의 1이다. 수입의 10%를 먼저 드리는 것은 나머지에 대한 하나님의 권리를 인정해 드리는 것이다. 또 "처음 것과 마찬가지로"라는 뜻도 있기에 나머지도 하나님이 주신 것이다 (3-4) 마 13:8, 막 4:8 (6) 마 18:28 (7) 창 5:22, 45:22, 삿 7:2,6-7, 왕상 10:17 (8) 대하 12:9-10, 막 14:4-5 (마리아는 수치를 당했다) (9) 마 13:23.

백랍: (납과 주석의 합금, 불에 잘 녹고 쇠붙이에 잘 붙어 땜질에 씀) (1) 사악함 (찌꺼기) (2) 영적으로 가난한.
'주석', '양철 인간' 항목을 찾아보라.
⇨ (1) 잠 26:23, 사 1:25, 겔 22:18 (백랍은 거의 90%가 주석이다) & 시 119:119 (2)

민 31:22 (등급이 낮은 금속들).

백미러: (1) 과거 (2) 뒤돌아봄 (3) 후진하다, 뒷걸음질하다 (4) 반대 방향으로 움직이다.
'거울' 항목을 찾아보라.
➲ (1–2) 창 19:26, 눅 9:62 (3) 창 9:23 (4) 왕하 20:10–11.

백발: (1) 나이 든 혹은 성숙한 (2) 지혜 (3) 하나님 (4) 죽음이 가까운 (5) 존귀와 존경을 받기에 합당함 (6) 마귀 (참소하는/오만한/교만한/거짓말하는 혹은 속이는 자).
'머리카락' 항목을 찾아보라.
➲ (1) 창 42:38 (2) 욥 12:12, 잠 16:31 & 20:29 (3) 단 7:9,13,22 (4) 창 42:38, 44:29,31, 신 32:25, 호 7:9 (5) 레 19:32 (6) 계 12:9, 20:2.

백이십(120): (1) 육신의 종말 (성령 안에 있는 생명) (2) 기다림의 기간 (3) 한마음/성령으로 말함 (4) 하나님의 영광.
➲ (1–2) 창 6:3,13 (비교. 신 34:7 & 마 17:3, 눅 24:49 & 행 1:15) (3) 행 2:1–13 (4) 출 34:29–33 (모세는 하나님의 영광을 드러냈다) & 신 34:7 & 눅 9:30–31 & 유 1:9 (모세는 120[3x40]년 후 영광 안으로 들어갔다), 눅 2:22 (비교. 레 12:2,4) & 마 4:2 & 행 1:3 & 요 17:5 (120[3x40]일이 지난 후 예수님은 아버지께로 올라가 영광을 받으셨다).

백인: 꿈속에 아프리카계 사람이나 인디언, 백인이 나타나는 것은 당신의 민족적 배경(인종/문화적 배경)에 따라 의미가 달라질 수 있다. 이를테면, 아프리카계 미국인/원주민은 (과거에 그들을 착취하고 노예로 삼았기에) 백인을 육신의 자아로 볼 수 있다. 반면 백인에게는 그 땅에서 먼저 산 사람들의 피부색 때문에 원주민이 육신적 자아의 모습으로 나타날 수 있다(고전 15:46). 다른 인종의 사람은 대부분 "외국인"으로 해석한다.
'원주민', '외국/타지에서 온', '외국인', '토박이' 항목을 찾아보라.

백조: (1) 우아함/기품 (2) 사랑 (한 쌍의 백조) (2) 태양 (3) 달 (4) 더러운 영.
➲ (1–4) 역사적, 문화적, 신화적 관련성 (4) 레 11:18.

백합: (1) 예수 그리스도 (2) 사랑 (3) 비밀한/숨겨진 곳(골짜기)에서 사람 (4) (달콤하고 기분 좋은 말을 하는) 입술 (5) 영적인 영광을 옷입고 있는 것을 뜻함.
'입술', '골짜기' 항목을 찾아보라.
➲ (1) 아 2:1 (2) 아 2:1–2 (비교. 2:16 & 6:3 & 7:10, 사랑의 진전/발전 과정) (3) 아 2:16, 6:3, 호 14:5 (4) 아 5:13, 6:2 (5) 마 6:28–29, 눅 12:27.

백향목: (1) 왕권 (2) 강한/힘있는 사람 (3) 영적인 (4) 상록수.
➲ (1) 높이 쭉쭉 뻗어 있는 이 나무는 왕궁과 성전을 만드는 데 두루 사용되었다. 삼하 5:11, 왕상 9:10–11 (비교. 대하 1:15, 9:27) (2) 슥 11:2 (3) 렘 17:8.

밴: (1) 상업용 차 (2) 사업/경기 전망 (3) 급사, 특사 (4) 배달/배달원.
'자동차', '트레일러' 항목을 찾아보라.
➲ (1–4) 창 45:27, 삼상 6:7–8, 욜 3:5, 암 2:13.

뱀: (1) 죄 (2) 악의에 찬 말을 하는 사람 (3) 사탄 (4) 악한 영 (5) 저주 (6) 유혹하는 자 (7) 거짓말하는 영 (8) 속임, 기만 (9) 거짓 교사/선생 (10) 예수님 (11) 위선 (12) 가난의 저주 (깡마른 뱀) (13) 의로운 척하지만 속이는 사람/거짓 선지자 (하얀 뱀) (14) 거짓 선지자 (양말 속의 뱀) (15) 미혹, 유혹 (16) 두려움 (17) 속임, 기만으로 가득 찬 밑바닥 인생 (풀 속의 뱀) (18) 결혼 생활의 갈등 (침대 안의 뱀) (19) 하얀 거짓말 (하얀 뱀) (20) 하나님/예수님 (흰색 파이톤) (21) 저주 (노란 뱀) (22) 다시 찾아온 문제나 영 (머리가 둘 달린 뱀) (23) 두 마음을 품음 (머리가 둘 달린 뱀) (24) 마술, 주술 (25) 치유 (막대기/장대 위의 뱀).
'파이톤', '거미' 항목을 찾아보라.
➲ (1) 요 3:14 & 고후 5:21 (비교. 민 21:7–9) (2) 시 58:3–4, 약 3:8, 롬 3:13–14 (3) 계 20:2 (4) 눅 10:19 (5) 창 3:14, 갈 3:13 & 요 3:14 (6) 창 3:1–15, 시 91:9–13 (비교. 마 4:6–7), 계 12:9 (7) 창 3:4, 요 8:44 (8–9) 고후 11:3–4, 유 1:4 (10) 출 7:12, 민 21:8–9, 요 3:14 (11) 마 3:7, 12:34 (12) '기름짐 & 살찜' 항목을 찾아보라 (13) 마 26:48–49 (14) 마 7:15, 행 16:16 (15) 창 3:1–5,13, 고후 11:3 (16) 창 3:15, 고후 11:3 (17) 창 3:1, 에 3:6, 눅 22:47–48 (18) 창 3:1,12 (분열을 일으키는 더러운 영) (19) 창 12:13,18 (20) 출 7:12 & 요 3:14 (비교. 민 21:8–9) (21) '노란색' 항목을 찾아보라 (22) 창 12:13 & 20:2 (23) 약 1:8 (24) 출 7:11–12 (25) 민 21:8–9.

- 뱀 가죽/껍질: (1) 사탄은 이제 다른 모습으로 위장해서 나타난다 (2) 구출/구원과 완전한 변화 (3) 마귀가 활동한다는 흔적/증거.
➲ (1) 창 3:1 & 고후 11:14 (2) 행 9:17–18 (3) 겔 28:17, 마 17:15, 눅 4:13.

- 뱀에 물림: (1) 불순종 (2) 죄 (3) 보호를 무너뜨림 (4) 원수의 공격 (5) 당신을 향한 악의에 찬 말 (6) 갈등, 충돌 (7) 심판.
➲ (1–3) 민 21:5–9, 전 10:8 (4) 행 28:3 (5) 민 21:5–6 (6) 행 28:3, 계 9:19 (7) 민 21:7–9.

뱀독: (1) 악의에 찬 말.
➲ (1) 욥 6:4, 20:16, 시 58:3–7, 140:3, 롬 3:13, 약 3:8.

뱀파이어/흡혈귀: (1) 마귀에게 완전히 팔린 (2) 당신의 생명을 빨아먹는 과거(문제)가 부활함 (3) 당신의 생명을 빼앗아 가려 하는 강하고 악한 영 (정사/통치자) (4) 만성 피로 증후군 이면에 있는 영.
'박쥐' 항목을 찾아보라.
➲ (1) 민 23:24 & 벧전 5:8, 렘 46:10 (2) 삼하 14:21 & 15:6 (비교. 레 17:11) (3) 사 2:20, 엡 1:21, 6:12 (4) 삼상 26:12, 사 61:3

버드나무: (1) 비애 (2) 눈물.
➲ (1-2) 시 137:1-2.

버섯: (1) 무지한 (2) 의도적으로 하나님을 모르는 척함 (3) 속임, 기만 (4) 무지한 판단, 결단 (버섯을 땀) (5) 기초가 없는 하룻밤의 감흥, 감동.
➲ (1) 잠 30:2 (2) 사 45:19 (3) 그늘진/어두운 곳에서 자람, 고후 4:2 (4) 창 16:2 (아브람은 하나님과 상의하지 않고 이런 결단을 내렸다, 비밀리에-어두운 곳에서) (5) 마 7:26, 13:5-6, 15:13.

버스: (1) 큰 사역 (2) 교회 (3) 상업용 차 (4) 사명으로 나아가는 수단 (5) 예언적 가르침/예언 사역 (2층 버스).
➲ (1) 행 9:15-16 (2) 행 15:3, 요삼 1:6-7 (3) 요 2:16 (4) 행 1:8 (5) 왕하 6:1.
- 버스를 놓침: (1) 기회를 놓침 (2) 큰 사역을 놓침 (3) 단독으로 일함 (4) 기다림 (가서 사역해야 할 하나님의 때가 아님).
➲ (1-2) 눅 10:38-42 (3) 눅 9:49-50 (4) 고전 16:12.
- 버스 정류장: (1) 사역을 기다림 (2) 지시/명령을 기다림 (3) 하나님의 때를 기다림.
➲ (1-2) 행 13:1-3 (3) 갈 4:4, 눅 2:51, 3:23.
- 버스 줄: (1) 사역을 기다림.
➲ (1) 대하 7:6, 롬 12:7.

버터: (1) 번영 (2) 말만 번지르르한 사람 (3) 매력적인 말 (4) 말씀으로 인한 갈등, 불화 (5) 말씀을 통한 성장 (6) 공급 (7) 변화 (녹아 버린 버터).
➲ (1) 신 32:14 ("엉긴 젖"), 욥 29:6 (2-3) 시 55:21 (4) 잠 30:33 (5) 사 7:15,22, 고전 3:2 (우유를 먹는 단계를 벗어남) (6) 삿 5:25, 삼하 17:29 (7) 시 97:5.

버튼: (1) 감정을 자극함 (2) 아픈 곳을 건드림 (3) 흥미를 유발함 (4) 반응/응답을 이끌어냄 (5) 터뜨릴 준비가 된 (분노).

'리모컨' 항목을 찾아보라.
➲ (1) 삼상 18:7-9, 시 106:32-33 (2) 행 23:6 (3) 요 4:17-19 (4) 요 6:60-61,66 (5) 행 7:54.

번개/번갯불: (1) 하나님의 능력의 말씀 (2) 하나님의 권능 (3) 하나님의 영광 (4) 즉시/신속하게 (5) 심판 (6) 파멸, 멸망 (7) 땅에 떨어진 (8) 천사.
➲ (1) 출 19:16, 20:18, 삼하 22:14-15, 욥 37:2-4, 시 29:7 (우리말), 77:17-18 ('화살' 항목을 찾아보라) (2-3) 시 97:4-6, 단 10:6, 마 28:3, 계 4:5 (4) 나 2:4, 마 24:27, 눅 10:18 (5) 시 144:6, 눅 10:18 (6) 계 8:5, 16:18 (7) 눅 10:18 (8) 겔 1:13-14.

벌: (1) 영적인 세력/악한 영들 (2) 둘러싸임, 포위됨 (3) 바쁜, 분주한 (4) 쏘는 사람들 (5) 꿀을 만드는 사람들 (6) 노동자들 (7) 천사들 (8) 오르락내리락하는 천사들 (벌의 비행 경로). '개미', '꿀', '쏘다2', '말벌' 항목을 찾아보라.
➲ (1) 신 1:44, 사 7:18 (2) 시 118:12 (3) "벌처럼 분주한" (4) 신 1:44, 시 118:12 (5) 마 3:4 & 요 4:34 (7) 출 25:20 (벌꿀색 금으로 덮여 있는 시은좌), 히 1:14 (8) 창 28:12, 요 1:51.

벌거벗은: (1) 그 사람의 실제 모습을 봄 (2) 수치 혹은 수치스러운 (3) 영광으로 옷입은 (4) 마귀의 영향력 (5) 죽음 (6) 부끄럼없이 복음을 전함 (7) 영적인 옷을 입지 않은 (마음이 드러남) (8) 준비되지 않은 혹은 준비가 미흡한 (9) 기름부음이 없는 (10) 하나님을 기다리라고 촉구함 (11) 연약함을 느낌.
'차려입다', '옷을 입다' 항목을 찾아보라.
➲ (1) 히 4:13 (2-3) 창 2:25, 계 3:18 (4) 눅 8:27 (5) 욥 26:6 (우리말) (6) 롬 1:16 (비교. 창 2:25) (7) 막 14:52 (8) 막 14:51-52 (9) 레 16:32, 21:10 (10) 시 69:6, 사 49:23 (비교. 사 25:9 & 61:10) (11) 계 3:17, 16:15.

벌레1: (무는 벌레, 작은 곤충) (1) 골칫거리 (2) 종교의 영 (귓속 벌레).
'곤충' 항목을 찾아보라.
➲ (1) 사 1:14, 눅 18:5, 귓가에서 윙윙대는 파리나 모기, "그만 괴롭혀!(stop bugging me)"라는 말처럼 (2) 요 7:12 (성령 안에서 행하는 사람들을 헐뜯음).

벌레2: (지렁이, 거머리 등 꿈틀거리며 기어다니는 벌레) (1) 옛 자아 (육신의 사람) (2) 악취 나는 육체 (3) 척추나 등뼈가 없는 (영적인 의연함이 부족함) (4) 불순종/범죄 (5) 부식/썩음/부패 (6) 멸시당하는, 비난당하는 (7) (미끼로서의) 복음 (8) 복잡하거나 풀기 어려운 것을 열면 혼란을 가져올 수도 있다 (9) 통한, 쓰라림, 괴로움 (나무의 벌레들).
➲ (1) 사 41:14 (2) 출 16:20,24, 사 66:24 (3) 사 41:14, 미 7:17 (4) 출 16:20, 사 66:24 (5) 신 28:39, 욥 7:5, 17:14 (6) 시 22:6 (7) 마 4:19 (8) 미끼가 가득 든 통을 뒤엎음. "문제를 일으키다(open a can of worms)"처럼 (9) 잠 5:4, 계 8:11.

벌집: (1) 단단한 영의 양식을 말한다 (2) 다른 것들로 배부른 사람들은 이것을 싫어한다.
➲ (1) 아 5:1 (2) 잠 27:7.

벌통: (1) 바쁜, 분주한 (벌들이 끊임없이 벌통을 드나드는 것처럼) (2) 천국 (3) 교회 (4) 원수의 요새.
➲ (1-2) 요 1:51 (3) 민 13:16, 행 13:4 (4) 신 1:44, 시 118:12.

법원: (1) 심판하는 곳 (2) 시험함 혹은 시련 (3) 고소, 고발 (4) 마음의 비밀을 드러냄 (5) 판결 (6) 하나님/그리스도 앞에 세워짐.
➲ (1) 롬 14:10, 고후 5:10 (2) 마 22:35, 막 10:25 (3) 행 23:29 (4) 롬 2:16 (5) 요 19:10 (6) 행 7:7, 10:42, 롬 2:16, 딤후 4:1, 히 12:23, 13:4.

법정: (1) 시험 받음 (2) 시련 (3) 심판 (4) 구원 (심판).
➲ (1-3) 요 18:28-38, 19:4-16 (3) 롬 14:10 (3-4) 요 3:17, 롬 8:33-34, 약 4:12, 계 20:12.

베개: (1) 그리스도 (우리가 의지하고 꿈꾸는 분) (2) 환경과 상관없이 믿음 안에서 안식함 (3) 마음 (4) 당신의 마음을 지켜 주는 덮개 (베개 커버).
➲ (1) 창 28:11-18 (야곱은 돌을 세우고 기름을 부음으로 부활을 예표했다) (2) 막 4:38,40 (3) 마 11:29 (4) 잠 4:23.

베다/자르다: (1) 가혹한 말 (2) 하나님의 말씀을 사용함 (3) 가지치기하다 (4) 깨우쳐서 이끌다 (5) 죽이다 (끊어짐, 멸절됨) (6) 몸의 베인 상처들은 언어 폭력이나 상처를 뜻할 수도 있다 (7) 신체를 잘라냄.
➲ (1) 눅 12:51, 행 5:33, 7:54 (2) 엡 6:17, 히 4:12 (3) 요 15:2 (4) 히 12:11 (5) 창 9:11, 단 9:26 (6) 마 27:29-30, 막 10:34 (7) 롬 2:29.

베이컨: (1) 육신.
'돼지' 항목을 찾아보라.

➲ (1) 사 65:4.

베일: (너울, 휘장) (1) 영적으로 보지 못함 (2) 속임 (3) 육체 (4) 마음 (휘장 뒤에 있는) (5) 비밀 ("은밀한 곳"이기에) (6) 덮개 (7) 영원/천국 (휘장 뒤에 있는) (8) 권위 (머리에 쓴 면사포).
'커튼' 항목을 찾아보라.
➲ (1) 고후 3:13-14 (새번역, 킹흠정) (2) 고후 4:4 (3) 마 27:50-51 & 고후 3:15, 히 10:20 (4) 히 6:19 (성전의 심장부, 비교. 고전 6:19), 히 9:3 (5) 창 24:65, 히 9:3 (6) 출 34:33, 35:12, 39:34, 40:3 (7) 히브리어 '올람'의 어근인 '알람'의 뜻은 "시야를 덮어 가리다"이다 (8) 고전 11:10.

벤치: (1) 쓰임 받지 못함 또는 원하는/찾는 이가 없음 (벤치에 앉아 있음) (2) 열외된, 출전하지 못한 (3) 쉼, 안식 (4) 한 팀.
'앉다' 항목을 찾아보라.
➲ (1-2) 삼상 4:13 (3) 삼하 7:1, 슥 1:11 (4) 엡 2:6.

벨: '종' 항목을 찾아보라.

벨벳: (1) 고귀한 (2) 부유한, 호화로운.
➲ (1-2) 에 1:6.

벨트: (1) 진리 (2) 말씀 (3) 예언 (4) 예언자, 선지자 (5) 직임 (사역/역할).
➲ (1) 엡 6:14 (2) 요 17:17 (3) 행 21:11 (4) 왕하 1:8 (5) 삼하 18:11.

벼룩: (1) 기생충 (2) 가려움 (3) 자극하는 (4) 하찮은 (5) 쫓기는 (6) 비밀, 사람들 사이에 전파되면서 생명을 훔쳐가는 메시지.
'기생충' 항목을 찾아보라.
➲ (1-3) '이1' 항목을 찾아보라 (4) 삼상 24:14 (5) 삼상 26:20 (6) 요 7:12-13.

벽/담: (1) 보호 (2) 힘 (3) 장애물 혹은 봉쇄/차단 혹은 방해 (4) 칸막이 (5) 완고한 마음 (6) 하나님 (7) 영적인 일들의 장애물 (창문이 없음) (8) 안전 (9) 몸 혹은 육신 (나무 벽) (10) 병적 공포, 공포증 (11) 보호받는 혹은 억지로 만든 길 (벽/담의 한쪽) (12) 경계 (13) 방어 시설 (14) 말을 퍼붓는 곳 (취약한 곳: 성벽 가까이) (15) 지켜보기에 좋은/유리한 위치 (16) 숨음 혹은 숨겨진 (17) 부유한 자의 위상, 보호물 (18) 구원 (19) 믿는 자 (20) 은둔자.

'벽돌', '울타리', '산울타리', '집2' 항목을 찾아보라.
⮕ (1) 삼상 25:16,21 (2) 대하 32:5, 느 4:10, 잠 18:11, 사 25:4 (3) 창 49:22, 민 13:28, 삼하 22:30, 사 5:5, 히 11:30 (4) 엡 2:14 (5) 시 62:3, 전 10:8 (6) 시 18:2, 144:2 (비교. 신 28:52) (7) 왕하 2:10 (8) 민 13:28 (킹흠정, 한글킹) (9) 왕상 6:15 (이 벽은 이 땅의 몸을 상징한다. 비교. 고전 6:19) (10) 잠 29:25 (11) 출 14:22,29, 민 22:24 (12) 민 35:4 (13) 신 3:5 (14) 삼하 11:20-24 ('화살' 항목을 찾아보라) (15) 삼하 18:24 (16) 겔 8:7-12 (17) 잠 18:11 (18) 사 60:18 (19) 렘 1:18, 15:20 (20) 잠 18:1, "스스로 담을 쌓는다"는 말처럼.

- 벽을 무너뜨림 혹은 무너진 벽: (1) 심판 (2) 보호를 상실함 (3) 영적으로 부주의한, 방심하는 (4) 치욕스러운, 벌거벗은 혹은 취약한 (5) 영적으로 게으른 (6) 영적으로 훈련되지 않은 (7) 마음이 드러남 (8) 약탈하다/능욕하다 (벽을 강제로 무너뜨림) (9) 돌파.
⮕ (1) 창 15:16 & 수 6:4-5, 왕상 20:30, 왕하 14:13, 느 2:13, 렘 1:15, 겔 13:14 (2) 왕하 25:10, 사 5:5 (3) 느 1:3-8, 렘 39:8, 겔 38:11-12 (4) 느 2:17, 시 62:3 (5) 잠 24:30-33 (6) 잠 25:28 (7) 겔 13:14 (8) 겔 26:12 (9) 대상 14:11.

- 보수하고 있는 벽: (1) 하나님과의 관계를 새롭게 함 (2) 재건함 (3) 하나님의 은총 (4) 부지런함.
⮕ (1) 대하 33:12-16 (14절을 주목하라), 시 51:17-18 (2-3) 느 2:5,8, 6:16 (4) 느 4:6.

- 안쪽 벽을 측량함: (1) 혼과 영을 분리함 (2) 진리의 말씀을 옳게 분별함 (3) 개인의 성찰을 촉구함.
⮕ (1) 히 4:12 (2) 딤후 2:15 (3) 고전 11:28.

벽난로: (1) 마음 (2) 분노 혹은 질투.
⮕ (1) 렘 23:29 (2) 시 79:5, 약 3:5-6.

벽돌: 성경에서 '벽돌'은 다음과 같이 나타난다 (1) 하늘에 닿고자 하는 사람들의 시도 (2) 자기 이름을 떨치려는 사람들 (3) 인간이 만든 제국 (4) 하나님께 반역함 (5) 세상(애굽)의 굴레, 속박 (6) 행위에 근거한 사람들의 섬김 (7) 사람들을 계속 분주하게 하여 하나님을 참되게 예배할 시간을 갖지 못하게 함 (8) 교만 (9) 인간이 만든 제단 (10) 인간이 한 말 (벽돌로 돌을 대신함).
'돌' 항목을 찾아보라.
⮕ (1-3) 창 11:3-4 (4) 창 9:1 & 11:4 (5-6) 출 1:14 (7) 출 5:7-8 이하 (8) 사 9:9-11 (9) 사 65:3 (10) 창 11:3-4.

벽장: (1) 사적인, 개인적인 (2) 은밀한 (3) 기도처 (4) 과거의 숨겨진 죄들.

'찬장' 항목을 찾아보라.
- (1) 욜 2:16, 마 6:6 (2-3) 마 6:6, 눅 12:3 (4) 시 32:5, 69:5.

벽지: (1) 마음의 문제가 계속 쌓임 (여러 겹) (2) 문제들이 오랜 시간에 걸쳐 누적되도록 허용함 (여러 겹의 벽지) (3) 죄를 덮고/가리고 있는 벽면 (더러운 혹은 흠이 있는 벽).
- (1-2) 창 6:5, 느 13:6-8, 요 13:10 (주기적인 청소가 필요함), 롬 7:17 (3) 마 23:27.

변경하다: (1) 바꾸다 혹은 대체하다 (2) 영광스러워지다.
'변화(된)' 항목을 찾아보라.
- (1) 레 27:10, 스 6:11 (2) 눅 9:29.

변속 레버: (1) 변화 혹은 변화(변혁)의 주역/동인 (2) 사역을 영적으로 한 단계 끌어올림 혹은 끌어내림.
- (1) 창 41:14, 대하 29:16 (2) 왕상 18:46, 19:3.

변속기: (1) (선하거나 악한) 영.
- (1) 막 1:12, 눅 8:29, 행 27:15,17 (비교. 요 3:8).

변호인: (1) 성령님 (2) 함께하시는 분 (3) 예수 그리스도 (4) 다른 사람을 대신하여 말하는 사람/대변자 (5) 확실한 증인.
- (1-2) "보혜사(돕는 분)", 요 14:16 (3-4) 히 7:25, 9:24, 요일 2:1.

변호사: (1) 조언해 주는 사람 (2) 조언자 혹은 변호자이신 성령님 (3) 변호자/대언자이신 그리스도 (4) 율법적인 사람 (5) 당신의 말을 책잡으려는 사람 (6) 시험하는 자 (7) 말씀은 알지만 성령을 모르는 위선적인 신자 (8) 중보.
- (1) 계 3:18 (2) 요 15:26 (3) 요일 2:1 (4) 갈 3:10, 딛 3:9 (5-6) 마 22:35-36, 눅 10:25 (7) 눅 11:45-48,52, 눅 14:3-5 (8) 롬 8:26.

변화(된): (1) 마음(옷)의 변화 (2) 해방된, 자유로운 (옷) (3) 소유권의 변화 (4) 회심 (5) 역할과 권위 (바뀐 이름) (6) 충성, 충절 (바뀐 이름) (7) 영화롭게 됨 (8) 다음 단계의 영광으로 넘어감 (9) 영광에서 수치로 혹은 수치에서 영광으로 (10) 태도(표정)의 변화 (11) 신뢰할 수 없는 (킹흠정-변하는 데 능숙한 자들/반역자들) (12) 불순종 (13) 운명(때와 법)의 변화 (14) 거짓과 탐욕 (급여/품삯) (15) 가장함, 꾸밈 (16) 바뀜, 변함 (17) 하나님이 모든 변화를 관리하신다.

'변경하다' 항목을 찾아보라.
⇨ (1) 창 35:2, 삼하 12:20, 단 4:16 (2) 창 41:14 (더 이상 죄수가 아님), 왕하 25:2, 렘 52:33 (3) 룻 4:7 (4) 고후 5:17 (5) 왕하 24:17 (6) 민 32:38 (7) 욥 14:14, 시 106:20, 고전 15:51-52 (8) 고후 3:18 (9) 렘 2:11, 호 4:7, 롬 1:23 (10) 단 3:19, 5:6-10, 7:28 (11) 잠 24:21 (12) 겔 5:6 (13) 단 7:25 (14) 창 31:7,41 (15) 삼상 21:13 (16) 레 13:16 (17) 단 2:21.
- 변화 없음: (1) 하나님은 변하지 않으신다 (2) 하나님을 경외함이 없음 (3) 비워진 적이 없음 (4) 종교적 전통 (변화에 맞섬) (5) 완고함 혹은 굳은 마음 (6) 회심하지 않은.
⇨ (1) 말 3:6 (2) 시 55:19 (3) 렘 48:11-12 (4) 행 6:14 (5) 시 78:8, 히 3:8,15 (6) 마 18:3.

별: (1) 믿는 자들 혹은 하나님의 자녀들 (2) 천사들 (3) 사탄 (4) 예수 그리스도 (5) 악한 영들 (타락한 천사들) (6) 의롭고 지혜로운 영혼 구원자 (7) 부흥 (많은 별을 봄) (8) 명성 (스타의 지위).
'유성', '해' 항목을 찾아보라.
⇨ (1) 창 15:5-6, 빌 2:15 (2) 시 33:6, 계 1:20 (3) 사 14:12 (루시퍼 = 새벽별, 샛별, 계명성) (4) 계 22:16 (광명한 새벽별) (5) 계 12:4 (6) 단 12:3 (7) 창 15:5-6 (8) 계 22:16 & 마 14:1.

병: (1) (성령의 그릇인) 마음 (2) 낡은 병은 옛 자아를, 새 병은 새로운 자아를 말하는 것일 수도 있다. 새 병(부대)은 융통성이 있고 유연하며 신축성이 있다 (3) 지역 교회 (4) 가죽 부대는 터질 수 있어야 한다 (다시 말해, 말하지 않으면 터지게 된다) (5) 낡은 병은 거짓, 기만을 뜻할 수 있다 (6) 한 병을 나눠 마시는 것은 우정/성찬식/언약의 식사를 의미함 (7) 환대, 대접 (8) 사람들의 생명을 흡수함 (병을 비우고 내려놓음).
'용기', '포도주' 항목을 찾아보라.
⇨ (1-2) 렘 13:12-13, 마 9:17, 요 2:6-10 (3) 마 9:17 (4) 욥 32:19 (5) 수 9:4,13 (6) 삼상 1:24, 10:3, 16:20 (7) 삼하 16:1 (8) 렘 48:12.

병뚜껑: (1) (긍정적인 혹은 부정적인) 하던 말을 멈춤 (병뚜껑을 닫음).
'병' 항목을 찾아보라.
⇨ (1) 마 9:17 & 잠 30:32 (비교. 전 10:12), "입을 봉하다"처럼.

병아리: (1) 하나님의 자녀들 (2) 당신의 후손.
⇨ (1-2) 마 23:37.

병원: (1) 교회 (2) 치유와 재건 사역 (3) 병든 교회 (4) 천국 (5) 치유가 필요함 (병원에 감).
➡ (1) <u>고전 12:28</u>, 엡 4:12,16 (2) 갈 6:1-2 (3) 고전 1:10, 계 3:17 (4) 계 21:4 (5) 막 2:3-4.

보다: (1) 거듭남 (2) 예언적 통찰력.
'망', '창문' 항목을 찾아보라.
➡ (1) 요 3:3 (2) 삼상 9:9.

보리: (1) 질이 낮은 곡식 (2) 추수.
➡ (1) 삿 7:13-14 (2) 룻 1:22, 2:23, 삼하 21:9.

보모: '간호사' 항목을 찾아보라.

보물: (1) 마음 (2) 성령님 (3) 하나님의 백성 (4) 하나님(하늘)의 공급 혹은 창고 (5) 경건한 지혜, 명철, 지식 (6) 영적인 은사들 (7) 그리스도를 위해 치욕을 당함 (8) 이 땅의 부/재물 (9) 어리석음 (자기의 모든 보물을 자랑하거나 보여 줌) (10) 복잡하고 난해한 비밀 (11) 의로운 혹은 지혜로운 사람을 뜻할 수도 있다 (12) 고난과 함께 올 수도 있다 (13) 거짓말로 보물을 얻는 것을 경계하라 (14) 주님을 경외함 (15) 행악.
'보석' 항목을 찾아보라.
➡ (1) <u>마 6:21</u>, 눅 2:19 (2) 고전 2:4-5 & 고후 4:7 (3) 출 19:5, 시 135:4 (4) <u>신 28:12</u>, 시 135:7, 사 45:3, 렘 10:13 (5) 잠 2:3-5, 8:21, 골 2:3 (6) 잠 2:3-4, 8:10-11, 20:15, 24:4 (비교. 고전 12:8) (7) 히 11:25-26 (8) 약 5:3 (9) 왕하 20:15-18 (10) 욥 38:22 (11) 잠 15:6, 21:20 (12) 잠 15:16 (13) 잠 21:6 (14) 사 33:6 (15) 잠 10:2, 미 6:10.

보석: (1) 그리스도 (2) 믿는 자 (3) 선물 (4) 영적인 선물/은사 (5) 영적인 행위/업적/성과 (6) 기초 (7) 음녀 교회의 장신구 (8) 하나님의 영광 (9) 당신에게 가치 있거나 소중한 사람 혹은 물건 (10) 지혜.
'자수정', '루비', '돌', '보물' 항목을 찾아보라.
➡ (1-2) <u>벧전 2:4-7</u> (비교. 눅 21:5) (3) 잠 17:8 (킹흠정, 한글킹) (4) 잠 2:3-4, 8:10-11, 20:15, 24:4 (비교. 고전 12:8), 계 2:17 (5) 고전 3:12-13 (6) 계 21:19 (7) 계 17:4 (8) 계 21:10-11 (9) 마 13:46 (10) 욥 28:5-6,12-18.

보수/보상: (1) 수확물(복)을 거둠 (2) 용서를 공표함.
➡ (1) <u>막 10:29-30</u>, 갈 6:7 (2) 눅 11:4.

보이지 않는 협력자: (1) 성령님.
➡ (1) 요 16:13, 11:51.

보좌/왕좌: (1) 권위, 권세 (2) 심판 (3) 하늘 (4) 위치, 자리 (5) 그리스도의 영광 (6) 지배/통치권 (7) 은혜의 자리 (시은좌) (8) 하나님이 다스리시는 곳.
➡ (1) 눅 1:32-33 (2) 마 19:28, 눅 22:30, 계 20:4,11-12 (3-4) 마 5:34, 23:22, 행 7:49 (5) 마 25:31 (6) 골 1:16 (7) 히 4:16 (8) 히 12:2, 계 1:4, 3:21, 4:2-5, 7:10, 19:4.

보증: (1) 성령님 (2) 약속 (3) 그리스도 안에 있는 확신, 확실성 (4) 믿음.
➡ (1) 고후 5:5 (2) 눅 24:49 (3) 행 2:36, 17:31 (4) 히 11:1 (새번역).

보트: (1) 사역 (2) 삶의 여정 (3) 사람 (4) 성령의 호송 (5) 교회.
'배2', '전함', '카누', '노를 저음', '난파', '쾌속정' 항목을 찾아보라.
➡ (1) 눅 5:3-10 (2) 막 4:35 (3) 요 3:8, 행 18:21 (4) 삼하 19:18 (5) 벧전 3:20, 마 14:22.

  - **고무보트**: (1) 구원이 필요함 (2) 길을 잃은/잃어버린 자 (3) 구원을 잃어버릴 위기에 있는 (4) 방주 (그리스도).
'표류', '바다' 항목을 찾아보라.
➡ (1-2) 마 18:11 (킹흠정, 한글킹) (2) 눅 15:3-32 (3) 눅 9:25, 행 27:30-31 (4) 창 6:13-16, 마 24:37-39 (비교. 눅 17:26이하), 히 11:7.

  - **노 젓는 보트**: (1) 자기 노력과 수고로 이끄는 사역이나 인생 (2) 성령님이 필요함 (3) 뒤로 감 (4) 낡은 혹은 제한된 생각 (5) 변화하지 않음 혹은 변화를 수용하지 않음.
'노를 저음' 항목을 찾아보라.

보트 트레일러: (1) 다른 사역에 의지함 (자기 능력으로 자유롭게 사역하지 못함).
➡ (1) 행 15:40.

보행로: (1) (선하거나 악한) 인생길 (2) 완고한 마음 (3) 분주한 마음 (4) 앞으로 전개될 일 혹은 과거(이면)에 있는 일일 수도 있다 (5) 자녀의 길 혹은 여정 (6) 복음을 듣는 통로.
'포장도로' 항목을 찾아보라.
➡ (1) 시 17:5, 44:18, 119:101,105, 잠 1:16, 4:14,26 (2-3) 마 13:4,19, 눅 10:31-32 (4) 시 119:105, 빌 3:12-13 (5) 창 18:19 (6) 롬 10:15.

보행자: (1) 열외로 밀려난 사역 (2) 구경꾼, 목격자 (3) 믿음의 경주에 참여하지 않는.

'인도' 항목을 찾아보라.
⇨ (1) 마 11:2-3 (2) 눅 6:7 (3) 행 13:13, 15:38, 히 12:1.

보험: (1) 덮음 (2) 성령님 (3) 구원 (주택 보험) (4) 자비 (하나님의 선하심) (5) 하나님의 은혜.
⇨ (1) 출 12:7,13 (2) 고후 1:22, 5:5, 엡 1:13-14 (3) 고전 3:9, 고후 5:1 (4) 시 27:13, 103:4-5, 욘 2:6-8 (5) 렘 31:2, 행 11:23, 15:11.

복권: (1) 도박 (2) 임시방편적 사고방식 (3) 재정의 돌파를 구함.
⇨ (1) '도박' 항목을 찾아보라 (2) 사 28:16 (3) 마 17:27.

복도: (1) 삶의 여정 (2) 마음을 드나드는 통로 (3) 과거의 여정 (4) 미래의 길 (5) 운명으로 가는 길 (6) 시간의 흐름이나 시간의 경과 (7) 전환기 (8) 생각의 길 ([경건하거나 악한] 혼의 묶임).
'참호' 항목을 찾아보라.
⇨ (1,3,4) 출 14:22 (미래), 29 (과거), 민 22:24 (좁은 길), 시 23:4 (2) 욥 31:7, 사 65:2 (5) 렘 29:11 (6) 창 4:3, 21:22 (7) 민 22:24 (8) 시 119:59, 사 55:7.

복사: (1) 복제/재생산함 (2) 말씀을 널리 전함 (3) 공포함 (4) 과거를 과장(확대)함.
⇨ (1) 고전 11:1 (2-3) 시 68:11, 행 10:37, 13:49 (4) 삼하 1:8-10 (비교. 삼상 31:4).

복싱: (권투) (1) 영적 전쟁 (2) 공격 받고 있음 (3) 고난, 역경 (4) 단련, 훈련이 필요함.
⇨ (1-2) 고후 10:3-4, 엡 6:12 (3) 사 30:20, 히 13:3 (4) 고전 9:26-27.

복어: (1) 교만한 그리스도인 (2) 실제보다 더 중요하고/영적으로 보이려 함 (3) 머리에 지식만 가득한 그리스도인 (4) 사랑 없는 그리스도인 (5) 종교의 영.
⇨ (1-2) 고전 4:18-19, 5:2 (3) 고전 8:1 (4) 고전 13:4 (5) 골 2:18.

볼트: (나사못) (1) 확신 (2) 확실한/신뢰할 수 있는 말 (3) 고정된, 움직이지 않는 (4) 건축(물), 세움 (5) 일치하다 혹은 연합하다 (6) 토대 (7) 잠금장치, 자물쇠.
'못' 항목을 찾아보라.
⇨ (1) 스 9:8, 사 22:23 (2) 전 12:11 (3) 사 41:7, 렘 10:4, (4-6) 스 4:12, 느 4:6, 엡 2:21 (7) 삼하 13:17-18.
  - 너트와 볼트: (기본, 근본[nuts and bolts]) (1) 기초가 되는 진리들.
⇨ (1) 히 6:1-2.

봄: (1) 움직여야 할 때 (2) 열매를 많이 맺음 (3) 영적으로 싸워야 할 때 (4) 여름(추수)이 가까움 (5) 예수님의 재림이 가까움.

➲ (1–2) 아 2:10–13 (3) 삼하 11:1, 왕상 20:22 (4–5) 눅 21:29–30.

봉투: (1) 소통, 서신 왕래 (2) 마음 (3) 메시지를 전달하는 사람 (그릇/수단) (4) 봉투와 도장의 색깔, 봉투에 적힌 이름과 주소를 생각해 보라.
'색깔', '편지', '우편함', '이름', '우표' 항목을 찾아보라.

➲ (1) 고후 3:1, 7:8, 10:9–10 (2) 잠 3:3, 렘 17:1, 고후 3:2–3 (3) 삼하 18:20.

봉화: (1) 표징 (2) 신호 (3) 경고 (4) 지원 요청 (5) 당신의 주의, 이목을 끎 (6) 복음 (7) 믿는 자 (8) 그리스도.
'등대', '횃불' 항목을 찾아보라.

➲ (1) 사 30:17 (킹흠정), 요 1:5, 행 2:19 (2) 창 1:14, 삿 20:38, 시 19:1, 렘 6:1 (3) 잠 6:23, 사 8:20, 요 1:7 (4) 눅 5:7, 행 9:3,6,15 (5) 마 5:16, 요 5:35, 행 12:7 (6) 고후 4:4 (7) 빌 2:15 (8) 고후 4:6, 요일 2:8, 계 21:23.

부동산: (1) 하나님의 왕국 (2) 영혼을 얻음 (3) (긍정적인 혹은 부정적인) 부를 축적함 (4) 투자 약속.
'집2' 항목을 찾아보라.

➲ (1–2) 고후 5:1 (3) 신 8:12–13, 눅 12:18 (4) 렘 32:44.

부두: '방파제' 항목을 찾아보라.

부르심: (이름을 부르심) (1) 사역으로 부르심 (2) 주의가 필요함 (3) 당신의 이름을 부르는 친구나 가족은 하나님일 수 있다 (4) 알지 못하는 음성을 듣는 것은 하나님이 당신을 더 깊은 관계로 부르시는 것일 수도 있다 (5) 당신의 이름을 소름끼치도록 위협적이거나 기분 나쁘게 부르는 소리는 마귀의 세력을 나타내는 것일 수도 있다 (6) 목소리가 방향을 제시해 줄 수도 있다 (7) 유혹 (육신을 만족시키라고 하는 소리).
'노크', '초인종' 항목을 찾아보라.

➲ (1) 삼상 3:4–10, 출 3:4 (2) 창 22:11 (3–4) 삼상 3:4–10 (5) 마 8:28–29 (6) 행 16:9 (7) 마 4:3,6–7,9.

부메랑: (1) (긍정적이든 부정적이든) 갔다가 되돌아오는 것 (2) 성령께서 당신에게 상기시켜 주시는 것 (3) 호주.

➲ (1) 사 55:11, 갈 6:7 (2) 창 41:9-14 (비교. 창 40:23) (3) 관련성 (호주 원주민들의 전통 도구).

부모: (1) 과거 (2) 보호자 (3) 오랜 관록 혹은 안내 (4) 선조 (5) 지도층 혹은 관리자 (6) 영적인 부모 (7) 예수님과 교회 (8) 하늘 아버지와 성령님 (9) 말 그대로 부모.
'아버지', '어머니' 항목을 찾아보라.
➲ (1) 눅 18:29-30, 요 9:2 (비교. 출 20:5, 34:7), 고후 12:14 (2) 눅 2:27, 요 9:23, 히 11:23 (3) 롬 1:30 (4) 요 9:2 (5) 골 3:20 (6) 고전 4:15 (7) 고전 4:15, 엡 5:25 (8) 시 68:5, 히 12:9 (비교. 창 2:24 & 빌 2:7).

부스러기: (1) 부족함 (영적인 음식이 없음) (2) 영적으로 가난한 자 (3) 큰 믿음.
'빵' 항목을 찾아보라.
➲ (1-2) 눅 16:21 (3) 마 15:27-28.

부엌/주방: (1) 마음 (2) 사람의 영 (3) 준비하는 곳 (4) 교회 (특히 상업/업소용 주방) (5) 저장고 (6) 생각 (위층에 있는 부엌) (7) 강요당하는/스트레스를 받는 (불 온도를 높임).
'집2' 항목을 찾아보라.
➲ (1) 호 7:6, 느 13:5, 부엌/주방은 이 집의 중심이며, 이 집은 성전이다 (3) 창 18:6, 27:17, 출 12:39, 삿 6:19, 왕하 6:23, 느 5:18, 시 23:5, 마 22:4, 26:17-19, 눅 14:17, 행 10:10 (4) 행 6:1 (배식하는 곳), 마 16:18 & 요 21:17 (5) 느 13:5 (6) 어떤 이야기나 아이디어를 "만들어 내는(cook up)" 곳으로 (7) 단 3:19, 눅 10:40.

부채질하다: (1) 성령의 역사 (2) 분리하다 (까부르다, 키질하다) (3) 심판하다 (4) 악한 것을 몰아내다, 깨끗이 하다 (5) 열기를 더함 (6) 식힘,
➲ (1) 요 3:8 (2) 사 41:16, 렘 4:11 (3) 렘 15:7, 51:2 (4) 마 3:12 (5) 계 16:8-9 (6) 욥 37:21 (우리말).

부츠: (1) 대외적인 혹은 표면적인 걸음 (당신이 집 밖에서 행하는 것) (2) 일 (3) 군대/전쟁.
'카우보이', '신발', '공-공을 참' 항목을 찾아보라.
➲ (3) 고후 10:3.

부패: (1) 좋지 않은 성품 (2) 행악 (3) 속임, 기만 (4) 생명/수명이 단축됨 (5) 나쁜 길에 빠지다 (6) 영원한 죽음 (7) 약함.

'부패한', '썩다/쇠하다', '녹' 항목을 찾아보라.
- (1) 고전 15:33 (2-4) 시 55:23, 벧후 1:4, 2:19 (5) 왕하 23:13, 계 19:2 (6) 시 16:10, 49:9, 사 38:17, 요 3:6, 행 2:27,31, 롬 8:21, 갈 6:8 (7) 고전 15:42-43.

부패한: (1) 구원받지 않은 (2) 악 (나쁜 열매) (3) 나쁜 동료 (4) 필연적인 죽음 (5) 이 땅의 보물에 집중된 마음 (6) 육적인 사람 혹은 옛 사람 (7) 파괴적이거나 신랄한 말.
'부패' 항목을 찾아보라.
- (1) 엡 4:22, 딤전 6:5, 딤후 3:8 (2) 마 7:17-18, 12:33 (2) 눅 6:43-45 (3) 고전 15:33 (4) 고전 15:53-54 (5) 마 6:19-21, 눅 12:33-34, 약 5:2, 벧전 1:18 (6) 엡 4:22, 유 1:10 (7) 엡 4:29.

부풀다: (1) 아첨 (2) 부패 혹은 더러움의 표시 (3) 죄악 (4) 독 혹은 독이 있는 (5) 자만.
'큰', '이스트(효모)' 항목을 찾아보라.
- (1) 벧후 2:18 (킹흠정), 유 1:16 (빈 말) (2) 민 5:21-22,27, 신 8:4 (3) 사 30:13 (4) 행 28:6 (5) 고후 12:20.

북극곰: (1) 종교의 영.
- (1) 마 23:27, 막 7:13.

북쪽: (1) 하나님의 보좌가 있는 곳 (2) 심판하는 곳 (3) 적의 위치 (4) 당신의 영적 유업 안으로 들어감 (북쪽으로 향함) (5) 말 그대로 당신의 현재 위치에서 북쪽으로 감 (북쪽으로 향함) (6) 자신의 상황 및 환경과 북쪽의 관련성을 생각해 보라.
'남쪽' 항목을 찾아보라.
- (1) 레 1:11, 시 75:6-7, 사 14:13-14 (2) 렘 1:13-14 (3) 겔 38:6 (4-5) 신 2:3.

분기점: '길2-T자형 도로' 항목을 찾아보라.

분노: (1) 말 그대로 분노 (2) 두려움 (3) 불만 (4) 불안감 (5) 방해받는 목표/목적 (6) 질투 (7) 슬픔 (8) 화나게 함, 도발, 자극.
- (1) 마 5:22 (2) 시 2:12 (3) 눅 14:21 (4) 삼상 18:8 (5) 삼상 20:30 (6) 눅 15:28, 롬 10:19 (7) 막 3:5 (8) 골 3:21.

분리/분열: (1) 분리함 (2) 혼과 영을 가름 (3) 진리와 거짓을 구별함 (4) 믿는 자와 불신자를 구분함 (5) 남편과 아내가 갈라섬 (이혼) (6) 가족들끼리 갈라짐 (7) 곧 넘어지게 될.

⏵ (1-2) 히 4:12 (3) 딤후 4:4, 딛 1:14 (4) 마 25:32-33, 고후 6:14 (5) 마 5:32 (6) 마 10:34-35 (7) 마 12:25.

분무기: (스프레이) (1) 성령님 (하나님의 숨결) (2) 폭풍의 징후 (원수의 저항) (3) 분노의 혹은 감정적인 말.
'기름부음', '향수' 항목을 찾아보라.
⏵ (1) 창 1:2, 욥 33:4, 요 3:8, 계 1:15 (2) 마 14:24 (3) 삼상 20:30, 잠 18:4.

분비샘: (1) 쓴뿌리와 용서하지 않는 마음 (영적 오염의 첫 징후, 부은 분비샘).
⏵ (1) 마 24:10 (다음 과정을 주목하라: 걸려 넘어짐/실족함〉배반〉증오).

분실물/유실물 센터 - 잃어버린 것: (1) 구원받지 못한 혹은 죄인 (2) 영적으로 죽은 (아버지의 집을 떠난) (3) 걱정, 염려 (4) 무지해서 (5) 부주의함으로 (6) 탐욕, 쾌락 혹은 독립으로 인해 (7) 율법주의 혹은 종교로 인해 (8) 사명과 부르심을 잃어버림 (9) 정신이 딴 데 팔려 있는 (혼란에 빠진).
- 찾은 것: (1) 회개 혹은 구원 (2) 영적으로 살아 있는 (3) 계시 (4-6) 기쁨과 축하 (성령 충만을 상징할 수 있다) (7) 은혜 혹은 성령.
⏵ (1) 눅 15:4-7 (2) 눅 15:32 (3) 삼상 9:20 (4) 눅 15:4-7 (5) 눅 15:8-10 (6) 눅 15:11-24 (7) 눅 15:25-32 (8) 시 1:1, 잠 10:17 (9) 잠 9:15-18, 사 42:24, 요일 2:11.
- 찾았는데 뭔가를 잃어버렸다고 말함: (1) 속여 빼앗음 (2) 강요, 갈취 (3) 책임을 회피함.
⏵ (1-2) 레 6:2-4 (3) 신 22:3-4.

분장실: (1) 마음 (2) 왕을 위한 준비 (3) 자기 영광을 위한 준비.
⏵ (1) 롬 13:14, 갈 3:27, 벧전 3:3-4 (2) 마 3:3 (3) 딤전 2:9, 벧전 3:3-4.

분홍색: (1) 육체 (2) 관능적인 (3) 부도덕, 음란한 (4) 성 (5) 어린아이 같은 순수함 (6) 여성적인 (7) 어리고 가냘픈 (8) 차분한.
⏵ (1) 롬 2:28 (2-4) 신 22:15-17 (5) 삼상 17:42 (6) "핑크색은 여자아이, 파란색은 남자아이"라는 생각처럼 (7) 삼상 17:42 (8) "작은 모임을 할 수 있는 편안한 방(pink room)."

불: (1) 하나님의 임재 (2) 정결케 함 (3) 심판 (4) 충돌, 불화 (5) 지옥 (6) 고통 (7) 혀 (8) 하나님의 말씀 (9) 험담 (10) 정욕, 욕정 (11) 음욕, 간음 (12) 분노 혹은 질투 (13) 하나님의 영광 (14) 사랑.
'산불', '불꽃', '집에 불이 남' 항목을 찾아보라.

➲ (1) 신 4:24 (2) 민 31:23, 눅 3:16–17 (3) 시 21:9, 겔 21:31 (4) 잠 26:20–21 (5) 막 9:43 (6) 신 4:20 & 시 66:12 (7) 행 2:3, 약 3:6 (8) 렘 5:14, 23:29 (9) 잠 26:20, 약 3:5–6 (10) 고전 7:9 (11) 잠 6:25–28 (12) 시 79:5, 89:46 (13) 출 24:17 (14) 아 8:6–7.

불에 탄/덴: (1) 다른 사람에게 배신당하거나 실망된 (2) 제물로 바쳐진 (3) 학대/혹사로 생기를 잃은 마음 (4) 하나님의 사랑으로 치유 받아야 할 필요성.
➲ (1) 눅 21:16 (2) 벧전 2:5 (3) 느 4:2 (4) 막 12:33.

불꽃: (1) 성령님 (2) 하나님 (3) 사람의 영 (4) 심판 (5) 빛 (6) 고통, 괴로움 (7) 사도적 사역 (8) 성령 세례 (9) 분노 (10) 질투.
'불', '화염 방사기' 항목을 찾아보라.
➲ (1) 눅 3:16, 행 2:3, 고후 4:6–7 & 삿 7:20 (2) 사 10:17 (3) 시 18:28, 잠 20:27 (4) 사 29:6 (5) 시 18:28 (6) 눅 16:24 (7) 행 20:24 (불타는 열정), 롬 1:15 (8) 행 2:3–4 (9) 시 21:9 (10) 시 79:5.

불꽃놀이: (1) 기념 행사 (2) 갈등 혹은 고난 (3) 영적 전쟁 (영들의 충돌).
➲ (1) 레 23:32,41 (2) 욥 5:7, 행 15:7 (3) 삿 5:20, 계 12:7.

불다: (1) 반대, 대립 (2) 시험함 (3) 성령 (4) 불을 지핌.
'치다', '나팔', '바람' 항목을 찾아보라.
➲ (1–2) 마 7:25,27, 요 6:18 (3) 사 40:7, 요 3:8 (4) 욥 20:26, 사 54:16.

불도저: (1) 대단히 강력한 사역 (보통 건설적 = 선한, 파괴적인 = 악한) (2) 사도, 선지자 혹은 복음 전도자 (3) 길을 예비하는 사역 (4) 고압적인/가혹한 지도자 (5) 강력한 개척/혁신적인 사역
'땅 고르는 기계', '트럭' 항목을 찾아보라.
➲ (1) 행 8:5–6,9–10 (2–3) 사 40:3–4, 마 3:3, 행 8:5–6 (4) 삼상 22:11–19 (5) 마 3:1–3.
  – 대형 불도저: (1) 육신으로 일하는 지도력.
'땅을 팜' 항목을 찾아보라.
➲ (1) 고전 15:47.

불독: (1) 결연한, 단호한 (2) 고집 센, 집요한.
'개' 항목을 찾아보라.
➲ (1–2) 렘 15:3.

불똥: (1) 불화살 (2) 논쟁의 불을 지피는 사소한 말 (3) 갈등, 충돌 (4) 고난 혹은 고생 (5) 상습적으로 문제를 일으키는 사람 (6) 사람의 영 (7) 심판의 시작 (8) 자멸 (9) 고뇌, 괴로움 혹은 슬픔 (10) 전기 기사 (11) 하나님의 영광.
➔ (1-2) 욥 41:19, 엡 6:16, 약 3:5-6 (3) 출 11:7, 레 10:10, 11:47, 행 15:39 (4-6) 욥 5:7 (7) 욥 18:5 (8) 사 1:31 (8-9) 사 50:11 (10) 관련성-불똥, 곧 스파크가 튐 (11) 사 24:15.

불륜: (1) 세상의 유혹에 넘어간 사람이나 교회 (2) 자신의 배우자에게 일어나 교회, 취미를 분담시킴.
'간음' 항목을 찾아보라.
➔ (1) 호 2:5 (2) 벧후 2:14-15.

불순물: (1) 하나님의 진노의 잔 밑바닥/찌꺼기.
➔ (1) 사 51:17,22.

불안정한: (1) 두 마음을 품은 (2) 탐내는 습관으로 단련된 마음 (3) 죄에 다시 빠지기 쉬운 (4) 하나님의 길을 배우지 못하여 마음대로 왜곡할 가능성이 있는 (5) 탁월하지 못한.
➔ (1) 약 1:8 (2-3) 벧후 2:14 (4) 벧후 3:16 (5) 창 49:4.

불에 굽다: (1) (불로) 정화됨 (2) 구원, 구출의 언약적 기념 행사 (3) 부지런함 (4) 친밀한 교제.
'요리하다' 항목을 찾아보라.
➔ (1) 출 12:8-9 (2) 신 16:6-7, 대하 35:13 (3) 잠 12:27 (4) 고전 10:21 (비교. 눅 22:8 & 요 15:15).

불의 전차: (1) 천사의 이동 수단 (2) 천국으로 들어 올려짐 (3) 열정적인 전달자.
➔ (1) 시 104:4, 왕하 6:15-17 (2) 왕하 2:11 (3) 시 39:3, 렘 20:9.

불타다: (1) 심판 (2) 거룩 (3) 고통 (4) 말하지 않을 수 없음 (5) 사로잡힘 (6) 험담의 가능성을 해결함 (통제 발화 작업) (7) 과거의 문제들을 해결함 (통제 발화 작업) (8) 정욕.
➔ (1) 겔 38:22, 말 4:1 (2) 사 10:17 (3) 계 14:10 (4-5) 렘 20:9 (6) 약 3:5 (8) 롬 1:27.

불확실성: (1) 두 마음을 품음 (2) 의심 (믿음으로 기능하지 않음) (3) 하나님께 가까이 나아가 마음을 겸손히 하라고 촉구함 (4) 어떤 사람이 질문을 회피하고 있다는 뜻일 수도 있다 (5) 내면에서 벌어지는 육신과 영의 싸움 (6) 확증 혹은 더 많은 계시를 기다림 (7)

환경/상황이 아니라 하나님을 의지해야 할 때.
➲ (1–2) 약 1:6–8 (3) 약 4:8 (4) 요 9:25 (5) 롬 6:16 (6) 창 24:21 (7) 창 27:21, 삼상 17:10–11.

붉은 실: (1) 하나님의 말씀 전체를 관통하는 구속사 (2) 하나님의 말씀 (3) 예수님의 보혈 (4) 얇은 혹은 가는 줄 (5) 사랑.
➲ (1–2) 아 4:3 (3–4) 수 2:18–19 (그리스도의 보혈을 말함) (5) 아 4:3.

붙잡음: (공 잡기/받기) (1) 귀담아 들음 (2) 당신의 말로 트집을 잡으려 함.
'공', '야구', '포수의 글러브', '크리켓' 항목을 찾아보라.
➲ (1) 마 13:19 (2) 막 12:13.

브래지어: (1) 의로움 (2) 진실한 마음 (3) 받치다, 지탱하다 (4) 뻔뻔스러운 (노브라) (5) 품행이 단정하지 않은 여자 (노브라) (6) 야성적인 (노브라) (7) 음녀, 매춘부 (노브라) (8) (보호하고 지지하는 기능으로) 양육.
'젖가슴' 항목을 찾아보라.
➲ (1) 엡 6:14 (2) 왕상 9:4 (3) 계 1:13 (가슴에 금띠) (4–6) 호 2:2, 잠 5:20, 6:29 (7) 잠 5:19–20 (8) 사 60:4 (킹흠정).

브레이크: (1) 멈춤 혹은 속도를 줄임 (2) 말을 멈추게 함 (3) 듣지 않음 (4) 속도를 줄임, 서행 (5) 통제 불능을 느낌 (브레이크가 없음) (6) 멈출 수 없는 것을 시작한 느낌 (브레이크가 없음) (7) 한계가 없음 (브레이크가 없음).
➲ (1) 출 14:13 (2) 롬 3:19, 고후 11:10, 딛 1:11, 히 11:33 (3) 행 7:57 (4) 시 103:8, 145:8, 잠 14:29, 15:18, 16:32, 욜 2:13, 행 27:7, 약 1:19 (5) 잠 25:28 (6) 약 3:5 (7) 마 9:17 (새 부대에는 브레이크가 없다!).

블라인드: '셔터' 항목을 찾아보라.

블록 쌓기: (1) 어린아이 같은 믿음을 요구함 (2) 메시지를 상세하게 설명함 (3) 블록의 위치가 바뀌어 메시지를 읽을 수 없는 경우, 영적 통찰력/민감함이 부족하다는 말일 수도 있다 (4) 아무 메시지도 없는 블록 쌓기를 하는 것은 미성숙함 혹은 오락, 재미만 추구함을 뜻한다 (5) 믿음을 세우는 초기 단계.
➲ (1) 마 18:3–4 (2) 단 5:24–28 (3) 마 13:16–17 (4) 고전 13:11 (5) 유 1:20.

블루베리: (1) 성령의 열매.
'열매/과일', '파란(푸른)색', '딸기' 항목을 찾아보라.
➔ (1) 갈 5:22-23.

블루스: (음악) (1) 의기 소침, 우울 (2) 우울한 사람들과의 문화적 교류.
➔ (1-2) 시 137:1-3.

비: (1) 부흥/회복 혹은 부활 (2) 하나님의 은총 (3) 하늘에서 내리는 심판 (4) 열매를 많이 맺음 (5) 하나님의 말씀 (6) 영적인 생명 (7) 풍성함 (8) 가르침, 교훈 (9) 겨울.
'소나기' 항목을 찾아보라.
➔ (1) 약 5:18, 왕상 18:1 (2) 신 11:10-12, 잠 16:15 (3) 창 7:4 (폭우), 출 9:18 (우박), 시 11:6 (숯불/유황) (4) 레 26:3-4 (5) 사 55:10-11 (6) 신 11:14 (7) 신 28:12, 욥 36:27-28, 시 72:6-7 (8) 신 32:2 (9) 아 2:11.
- 비가 내리지 않음: (1) 죄 (2) 심판.
'가뭄' 항목을 찾아보라.
➔ (1) 왕상 8:35-36, 대하 6:26-27 (2) 대하 7:13-14, 사 5:6, 렘 3:2-3.

비누: (1) 고백/자백과 회개 (2) 정결케 함 (3) 하나님의 말씀을 꾸준히 적용함.
➔ (1-2) 요일 1:9 (2-3) 요 13:10.

비늘: (1) 보호 (갑옷) (2) 교만 (3) 굳어진/냉담한 마음.
➔ (1-3) 욥 41:15,24.

비닐: (1) 피상적인 (2) 진짜가 아닌 (3) 말만 하고 그렇게 살지 않음 (4) 저렴한, 손쉽게 얻을 수 있는 (5) 아직 열어 보지 않은 (밀봉된 비닐봉지) (7) 비그리스도인의 마음 (비닐봉지와 플라스틱 병들).
➔ (1) 골 2:18 (2-3) 마 15:8-9, 계 3:1-2 (4) 마 8:19-20, 눅 9:61-62 ("믿음 만능주의 혹은 안일한 신앙"을 구함) (5) 사 29:11, 단 12:4,9 (7) 마 5:29-30, 9:17 (이들은 멸망할 것이다!).

비둘기: (1) 그리스도 (2) 가난의 영 (가난한 사람의 희생제물/예물).
'새', '공원', '가난의 영' 항목을 찾아보라.
➔ (1) 레 1:14-17, 14:5-7 (2) 눅 2:24 (비교. 레 12:8).
- 흰 비둘기: (1) 성령님 (2) 무죄한 (3) 빈곤 혹은 가난한 (4) 인명 & 지명 사전에서 '요

나'를 찾아보라.
'새' 항목을 찾아보라.
➡ (1) 마 3:16 (2) 마 10:16 (3) 레 12:8.

비듬: (1) 마음을 새롭게 함 (낡은 가죽 부대를 제거함) (2) 분열된 마음.
➡ (1) 롬 12:2 (2) 단 5:6, 눅 24:38, 약 1:8.

비뚤어진: (1) 불신 가운데 영적으로 이탈함 (2) 악 (3) 불경건한 (4) 어둠 (5) 평강이 없는.
'휘어진', '어둠', '곧은', '바로 선' 항목을 찾아보라.
➡ (1) 잠 3:4-5, 사 40:3-4 (2) 잠 2:12-15 (3) 시 125:5, 사 40:4 (킹흠정, 한글킹), 눅 3:5 (4) 사 42:16, 빌 2:15 ("어그러진") (5) 사 59:8.

비료: (1) 하나님의 말씀 (2) 격려의 말씀 (3) 깨우침 (4) 성령으로 기도함 (5) 예언 (6) 사랑 (7) 오중 사역의 은사 (8) 시련 (말씀을 시험함) (9) 열매를 위해 준비함.
➡ (1) 벧전 2:2 (2-3) 롬 14:19, 엡 4:29 (4) 유 1:20 (5) 고전 14:4 (6) 고전 8:1, 엡 4:16 (7) 엡 4:11-12 (8-9) 눅 13:8-9.

비밀: (1) 마음 (2) 개인적인 계획이나 조언 (3) 하나님의 계시 (4) 비밀히, 어둠(암흑) 속에서 (5) 드러남, 밝혀짐 (6) 드러나지 않게 (7) 따로, 남이 모르게 (8) 숨겨진 (9) 하나님의 임재 (10) 개인적인 문제 (11) 알려지지 않은 (12) 신비, 비밀.
➡ (1) 왕하 4:27, 시 44:21, 139:15, 잠 20:27, 마 6:6,18, 고전 14:25, 벧전 3:4 (2) 창 49:6 (우리말, 킹흠정, 한글킹), 시 64:2,4-5, 잠 11:13, 20:19 (3) 신 29:29, 시 25:14, 잠 3:32, 단 2:47, 암 3:7, 마 13:35 (4-5) 시 18:11, 사 45:3, 단 2:22, 막 4:22, 눅 8:17, 엡 5:12-13 (6) 요 7:10, 19:38 (7) 신 13:6, 렘 38:16, 요 11:28 (8) 시 10:9, 27:5, 31:20, 잠 9:17-18, 27:5 (9) 시 81:7, 91:1 (10) 잠 25:9-10 (11) 단 2:18-19 (12) 롬 16:25.

비밀 통로: (1) 영적인 비밀 안으로 들어감 (2) 당신을 부르심으로 이끌어 가는 영적 진리 (3) 성령 안에서 행함.
➡ (1) 사 45:3, 단 2:22 (2) 요 8:31-32 (3) 고전 14:2.

비버: (1) 바쁜, 분주한 (2) 부지런히/열심히 일함 (3) 말씀/성령을 쌓아 올림.
'댐' 항목을 찾아보라.

➲ (1) 눅 10:40-42 (2) "비버처럼(몹시) 부지런한", 잠 4:23 (더욱-부지런히), 10:4, 12:24, 22:29 (능숙한-근면한), 27:23 (3) 마 7:2, 막 4:24.

비스킷: '빵' 항목을 찾아보라.

비어 있는: (1) 성령이 없는 (2) 열매가 없는.
➲ (1) 마 12:44, 눅 1:53 (2) 막 12:3, 눅 20:10-11.

비치볼: (1) 농담/재미로 한 말.
➲ (1) 전 2:1.

비키니: (1) 드러냄 (2) 육신 가운데 있음 (3) 육체의 소욕 (4) 시험에 들게 함.
➲ (1) 창 3:7 (2) 창 2:25 & 3:7, 벧전 4:2 (3) 롬 8:5, 갈 6:8 (4) 삼하 11:2-4.

비타민: (1) 영적으로 건강한 (2) 성령 안에서 힘을 얻음/강건해짐 (3) 영적인 교감/교류.
➲ (1-2) 삼상 30:6, 딤전 4:8, 유 1:20 (3) 요 6:35,48,68.

비통: '애곡' 항목을 찾아보라.

비포장도로: (1) 자기 마음에 드는 (더러운/부정한) 짓을 함 (2) 부정한 곳으로 나아감 (3) 하나님의 대로에서 벗어남 (4) 불건전한/해로운 말의 길 (5) 스캔들 (6) 참소 (7) 지역 사역 (8) 광야 길 (9) 약속의 땅으로 가는 길 (10) 하나님의 말씀을 의지하는 겸손의 길.
'시골길', '흙', '길2-구불구불한 길' 항목을 찾아보라.
➲ (1) 겔 36:17 (2) 고전 15:33 (3) 잠 16:17, 사 35:8, 40:3 (4-6) 시 73:8 (7) 삿 5:6 (8-9) 출 13:18, 신 1:19,31 (10) 신 8:2-3.

비행기: (1) 새로운 차원 (2) 영적인 사역 혹은 교회 (3) 사람들의 주목을 받는 사역 (혹은 야심) (4) 성령 안에서의 자유함 (5) 인간이 만들어 낸 영적 모조품 (6) 여행 (7) 인간이 만든 구조물.
➲ (1) 사 40:31 (2) 사 60:8-9, 겔 3:14, 8:3, 11:1,24, 행 8:39 (3) 갈 2:9 (4) 시 51:12, 롬 8:2, 고전 2:12, 고후 3:17 (5) 엡 6:12 & 막 8:33 (6) 행 8:39-40 (7) 막 14:58.
 - **대형 비행기**: (1) 교회 (2) 큰 사역.
➲ (1-2) 겔 11:1 & 행 11:26.

비행기 조종사: (1) 성령님 (2) 조종하는 사람 (3) 영적 안내자.
➲ (1) 시 43:3 (빛의 연료는 기름이다), 눅 4:1 (2-3) 행 13:2,4.

비행선: (1) 사람들의 주목을 받는 성령 사역 (2) 대단히 분별력 있는 예언 사역.
'열기구' 항목을 찾아보라.
➲ (1) 겔 8:3, 행 8:39 (2) 민 22:41 (보이는 범위 때문에).

비행접시: (1) 귀신의 속임.
➲ (1) 마 24:24.

빗: (1) 자만, 허영 (2) 오만, 허영심으로 자신을 치장함 (3) 자세히 살펴봄 (빗질).
➲ (1-2) 삼하 14:25-26 (3) 창 13:10-11.

빗물통: '웅덩이' 항목을 찾아보라.

빗자루: (1) 청소함 (2) 정리 정돈함 (3) 멸망, 파괴.
'쓸다' 항목을 찾아보라.
➲ (1-2) 눅 15:8 (3) 사 14:23.

빙고: (1) 제비뽑기 (2) 우상 (3) 행운과 기회의 거짓 신들.
➲ (1) 마 27:35, 막 15:24, 눅 23:34 (3) 삼상 6:9.

빙빙 돌리다: (회전시키다) (1) 금방 무너질 것 같은 (2) 취한 (3) 믿음이 없는 (일을 이루려 애씀) (4) 하나님의 왕국을 중시하지 않음 (5) (환경과 상황에 사로잡혀) 통제 불능의 (6) 거짓말 (7) 덫을 놓음 (실을 잣음).
➲ (1) 사 24:20 (2) 시 107:27 (3-4) 마 6:28-30, 눅 12:27-28 (5) 약 1:6 (6) "거짓의 실타래"라는 말처럼 (7) 사 59:5-6, 막 12:13.

빚: (1) 용서하지 않음 (2) 기분이 상함 (3) 죄.
'보수/보상', '지불' 항목을 찾아보라.
➲ (1) 마 18:21-35 (2-3) 눅 11:4.

빛: (1) 그리스도 혹은 하나님 (2) 계시 혹은 조명 (3) 의로운 마음 (4) 생명 (5) 옳은 길로 안내함 (6) 안내자로서의 말씀 (7) 하나님의 영광 (8) 분명히 나타남/드러남 (9) 교제 (빛

가운데 행함) (10) 성령 안에서 행하지 않음 (불이 꺼져 있음) (11) 그리스도가 없는 (불이 꺼져 있음) (12) 길을 잃은 (불이 꺼져 있음).
'검은색', '초(촛대)', '등(불)', '스포트라이트', '횃불' 항목을 찾아보라.
➲ (1) 요 8:12, 행 9:3-5, 요일 1:5 (2) 단 2:22-23, 행 26:18 (3) 시 97:11, 112:4-7, 잠 13:9 (4) 사 8:20, 요 1:4, 8:12 (5) 출 13:21, 눅 1:79 (6) 시 119:105,130, 벧후 1:19 (7) 행 22:11, 고후 4:6, 계 18:1, 21:11 (8) 요 3:21, 고전 4:5, 엡 5:13 (9) 요일 1:7 (10) 요 8:12 (11) 요 11:9-10 (12) 요 12:35.

빠른: (1) 성령이 임하심 (2) 중요성 (3) 기회의 시간 (4) 시간이 다 됨 (5) 갑자기 (6) 곧 (7) 불신의 상징일 수도 있다.
➲ (1) 왕상 18:46 (2) 마 28:7-8, 눅 14:21, 요 11:29 (3) 행 12:7, 계 2:5,16 (킹흠정, 한글킹) (4) 마 5:25, 요 13:27, 계 3:11 (5) 계 11:14 (6) 계 22:7,12,20 (7) 사 28:16 (조급/다급함), 요 13:27.

빨간색: (1) 죄 (2) 육의 사람 (붉은 옷) (3) 죄로 인해 흘려진 피 (4) 하나님의 진노 (5) 전쟁 (6) 분노 혹은 화나게 함 (7) 구속, 구원 (8) 거역 (9) 권세, 권능 (10) 음녀 (거짓 교회) (11) 영광스러운 개인, 교회 혹은 사역 (붉은 기를 띠는 백향목 집) (12) 열정 (13) 바벨론 (14) 성령의 불 (15) 빚을 진.
➲ (1) 레 13:19-20, 잠 23:31-32, 사 1:18 (2) 창 25:25,30 (3) 출 25:5, 36:19 & 히 10:20, 민 19:3-22 (4) 시 75:8, 사 63:2-3 (5) 계 6:4, 12:3-7 (6) 시 75:8, 106:7 (우리말, 킹흠정) (7) 시 106:9 (8) 시 106:7 (9) 계 6:4 (우리말, 킹흠정, 한글킹) (10) 계 17:1-4 (11) 왕상 6:9 (13) 계 17:4-5 (14) 행 2:3 (15) "적자 상태", "빨간딱지" 등.

빨다: (흡입하다) (1) 의존, 의지 (2) 얻어먹음 혹은 부양 받음 (3) 양육함, 돌봄 (아기) (4) 비움 (5) 생명을 약화시킴 (기생충) (6) 하나님의 섭리 (7) 가장 어리고 미숙한 (아기) (8) 죄가 없는 (9) 먹임 (피) (10) 젖을 먹임 (아기) (11) 위안, 위로.
'거머리' 항목을 찾아보라.
➲ (1) 신 32:13, 삼상 1:23 (2) 신 32:13, 욥 39:30, 사 60:16 (3) 민 11:12, 마 24:19 (4) 겔 23:34 (5) 잠 30:15 (6) 신 33:19 (킹흠정) (7) 민 11:12, 신 32:25, 삼상 15:3 (8) 삼상 7:9, 사 11:8 (9) 욥 39:30 (10) 삼상 1:23, 왕상 3:21 (11) 사 66:11-13.

빨래 건조대: (1) 기름부음을 잃어버림 (2) 새로운 기름부음을 준비함.
➲ (1) 삿 16:19-20 (2) 슥 3:4.

빨래/세탁물: (1) 정결케 함.
➜ (1) 말 3:2.

빨랫줄: (1) 말리려고 밖에 둠 (2) 회복된 사역.
'빨래 건조대' 항목을 찾아보라.
➜ (1) 창 40:23 (2) 시 51:7.

빵: (1) 그리스도 (2) 하나님의 말씀 (3) 상한/깨진 몸 (빵/떡을 뗌) (4) 성찬 (빵/떡을 뗌) (5) 죽음 (6) 말씀 (우리의 마음은 말씀을 먹는다) (7) 고난 (무교병) (8) 생명 (빵을 먹음으로 생명을 유지함).
'부스러기', '토스트', '포도주' 항목을 찾아보라.
➜ (1) 고전 10:16, 11:27 (2) 신 8:3, 암 8:11, 마 4:4, 눅 4:4 (3) 마 26:26, 눅 24:35, 행 2:42 (4-5) 막 14:1, 고전 11:26 (6) 암 8:11, 마 4:4 (7) 신 16:3 (8) 요 6:33,35,48,51,58.
 - 곰팡이 핀 빵: (1) 오래된 만나/계시 (2) 믿음을 행사하지 않음 (3) 일용할 양식의 필요성.
➜ (1-2) 출 16:20-21,26 (3) 마 6:11.
 - 딱딱한 빵: (1) 고어, 옛말 (2) 거짓, 기만 (3) 육신의 마음에서 나온 생각과 말 (장작 때는 화덕에서 구운 빵).
➜ (1-3) 수 9:4-6,12.
 - 빵 한 덩이: (1) 그리스도 (2) 교회 (3) 주어진 것을 받아서 나누는 것을 말함 (4) 연합을 이루기 위해 빵/떡을 떼는 것을 말함.
'식탁/상' 항목을 찾아보라.
➜ (1) 마 14:19-22 (인류에게 한없이 공급되어 도움을 주는 그리스도의 죽음을 말함), 마 26:26, 고전 10:16, 11:23-24 (2) 고전 10:17 (3) 마 14:19 (4) 고전 10:16-17.

빵집: (1) 당신의 마음.
➜ (1) 호 7:6.

뺨: (1) 박해에 대비함 (2) 신체적 학대/폭력 (3) 비판/비난 (4) 박해에 사랑으로 반응함 (5) 슬픔 (뺨의 눈물) (6) 말대꾸, 말다툼.
'눈물', '이2' 항목을 찾아보라.
➜ (1) 애 3:30, 마 5:39 (2) 왕상 22:24 (3) 욥 16:10 (4) 사 50:6 (5) 애 1:2 (6) 욥 15:6, 시 31:18, 애 3:62.

뼈: (1) 죽은 (2) 영적인 생명이 없는 (3) 상한 영 (4) 마음의 슬픔 (5) 소망 없음 (6) 하나님으로부터 단절된 느낌 (7) 시기, 질투 (뼈를 썩게 함).
➡ (1–2) 겔 37:4,11 (3) 잠 17:22 (4) 잠 15:13 (5–6) 겔 37:11 (7) 잠 14:30.

뼈대/틀: (구성하다/짜다) (1) 믿는 자 (2) 교회 (3) 지지, 후원 (4) 계책, 책략 (5) 만들어진 것 혹은 곧 만들어질 것 (6) 주고받는 말 (7) 기억을 소중히 간직함 (8) 사람을 죄인으로 몰기 위한 계략, 모함.
➡ (1) 시 103:14, 139:15-16 (2) 엡 2:21 (킹흠정) (3) 시 139:15-16 (4) 시 94:20, 렘 18:11 (5) 사 29:16 (6) 삿 12:6, 시 50:19 (7) 빌 3:13, 엡 2:11 (8) 창 39:14, 왕상 21:10.

뿌리: (1) 마음 (2) 기초 (3) 예수 그리스도 (4) 과거의 가계, 혈통/유산, 전통 (5) 견고한 진 (6) 악한 마음 (7) 깊이 상처받은 마음 (8) 남은 자 (9) 사랑 (10) 뿌리는 열매의 근원이며 기초이다 (11) 뿌리는 하나님의 말씀을 찾아간다 (12) 의인 (13) 혼의 묶임.
'나무1-뿌리 뽑힌/잘려 나간 나무' 항목을 찾아보라.
➡ (1–2) 욥 29:19, 마 13:6, 15:8,13, 엡 3:17 (3) 사 53:2, 계 5:5, 22:16 (4) 사 11:1 (5) 히 12:15 (6) 딤전 6:10 (돈을 사랑함) (7) 신 29:18, 히 12:15 (8) 왕하 19:30, 사 27:6 (9) 엡 3:17 (10) 잠 12:12, 마 3:10 (11) 욥 29:19, 렘 17:8, 겔 31:7 (12) 잠 12:3 (13) 출 20:5.

뿌리는 모기약: (1) 기름부음/성령님 (마귀의 세력은 하나님의 임재 앞에서 달아난다).
'파리' 항목을 찾아보라.
➡ (1) 마 12:28, 눅 11:20.

뿌리다: (액체, 분말) (1) 정결케 함 (2) 육신의 정화 (3) 성화, 성결 (4) 용서 (5) 언약 (6) 구원 (7) 깨끗한 양심 (8) 확고한 믿음을 발휘하라고 촉구함.
'소나기', '비', '물' 항목을 찾아보라.
➡ (1) 히 10:22 (2–3) 겔 36:25, 히 9:13 (3–4) 히 9:19-22 (5–6) 사 52:15, 히 12:24 (7–8) 히 10:22, 11:28.

뿌리 뽑다: (근절하다) (1) 심판 (2) 우상숭배 (3) 죄 (4) 속이는/거짓말하는 혀 (5) 독선적인, 탐욕스러운 혹은 거역하는 마음 (6) (죄를 뿌리 뽑는) 선지자의 역할.
➡ (1) 신 29:28, 습 2:4 (2–3) 왕상 14:15-16, 대하 7:19-20 (3) 잠 2:22 (4) 시 52:2-5 (5) 유 1:11-12 (6) 렘 1:10, 마 3:10, 눅 3:9.

뿔: (1) 힘 (2) 능력 (3) 영향력 (3) 음성 (4) 면류관(왕) 혹은 지도자 (5) 하나님의 능력 (성령님) (6) 교만 (7) 마음의 힘 (8) 그리스도 (구원의 뿔) (9) 하나님께 호소함 (10) 사람의 힘 (11) 지배권 (12) 경보 혹은 경고 (양각나팔, "쇼파르"를 붊) (13) 축하, 기념 (14) 전능함 혹은 능력이 충만함 (일곱 뿔) (15) 열방, 여러 나라들.
'기름부음'(비교. 삼상 16:1,13), '쇼파르' 항목을 찾아보라.
➲ (1-2) 창 22:13 (이것은 자신의 힘을 내려놓으신 그리스도의 모습이다), 시 89:17, 92:10, 애 2:17, 단 8:7-8, 암 6:13, 합 3:4 (3) 수 6:4-8 (영의 음성), 겔 29:21, 단 7:11,24 (4) 시 75:10, 단 7:24, 8:20-21, 계 17:12 (5) 삼상 16:13 (6) 시 75:4-5 (높이 들린 뿔) (7) 렘 17:1 (제단 뿔) (8) 시 18:2, 132:17, 눅 1:69 (9) 왕상 1:50-51, 2:28 (제단 뿔을 잡음), 시 118:27, 암 3:14 (10) 왕상 22:11, 대하 18:10 (철뿔) (11) 슥 1:21 (12) 민 10:4,9 (13) 레 23:24 (14) 계 5:6 (15) 슥 1:21.

ㅅ

사과: (1) 사랑 (2) 유혹 (3) 열매 (4) 건강 (5) 귀한 존재 (눈동자) (6) 아끼는 것 (눈동자) (7) 뉴욕.
➲ (1) 시 17:8, 아 2:5, 슥 2:8 (2-3) 창 3:6 (보통 사과로 그려짐) (4) "하루에 사과 하나면 의사가 필요 없다"는 말처럼 (5) 신 32:10, 시 17:8, 잠 7:2, 애 2:18, 눈에 넣어도 아프지 않은 소중한 존재(the apple of one's eye) (6) 슥 2:8 (7) "빅 애플"(Big Apple, 뉴욕의 속칭)로 알려져 있음.

사과나무: (1) 젊은이 (2) 연인 (3) 그리스도 (4) 좋은 혹은 나쁜 열매를 맺는 사람.
➲ (1-3) 아 2:3 (4) 마 7:17.

사냥(꾼): 성경에서 사냥과 관련된 것은 모두 부정적이거나 반기독교적 의미를 담고 있다 (1) 원수 (2) 육신적인 사람 (3) 사람들 혹은 신실한 사람들을 사냥하는 사람 (4) 악 (폭력적인/포악한 자를 추격함) (5) 타인을 위한 보증 (6) 게으름 (잡은 것을 굽지 않음) (7) 간음 (생명을 사냥함) (8) 추격당하거나 사냥 당하는 것은 불의/죄를 보여 주는 것일 수도 있다 (9) 거짓 선지자들은 영혼을 사냥한다 (10) 부패, 불충 혹은 신실하지 않음.
➲ (1) 잠 6:5, 벧전 5:8 (2) 창 25:27, 27:5 (3) 창 10:9, 삼상 24:11 (새번역), 26:20 (4) 시 140:11 (5) 잠 6:1-5 (6) 잠 12:27 (새번역) (7) 잠 6:26 (8) 렘 16:16-18 (9) 겔 13:18-21 (10) 미 7:2.

사다: (1) 영혼을 얻음 (2) 돈 버는 데 사로잡힘 (3) 세상에 주저앉아 버림 (영혼 구원을 후

순위로 미룸) (4) 자기 목숨을 버림 (자신의 전부를 바침) (5) 상거래 (6) 심판 전의 평범한 삶 (7) 땅의 관점으로 사물/상황들을 바라봄 (8) 하나님께 구속/대속 받은 (9) 매매 계약 (10) 믿는 것 (11) 움켜쥠 (구입/구매) (12) 어떤 것을 받아들임/이해함.
'판매', '상점' 항목을 찾아보라.
➲ (1) 고전 6:20 (2) 마 21:12-13, 약 4:13 (3) 눅 14:18-19,21-24 (4) 마 13:44-46, 계 3:18 (5) 마 14:15, 27:7, 요 4:8, 행 7:16, 계 13:17 (6) 눅 17:28 (7) 요 6:5-7 (8) 고전 6:20, 7:23 (9) "사들임=인수/투자"의 의미에서 (10) "못 믿겠어!(I just don't buy it)"처럼 (11) 대상 21:24 (12) 잠 18:17.

사다리: (1) 십자가 (2) 그리스도 (3) 영의 세계로 들어가는 통로 (4) 구원 사역.
'계단/층계', '들어 올림' 항목을 찾아보라.
➲ (1) 요 3:14, 8:28, 12:32-33, 하늘과 땅 사이에 있기에 (2-3) 창 28:12 & 요 1:51 (4) 요 12:32-33.

사도: (1) 그리스도 (2) 보냄을 받은 자 (3) 교회 개척자 (4) 기적을 행하는 자.
➲ (1) 히 3:1 (2) 헬라어 '아포스톨로스'는 '보내다, 보냄을 받은 자'라는 뜻이다 (3) 고전 9:1 (4) 행 5:12, 고후 12:12.

사람/남자: 꿈속에 나타난 사람들이 입고 있는 옷 색깔로 그들의 정체를 알 수 있다 (1) 꿈속에 자주 보이는 노인(육신의 옛 자아)은 붉은색이나 검은색 옷을 입고 있는 경우가 많다 (2) 또한 탁월하게 눈에 띄는 사람은 그리스도이시다 (3) 당신의 영의 자아 (보통 밝은 청색 옷을 입고 있음) (4) 성령님 (보통 흰색이나 짙은 청색 옷을 입고 있음), 색깔이 분명하지 않은 경우, 옛 자아는 '야곱'으로 나타나는 경우가 많다 (5) 빌이나 윌리엄으로 나타나는 인물은 당신의 뜻, 의지이다. 윌리엄은 "의지, 갈망, 보호, 투구"를 뜻하는 독일 이름 빌헬름에서 왔다 (6) 미지의 친절한 사람은 하나님, 예수님 혹은 천사일 수도 있다 (7) 천사 (사자) (8) 적의를 보이거나 유혹한다면, 마귀나 귀신일 수도 있다 (9) 영적인 사람 혹은 육적인 사람 (10) 강한 자 (몸집이 큰 근육질의 남자) (11) 육체 (강한 자) (12) 영적인 정사/통치자 혹은 권세 (위협적인 인물로 나타날 수 있다) (13) 사람들이 진리/참된 복음을 듣지 못하게 가로막는 속이는 영들 (검은 옷을 입은 사람들) (14) 육신/정욕의 길 (15) 적그리스도 (16) 죄 (17) 사람들이 만든 종파, 교파 (18) 통치 권한.
'이름', '여자' 항목을 찾아보라.
➲ (6) 창 1:26, 삿 13:6 (7) 슥 4:1, 히 13:2 (8) 마 4:5-6, 8:28, 13:38-39 (9) 창 32:28, 갈 5:17 (10) 마 12:29 (11) 마 12:25,29, 막 3:24-27 (12) 단 10:13,20, 롬 8:38, 엡 1:21, 3:10, 6:12, 골 1:16, 2:10,15 (13) 요일 4:6, 딤후 3:5 (14) 마 16:23

(15) 살후 2:3 (16) 창 4:7, 롬 5:12, 6:6 (17) 고전 1:12, 3:3 (18) 마 22:16-17.

사람에 대한 두려움: (1) 사람들의 비위를 맞춤 (2) 사람들에게 듣고 싶어 하는 말을 해줌.
➡ (1) 잠 29:25 (2) 딤후 4:3.

사륜구동: (1) 강력하고 독립적인 사역 (2) (전통적인) 길에 머물러 있을 필요가 없는 사역 (3) 온전한 복음 사역 (4) 부요/부/번영의 표 (눈에 보이는 성공의 표).
'지프' 항목을 찾아보라.
➡ (1) 눅 1:80 (2) 시 43:5, 77:19 (3) 막 16:15-18,20 (4) 마 23:5.

사립 학교: (1) 성령의 가르침, 교육 (2) 멘토링 (외부 시스템) (3) 전용 혹은 독점적인 훈련 (4) 이단적인 혹은 종교적인 교회 (기숙 학교).
➡ (1) 눅 1:80, 요일 2:27 (2) 왕상 19:19-21, 마 5:1-2 (3) 행 4:13 (4) 마 5:20 (엄청난 규칙들로 인해 당신은 집[천국]에 가지 못한다).

사막: (1) 시험의 장 (2) 마음이 드러나는 곳 (3) 말씀을 의지하는 곳 (4) 겸손해지는 곳 (5) 약속의 땅으로 들어갈 준비를 하는 과정 (6) 대중의 관심이 없는 (7) 영을 강화시키는 곳 (8) 불모지 (9) 불임 (10) 시험/시련, 고초 (11) 하나님을 멀리 떠난 곳.
➡ (1-5) 신 8:2-3,7-9 (6-7) 눅 1:80 (8) 욥 39:6 (9) 창 29:31, 잠 30:16 (10) 마 4:1, 행 14:22 (11) 렘 17:5-6.

사무실: (1) 일, 사업 (2) 하나님 왕국의 직무 혹은 지위 (3) 목사, 교사, 복음 전하는 자, 선지자, 사도 (4) 마음 (우리가 하나님과 함께 일하는 곳) (5) 천국 (하나님이 좌정해서서 모든 것을 다스리시는 곳).
➡ (1) 삼상 21:2 (2-3) 엡 4:11-12 (4) 시 91:1 (5) 창 28:12, 히 12:22-23.

사무실 이사: (1) 사역의 역할을 바꿈.
➡ (1) 엡 4:11.

사물함: (1) 마음.
➡ (1) 잠 4:23.

사슬: (1) 사로잡히거나 갇히는 시험 (2) 교만 (3) 묶임/속박 (4) 영적 전쟁 (5) 억압, 압제

(6) (사람들과) 성령으로 하나 된 (7) (사람들과의) 부정적인 혼의 묶임 (8) 유혹물 (목의 사슬) (9) 부와 풍요의 상징 (목에 두른 금사슬).
'포로', '끈', '감옥', '죄수들' 항목을 찾아보라.
➡ (1) 시 105:17-19 (2) 시 73:6 (3) 시 68:6, 렘 39:7, 막 5:4, 눅 8:29 (4) 시 149:6-9 (5) 사 58:6 (6) 행 20:22, 엡 4:3 (7) 고전 6:16 (8) 아 4:9 (9) 잠 1:9, 아 1:10, 겔 16:11.

사슴: (1) 하나님을 갈망하는 사람 (2) 강력한 영적 진보, 곧 새로운 경지에 이름 (3) 틀림없음, 확실함.
➡ (1) 시 42:1 (2) 시 18:33 (3) 아 2:17, 8:14.

사실혼 관계: (1) 한쪽 발은 세상에, 다른 발은 그리스도께 걸치고 있는 사람 혹은 교회 (2) 헌신이 없음 (3) 미지근한 사람이나 교회.
➡ (1-3) 잠 7:7-8, 호 2:5, 요 4:18.

사업: (1) 하나님의 일 (2) 세상의 일.
➡ (1) 눅 2:49, 행 6:3, 롬 12:11, 고전 15:58 (2) 살전 4:11.

사위: (1) (율법에 매여) 성령 안에서 자유를 누리지 못하는 신자.
'처남/시동생', '장인/시아버지' 항목을 찾아보라.
➡ (1) 고후 3:17 & 히 2:10, 딛 3:9-10.

사인/서명이 됨: (1) 도장을 찍은/조인한 협약, 협정 (2) 확증된 권위 (3) 소유권 (4) 기적 (성령의 서명/사인) (5) 표, 증거 (확실성/신뢰성을 확인함) (6) 하나님의 말씀에 대한 확증.
'악수' 항목을 찾아보라.
➡ (1-2) 단 6:8-12,17 (3) 고전 16:21, 갈 6:11 (4) 롬 15:19, 히 2:4 (5) 살후 3:17 (6) 막 16:20.

사자: (1) 권위(왕)를 상징함 (2) 예수 그리스도 (3) 마귀 (4) (선하거나 악한) 강력한 영적 세력 (5) 심판의 천사/종/도구 (6) 격하게 공격하는 말을 하는 사람들 (7) 강한 혹은 힘 (8) 용감한/대담한/용맹한 (9) 적 (10) 사나운 (11) 숨어서 기다림 (매복) (12) (사자처럼) 담대한 신자 (13) 어린 신자 혹은 미숙한 지도자 (갈기가 없는 사자) (14) 민족, 나라 (15) 기름부음 (사자의 갈기).
➡ (1) 왕상 10:18-20, 또한 마태복음은 예수님을 사자/왕으로 묘사하고 있다 (2) 계

5:5 (3) 벧전 5:8 (4) 계 4:7-8 & 13:2 (5) 왕상 13:24-26, 20:36, 왕하 17:25-26, 계 9:8,13-21 (6) 시 22:13, 57:4, 58:6-7, 히 11:33 (7) 민 23:24, 삿 14:14-18, 삼하 1:23 (8) 삼하 17:10, 23:20 (9) 삿 14:5-6, 삼상 17:34-37 (어린 그리스도인들을 약탈하는 자) (10) 욥 10:16, 28:8 (11) 시 10:9, 17:12 (12-13) 잠 28:1 (14) 민 23:24 (15) 삿 16:20 (삼손이 몸을 흔드는 것[몸을 떨치리라]은 사자가 갈기를 흔드는 모습과 같다).

사진: (1) 기억 (2) 정체성 (3) 기억하라고 촉구함 (4) 과거에 대한 향수 어린 갈망. '카메라', '카메라맨', '그림' 항목을 찾아보라.
➲ (1) 출 17:14 (2) 고전 6:20, 7:23 (당신이 누구인가는 누구에게 속한 자인지로 알 수 있다), 갈 3:27 (3) 느 4:14, 시 78편 (4) 민 11:5, 시 137:1.

사진사: '카메라맨' 항목을 찾아보라.

사체: (1) 부정한 (2) 자아에 대해 죽은.
➲ (1) 레 5:2 (2) 마 24:28.

사촌: (1) 형제 교회 (남자 사촌) (2) 자매 교회 (여자 사촌) (3) 믿음 안에 있는 형제나 자매 (영적 가족).
➲ (1) 시 68:6, 렘 31:1, 엡 3:14-15 (2-3) 눅 1:36,58, 롬 16:1.

사탕: (1) 말 (종종 하나님의 말씀) (2) 대접, 대우 (3) 육신은 만족스러우나 영적인 영양가는 없는 (4) 아이들이나 미성숙한 신자들에게 호소함 (5) 유혹 (유혹적인 대접) (6) 실속 없는.
➲ (1) 시 119:103, 141:6, 잠 16:24 (2) 잠 27:7 (3) 고전 14:20, 딤후 4:3-4, 계 10:9-10 (4) 롬 16:18 (5) 엡 4:14 (6) 히 5:12-14.

사파이어: (청옥, 남보석) (1) 기초 (2) 하나님의 보좌 (3) 그리스도 (4) 이 보석을 시므온 지파와 관련짓기도 한다 (르우벤 지파와 연결짓는 이들도 있음).
'파란(푸른)색' 항목을 찾아보라.
➲ (1) 출 24:10, 사 54:11, 계 21:19 (2) 겔 10:1 (3) 겔 1:26 (4) 출 28:18.

사포: (1) 준비 (2) 고난 (3) 심판 (4) 신경에 거슬리는 사람 (5) 당신의 다듬어지지 않은 점들을 해결/처리함.
➲ (1) 사 49:2 (2) 신 16:3, 욥 2:8, 시 119:67 (3) 겔 26:4 (4) 행 8:3 (5) 사 49:2.

산1: (솟아 있는 땅) (1) 영적인 고지 (2) 하늘, 천국 (3) 불가능한 일 (4) 장애물 (5) 피난처/은신처 (6) 하나님을 뵙는 곳 (하나님의 임재) (7) 승리 (8) 기도처 (9) 예배처 (10) 완전히 변화/탈바꿈되는 곳 (11) 분리 (12) 고대의 (13) 사도적 부르심 (예수님과 함께 산을 오름) (14) 하나님의 영광을 봄 (산 정상) (15) 하나님 (16) 의심과 불신 (17) 교만.
➲ (1) 눅 4:5 (2) 겔 28:16, 히 12:22, 계 21:10 (3-4) 아 2:8, 막 11:23, 눅 3:5, 고전 13:2 (5) 눅 21:21, 계 6:15 (6) 요 6:3, 벧후 1:18 (7) 왕상 18:20-40 (8) 눅 6:12, 9:28, 22:39-40 (9) 요 4:20-21 (10) 막 9:2 (11) 아 2:17 (히. 베데르=분리) (12) 신 33:15 (13-14) 마 17:10이하 (15) 시 48:1 (비교. 신 33:15 & 시 90:2) (16) 신 1:20-26, 마 17:20 (17) 사 2:12-17, 40:4.

산2: (산성) (1) 날카롭고 신랄한 말 (2) 쓰디쓴 (3) 복수 (거슬리게 하는 것, 공격성을 지니고 있기에).
➲ (1) 시 64:3, 잠 25:18 (2-3) 행 8:23 (악독), 히 12:15

산딸기: (열매) (1) 열매를 많이 맺음, 비옥함, 풍부함 (2) 부활.
'블루베리', '열매/과일', '딸기' 항목을 찾아보라.
➲ (1-2) 사 17:6 ('무성한'), 약 3:12 (비교. 창 40:10,13).

산불: (1) 심판 (2) 험담 혹은 걷잡을 수 없는 소문.
'불타다', '불', '숲', '들불' 항목을 찾아보라.
➲ (1) 겔 20:47-48 (2) 약 3:6.

산악 바이크: (1) 독자적인 사역 (2) 개척자/선구자의 영.
➲ (1-2) 시 18:33, 합 3:19.

산업/공업: (1) 큰 사업 (2) 사업/상품화 (3) 기계를 만드는.
'사업', '바쁜', '기계' 항목을 찾아보라.
➲ (1-2) 왕상 10:14-15, 대하 1:17 (3) 대하 26:15.

산울타리: (1) 보호 (2) 제한된 혹은 한정된 (3) 고통스러운 규제, 제한 (4) 틈에 서라고 촉구함 (5) 벽.
'울타리', '벽/담' 항목을 찾아보라.
➲ (1) 욥 1:10, 시 80:12, 마 21:33, 막 12:1 (2) 욥 3:23 (3) 잠 15:19 (4) 겔 13:5, 22:30 (5) 호 2:6.

산장: (1) 남자/소년들의 무리 (2) 종교적이고 전통적인 교회 (3) 주술 (프리메이슨). '휴일', '동성애', '스키 산장' 항목을 찾아보라.
➲ (1) 막 10:35-37 (비교. 막 10:9, 엡 5:31-32) (2) 마 15:6, 갈 1:14, 벧전 1:18 (3) 마 4:10, 눅 4:8.

산타: (1) 그리스도를 대신하는 존재 (2) 기부/기증자 (3) 삶의 방식에 치우친 설교만 하는 기독교 지도자 (고난이나 박해가 없다는 거짓된 소망을 줌). '크리스마스' 항목을 찾아보라.
➲ (1) 요일 2:18,22, 4:3, 요이 1:7 (적그리스도는 그리스도를 대신하는 혹은 대적하는 존재일 수 있다) (2) 행 4:37 (3) 마 5:11, 벧전 4:1.

산타 모자: (1) 베풂, 선물을 줌 (2) 전통적인 신자.
➲ (1) 엡 4:8 (2) 슥 6:11.

산파: (1) 성령님 (2) 천사 (3) 중보자 (4) 하나님의 약속의 출산을 돕는 조력자 혹은 안내자.
➲ (1) 롬 8:22,26 (2) 시 34:7 (3) 롬 8:22,26 (4) 창 35:17-18 (베냐민은 "내 오른손의 아들"이라는 뜻으로, 그리스도를 예표한다), 출 1:15-21 (비교. 창 50:24 & 행 7:19-25).

살리다: (1) 성령이 임하심 (2) 영적인 생명이 주어짐 (3) 구원.
➲ (1) 롬 8:11, 고전 15:45, 벧전 3:18 (2) 요 5:21, 6:63, 롬 4:17, 히 4:12 (3) 엡 2:1,5, 골 2:13.

살무사: '뱀' 항목을 찾아보라.

살인: (1) 증오 (2) 자기 혐오 (3) 분노 (4) 육신의 (옛) 자아와 영의 (새로운) 자아 사이의 싸움 (5) 실족, 걸려 넘어지는 근본 원인.
'죽이다', '마피아', '목을 조르다' 항목을 찾아보라.
➲ (1-2) 요일 3:15 (3) 마 2:16, 5:21-22 (4) 갈 5:17, 엡 6:12 (5) 마 24:10 & 요일 3:15.

살인 청부업자: (1) 죽음의 천사 (2) 율법 (3) 율법주의 (4) 불평으로 인한 심판 (5) 육신/육체 (6) 죄.
'암살자', '총을 가진/든/쏘는 사람', '소총', '저격수' 항목을 찾아보라.
➲ (1) 출 12:23, 삼하 24:16 (2-3) 고후 3:6-7 (4) 약 5:9 (5) 갈 5:19-23 (6) 롬 7:5-6,8-11.

삼각대: (1) 안정된, 견고한 (2) 하나님.
➲ (1) 전 4:12 (2) 마 28:19.

삼각형: (1) 하나님의 질서 (2) 성삼위 (3) 3인조, 셋으로 된.
➲ (1-3) 마 28:19, 요일 5:7-8.

삼촌: (외삼촌, 고모부, 이모부) (1) 결혼한 그리스도인 형제 (2) 실제 삼촌 (3) 당신을 이용하는 친척 (4) 그 사람의 성품, 이름, 지위/위치 혹은 직업을 말할 수도 있다.
➲ (1-3) 창 28:2 & 29:25.

삼키다: (1) 허락하다 혹은 받아들이다 (2) 집어삼키다 (3) 소멸됨 (4) 붙잡혀 죽임 당함 (5) 파괴하다 (6) 훔치다 (7) 질식시키다 (8) 참여하다, 함께하다 (9) 속도를 내다 (땅을 삼켜 버림) (10) 삼켜 버리다 (11) 압제, 억압 (12) 책망하다, 비난하다 (13) 죽이다 (14) 학대하다 (15) 감싸다.
'마시다', '먹다', '입' 항목을 찾아보라.
➲ (1) 마 23:24 (2) 겔 36:3, 고전 15:54 (3) 민 16:30,32,34, 신 11:6, 전 10:12, 사 28:7, 애 2:5 (4) 삼하 17:16 (5) 삼하 20:19-20 (6) 욥 5:5 (7) 욥 6:3 (8) 욥 20:18 (9) 욥 39:24 (10) 시 21:9 (11) 시 56:1 (12) 시 57:3 (13) 시 124:3, 잠 1:12 (14) 암 8:4 (15) 욘 1:17.

삽: (1) 비워야 함 (2) 육체노동 혹은 일 (3) 키질 혹은 분리 (4) 하나님을 더 깊이 파고 들어감 (삽질) (5) 믿음.
'땅을 팜', '가래' 항목을 찾아보라.
➲ (1) 출 38:3 (2-3) 사 30:24 (4) 창 26:15,18 (5) 마 17:20, 21:21, 고전 13:2.

상담자: (1) 성령님 (2) 예수 그리스도.
'교사' 항목을 찾아보라.
➲ (1) 요 16:7 (2) 사 9:6.

상록수: (1) 장수 (2) 매일 하나님의 말씀으로 양육됨.
➲ (1-2) 시 1:2-3.

상사: (보스, 상관) (1) 예수님 (2) 하나님 (3) 타고난 지도력 (4) 영적 지도력 (5) 아버지.
➲ (1) 마 10:24-25, 요 13:13-14 (2) 시 123:2, 창 24:12, 사 40:22 (3) 창 39:2, 삼상 24:6 (4) 왕하 2:3,5 (5) 말 1:6.

상수리나무: (1) 장수 (2) 안정된 (깊이 뿌리 내린) (3) 왕국의 기둥 (랜드마크) (4) 십자가 (5) 쉼터 (6) 과거를 묻는 곳 (7) 우상숭배 (8) 교만한 적, 원수를 말함 (9) 내구성이 있는 (노를 만들 때 사용됨) (10) 강한.
↪ (1) 슥 11:2 (2) 암 2:9 (3) 수 24:26 (4) 삼하 18:9-10,14 (5) 왕상 13:14 (6) 창 35:4,8, 대상 10:12 (7) 사 1:29, 44:14-15, 겔 6:13, 호 4:13 (8) 사 2:12-13 (9) 겔 27:6 (10) 암 2:9.

상아: (1) 강력한 계시 (능력의 말씀) (2) 의 (3) 아름다움과 힘.
'코끼리', '고층 아파트', '코뿔소' 항목을 찾아보라.
↪ (1) 아 5:14 (하나님의 마음) (2) 왕상 10:18 (비교. 시 96:10, 렘 23:5) (3) 아 7:4.

상어: (1) 이 세상의 약탈자 (2) 성 범죄자 (3) 이익을 탐하는 자 (재정의 약탈자) (4) 마귀 (5) 악한 영.
'턱', '늑대' 항목을 찾아보라.
↪ (1) 시 17:9-14, 124:2-7 (2) 삿 16:4-5, 잠 23:27-28 (3) 겔 22:27 (4) 벧전 5:8 (5) 막 9:20.

상인: '일꾼' 항목을 찾아보라.

상자: (박스) (1) 마음 (2) 의/의로움 (흰 상자) (3) 무죄, 결백 (흰 상자) (4) 진실하지 않은 마음 (플라스틱 상자) (5) 갇힌 혹은 제한된 (6) 영적인 은사 혹은 선물 (7) 꺼내 보지 않거나 사용하지 않는 (상자에 담겨 있는).
↪ (1) 마 26:7 (2) 왕상 3:6, 롬 10:10 (3) 시 106:38 (4) 사 29:13 (5) "상자 속에 갇힌" 등의 표현처럼 (6) 막 14:3 (향유처럼 깨뜨려 성령의 향기가 그 집을 가득 채우게 함) (7) 눅 7:37.

상점: (가게) (1) 사역 (2) 교회 (3) 영적인 (양식) 공급자 (4) 물질주의적인 교회 (5) 상업적인 교회 (6) 일, 사업.
'정육점', '철물점', '쇼핑센터' 항목을 찾아보라.
↪ (1-2) 렘 3:15, 마 13:45 (3) 말 3:10, 벧전 5:2 (4) 요 2:16 (5) 벧전 5:2, 계 18:3,11 (6) 창 43:4.

상처/상처받은: (1) 상한 양심 (2) 상한 마음/영 (3) 말에 찔린/관통당한 마음 (4) 죄 (5) 심판 (6) 마음의 상처, 정신적 고통 (7) 불안, 근심스러운 (8) 비통 (9) 간음 (10) 중독

(헤아릴 수 없이 많은 상처) (11) 친절하게 바로잡아 줌 (12) 원수를 이김.
'치유', '점' 항목을 찾아보라.
➡ (1) 창 4:23, 욥 24:12, 시 38:4-8, 고전 8:12 (2) 시 109:22, 147:3, 잠 18:14, 20:30 (3) 삼상 31:3, 시 64:7-8, 잠 18:8, 26:22 (4) 시 38:4-5, 68:21, 사 1:6,18, 53:5, 렘 6:7, 30:14 고전 8:12 (5) 렘 51:52, 겔 28:23 (6) 렘 10:19 (7) 시 38:4-8 (8) 렘 6:7, 10:19, 30:12, 나 3:19 (9) 잠 6:32-33, 7:26 (10) 잠 23:29-30 (11) 잠 27:6 (12) 사 51:9.

새: (1) 선한 영 혹은 악한 영들 (하늘의 존재들) (2) 성령님 (3) 교회 (4) 천사 (5) 검은 새들 = 대부분 악함 (6) 저주 (파리하거나 노란 새가 어떤 사람/것 위에 내려앉는 모습이 보일 수도 있음) (7) 죽음의 영 (검은 새).
'비둘기', '까마귀', '날개' 항목을 찾아보라.
➡ (1) 창 40:17-19, 레 14:4-7 (예수님과 성령님), 마 13:31-32 (2) 눅 3:22 (3) 행 14:27 & 마 23:37, 룻 2:12 (4) 계 8:13, 14:6 (5) 창 8:7-11 (쉴 곳을 찾지 못한 까마귀=악인에게는 쉼이 없다) (6) 창 40:17-19, 잠 26:2 (7) 렘 9:21.
 - 급하강하는 새: (1) 마귀의 괴롭힘 (2) 하나님의 보호.
➡ (1) 창 40:17 (2) 사 31:5.

새겨진: (1) 흔적, 자국 (2) 소유권 (3) 깊이 헌신된 (4) 값비싼 (5) 숙련된 솜씨, 기량 (6) 우상숭배 (7) 항상 있는 (8) (정체, 신원이) 확인됨.
➡ (1) "(어떤 분야에) 자기 이름을 새기다"처럼 (2-3) 사 49:16 (4) 잠 7:16 ("무늬 있는") (5) 출 35:30-33 (6) 삿 18:18 (7) 사 49:16 (8) 창 4:15, 출 28:11.

새로운: (1) 새로 태어난 혹은 거듭난 (새 그릇) (2) 새로운 차원의 하나님의 영광.
➡ (1) 마 9:16, 고후 5:17, 딛 3:5, "새 부대"라는 표현처럼 (2) 고후 3:18, 삼상 2:19.

새우: '게', '바닷가재' 항목을 찾아보라.

새틴: '실크' 항목을 찾아보라.

색깔: 옷이나 탈것의 색깔은 그것이 담고 있는 의미를 알려 주는 대단히 중요한 요소들이다. 색깔은 다음을 전달하는 것일 수도 있다 (1) 새로움 (2) 성격과 특징 (3) 찬란/화려함 (4) 존귀 (5) 하늘의 영광 (6) 약속 (무지개) (7) 은총 (채색옷) (8) 무죄, 결백/순결 (채색옷) (9) 영광 (다양한 색) (10) 최근 그 색을 사용한 사람이나 사물 혹은 장소를 연상시키

는 것일 수도 있다 (11) 예언의 기름부음 (다양한 색깔의).
'무지개' 외에 개별적인 색깔 항목을 찾아보라.
➲ (1) 마 9:16, 롬 6:4, 고후 5:17 (2) 계 6:2-5 (3-4) 삼하 13:18, 딤후 2:20, 벧전 1:7 (5) 계 4:3 (6) 창 9:13 (7) 창 37:3 (8) 삼하 13:18 (9) 창 37:3 (그의 영광을 예표함), 대상 29:2, 겔 16:16, 17:3 (10) 관련성 (11) 창 37:3.
- 다양한 색깔의: (1) 영광스러운 혹은 영광으로 옷입은 (2) 다양한 면이 있는 (3) 카멜레온 같은 성향이 있음 (4) 언약이 세워진.
'앵무새', '무지개' 항목을 찾아보라.
➲ (1) 창 37:3, 삼하 13:18-19, 채색옷은 영광스럽게 변화된 요셉과 그리스도의 영광스런 신부를 예표한다 (2) 다양한 색깔의 빛이 합쳐지면 하얀 빛, 곧 백색광을 이루는 것처럼, 하나님의 영광도 수많은 순결한 속성들로 이루어져 있다 (3) 고전 9:22, 10:33 (4) 창 9:11-12.

색인: (1) 보다 깊은 깨달음을 추구함 (2) 하나님을 구함.
➲ (1) 잠 15:14 (2) 잠 28:5.

색칠하다: (1) 내부에 칠을 하는 것은 내면의 회복이나 재단장을 말한다 (2) 성령의 새롭게 하심 (3) 외부에 칠을 하는 것은 겉치장 혹은 위선을 뜻하는 것일 수도 있다 (4) 숨기다, 은폐하다 (5) 단순한 외모 단장/외부 장식 (6) 믿음으로 행함 (애드리브) (7) 예언함 (영감받은 그림) (8) 준비.
'예술가', '그림' 항목을 찾아보라.
➲ (1-2) 왕하 12:14, 22:5, 대하 24:4,12, 29:3, 34:8-10 (3-4) 마 23:25-27, 눅 11:39 (5) 왕하 9:30 (6) 롬 4:17 (7) 삼상 9:9, 롬 12:6 (8) 마 3:3 & 눅 7:28.

샌드위치: (1) 영적인 음식 (2) 설교 (3) 치킨 샌드위치는 교회의 설교이다.
➲ (1-3) 고전 3:1-2, 히 5:12-14.

샌들: (1) 평안의 복음 (2) 준비 (3) 파송함 (4) 겸손 (5) 거룩한 땅 (신을 벗음) (6) 속임 (낡은 신) (7) 지배권 (8) 법적 소유권 (땅을 밟음) (9) 소유권 이전 (손에 든 샌들/신발) (10) 소유권 포기 (샌들을 벗김) (11) 불명예, 치욕.
'신발' 항목을 찾아보라.
➲ (1) 롬 10:15, 엡 6:15 (2) 출 12:11, 엡 6:15 (3) 막 6:7-9, 행 12:8 (4) 요 1:27 (5) 출 3:5, 수 5:15, 행 7:33 (6) 수 9:5 (7) 시 108:9 (8) 신 11:24, 수 1:3 (9) 룻 4:7 (10-11) 신 25:7-10.

샘: (1) 깊은 근원 (2) 생명샘 (그리스도) (3) 성령님 (4) 사람의 영/마음 (5) 풍부한 물 공급 (6) 자궁 (7) 정결케 함 (8) 주님에 대한 경외 (9) 의인의 목소리 (10) 지혜.
'폭포' 항목을 찾아보라.
➡ (1) 창 7:11, 레 20:18, 전 12:6 (2) 시 36:7-9, 잠 13:14, 렘 2:13, 계 21:6 (3) 요 7:38-39 (4) 마 12:34 & 약 3:8-11 (5) 창 16:7, 민 33:9, 시 114:8, 렘 9:1, 17:13 (6) 레 20:18, 잠 5:18, 아 4:12 (7) 레 11:36, 슥 13:1 (8) 잠 14:27 (9) 잠 10:11 (10) 잠 18:4.

샛길/옆길: (1) 좁은 길 (2) 다른/잘못된 그리스도/복음에 빠져 버림 (3) 발람의 길.
'골목' 항목을 찾아보라.
➡ (1) 마 7:13-14 (2) 요 14:6 & 고후 11:4 (3) 민 22:26, 벧후 2:15, 유 1:11, 계 2:14.

생겨나다: - 긍정적인 면: (1) 영적인 생기를 불어넣음/일깨움 (2) 성령이 넘쳐흐름 (3) 자라다 (4) 새로운 것 (5) 치유 (6) 진리.
- 부정적인 면: (7) 마음이 없음 (8) 잡초가 기운을 막음 (9) 쓴 뿌리.
➡ (1) 창 26:19 (새번역, 킹흠정, 한글킹), 35:1-3, 사 45:8, 막 4:8,27, 눅 8:8, 행 3:8, 히 11:11-12 (새번역, 우리말, 킹흠정) (2) 민 21:17, 요 4:14 (3) 욥 38:27, 히 7:14 (4) 사 42:9, 43:19 (5) 사 58:8 (6) 시 85:11 (7) 마 13:5, 막 4:5, 눅 8:6 (8) 마 13:7,26, 눅 8:7 (9) 히 12:15.

생소한: (1) 인정받지/알아보지 못하는 (2) 알려지지 않은 (3) 세상에 대해 죽은 (4) 영적으로 둔감한.
'외국/타지에서 온', '외국인', '낯선', '여자-외국인 여자' 항목을 찾아보라.
➡ (1-2) 마 25:12, 행 17:23 (3) 고후 6:9 (4) 마 17:12.

생식기: (1) 복음 전도 혹은 복음 전도자 (2) 성/성욕 (3) 성적 도착 (4) 노출된 (5) 공격받기/피해를 입기 쉬운 (6) 드러난 비밀들 (성적인 비밀일 가능성이 있음).
'벌거벗은', '섬2', '성적 학대' 항목을 찾아보라.
주의: 꿈꾸는 사람이 꿈속에서 성적 충동이나 변태적 욕망을 경험한다면, 포르노/음욕/성범죄 등 성에 관한 문제나 악한 영이 관련되어 있을 가능성이 대단히 높다.
➡ (1) 막 4:14-20, 그리스도의 몸의 생식 기관으로 (씨 뿌림), 레 15:16 (킹흠정, 한글킹) (2-3) 레 15:16-18 (킹흠정, 한글킹) (4) 창 3:7, 9:22 (5-6) 신 25:11 (킹흠정, 한글킹).

생일: (1) 거듭남 (2) 새로운 일의 시작 (3) 축하 (4) 기념 (5) 죽음 (여자는 출산하기까지 죽음을 경험한다).

⇨ (1) 요 3:3 (2) 출 12:2, 고후 5:17 (3-4) 출 12:2-14 (5) 요 12:24, 19:34, 롬 6:4, 8:22, 고전 15:21-22.

생쥐: (1) 숨겨진 더러운 영 (2) 영적인 유지·관리가 되고 있지 않음을 암시함 (3) 불신자(부정한 것) (4) 작은 (5) 재앙 (6) 심판 (7) 하찮은, 변변치 않은.
⇨ (1) 마 10:1 (비교. 계 16:13) (2) 눅 11:24-25 (3-4) 레 11:29 (5-6) (비교. 삼상 5:12 & 삼상 6:5) (7) 삿 6:15.

샤워: (1) 정결케 함 (2) 말/말씀으로 정결해지기를 구함 (예. 자백, 고백) (3) 성령님 (4) 인간이 조성하여 통제 받는 영적 흐름.
⇨ (1) 요 13:10 (2) 요 15:3, 17:17, 요일 1:9 (3) 사 44:3, 욜 2:28, 행 2:17 (4) 마 23:4,15.

샴페인: (1) 축하 (2) 승리 (3) 돌파.
⇨ (1-3) 슥 10:7.

서다: (1) 섬길 준비가 된 (2) 하나님의 능력으로 자기 자리를 지킴 (3) 믿음으로 섬 (4) 예우함 (5) 영적 전쟁 (6) 정직한/올바른 영 (7) (긍정적 혹은 부정적으로) 동조함/교제함.
'눕다', '바로 선' 항목을 찾아보라.
⇨ (1) 슥 6:5 (2) 엡 6:13 (이것은 발달의 3단계 중 세 번째이다 [앉다>걷다>행하다>서다]) (3) 고후 1:24 (4) 행 7:55-56 (5) 엡 6:13 (6) 시 51:10 (7) 시 1:1 (이 구절은 경건에서 멀어지는 부정적인 3단계 중 두 번째를 보여 준다 [걸음/행함>섬>앉음]).

서두름(급함): (1) 준비된 상태 (긴박감) (2) 급히 떠남 (3) 앞으로 펼쳐질 여정 (4) 사역의 시작 (5) 시간이 다 됨 (긴박함) (6) 세상이 이끄는 (7) 하나님은 서두르지 않으신다 (8) 하나님을 저버림 (9) 신속하게 행하라 (10) 도망 (11) 결단력이 필요함 (12) 죄짓는 데 열심인 (13) 복되지 않은 (14) 긴급한 회개의 필요성.
'달리다', '긴급함' 항목을 찾아보라.
⇨ (1-3) 창 19:15, 출 12:11 (4) 창 41:14 (5) 눅 14:21, 벧후 3:12 (그리스도께서 다시 오신다) (6) 출 5:13 (7) 수 10:13, 사 28:16 (8) 삿 2:17, 시 16:4 (9) 삼상 20:38, 행 12:7, 계 2:5 (킹흠정, 한글킹) (10) 삼상 23:26, 삼하 4:4, 17:16, 시 55:8, 행 22:18 (11) 삼상 25:17-18,34 (12) 잠 1:16, 7:23, 19:2 (13) 잠 20:21, 28:20, 29:20 (14) 계 2:16.

서랍: '찬장' 항목을 찾아보라.

서류 가방: (1) 일, 사업 (2) 재정 관리 (3) 상거래 (4) 교사 혹은 가르침.
➲ (1) 요 12:6 & 행 1:18 (2-3) 잠 7:20, 요 12:6 (4) 엡 4:11.

서른(30): (1) 다스리기 혹은 사역하기 적합한 타이밍/때 (2) 3 x 10 = 30, '3'은 '하나님의 질서', '10'은 '적절한 때, 순간'을 뜻한다. 그러므로 30은 완전함 혹은 충만함의 의미를 담고 있다.
➲ (1-2) 창 41:46, 삼하 5:4, 눅 3:23.

서리: (1) 추위 혹은 고생/어려움 (2) 심판 (3) 사랑 없음 (4) 행악 (불법).
서리는 밤사이에 내린다. 그러므로 '**밤**' 항목을 찾아보라.
➲ (1) 창 31:40, 렘 36:30 (2) 시 78:47 (3-4) 마 24:12.

서쪽: (1) 영광이 떠남 (2) 하나님을 떠남 혹은 하나님이 떠나가심 (3) 해가 지는 곳 (4) 끝 (5) 서쪽에서 온다는 것은 경건하지 않은 자나 불신자를 뜻할 수도 있다 (6) 서쪽과 관련된 상황이나 환경에 대해 생각해 보라.
'동쪽' 항목을 찾아보라.
➲ (1-2) 태양은 서쪽으로 진다. 해가 지면 밤(불경건함)이 시작된다, 요 9:4, 12:30 (3) 사 59:19 (4) 시 103:12, 마 8:11 (5) 단 8:5, 요 3:2 (밤에).

서커스: (1) 세상 (2) 능력 없는/무능한 조직 (3) 세상의 주목을 받는 (4) 영향권, 영향력을 미치는 무리 (5) 오락, 유흥 (6) 공연 (7) 화려한 기적을 행하는 순회 복음 전도자 (대형 천막 집회).
'사자', '스포트라이트' 항목을 찾아보라.
➲ (1) 요일 2:16 (2) 하찮은 기술이나 재능을 곡예, 즉 서커스라고 하는 것처럼 (3) 행 9:3 (4) 왕상 12:8-13, 마 17:1 (5) 눅 7:32 (6) 마 16:1 (7) 행 13:2-3.

석류: (1) 마음 (2) 즐거움을 주고 열매를 많이 맺는 (열매가 둥글고 씨로 가득함).
➲ (1) 아 8:2 (2) 출 28:33-35, 아 4:3 (아름다운 마음과 풍성하게 열매 맺는 생각들).

석유 시추기: (1) 성령 안에 있는 교회 (2) 기름부음 받은 사역.
'휘발유', '주유소' 항목을 찾아보라.
➲ (1-2) 마 25:9, 삼상 16:13 & 요 7:38-39.

석탄: (1) 에너지 (2) 추운 (떠나감) (3) 따뜻한 (다가감) (4) 심판 혹은 정죄 (5) 천사 (영)

(6) 간음 (숯불 위를 걸음).
'불' 항목을 찾아보라.
⮕ (2-3) 요 18:18, 21:9 (4) 시 140:10, 잠 25:21-22, 롬 12:20 (5) 겔 1:13 (6) 잠 6:28-29.

석판: (1) 마음 (2) 기록함 (3) 빛에 대한 기록.
⮕ (1-2) 고후 3:3.
- 깨끗한 석판: (1) 뛰어난 경력 (2) 빛이 없는 (3) 죄의 용서.
⮕ (1-3) 골 2:13-14.

선글라스: (1) 오실 그리스도를 내다봄 (2) 영적인 관점 (3) 하나님의 영광을 감당함 (4) 자아상의 문제 (특히 실내에서 선글라스를 착용했을 경우) (5) 영광을 감당할 수 없음.
'해' 항목을 찾아보라.
⮕ (1) 시 19:4-5, 말 4:2 (2) 민 12:6-8, 고전 13:12 (3) 고후 3:7-8 (4) 벧전 3:3 (5) 출 34:33, 35.

선물: 아버지께서 당신에게 어떤 선물을 주신다면, 그것은 다음을 뜻할 수 있다 (1) 영적인 은사 (2) 성령님 (3) (방언을 말함으로 입증되는) 성령 세례. 그렇지 않다면 (4) 뇌물일 수도 있다.
⮕ (1) 히 2:4 (2) 엡 1:17, 롬 5:5, 고후 5:5, 갈 3:5 (3) 눅 24:49, 행 11:17 (4) 잠 21:14.

선실: (1) 심장부.
⮕ (1) 요 1:2-3,5.

선착장: '공항'과 '기차역' 항목을 찾아보라.

선택: (1) 선택지 (2) 결정/결단 (3) 준비된 (4) 최고의/가장 좋은 (5) 정제된.
⮕ (1) 삼상 6:7-9, 왕상 18:21 (2) 수 24:15 (3) 마 20:16 (킹흠정, 한글킹), 22:14 (4) 창 49:11, 삼상 9:2, 삼하 10:9 (5) 잠 10:20.

선탠: (태닝) (1) 하나님의 영광 (구릿빛 태닝).
⮕ (1) 출 34:29, 계 1:15, 2:18.

선풍기/부채: (1) 성령.
➡ (1) 요 3:8.

설교단: (1) 설교 사역 (2) 교회의 가르침 (3) 목사 (4) 말씀을 전함 (5) 말씀을 선포하라고 청함.
➡ (1-2) 마 4:23, 9:35, 눅 20:1, 행 5:42, 15:35 (3) 엡 4:11, 딛 1:7,9 (4) 딤후 4:2 (5) 행 10:22.

설교자: (1) 복음을 전하는 자 (2) 기름부음 받은 연설자 (3) 선지자 (4) 예수님 (5) 영적인 감독, 관리 (6) 거짓 교사 (7) (특히 압박감을 느낄 때) 당신의 행동 방식.
➡ (1) 롬 10:14-15 (2) 사 61:1, 막 3:14-15, 16:15, 딤후 1:11 (3) 욘 3:2, 마 3:1 (4) 마 4:17 (5) 행 20:28, 벧전 5:2 (6) 갈 1:8-9 (7) 벧전 3:1.

설인(雪人): (1) 학대 (무서울 정도로 무정하고 냉담한 사람).
'**빅풋**'(Bigfoot: 털이 많은 거인) 항목을 찾아보라.
➡ (1) 출 1:22, 7:14.

설탕: '꿀' 항목을 찾아보라.

설탕 코팅: (1) 감언이설.
➡ (1) 딤후 4:3-4.

섬: (1) 연안, 근해 (2) 독립적인 (3) 외진 (4) 평화롭고 고요한 (5) 한 사람, 개인 (6) 독립적인 문화.
➡ (1) 계 1:9 (2) 창 10:5 (3) 시 72:10 & 욘 1:3 (4) 계 1:9 (5) 욥 22:30 (킹흠정, 한글킹) (6) 창 10:5 (킹흠정, 한글킹).

섬네일: (1) 넓고 크게 펼쳐지는 장면(광경)의 축소판 (2) 미래가 태동하는/시작되는 모습 (3) 간단한 설명.
➡ (1-2) 창 1:12 (3) '계획' 항목을 찾아보라.

성1: (성채) (1) 아름다운 그리스도인 (2) 영광 가운데 있는 영원한 집 (3) 인간이 만든 왕국이나 교회 (4) 요새 (5) 안전한 피난처 (6) 주의 이름 (7) 천국 혹은 천국의 집 (8) 악의 왕국 (유령/귀신 나오는 성) (9) 귀신 들림 (유령/귀신 나오는 성).

➲ (1) 고후 5:1 (2) 요 14:2 (3) 창 25:16 (킹흠정, 한글킹) (4) 대상 11:5,7, 행 21:37, 23:10 (5–6) 잠 18:10 (7) 요 14:2, 히 12:22 (8) 눅 11:21–22, 엡 6:12 (9) 막 1:23 & 고후 5:1.

성2: (성적 관계) (1) 누군가와 (선하게 혹은 악하게) 하나 됨 혹은 화합함 (2) 정욕, 음욕 (3) 정욕의 영 (4) 간음하는 마음 (5) 육신적인 자아 (6) 십자가에 못 박히지 않은 그리스도인 (7) 육신을 먹임 (지금 먹고 있는 것이 당신이 갈망하는 것이다!) (8) 정욕의 견고한 진 (9) 세상과 사랑에 빠진 (10) 쾌락을 사랑하는 자 (11) 하나님의 능력을 부인함 (12) 죄를 잉태함 (13) 세상 풍조로 경건한 자들을 더럽히거나 오염시킴.
'간음', '음행', '생식기', '성적 학대' 항목을 찾아보라.
주의: 꿈꾸는 사람이 꿈속에서 성적 흥분이나 변태적 성욕을 느낀다면, 그것은 포르노나 정욕이나 성 범죄나 성적 문제나 악한 영이 관련되어 있을 가능성이 크다.
➲ (1) 고전 6:16 (2–3) 창 19:5, 삿 19:22,25, 시 81:12, 잠 6:25, 롬 1:24–27 (4) 마 5:28, 약 4:2–4 (5) 갈 5:16–17,19, 엡 4:22 (6) 갈 5:24 (7) 갈 5:17, 딤후 2:22 (8) 딤후 2:22 (9) 요일 2:16–17 (10–11) 딤후 3:4–6 (12) 약 1:14–15 (13) 벧후 2:10.

성가대: (1) 예배/경배.
➲ (1) 대하 29:28, 시 66:4.

성경: (1) 하나님의 말씀 (2) 예수 그리스도 (3) 그리스도인의 길 (4) 당신이 진리로 믿는 것 (5) 역사하는/일하는 절차, 방법.
➲ (1) 수 1:8 (2) 요 1:1 (3) 시 119:1,105 (4) 요 17:17 (5) 딤후 3:16.

성경 인물: (1) 성경 인물의 겉옷이 꿈꾸는 사람에게 임하고 있음 (2) 성경 인물에게 일어난 것과 유사한 사건이 꿈꾸는 사람의 삶에도 일어남 (3) 성경 인물의 삶 속에 있던 어떤 사건이 마음에 떠오름.
➲ (1–3) 겔 34:23–24, 마 11:14, 17:10–12.

성적 학대: (1) 그릇된 교리, 가르침 (2) 말 그대로 학대.
➲ (1) 눅 20:47.

성전: (1) 각 사람의 몸 (2) (연합한) 교회로서의 몸 (3) 하늘에 있는 하나님의 성전.
➲ (1) 고전 6:19 (2) 고후 6:16 (3) 계 11:19.

성직자: '목사', '제사장' 항목을 찾아보라.

세금: '국세청' 항목을 찾아보라.

세마포/가는베: (린넨) (1) 의의 옷/예복을 상징함 (흰 세마포) (2) 구원의 옷 (3) 값비싼 옷.
⇨ (1) 레 6:10, 계 15:6, 19:8,14 (2) 사 61:10 (3) 눅 16:19, 계 18:12,16.

세면대: (1) 마음 (2) 하나님의 말씀 (3) 정결하게 함.
⇨ (1) 마 23:27, 고후 4:7 (2) 출 30:18-19, 엡 5:26 ('말씀'의 물이 담기는 곳) (3) 요 13:10, 사 1:16.

세우다: (1) 복음을 전함 (2) 교회를 세움 (3) 개인을 세움 (4) 그리스도인의 공적/행위 (5) 하나로 모음/합함 (6) 연결, 결합.
⇨ (1) 롬 15:20 (2) 마 16:18 (3) 유 1:20, 잠 24:3-4 (4) 고전 3:14 (5-6) 엡 4:16.

세탁기: (1) 거듭나야 함 (2) 하나님과의 올바른(깨끗한/순결한) 관계를 원함 (3) 깨끗한 옷을 원함 (구원과 의의 옷/예복) (4) 다른 사람들을 정결케 하는 데 쓰임받는 성령 사역.
⇨ (1) 딛 3:5 (2-3) 사 61:10 (4) 사 61:1,10.

셋(3): (1) 하나님/성삼위 (2) 철저한, 전적인 (3) 부활 (4) 온전함 (5) 하나님의 충만함 (6) 성령님 (7) 세 가지 물건은 '3일' 혹은 '3년'을 뜻할 수도 있다 (8) 증인 (9) 성부, 성자, 성령 (10) 영, 혼, 육 (11) 셋째 하늘.
백 단위들(예. 300)과 '건물—삼층 건물', '둘(2)' 항목을 찾아보라.
⇨ (1) 사 6:3, 마 28:19, 요일 5:7 (2) 출 5:3 (철저한 분리), 막 14:30,66-72 (전적인 부인), 요 21:15-17 (완전한 고백) (3) 창 1:13, 수 1:11, 마 12:39-40 (4) 눅 13:32 (5) 엡 3:19 (성부), 4:13 (성자), 골 2:9 (성령) (6) 마 28:19 (7) 창 40:10,12,16,18, 41:1 (삼 년째 되는 해) (8) 신 19:15, 마 18:16 (9) 마 28:19, 요일 5:7 (킹흠정, 한글킹) (10) 살전 5:23 (11) 고후 12:2.

셔츠: (1) 섬김의 자세 (셔츠를 벗음) (2) 과도한 걱정 (3) 작은 믿음 (지나치게 강조/중시함) (4) 육신의 자아 (낡은 셔츠) (5) 옷 색깔이 이면의 의미를 알려 주는 중요한 요소이다.
개별 색깔과 '옷', '예복' 항목을 찾아보라.
⇨ (1) 요 13:4 (2-3) 마 6:28-30 (4) 마 9:16.

셔터: (1) 영광을 차단함 (2) 준비되지 않은/영광을 받아들일 수 없는 (3) 영적으로 보지 못함.
➲ (1-2) 출 34:30,33-35, 고후 3:15 (3) 롬 1:21, 고후 3:14, 엡 4:18.

셰프: (1) 그리스도 (2) 목사.
➲ (1) 벧전 5:2-4 (2) 행 20:28.

소: (수소) (1) 힘 (2) 믿는 자 (3) 경작할 때 (4) 자신이 죽을 것을 알지 못하고 누군가를 따라감.
'나귀', '밭을 갈다' 항목을 찾아보라.
➲ (1) 잠 14:4 (2) 신 22:10, 욥 1:14 (이 구절들은 소와 나귀를 신자와 불신자로 대비시키고 있다, 비교. 신 25:4 & 고전 9:9-10) (3) 신 22:10, 왕상 19:19, 욥 1:14 (4) 잠 7:22.

소굴: (1) 탐욕스러운 포식자/약탈자들이 숨어 있는 어두운 곳 (2) 은신처.
➲ (1) 욥 38:39-40, 시 104:21-22, 단 6:16, 마 21:13, 막 11:17, 눅 19:46 (2) 시 10:9, 삿 6:2, 계 6:15.

소금: (1) 정결 혹은 정화 (2) 언약에 충실함 (3) 불모지, 척박함 (소금을 과다 복용함) (4) (영적 성장) 거름/비료 (5) 결실을 많이 맺음, 비옥함 (6) 믿는 자들 (7) 하나님의 선하심을 맛보거나 경험함 (8) 양념, 조미료 (9) 치유 (10) 예물 혹은 희생제물 (11) 독설, 원성 (12) 선원, 항해자 (13) 자기 입맛대로 맛을 냄/더함 (14) 봉급, 급여.
'후추', '흰색', '이스트(효모)'[소금의 반대] 항목을 찾아보라.
➲ (1) 왕하 2:19-22, 막 9:49-50 (2) 레 2:13, 민 18:19, 대하 13:5 (소금 언약은 평생 동안 충성하는 것을 말한다) (3) 신 29:23, 삿 9:45 (소금을 뿌리는 것은 그 땅이 불모지가 되도록 저주하는 상징적 행동이었다) (4-5) 마 5:13, 골 4:6 (암염은 예수님 시대에 비료로 사용되었다) (6) 마 5:13 (7) 욥 6:6, 시 34:8, 막 9:50, 골 4:6 (8) 레 2:13, 막 9:50, 골 4:6 (9) 왕하 2:20-22 (10) 막 9:49 (소금은 방부제 역할로 예물에 첨가되었다) (11) 약 3:10-12 (12) 겔 27:8-9, 욘 1:5, 숙련된 뱃사람 혹은 은퇴한 선원을 "old salt"라고 함 (13) 계 22:18 (14) 봉급에 해당하는 영어 'salary'는 로마 군인들에게 지급되던 소금, 곧 '살라리움'에서 유래한 것이다.

소나기: (1) 복을 줌 (2) 하나님의 은총 (3) 하나님의 능력, 힘 (4) 가르침 (5) 가난한, 도움이 필요한 (젖은 사람) (6) 부드러워진 마음 (토양) (7) 하나님의 강림하심 (8) 행악에 대한 심판 (소나기가 내리지 않음) (9) 야곱의 남은 자 (10) 늦은 비 (11) 하나님의 말씀.

'구름', '비' 항목을 찾아보라.
➲ (1) 겔 34:26 (2) 잠 16:15 (3) 욥 37:5-6 (4) 신 32:2 (5) 욥 24:4,8 (6) 시 65:10 (7) 시 72:6 (8) 렘 3:1-3 (9) 미 5:7 (10) 슥 10:1 (킹흠정, 한글킹) (11) 사 55:10-11.

소나무: (1) 올곧은 사람.
➲ (1) 사 60:13 (비교. 시 92:12).

소녀: (1) 젊은 교회 (2) 말 그대로 소녀 (3) 젊은 세대.
➲ (1) 엡 5:25 (3) 룻 4:12.

소년: (1) 이 세상, 현세 (2) 실제 남자아이 (3) 유물 혹은 유산 (4) 유업, 상속 (5) 상속자 (6) 미래 (7) 젊은 세대 (8) 약속.
'아기', '소녀', '아들' 항목을 찾아보라.
➲ (1) 눅 9:41, 요 16:21, 갈 4:3 (3-5) 마 21:38, 갈 4:1,7,30, 히 1:2, 계 21:7 (6) 욥 21:8 (7) 창 48:19, 암 2:11 (8) 갈 4:28.

소리 지르다: (1) 고통 (2) 두려움 (3) 주목/관심 (4) 소란, 소동 (5) 더러운 영 (6) 광야 (7) 분노 (8) 권위 있는 지시/명령들 (9) 진심에서 우러난 간청 (10) 선포, 선언 (11) 내적 갈등.
➲ (1) 마 8:29, 막 9:24, 15:34,37, 눅 8:28 (2) 출 14:11, 마 14:26, 막 6:49 (3) 마 20:30, 25:6, 막 10:47, 눅 9:38, 행 14:14, 21:28, 23:6 (4) 마 27:23-24, 막 15:13-14, 행 19:34 (5) 막 1:23,26, 눅 4:33,41, 9:39, 행 8:7 (6) 마 3:3, 막 1:3, 눅 3:4, 요 1:23 (7) 행 7:57, 19:28 (8) 계 14:15,18 (9) 출 8:12, 시 3:4, 17:1, 18:6, 84:2, 막 9:24 (10) 마 21:15, 막 11:9 (11) 막 5:5-7.

소매치기: (1) 당신의 혹은 다른 사람의 마음을 훔침 (2) 훔치는 사람 (3) 부지중에 강탈 당함 (4) 당신과 가까운 존재들을 잃어버림 (부지중에 빼앗긴 남편, 아내 혹은 자녀들).
'주머니', '훔치다', '도둑' 항목을 찾아보라.
➲ (1) 삼하 15:6, 아 4:9, 잠 4:23 (2-3) 요 10:10 (4) 삼상 30:2.

소방 관리자: (1) 종교의 영/통제와 조종의 영 (2) 성령을 소멸시키는 사람 (3) 화평하게 하는 자.
'소방관', '소화기', '소방수' 항목을 찾아보라.
➲ (1) 행 5:27-28,32-33 (2) 살전 5:19 (3) 마 5:9.

소방관: (1) 예수님 (2) 구원자.
'소화기', '소방수' 항목을 찾아보라.
➲ (1) 단 3:25 (2) 슥 3:2.

소방수: (1) 부흥 단속반 (2) 성령의 운행하심에 대항하는 자들 (3) 구원자/예수님/주님의 천사.
'소화기', '소방관', '소방 관리자' 항목을 찾아보라.
➲ (1–2) (비교. 행 2:3 & 4:17) (3) 창 19:13-15, 슥 3:2, 눅 4:18-19.

소방차: (1) 구조자 혹은 구출자 (2) 하나님의 불을 끄려 하는 사람 (3) 환난 (사이렌을 울리는 소방차) (4) 걷잡을 수 없는 불을 상징함.
➲ (1) 출 18:13-22, 슥 3:2 (2) 레 16:12, 시 39:3, 느 4:10,12, 딤전 5:12-13, 약 1:6 (3) 잠 12:13, 16:27 (4) 약 3:5.

소변: (1) 모욕 (2) 해결 받아야 할 죄 (3) 더러운 행동과 말 (4) 어리석음 (5) 쓰레기 (6) 정결케 함 (죄의 처리) (7) 불신 (8) 심판 (9) 죄 (10) (어떤 대상에 대한) 경멸 (11) 더러운 영.
'똥', '배설물', '쓰레기', '하수 오물' 항목을 찾아보라.
➲ "모든 구절을 킹흠정, 한글킹으로 보라" (1–3) 삼상 25:16,21-22, 왕하 18:27 (소변에 해당하는 히브리어를 문자 그대로 옮기면, '발의 물'이다), 사 36:12 (4,10) 삼상 25:34, 왕상 14:10 (자신의 공급자/보호자에게 소변을 봄) (5) 왕상 14:10 (6) 왕상 16:11-13 (7) 왕상 21:21, 왕하 9:8 (8) 왕하 18:27 (9) 신 28:20, 빌 3:8 (11) 계 18:2.

소변줄: (1) 속으로 불쾌해, 마음이 상한 (2) 어떤 상황/사람에 대해 속으로 불편한.
'소변' 항목을 찾아보라.
➲ (1) 마 15:12 (2) 요 13:27-30.

소스: (1) 기름부음 (2) (보혈을 통한) 의 (3) 구속함.
➲ (1) 출 29:7, 잠 1:23 (2) 욥 29:14, 사 10:22, 암 5:24, 롬 3:21-26, 엡 4:24 (3) 눅 22:20, 고전 11:25.

소식: (1) 복음 (2) 하나님께서 행하고 계시는 일 (3) 당신이 봐야 할 뉴스 기사 (4) 최근 동향 혹은 급부상하는 사건들에 대한 내용 (5) 대서특필될 내용 (6) 대중에 공개됨 (7) 갑작스럽게 알려짐, 폭로 (긴급 뉴스) (8) 갑작스러운 (뉴스 속보).
'신문' 항목을 찾아보라.

➲ (1) 사 61:1, 눅 2:10, 롬 10:15 (2) 눅 1:19, 2:8-10, 행 11:20-22 (3) 눅 19:2-5 (4) 암 1:1 (5) 요 13:19, 14:29 (6) 사 52:7, 마 24:30, 26:64 (7) 창 45:13, 삼상 4:14 (8) 행 22:17-18.

소아 성애자: (1) 초신자를 함부로 대하는/학대하는 권위자 (2) 성 약탈자(악한 영)에 대해 경고함 (3) 약한 자들을 영적/심리적으로 억누르는 사이비 종교 지도자 (4) 실제 소아 성애에 대해 경고함.
➲ (1) 삼상 2:22 (2) 창 19:5 (3) 행 13:10 (4) 레 18:10.

소아마비: (1) 영적인 장애가 있는.
'다리2', '휠체어' 항목을 찾아보라.
➲ (1) 마 14:29-31 (믿음으로 행하지 못함), 요 5:6-7.

소용돌이: (1) 어떤 것에 끌려 들어가거나 빨려 들어감 (2) 지옥으로 가는 문 (3) 불안한 마음.
'토네이도' 항목을 찾아보라.
➲ (1) 잠 7:22-23, 9:13-18 (2) 겔 31:14, 마 8:32 (3) 시 46:3, 77:16, 사 57:20.

소음: (1) 주의 산만, 혼란 (2) 방해, 훼방 (3) 분주함 (4) 성가신 간섭 (5) 하나님의 음성(커다란 나팔 소리) (6) 무리, 군중.
➲ (1) 마 13:22, 막 10:21, 눅 9:59-62, 계 2:4 (2) 마 23:13 (3) 눅 10:40-42 (4) 요일 2:15-17 (5) 출 19:19 (6) 사 13:4, 17:12.

소총: '활', '쏘다1', '저격수' 항목을 찾아보라.

소파: (1) 위로 (2) (위로의) 하나님 (3) 현실에 안주하는.
'안락의자', '카우치', '앉다' 항목을 찾아보라.
➲ (1-2) 고후 1:3 (3) 눅 12:18-19.

소풍: (1) 일상적이고 편안한 관계를 갈망함 (2) 기분 좋은 개인적 교류 (3) 자기 쾌락에 대한 욕망 대 하나님이 기뻐하시는 일에 대한 갈망.
➲ (1) 삼하 11:1 (2) 눅 8:14 (3) 눅 12:29-34, 딤전 5:6, 딤후 3:4.

소프트웨어: (1) 사람의 영 (2) 성령님.

'컴퓨터', '하드 드라이브', '하드웨어', '노트북' 항목을 찾아보라.
➲ (1) 창 2:7, 요 6:63 (2) 골 2:9.

소행성: (1) 하늘의 메시지 (2) 멸망/심판의 메시지 (3) 그리스도의 재림.
'유성' 항목을 찾아보라.
➲ (1) 계 8:10, 9:1 (2–3) 마 24:29, 계 6:13.

소화기: (1) 성령을 소멸시키는 사람 (2) 성령님 (올바른 영/물) (3) 뉘우침, 회개.
'소방차', '소방수', '소방 관리자' 항목을 찾아보라.
➲ (1) 행 2:3–4 & 살전 5:19 (성령의 불) (2) 요 7:38–39 & 갈 5:16,20–21 (사랑이 분노, 불화, 다툼의 불을 꺼뜨린다), 민 16:1–33 (눈에는 눈 이에는 이, 불에는 불) (3) 마 5:22,25 (심판의 불).

속도: (1) 사명을 향해 속도를 높임 (2) 성령 안에서 이동함 (3) 능력을 암시함 (4) 강력한/능력 있는 사역을 나타냄 (5) 가능한 빨리 (6) 신속하게 (7) 제한 없이, 마음대로/실컷 (8) 지연되지 않고 (9) 즉시 (즉각적으로) (10) 축출, 추방 (11) 어떤 사람에게 건강과 행복을 빌어주는 (문안/작별) 인사말 (Godspeed-축복 인사).
'과속', '시간', '긴급함' 항목을 찾아보라.
➲ (1) 출 12:11, 수 4:10, 삼상 17:48 (2–4) 왕상 18:46, 행 8:39–40 (5) 행 17:15 (6) 창 24:12, 눅 18:8 (7) 사 5:26, 욜 3:4 (8–9) 전 8:11, 슥 8:21 (10) 출 12:33 (11) 요이 1:10–11 (킹흠정, 한글킹).

속삭임: (1) 성령의 음성 (2) 비밀 (3) 음모를 꾸밈 (4) 갈등(분열)의 씨앗을 뿌림 (5) 속임/기만의 씨앗을 뿌리는 친숙의 영 (6) 힘이 없음 혹은 영적으로 죽어 감.
'입술' 항목을 찾아보라.
➲ (1) 왕상 19:12 (2) 삼하 12:19 (3) 시 41:7 (4) 잠 16:28, 롬 1:29–30, 고후 12:20 (5) 사 29:4 (6) 창 21:16–17, 삼상 30:11–13.

속옷: (1) 영적으로 연약한 (2) 벌거벗은 상태가 됨 혹은 벌거벗은 상태로 나옴 (3) 준비되지 않은 (제대로 입지 않은) (4) 누군가의 참된 영적 상태를 드러냄 (5) 아직 그리스도로 옷입지 않음 (6) 상의가 벗겨진/상의를 벗고 있는 (7) 꼭 필요한 것들 (8) 수치스러운 (9) 몹시 슬퍼함 (10) 변태 성욕 (11) 스스로 속죄함 (12) 사악함이 드러남 (13) 당신이 내면에 입고 있는 것 (14) 불의 (더러운 속옷).
'젖가슴', '생식기', '벌거벗은', '팬티' 항목을 찾아보라.

➲ (1-4) 막 14:51-52, 요 21:7 (5) 롬 13:14, 갈 3:27 (6-7) 요 21:7 (8) 삼하 13:18-19 (9) 창 37:34 (10) 레 18:6-23 (11) 창 3:7 (12) 겔 16:57 (13) 엡 3:16 (14) 사 64:6.

속이 빈: (1) 텅 빈 (실속/내용이 없는) (2) 견고하지 않은 (3) 영.
➲ (1-2) 딤전 1:10, 4:3, 6:3-5 (3) 삿 15:19.

속죄: (1) 덮개 (2) 화해하다 (3) "하나(at-one)"가 되게 하다.
➲ (1) 창 6:14 ('역청'의 뜻은 '속죄'이다) (2) 레 4:26,31,35 (3) "속죄(at-one-ment)".

손: (1) 마음 (2) 육신, 몸 (3) 육신의 일, 활동 (4) 행위, 일/노동 (5) 심각하게 손상된 마음 (오그라든 혹은 기형적인 손) (6) 교회 (하나님의 손) (7) 하나님의 공급 혹은 행하심 (8) 취함, 손에 넣음 (9) 책임 (10) 지배/통치, 통제 혹은 권위 (11) 맹세 혹은 서약 (12) 적대, 대립 (13) 도움 (14) 이끌고 나옴 (15) 가져감 (16) 손에 쥠 혹은 움켜잡음 (17) 선물 혹은 베풂 (18) 보상, 지불 (19) 상해, 상처 혹은 타격 (20) 쉽게 이용할 수 있는 (가까이에 있는) (21) 손이 닿는/미치는 곳 (22) 보관/관리 혹은 포획 (23) 손을 뻗음 (24) 능력 혹은 힘 (25) 초대, 초청 (26) 방향, 지시 (27) 게으름(가난함)/부지런함(부함) (28) 연합된 (29) 부지런한 자(다스림)/게으른 자(부림을 받음) (30) (스스로) 행함 (31) 값을 치르고 삼 (32) 감춰진 (게으름) (33) 침묵 (34) 내 쪽에서의 합의 (한 손) (35) 낙담과 실망 (늘어진 두 손).
'깨진', '손가락', '주먹', '손잡이/자루', '손바닥', '왼쪽', '오른쪽', '악수' 항목을 찾아보라.
➲ (1) 시 24:4, 58:2, 잠 21:1, 전 7:26, 아 5:4, 약 4:8 (2) 눅 24:39, 엡 2:11 (3) 출 32:3-4, 단 2:34 (4) 창 4:11, 5:29 (우리말, 킹흠정, 한글킹), 31:42, 신 3:24 (우리말, 킹흠정, 한글킹), 잠 12:14, 전 2:11 (5) 눅 6:6-10 (6) 고전 12:12 (7) 전 2:24, 9:1 (8) 창 3:22 (9) 창 9:2 (10) 창 14:20, 16:6,9, 24:10 (킹흠정, 한글킹), 41:35 (11) 창 14:22, 21:30, 24:2, 38:20, 47:29 (12) 창 16:12 (13) 창 19:10 (14) 창 19:16 (15) 창 22:6 (16) 창 22:10, 25:26, 잠 30:28 (17) 창 24:18, 33:10, 잠 31:20 (18) 창 31:39 (19) 창 32:11, 37:21-22, 잠 6:17 (20) 창 32:13 (21) 창 33:19 (22) 창 38:18, 잠 6:5 (23) 창 38:28 (24) 창 49:24, 출 13:16, 잠 3:27 (25) 잠 1:24 (26) 잠 4:27 (27) 잠 10:4 (28) 잠 11:21, 16:5 (29) 잠 12:24 (30) 잠 14:1, 전 9:10 (31) 잠 17:16 (32) 잠 19:24 (우리말, 킹흠정, 한글킹), 26:15 (킹흠정, 한글킹) (33) 잠 30:32 (손으로 입을 막으라) (35) 히 12:12.
- 깍지 낀/모은 손: (1) 게으름 (2) 기근 (3) 자멸/자폭하다.
➲ (1) 잠 6:10, 24:33 (3) 전 4:5.
- 벽에 쓰는 손: (임박한 재앙의 조짐을 뜻함) (1) 앞날이 결정됨 (2) 심판 (3) 저울에 달아보니 부족함이 발견됨 (4) 소문.

⮕ (1-3) 단 5:5,27 (4) 풍문, 풍설.

- 손을 내림/늘어진 손: (1) 용기가 없음 (2) 낙담, 실망.

⮕ (1-2) 렘 47:3 (비교. 현대어), 히 12:12 (킹흠정, 한글킹).

- 손을 듦/들어 올려진 손: (1) 경배/예배 혹은 희생제사 (2) 맹세함 (3) 항복 (4) 영적 권위를 행사함 (심판을 행함) (5) 복을 선포함 (6) 적대 혹은 반역 (7) 도와줄 방법(이 돈)이 없음을 표현함 (8) 기도 (9) 치유 혹은 축사/구원 (하나님의 왕국으로 들어감) (10) 부활 (11) 격려 (12) 짐을 지움.

'들어 올림' 항목을 찾아보라.

⮕ (1) 느 8:6, 시 63:4, 134:2, 141:2 (비교. 창 22:5-10, 성경에서 '예배'라는 단어가 처음 기록된 곳이다) (2) 창 14:22, 신 32:40, 시 106:26, 사 49:22, 겔 20:4-6,15, 계 10:5-6 (3) 보편적인 항복의 신호 (4) 출 14:16, 민 20:11, 사 26:11, 겔 44:12, 미 5:9 (5) 레 9:22, 눅 24:50 (6) 삼하 18:28, 20:21, 왕상 11:26 (7) 욥 31:21 (킹흠정, 한글킹) (8) 시 28:2, 애 2:19, 3:41, 딤전 2:8 (9) 막 1:31, 9:27 (누군가의 손을 잡아 일으킴), 행 3:7 (10) 행 9:41 (11) 히 12:12 (12) 마 23:4.

- 손을 댐/얹음: (1) 임파테이션 (능력의 전이) (2) 복(을 줌) (3) 해침, 상하게 함 (4) 동일하게 여김 (5) 죽음 (눈 위에 얹은 손) (6) 치유 (7) 박해.

⮕ (1-2) 창 48:13-20 (3) 창 22:12 (4) 창 48:16 (5) 창 46:4 (6) 막 6:5, 16:18 (7) 눅 21:12, 22:53.

손가락: (1) 성령님 (하나님의 손가락) (2) 하나님의 왕국 (3) 소유(권) (4) 인식, 인지 (5) 느낌/감각을 통해 증거를 찾음 (6) (손가락으로 더듬어 촉각을 극대화하는 것처럼) 진행되고 있는 일에 대한 복잡하고 상세한 내용을 확충·부연함 (7) 민감/예민함 (8) 하나님의 정부/통치 (하나님의 손가락).

⮕ (1-2) 마 12:28 & 눅 11:20 (3) 레 4:6,17,25,30,34, 사 2:8 (4) 출 8:19 (5) 요 20:25,27 (6-7) 아 5:5 (향기), 시 144:1 (전쟁), 사 59:3 (죄), 단 5:5 (심판) (8) 눅 11:20 (비교. 출 31:18).

- 손가락 관절/마디: (1) 싸움 혹은 폭력 (2) 징계/훈육을 받는 (3) 진지하게 노력하다.

⮕ (1) 출 21:18, 사 58:4 (주먹을 쥐면 튀어나오는 부분) (2) 훈육 등을 위해 아이의 손등을 때리는 것처럼(get a rap on the knuckles, '야단맞다'의 뜻도 있음) (3) "본격적으로 착수하다, 열심히 하기 시작하다(knuckle down)"처럼.

- 손가락 끝: (1) 교훈을 극대화하다 (2) 적은 양 (3) 민감/예민함.

⮕ (1-3) 눅 16:19-31 (24절이 중요함), 예수님은 사후에 가장 위대한 믿음(물 한 방울 [예. 말씀]이 발휘되더라도, 그때는 너무 늦는다고 가르치신다(비교. 마 15:27-28). '손가락 끝으로 물을 찍어'라는 표현도 이 부자의 절박한 필요와 고통을 극대화시킨다. 또한 믿

는 자와 불신자 사이에 거대한 구렁텅이가 놓여 있다는 것에 주목하라. 예수님은 여기서 영원 전에 사랑 안에서 믿음을 완성할 필요성을 강조하고 계신다.
- 손가락질: (1) 참소 (2) 비난의 화살을 돌림 (3) 명령, 지령.
➲ (1-2) 잠 6:13, 사 58:9.
- 엄지손가락: (1) 권력, 영향력 (2) 힘 (3) 행위, 선행 (4) 통제/제어당하는.
➲ (1-2) 삿 1:6-7 (3) 출 29:20 (섬김을 위해 성별된), 레 8:23-24, 14:14,17,25,28 (4) 고대 로마의 검투 경기장에서 엄지손가락을 올리거나 내리는 것에 생사가 결정되는 것처럼, "남의 손아귀에 있는(under the thumb of)".

손목: (1) 관계 (특히 그리스도의 몸 안에서) (2) 깨진 관계 (부러진 손목).
'발목' 항목을 찾아보라.
➲ (1-2) 엡 4:16, 골 2:19.

손바닥: (1) 손으로 맞음 (2) 말로 공격당함 (3) 마음 (왼쪽 손바닥) (4) 무력한 (두 손이 없음) (5) 기억하고 있는 (손바닥에 새겨진).
'손' 항목을 찾아보라.
➲ (1) 마 26:67, 막 14:65 (손바닥으로 침) (2) 대하 18:23, 요 18:22 (3) 레 14:15-16,26-27 (왼쪽 손바닥은 '마음'을, 오른쪽 손가락은 '그것에 전념하는 것'을 뜻한다, 비교. 롬 10:9-10) (4) 삼상 5:4 (5) 사 49:16.

손수건: (1) 큰 믿음과 기름부음을 말함 (2) 믿음과 치유의 간접적인 행위를 말함 (3) 기적 (4) 치유나 축사를 위해 기름부음을 풀어놓음 (손수건을 줌) (5) 치유나 축사를 위한 기름부음을 받음 (손수건을 받음).
➲ (1-5) 행 19:12.

손잡이/자루: (1) 어떤 대상/사람에 대해 파악하고 통제권을 쥐려 함 (2) 영적으로 견고한 진 (3) 더 이상 사로잡혀 있지 않은 (떨어진 손잡이) (4) 이제 통제할 수 있는 (5) 통제가 불가능한 (너무 뜨거워서 손을 댈 수 없는) (6) 속임과 기만 (비밀리에 혹은 잘못 다룸) (7) 진리 (무엇을 공개적으로 다룸).
➲ (1) "이해하다, 파악하다(get a handle on)"라는 말처럼 (2-3) 요 14:30 (4-5) 손을 대어 다룰/취급할 줄 알거나 모름 (6-7) 고후 4:2 (킹흠정).

손전등: '횃불' 항목을 찾아보라.

손주: (1) 미래 혹은 먼 미래 (2) 부모와 조부모의 좋고 나쁜 영향을 받은 사람 (3) 후손 (4) 그들의 이름이 무슨 뜻인지 찾아보라.
➲ (1) 출 2:9, 신 6:6-8, 시 34:11, 132:12, 잠 13:22 (2) 출 34:7 & 잠 13:22, 왕하 17:41 (우상숭배), 시 78:5-6 (하나님의 말씀), 시 103:17 (의), 겔 37:25 (땅).

손톱: (1) 여자들의 싸움 (2) 여자다움 (손톱을 칠함) (3) 돌진할 준비를 함 (추파를 던짐) (4) 전쟁/갈등의 위험을 제거함 (손톱을 깎음).
➲ (1) 시 144:1, 갈 5:15 (2-3) 겔 23:40 (4) 시 46:9.

손톱깎이: (1) 다른 사람들에게 상처 주지 않으려고 조심함.
➲ (1) 고후 10:3-4, 엡 6:12.

송곳: (1) 뚫음 (2) 특징 (3) 들을 귀가 있는.
'귀걸이' 항목을 찾아보라.
➲ (1-3) 출 21:1-6.

송신탑: (1) 그리스도 (하나님의 말씀).
➲ (1) 요 1:1.

송아지: (1) 늘어난 부 (2) 희생제물/제사, 예물, 헌물 (3) 우상 (4) 축하 (5) 교제, 친목.
➲ (1) 시 50:10 (가축: 소떼) (2) 히 9:12,19 (3) 행 7:41 (4) 눅 15:23 (5) 창 18:7-8.

송이: (1) 믿는 자의 무리 (2) (좋거나/달콤하거나/나쁜[쓴]) 열매 (3) 추수 (4) 회복, 부흥 (5) 복 (6) 젖가슴.
➲ (1) '회중' 항목을 찾아보라 (2) 창 40:10, 민 13:23, 신 32:32, 삼상 25:18 (3) 창 40:10, 민 13:23-24, 계 14:18 (4) 삼상 30:12 (5) 사 65:8, 미 7:1 (6) 아 7:7-8.

송전선: (1) 하나님의 말씀의 능력 (2) 성령의 흐름 (3) 하나님 왕국의 원리들.
➲ (1) 눅 4:32, 히 1:3 (2) 눅 4:14, 행 10:38 (3) 막 9:1, 고전 4:20.

솥과 냄비들: (취사도구) (1) 마음 (성령이 채우실 그릇으로서의 한 사람).
'포도주통', '식기/그릇', '접시', '용기' 항목을 찾아보라.
➲ (1) 왕하 4:3-7, 고후 4:7.
  - 큰 솥: (1) 마술/주술 (2) 문제를 뒤죽박죽으로 만들어 버림 (3) 주문을 걸다 (4) 끓음

(5) 육신 (6) 도시 혹은 소재지.
'요리책' 항목을 찾아보라.
➡ (1) 갈 5:19-20 (4) 욥 41:20 (5-6) 겔 11:3,7.

쇠스랑: (1) 거짓말 (2) 마귀.
'포크' 항목을 찾아보라.
➡ (1-2) 요 8:44 (2) 연관성 – 삼지창을 든 모습.

쇠약한: (1) 당신이 더 이상 먹이거나 만족시키지 못하는 것 (2) 그 힘을 상실함 (3) 마음의 고뇌 (4) 영적으로 연약한 (영적인 양분이 없음).
'깡마른' 항목을 찾아보라.
➡ (1) 욥 19:20 (2) 시 102:5 (3) 애 4:7-8 (4) 애 4:9, 암 8:11.

쇼파르: (양각 나팔) (1) 선지자 (2) 예언적 음성.
'뿔', '나팔' 항목을 찾아보라.
➡ (1) 하나님의 숨결이 흘러갈 수 있게 육신을 도려낸/제거한 사람들 (2) 수 6:8.

쇼핑 카트: (1) 계획과 목적 (당신이 성취하고자 노력하는 것) (2) 공급 (3) 가난/기근 (빈 카트) (4) 탐색함 (여기저기 둘러보고 쇼핑함).
➡ (1) 요 1:13 (사람들의 뜻) (2) 신 26:2, 왕상 4:22이하 (3) 렘 42:14 (4) 마 7:7.

쇼핑센터: (1) 여러 가지로 상업적인 교회.
➡ (1) 마 21:12-13.

수간(獸姦): (1) 타락한 생각 (2) 어두워진 마음 (3) 하나님을 의지적으로 부인함 (4) 병든 영혼 (5) 가증한 것 (6) 마귀의 괴롭힘 (7) 저주 받은.
➡ (1-3) 롬 1:21-31 (4) 살전 4:5 (5) 출 22:19, 레 18:23, 20:15-16 (7) <u>신 27:21</u>.

수건/타월: (1) 섬김의 사역 (2) 사역 (3) 깨끗하게 함 (샤워 후 물을 닦아내는 것처럼) (4) 말림 (5) 덮개 (6) 포기.
➡ (1-5) <u>요 13:4-5</u>,16, 행 3:19 (6) "수건을 던지다".

수그리다: (1) 겸손한 (2) 은신.
'절하다' 항목을 찾아보라.

➲ (1) 사 2:11 (2) 들키지 않으려고 고개를 숙이는 것처럼.

수녀: (1) 순결/정결함.
➲ (1) 딤전 5:2.

수달: (1) 기쁨/희락 (재미있는/명랑한).
➲ (1) 갈 5:22–23.

수도 계량기: (1) 하나님의 말씀과 성령을 나눠주는 인간 대리자 (교회, 목사, 아버지) (2) 사람의 마음 (3) 기름부음을 측량함.
'미터기' 항목을 찾아보라.
➲ (1) 요 3:34, 엡 5:26 (2) 딤후 2:15, 히 4:12 (3) 요 12:3, 행 4:8, 6:5.

수도관/송수관: (1) 성령 사역 혹은 성령 사역자 (2) 그리스도 (3) 입 (4) 산성/요새/견고한 진을 파쇄하는 길, 방법 (물 긷는 데, 곧 수로를 따라).
➲ (1–2) 요 7:37–39 (3) 마 12:34, 눅 6:45 (4) 삼하 5:6–9, 대상 11:6–9 ('여부스'의 뜻은 "짓밟히다, 타작하다"이다. 여부스 사람들이 다윗을 어떻게 깎아 내렸는지 주목하라, 삼하 5:6).

수도꼭지: (1) 열린 문 (2) 성령 사역 (3) 예수님.
'우물' 항목을 찾아보라.
➲ (1) 창 7:11–12 (2–3) 요 7:37–39.
- 수도꼭지에서 물이 똑똑 떨어짐: (1) 다투기 좋아하는 아내 (2) 다투기 좋아함으로 성령을 소멸하는 교회.
➲ (1) 잠 19:13, 27:15 (2) 살전 5:19.

수레: (1) 전통적인 사역 또는 사람의 계획대로 하는 사역 (2) 예전 사역 (3) 역사가 반복됨 (4) 수레가 가득한 경우, 비옥함이나 풍성함을 뜻한다 (5) 기업, 유산.
➲ (1) 삼상 6:7–8, 삼하 6:3 (2) 창 45:27–28 (3) 고전 10:6–11 (4) 시 65:11 (5) 시 61:5, 111:6, 119:111, 127:3.
- 외바퀴 손수레: (1) 짐을 나름 (2) 죄로 가득한 여정 (3) 구원 (4) 죄의 그릇 (5) 죄의 짐을 짊어짐 (6) 육신으로 행함.
➲ (1) 렘 17:22, 마 11:28 (2) 왕상 15:26, 사 30:1 (새번역, 우리말, 킹흠정, 한글킹) (3) 슥 3:9 (죄악을 제거함으로) (4) 눅 11:39 (5) 눅 11:46 (6) 갈 5:16–21, 시 38:4.

수류탄: (1) 풀어놓아야 할/풀어놓고 싶은 분노 (2) 긴장감을 가짐 (3) 휴대폰을 던지고 싶음(당신을 원하는 사람들로부터 자유롭지 못함) (4) 뭔가 폭발할 것 같은 두려움 (5) 잠재적 위험을 제거하려/떨어뜨리려 함 (수류탄을 던짐).
➲ (1) 민 24:10, 애 2:3 (2) 렘 17:22 (3) 막 3:7,20, 7:33 (4) 욥 22:10 (5) 삼하 11:15.

수박: (1) 하나님의 말씀.
➲ (1) 엡 5:26.

수반(水盤): (1) 마음 (2) 하나님의 말씀.
➲ (1) 시 73:13, 렘 4:14, 히 10:22 (2) 출 30:18–19 & 엡 5:26.

수상: (총리) (1) 예수 그리스도 (2) 담임 사역자 (3) 말 그대로 수상 혹은 총리.
'회장/대통령' 항목을 찾아보라.
➲ (1) 히 3:1, 벧전 5:4 (2) 행 20:28, 딤전 1:12, 벧전 5:1–2.

수상/선상 가옥: (물 위의 혹은 배 위의 집) (1) 가족 (2) 기름부음이 흘러감 (3) 서두르지 않음/낙관함 (순항함).
'유람선', '요트' 항목을 찾아보라.
➲ (1) 창 7:1 (2) 겔 47:9 (3) '휴일' 항목을 찾아보라.

수액: (1) 생명 (2) 기름부음 (3) 사람의 영 (나무의 중심부에 있기에).
'나무1' 항목을 찾아보라.
➲ (1–3) 시 104:16 (우리말, 킹흠정, 한글킹), 요 15:4–5.

수염: (1) 온전한 어른 혹은 영적 성숙 (2) 하나님의 규례와 심판 (3) 거룩.
'머리카락' 항목을 찾아보라.
➲ (1) 대상 19:5 (2) 겔 5:1–6 (3) 레 21:5–6.
- 깎지 않은 수염: (1) 율법/율법주의 (2) 맹세한 사람.
➲ (1) 레 19:27, 21:5 (2) 삼하 19:24.
- 수염을 깎음: (1) 수치 (2) 슬픔/애통 (3) 낮아짐 (4) 임박한 멸망의 징조.
➲ (1) 삼하 10:4–5, 사 15:2 (2) 스 9:3–6 (3) 렘 41:5, 48:37 (4) 겔 5:1.
- 수염을 붙잡힘: (1) 위험/죽음의 경고.
➲ (1) 삼상 17:35, 삼하 20:9.

- 침 묻은 수염: (1) 광기, 미친 행동.
⮕ (1) 삼상 21:13.

수영: (1) 성령 안에서 행함 (2) 생명의 강 (3) 떠오르게 함/표면에 나타나게 함 (4) 깊음(물이 깊음을 뜻함) (5) 내려놓고 하나님을 신뢰해야 함 (6) 자기 힘으로 나아감 (7) 슬픔 혹은 근심에 사로잡힌.
'깊은/깊음' 항목을 찾아보라.
⮕ (1-2) 사 25:11, 겔 47:5 (3) 왕하 6:6 (4) 시 42:7 (깊고 깊은), 겔 47:5 (5) 겔 47:5 (발밑의 땅을 의지하고 신뢰하는 것을 깨뜨려야 함) (6) 요 21:7 (비교. 요 21:3,18) (7) 시 6:6-7.

수영장: (1) 하나님 안에 잠겨 있는 (수영장 안) (2) 세례/침례 받을 준비가 된 (3) 정화 혹은 정결케 됨 (4) 교회 (5) 사랑 없는 교회 (얼음이 든 수영장).
'수영' 항목을 찾아보라.
⮕ (1-3) 행 8:38-39, 히 10:22, 요 9:7 (4) 요 5:2 (5) 마 24:12.

수요일: (1) 넷(4) (2) 지배권 혹은 통치/다스림.
'낮/날', '셋(3)'[세상 사람들은 수요일을 한 주의 세 번째 날로 본다] 항목을 찾(아)보라.
⮕ (1-2) 창 1:18-19.

수위: (1) 현상 유지에 만족하는 사역자 (2) 생계형 사역자 (3) 모두를 기쁘게 하려고 노력하는 사역자.
'관리인' 항목을 찾아보라.
⮕ (1) 시 55:19, 렘 48:11 (수리·보수하는 사람) (2) 요 10:12-13 (3) 마 27:15-17,22,24, 행 12:1-3.

수의사: (1) 그리스도 (2) 목회적 지도력 (3) 구원받지 못한 사람들과 더불어 대내적인 문제를 해결하기 위해 애쓰는 지도자.
'의사' 그리고 '고양이', '강아지' 등 개별 동물 항목을 찾아보라.
⮕ (1) 벧전 5:4 (2) 벧전 5:2 (3) 고전 15:32 (비교. 행 19:29-31).

수정: (1) 맑은 혹은 깨끗한 (2) 투명함 (3) 이교 (4) 뉴에이지.
⮕ (1) 계 22:1 (2) 계 21:11, 22:1.

수정 구슬: (1) 방향/지시를 구함 (2) 하나님을 무시함 (하늘의 영역으로 잘못 들어감) (3) 점, 복술 (4) 친숙의 영 (5) 주술적 의식 (6) 주술/마술.
'타로 카드', '주술/마술' 항목을 찾아보라.
➡ (1-2) 레 20:6, 삼상 28:3-8 (3) 행 16:16-18 (4) 신 18:11-12 (5-6) 신 18:10.

수척한: '쇠약한', '깡마른' 항목을 찾아보라.

수표: (1) 믿음 (하나님 왕국의 화폐) (2) 재정 (3) 번영 (수표를 받음).
➡ (1) 마 6:24, 눅 16:13, 행 8:20, 롬 1:17, 히 11:4 (2) 고후 8:9, 빌 4:12 (3) 고전 16:2 (킹흠정, 한글킹).

수풀: (1) 자유가 시작되었지만, 아직 완전히 얻지는 못한 (2) 사람들의 무리.
'숲' 항목을 찾아보라.
➡ (1) "위험(곤란)에서 벗어나지 못한(not out of the woods)"처럼 (2) 사 7:2.

수학: (1) 재정 (2) 수입.
➡ (1-2) 왕상 10:14, 눅 16:4-8.

수혈: (1) 구원/회심 (2) 새로워진 영적 삶.
➡ (1) 히 9:14, 벧전 1:18-19, 요일 1:7 (2) 레 17:11.

수확하는 자: (거두는 사람, 추수꾼) (1) 죽음의 영 (2) 추수 (3) 천사 (4) 설교자 혹은 복음 전도자 (5) 씨 뿌리는 자 (6) 끈기 있는 사람.
'씨 뿌리는 자', '씨(앗)' 항목을 찾아보라.
➡ (1) 욜 3:13, 계 6:8, 14:19 (2) 레 19:9, 23:22, 마 13:30, 계 14:15 (3) 마 13:39 (4) 요 4:35-38, 행 2:40-41 (5) 고후 9:6, 갈 6:7-8 (뿌린 대로 거둠) (6) 갈 6:9.

숙녀: '여자' 항목을 찾아보라.

숙제: (1) 마음을 정리함 (2) 말씀을 이해하고 연구함.
'집2' 항목을 찾아보라.
➡ (1) 왕하 20:1, 사 38:1 (2) 딤후 2:15.

숟가락: (1) 마음 (2) 분량, 양 (3) 먹임 (음식을 제공함) (4) (좋은 혹은 나쁜) 자극, 선동

(5) 잠시 쓰임받는 사람 (플라스틱 숟가락) (6) 피상적으로 혹은 임시적으로 받아들임 (플라스틱 숟가락).
➡ (1) 출 25:29, 민 4:7 (여기서 '숟가락'에 해당하는 히브리어 '카프'는 '오목한 그릇 혹은 용기'를 말한다) (2) 민 7:14,20,26이하 (킹흠정, 한글킹) (3) 왕상 17:11 (4) 눅 23:5, 행 6:12, 13:50 (5) 마 11:7-10 (6) 요 6:66, 행 8:13.

술: (1) 가짜 기름부음 (2) 세상의 영에 취함 (3) 세상 권력에 취함.
'취한', '포도주' 항목을 찾아보라.
➡ (1) 엡 5:18 (2) 요 14:17, 고전 2:12, 엡 2:2, 요일 4:1 (3) 계 14:8, 18:3.

술 장식: (1) 하나님의 마음 (하나님의 율법, 계명).
'책갈피' 항목을 찾아보라.
➡ (1) 민 15:38-39.

술집: (1) 교회/제단 (성령을 마시는 공동체가 모이는 곳) (2) 세상 (3) 육신의 일들을 행하는 자들이 자주 찾는 곳 (4) 어둠을 사랑하는 사람들이 모이는 곳.
'나이트클럽' 항목을 찾아보라.
➡ (1) 엡 5:18 (2) 요일 2:16 (3) 갈 5:19-21 (4) 살전 5:5-7.

숨겨진: (1) 자아의 죽음 (2) 안전한.
➡ (1-2) 골 3:3.

숨결: (1) 영 (2) 영적인 생명 (3) 거슬리는 (입 냄새) (4) 더러운 영 (입 냄새) (5) 하나님의 입의 말씀 (레마).
'트림' 항목을 찾아보라.
➡ (1-2) 창 2:7 (3) 욥 19:17 (4) 막 1:26 (5) 시 33:6.

숨기다: (1) 죄책, 죄의식 (죄를 인식함) (2) 두려움 (3) 수치, 치욕 (4) 보호 (5) 어떤 문제를 무시함.
'뒤쫓다', '감추다', '달리다' 항목을 찾아보라.
➡ (1) 레 5:2-4 ('부지중'은 "그분-하나님께 숨겨진"이라는 뜻이다), 잠 28:1 ("악인"에 해당하는 히브리어 '라샤'에는 "죄가 되는 생각"이라는 뜻이 있다) (2) 마 25:24-25 (3) 창 3:8,10 (비교. 창 2:25) (4) 출 2:2-3, 욥 5:21, 시 17:8 (5) 레 20:4, 신 22:1,3.
 - 자신을 숨기시는 하나님: (1) 영적 간음의 표.

➲ (1) 신 31:17–18, 32:16–20.

숫양: (1) 그리스도 (2) 예물 (3) 순종과 비교됨 (4) 강한 사람, 도시 혹은 나라/민족을 상징함.
➲ (1) 창 22:13 (비교. 출 12:5 & 고전 5:7) (2) 레 5:15–18, 8:18–22, 9:2–4 (3) 삼상 15:22 (4) 단 8:20.

숫자: 개별 숫자 항목을 찾아보라.

숲: (1) 길을 잃은/어둠 (2) 수풀을 벗어나지 않음 (3) 농작물을 수확하다 (4) 교회 (5) 많은 사람들, 군중 (6) 용맹한 군대 (7) 약탈자/포식자들의 은신처 (8) 우상을 만들고 숭배하는 곳. '짐승', '백향목', '전나무', '산불', '정글', '공원', '소나무', '열대 우림', '수풀' 항목을 찾아보라.
➲ (1) 시 104:20 (2) 삼상 23:15, 삼하 18:6–9 (3) 사 32:15–20 (4) 대상 16:33, 시 96:12, 아 2:3, 사 44:23 (5–6) 사 7:2, 10:18–19,34, 29:17–19, 렘 46:23–24, 겔 20:47, 슥 11:2 (7) 왕하 2:24, 시 50:10, 80:13, 104:20, 사 56:9, 렘 5:6, 12:8, 암 3:4, 미 5:8 (8) 사 44:13–15, 렘 7:18, 10:3–5.

슈렉: (1) 분노의 문제 (오우거/폭군) (2) 귀신.
➲ (1) 삼상 20:30 (2) 막 5:2이하.

슈퍼 영웅: (1) 그리스도 (2) 성령님 (3) 성령의 능력을 받은 당신 (당신이 슈퍼 영웅임) (4) 능력 있는 하나님의 사람 (남/녀) (5) 귀신의 영 (원수들) (6) 슈퍼맨은 (그리스도를 대신하는) 적그리스도일 수도 있다.
'유명인' 항목을 찾아보라.
➲ (1) 눅 24:19,51 (2–3) 행 10:38 (4) 행 7:22, 고후 12:12 (5) 눅 4:6, 10:19 (6) 살후 2:9.

슈퍼마켓: '상점' 항목을 찾아보라.

스노우 슈즈: (1) 복음 사역 (2) 평안/평화/화평의 신발 (3) 의의 길을 걸음.
➲ (1) 엡 6:15.

스노클링: (1) 성령의 일들을 탐색함.
➲ (1) 왕하 6:17, 마 7:7, 롬 8:14.

스님: (승려, 중) (1) 종교의 영 (2) 우상숭배.
➲ (1) 막 7:3,5,8 (2) 출 20:4.

스물(20): (1) 고대, 기대 (2) 기다림 (3) 의무 (4) 책임 (5) 섬김 (6) 문자 그대로 20.
➲ (1-2) 창 31:38,41 (야곱은 자기 기업을 받기 위해 20년을 기다렸다), 삿 15:20, 16:31 (이스라엘은 삼손을 통해 구원받기를 기다렸다), 삼상 7:2 (법궤는 기럇여아림에 20년 동안 있었다). 성경에는 20개의 꿈이 기록되어 있다 (3-5) 출 30:14 (이스라엘은 20세 이상을 계수했다), 민 1:3,18-24 (20세 이상의 싸움에 나갈 만한 자를 계수했다), 대상 23:24,27 (20세 이상의 레위인들이 성전에서 섬기게 했다).

스물넷(24): (1) 정부/통치의 완전함.
➲ (1) 수 4:2-9,20, 왕상 19:19, 계 4:4.

스물다섯(25): (1) 하나님의 은혜의 견책을 받음 (2) 은혜 혹은 자비를 기대함 (20+5).
➲ (1-2) '스물(20)', '다섯(5)' 항목을 찾아보라.

스물둘(22): 11의 두 배의 의미를 지닌다 (1) 해체 (2) 분열/붕괴 (특히 하나님의 말씀과 관련하여) (3) 증거를 기대함 (20 + 2) (4) 분리 혹은 분열을 기대함 (20 + 2).
➲ (1-2) 왕상 14:20, 16:29.

스물여덟(28): (1) 새로운 시작을 기다리거나 기대함.
➲ (1) '스물(20)', '여덟(8)' 항목을 찾아보라.

스물여섯(26): (1) 육신으로 인해 견책 받음.
➲ (1) '스물(20)', '여섯(6)' 항목을 찾아보라.

스물하나(21): (1) 3 x 7 = 21, 영적인 온전함(7)이 '셋(3)'이기에 '충만함' 혹은 '완성'을 뜻한다 (2) 하나님을 기대함/기다림 (20+1) (3) 하나님을 섬김 (20+1).
➲ (1) 출 12:18 (2-3) 단 10:13, 학 2:1.

스위스: '인명 & 지명 사전'에서 '스위스' 항목을 찾아보라.

스카프: (1) 냉담해짐 (굳어진 마음) (2) 차가운 분위기 (3) 따뜻해짐 (스카프를 벗음) (4) 둔감한, 무감각한 (누군가의 스카프를 벗김) (4) 그리스도를 위해 고난을 견딤 (5) 영광

(6) 영광을 감춤 (7) 덮개.
➡ (1–3) 마 24:12 (4) 잠 25:20 (4) 고후 11:27 (5–6) 아 4:4, 7:4 (7) 출 34:33 ('베일' 항목을 찾아보라).

스케이트: (1) 냉혹하고 힘든 상황에서도 관대한 (2) 위험에 처한 (살얼음을 밟음) (3) 위험을 무릅씀 (살얼음) (4) 냉담한 환경 가운데 믿음으로 행함 (물 위를 걸음).
'미끄러지다', '걸려 넘어짐' 항목을 찾아보라.
➡ (1) 애 3:30, 마 5:39 (2–3) 삼하 23:17, 애 5:9, 롬 16:4, 고전 15:30, 빌 2:30 (4) 마 14:28–29.

스케이트보드: (1) 청소년 사역 (2) 은사의 사용 (묘기, 재주) (3) 영 (바퀴) (4) 미성숙한 길.
➡ (1) 사 40:30–31 (2) 시 71:17 (3) 겔 1:20 (4) 고전 13:11.

스쿠터: (1) 개별적 사역 (2) 초기 사역.
➡ (1–2) 행 21:9.

스쿨버스: (1) 가르침의 사역 (2) 순회 설교자.
'버스', '학교' 항목을 찾아보라.
➡ (1–2) 행 13:1–4, 21:28, 고전 4:17.

스쿼시: (1) 간접적인 소통.
'공', '방망이', '스포츠' 항목을 찾아보라.
➡ (1) 잠 16:13.

스키: (1) 성령 안에 있는 (수상 스키) (2) 믿음으로 행함 (수상 스키) (3) 하나님의 영광에 이끌리는 (눈 위에서).
'스노우 슈즈' 항목을 찾아보라.
➡ (1) 요 6:19, 21:18 (2) 마 14:29 (3) '눈2'의 3번 항목을 찾아보라.

스키 산장: (1) 영광 가운데 있는 교회 (2) 천국.
'눈2' 항목을 찾아보라.
➡ (1–2) 단 7:9 (비교. 막 9:3 & 벧후 1:17), 계 1:14.

스킨헤드족: (머리를 아주 짧게 깎은 청년으로 특히 폭력적인 인종차별주의자) (1) 거역,

반항 (2) 공격성 (3) 무정부/무법 상태 (4) 반권위적.
'대머리', '패거리', '십 대', '청소년' 항목을 찾아보라.
➔ (1-4) 민 12:1-2, 잠 30:11, 암 3:10, 갈 5:19-21.

스테레오: (입체 음향) (1) 성령의 증거 (2) 증인.
'라디오' 항목을 찾아보라.
➔ (1) 막 16:20, 롬 8:16 (2) 마 18:16.

스테이크: '고기' 항목을 찾아보라.

스테인드글라스: (1) 종교의 영 (2) 영광 안에서 하나님의 약속을 봄 (다양한 빛깔의 유리를 통해 봄).
➔ (1) 요 12:42-46 (부패한 눈으로 상황을 바라봄) (2) 창 9:12-13 & 37:3, 계 4:3.

스파: (1) 성령 안에서 새롭게 됨, 회복됨 (2) 성령의 인도함을 받는 사역에 활력을 불어넣음.
➔ (1) 삼상 16:23 (2) 고전 16:17-18.

스파이: (1) 선지자 (2) 성령 안에서 봄 (3) 원수에 관한 정보를 수집함.
'응시', '정찰기', '조망' 항목을 찾아보라.
➔ (1-3) 왕하 6:8-12.

스파크: '불똥' 항목을 찾아보라.

스팽글: '반짝임' 항목을 찾아보라.

스펀지: (1) 하나님을 갈망함 (갈망하는 마음) (2) 정결케 함 (3) 흠뻑 젖음 (4) 말뿐이고 성령이 없음 (스펀지로 식물에 물을 줌).
'호스' 항목을 찾아보라.
➔ (1) 시 42:2, 요 19:28 (2) 요 13:3-4 (3) 욜 2:28.

스포츠: (1) 믿음으로 행함 (2) 영적 전쟁.
'공', '방망이', '크리켓', '축구 경기', '심판', '따내다' 항목을 찾아보라.
➔ (1) 히 12:1 (2) 엡 6:12.

스포츠 용품점: (1) 교회 (2) 기름부음이 풀어지는 곳.
➲ (1-2) 성도들이 믿음의 경주를 달릴 수 있도록 준비시키고 세우는 곳, 엡 4:11-12, 히 12:1-2.

스포트라이트: (1) 상황이나 일을 어둠에서 빛으로 가져감 (문제/죄를 드러냄) (2) 구원 (3) 당신이 일할 때 (4) 사람들의 주목을 받는 (5) 모든 눈이 당신을 주목함 (6) 불시에 닥침 (7) 갑자기 드러남.
'빛', '무대' 항목을 찾아보라.
➲ (1) 롬 13:12, 고전 4:5, 요일 1:5-7 (2) 요 1:9, 고후 4:6, 엡 5:8, 벧전 2:9 (3-4) 행 9:3 (5) 삼상 9:20, 17:48 (6-7) 행 9:3.

스프: (국, 죽) (1) 말씀을 간단하고 쉽게 가르침 (2) 육신의 욕망을 위해 변절함.
➲ (1) 히 5:12-14 (2) 창 25:29-34.

스프링: (1) 회복함 혹은 돌아감 (2) 위로 (3) 젊고 열정적인 (어린 양고기-늦겨울이나 이른 봄에 태어나 7월 1일 이전에 육용으로 팔리는 어린양, spring lamb이라고 함) (4) 새로운 일을 시작함.
➲ (1) 시 78:34, 눅 4:14 (2) 욥 7:13, 시 119:82 (3) 눅 1:41 (4) 삼하 11:1.

슬로 모션: (1) 하나님은 서두르지 않으신다 (2) 속도를 늦추다 (3) 오래 지속되는/지속될 수 있는.
➲ (1) 창 15:2, 시 42:9, 잠 20:21, 사 28:16, 눅 18:6-7, 벧전 3:8-9 (2) 요 11:6 (3) 딤전 1:16, 6:19.

슬롯머신: (1) 일확천금을 꾀함.
'도박' 항목을 찾아보라.
➲ (1) 잠 28:20,22.

슬리퍼: (실내화) (1) 국내에서 활동함 (본국에서 하는 일).
➲ (1) 마 11:8.

슬픔: (1) 생명에 이르는 회개 (경건한 슬픔) (2) 자기 연민에 사로잡히면 사망에 이르게 된다 (세상적인 슬픔/근심).
➲ (1-2) 고후 7:10.

습득: '분실물/유실물 센터' 항목을 찾아보라.

승강기: (1) 영의 세계로 들어감 (2) 성령 안에서 행함 (3) 공중으로 들어 올려짐, 휴거 (4) 영적 성장을 구함 (5) 하나님께 닿으려고 애씀 (6) 찬양 (7) 하늘로 가는 문 (8) (특히 사람들이 오르내리는 에스컬레이터처럼) 이 땅에 임하는 하늘의 왕국 (9) 자살 (추락하는 승강기) (10) 지옥으로 가는 길 (지하로 내려가는 승강기) (11) (천국을 이 땅에 가져오는 통로인) 교회 (12) 각 층에 관해서는 개별 숫자 항목을 찾아보라.
'천사—오르락내리락하는 천사들', '계단/층계' 항목을 찾아보라.
➔ (1) 고후 12:2 (2) 사 40:31, 요 3:8, 히 2:4 (3) 살전 4:17 (5) 사 14:13 (6) 시 68:4 (7) 창 28:15 (8) 요 1:51 (9) 사 38:18 (10) 시 55:15, 잠 7:27 (11) 마 16:18–19, 엡 3:10, 히 12:22–24.
– 소형 화물 승강기: (1) 성령님.
➔ (1) 요 16:13.

승객: 보통 다음과 같이 좋은 의미이다 (1) 내 운명/사역을 하나님께 넘겨드리거나 맡기고 있다 (2) 하나님이 운전석에 계신다.
➔ (1–2) 시 23:3, 잠 3:5–6, 8:20 (킹흠정, 한글킹), 요 21:18, 롬 8:14.

승합차: (1) 대안적인 혹은 틀에 박히지 않은 사역.
➔ (1) 마 9:33, 막 2:12.

시가: (1) 크게 거슬리는 것 (2) 축하/기념 행사 (3) 수익성이 좋은 사업 (4) 크게 생각함 (긍정적 혹은 부정적).
➔ (1) 욥 19:17 (2) 잠 13:9 (킹흠정, 한글킹) (3) 딤전 6:9 (4) 창 15:5 (긍정적), 눅 12:18 (부정적).

시간: (1) 생명/삶 (살아 있는 기간) (2) 매 시 정각은 숫자 1-12의 의미를 나타낼 수도 있다 (3) 하나님의 타이밍/때를 감지하다 (4) 그리스도의 재림 직전 (5-12분) (5) 시간 혹은 부분적인 때는 년/해를 뜻할 수도 있다.
개별 숫자들과 '앞', '뒤', '시계1', '일찍', '측정/측량', '시간표', '긴급함' 항목을 찾아보라.
➔ (1) 창 18:10 (킹흠정, 한글킹), 행 17:26, 약 4:14, 벧전 4:2 (3) 행 2:1, 갈 4:4, 엡 1:10 (4) 빌 4:5 (5) 단 7:25.
– 시간이 다 됨: (1) 마지막 때 (2) 그리스도의 재림 (3) 인생의 덧없음.
'긴급함' 항목을 찾아보라.

➡ (1) 고전 7:29 (2) 고전 7:29, 빌 4:5 (3) 시 89:47-48.

시간표: (1) 하나님의 타이밍/때.
'시계1', '다이어리', '업무 일지', '시간', '시계2' 항목을 찾아보라.
➡ (1) 에 4:14, 갈 4:4, 엡 1:10.

시계1: (벽시계, 탁상시계) (1) 시간, 때 (2) 하나님 안에서 기다림 혹은 하나님을 기다림 (3) 하나님이 수명을 정하셨다 (4) 시간이 다가오고 있다 (5) 끝이 보인다 (5-12분) (6) 마지막 시간 (7) 하나님의 약속 (8) 기회 (9) 타이밍/때가 중요하다 (10) 추수 (11) 정해진 때, 때가 됨 (12) 깨어나야 할 때 (13) 어떤 상황이나 사역을 풀어놓기 위해 하나님의 때를 기다림 (14) 시간을 주목하고 숫자 각각의 의미를 찾아보라.
'시간' 항목을 찾아보라.
➡ (2) 삼상 13:8 (3) 요 7:8, 8:20 (그분의 죽음에 대한 언급) (4) 롬 13:11 (5) 마 20:9 (6) 요일 2:18 (7) 합 2:3 (8) 행 16:25-26 (9) 전 3:1 (10) 민 13:20 (11) 눅 1:57 (12) 롬 13:11 (13) 시 105:17-19, 렘 29:10, 단 4:16,33-34.
- 할아버지의 시계: (1) 시간을 허비하는 구원받지 못한 사람들 (2) 과거/역사 (옛 시대) (3) 과거 가운데 살아감.
➡ (1) 시 89:47, 계 12:12 (2) 수 24:15.

시계2: (1) 시간 (2) 최종 기한 (시간이 다 됨) (3) 하나님의 때/타이밍 (4) 그곳에 있고 싶지 않음 (떠나야 할 시간) (5) 하나님을 기다림에서 오는 영광 (황금 시계) (6) 생명 (7) 죽음 (죽어야 할 때) (8) 영광스러운 부르심/사명 (황금 시계를 택함).
'시간', '시계1' 항목을 찾아보라.
➡ (1) 막 13:33 (2) 고전 7:29, 엡 5:15-16, 골 4:5, 계 12:12 (3) 에 4:14, 요 7:30, 갈 4:4 (4) 요 6:24 (5) 출 34:29 (6-7) 전 3:2, 요 7:6,8 (8) 에 4:14, 살후 2:14, 벧전 5:10.

시골길: (1) 지역 사역 (2) 홀로 있는 (3) 길에서 벗어난 (4) 광야 훈련.
'비포장도로', '길2-구불구불한 길' 항목을 찾아보라.
➡ (1) 행 8:26 (2) 왕상 19:4 (3) 눅 15:4 (4) 신 8:2-3.

시내: (개울) (1) 안식처 (2) 결정적 순간 (3) 갈라지는/분리하는 곳 (4) 은신처 (5) 나무들이 있는 곳 (6) 주수의 땅 (7) 축복의 땅 (8) 하나님의 말씀 (9) 생명을 유지시켜 주는 곳 (10) 심판의 장소 (11) 길이 있는 곳 (12) 속이는, 기만적인 (13) 돌들이 있는 곳 (14) 회복과 존귀가 있는 곳 (15) 인간의 영 (16) 애통하는 곳 (17) 수호, 방어 (18) 경계 (19) 사람

의 입에서 나오는 말.
'강', '개울' 항목을 찾아보라.
⮕ (1) 왕상 17:4-6 (2-3) 창 32:23-24, 민 21:14-15, 신 2:13-14, 삼상 30:9-10,21, 삼하 15:23, 17:20, 왕상 2:37 (4) 왕상 17:3, 욥 40:22 (5) 레 23:40 (6) 민 13:23-24 (7) 신 8:7, 욥 20:17 (8) 삼상 17:40, 시 42:1 (9) 왕상 18:5 (10) 왕상 18:40, 왕하 23:6 (11) 느 2:15 (12) 욥 6:15 (13) 욥 22:24 (14) 시 110:7 (15) 잠 18:4 (16) 사 15:7 (17) 사 19:6 (18) 렘 31:40 (19) 잠 18:4.

시다: (1) 익지 않은 (2) 불평 (신 포도) (3) 매춘 행위 (4) 거역 (5) 쓴.
⮕ (1) 사 18:5 (2) 겔 18:2 (3-4) 호 4:18 (킹흠정, 한글킹) (5) 히 12:15.

시멘트: '콘크리트' 항목을 찾아보라.

시장: (1) 경제계 혹은 상업계 (2) 돈벌이 위주의 교회 (부당 이익을 취함) (3) (그리스도 밖의) 세상 (4) 바벨론 (5) 거래하는 곳 (6) 모임의 장소 (7) 공공장소 (8) 사고파는 일을 하는 사람들 (시장에 들어감) (9) 하나님의 공급 (물건이 풍부한 장).
⮕ (1) 눅 12:18, 17:28, 약 4:13 (2) 마 21:12, 요 2:16 (3) 요일 2:16 (4) 계 18:2-3 (5) 겔 27:17 (6) 마 11:16 (7) 마 23:7 (8) 잠 31:24 (9) 빌 4:19.

시저: (로마 황제, 가이사/카이사르) (1) 세상의 시스템에 충성함 (2) 정복자 (3) 폭군, 압제자 (4) 속이는 유혹 (5) (돈만 밝히는) 세상 지도자.
⮕ (1) 마 22:17-21 (2) 눅 2:1, 3:1, 요 19:12,15 (3) 행 12:1-2 (4-5) 마 22:17-21.

시체 성애증: (1) 죽은 사람들과의 혼의 묶임 (2) 죽은 자와의 접촉 (점을 침) (3) 불신자와의 교제 (4) 집착, 강박.
⮕ (1) 롬 7:24 (2) 삼상 28:8 (3) 마 8:22 (4) 삿 19:24-29.

시트: (1) 덮개 (2) 의복 (3) 마음/사고방식을 덮고 있는 수건 (4) 생각 (5) 잘못된 생각 (더러운 시트).
'침대' 항목을 찾아보라.
⮕ (1-2) 삿 14:12-13 (3-5) 행 10:11-15, 벧전 1:13.

시험: (1) 테스트, 시험 (2) 심판 (3) 삶의 시련 (4) 유혹 (5) 마음을 살핌 (6) 누군가의 삶과 사건들을 주의 깊게 살펴봄.

'고등학교' 항목을 찾아보라.
➡ (1) 마 4:1 (2) 계 20:12 (3) 약 1:2-4, 벧전 1:6-7 (4) 마 4:1이하, 26:41, 눅 4:13 (5) 시 26:2, 고전 11:28, 고후 13:5 (6) 행 28:18, 고전 9:3.

식기 세척기: (1) 성령님 (2) 성령의 복음 전도자 (마음을 정결케 함).
'식기/그릇' 항목을 찾아보라.
➡ (1) 시 51:10-12 (2) 마 10:8, 눅 4:18-19.

식기/그릇: (1) 마음 (2) 마음을 준비하거나 정결하게 함 (접시 닦기)
'접시'와 '숟가락' 항목을 찾아보라.
➡ (1-2) 마 23:25.

식당: (부엌/주방 내의) (1) 영적인 음식 (2) 친밀함 (3) 교제.
'빵', '레스토랑', '식탁/상' 항목을 살펴보라.
➡ (1) 시 34:8, 히 5:12-14 (2-3) 시 23:5, 계 3:20.

식물: (1) 각각의 주요 식물들은 사람들, 교회들 혹은 민족/나라들을 나타낸다 (2) 작은 식물들은 아이들을 상징하는 것일 수도 있다.
➡ (1) 사 5:7 (유다), 53:2 (그리스도), 마 15:13 (개개인), 21:33이하 (2) 시 144:12, 사 53:2.
- 화분에 심은 식물: (1) 믿는 자의 마음 (2) (제한된 뿌리 구조를 가진) 초신자 (3) 교회.
➡ (1) 시 1:3, 아 4:12, 사 61:3, 마 13:8 (2) 렘 17:7-8 (3) 아 4:12.

식사: (1) 말씀을 소화·흡수함 (2) 그리스도를 먹음 (3) 교제 (4) 친밀한 나눔 (5) 신뢰 (6) 공급 (7) 호의/은총 (8) 치유 (9) 언약.
'컵/잔', '고기', '우유', '식탁/상' 항목을 찾아보라.
➡ (1) 고전 3:1-3, 히 5:12-14 (2) 요 6:53-58 (3-5) 창 18:6-17, 요 13:1-2 (6) 단 1:5 (7) 룻 2:14 (8) 왕하 4:41, 고전 11:24-25 (비교. 민 21:8-9 & 벧전 2:24) (9) 눅 22:20, 고전 11:24-25.

식인종: (1) 당신을 좀먹는/초조하게 만드는 것 (해결되지 않은 문제) (2) 서로 물어뜯고 집어삼키는 교회 (3) 그리스도와 함께함/교제함 (4) 귀신과 교제함.
➡ (1) 마 18:34 (2) 레 26:27-29, 갈 5:15 (3) 요 6:53 (4) 고전 10:20-21.

식중독: (1) 더럽혀진 복음 혹은 준비가 되지 않은/어설픈 말씀 선포 (2) 거짓된 약속들 (3) 세상의 음식/양식 (신문 기사, 거짓말, 험담, 거짓 정보, 속임수) (4) 당신의 영을 더럽히는 사악한 말들 (5) 저주.
➲ (1) 고후 11:4, 갈 1:6, 요이 1:10 (2) 잠 23:3,6-8 (3) 요일 2:15-17 (비교. 요 4:34) (4) 시 58:3-4, 140:3, 롬 3:13 (5) 느 4:4.

식초: (1) 신 것/쓴맛-괴로움 (2) 포도나무 열매 (3) 부정적인 반응을 부추김 (소다 위에 식초를 부음) (4) 예수님과 유다의 반응은 쓴/독한 마음은 선택이라는 것을 분명하게 보여 준다.
➲ (1) 시 69:21, 마 27:34,48, 막 15:36, 눅 23:36, 출 12:8 & 요 13:26-30 (2) 민 6:3, 요 19:29-30 (비교. 막 14:25) (3) 잠 25:20 (4) (비교. 마 27:34 & 요 13:26-30).

식탁/상: (테이블) (1) 친교 혹은 교제 (2) 누군가와 뜻을 같이함 (3) 관계/관련 있는 (4) 하나님과의 친교 (5) 왕 혹은 아버지의 양식 (6) 장사 혹은 교역 (7) 글을 쓰는 곳 (8) 마음 (9) 그리스도와의 연합 (10) 계획을 세우는 곳 (11) 합의, 협약을 이끌어 내는 협상 또는 계약 체결 (12) 의사 결정, 결단 (13) 그리스도의 몸을 섬김 (14) 당신의 영향력/세력권을 나타냄 (큰/작은 식탁).
'부엌/주방', '식사', '앉다' 항목을 찾아보라.
➲ (1) 고전 10:20-21 (2) 삼상 20:34, 눅 22:21 (3) 요 12:2, 13:28 (4) 고전 10:20-21 (5) 삼하 9:7-11, 19:28, 시 23:5, 78:19, 마 15:26-27, 눅 22:30 (6) 마 21:12, 막 11:15, 요 2:15 (7) 고후 3:3 (8) 레 24:6 (순결한 상), 고후 3:3 (9) 요 13:28 (10) 단 11:27 (11) "양측 모두 협상 테이블에 앉았다"처럼 (12) 요 13:27,30 (13) 행 6:2 (14) 왕상 10:5.

- 식탁 밑: (1) 속임 (2) 뇌물 (3) 과세, 징세.
➲ (1) 잠 23:7 (마음은 속에, 보이지 않는 곳에 있다) (2) 삼상 8:3, 12:3, 욥 15:34, 시 26:10, 암 5:12.

- 유리 식탁: (1) 성찬의 투명성 (2) 마음을 꿰뚫어 봄 (3) 깨지기 쉬운 관계.
➲ (1) 고전 10:21 (2) 고후 3:3 (3) 삼상 19:7-10, 20:32-34.

신당: (1) 우상숭배자들이 참배하는 곳 (2) 우상을 숭배하는 곳/거짓된 예배가 드려지는 곳.
➲ (1) 왕하 10:29, 시 97:7 (2) 신 8:19, 롬 1:25.

신랑: (1) 예수님 (2) 어떤 사람 혹은 존재와 하나 됨 (3) 그리스도 혹은 그리스도의 후손 (피 흘리는 신랑).

⇨ (1) 막 2:19-20, 요 3:29 (3) 출 4:26 & 고전 10:16.
- 신랑 들러리: (1) 예수님 (2) 세례 요한 (신랑의 친구) (3) 엘리야의 영 (신랑의 친구).
'신부', '결혼' 항목을 찾아보라.
⇨ (1) 히 7:22, 12:24 (2-3) 요 3:28-29, 아 5:1.

신문: (1) 하나님의 말씀 (2) 헤드라인 (3) 공개적으로 알려짐 (4) 험담 (5) 세상에 귀 기울임.
'소식' 항목을 찾아보라.
⇨ (1) 시 68:11, 사 52:7 (2-3) 행 26:23,26 (4) 전 10:20 (5) 마 16:13.

신문 배달: (1) 복음 전파 (2) 일반에 알림, 공개함 (3) 발표/공포함 (4) 성경을 보급함.
⇨ (1) 사 61:1, 마 3:1-2, 24:14 (2) 막 1:45, 눅 5:15 (3) 시 68:11, 사 52:7 (4) 시 68:11, 행 10:37-38, 13:49.

신발: (1) 복음 (2) 말 (3) 행함, 걸음 (4) 준비 (5) 권위 (6) 사역.
⇨ (1,4) 엡 6:15 (2) 룻 4:7 (3) 신 25:4-10 (5) 눅 15:22 (아들은 신발을 신지만, 종은 신지 않았다) (6) 롬 10:15.
'샌들', '슬리퍼', '걷다' 항목을 찾아보라.
- 신발 두 켤레: (1) 동일한 행보에 대한 두 가지 다른 측면 (예. 집에 있을 때와 밖에 있을 때가 다른 사람).
⇨ (1) 룻 1:15-16.
- 신발을 벗음: (1) 거룩한 땅/하나님의 임재 (2) 준비되지 않음 (3) 친교 (4) 하나님을 위한 일에 영향을 미침 (5) 육신으로 행함 (6) 수치를 당함 (7) 증거 (8) 종/노예가 됨.
⇨ (1,3) 출 3:5, 수 5:15 (2) 엡 6:15 (4) 신 25:4-10 (5) 롬 8:1,4, 고후 10:2, 벧후 2:10 (6) 신 25:9 (7) 룻 4:7-8 (8) 사 20:2-4.
- 신발 한 켤레: (1) 증인 (두 사람의 말) (2) 균형 (3) 언약.
⇨ (1) '둘(2)' 항목을 찾아보라 (2) 삼하 23:12, 잠 3:3-4 (3) 룻 4:7-10, 시 86:11, 암 3:3.

신부: (1) 교회 (2) 하늘의 예루살렘 (3) 이스라엘 (4) 하나 됨 (연합) (5) 관계, 사이 (6) 그리스도의 재림을 위해 흠 없이 준비됨 (흰옷 입은 신부) (7) 순교 (피투성이 신부).
'신랑', '피', '결혼' 항목을 찾아보라.
⇨ (1) 엡 5:25 (2) 계 21:9-10 (3) 사 54:5 (4-5) 창 2:24 (6) 계 19:7 (7) 계 17:6.
- 신부 들러리: (1) (신부가) 처음 사랑을 잃어버림 (2) 다른 사람들이 그리스도를 만날 준비를 하게 함 (3) 목사/지도자.
⇨ (1) 롬 7:4 (킹흠정, 한글킹), 계 2:4 (2) 마 25:10, 계 21:2 (3) 마 23:11, 엡 5:26-27.

신용카드: (1) 믿음이 있는 것으로 여겨짐 (2) 금전적인 문제 (3) 영적인 신뢰도가 없음 (신용카드의 오용).
➲ (1) 창 15:6, 갈 3:6 (2) 눅 14:28 (3) 행 19:15.

신음함: (1) 영의 해산이나 해방에 대한 갈망과 심적 고통을 상징한다 (2) 속박 혹은 환난 (3) 억압, 압제 (4) 원망, 불평 (5) 상처 입은 혹은 불안한 혼 (6) 비통 (심적 고통) (7) 상한 마음 (8) 고통 (9) 죽음 (10) 해방을 기다림.
➲ (1) 롬 8:26, 고후 5:2,4 (2) 출 2:23-24, 6:5, 시 102:20, 행 7:34 (3) 삿 2:18 (4) 욥 23:2 (5) 욥 24:12, 시 6:3,6, 38:8-9, 렘 51:52 (6) 시 6:6-7, 요 11:33,38 (7) 시 102:4-5 (8) 롬 8:22 (9) 겔 30:24, 시 102:20 (10) 롬 8:23.

신호등: (1) 하나님을 기다림 (2) 안내 (3) 하나님의 타이밍 (4) 위험/멈춤 (빨간불) (5) 경고 (주황색 불) (6) 세상으로 가서 복음을 전하라 (녹색 불).
➲ (1) 시 27:14 & 요 8:12 (2) 출 13:21, 느 9:19, 시 43:3 (3) 갈 4:4 (4) 계 6:4 (5-6) '호박(색)', '녹색' 항목을 찾아보라.

실내 장식: '집2' 항목을 찾아보라.

실루엣: (1) 인물 소개, 약력 (2) 폭로 (3) 빛이 어두워짐 (4) 외형, 윤곽 (5) 형상, 우상.
➲ (1) 삼상 9:2, 마 23:5 (2) 욥 20:27 (3) 겔 32:7 (4) 마 23:5 (5) 마 22:20-21.

실크: (1) 존귀 (2) 영광 (3) 부유함 (4) 유혹 (5) 중국.
'직물' 항목을 찾아보라.
➲ (1-2) 창 41:42 (3) 눅 16:19 (4) 잠 7:16-18 (5) 관련성 (실크 로드).

실패하다: (1) 그치다 혹은 멈추다 (2) 죄.
➲ (1) 시 12:1, 고전 13:8 (2) 삼상 12:23, 시 31:10.

실험: (1) 시험, 테스트 (2) 힘거운 때.
➲ (1) 창 22:1 (2) 욥 2:5, 고전 10:13.

심는 자: (1) 그리스도 (2) 마귀 (3) 목양적 지도자 (4) 믿는 자 (5) 어떤 혹은 모든 사람 (6) 추수에 참여하는 일꾼.
➲ (1) 마 13:37 (2) 마 13:25,28 (3) 고전 9:11 (4) 고후 9:6,10, 약 3:18 (5) 갈 6:7-8

(선과 악) (6) 고전 3:6.

심 카드: (1) 마음.
➲ (1) 마 12:34.

심다: (1) 하나님께서 세우신 (2) 육신을 장사지냄 (3) 복음을 널리 전함 (4) 거듭남 (5) 번성하다 (6) 추수로 이어짐 (7) 가라지/잡초를 심음.
'씨를 뿌리다' 항목을 찾아보라.
➲ (1) 창 2:8, 마 15:13, 눅 20:9 (2) 롬 6:5 (킹흠정, 한글킹, 비교. 요 12:24) (3) 고전 3:6 (4) 전 3:2, 사 61:3 (5) 시 92:13 (6) 시 107:37 (7) 마 13:25, 15:13.

심벌즈/꽹과리: (1) 사랑 없는 모든 말 (2) 경배.
➲ (1) 고전 13:1 (2) 대상 15:16,19,28.

심판: (경기) (1) 하나님 (2) 권위.
➲ (1) 고전 5:13 (2) 출 2:14, 신 21:2, 대상 17:10.

심판자: (판사, 심사위원) (1) 하나님 (2) 예수 그리스도.
➲ (1) 행 7:7, 히 12:23, 13:4, 계 20:12 (2) 행 10:42, 롬 2:16, 딤후 4:1.

십 대: (1) 어리석음 (2) 반항하는, 거역하는 (3) 조롱함 (4) 십 대들에 대한 당신의 인식을 생각해 보라.
'패거리', '스킨헤드족', '청소년', '어린/젊은' 항목을 찾아보라.
➲ (1) 잠 22:15 (2) 잠 30:11 (3) 왕하 2:23.

십자가: (1) 예수님의 십자가 (2) 구원의 복음 (3) 죽음 (4) 용서 (빚 청산) (5) 승리 (6) 치유 (7) 믿는 자의 십자가 (8) 그리스도를 위해 죽음.
'십자가에 못박다' 항목을 찾아보라.
➲ (1) 요 19:17,25 (2) 고전 1:17-18, 골 1:20 (3) 빌 2:8 (4) 골 2:14 (5) 골 2:15, 히 12:2 (6) 행 4:10 (7-8) 마 10:38-39, 16:24, 막 8:34, 10:21, 눅 9:23, 14:27.

십자가에 못박다: (1) 목숨을 내려놓다 (자아의 죽음) (2) 인간의 연약함, 하나님의 지혜와 능력 (3) 성령 안에서 살아가기 위해 육체의 정욕과 욕망을 못박음 (4) 고통스러운 죽음.
'십자가' 항목을 찾아보라.

➲ (1) 갈 2:20 (2) 고전 2:2-5, 고후 13:4 (3) 롬 6:6, 갈 5:24-25 (4) 마 27:31이하, 막 15:25이하.

싱크대: '세면대' 항목을 찾아보라.

싸다: (포장하다) (1) 돌봄 (2) 존중 (3) 보존함 (4) 양육함 (5) 숨김 혹은 비밀을 지킴 (6) 보호함 (7) 어떤 것을 둘둘 말면 그 기능이 바뀔 수도 있다 (8) 강한/튼튼한 덮개 (9) 깊이 빠짐 (10) 선물을 준비함.
➲ (1-3) 마 27:59, 막 15:46, 눅 23:53 (3) 삼상 21:9 (4) 눅 2:7 (5) 창 38:14 (6) 왕상 19:13 (7) 왕하 2:8 (8) 욥 40:17 (9) 욘 2:5 (10) 마 2:11.

싸움: (1) 믿음의 싸움 (2) 영적 전투/전쟁 (3) 외부로부터의 고난 (4) 세상의 정욕 (5) 천사의 싸움 (6) 하나님의 말씀으로 싸움.
'전투' 항목을 찾아보라.
➲ (1) 고전 9:26, 딤전 6:12 (2) 요 18:36, 엡 6:12 (3) 히 10:32 (4) 약 4:1-2 (5) 계 12:7, 단 10:13,20 (6) 계 2:16.

싹: (1) 부활 (2) 새 생명 (3) 소망.
➲ (1-3) 욥 14:7-9.

쌀: (1) 하나님의 말씀.
'씨(앗)' 항목을 찾아보라.
➲ (1) 눅 8:11.

쌍둥이: (1) 다툼, 분쟁 (2) 두 마음을 품음 (3) 일치/연합 (4) 대칭, 균형 (5) 두 몫 (6) 갑절의 복을 줌 (7) 반복되는 경험.
쌍둥이의 성별이 해석에 중요하다.
'아기', '소년', '소녀', '둘(2)' 항목을 찾아보라.
➲ (1-2) 창 25:24,27-28, 38:27 (다툼, 곧 다른 뜻의 결과) (3-4) 아 4:2,5, 6:6 (5) 단 1:13 (6) 잠 20:7 (1) 창 12:13 & 20:2, 시 85:8.

쌍안경: (1) 멀리 떨어져 있는 (2) 영적 시력, 통찰력 (3) 천국을 보거나 천국에서 봄 (4) 두려워하는 (5) 시간적으로 먼 (6) 선지자, 예언자 (7) 미리 봄 (8) 집중함, 초점을 맞춤 (9) 믿음 (육의 눈으로 보지 않음).

'수평선/지평선' 항목을 찾아보라.

➲ (1) 창 37:18, 렘 4:16, 마 26:58 (2) 왕하 4:25-27, 막 5:6, 눅 16:23 (3) 막 11:23, 13:34 (4) 막 15:40, 출 20:18 (5) 창 22:4, 37:18, 겔 12:27, 히 11:13 (6) 왕하 2:7 (7) 겔 12:27 (8) 마 7:5 (9) 히 11:1.

썩다/쇠하다: (1) 영원한 죽음 (2) 멸망하다.
➲ (1) 시 49:14, 행 2:27 (2) 사 1:28, 롬 2:12.

썩음: (1) 저주/저주받은 (2) 행악 (3) 소멸되다 (4) 병에 걸린 (5) 암 (6) 지옥.
➲ (1) 민 5:21-22,27, 욜 1:17 (2) 잠 10:7 (3) 욥 13:28 (킹흠정, 한글킹) (4-5) 삼상 5:6, 욥 13:28 (6) 지옥에 대한 묘사처럼.

쏘다1: (활이나 총 따위를 발사하다) (1) 상처 주는 말 (2) 소총을 쏘는 것은 멀리서 당신을 반대/대적하는 말을 뜻한다 (3) 소총을 쏘는 것은 또한 오래전에 당신을 대적하거나 반대한 말일 수도 있다 (예. 당신이 어린 시절에 들은 말) (4) 면전에서 대적하거나 쏘는 말.
'화살', '총알', '총', '저격수' 항목을 찾아보라.
➲ (1-3) 시 22:7-8, 64:3-4,7-8, 사 54:17 (4) 시 22:7-8.

쏘다2: (벌레에 물림) (1) 고통스러운 결과 (2) 치명적인 결과 (3) 죄 (4) 다치게 하다, 해치다 (5) 꾸짖음, 책망 (6) 비평, 비판.
'벌' 항목을 찾아보라.
➲ (1) 잠 23:32 (2-3) 고전 15:55-56 (4) 계 9:10 (5) 겔 5:15, "찌르는/쏘는 말"처럼 (6) 시 64:3-4.

쓰나미: (1) 대격변 (2) 파멸/심판 (3) 휩쓸림 (4) 성령이 부어짐/부흥.
'파도' 항목을 찾아보라.
➲ (1-3) 사 28:2-3, 59:19 (4) 사 59:19, 행 2:17.

쓰다: '레몬' 항목을 찾아보라.

쓰레기: (1) 종교적인 성취 (죽은 행실들) (2) 세상의 산물 (3) 육신을 세우고 강화함 (4) 버려야 하는 것 (5) 버리지 않으면 곪는/부패하는 것 (6) 방해되는 것 (7) 불에 덴 사람들과 동행하는 것.
'똥', '소변' 항목을 찾아보라.

⮕ (1–5) 빌 3:4–8 (6) 느 4:10 (킹흠정) (7) 느 4:2 (킹흠정, 한글킹).
- 축축한 쓰레기: (1) 죄 (2) 범법, 거역 (3) 육체 (4) 육체의 일들.
⮕ (1–2) 사 66:24 (쓰레기는 쓰레기장에!), 막 9:43–45,47 (킹흠정, 한글킹) (3) 빌 3:8 (4) 갈 5:19–21.

쓰레기차: (1) 대규모 구원/축사 사역 (폐기물/죄를 제거함) (2) 죄를 제거함 (3) 더러운/부정한 사역/교회 (4) 부패한 사업, 일 (5) 믿지 않는 자의 운명.
'파리'와 '쓰레기' 항목을 찾아보라.
⮕ (1) 마 8:16 (2) 욥 8:4, 사 31:7, 습 1:17 (3) 사 64:6, 요 2:14–16, 계 17:4–6, 19:2–3 (4) 사 1:4 (5) 막 9:43–44,46,48 (킹흠정, 한글킹).

쓰레기통/봉투: (1) 세상/종교적인 철학들로 가득 찬 마음 (2) 죄로 가득한 마음 (3) 죄를 제거함 (쓰레기 봉투를 가지고 나감).
⮕ (1) 빌 3:8 (2) 마 12:34 & 15:18 (3) 빌 3:8, 벧후 1:9.

쓸다: (1) 깨끗이 치우다 (2) 찾다, 수색하다 (3) 과감한 개혁 (4) 심판.
'빗자루' 항목을 찾아보라.
⮕ (1–2) 눅 15:8 (3) "대대적인 청소/큰 변화(sweeping changes)" (4) "죄와 더러움을 쓸어버리다"처럼, 창 18:23 (새번역, 우리말, 공동번역).

씨 뿌리는 자: (1) 하나님 (2) 예수 그리스도 (3) 사역자 (4) 믿는 자 (5) 마귀 (6) (좋은 혹은 나쁜) 사람.
⮕ (1) 마 13:3,19,24 (2) 마 13:37 (3–4) 고전 9:11, 고후 9:6, 약 3:18 (5) 마 13:39 (6) 갈 6:7–8.

씨(앗): (1) 하나님의 말씀 (2) 말 (3) 잠재력, 가능성 (4) 믿음 (5) 그리스도 (6) 믿는 자 (7) 자녀/후손 (8) 심는(투자하는) 돈 (9) 수많음 (10) 배가, 증식 (11) 죽음.
'견과류' 항목을 찾아보라.
⮕ (1) 마 13:19–23, 눅 8:11, 벧전 1:23 (2) 눅 19:22 (비교. 고후 9:6) (3) 마 13:32 (4) 마 17:20, 눅 17:6 (5) 창 3:15, 갈 3:16, 요 7:42 (6) 마 13:38, 요 12:24 (7) 마 22:24 (킹흠정, 한글킹), 막 12:19–22 (킹흠정, 한글킹), 요 8:37 (킹흠정, 한글킹), 히 11:11 (8) 마 6:19–20, 고후 9:5–6 (9) 롬 4:18 (킹흠정, 한글킹) (10–11) 요 12:24.

씨를 뿌리다: (1) 하나님의 말씀을 선포하거나 전함 (2) 육신에 심으면 육신적인 것을 거두

고 영에 심으면 영적인 것을 거두게 되어 있다 (3) 당신이 삶에 심고 있는 것 (투자) (4) 의.
'투자', '식물', '씨(앗)' 항목을 찾아보라.
⇨ (1) 마 13:3-4,18-19, 막 4:14 (2-3) 갈 6:8 (4) 약 3:18.

씨름: (1) 영적 전쟁 (2) 승인/항복의 지점에 다다름 (3) 육과 영의 내적 싸움 (4) 강한 자.
⇨ (1) 엡 6:12 (2-3) 창 32:24-28 (4) 눅 11:21-22.

씹다: (1) 묵상함 (2) 생각/고려해 봄.
⇨ (1) 수 1:8 (2) "되씹다(곰곰이 생각하다)"처럼.

씻다: (1) 거듭남 (몸 전체를 씻음) (2) 하나님의 말씀으로 씻음 (몸 일부를 씻음) (3) 죄를 고백함 (4) 성경 공부와 적용 (5) 거듭남 혹은 거듭나야 함 (옷을 빪) (6) 새롭게 함.
'세면대', '때수건', '세탁기' 항목을 찾아보라.
⇨ (1-2) 요 3:5, 13:10, 딛 3:5 (3) 요일 1:9 (4) 요 15:3, 17:17, 엡 5:26 (5) 욜 2:13, 마 23:25-28, 막 7:21-23, 눅 11:39-40 (6) 딛 3:5.

ㅇ

아기: (1) 하나님의 약속 (2) 성령님 (하나님의 약속) (3) 새로운 사역 (4) 미성숙한 (5) 새/어린 신자 (6) 미성숙한 교회 (7) 새로운/젊은 교회 (8) 믿음으로 약속을 출산 혹은 성취함 (예상치 못한 아기) (9) 미래 (10) 축복 (갓 태어난 아이) (11) 약속의 때에 이르렀지만 성령의 일들에 미숙함 (미숙아, 조산아).
'출산/출생', '소년', '소녀', '임신', '쌍둥이' 항목을 찾아보라.
⇨ (1) 행 1:4, 7:5,17 (2) 눅 24:49 (3) 계 12:2-4 (4) 요일 2:12-14, 히 5:12-13 (5-7) 마 1:25, 21:16, 눅 2:12 & 행 1:1 (8) 삼상 1:17, 히 11:11, 갈 4:23 (9) 사 7:14, 행 7:19 (10) 신 7:13 (11) 갈 4:4-6.

아나콘다: '파이톤' 항목을 찾아보라.

아내: (1) 교회 (그리스도의 신부) (2) 실제 아내 (3) 이스라엘 (4) 일, 사업.
⇨ (1) 엡 5:23-25, 계 19:7 (3) 렘 3:1,20 (4) 고후 6:14 (5) "일과 결혼했다"는 말처럼.

아동 도서: (1) 어린이 성경 (어린아이 같은 믿음) (2) 믿음과 신뢰 (3) 무죄, 결백 (4) 겸손히 의지함.

➲ (1–4) 마 18:3–6.

아들: (1) 예수 그리스도 (2) 성숙한 신자 (3) 당신의 미래 (4) 실제 아들 (5) 아들의 이름이 의미하는 바를 생각해 보라.
➲ (1) 요 3:16 (2) 롬 8:14, 히 2:10 (3) 욥 21:8.

아래로: (1) 넘어짐 (2) 쉼, 휴식 (3) 지옥 (4) 영적인 쇠락 (5) 비천해진 (6) 경배 혹은 경의를 표함 (숙이다, 절하다) (7) 잠자다 (눕다) (8) 소망 없는 혹은 낙담한 (풀이 죽은 혹은 멸시받는) (9) 불승인 혹은 성공하지 못한.
'내려가다/내려오다', '떨어지다', '눕다', '위2', '바로 선' 항목을 찾아보라.
➲ (1) 시 20:8 (2) 시 23:2 (3) 시 55:15, 잠 5:5 (4) 사 59:14, 렘 8:4, 눅 8:13, 살후 2:3 (5) 욥 22:29, 사 2:11, 10:33, 렘 13:18, 눅 18:14 (6) 창 24:26,48, 43:28, 욥 1:20 (7) 창 28:11, 시 3:5, 4:8 (8) 시 42:5,11, 43:5 (9) "(반대의 뜻으로) 엄지를 내림".

아름답다: (1) 내적 부패에 대한 경고 (2) 복음을 전하는 자 (3) 큰 은총을 입은, (용모가) 잘생긴 (4) 거룩한 의복 (5) 거룩, 성결 (6) 하나님의 다양한 면을 봄 (7) (온유[겸손]한 자 위에 임하는) 구원 (8) 매력 있는, 호감이 가는 (9) 마음을 비춤 (10) 유혹 (11) 헛됨 (12) 하나님의 타이밍, 때 (13) 적절한 때 적소에 (14) 당신(혹은 교회)과 그리스도의 사랑의 관계를 보여 주는 (15) 그리스도 (16) 일시적인 겉모습, 외관 (17) 교만의 위험.
'추한' 항목을 찾아보라.
➲ (1) 마 23:27, 잠 6:25 (2) 사 52:7, 롬 10:15 (3) 창 29:17, 시 90:17 (4) 출 28:2,40 (5) 대상 16:29, 대하 20:21, 시 29:2, 96:9, 110:3 (6) 시 27:4, 50:2, 90:17 (7) 시 149:4 (8) 신 21:11, 사 53:2 (9) 삼상 16:12 & 행 13:22 (10) 삼하 11:2 (11) 삼하 14:25, 시 39:11, 잠 31:30 (12–13) 전 3:11 (14) 아 6:4, 7:1 (15) 사 4:2 (16) 사 28:1,4 (17) 겔 28:17.

아멘: (1) 진실로 (2) 그대로 될지어다 (3) 예, 그렇습니다 (4) 결론.
➲ (1) 요 1:51, 3:3,5,11 (2–3) 고전 14:16, 고후 1:20 (4) 마 28:20, 막 16:20.

아몬드: (1) 결실이 많음 (2) 선택받음 (3) 지켜봄 (아몬드 나무, 우리말 성경은 '살구나무'로 되어 있음).
➲ (1) 민 17:8 (2) 민 17:5 (3) 렘 1:11–12.

아버지: (1) 하나님 (하늘 아버지) (2) 영적 권위/보호 (3) 예수 그리스도 (4) 영적 지도자

나 멘토 (믿음의 아버지) (5) 육신의 아버지 (6) 영적 조상들 (7) 과거 (8) 마귀 (불신자, 죄인, 거짓의 아비).
➡ (1) 마 6:9, 고후 1:2-3, 6:18 (2) 대상 24:19 (킹흠정), 25:3,6 (3) 사 9:6 (4) 고전 4:15, 살전 2:11, 딤전 5:1 (5) 엡 5:31, 6:2 (6) 히 1:1 (7) 욥 21:8 (8) 요 8:44, 요일 3:8.

아빠: '아버지' 항목을 찾아보라.

아스팔트: (1) 단단한 (2) 교통 혹은 교역 (3) 바쁨, 분주함 (4) 방수제, 밀폐제 (5) 성장을 방해함.
➡ (1-3) 마 13:4,19 (굳은 마음) (4) 창 6:14 (5) 신 29:23.

아우라: '후광' 항목을 찾아보라.

아이: (자녀) (1) 자신 혹은 교회의 미래 (하나님의 자녀들) (2) 무죄, 결백 (3) 내면아이+ (4) 미성숙 (5) 과거의 어린 시절 (6) 겸손 (7) 받아들이고 신뢰하고 믿음 (8) 초신자 (9) 그리스도를 따르는 자들 혹은 사탄 추종자들 (10) 훈련이 안 된 아이 (사생아들) (11) 마귀의 자녀들 (사생아들) (12) 진노의 자녀들 (불순종하는).
'어린/젊은', '청소년' 항목을 찾아보라.
➡ (1) 렘 31:17, 요 1:12 (2) 마 18:6 (3) 신 29:29, 왕하 17:9, 대하 28:11-12 (4) 눅 7:32, 고전 13:11 (5) 삼상 12:2 (6) 마 18:4, 눅 9:46-48 (7) 마 18:3 (8) 요일 2:12-14 (9) 행 13:10, 요일 3:10 (10) 히 12:8 (11) 요 8:44 (12) 엡 2:3, 5:6, 골 3:6.
(+어린 시절의 주관적인 경험을 설명하는 용어로, 한 개인의 인생에서 어린 시절부터 지속적인 영향을 주는 존재)
- 아이를 돌봐 줌: (1) 약속을 붙잡음 (2) 새로운 교회/사역을 양육하고 돌봄 (3) 젊은 교회를 관리하고 돌봄.
➡ (1) 히 10:23 (2) 출 2:2, 삼상 1:23 (3) 딤전 1:3, 6:20.

아이라이너/마스카라: (1) 매력을 드러내기 위한 겉치레 (2) 헛됨 (3) 아름다움 (4) 눈 위쪽만 마스카라를 칠하는 것은 세상이 생각하는 것(사람을 기쁘게 하는 것)을 염려하지 말고 하나님을 기쁘게 해 드리는 일들을 행하라는 뜻이다.
'위아래' 항목을 찾아보라.
➡ (1-4) 고전 7:33-34, 벧전 3:3-4.

아이쇼핑: (1) 마음의 소원 (2) 아직 들어가지 않음 (3) 하나님의 일들을 묵상함.
⇨ (1) 시 10:3, 37:4 (2) 요 3:3 (비교. 3:5) (3) 창 24:63.

아이스박스: (1) 마음 (말씀을 보존함) (2) 사랑 없는 마음.
⇨ (1) 잠 3:1, 4:4,21,23, 눅 8:15, 히 9:4 (2) 마 24:12.

아이스크림: (1) 복음을 나누지 않음 (2) 사랑 없이 복음을 전함 (3) 하나님의 약속 (4) 믿을 수 없는/속이는 음식 (감미료).
'크림', '디저트/후식' 항목을 찾아보라.
⇨ (1) 히 5:13 (크림은 우유에서 얻는 가장 좋은 부분이다) (2) 마 24:12, 빌 1:17 (3) 출 3:8 (젖과 꿀), 레 20:24 (4) 잠 20:17 & 23:1–3.

아치문: (1) 하나님의 기회 (2) 열린 하늘.
'원', '지붕—돔형 지붕' 항목을 찾아보라.
⇨ (1–2) 창 9:13.

아침: (아침 식사) (1) 새날 (2) 새로운 시작 (3) 금식을 중단함.
⇨ (1–2) 요 21:12 (3) 삼하 12:21.

아파트: (아파트 한 동) (1) 소(小)문화권이나 집단 (2) 영적으로 미성숙한 개인.
⇨ (1) 행 16:3 (2) 고후 5:1.

아프리카인: '흑인', '원주민' 항목을 찾아보라.

아픈: (1) 죄 (2) 인체의 각 부분은 가족, 교회, 일, 모임 혹은 나라/민족 내부의 구조를 가리킬 수도 있다 (예. 머리의 상처나 부상은 병든 지도자를 암시하며, 손은 일꾼과 관련이 있을 수도 있다) (3) 영적인 평안이 없음 (4) 실제 육신의 병 (5) 치유가 필요함 (6) 소망이 이뤄지지 않음 (7) 상사병에 걸림 (8) 자기 성찰이 없음.
⇨ (1) 막 2:17, 눅 5:20,23–24,31–32, 요 5:14, 약 5:14–15 (2–3) 사 1:5–6 (4) 마 10:7–8 (5) 마 4:24, 8:16 (6) 잠 13:12 (7) 아 2:5, 5:8 (8) 고전 11:28–30.

아홉(9): (1) 최후, 심판 (2) 종말 혹은 결말 (3) 결실이 많음, 다산 (4) 성령의 숫자 (풍성하게 열매 맺으시는 분) (5) 하나님께 영광을 돌리지 않음.
⇨ (1–2) 마지막 숫자 9는 어떤 일의 끝과 결말을 나타낸다 (3) 창 17:1–2 (아브라함은

향년 99세에 크게 번성할 것이라는 약속을 받았다), 마 7:16, 요 15:8 (열매는 그리스도인의 성장과 제자됨의 결정적 증거이다) (4) 갈 5:22-23 (아홉 가지 열매) (5) 눅 17:17-18.
- 아홉 시: (1) 성령 충만을 받을 시간 (거룩의 시간).
⇨ (1) 행 2:15 (제삼시는 아침 9시경임).

아흔(90): (1) 완전한 심판 (2) 종말.
성경 구절은 '아홉(9)', '열(10)' 항목을 찾아보라.

악기: (1) 사역 (특히 당신이 음악가인 경우) (2) 예배 사역 (3) 예언 (4) 영계에 들어감/은사를 사용함 (악기를 연주함) (5) 마음.
⇨ (1-2) 대상 6:32, 16:4, 대하 7:6 (3) 대상 25:1 (4) 왕하 3:15 (5) 시 9:1.

악담: '욕하다' 항목을 찾아보라.

악몽: "4장 모든 꿈은 다 하나님이 주신 것일까?"를 찾아보라.

악수: (1) 서약 (2) 동의 혹은 결속 (3) 계약 혹은 언약 (4) 보증 (보증인).
'손가락', '주먹', '손' 항목을 찾아보라.
⇨ (1) 욥 17:3 (2-4) 잠 6:1, 17:18, 22:26.

악어: (1) 집어삼키는 자 (2) 악한 영, 귀신 (3) 마귀 (4) 죽음 (5) 종교적 위선 (6) 독설을 퍼붓는 사람 (7) 약탈자, 포식자 (8) 재정의 약탈자 (9) 속이거나 가장함 (악어의 눈물).
⇨ (1) 그 이빨로 (2) 마 13:4 (3) 사 27:1, 말 3:11, 벧전 5:8, 계 12:4 (4) 잠 5:5, 겔 28:8 (5) 마 23:14 (킹흠정, 한글킹), 막 12:40, 눅 20:47 (6) 갈 5:15 (7) 벧전 5:8 (8) 말 3:10-11 (9) 말 2:13.

악취: (1) 어리석음 (2) 소름 끼치는/극악 무도한 행위들 (3) 귀신들 (4) 속임, 기만 (5) 잘못된 영 (6) 거슬리는/걸려 넘어지게 하는.
'향/분향', '향수' 항목을 찾아보라.
⇨ (1) 전 10:1 (2) 욜 2:20 (3) 전 10:1 ('파리' 항목을 찾아보라) (4) 막 9:25, 엡 4:14, "뭔가 냄새가 나는데…" 혹은 "뭔가 수상한데(smell a rat)"처럼 (5) 시 32:2, 막 1:23-24 (6) 마 13:21, 16:23.

안개: (1) 죄 (2) 덧없는 삶 (3) 어둠 속에 있는 (4) 지옥 (5) 숨겨진 (6) 비밀.

➲ (1) 사 44:22 (2) 약 4:14 (3) 행 13:11 (4) 벧후 2:17 (5–6) 시 18:11.

안경: '읽음' 항목을 찾아보라.

안경사: (1) 하나님 (2) 예수 그리스도 (3) 성령님 (4) 영적인 비전/믿음을 발전시킴 (시력 검사) (5) (당신이 볼 수 있게 도와주는) 선지자.
'눈1', '창문', '하늘1–하늘의 창문' 항목을 찾아보라.
➲ (1) 창 21:19, 왕하 6:17 (2) 요 9:6–7 (3) 겔 11:24, 욜 2:28, 요 14:17, 행 2:17 (4) 히 11:1,3,7,27 (5) 삼상 9:9, 엡 4:11–12.

안내 데스크: (1) 안내를 받기 위해 하나님께 나아감.
➲ (1) 잠 4:11, 렘 29:11–14.

안내/접수 담당자: (1) (말씀을) 받는 사람 (2) 선지자 (3) 설교자 (4) 기록자 (5) 믿는 자.
➲ (1–4) 잠 2:1, 렘 9:20, 겔 3:10 (5) 마 10:14, 13:23, 요 12:48, 약 1:21.

안내자: (1) 성령님 (2) 예수님 (3) 멘토/지도자 (4) 천사 (5) 성경 (6) 레마의 말씀 (시기 적절하게 선포된 말[씀]).
'지도', '가리키다' 항목을 찾아보라.
➲ (1) 요 16:13, 롬 8:14 (2) 요 10:27, 21:19,22, 히 12:2 (3) 왕상 19:21, 행 8:30–31 (4) 창 19:15–16 (5) 시 119:105 (6) 잠 15:23, 사 50:4, 행 8:30–31.

안다/포옹하다: (1) 마음에 새김 혹은 마음을 엶 (2) 경배 (3) 사랑 (4) 애정을 표현함 (5) 거짓된 애정 (6) 가르침을 마음에 새김 (7) 자기 소유로 받아들임.
➲ (1) 삼상 18:1 (2) 마 28:9 (3) 왕하 4:16, 아 2:6, 8:3, 행 20:10 (4) 창 33:4, 잠 5:20, 행 20:10 (5) 창 29:13 (비교. 창 24:29–31) (6) 잠 4:8, 히 11:13 (7) 창 48:10.

안락의자: (1) (안식처이신) 하나님 (2) 하나님이 머무시는 곳으로서의 당신 (3) 하나님의 보좌 (4) 똑똑한 척하는 게으름쟁이 (방구석 전문가).
'의자', '소파' 항목을 찾아보라.
➲ (1) 신 12:9, 대하 14:11, 사 30:15, 히 4:10 (2) 대하 6:41, 행 7:49 (3) 왕상 10:19 (4) 잠 26:16.

안마사: (물리치료사) (1) 도수 교정과 조절 (2) 몸의 균형을 잡음.

➲ (1-2) 엡 4:12.

안식: (1) 그리스도께서 마치신 사역을 믿음 (2) 하나님의 왕국에 들어감 (3) 하나님의 임재 안에서 영원히 안전함 (4) 짐에서 해방됨 (5) 평안 (6) 잠 (7) 원기/피로 회복 (8) (좋거나 나쁜) 집을 발견함 (9) 사람의 마음 (10) 신뢰 (11) 더 이상 수고하지 않음 (12) 하나님과 백성의 참된 영적 연합.
'침대', '일곱(7)', '앉다' 항목을 찾아보라.
➲ (1) 히 4:1-11 (2) 출 33:14, 히 3:11,18 (3) 행 2:26-28 (4) 마 11:28, 살후 1:7 (5) 마 11:29, 행 9:31 (비교. 킹흠정 & 한글킹), 고후 2:13, 7:5 (6) 요 11:13 (7) 막 6:31 (8) 마 12:43, 눅 11:24, 고후 12:9, 벧전 4:14 (9) 행 7:49 (10) 롬 2:17 (11) 계 14:13 (12) 행 7:48-49.

안전모: (1) 구원의 투구 (2) 굳은/완고한 마음 (교만한 생각) (3) 분열된/무른 마음.
➲ (1) 엡 6:17 (2) 단 5:20, 막 6:52, 8:17 (3) 약 1:8.

안전벨트: (1) 자제함, 삼감 (2) 앞으로 있을 소란/소동 때문에 안전벨트를 착용함 (3) 진리 (공격에 맞서 보호함) (4) 방해에서 보호함 (5) 사역이나 소명에 대한 확고함.
'자동차 사고' 항목을 찾아보라.
➲ (1) 출 19:12 (2) 벧전 5:8 (3-4) 잠 6:20-22, 엡 6:14 (5) 눅 10:42, 행 21:11-13.

안전요원: (1) 성령님 (2) 예수 그리스도 (3) 목회자 (목자).
➲ (1) 욥 33:4, 사 59:19, 요 6:63, 딛 3:5 (2) 창 45:5,7 (요셉은 그리스도를 상징한다), 마 8:25-26, 눅 23:39, 행 4:12 (3) 행 20:28, 벧전 5:2-4.

안테나: (1) 영적인 민감성 혹은 감각 (2) 예언적 은사.
➲ (1) 마 11:15 (2) 렘 29:19, 슥 7:12.

앉다: (1) 권위, 권세 (2) 완성된 일 (3) 안식, 평안 (4) 심판 (5) 위치, 지위 (6) 존귀 (7) 장사함.
'벤치' 항목을 찾아보라.
➲ (1) 엡 2:6, 계 2:13, 계 13:2 (2) 시 110:1, 히 10:11-14 (3) 룻 3:18, 삼하 7:1, 슥 1:11 (4) 마 19:28, 계 4:2-3 (5) 엡 2:6 (6) 마 23:6 (7) 요 2:14.

알/달걀: (계란) (1) 약속 (2) 새로운 시작 (3) 선물 (4) 계략/계획 (5) 노른자가 없는 알은 마음이 없는 약속을 뜻한다 (예. 거짓 약속/빈말) (6) 가능성, 잠재력 (7) 비옥함.

➲ (1–3) 눅 11:12–13 & 24:49 (4) 사 59:5.
- 노른자: (1) 약속 (2) 성령님 (3) 마음 (4) 생명 (5) 노른자가 없는 알은 생명이 없거나 마음이 없는 약속을 뜻한다(거짓 약속/빈말).
➲ (1–2) 눅 11:12–13 & 24:49 (3–5) 욥 6:6, 렘 17:11 (킹흠정, 한글킹).
- 달걀 껍데기: (1) 예민함 (2) 혼란에 대한 두려움 (달걀 껍질 위로 걸음) (3) 조심스럽게 나아가다 (4) 연약한 (5) 거짓 약속/빈말.
➲ (1–4) 욥 39:14–15 (5) 잠 23:7–8.

알람: (1) 경고 (2) 영적 공격에 대한 경고 (화재경보기-연기) (3) 심판에 대한 경고 (화재경보기) (4) 양심.
'불', '연기', '나팔' 항목을 찾아보라.
➲ (1) 암 3:6 (2) 계 9:2–3 (3) 겔 16:41, 벧후 3:7 (4) 롬 2:15, 13:4–5.

알로에: (침향) (1) 향품 (2) 치유 (3) 성령의 기름부음 (치유의 기름).
➲ (1) 시 45:8, 아 4:14 (2–3) 렘 8:22, 51:8.

알루미늄: (1) 성령의 권능이 이끄는 (빠르고 기동성 있는) 사역 (2) 섬세한 사역/사람.
➲ (1) 롬 8:14 (2) 행 13:13.

알루미늄 포일: (1) 격리/절연/고립된.
'굽다', '제빵사' 항목을 찾아보라.
➲ (1) 잠 1:30.

알아봄: (1) 열매 (2) 증거 (3) 명백한/숨길 수 없는 표 (4) 친밀한 사람 혹은 친숙한 환경 (5) 이미 알고 있는 (6) 세상의 친구 (알아보지/인정받지 못함).
➲ (1–3) 마 7:16–20 (4–5) 마 7:23, 요 15:15, 18:2 (6) 약 4:4.

알약: '약물 사용' 항목을 찾아보라.

알파: (1) 처음 (2) 시작 (3) 예수 그리스도.
➲ (1–3) 계 1:8,11 (킹흠정역), 21:6, 22:13.

암: (1) 죄 (2) 교회 내부(그리스도의 몸)의 죄 (3) 파괴적이고 자기 소모적인 말 (4) 실제 암/질병 (5) 의심 (사람의 마음속에 있는 믿음을 좀먹는다) (6) 두려움 (믿음을 잠식한다)

(7) 쓴 뿌리 (8) 용서하지 않는 마음 (9) 스트레스.
'종양' 항목을 찾아보라.
➲ (1) 사 1:4, 호 9:9 (2-3) 딤후 2:16-17 (5) 마 14:30-31, 21:21 (6) 마 8:26, 막 4:40 (7) 욥 21:25 (8) 민 12:11-12 (9) 욥 2:4-5.

암내: (1) 죄짓게 하는 것 (2) 육체의 일들.
➲ (1) 창 3:19 & 4:2-5 (2) 겔 44:18.

암살자: (1) 죽음의 영 (2) 거짓 증인 (인신 공격하는 사람).
'살인 청부업자', '죽이다', '마피아', '살인', '저격수' 항목을 찾아보라.
➲ (1) 시 10:8, 94:6 & 요 10:10 (2) 왕상 21:10, 시 27:12, 35:11.

암소: (1) 부 (2) 현금 (3) 복 (4) 우상.
➲ (1) 시 50:10 (2) "캐시 카우(cash cow: 지속적으로 수익을 창출하는, 즉 돈을 벌어 주는 상품이나 사업)"처럼 (3) 시 107:38 (4) 출 32:24, 왕상 12:28.

암실: (1) 은밀한 것을 드러냄, 시력이 좋아짐.
➲ (1) 마 10:26, 고전 4:5.

암양: (1) 증인 (2) 아내 (3) 여성 신자 (4) 초신자들의 어머니.
➲ (1) 창 21:28-30 (2) 삼하 12:3 (3-4) 창 31:38, 시 78:71.

암페타민: (중추 신경과 교감 신경을 흥분시키는 작용을 하는 각성제. 식욕을 억제하는 효과가 있어서 미국에서는 비만증 치료에 쓴다) (1) 과대 광고 (거짓된 열기) (2) 속도.
'약물 사용' 항목을 찾아보라.
➲ (1) 롬 10:2 (2) 왕하 9:20.

암호: (1) 하나님이 주시는 계시들 (2) 꿈 (3) 신비/비밀 (암호 해독자, 곧 성령님이 필요함).
➲ (1) 잠 25:2, 단 2:28,47, 마 16:15-17 (2) 민 12:6-8 (3) 욥 11:7, 단 4:9, 고전 13:2, 14:2.

압력솥: (1) (논쟁, 파멸, 갈등 등이) 곧 폭발할 것 같은.
'끓임', '폭탄' 항목을 찾아보라.
➲ (1) 삼상 20:30-33.

앙상한: (1) 기근 (2) 가느다란 (3) 여윈.
'쇠약한', '기름짐 & 살찜', '깡마른' 항목을 찾아보라.
➡ (1) 창 41:6-7,27 (2) 출 39:3, 레 13:30, 왕상 7:29 (킹흠정, 한글킹) (3) 사 17:4.

앞: (1) 미래 (2) 그다음 (정해진 때에).
'뒤' 항목을 찾아보라.
➡ (1-2) 눅 10:1, 빌 3:13.

앞문/정문: (1) 당신의 마음으로 들어오심 (2) (당신 앞에 있는) 미래 (3) 얼굴, 표면 (4) 입 (5) 만나다 (6) 맞서다 (7) 찾으라, 구하라, 두드리라 (8) 입구 (9) 소통 (10) 앞문은 가정/집안을 대표한다 (11) 영적인 민감함 (12) 은밀히 (닫힌 문 뒤에서) (13) 알려지지 않은 (닫힌 문) (14) 가까운/근접한/곧 (문 앞에) (15) (문이신) 예수님 (16) 구원 (열린 문들) (17) 완고한 마음 (18) 기회 (19) 말씀을 전할 기회 (20) 천국/하늘의 문 (21) 문, 마음을 활짝 엶.
'문', '앞쪽/앞면' 항목을 찾아보라.
➡ (1) 출 12:7, 시 24:7,9, 계 3:20 (2) 시 5:8 (3) 창 1:2, 4:6-7 (4) 삿 11:31 (경솔한 맹세), 욥 41:14, 시 141:3, 겔 33:30-31 (5) 왕하 14:8 (6) 창 19:6-7, 왕하 14:11 (7) 대상 16:11, 눅 11:7-13 (8) 창 6:16, 잠 8:3 (9) 창 43:19, 출 33:9-11 (10) 출 12:22-23, 수 2:19 (11) 출 21:6 (12) 사 57:8, 마 6:6 (13) 마 25:12, 눅 13:25 (14) 마 24:33, 막 1:33, 13:29 약 5:9 (15) 요 10:7,9 (16) 행 16:26-28 (17) 행 21:30 (문들이 닫힘) (18) 고전 16:9, 고후 2:12, 계 3:8 (19) 골 4:3 (20) 시 78:23, 계 4:1.

앞쪽/앞면: (1) 미래 (2) 첫 등장 (3) 겉/표면으로 보이는 것 (4) 드러난 (5) 지도력, 통솔력.
'정문', '뜰-앞뜰', '앞' 항목을 찾아보라.
➡ (1) 마 11:10, 눅 9:52, 10:1, 행 7:45 (5) 시 80:1, 사 40:11.

앞치마: (1) 종 (2) 섬김 (3) 평신도.
➡ (1-2) 요 13:4-5 (3) 행 6:1-7.

애견 호텔: (1) 입소형 재활 센터.
➡ (1) 삼하 9:4-5,8.

애곡: (1) 상실을 겪음.
'죽음' 항목을 찾아보라.
➡ (1) 삼상 25:1, 마 2:18.

애굽/이집트: (1) 세상 (2) 영적이지 않은 물질주의 (3) 바로(사탄)의 노예로 있는 곳 (4) 철학과 육신의 감각이 통치하는 왕국 (5) 하나님을 부정함 (6) 초강대국.
➔ (1) 출 3:8, 요 15:19, 행 7:34 & 갈 1:4 (2) 마 13:22, 16:26, 25:24-25, 막 4:19, 요 3:19, 8:23, 롬 12:2, 고후 4:4, 벧후 1:4, 요일 2:16 (3) 갈 4:3, 출 6:5-6 & 엡 2:2-3, 요 12:31, 14:30, 16:11,33, 17:15, 고전 2:12, 5:10, 요일 4:4 (4) 요 14:17,19, 골 2:8 (5) 약 4:4, 요일 2:15 (6) 겔 30:6.

애벌레: (1) 구원받지 못한 사람 (아직 나비가 되지 못한) (2) 지속적인 파멸 (3) 심판 혹은 재앙 (4) 회복.
➔ (1) 고후 5:17 (2) 욜 1:4 (3) 왕상 8:37, 시 78:46, 105:34, 사 33:4 (4) 욜 2:25.

애완동물: (1) 당신이 먹이를 주고 있는(연료를 공급하고 있는) 것 (2) 습관 (3) 동료 혹은 친구.
'고양이', '기니피그', '마스코트', '개', '수의사' 항목을 찾아보라.
➔ (1) 롬 13:14, 고후 10:5, 갈 4:8-9, 5:16-21 (2) 벧후 2:14 (3) "개는 사람의 가장 좋은 친구이다".

액상 접착제: (1) 견고한 진 (2) 속박, 매임 (3) 혼의 묶임.
➔ (1-2) 마 12:29, 눅 13:16 (3) 삼상 18:1.

앰프: (1) 꿈과 환상의 해석을 돕는 하나님의 코드, 암호 (메시지를 더욱 선명하게 해줌) (2) 계시 (하나님의 음성).
➔ (1) 민 12:6, 신 4:36 (2) 출 19:16, 계 10:3, 14:7.

앵무새: (1) 말을 옮기는 사람 혹은 험담 (2) 천사.
'색깔-다양한 색깔의' 항목을 찾아보라.
➔ (1) 잠 17:9, 전 10:20 (2) 눅 2:9, 9:26, 계 18:1.

야구: (1) 말로 책잡으려 함 (공을 던지거나 받음) (2) 능력 있는 말씀 (타격) (3) 영적 전쟁 (타격과 투구) (4) 당신의 말로 핵심을 치는 것 (홈런) (5) 원수가 당신을 잡거나 당신을 앞질러 가는 것 (스트라이크) (6) 거짓말 (커브볼) (7) 역사를 만듦 (최고의 홈런을 때리는 것).
'공', '방망이', '크리켓', '축구', '스포츠', '심판', '따내다' 항목을 찾아보라.
➔ (1) 막 12:13 (2) 전 8:4, 눅 4:32 (3) 롬 7:23 (내면에서 벌어지는 영과 육의 대결),

고후 10:3, 엡 6:12 (둘째 하늘에서 악한 영들을 상대함), 딤전 1:18 (4) 삼상 3:19 (5) 창 3:1, 고전 10:13 (6) 창 24:49, 시 33:4, 눅 20:21 (7) 에 8:5,8 (기록이 남음).
- 야구 방망이: '방망이' 항목을 찾아보라.

야영지: (캠프장, 진영) (1) 임시적인 위치 (2) 하나님의 군대 (3) 천군, 천사들의 군대 (4) 교회 (다양한 텐트들) (5) (선한 혹은 악한) 영적 세력들의 모임 (6) 광야 체험 (난민 캠프) (7) 성령의 인도함을 받는 교회.
➲ (1) 출 19:2, 수 10:15 (2) 출 14:19–20, 수 6:18, 시 34:7 (3) 창 32:1–2 (4) 출 33:7, 민 2:16–17, 15:35–36 (5) 창 32:1–2, 욜 2:11, 삿 7:11 (6) 자기 나라(땅)의 박해를 피해 도피한 곳. 하지만 (이스라엘처럼) 아직 새로운 본향에 들어가지 못했기에 (7) 출 13:21, 요 3:8.

야자수: '종려나무' 항목을 찾아보라.

야채/채소: (1) 약한 (2) 충분하지 않은/부족한 설교 (3) 미성숙한 (4) 걸려 넘어지게 하는 것을 피함 (5) 율법적인 음식 규정 (6) 영적 건강 (지혜, 지식, 꿈, 환상들이 포함됨) (7) 아무것도 하지 않음 ("느긋하게 쉬다[veg out]") (8) 하나님의 말씀 (씨를 뿌림).
➲ (1) 롬 14:2 (2–3) 고전 3:2, 히 5:12–14 (4) 롬 14:15–21 (5) 딤전 4:3 (6) 단 1:12,15–17 (8) 단 1:12 (채소는 씨를 뿌려 심은 것들이다) & 눅 8:11.

약: (1) 치유 (2) 기도 (3) 예수님의 보혈 (4) 하나님의 말씀 (5) 성령의 기쁨 (6) 유향/향유, 어노인팅 오일 (7) (생명나무이신 그리스도의) 나뭇잎들.
'의사', '치유', '병원', '간호사' 항목을 찾아보라.
➲ (1–2) 약 5:14–15 (3) 사 53:5, 요 6:53 (4) 잠 4:20–22 (5) 잠 17:22 (6) 렘 46:11, 약 5:14–15 (7) 겔 47:12, 계 22:2.

약국: (1) 하나님의 말씀을 나누어 주는 곳으로서의 교회 (2) 하나님의 말씀 (3) 예수 그리스도 (병을 고치는 진료실 또는 조제실) (4) 감정이 없는 교회 (약에 취한).
'상점' 항목을 찾아보라.
➲ (1–2) 잠 4:20–22 (정확한 처방전) (3) 마 4:23 (4) 계 3:1–2,15–17.

약물 사용: (1) 거역, 불순종 (2) 권위에 도전함 (3) 제어하기 어려운 (4) 범죄 (5) 육신/육체에 대한 것을 말한다 (6) 빠른 해법을 찾음 (7) 순간의 쾌락/욕구 충족을 구함 (8) 현혹된 (9) 중독 (10) 거짓된 만족 (11) 마취제를 찾음 (12) 실제 약(물) 사용 (13) 조종 (14) 주술/마술 (15) 견고한 진 (16) 질병 (17) 의존/의지함 (18) 약.

'암페타민', '바늘', '알약', '각성제' 항목을 찾아보라.
⮕ (1–4) 계시록 9장 21절에 '복술/마술'로 번역된 헬라어 '파르마케이아'(pharmakeia)에서 '조제실, 약국'에 해당하는 영어 'pharmacy'가 나왔다. 사무엘상 15장 23절에도 동일한 표현이 사용되었다 (5) 갈 5:19–21, 벧후 2:10 (6–7) 딤후 3:1–4 (8) 딤후 3:6–7 (10) 엡 5:18.

양: (1) 믿는 자들 (2) 그리스도 (3) 죄인들 (잃어버린 자들 혹은 길을 잃은 자들) (4) 목자 없는 (흩어진 양) (5) 교회 (양 무리).
'염소', '목자' 항목을 찾아보라.
⮕ (1) 마 10:16, 25:32, 눅 15:4–7, 요 10:3–4,7,14, 21:16–17, 벧전 5:2–3 (2) 행 8:32 (3) 사 53:6 (4) 마 9:36 (5) 행 20:28, 벧전 5:2.

양말: (1) 당신의 행보에 영향을 미치는 작은 일들 (2) 매일의 선택 (3) 당신의 과거 혹은 미래의 행보에 관해 말해 주는 것일 수도 있다 (4) 당신과 (개인적으로) 밀접하게 관련된 일들 (5) 발에 신음으로 당신의 길을 결정짓게 함 (6) 준비 (7) 육신으로 행함 (양말이 없음) (8) 준비되지 않음 (양말이 없음) (9) 무질서한 (짝이 맞지 않는 양말) (10) 복음 (11) 옛 방식으로 일을 처리함 (낡은 양말).
양말의 색깔을 생각해 보라.
'발', '신발', '발바닥', '발가락', '걷다' 항목을 찾아보라.
⮕ (1) 요 11:9–10, 12:35, 요일 1:6–7 (2) 수 24:15 (3) 요 6:66, 7:1 (4) 행 9:31 (5) 요 8:12, 21:18 (6) 엡 6:15 (7) 고후 10:3 (8) 엡 6:15 (9) 살후 3:6,11 (10) 엡 6:15 (11) 요 8:4–5.

양어장: (1) 세상 (인류라는 바다) (2) 당신의 낚시터 (복음 전도의 장: 일터, 학교, 마을 등) (3) 교회.
⮕ (1) 마 4:18–19 (2) 행 8:5,26,29,39–40 (3) 물고기가 있는 곳.

양조장: (1) 술은 발효 공정을 거쳐야 하기 때문에 부패와 해악의 과정을 암시한다 (2) 세상적인 교회.
'이스트(효모)' 항목을 찾아보라.
⮕ (1) 출 34:25, 레 2:11 (누룩과 꿀은 자기 영광을 구하는 사람, 곧 부패한 예배를 상징하기 때문에 예물에서 배제되었다) (2) 벧전 1:23–25, 계 2:15–18, 18:2.

양철 인간: (1) 냉혹한/무자비한 사람.
⮕ (1) 겔 11:19, 마 24:12.

양털: (1) 덮개 (2) 훔쳐간/훔쳐냄 (3) 안내/지도를 구함 (입구의 컷아웃/재단된 러그) (4) 외관, 겉면.
'덮다', '러그' 항목을 찾아보라.
⇨ (1) 삿 4:18 (2) 요 12:6 (3) 삿 6:37-40 (4) 마 7:15.

양파/파: (1) 세상을 상징함 (애굽) (2) 과거에 머물며 아무것도 아닌 것에 분노함 (양파를 까면서 흘리는 눈물) (3) 과거에 집중하여 암울한 비전을 가짐 (4) 여러 층 혹은 겹 (5) 뉴욕 (6) 시카고 (7) 진심의 문제를 다룸 (양파를 썲) (8) 마음의 문제를 해결함 (양파 속을 제거함).
⇨ (1-3) 민 11:5 (4) 양파 속처럼 (5-6) 이 도시들은 "커다란 양파(Big Onion)"로도 알려져 있다 (7) 마 3:10 (8) 신 10:16, 30:6.

어깨: (1) 짐 (2) 권위, 권세 (3) 책임 (4) 짐을 나름 혹은 운반함 (5) 지위, 계급 (키) (6) 생각나게 하는 것 (기념물) (7) (어깨에 세속적인 소유물/재물을 메고) 떠남 (8) 거역 (어깨/등을 돌리거나 으쓱함) (9) 전력투구함 (헌신) (10) 아버지 없는 자들에게 상처 줌 (떨어져 나간 팔) (11) 구속/구원 받음 (어깨에 멤) (12) 누군가를 무시함.
⇨ (1) 창 12:6 ('세겜'에는 "짐을 진"이라는 뜻도 있다), 대하 35:3, 사 10:27, 마 23:4 (2) 사 9:6 (3) 창 9:23, 21:14, 민 7:9, 사 9:6 (4) 창 24:15, 삿 16:3, 대상 15:15, 사 46:7 (5) 삼상 9:2, 10:23 (6) 출 28:12, 수 4:5-7 (7) 출 12:34 (8) 느 9:29, 슥 7:11 (9) 욥 31:36, 눅 9:62 (10) 욥 31:21-22 (11) 눅 15:5 (12) 냉대, 쌀쌀맞게 대하다(cold shoulder).

어둠: (1) 마귀가 나타남 (2) 그리스도의 부재 (3) 하나님과 분리됨 (4) 지옥 (5) 사탄의 왕국 (6) 영적 맹인 (7) 죄 가운데 있음 (8) 죄 많음, 하나님을 믿지 않음 (9) 세속적임, 속된 마음 (10) 길을 잃은 (11) 무지한 (12) 심판 (13) 비밀/비밀리에 (14) 거짓말을 함 (15) 미움, 증오 (16) 영적인 깨달음이 없거나 무지한 (어둠 속에 있는) (17) 보이지 않는 하나님의 임재 (18) 죽음 (19) 잠재의식.
'밤', '그림자' 항목을 찾아보라.
⇨ (1) 시 22:12-13 & 마 27:45, 막 15:33, 눅 23:44 (2) 요 8:12, 13:30 (3) 마 4:15-16, 요일 1:5 (4) 마 8:12, 22:13, 25:30, 벧후 2:4, 유 1:13 (5) 눅 22:53, 행 26:18, 엡 6:12, 골 1:13 (6) 마 6:23, 요 1:5, 행 13:11 (7) 엡 5:11-12 (8) 요 3:19, 8:12, 고후 6:14, 살전 5:5,7 (9) 롬 13:12, 엡 6:12 (10) 요 12:35,46, 요일 2:11 (11) 살전 5:4 (12) 출 10:21, 행 2:20, 유 1:6 (13) 마 10:27, 고전 4:5 (14) 요일 1:6 (15) 요일 2:9,11 (16) 출 10:22-23, 신 28:29, 삼하 22:29 (17) 출 20:21, 민 12:8, 신 5:23, 왕상 8:12 (18) 욥 10:21-22, 12:22 (19) 고후 4:6.

어뢰: '폭탄', '프로펠러', '미사일' 항목을 찾아보라.

어리석은/미련한: (1) 불신자 (2) 죄지은 자 (3) 지혜와 교훈을 멸시하는 자.
➡ (1) 시 14:1, 53:1 (2) 시 107:17 (3) 잠 1:7.

어린/젊은: 꿈속에서 어떤 사람이 실제보다 어려 보인다면, 다음을 뜻할 수도 있다. (1) 당신은 독수리같이 새로워진 활력을 지니고 있는 영적 사람을 보고 있는 것이다 (2) 미래에 그 사람의 모습이다 (3) 순결함과 겸손을 뜻할 수도 있다 (4) 복종 (5) 영적인 지배/통치권 (6) 미성숙함 (7) 역으로 그 사람의 과거, 곧 독립적이고 이기적이며 하늘 아버지와 상관없는 삶을 살아가던 모습을 보는 것일 수도 있다 (8) 육신과 안목의 정욕에 사로잡힌 사람 (9) 종교적 열성분자 (10) 알게 된 지 얼마 안 된 사람 (두 사람이 있는데 한 명이 더 어리거나 젊다면, 그는 만난 지 얼마 안 된 사람이다).
'아이', '청소년' 항목을 찾아보라.
➡ (1) 시 103:5 (2) 행 7:19 (이 아이들이 이스라엘 민족을 이루게 된다), 고후 4:16 (3) 눅 22:26, 요 12:14 (4) 벧전 5:5 (5) 롬 9:12 (6) 고전 13:11 (7) 눅 15:12-13 (8) 전 11:9, 요 21:18 (9) 행 7:58 (10) 행 7:58.

어린양: (1) 어린 그리스도인들 (2) 그리스도 (3) 희생제물/예물 (4) 무죄, 무해함 (5) 언약의 증거 (6) 대속의 값 (7) 가난한 남자의 아내.
➡ (1) 요 21:15, 삼상 17:34, 사 40:11 (2) 사 53:7, 요 1:29,36, 행 8:32, 벧전 1:19, 계 5:6-13 (3) 창 22:7-8, 출 12:3, 29:38이하, 레 4:32 12:6, 삼상 7:9 (4) 눅 10:3 (5) 창 21:28-32 (6) 출 12:3-17, 13:13 (7) 삼하 12:3-9.

어머니: (1) 교회 (2) 성령님 (3) 말 그대로 어머니 (4) 영적인 어머니 (5) 하늘의 예루살렘 (6) 이스라엘 (7) 과거 (8) 양육자 (9) 율법/율법주의.
➡ (1) 엡 5:25,31-32 (2) 갈 4:29 (3) 딤후 1:5 (4) 갈 4:19 (5) 계 21:2 (6) 계 12:1-2 (7) 욥 21:8 (8) 아 8:1, 사 49:23 (9) 잠 1:8, 6:20.

어제: (1) 과거.
➡ (1) 시 90:4.

어지러운: (1) 바쁜, 분주한 (2) 혼동/혼란 (3) 기름부음 안에(성령에 취해) 있음 (4) 마약이나 술 중독에 대한 경고.
➡ (1) 마 6:26 (2) 욥 12:25, 시 70:2 (3) 대하 5:14, 렘 23:9 (4) 욥 12:25, 고전 5:11.

언덕/야산: (1) 힘 (2) 번영하는 곳 (3) 노출된, 드러난 (4) 교만한 사람 (5) 교만 (6) 계시의 장소 (7) 은신처 (8) 영적인 고지 (9) 하나님의 집 (10) 우상숭배하는 곳 (11) 영원함 (12) 육신을 잘라내는 곳 (13) 기준점 (14) 군사적 거점/고지 (15) 농지.
'산', '힘' 항목을 찾아보라.
➲ (1) 시 95:4 (2) 시 50:10 (쉬운성경) (3) 사 30:17, 마 5:14 (4) 사 40:4, 눅 3:5 (5) 사 2:12-14, 렘 49:16, 눅 4:25-29 (6) 민 23:9, 왕하 1:9, 4:27, 눅 9:28-37 (7) 삼상 23:19, 26:1, 시 104:18, 렘 16:16 (8) 출 17:9-10, 삼상 10:10, 시 2:6, 3:4, 15:1, 24:3, 43:3 (9) 시 68:15-16, 99:9, 121:1 (10) 신 12:2, 왕상 11:7, 14:23, 16:4, 17:10, 렘 2:20, 겔 6:3-4, 호 4:13 (11) 신 33:15 (12) 수 5:3 (13) 수 15:9, 18:13-14, 24:30 (14) 삼상 9:11, 10:5 (15) 시 50:10, 65:12, 사 5:1.

얼굴: (1) 마음 (2) 생명 (3) 누군가의 정체성.
➲ (1) 잠 15:13, 27:19 (2) 잠 16:15 (3) 출 34:10, 행 20:25.
- 가려진 얼굴: (1) 하나님을 두려워함 (2) 주님에 대한 경외.
➲ (1-2) 출 3:6.
- 붉어진 얼굴: (1) 민망함, 당혹스러움 (2) 분노 (3) 수치 (4) 스트레스 (5) 죄를 자각함.
➲ (1) 스 9:6 (2) 창 39:19 (3) 스 9:6, 렘 6:15 (4) 욥 16:16 (5) 겔 16:63.
- 붉은 얼굴: (혈색이 좋은) (1) 영적으로 강한 (2) 건강한 (3) 젊은.
➲ (1-2) 애 4:7, 아 5:10 (3) 삼상 16:12, 17:42.
- 빛나는 얼굴: (1) 하나님의 영광 (2) 지혜.
➲ (1) 출 34:30, 고후 3:7 (2) 전 8:1.
- 슬픈 얼굴: (1) 슬픔 (2) 회개 (이것은 좋은 것일 수 있다).
➲ (1) 전 7:3 (2) 고후 7:10.
- 행복한 얼굴: (1) 즐거운 마음.
➲ (1) 잠 15:13.

얼룩: (1) 거슬리는 것 (2) 경멸, 멸시 (3) 오염시키다 (4) 분노 (5) 죄.
➲ (1) 마 15:11-12 (더럽게 하다 = 부정한, 오염시키다, 속되게 만들다), 렘 16:18 (2-3) 사 23:9 (4) 사 63:3 (5) 슥 3:3-4.

얼룩말: (1) 아프리카 (2) 두 마음을 품음 (흑과 백) (3) 미지근한, 세상에 있는 (검지도, 하얗지도 않은 말).
'말' 항목을 찾아보라.
➲ (1) 원산지 (2) 마 5:36-37 (3) 계 3:16.

얼어붙은: (1) 사랑이 식음 (냉담한) (2) 영적으로 게으른 (3) 성과 관련된 문제로 두려워함.
'냉동고', '서리', '얼음' 항목을 찾아보라.
➲ (1) 마 24:12 (2) 계 3:16 (3) 삼하 13:20.

얼음: (1) 차가운/추운 (2) 냉정한 사람 (3) 사랑 없음 (악의 증가/성행) (4) 성령의 흐름을 막음 (5) 속이는 마음 (6) 억압을 받아 완고해진 마음.
'검은색', '차가운/추운' 항목을 찾아보라.
➲ (1-2) 시 147:17 (3) 마 24:12 (4) 욥 38:30, 시 147:17-18 (5-6) 욥 6:15-17.

엄마: '어머니' 항목을 찾아보라.

업그레이드: (1) 또 다른 영적 차원으로 이동함 (2) 죽음을 통과함 (영적 승진).
'컴퓨터' 항목을 찾아보라.
➲ (1) 고후 3:18 (2) 왕하 2:11.

업무 일지: (1) 하나님의 약속 (2) 고대하던 사건 (3) 일/업무와 관련된 사건 (4) 일정, 스케줄.
➲ (1) 에 4:14, 요 15:16, 벧전 2:9 (2) 단 9:24-27, 딛 2:13 (3) 요 21:3 (4) 갈 4:4.

엇나가다: (1) 죄 (2) 하나님이 없음 (3) 불법이나 불의 (4) 잘못된 가르침 (5) 생명의 길에서 벗어남 (6) 거짓말들 (7) 잃어버림.
➲ (1) 사 53:6 (2) 시 119:67, 렘 50:6, 겔 14:11 (3) 시 119:176, 잠 28:10 (4) 렘 50:6 (5) 시 119:67, 잠 5:21-23 (6) 시 58:3 (7) 시 119:176.

엉겅퀴: '가시' 항목을 찾아보라.

엉덩이: (1) 불순종의 저주 (꼬리).
'집 없는 사람', '앉다' 항목을 찾아보라.
➲ (1) 신 28:44.

엉덩이뼈: (1) 육신의 힘 (2) 자신을 의지하는 것에서 변화되어 성령님을 더욱 의지하라고 촉구함 (고관절 대체물).
➲ (1-2) 창 32:25,28,32.

엉망진창: (1) 사람의 행위를 말함 (2) 하나님께 속하지 않은 (3) 분주함.
➲ (1-2) 고전 14:33 (3) 막 2:2,4, 행 6:1.

에메랄드: (1) 자비 (2) 찬양.
'녹색' 항목을 찾아보라.
➲ (1) 계 4:3 (녹보석) (2) 출 28:18 (킹흠정, 한글킹, 이 보석은 르우벤과 관련이 있는 경우도 있고, 유다와 관련이 있는 경우도 있다).

에스컬레이터: '승강기' 항목을 찾아보라.

에어 매트: (1) 성령님.
➲ (1) 요 3:5,8, 롬 8:16, 요일 5:6.

에어컨: (1) 성령님 (2) 온전한 복음 사역.
➲ (1) 행 2:2,4 (2) 요 3:8.
-고장난 에어컨: (1) 성령을 훼방함.
➲ (1) 막 3:29, 행 7:51.

에펠 탑: (1) 십자가 (2) 인간의 업적/교만 (3) 프랑스.
➲ (1) 에펠 탑이 세계에서 가장 잘 알려진 장소이자 건축물인 것처럼, 이스라엘이 기념하는 것들 대부분이 십자가를 가리키고 있다, 출 12:14 (유월절), 17:14 (아말렉에게 승리함), 수 4:7 (요단을 건넘) (2) 창 11:4 (3) 연관성.

엑스레이: (1) 영적 통찰력 (2) 실제로 엑스레이 촬영이 필요함.
➲ (1) 막 1:10, 요 1:32-33, 11:33, 14:17, 행 2:17.

엑스박스: (X-Box/비디오 게임) (1) 게임을 하다 (2) 하나님의 일에 마음이 없음.
➲ (1) 마 11:16-17 (2) X =거절/없다, box = 마음

엔진: (1) 마음 (2) 승리의 새로운 시작 (8기통 엔진) (3) 육신으로 일함 (6기통 실린더).
➲ (1) 잠 4:23 (2) 고전 15:54,37, 요일 5:4 (3) 출 20:9.

엔터프라이즈 호: (1) 하늘의 실재들을 개척함.
➲ (1) 수 3:4, 사명: "한 사람도 가보지 않은 곳으로 담대히 나아가라."

엘리베이터: '승강기' 항목을 찾아보라.

엘리트: (1) 사도 (2) 정선된 혹은 택함 받은 (2) 용감/용맹한 전사.
↪ (1) 고후 12:12 (2) 마 20:16 (킹흠정, 한글킹), 22:14 (3) 삼상 16:18.

여덟(8): (1) 새로운 시작 (2) 너무 많아서 충분히 만족함 (3) 힘이 넘치는 (4) 살지게 하다 혹은 지방이나 기름으로 덮이게 하다 (5) 경배 (6) 부활 혹은 회생 (7) 마음의 할례 (육신의 죄들을 끊어냄) (8) 영원 (8을 눕히면 무한대 기호가 된다).
↪ (1) 마 28:1, 숫자 8은 새로운 한 주의 시작을 뜻한다 (2-4) 이런 의미들은 8에 해당하는 히브리어의 어근인 '샤만'에서 나온 것이다. (5) 겔 40:26,31 (일곱 층계는 바깥뜰[안식]로 연결되고, 여덟 층계는 안뜰[예배]로 인도한다) (6) 마 28:1,6 (한 주의 첫날은 제 팔일이다), 벧전 3:20, 벧후 2:5 (7) 창 17:12 & 롬 2:29, 골 2:11 (8) 마 28:1 (제 팔일), 막 10:30 (두 세계, 곧 현세와 내세), 계 21:6 (알파와 오메가).

여드름: (1) 육신의 불완전함 (2) 순종함으로 영적인 습관을 바로잡음 (3) 영적인 해독으로 마음이 드러남 (얼굴의 여드름) (4) 영적인 미성숙 (5) 몸에 난 여드름은 그 부분과 관련된 건강 문제를 암시하는 것일 수도 있다.
'얼굴', '점' 항목을 찾아보라.
↪ (1) 고후 7:1 (비교. 갈 5:19-21) (2) 요 4:34 (3) 딤후 2:21 (4) 고전 13:11.

여름: (1) 추수의 때 (여름의 끝) (2) 그리스도의 재림의 전조 (3) 준비의 때 (4) 가뭄(뜨거운 열기)의 때 (5) 열매가 풍성함 (6) 마지막, 최후.
'가뭄', '무화과', '겨울' 항목을 찾아보라.
↪ (1) 잠 10:5, 사 16:9, 18:5-6, 렘 8:20, 단 2:35, 요 4:35 (2) 마 24:32-34, 막 13:26-28, 눅 21:30 (3) 잠 10:5, 30:25 (4) 시 32:4 (5) 삼하 16:1-2, 사 28:4, 렘 40:10, 48:32, 미 7:1 (6) 렘 8:20, 암 8:1-2.

여섯(6): (1) 인간 (2) 하나님을 대적하고 독립하려는 인간성 (육체 혹은 죄) (3) 하나님의 안식에 대비되는 인간의 수고와 노력 (4) 하나님께 속하지 않은 (5) 안식 (꽉 채운 6일은 우리를 7, 곧 안식으로 인도한다) (6) 일, 노동.
↪ (1) 창 1:26,27,31 (인간은 여섯째 날 창조되었다), 요 2:6 (2) 요 19:14-15 (3) 출 20:9, 21:2, 23:10-12, 31:15, 34:21, 왕상 10:19 (4) 눅 23:44-45 (5) 룻 3:15-18 (6) 눅 13:14.

여성: '여자' 항목을 찾아보라.

여왕: (1) 거짓된 교회의 음녀 (2) 조종과 통제 (이세벨) (3) 하늘의 여왕 (거짓 신) (4) 이와 같은 때를 위해 준비된 (5) 심판.
➡ (1) 계 17:1-18:7, 17:4, 18:7 (2) 왕상 19:1-2, 21:5-16, 계 2:20 (3) 렘 7:18, 44:17-19 (4) 에 4:14 (5) 마 12:42, 눅 11:31.

여우: (1) 열매 맺는 것을 파괴하는 작은/대수롭지 않게 보이는 죄들 (2) 교활하고 약삭빠른 영/사람 (3) 발이 빠름, 민첩함 (도둑) (4) 해를 끼치는 짐승/벌레 (5) 비겁한 (영적 담대함이 없음) (6) 야행성 동물 (7) 정치인 (8) 양을 훔치는 자 혹은 공격하는 자.
➡ (1) 아 2:15 (2) 눅 13:32 (3) 느 4:3 (4) 시 63:10 (킹흠정, 한글킹) (5-6) 겔 13:4-5 (7) 눅 13:32 (8) 겔 34:12, 행 20:29.

여자: (1) 교회 (2) 성령님 (3) 이스라엘 (4) 영적인 어머니 (5) 천사 (6) 말 그대로 여자 (당신일 수도 있음).
해석은 그 사람에 대한 평가에 따라 달라진다. 당신은 그 사람을 어떻게 보는가? 또한 위 내용에 기초하여 다음을 살펴보라.
- 경건한 여자: (2) 성령님 (5) 천사 (7) 경건의 본/모범 (8) 지혜 (9) 정의 (법체제).
- 경건하지 않은/하나님을 두려워하지 않는 여자: (10) 마귀의 세력 (11) (조종하고 통제하는 혹은 자주색 옷을 입은) 이세벨의 영 (12) 종교의 영 (따르는 자들을 유혹함) (13) 죄가 넘치는 교회 (14) (성적으로 유혹하는) 바벨론 (15) 죽음의 영 (흑거미) (16) 독립의 영 (17) 육신적인 교회 혹은 매력 없는 교회 (얼굴에 털이 있는 여자) (18) 세상의 영 (거칠고 무례한 여자).
'검은색', '이세벨', '빨간색', '과부' 항목을 찾아보라.
'붉은 옷을 입고 유혹하는 유부녀'는 '창기/창부' 항목을 찾아보라.
➡ (1) 엡 5:25 (2) 창 8:9 & 마 3:16, 요 3:5, 롬 8:14,23,26 (출산, 낳음), 엡 5:31-32 (3) 마 23:37, 렘 3:20 (4) 딤전 5:2, 딛 2:3-4 (7) 벧전 3:5-6 (8) 잠 9:1, 14:1 (9) 정의의 여신 디케처럼 (두 눈을 가리고 손에 저울을 든 여신상) (11) 계 2:20, 17:4 (12) 잠 7:10-27 (13) 고후 6:16, 7:1 (14) 계 17:5 (15) 사 59:5 (16) 삼상 20:30, 겔 36:17, 고전 11:6, 벧전 3:5 (17) 창 25:25 & 엡 5:23 (18) 고전 2:12, 7:33.
- 외국인 여자: (1) 하나님을 두려워하지 않는 교회/사람 (2) 성령님 (당신은 그녀를 모른다) (3) 해외/다른 교단에서 온 교회나 사람 (4) 유혹하는 여자 (5) 우상숭배하는 여자 (6) 부패한 여자 (7) 당신을 잘못된 길로 이끄는 사람 (8) 세상적인 교회 (애굽/이집트 여자) (9) 더러운 영.
'외국/타지에서 온', '외국인' 항목을 찾아보라.
➡ (1) 계 3:1-3 (2) (3) 요 4:9, 행 16:9 (4-7) 왕상 11:1,4, 잠 5:3-10 (8) '애굽/이집

트' 항목을 찾아보라 (9) 잠 7:26-27.

여장하는 남자 동성애자: (1) 사람이 운영하는/허울뿐인 교회 (2) 사람의 마음을 끄는 교회 (그리스도의 가증한 신부).
⇨ (1) 계 2:14-15 (2) 렘 7:18, 계 3:17.

여행: '유람선', '휴일', '여행 가방', '관광객과 관광버스' 항목을 찾아보라.

여행 가방: (1) 여행 (2) 떠남 (3) 준비가 되어 있음/각오 (4) 짐, 수하물 (5) 당신에게 짐을 줌 (누군가 당신에게 여행 가방을 줌) (6) 당신의 짐을 덜어 줌 (누군가 당신의 여행 가방을 들어줌).
'가방', '유람선', '휴일' 항목을 찾아보라.
⇨ (1) 수 9:3-6 (2-3) 왕상 10:2,10 (4) 사 46:1-2, 욘 1:5 (5) 눅 11:46 (6) 갈 6:2.

여행 가이드: (1) 기름부음 받은 국제적 사역 (성령의 인도하심을 받는 국제적 사역) (2) 천사.
'관광객과 관광버스' 항목을 찾아보라.
⇨ (1) 행 16:6-9 (2) 출 23:23, 슥 1:9, 눅 1:19.

역경: (1) 시험/시련 (2) 환난 (3) 괴로움 (4) 고난.
⇨ (1) 잠 17:17 (2) 삼상 10:19, 대하 15:6, 시 10:6 (3) 시 31:7, 잠 24:10 (4) 히 13:3.

역도: (1) 믿음을 세움 (2) 짐을 짊어짐 (3) 누군가의 죄나 짐을 떠맡음 (누군가 역기를 드는 것을 보조해 줌) (4) 죄를 지음 (5) 감당할 수 있는 것보다 더 많이 떠맡음.
⇨ (1) 유 1:20 (2) 마 11:30 (3) 마 11:30, 히 12:1 (4) 히 12:1 (5) 마 11:28, 17:16-17.

연날리기: '연을 날림' 항목을 찾아보라.

연결하다: '달라붙다' 항목을 찾아보라.

연기: (1) 심판과 고통 (하나님의 진노) (2) 하나님의 임재 혹은 영광 (3) 분노 (4) 신호 (문제가 생겼음을 상징) (5) (연기처럼) 사라지다 (6) 고통스럽고 괴로운 존재, 문제 (7) 소멸된 (8) 성도들의 기도 (9) 악한 영들 (10) 악행.
'유독성 기체' 항목을 찾아보라.

➲ (1) 창 19:28, 삼하 22:9, 시 18:8, 74:1, 욜 2:30-31, 계 9:17, 14:11, 18:8-10 (2) 창 15:17, 출 19:18, 사 4:5, 6:1,4 (3) 시 74:1 (4) 수 8:20 (5) 시 68:2, 사 51:6, 호 13:3 (6) 잠 10:26, 사 65:5 (7) 시 102:3 (8) 계 8:4 (9) 계 9:2-3 (10) 사 9:18.
- 연기를 맡음: (1) 위험이나 비상사태에 대한 심각한 경고 (2) 심판.
'냄새' 항목을 찾아보라.
➲ (1) 삿 20:40-41, 행 2:19-21 (2) 단 3:27.
- 연기를 피움: (1) 거슬리는 것 (불쾌감을 느낌/기분을 상하게 함) (2) 질투 (3) (분노에) 불살라짐 (4) 무익한 것을 추구함 (5) 세상에 매인 (6) 증거 (7) 공범 (담배 파이프 혹은 담뱃대를 전해 줌).
'담배' 항목을 찾아보라.
➲ (1) 욥 19:17, 사 65:5 (2) 신 29:20 (3) 시 37:20, 사 34:10 (4) 잠 10:26, 마 16:23 (담배를 피우는 것은 우리의 폐를 성령 대신 마귀의 것으로 채우는 것이라고 할 수 있다!), 시 102:3, 사 34:10 (5) 신 4:20, 왕상 8:51, 렘 11:4 (6) "스모킹 건(확실한 증거)" (7) 마 13:57, 15:12.

연못: (1) 교회 (2) 지역 사회 (3) 과거에 있었던 하나님의 운행하심을 기대하거나 숭배함 (4) 댐 (흐르지 않는 오래된 물) (5) 물고기가 있는 곳.
'물고기' 항목을 찾아보라.
➲ (1-2) 사 19:10 & 마 4:19 (3) 요 8:33 (4) 삼상 3:1, 4:15.

연석: (차도와 인도 또는 차도와 가로수 사이의 경계가 되는 돌) (1) 하나님의 길의 경계선 (2) 하나님의 사랑 (3) 하나님을 향한 두려움.
'홈통' 항목을 찾아보라.
➲ (1) 민 22:24 (2) 고후 5:14 (하나님의 사랑이 우리를 율법주의에서 지켜 준다) (3) 시 36:1 (여호와를 경외함이 음란과 호색[육신적인 삶의 방식]으로부터 우리를 지켜 준다).

연어: (1) 참된 신자 (번식을 위해 죽음) (2) 세상의 조류를 거슬러 올라감.
➲ (1) 마 4:19, 요 12:24, 15:13 (2) 마 7:13-14, 요일 2:15-17.

연을 날림: (1) 성령의 일들에 성장하기 시작함.
➲ (1) 왕하 6:17.

연장: (공구) (1) 성령의 은사들 (2) 사람들의 수고, 노력 (3) 육신의 행위, 일 (4) 진행 중인 일 (5) 작업이 필요함 (6) 수리함 (7) 하나님의 일 (연장이 없음) (8) 자기 의의 행위, 일

(9) 사역의 은사.
➡ (1) 고전 12:11 (2-3) 출 20:25, 신 27:5, 왕상 6:7, 사 44:12 (3) 출 32:3-4 (비교. 갈 5:19-20) (4) 느 4:17 (5) 렘 18:3-4, 48:11, 딤후 2:19-21 (6) 왕하 12:12, 대하 24:4,12 (7) 출 20:25, 신 27:5, 단 2:34,45 (8) 출 20:25 (비교. 엡 2:8-9) (9) 엡 4:11-12.

연합하다: '묶인', '달라붙다', '결혼' 항목을 찾아보라.

연회: (1) 친밀한 교류 (2) 진수성찬 (3) 기쁨 (4) 먹고 살기 위한 것 (5) 육신적인 것에 빠짐, 방종 (술판).
'파티' 항목을 찾아보라.
➡ (1) 아 2:4 (2) 에 5:4-6 (3) 에 5:6, 7:2,7 (술:포도주=기쁨) (4) 욥 41:6 (우리말, 킹흠정, 한글킹) (5) 벧전 4:3.

열(10): (1) 완성된 (2) 질서/주기의 완성 (3) 충만한.
➡ (1-2) 창 16:3 (기다림), 31:7,41 (속임), 출 7-12장 (재앙/심판), 20:2-17 (지시, 가르침), 민 14:22 (거역), 마 25:1 (신부), 25:20,28 (재능/투자), 눅 15:8 (재산, 부/구속), 17:12-17 (정결케 함), 계 2:10 (환난/시험함) (3) 민 7:14이하.

열기: (1) 역경 (2) 압박, 고난 (3) 분노 (4) 불 (5) 압박을 받아 쇠약해짐 (6) 심판 (7) 정오, 한낮 (낮의 열기) (8) 태양.
'불' 항목을 찾아보라.
➡ (1-2) 렘 17:8, 눅 12:55, 계 16:9 (3) 신 29:24, 겔 3:14 (킹흠정) (4) 행 28:3 (5) 약 1:11 (6) 벧후 3:10,12, 계 16:9 (7) 삼상 11:11, 삼하 4:5, 마 20:12 (8) 시 19:6.

열기구: (1) 성령 사역.
'비행선' 항목을 찾아보라.
➡ (1) 겔 3:14, 8:3, 11:1.

열넷(14): (1) 갑절의 영적인 온전함 (2) 유월절 (3) 구출과 해방.
➡ (1) 2 x 7 (2) 출 12:6, 민 9:5 (3) 창 31:41, 출 12:6,31-33, 행 27:27-44.

열다/열린: (1) 기회 (문) (2) 풀어 주다, 해방하다 (3) 드러내다/계시된 (4) 분명히 나타난 (명백하게 보이는) (5) 영적인 눈/통찰력 (6) 성령 안에서 (7) 맞이하다, 받아들이다

(8) 자유롭게 (9) 수용적인 마음을 가짐 (10) 살아 있는 (11) 입을 열어 말하다 (12) 설명하다, 명확히 밝히다 (13) 구원하다 (14) 듣다 (귀 기울임) (15) '은밀하게'의 반대 (16) '닫다'의 반대.

'창문-열린 창문' 항목을 찾아보라.

⇨ (1) 고전 16:9, 고후 2:12, 골 4:3 (2) 막 7:34-35 (말하도록), 행 5:19, 12:10, 16:26, 계 5:5, 6:1 (3) 마 5:2, 9:30, 13:35, 눅 24:27,32, 롬 3:13, 엡 6:19, 히 4:13 (4) 마 6:4,6,18, 27:52-53, 눅 4:17-21, 요 7:4, 골 2:15 (5) 마 7:7-8 (6) 마 9:30, 눅 24:31-32 (7) 마 25:1-12, 눅 12:35-36 (8) 막 1:45, 8:32, 요 7:13, 11:54, 18:20 (9) 마 13:19 & 눅 24:45, 행 16:14, 고후 3:17-18 (수건을 벗은), 계 3:20 (10) 행 9:40 (11) 행 10:34 (12) 행 17:3, 눅 24:31-32 (13) 행 26:18 (빛으로 데려가다) (14) 벧전 3:12 (15) 요 7:10 (16) 계 3:7.

열다섯(15): (1) 하나님의 은혜의 행하심들 (2) 부활, 소생.

⇨ (1) 3 (성령 충만) x 5 (은혜) (2) 왕하 20:6, 에 9:18,21, 요 11:18 (오 리=십오 스타디온), 행 27:28.

열대 우림: (1) 성령의 열매가 풍성함 (2) 부흥/회복.

'숲', '정글', '비' 항목을 찾아보라.

⇨ (1) 시 147:8 (2) 사 35:1.

열둘(12): (1) 완벽한 통치 체제 혹은 지배 (2) 하나님의 조직 (3) 사도적 충만함 (4) 문자 그대로 12.

⇨ (1-2) 창 49:28, 출 28:21 (야곱의 열두 아들), 15:27 (엘림의 열두 우물), 24:4 (열두 기둥), 수 3:12-13 (법궤를 멘 열두 제사장), 4:3,9 (열두 개의 돌), 욥 38:32 (해와 달은 낮과 밤을 다스리기 위해 창조되었다. 따라서 황도 12궁(별자리)을 지나게 되는데, 이들은 원(360도)을 이룬다), 눅 6:13 (열두 사도), 요 11:9 (낮 12시간), 일 년 열두 달, 계 21:10-21 (새 예루살렘[온전한 통치]의 열두 문, 열두 진주, 열두 천사, 열두 기초, 열두 보석 등) (3) 출 24:4, 마 10:2-5, 19:28.

열매/과일: (1) 성령의 열매 (2) (선하거나 악한) 마음의 속성 (3) 새 신자 (4) 마음의 외적 표현 (5) 자녀 혹은 자손들 (6) 소득 (손의 열매) (7) 게으름 혹은 자기 승리/성공에 안주함 (썩은 열매).

⇨ (1) 갈 5:22-23 (2) 렘 17:10 (우리말, 킹흠정), 마 7:16-20 (3) 골 1:6 (4) 마 12:33 (5) 행 2:30 (킹흠정) (6) 잠 31:16 (킹흠정, 한글킹) (7) 눅 12:16,19.

- 과일 검수: (1) 승인/허가 혹은 품질/우수성을 위해 시험/판단함 (2) 마음을 분석함.
↪ (1) 마 3:8, 21:34-35, 눅 3:8, 13:6, 요 15:5,16 (2) 호 10:1-2.
- 낙과/열매가 떨어짐: (1) 때에 맞지 않는 (너무 이른/준비되지 않은/너무 늦은) (2) 준비가 불충분한 (3) 시련에 넘어짐.
↪ (1-3) 계 6:13.

열병: (1) 불순종으로 인한 저주 (2) 재앙 (3) 고통 혹은 고뇌.
↪ (1-2) 신 28:15,22 (3) 눅 4:38-39, 행 28:8.
- 열병이 치유됨: (4) 속죄로 치유 받음 (5) 예수님은 열병을 꾸짖으셨다 (6) 말씀을 믿음으로 치유받음.
↪ (4) 마 10:7-8 (하나님 나라의 도래) (5) 마 8:14-15, 막 1:30-31, 눅 4:38-39, 행 28:8 (6) 요 4:47-52.

열셋(13): (1) 거역, 반역 (2) 죄 (3) 배교 (4) 변절 (5) 부패 (6) 신앙을 버림.
↪ (1) 창 14:4 (2) 소수(1과 그 수 자신 이외의 자연수로는 나눌 수 없는 자연수) 중 "여섯 번째" 숫자(1, 3, 5, 7, 11, 13) (3-6) 창 10:8 (니므롯은 아담의 13대손이다-바벨론의 시작), 16:12 (이스마엘은 "들나귀같이 되어 모든 사람을 칠 것"이라는 예언의 말씀을 받았다), 17:25 (이스마엘[육신의 아들]은 13세에 할례를 받았다), 왕상 7:1 (성전을 짓는 데 7년이 걸렸는데[왕상 6:38], 솔로몬 자신의 왕궁을 짓는 데는 13년이 걸렸다).

열쇠: (1) 권위 (2) 기회 (3) 출입 (4) (당신의 입/혀에서 나오는) 레마의 말씀 (5) 통제, 제어 (6) 출구 (7) 마음 (8) 하나님의 뜻 (9) 기도 (10) 믿음 (11) 연합 (12) 찬양 (13) 계시 (14) 예언 (15) 지식 (16) 중추적인 혹은 없어서는 안 될 인물 (예. 주전[Key player], 핵심 인물) (17) 사랑 (18) 성령의 은사들 (19) 표적과 기사 (20) 꿈과 환상의 이해와 해석을 돕는 하나님의 코드/부호.
'문' 항목을 찾아보라.
↪ (1) 사 22:22, 마 16:19 (2) 눅 11:52 (3) 삿 3:25, 계 9:1, 20:1 (4) 마 16:18-19 (입/혀: 당신의 운명을 열어 주는 작은 도구) (5) 마 16:19, 계 9:1 (6) 계 9:1-3 (7) 아 5:2-6, 행 16:14, 행 13:22 & 계 3:7 (8) 사 22:22, 45:1, 눅 22:42, 골 4:3 (9) 마 16:16-19 (비교. 왕상 18:1,41-45) (10) 롬 5:2, 고후 5:7, 갈 3:5, 5:6, 엡 2:8, 히 11:5,8,29,30 (11) 시 133:1-3, 벧전 3:7 (12) 시 100:4 (13-14) 마 16:16-19 (15) 눅 11:52 (16) 막 12:28,30, 롬 2:4 (17) 요 3:16 (18) 마 16:19 (주다=선물) (19) 신 6:22-23 (20) 잠 25:2.

열심: (1) 바쁜 (2) (만나서) 이야기를 나눌 수 없는 (3) 연합을 기다림 (4) 집중 받음.
➡ (1-3) 눅 10:40-42 (4) 막 10:46-52.

열아홉(19): 9+10=19 (1) 완전한 심판 (2) 특정 종말 (3) 완전하게 결실함 (4) 성령 충만. 성경 구절은 '아홉(9)', '열(10)' 항목을 찾아보라.

열여덟(18): 2 X 9 = 18, 그러므로 18은 (1) 하나님의 말씀에 의한 심판을 뜻한다 (2) 분열에 의한 심판 (서로 파괴함) (3) 많은 결실을 맺는 연합.
그렇지 않으면 10 + 8 = 18 (4) 완전히 새로운 시작을 뜻한다 (5) 옛 자아를 철저하게 버림.
➡ (1) 삿 3:12,14, 10:7-8, 눅 13:4-5 (2) 삿 20:24-25,42-44 (3) 왕하 22:3-10 (4-5) 눅 13:11-16 (13절의 "곧게 펴라", 예. 영적으로 올바른, 비교. 시 51:10).

열여섯(16): 이 숫자는 다음 세 가지로 나온다 (1) 4 x 4 = 16, 이것은 인간(가능한 것)의 통치를 이중으로 강조하는 것이다 (2) 2 x 8 = 16, 이것은 구속의 말씀 혹은 부활과 관련이 있다. 따라서 하나님과의 새로운 관계를 뜻한다 (3) 10 + 6 = 16, 이것은 인간의 완벽한 질서를 뜻한다.
➡ (1) 왕하 13:10-11, 16:2-3 (2) 출 26:25, 36:30, 왕하 14:21, 15:2-4,33-34, 대하 26:1,4 (3) 수 15:41, 19:22.

열일곱(17): (1) 영적 질서의 완벽함 (2) 하나님과 동행함.
'일곱(7)' 항목을 찾아보라.
➡ (1) 숫자 17은 일곱 번째 소수(1과 자신 이외의 자연수로는 나눌 수 없는 자연수, 1, 3, 5, 7, 11, 13, 17)이기에 숫자 7의 의미를 강화한다. 17=10(완전한 질서)+7(영적인 완전함)이다, 창 8:4 (방주는 일곱째 달 열일곱 번째 날에 아라랏 산에 머물러 쉬었다. 마찬가지로 그리스도의 부활도 아빕 월 17일[유월절에서 3일 후]이었다, 비교. 출 12:6), 롬 8:35-39 (여기 기록된 17가지는 하나님의 사랑에서 우리를 끊을 수 없다) (2) "하나님과 동행한" 두 사람-에녹(아담의 7대손)과 노아(10대손).

열하나(11): (1) 무질서, 혼란 (2) 붕괴, 분열 (3) 불완전/미완성.
➡ (1) 창 37:9 (열한 별: 요셉의 꿈은 야곱 가정의 무질서와 혼란을 보여 주었다) (2) 마 26:56, 행 1:16-17,26 (열한 사도는 열두 사도의 붕괴를 말한다) (3) 신 1:2 (호렙에서 가데스 바네아까지 열하룻길—하루를 더 갔다면 그들은 하나님의 통치 속으로 들어갔을 것이다), 야곱의 아들 11명-"하나는 없어지고"(창 42:32)라는 말은 불완전함을 뜻한다.

염려: (1) 하나님, 사람 혹은 세상 일에 대한 염려 (2) 말씀을 억누름 (이 세상의 염려) (3) 실제적인 관심, 염려 (4) 사람들에 대한 진심.
➲ (1) 고전 7:32-33 (2) 마 13:22, 막 4:19, 눅 8:14, 10:40-41, 21:34 (3) 눅 10:34-35 (4) 요10:13, 12:6.

염소: (1) 구원받지 못한 (2) 저주받은 (3) 긍휼함이 없는 자 (마음) (4) 귀신 (5) 완고한 마음.
'양' 항목을 찾아보라.
➲ (1-3) 마 25:32,40-41 (4-5) 마 9:34, 12:2,24, 23:13.

영구차: (1) 죽음 (2) 매장/어떤 문제를 묻어 버림.
➲ (1) 왕하 23:20, 눅 7:12 (2) 창 23:4, 49:29, 롬 6:4, 골 2:12-13.

영수증: (1) 믿음 (2) 성령님 (3) 보증 (4) 서비스를 받거나 구입했다는 증거.
➲ (1) 히 11:1 (새번역 난외주) (2) 엡 1:13-14 (3) 고후 1:22, 5:5 (4) 룻 4:7.

영화: (1) 이야기 형태의 인생 (생명책) (2) 영화의 제목이나 줄거리는 당신의 과거, 현재 혹은 미래의 이야기를 나타내는 것일 수도 있다 (3) 오락, 유흥.
'영화관' 항목을 찾아보라.
➲ (1-2) 계 3:5, 20:12, 딤전 6:12 (3) 고전 10:7.

영화관: (1) (심판 날 하나님 앞에 섰을 때) 눈앞에서 스쳐 지나가는 인생.
'영화' 항목을 찾아보라.
➲ (1) 계 20:12.

옆/곁: (편, 쪽) (1) 마음 (믿음의 근원지) (2) 하나님 편 혹은 원수 편 (3) 아내/남편 (4) 바로 옆 (5) 동등한 (6) 지지, 지원 (7) 강해지다 (8) (사방/사면으로) 둘러싸인 (9) 내부적 혹은 외부적 (10) 선택 (11) 영원의 이편 혹은 저편 (양쪽 강둑) (12) 골치 아픈 (옆구리의 가시) (13) 어느 편도 아닌 (벗어나 있거나 멀리 떨어져 있는) (14) 유체 이탈 체험 (정신이 없음).
'저편', '오른쪽', '왼쪽', '북쪽', '남쪽', '동쪽', '서쪽' 항목을 찾아보라.
➲ (1) 창 6:16, 출 32:27 (이 칼은 마음에서 나온다), 요 19:34, 20:20,25,27 (비교, 창 2:21-22), 행 12:7 (2) 출 32:26, 수 24:15, 시 118:6, 124:2, 전 4:1 (3) 시 128:3 (킹흠정, 한글킹), 창 2:21-22 (4) 마 13:1 (5) 시 110:1 & 빌 2:6 (6) 출 17:12 (7) 행 12:7 (8) 눅 19:43 (9) 고후 7:5 (10) 수 24:15 (11) 민 32:32, 신 1:1 (12) 민 33:55 (13) 계 3:15 (14) 고후 12:2.

옆집: (1) 성령 안에서 일어나는 일이 당신의 삶에도 일어남을 의미한다 (예. 이 땅의 일, 거래나 사업 등이 영적인 일과 연결됨) (2) 즉시 혹은 그 자리에서 (3) 다음 기회 (4) 이웃 (5) 동료 혹은 친구 (당신과 가까운 사람) (6) 가까운.
'문', '이웃' 항목을 찾아보라.
➔ (1) 삼상 15:27-28, 호 3:1, 렘 18:6 (2) 요 4:46-47,49-53 (기적은 동시에 일어났다. 이것은 기도는 거리와 전혀 상관이 없다는 말이다!) (3) 고전 16:9 (4) 눅 10:29 (5) 막 12:31 (6) 시·공간상 "가까이에 있는" (비교. 마 3:2).

예금: '신용카드', '환전', '계약금' 항목을 찾아보라.

예배: (1) 경배 (2) 찬양 (3) 교제.
'회중', '성전' 항목을 찾아보라.
➔ (1) 대하 29:28 (2) 히 2:12 (3) 행 2:42.

예복: (1) 의 (2) 권위 (3) 영적으로 구비됨 (4) 언약 (5) 교만 (6) 자신을 낮춤 (예복을 벗음). 예복의 길이, 옷감과 색깔 등이 그 의미를 말해 줄 수 있다.
'옷을 입다', '겉옷', '망토' 항목을 찾아보라.
➔ (1) 욥 29:14, 사 61:10, 계 7:9 ('흰색' 항목을 찾아보라) (2) 왕상 22:10, 눅 15:22 (3) 레 8:6-7 (4) 삼상 18:3-4 (5) 욘 3:6, 눅 20:46 (6) 욘 3:6.

예수님: (1) 말 그대로 예수님 (하나님) (2) 남편 (3) 당신의 목사님.
'남편', '목사', '목자' 항목을 찾아보라.
➔ (1) 출 3:13-14 & 요 8:58, 고후 4:4 (2) 엡 5:22-23 (3) 요 10:11.

예순(60): (1) 육신의 완성.
'여섯(6)'과 '열(10)' 항목을 찾아보라.
➔ (1) 6과 10의 결과물이기에.

예술가: (1) 창조적인 기름부음을 받음 (2) (환상이나 그림으로 보여지는 것을 말로 표현하는) 선견자.
➔ (1) 출 31:3, 35:31 (2) 단 7:1, 8:26, 마 17:9.

예약 구매: (1) 천국에 간직된 하나님의 약속.
➔ (1) 마 6:20, 엡 1:3, 빌 4:19, 골 1:5.

옛 친구/지인/고용주: (1) 성격, 특징이 비슷한 사람을 뜻할 수도 있다 (2) 어떤 영적 상황/환경에서 동일한 행동을 함 (3) 그들에게 기도가 필요함을 하나님이 알려 주시는 것일 수도 있다 (4) 실제 옛 친구/지인/고용주.
'이모', '형제', '자매', '삼촌' 항목을 찾아보라.
➲ (1) 마 11:14 (2) 요 3:14 (3) 눅 22:31-32.

오두막: (1) 가난한 사람 (2) 영/심령이 가난한 (3) (스스로 부자라고 생각하지만) 실제의 영적 상태.
'움막' 항목을 찾아보라.
➲ (1-2) 삼하 9:5-6,8, 마 5:3 (3) 계 3:17 (비교. 고후 5:1).

오래된/낡은: (1) 과거 (2) 거듭나지/회개하지 않은 (성령으로 새롭게 되지 않은) (3) 이전의 삶 (4) 기억들.
➲ (1-2) 고후 5:17 (3) 사 43:18-19 (4) 사 65:17.

오렌지색: (1) 경고 (2) 빨간색(죄)을 향해 달려감 (3) 인간 곧 육체 (4) 전환/변화 혹은 "변하는 데 능숙한" (5) 하나님의 영광 (호박색).
'호박(색)' 항목을 찾아보라.
➲ (1) 주황색 불은 곧 빨간불로 바뀐다는 신호이다 (2) 창 4:6-7 (3) 창 2:7, 25:25, 고후 4:7 (4) 잠 24:21-22 (킹흠정) (5) 겔 1:4,27.

오르막: (1) 영적으로 올라감 (2) (오르막길을 힘겹게 오르는 것처럼) 싸움, 고투함.
➲ (1) 시 122:1, 사 2:3, 미 4:1 (2) 삼상 14:13.

오른쪽: (1) 힘 (2) 믿음 (3) 성령, 복된 혹은 의로운 쪽 (4) 입 (5) 우선됨, 탁월함, 뛰어남, 앞에 둠, 갑절의/두 몫 (6) 권위, 권세 (7) 장수함 (8) 다투기를 좋아하는 여자 (9) 지혜.
'왼쪽' 항목을 찾아보라.
➲ (1) 시 20:6, 사 41:10, 62:8 (2) 요 21:6, 히 12:2 (3) 마 25:33,34-46, 눅 23:33-43 (4) 삿 7:20 ('오른손'은 '입'을 '왼손'은 '마음'을 말한다) (5) 창 48:12-22 (6) 벧전 3:22 (7) 잠 3:16 (8) 잠 27:15-16 (기름 묻은 오른손) (9) 전 10:2.

오리: (1) 더러운 영 (2) 육신적인/육욕에 빠진 영적 존재 (3) 철을 따라 이동함 (비행 중) (4) 연합 (대열을 이뤄 비행함) (5) (물이 없는 곳에서) 연약한 (6) 성령을 거스름 (오리의 깃털은 물에 젖지 않는다) (7) 만만한 사람, 봉.

'새', '진흙' 항목을 찾아보라.
➡ (1) 시 40:2, 사 57:20, 오리는 발에 물갈퀴가 있어 진흙탕 바닥에서 먹이를 잡아먹는다 (2) 왕하 5:20,25–26 (3) 계 12:14 (4) 시 133:1 (6) 행 7:51 (7) "맞히기 쉬운 목표, 봉(sitting duck–직역하면 앉아 있는 오리)"처럼.

오븐/화덕: (1) 마음 (2) 간음하는 사람 (3) 죄가 자라는 곳 (효모균이 자라는) (4) 뜨거운 (삼킴) (5) 심판하는 곳 (6) 검은색.
'검은색', '이스트(효모)' 항목을 찾아보라.
➡ (1) 레 2:4, 호 7:6 (2–3) 호 7:4 (4) 호 7:7 (5) 시 21:8–9, 말 4:1, 마 6:30 (6) 애 5:10.

오십(50): (1) 희년 (2) 해방/풀려남 (3) 해제/자유 (4) 벗어남/쉼 (5) 오순절 (6) 완벽한 성취의 때 (7) 지극한 은혜.
➡ (1–4) 레 25:10,40,54, 민 8:25 (레위인들은 50세부터 직무에서 벗어나게 된다) (5) 레 23:16, 행 2:1–4 (6) 7 x 7 +1 = 50, 행 2:1 (7) 5 (은혜) x 10 (완성).

오염: (1) 모독하는/더럽히는 말 (2) 더러워진 마음 (3) 죄 (4) 분위기에 눌림 (사기 저하).
'진흙', '하수 오물', '연기', '물–더러운 물' 항목을 찾아보라.
➡ (1) 욥 16:4, 시 109:3, 마 12:32 (2) 출 15:23–25 (십자가로 정결해짐) (3) 사 1:4, 호 9:9 (4) 고후 10:3–5, 엡 6:12.

오이: (1) 세상을 상징함 (2) 세상으로 돌아감 (3) 포위됨.
➡ (1–2) 민 11:5 (3) 사 1:8 (킹흠정, 한글킹).

오징어: (1) 용기/결단력이 없는 (중요한 문제에 굳건히 서지 못함).
'문어' 항목을 찾아보라.
➡ (1) 시 5:5, 106:23.

오토바이: (1) 능력 있고 신속하게 반응하는 개별적 사역 (2) 독자적인 사역.
➡ (1) 행 8:4–7,26–39 (2) 고전 3:4–5, 12:15–16,21.

오프화이트: (1) 뭔가 이상한, 석연치 않은 (2) 거짓 의 (3) 하나님과의 관계가 올바르지 않은.
➡ (1–3) 사 64:6, 고후 11:14–15, 딤후 3:4–5.

올라가다: (1) 영적으로 일어남 (2) 하나님께 돌아감 (3) 새로운 위치/권위 (4) 진보, 발전 (5) 자기 노력/종교로 일어남 (6) 영적 은사.
➲ (1) 창 12:10-13:1 (2) 요 1:3,5의 반대 (3) 엡 2:6 (4) 시 24:3 (5) 창 11:4, 갈 1:13-14 (6) 엡 4:8.

올리브: (1) 성령의 열매 (2) 기름부음의 축적 혹은 태동 (3) 영적인 자녀.
➲ (1) 사 61:3, 갈 5:22-23 (2) 삼상 16:13 (3) 신 28:40-41.

올리브 기름: (1) 기름부음 (2) 하나님이 면류관을 씌우신 (3) 성령님 (4) 빛 (5) 영적인 힘 (6) 하나님의 영광.
➲ (1) 출 29:7,21, 30:24-31, 레 8:12, 시 23:5, 133:2 (2) 레 21:12 (킹흠정, 한글킹), 삼상 10:1, 16:13, 왕상 1:39, 왕하 9:3, 시 45:7, 89:20 (3) 삼상 16:13, 사 61:3, 엡 1:13, 4:30 (4) 출 25:6, 35:8,28 (5) 시 92:10 (6) 슥 4:12.

올리브나무: (1) 기름부음 받은 사람.
➲ (1) 슥 4:11-14, 계 11:3-4.

올무: (1) 함정 (2) 걸려 넘어지게 하는 것 (3) 용서하지 않는 마음 (4) 정욕 (5) 갑작스럽게/눈치채지 못함 (6) 율법적인 제한 (7) 조종하고 통제함 (8) 생각의 견고한 진 (9) 우상숭배 (10) 교만한 자, 행악하는 자, 마귀가 하는 일 (11) 하나님은 올무에서 구원해 주시는 분이다 (12) 은밀하게 음모를 꾸미는 (13) 타인을 위한 보증/담보 (특히 불신자들) (14) 무분별한 불신의 말 (15) 죽음 (16) 분노 (17) 사람을 두려워함 (18) 창기 혹은 쓴 여인.
'덫' 항목을 찾아보라.
➲ (1) 욥 18:9-10, 시 38:12 & 마 22:15-18, 시 69:22 (2) 사 8:14, 29:21 (3) 고후 2:10-11 (4) 잠 7:10,23, 딤전 6:9 (5) 전 9:12, 눅 21:34-35 (6) 고전 7:35 (7) 딤전 3:7 (8) 딤후 2:24-26 (9) 시 106:36 (10) 시 91:3, 119:110, 140:5, 141:9 (11) 시 124:7-8 (12) 시 142:3 (13) 잠 6:1-2 (14) 잠 12:13, 18:7 (15) 잠 13:14, 14:27 (16) 잠 22:24-25 (17) 잠 29:25 (18) 잠 7:10,23, 전 7:26.

올빼미: (1) 외톨이 (2) 올빼미는 황량한 곳에 거주함 (3) 기민한/교활한 불신자 (야행성) (4) 지혜 (5) 귀신.
➲ (1) 욥 30:29 (킹흠정, 한글킹), 시 102:6-7 (2) 사 13:21 (킹흠정, 한글킹), 34:10-15, 렘 50:39 (킹흠정) (3) 레 11:13,17, 신 14:12,15 (비교. 사 34:14) (4) 올빼미는 학문과 지혜를 상징하는 동물임 (5) 사 34:14 (야행성 동물들).

옷: (1) 하나님의 영광 (2) 인간이 만든 덮개, 가리개 (3) 간음 (불타는 옷) (4) 보증인의 문제 (옷을 빼앗김) (5) 옷을 갈아입는 것은 역할과 권위의 변화를 말한다 (6) 옷은 하나님과 우리의 관계가 어떤 상태인지 보여 준다 (흰색 = 올바른) (7) 또 마음의 상태를 암시하기도 한다 (8) 깨끗한 옷이나 새옷은 회심, 분리 혹은 준비를 뜻할 수도 있다 (9) 맞지 않는 것 (헐렁한 옷) (10) 심판/재앙/죽음에 대한 경고 (참을 수 없을 정도로 뜨거운 옷을 입음) (11) 하나님의 열정을 덧입음 (불타지만 고통스럽지 않은 옷).
옷 색깔을 주목하고 각각의 색깔 항목을 찾아보라.
'브래지어', '옷을 입다', '겉옷', '뒤집어진/뒤집힌', '팬티', '셔츠', '옷자락', '정장' 항목을 찾아보라.
➡ (1) 창 2:25 (2) 창 3:7, 마 7:15, 약 2:2 (3) 잠 6:26-27 (4) 잠 20:16, 27:13 (5) 창 41:14, 왕하 2:12-15, 눅 15:22 (6) 욥 29:14, 사 61:10, 막 16:5, 애 4:7-8 (7) 왕하 22:19 (찢어진 옷=겸손한 마음), 요 19:23 (흠 없는 마음을 지니신 예수님은 이음새 없이 위에서 아래까지 통으로 짠 옷을 입으셨다) (8) 출 19:14-15, 마 9:17, 눅 15:22 (9) 삼상 17:38-39 (10) 슥 3:2-3 (11) 사 59:17, 렘 20:9.

옷단: (1) 흘러넘치는 곳.
➡ (1) 시 133:2, 마 9:20, 14:36.

옷을 입다: (1) 하나님의 영광 (2) 하나님의 갑옷/전신 갑주 (3) 빛의 갑옷 (4) 의로움 혹은 구원 (5) 성장해 감.
➡ (1) 창 3:7, 계 16:15 (2) 엡 6:11 (3) 롬 13:12 (4) 사 61:10, 슥 3:5 (5) 삼상 2:19.

옷자락: (1) 영향력이 미치는 범위 (왕국/영토) (2) 보호 (3) 불결함 (더러운 옷자락) (4) 기름부음 받은 종 (기름부음 받은 옷자락) (5) 수치 혹은 치욕 (들춰진 치마) (6) 죄 (더러운 옷자락) (7) 덮인.
➡ (1) 삼상 15:27-28, 24:5-6 (2) 룻 3:9 (3) 애 1:9 (4) 시 133:2 (킹흠정), 마 9:20, 14:36 (5) 렘 13:22,26, 나 3:5 (6) 애 1:8-9 (7) 겔 16:8.

옷장: '찬장' 항목을 찾아보라.

왕: (1) 예수 그리스도 (2) 권위 (3) 지배, 통치.
➡ (1-3) 계 1:5.

왕관: (면류관) (1) 승리 (2) 영광과 존귀 (3) 권세 (4) 생명 (5) 의 (6) 기뻐함 (7) 썩지 않

는 (8) 상급 (9) 교만.
'머리' 항목을 찾아보라.
➡ (1) 딤후 2:5, 계 6:2 (2) 빌 4:1, 히 2:7-9, 벧전 5:4, 계 4:10 (3) 히 2:8, 계 4:10 (4) 약 1:12, 계 2:10 (5) 딤후 4:8 (6) 살전 2:19 (7) 고전 9:25 (8) 계 2:10 (9) 사 28:1,3.

왕자: (우두머리, 통치자) (1) 예수 그리스도 (2) 사탄 (3) 정사, (경건하지 않은) 통치자 (4) 하늘의 처소에 앉혀진.
➡ (1) 사 9:6 (2) 마 12:24, 엡 2:2 (3) 엡 3:10, 6:12 (4) 엡 2:6, 골 3:1.

외국/타지에서 온: (1) 불신자 (2) 믿음으로 기능하지 않음 (3) 그리스도 (우리를 모른다고 하시는 집주인) (4) 외국에도 알려짐 (5) 익숙하지 않은 (6) 상황을 알지 못함.
'원주민', '외국인', '낯선 사람', '생소한', '여자–외국인 여자' 항목을 찾아보라.
➡ (1) 출 12:45, 옵 1:11, 엡 2:19 (2) 롬 4:11-12 (3) 눅 13:25,27 (4) 왕상 10:6-7 (5) 삼상 17:39, 행 17:23 (6) 히 11:9-10.

외국인: (1) 사악한 위협의 가능성에 대한 경고일 수도 있음 (2) 당신이 외국인이라면, 세상과 구별되어 있다는 뜻일 수 있다 (3) 아버지가 외국인의 모습으로 나타난다면 당신과 하나님 아버지의 관계가 낯설다는 뜻일 수 있다 (4) 거짓말쟁이 (5) 거짓된 우정의 손 (6) 그리스도를 안다고 하지만 실제로는 아닌 종교적 일꾼 (7) 성령의 음성을 알아듣지 못하는 사람.
'이방인', '원주민', '외국/타지에서 온', '여자–외국인 여자' 항목을 찾아보라.
➡ (1) 엡 2:12, 4:18, 골 1:21, 히 11:34 (2) 신 14:2, 26:18, 히 11:9, 벧전 2:9 (4) 시 144:11 (5) 시 144:11 (6) 마 7:22-23 (7) 고전 14:11.
-외국인 여자: '여자' 항목을 찾아보라.

외침: (1) 기쁨 혹은 즐거움 (2) 큰 승리 (3) 전투 (승리의 함성 혹은 전투에서 패하여 부르짖는 소리일 수도 있음) (4) 찬양 (5) 하나님의 임재 혹은 왕의 등장과 관련이 있음 (차양 혹은 개선식).
➡ (1) 스 3:11-13, 시 5:11, 35:27 (2) 수 6:5,16,20, 시 47:1 (3) 출 32:17-18, 욥 39:25, 암 1:14 (4) 스 3:11, 사 44:23 (5) 민 23:21, 삼하 6:15, 시 47:5, 사 12:6, 살전 4:16.

왼쪽: (1) 약함 (2) 육체 (자연인), 불신, 저주받은, 죽음, 염소, 심판 (3) 마음 (4) 아래/밑, 나중/뒤 (5) 부와 존귀 (지혜의 왼편) (6) 어리석음 (7) 근심, 걱정 없이 태평한 (8) 지성, 혼, 가르침.

'활', '오른쪽' 항목을 찾아보라..
⮕ (1) 시 63:8, 80:17, 눅 22:69 (2) 마 25:41,(33–46), 눅 23:33-43 (3) 삿 7:20 ('오른쪽' 3번 항목을 찾아보라), 겔 39:3 (4) 창 48:13-22 (5) 잠 3:16 (6) 전 10:2 (7) 출 15:26, 잠 15:19 (8) 요 21:5–6 (오른쪽=믿음).

요리책: (1) 계획 (2) 주술/마술 (3) 재료, 구성 요소 (4) 휘젓는 도구/선동가 (5) 수법, 공식 (6) 준비 (7) 교훈 (8) 하늘의 암호/신호.
'제빵사', '요리하다' 항목을 찾아보라.
⮕ (1) 잠 14:12, 16:25 (2–6) 행 19:19 (7) 딤후 3:16 (8) 이것은 당신이 성령님을 충분히 의지하기보다는 꿈 해석을 하나의 공식이나 수법으로 여기고 있음을 암시한다.

요리하다: (1) 음모를 꾸밈 (무언가를 조합/구성함) (2) 육체의 일 (3) 독.
'굽다', '제빵사', '케이크', '오븐/화덕' 항목을 찾아보라.
⮕ (1–2) 창 25:29–34 (3) 왕하 4:39–40.

요요: (1) 계속 반복되는 문제/상황 (2) 게으른 손.
⮕ (1) 잠 26:11 (2) 전 10:18.

요트: (1) 성령 사역.
'보트', '유람선', '수상/선상 가옥' 항목을 찾아보라.
⮕ (1) 요 3:8.

욕실: (1) 씻음 (2) 마음 (하나님의 말씀의 거울이 당신의 마음을 드러냄) (3) 차림새를 단정하게 함 (4) 양심의 찔림/회개 (5) 은밀한 정욕/죄 (6) 새롭게 됨 (7) 옛/과거의 문제 (낡은 욕실).
'얼굴', '똥', '화장실', '소변' 항목을 찾아보라.
⮕ (1) 엡 5:26 (2) 약 1:23–26 (3) 사 1:16 (4) 마 3:11 (5) 시 38:9, 51:6, 사 29:15, 요 7:4 (5) 행 3:19 (6) 롬 6:6, 벧후 1:9.

욕하다: (1) 쓴 물 (2) 죽음의 말을 내뱉음 (3) 그리스도를 부인함 (4) 다른 사람 혹은 자신을 저주함 (5) 영적인 힘을 잃어버림 (6) 부패함 (7) 하나님을 두려워하지 않는 불평, 불만 (8) 탐욕스러움 (9) 언어 폭력 (10) 논쟁 (11) 교만 (12) 질투 (13) 증오 (14) 살인의 영 (15) 좌절.
⮕ (1) 민 5:18, 약 3:9–12 (2) 잠 18:21, 막 15:11-15 (3) 마 26:74-75 (4) 마 26:74 (비교. 마 27:23, 행 5:30 & 갈 3:13) (5–6) 엡 4:26,27,29,30 (7) 빌 4:11, 요삼 1:10 (8) 히 13:5 (9) 눅 3:14 (10) 유 1:8–9 (11) 잠 21:24, 딤전 6:3–6 (12) 잠 6:34–35

(13–14) 막 15:11–15, 요일 3:15 (15) 요삼 1:10.

용: (1) 마귀 (2) 중국 (이방 신) (3) 정사/통치자들 (악).
➲ (1) 계 12:3–5,7,9,13,16–17, 13:2–4, 16:13, 20:2 (2) 고전 10:19–20 (3) 엡 6:12, 계 12:7.

용광로: (1) 지옥 (2) 심판 (3) 고통, 괴로움 (4) 고난 (5) 정화/정련함.
'금/금빛', '철' 항목을 찾아보라.
➲ (1) 마 5:22, 계 9:2 (2) 벧후 2:4 (3) 눅 16:23 (4) 사 48:10 (5) 시 12:6.
- 철/쇠 용광로: (1) 세상 (애굽).
➲ (1) 신 4:20, 왕상 8:51.

용기: (그릇) (1) 인간의 몸 (2) 인간의 마음 (3) 하나님의 도구 (4) 교회 혹은 나라/민족.
➲ (1–3) 고후 4:7 (4) 사 40:15, 렘 18:6, 고후 6:16 (하나의 성전).

용모: (1) 광채 (2) 얼굴 (3) 임재.
'얼굴' 항목을 찾아보라.
➲ (1) 고후 3:7 (2) 마 6:16, 28:3, 눅 9:29, 계 1:16 (3) 행 2:28.

용암: (1) 하나님의 진노 (2) 갑작스러운 파멸 (3) 심판 (4) 하나님의 임재 혹은 영광.
'불', '화산' 항목을 찾아보라.
➲ (1) 미 1:3–5 (2) 민 26:10, 벧후 3:10,12 (3) 겔 22:20 (4) 시 46:6, 97:5, 나 1:5.

용접: (1) 연결함/합침 (강력한 결속) (2) 제작/조립함 (3) 보수/수리함.
'강철' 항목을 찾아보라.
➲ (1) 출 28:7, 대상 22:3 (킹흠정) (2) 왕하 15:35 (3) 느 3:6.

우두머리: (1) 예수 그리스도 (2) 가장 좋은/최고의 혹은 가장 강한 (3) 가장 큰/주된 (4) 지도자.
➲ (1) 엡 2:20, 벧전 5:4 (2) 잠 16:28 (킹흠정), 단 10:13 (3) 시 137:6.

우리: (1) 견고한 진 (2) 짐승처럼 취급 받음 (3) 속박 (4) 감금됨 (5) 제한 (6) 더러운 영들 (새장) (7) 성령의 활동을 저지함.
'조류관(동물원)' 항목을 찾아보라.

⊃ (1) 고후 10:4-5 (2) 렘 37:15 (3-5) 창 40:5 (6) 렘 5:27, 계 18:2 (7) 행 5:18-19.

우물: (1) 하나님 (2) 마음 (3) 하나님의 말씀 (4) 예수 그리스도 (5) 구원 혹은 영생 (6) 성령님. '샘' 항목을 찾아보라.
⊃ (1) 창 21:27-32 (언약의 우물), 49:22, 민 21:16-17 (그들은 우물을 향해 노래했다), 삼하 17:17-19 & 골 3:3 (2) 잠 5:15, 18:4, 요 7:37-38 (3) 창 29:2 (양떼는 이 우물의 물을 마셨다) (4-5) 사 12:2-3 (6) 요 7:37-38.
 - 막힌 우물: (1) 영을 짓밟아 망가뜨리는 것들 (2) 구원을 막으려 함.
⊃ (1-2) 창 26:15,18, 왕하 3:19,25.

우박: (1) 심판 (2) 진노.
⊃ (1) 시 78:47, 사 30:30, 겔 13:13.

우산: (1) 덮개 (2) 보호 (3) 권위 구조 (4) 방패.
⊃ (1-2) 창 19:8, 욘 4:6 (3) 마 8:9 (4) 엡 6:16.

우상: (1) 마귀/귀신들 (2) 거짓 신 (3) 올무, 덫 (4) 은금.
⊃ (1) 고전 10:19-20 (2) 시 96:5 (3) 시 106:36 (4) 시 115:4, 135:15.

우유: (1) 어린 신자들을 위한 하나님의 말씀 (2) 성경의 기초적인 가르침 (3) 미성숙한 그리스도인.
⊃ (1) 벧전 2:2 (2-3) 고전 3:1-2, 히 5:12-14.

우주: (1) 영원 (2) 천체들.
'우주선', '우주복' 항목을 찾아보라.
⊃ (1) 사 57:15 (2) 창 1:14-15.

우주 비행사: (1) 예수님 (2) 영적인 사람이 세워짐 (3) 권세의 자리에 있는 (4) 영적인 복이 풍성함 (5) 적의 통치자들(정사) 혹은 권세들 (외국인 혹은 위협적인 우주 비행사).
'우주복' 항목을 찾아보라.
⊃ (1-4) 행 1:11, 엡 1:3,20, 2:6-7 (5) 엡 6:12.

우주복: (1) 성령 안에 있는 (2) 하나님의 전신 갑주.
'우주 비행사', '우주' 항목을 찾아보라.

➡ (1-2) 엡 6:11-18.

우주선: (1) 휴거 (2) 천국을 경험함.
'엔터프라이즈 호' 항목을 찾아보라.
➡ (1-2) 왕하 2:11.

우체국: (1) 하늘의 물류/유통 센터 (2) 마음.
➡ (1) 창 28:12 (2) 잠 4:23, 마 12:34.

우체부: (1) 천사 (전령) (2) 좋은 소식을 전하는 자 (3) 특사, 급사(急使) (4) 말씀 전달자 (5) 설교자, 전도자.
➡ (1) 창 22:11, 단 10:5,11 (2) 롬 10:15 (3) 에 3:15 (4) 마 11:10-11 (5) 롬 10:15.

우편함: (1) 마음 (2) 초청 (3) 편지는 꿈이나 메시지가 임할 것을 뜻할 수도 있다 (4) 하나님의 음성을 들으려 함 (우편함으로 감) (5) 서면 교류/소통.
'봉투', '편지' 항목을 찾아보라.
➡ (1) 겔 3:10, 마 13:19 (2) 막 1:37, 요 11:3 (3) 삼하 18:20 (4) 출 33:13 (5) 왕하 5:7.

우표: (1) 친교/교제가 임함 (2) 공인된 혹은 권위 있는 메시지 (3) 메시지 전달자 (4) 작은.
'봉투', '편지' 항목을 찾아보라.
➡ (1-3) 에 8:8,10,12, 왕상 21:8.

운동 기구: (1) 개인의 행복과 안녕 (2) 개인의 행복과 안녕을 위해 일함 (3) 신체 단련 (4) 영적 단련 (5) 이기적으로 자기에게 신경을 씀 (6) 이미지나 건강에 대한 관심 (7) 영적으로 강건해짐.
➡ (1) 요삼 1:2 (2) 고전 3:12 (3-4) 딤전 4:8 (5) 엡 5:29 (6) 빌 3:4 (7) 눅 1:80, 유 1:20.

운동복 바지: (1) 믿음의 발걸음 (운동복 바지를 선택함) (2) 믿음의 경주를 준비함 (3) 믿음으로 행하라고 촉구함 (4) 능력으로 옷 입음 (5) 청소년 사역 혹은 피트니스 사업.
➡ (1) 롬 13:14 (2-3) 고후 5:7, 히 12:1 (4) 시 147:10 (5) 요일 2:14.

운동장: (1) 영적으로 미성숙하고 우상숭배하는 교회.
➡ (1) 출 32:6,8.

운동화: (1) 성령 안에서, 성령으로 (2) 믿음으로.
➲ (1) 왕상 18:46 (2) 히 12:1.

운반: (1) 짐 (십자가) (2) 무거운 짐 (3) 유죄, 죄를 범함 (4) 질병, 아픔 (5) 억압, 압제 (6) 포로, 사로잡힌 사람 (7) 여분의 것 (8) 성령의 영향을 받는 (옮겨짐) (9) (남을) 의지하는 (10) 죽은.
'무거운', '무게' 항목을 찾아보라.
➲ (1) 마 10:38, 16:24 (2) 마 23:4 (3) 레 5:17, 민 5:31 (4) 막 6:55 (5) 시 106:42, 행 10:38, 약 2:6 (6) 마 1:11,17, 막 15:1, 고전 12:2, 갈 2:13, 엡 4:14, 히 13:9, 유 1:12 (7) 눅 10:4 (8) 요 21:18, 계 17:3, 21:10 (9) 행 3:2 (10) 눅 7:12 (육신), 16:22 (영이 옮겨짐), 24:51, 행 5:6, 8:2, 딤전 6:7.

운전자: (1) 당신이 운전 중이라면, 스스로 운명을 이끌고 있는 것이다 (2) 만일 당신이 모르는 사람이 운전하는 차에 타고 있다면, 하나님이 운전하고 계신다는 뜻이다 (3) 운전자가 부패한 사람이라면, 당신이 조종을 당하거나 통제받고 있을 가능성이 있다는 뜻이다 (4) 당신이 아는 사람이 버스를 운전하고 있다면, 그들이 어떤 사역을 세울 것이라는 뜻이다 (5) 잘못된 방향으로 가는 것은 잘못된 영을 뜻한다.
➲ (1-2) 요 21:18 (3) 딤후 3:5-6 (4) 삼하 5:2 (5) 시 51:10 (킹흠정, 한글킹).

울/양모: (1) (사람이 이룰/만들 수 없는) 경건의 겉옷 (2) 영광 (3) 의 (4) 양털 (테스트).
'옷을 입다', '면', '눈2', '흰색' 항목을 찾아보라.
➲ (1) 레 19:19, 신 22:11 (2) 단 7:9, 계 1:14 (3) 사 1:18 (4) 삿 6:37.

울부짖음: (1) 슬픔 (2) 근심, 큰 고뇌 (3) 고통 (4) 마음을 쏟아 놓음 (5) 거절당함 (6) 회개를 구함 (7) 치욕스러움 (8) 마음의 번민 (9) 복 받게 되어 있는 (10) 눈물이 진정성을 보여 주는 것은 아니다.
'눈물' 항목을 찾아보라.
➲ (1-3) 계 21:4 (4) 애 2:18-19, 히 5:7 (5-6) 히 12:17 (7) 마 26:75 (8) 요 11:35 (9) 시 126:5-6, 84:6 (10) 말 2:13.

울타리: (1) 장벽 (2) 경계 혹은 분계선 (3) 보호 혹은 쉼/안식을 제공하다 (4) 신뢰 (5) 수비대 혹은 군대 (6) 요새화된 (7) 막힌, 봉쇄된 (울타리가 쳐진) (8) 충성심을 바꿈 (울타리를 뛰어넘음) (9) 입장을 바꿈 (10) 통제의 문제.
'산울타리', '벽/담' 항목을 찾아보라.

⇨ (1-2) 대하 17:2 (3) 민 32:17, 대하 14:6, 욥 1:10, 사 5:2 (4) 신 28:52, 렘 5:17 (5) 삼하 23:7 (킹흠정), 대하 17:2, 32:5 (6) 신 9:1, 수 10:20 (7) 욥 19:8 (킹흠정) (8-9) 삼상 29:4 (10) 민 22:24,26, 왕하 25:10, 대하 25:23, 고후 10:4-5.

움막: (1) 영적으로 가난해진 사람.
'오두막' 항목을 찾아보라.
⇨ (1) 삼하 9:4 (비교. 고전 6:19).

움트다: (1) 부활의 생명 (2) 새 생명.
⇨ (1-2) 창 40:10, 민 17:8, 욥 14:7-9, 사 27:6, 55:10, 히 9:4.

웃는/웃음물총새: (사람 웃음소리같이 기이한 울음소리를 내는 오스트레일리아 새) (1) 조롱하는 영.
⇨ (1) 잠 1:26, 사 28:22 (새번역, 우리말, 킹흠정, 한글킹 외).

웃음: (1) 기뻐함 (2) 조롱, 비웃음 (3) 믿음으로 받은 것 (4) 슬픈 마음을 덮을 수 있다 (5) 어리석은 자 (금방 사라져 버림) (6) 불신.
'농담' 항목을 찾아보라.
⇨ (1) 욥 8:21, 약 4:9 (2) 왕하 19:21, 시 2:4, 22:7, 마 9:24, 막 5:40, 눅 8:53 (3) 창 21:6-7, 시 126:1-2 (4) 잠 14:13, 전 7:3 (5) 전 7:6 (6) 창 17:17-18, 18:12-15.

웅덩이: (1) 마음 (저장/공급) (2) 결혼에 충실함 (3) 안락, 평안 (저수지) (4) 두 가지 악 (5) 감금 혹은 감옥.
'깊은/깊음', '저수지', '수영장', '물,' '우물' 항목을 찾아보라.
⇨ (1) 잠 5:15, 전 12:6 (2) 잠 5:15-20 (3) 왕하 18:31, 사 36:16 (4) 렘 2:13 (5) 렘 38:6.

웅크림: (1) 숨어 있음 (2) 공격할 준비가 됨.
'절하다' 항목을 찾아보라.
⇨ (1) 수 8:4 (2) 신 19:11.

워터 슬라이드: (1) 기름부음이 흐름 (2) 성령 안에서 천국의 것들을 이 땅에 가져옴.
⇨ (1-2) 겔 47:5.

원: (1) 하나님 (2) 영원 (3) 언약 (4) 지구/땅 (5) 완료 (6) 같은 실수를 반복함 (제자리를 맴돔) (7) 비슷한 관계 또는 상황이 계속 반복됨 (친한 무리들).
'바퀴' 항목을 찾아보라.
➲ (1-2) 신 33:27, 렘 10:10, 전 3:11 (3) 하나님과의 언약의 표시(창 17:10-11)인 할례는 살을 둥글게 베어낸다 (4) 사 40:22 (궁창- 둥근 천장, 원) (5) "세계 일주"처럼 (6) 시 78:41,57 (7) 신 2:3.

원기둥: (1) 3차원 물체 (영적인) (2) 물질 세계 너머 (3) 새로운 차원들.
'원', '둥근' 항목을 찾아보라.
➲ (1-3) 엡 3:18 (다차원).

원수: (1) 사탄 (2) 하늘의 영역에 있는 악한 영들 (3) 마귀의 자식 (4) 세상 (5) 육체.
➲ (1) 마 13:39, 벧전 5:8 (2) 엡 6:12 (3) 행 13:10 (4) 요일 2:15-16 (5) 갈 5:17.

원숭이: (1) 당신을 어리석어 보이게 함 (2) 진지하지 않은 (3) 풍요, 부요 (4) 해치는 영 (5) 감정의 기복 (우울증[오르락내리락함]).
'킹콩' 항목을 찾아보라.
➲ (1) "바보[웃음거리]로 만들려 하는(trying to make a monkey out of)" 사람 (2) 장난끼 많은 원숭이처럼, "장난치다(monkey around)" (3) 왕상 10:22-23 (4) 시 38:12, 잠 24:8 (공동번역, 쉬운성경) (5) 약 1:8.

원예: (1) 아버지의 일, 사업 (2) 사역 (3) 마음을 준비함 (4) 추수하는 일을 함.
➲ (1) 요 15:1 (2) 눅 13:7-9 (3) 렘 4:3-4, 호 10:12.

원자 폭탄: (1) 성령의 능력 (2) 소멸하는 불 (3) 쏟아부음 (4) 주의 날/심판의 날 (5) 갑작스러운 멸망.
➲ (1) 눅 3:16-17, 행 4:31 (2) 레 9:24, 민 16:35, 미 1:4, 히 12:29 (3) 계 14:10, 16:1-9 (4) 욜 2:30-31, 계 16:8 (5) 슥 14:12, 렘 4:20, 살전 5:3.

원주민: (1) 무죄, 결백 (2) 옛 자아 (육의 사람) (3) 조상들 (4) 구원받지 못한 사람들.
'토박이', '노인/옛 사람', '흑인'이나 '백인' 항목을 찾아보라.
➲ (1) 창 2:25 (2) 롬 6:6, 고후 5:17, 엡 4:22, 골 3:9 (3) 암 2:4 (4) 고전 15:46.

월경: (1) 동역자/협력자와의 연합이 없음 (2) 연합을 갈망함 (3) 약속의 상실 (4) 비통함

(5) 자기 의 (6) 당혹감/수치 (월경하는 것이 드러남).
➲ (1–4) 레 15:19,25, 마 9:20–22 (5–6) 사 64:6.

월식: (1) 종교 (교회에 임하는 하나님의 영광을 보지 못하게 방해하는 육신적인 것) (2) 증인이 없음 (3) 환난.
'달2' 항목을 찾아보라.
➲ (1) 신 4:19, 욥 25:5–6, 고전 15:41 (2) 시 89:37 (3) 마 24:29, 막 13:24.

월요일: (1) 둘[2] (2) 죽음 (3) 새로운 시작.
'낮/날', '하나(1)' 항목을 찾아보라.
➲ (1–2) 창 1:6–8 ("좋았더라"는 언급이 없음에 주목하라. 이것은 부활에 선행되는 죽음이다) (3) 세상에서는 월요일을 한 주의 첫날로 본다.

웨딩드레스: (1) 의 안에 서 있음 (흰 드레스).
➲ (1) 계 19:8.

웨이터: (1) 하나님의 충성된 종 (2) 섬김을 위해 만반의 준비가 된.
'기다리다' 항목을 찾아보라.
➲ (1–2) 눅 12:35–42.

위1: (위장) '배1' 항목을 찾아보라.

위2: (위쪽) (1) 하나님 (2) 하늘 (3) 영적으로 올라감 (4) 인정 혹은 성공 (5) 교만 (6) 긍정적인/호의적인 (7) 믿음으로 기능함 (8) 영적으로 힘을 얻은.
'아래로', '북쪽', '오르막' 항목을 찾아보라.
➲ (1) 창 14:22 (2) 창 28:12, 신 4:19 (3) 사 2:3 (4) "엄지손가락을 치켜세우는 것처럼" (5) 마 4:5–6 ("세상의 것/이생의 자랑"에 호소함) (6) 시 24:7 (7) 히 12:2 (8) 시 110:7.

위성 안테나: (1) 하나님과의 소통.
'텔레비전' 항목을 찾아보라
➲ (1) 마 6:9.

위아래: (1) 하늘과 땅 (2) 영적인 것과 세속(세상)적인 것 (3) 천국과 지옥 (4) 머리와 발 (5) 머리와 꼬리 (6) 하늘과 깊음 (7) 승리와 패배.

'밑', '물속' 항목을 찾아보라.
⮕ (1-2) 출 20:4, 신 4:39, 5:8, 28:23, 수 2:11, 요 8:23, 행 2:19 (3) 욥 11:8, 시 139:8, 암 9:2, 마 11:23 (4) 엡 1:22 (5) 신 28:13 (6) 창 49:25 (7) 신 28:13.

위엄: '격식을 차린' 항목을 찾아보라.

위원회: (1) 세속적인 지도층 (2) 종교적인 의회/회의, 공회 (3) 장로들.
⮕ (1) 행 4:8 (2) 마 5:22, 10:17, 12:14, 26:59 (3) 행 11:30, 14:23.

위층: (1) 하늘 (2) 하나님의 임재 (3) 영적인 복으로 인도함 (4) 하늘의 처소들로 들어감 (5) 하나님의 계획들 (6) 마음 (7) 생각 혹은 사고 (8) 기도처 혹은 회복(안식)처.
'위층 방' 항목을 찾아보라.
⮕ (1) 창 28:12 (2) 출 34:2, 창 49:33 & 마 22:32 (3) 엡 1:3 (4) 엡 1:20 (5) 막 14:15, 눅 1:76, 롬 9:17, 골 3:1, 히 8:5 (6) 벧전 1:13, 벧후 3:1-2 (7) 고후 10:5, 골 2:18 (8) 막 6:46, 눅 9:28-29.

위층 방: (1) 영적인 곳 (2) 하늘/천국 (3) 영적인 생각.
'위층' 항목을 찾아보라.
⮕ (1) 행 1:13, 2:1-4 (2) 요 14:2 (3) 사 55:9, 마 6:20.

유니콘: (1) 하나님/예수님 (2) 힘.
⮕ (1) 민 23:22 (킹흠정, 한글킹) (2) 시 18:2, 89:17.

유니폼: (제복) (1) 인정받는 권위 (2) 지체들 (3) 모두가 같은.
⮕ (1) 롬 13:3-4 (2-3) 롬 12:16, 고전 12:12, 빌 2:2.

유독성 기체: (1) 귀신들의 요새.
'연기' 항목을 찾아보라.
⮕ (1) 계 9:2-3.

유람선: (1) 생명의 길 혹은 여정 (2) 여정, 항해, 항로 (3) 하나님 없는 삶 혹은 하나님을 피해 달아나는 것을 뜻할 수도 있다 (4) 영적 무관심.
'휴일', '수상/선상 가옥', '여행 가방', '관광객과 관광버스', '요트' 항목을 찾아보라.
⮕ (1) 잠 5:6, 6:23, 10:17, 30:19 (2-3) 요 1:3 (4) 눅 12:19, 계 3:17-18.

유리: (1) 마음 (2) 하나님의 말씀 (3) 거울 (4) 투명하고 깨끗한 (5) 인장, 도장 (6) 깨지기 쉬운 (부서지기 쉬운) (7) 승리.
'창문' 항목을 찾아보라.
➡ (1) 잠 27:19, 마 5:8, 요 2:25 (2–3) 고전 13:12, 고후 3:18, 약 1:23–25 (4) 계 21:18,21 (5) 욥 37:18 (6) 시 2:9, 31:12, 마 9:17 (7) 계 15:2.
- 깨진 유리: (1) 실망 (2) 비난, 질책 (3) 당신의 영으로 불법 침입함 (영의 창을 깨뜨림) (4) 날카롭고 매서운 말.
'물'(물은 유리처럼 비춘다), '창문' 항목을 찾아보라.
➡ (1) 욥 17:11, 시 38:8 (비교. 잠 27:19 & 20:5), 또 "산산조각난 꿈"처럼 (2) 시 69:20 (3) 마 6:19 (4) 시 22:13.
- 유리 테이블: '식탁/상-유리 식탁' 항목을 찾아보라.

유리문: (1) 예언적 기회 (걸어서 유리문을 통과함).
➡ (1) 왕상 19:19–20, 계 4:1.

유리 사무실: (1) 선지자의 직분.
➡ (1) 삼상 9:9, 잠 7:6.

유리컵(잔): (1) 마음 (2) 순수한 마음 (크리스털 유리) (3) (성령의 그릇인) 교회 (4) 기름 부음 받은 사역.
'유리', '물–물 한 잔' 항목을 찾아보라.
➡ (1) 잠 20:5, 21:1, 애 2:19, 마 5:8 (3) 겔 39:29, 행 2:17–18 (4) 행 28:8.

유명인: (1) 예수 그리스도 (2) 아는 사람 중 유명인에 해당하는 사람 (3) 유명한 사람의 영 (만일 그들이 고인이고 의인이라면) (4) 그 사람의 이름이 무슨 의미인지 생각해 보라 (예. 멜 깁슨이 꿈에 나타났다면, 멜은 "우두머리"를 뜻하기에 그리스도를 상징할 수도 있다) (5) 실제 그 사람 (6) (연예인처럼) 세상의 영광 (7) 그 유명인의 직업, 역할, 성품 혹은 열정.
'슈퍼 영웅' 항목을 찾아보라.
➡ (1) 막 1:28, 눅 4:14,37 (2) 마 11:14, 17:12–13 (3) 삼상 28:15, 마 17:3, 22:32 (6) 마 4:8 (7) 마 11:14.

유모차: (1) 하나님의 약속을 운반하는 사람 (2) (약속이 분명히 나타날 때까지 운반하는) 믿음 (3) 새로운 사역의 시작 (4) 헛된 약속/빈말 (빈 유모차) (5) 어떤 것이 출산/탄생

하기를 기다림 (약속/교회/사역) (6) 하나님의 약속이 죽어 있는 사람 (검은색 유모차).
➡ (1–2) 롬 4:20–21, 히 6:15 (3) 행 13:9 (바울의 사역의 시작) (4) 사 29:13, 마 15:8 (5) 삼상 1:18 (6) 창 16:1–3, 잠 13:12.

유물: (1) 기본적인 성경의 진리들 (2) 고대의 생활 방식을 알려 주는 것들 (3) 숙련된 장인들이 (창안하여) 만든.
➡ (1–3) 대하 34:11–14 (목수들=장인들, 그들이 성실하게 성전 재건을 시작하자, 하나님이 그들에게 하나님의 말씀을 다시 세울 수 있도록 영적인 바닥재와 기둥, 지붕을 주셨다!) 왕하 22:8–11, 대상 29:5, 느 3:6 ('옛 문')을 찾아보라!

유산: (1) 잃어버린 약속 (2) 하나님의 약속을 좌절시킴 (3) 도둑맞은 약속 (4) 새로운 사역의 죽음 (5) 심판 (6) 저주 (7) 불의 (8) 영적인 힘이 없음.
➡ (1–4) 마 2:16–18, <u>행 7:19</u> (5) 호 9:14 (6) 창 31:38, 출 23:26 ('출산'에는 "복되다"라는 뜻이 있다. 따라서 '유산'에는 "저주 받은"의 뜻이 있다) (7) "오심/오판(miscarriage of justice)"처럼 (8) 사 37:3.

유성: (1) 하늘에서 온 메시지 (2) 부흥, 회복 (유성우) (3) 심판.
'소행성' 항목을 찾아보라.
➡ (1) 신 4:36, 사 55:10–11, 또한 그리스도(하나님의 말씀)는 하늘에서 오신 우리의 반석(돌덩이)이심을 기억하라 (2) 시 72:6–7 (3) 사 30:30, 겔 38:22.

유스 호스텔: (1) 활력이 넘치는 젊은 교회.
'배낭 여행자를 위한 숙소' 항목을 찾아보라.
➡ (1) 요일 2:13–14.

유체 이탈: (1) 성령 안에서 (2) 죽음.
➡ (1) 겔 3:12,14, 8:3, <u>고전 15:44</u> (2) 요 19:30.

유턴: (1) 회개 (2) 우상숭배로 돌아감 (3) 불순종 (4) 마음을 바꿈 (5) 자신이 한 약속을 지키지 않음 (6) 세상에 이끌려 돌아감 (7) 두 마음을 품은.
➡ (1) <u>눅 17:4</u>, 행 26:20 (2) 수 23:12–13 (3) 욥 23:12 (4) 마 21:29 (5) 마 26:33–35,70–74 (6) <u>창 19:26</u>, 왕하 5:20 (7) 눅 9:62.

육즙: (1) 기름부음.

➔ (1) 욜 2:28, 행 2:17, 히 6:4

육체적인: (1) 육신에 속한 (2) 죄 많은 (3) 죽음.
➔ (1) 고전 3:1,3, 고후 10:4 (2) 롬 7:14 (3) 롬 8:6.

윤을 내다: (1) 영화롭게 되도록/영광스러워지도록 (2) 빛나게 하다 (3) 세밀하게 손보다 (4) 비추다, 반사시키다.
➔ (1) 애 4:7, 단 10:6 (2) 시 144:12 (우리말, 킹흠정) (3) 사 49:2 (4) 고전 11:1.

율법: (1) 하나님의 말씀 (2) 율법주의 (3) 사랑 (4) 믿음의 법 (5) 마음의 법 (우리 마음에 새겨짐) (6) 생명의 성령의 법 (7) 자유 (8) 모세오경 (9) 모든 구약 성경 (10) 죄와 사망의 법 (11) 민법(법률) 체계 (12) 죄를 드러냄.
➔ (1) 약 1:25, 2:12-13 (2) 마 12:2,10, 22:17, 27:6 (3) 막 12:29-31, 롬 13:8,10, 갈 5:14, 약 2:8 (4) 롬 3:27-28, 4:13,16, 갈 3:23-24 (5) 롬 7:23,25, 히 8:10 (6) 롬 8:2,4 (7) 약 1:25 (8) 눅 2:22, 요 1:17,45, 7:19,23, 8:5, 행 13:39, 15:5, 28:23, 롬 2:12-13, 고전 9:9 (9) 시 69:4, 시 82:6 & 요 10:34, 시 109:3-5, 사 28:11-12 & 고전 14:21, 미 4:7 & 요 12:34, 요 15:25 & 시 35:19 (10) 롬 7:7-9,23, 8:2, 고전 15:56 (11) 마 5:40, 행 22:25, 고전 6:1,6-7 (12) 롬 3:20.

은: (1) 구속함 (2) 속전 (3) 두 번째 (4) 이류.
➔ (1-2) 출 30:11-16, 36:24 (은[구속]은 그리스도인의 기초이다. 천국에는 은이 있다는 기록이 없는데, 천국에서는 구속이 필요 없기 때문이다), 마 27:3-9 (3-4) 왕상 10:21.

은밀한: (1) 숨겨진 (2) 비밀 (3) 피난처 (4) 그림자/그늘.
➔ (1-2) 왕상 18:13 (3) 사 4:6, 16:4, 32:2, 렘 25:38 (4) 삼상 25:20, 욥 38:40, 40:21, 시 61:4.

은줄: (1) 삶과 죽음 (2) 척추.
➔ (1-2) 전 12:6-7.

은행: (1) 당신의 마음 (2) 하늘 (하나님의 보고) (3) 예수님 (4) 유보, 따로 떼어 둠 (5) 확실한 것 (6) 부/돈 (7) 창고 (8) 이자 (9) 일하는 곳 (돈을 버는 곳).
'강독' 항목을 찾아보라.
➔ (1) 마 12:35, 눅 6:45, 12:34, 21:1-4, 롬 2:5, 고후 4:7 (2) 마 6:19-20, 막

10:21, 눅 12:33, 18:22 (3) 골 2:2-3, 히 11:26 (4) 행 5:3 (5) 사람이 은행처럼 신용하는 것 (6) 눅 19:23 (7) 대하 32:27 (8) 눅 19:23 (9) 마 20:2.

은행 창구 직원: (1) 창시자 혹은 권위.
➲ (1) 히 12:2.

음수대/급수대: (1) 성령의 흐름 (2) 교회 혹은 사역 (3) 영원한 생명 (4) 하나님의 운행하심 (5) 하나님 안에서 성취됨.
'마시다' 항목을 찾아보라.
➲ (1-2) 요 7:37-39 (3) 요 4:14, 계 21:6, 22:1,17 (4) 요 4:39-42 (배경이 되는 상황과 비교하라) (5) 요 4:32-34 (배경이 되는 상황과 비교하라).

음식/양식: (1) 하나님의 말씀 (2) 예수님 (3) 하나님의 뜻 (4) 당신이 먹고 있는 것.
'식사', '고기', '냉장고' 항목을 찾아보라.
➲ (1) 히 5:13-14, 마 4:4 (2) 요 6:54 (3) 요 4:34 (4) 요 4:34.

음악: (1) 경배 (2) 찬양 (3) 기념/축하 행사 (4) 승리 (5) 기쁨.
'기타', '악기' 항목을 찾아보라.
➲ (1) 단 3:5,7,10 (2) 대하 5:13, 7:6, 23:13 (3) 눅 15:25 (4) 출 15:20-21, 삼상 18:6 (5) 대상 15:16, 애 5:14-15.

음주 측정: (1) 영을 시험/분별함.
➲ (1) 요일 4:1.

음행: (1) 실제 음행 (2) 다른 애인들로 더러워짐 (3) 우상숭배 (4) 세상과 교류하거나 친구가 됨.
'간음', '성2' 항목을 찾아보라.
➲ (2) 사 23:17 (3) 대하 21:11 (4) 고전 6:16, 약 4:4.

응급 구조사: (1) 복음 전도자 (사람들을 의사/치유자[그리스도]에게 데려가는 사람) (2) 섬기는 천사들.
➲ (1) 막 2:3-11, 요 1:40-42 (2) 왕상 19:5-6, 단 10:10-11, 요 5:4.

응시: (1) 성령 안에서 봄 (2) 예언함 (3) 선견자 (4) 사랑 (5) 우상을 숭배하고 있음을 나

타내는 것일 수도 있다 (6) 스쳐 지나가는 부 (세상적인 물건들을 응시함) (7) 세상을 의지하거나 바라봄.
➡ (1) 민 24:3-4, 막 10:21, 행 13:9-10 (2) 겔 6:2, 13:17, 20:46, 21:2 (3) 삼상 9:9 (4) 렘 24:6 (5) 겔 14:4 (6) 잠 23:4-5 (7) 렘 42:15,17.

의복: '옷', '망토', '예복', '옷자락' 항목을 찾아보라.

의사: (1) 예수님 (2) 권위 (3) 성령의 기름/위로 (4) 병든 자 (5) 죄를 뜻할 수도 있음 (6) 치유를 위해 하나님을 찾아야 함 (7) 약이 필요함.
➡ (1) 말 4:2, 막 5:26 (2) 행 5:34 (3) 렘 8:22, 약 5:14-16 (4) 마 9:12, 눅 5:31 (5) 막 2:17 (6) 대하 16:12, 약 5:14-16 (7) 렘 8:22.
- 정신과 의사: (1) 당신의 머릿속에 있는 사람.
➡ (1) 잠 23:7, 애 3:60-61 (비교. 시 119:95).
- 치과 의사: (1) 그리스도 (2) 목사.
'이2' 항목을 찾아보라.
➡ (1-2) 치아, 곧 이가 양(아 4:2, 6:6)과 같기에, 이 양들을 위해 일하는 사람은 그들의 지도자가 된다.

의상을 빌림: (1) 다른 사람이 되려 함 (2) 스스로 다른 사람이 되어야 한다고 느낌 (3) 가짜 그리스도인 (외관).
'마스크' 항목을 찾아보라.
➡ (1) 삼상 21:13, 롬 7:18-19 (2) 엡 1:6 (3) 창 27:15, 잠 6:19, 갈 2:4.

의수/의족: (1) 진짜가 아닌 (2) 사람이 만들어낸, 인공/인간적인 (3) 잘못된 행보 (다리) (4) 잘못된 힘 (다리 혹은 팔).
➡ (1) 삼하 20:9-10, 슥 13:6 (2) 시 147:10 (3) 민 22:32, 렘 7:9 (4) 시 84:5.

의자: -빈백 의자: (커다란 쿠션처럼 생긴 의자)(1) 무관심 (2) 무기력.
'앉다' 항목을 찾아보라.
➡ (1-2) 잠 26:13-14, 히 6:12.

의회: (1) 권위/권력 구조.
'정부' 항목을 찾아보라.
➡ (1) 마 5:22.

이 땅의: (1) 인간/육체 (2) 이 세상의 (3) 믿음이 없는 (4) 세속적인 (5) 천지 창조 (6) 세상의 지혜.

'땅1', '오렌지색', '빨간색' 항목을 찾아보라.

↪ (1) 창 2:7, 고전 15:47, 고후 4:7, 5:1 (2) 요 3:12,31, 골 3:2 (3) 요 3:12, 빌 3:19, 골 3:2 (4) 빌 3:19 (5) 마 13:35, 히 1:10 (6) 약 3:15.

이1: (곤충) (1) 당신에게 이가 있다면, 당신이 이용당하고 있다는 뜻일 수도 있다 (2) 누군가 기식/기생하고 있다는 뜻일 수도 있다 (3) 누군가 "당신의 머리카락 사이에" 있다는 뜻일 수도 있다. 성경적인 의미는 다음과 같다 (4) 재앙 (5) 저주 (6) 기생충/동물 (7) 심판 (8) 노여움과 방해물/골칫거리.

'벼룩', '기생충' 항목을 찾아보라.

↪ (4–6) 출 8:16–17, 시 105:31 (7) 출 8:16–17 (8) 눅 18:5.

- 서캐: (이의 알) (1) 사소한 것을 문제 삼음 (2) 흠/트집 잡기 (3) 심판 (누군가 당신의 머리를 살펴보는 경우).

↪ (1) 마 7:2–6, 23:24 (2) 막 3:2 (3) 마 22:15–17.

이2: (1) 믿는 자 혹은 회중 (2) 말 (3) 지혜 (4) 외모에 대한 자부심 (5) 성숙함 (6) 신실하지 않은 사람 (충치/썩은 이) (7) 솔직한 사람이 아님 (썩은 이들) (8) 물어버림 (9) 몹시 사나운 (송곳니를 드러내는 것처럼) (10) 심판의 도구 (11) 결단을 내림 혹은 분별 (12) 조롱함 (13) 거짓말 (틀니) (14) 포식자 (날카로운 이빨들) (15) 힘.

'뺨', '입술', '입', '혀', '치통', '칫솔', '치약' 항목을 찾아보라.

↪ (1) 아 4:2, 6:6 (양떼) (2) 시 35:16, 57:4, 잠 30:14, 렘 2:16 (4–5) 히 5:14 (6) 잠 25:19 (7) 사 53:2–3 (8–10) 사 41:15, 합 1:8 (사나운 = 날카로운) (11) 사 41:15 (심판은 결정된 내용을 실행하는 것이다) (12) 시 35:16 (13) 시 57:4 & 59:12 (14) 욥 16:9, 시 57:4 (15) 단 7:7, 욜 1:6.

- 새로운 이: (1) 존엄 (2) 영광.

↪ (1) 애 3:16 (본문과 반대) (2) 사 60:1.

- 썩은 이: (충치) (1) 죄 (2) 죄악된 말.

'칫솔' 항목을 찾아보라.

↪ (1) 시 3:7 (2) 잠 30:14.

- 빠진 이: (1) 체면이 깎임 (2) 수치 (3) 할 말을 잃음 혹은 무슨 말을 해야 할지 모름 (4) 하나님의 심판 (부러진 치아들) (5) 신실하지 않은 혹은 불경건한 사람 (부러진 이) (6) 굴욕을 당함 (자존심이 손상됨) (7) 율법적인 보응 (8) 양을 잃어버림 (9) 비천한 자아상 (10) 말하기 민망한/부끄러운 (11) 숨겨진 자아상의 문제 (아랫니들이 빠짐) (12) 숨겨진

무능함 (아랫니들이 빠짐) (13) 무장 해제됨/힘이 없음 (이가 없음).
'화살' 항목을 찾아보라.
⇨ (1-3) 시 58:3-7, 애 3:16, 엡 5:12 (4) 시 3:7, 58:6 (5) 시 3:7, 잠 25:19 (6) 겔 28:17 (7) 출 21:24, 마 5:38 (8) 아 6:6 (9) 사 41:14 (10) 출 6:30 (11) 나 2:10 (12) 잠 25:19 (13) 단 7:7, 욜 1:6.
 - 치아 교정기: (1) 자신의 말에 묶인 (2) 물어도 효과 없음/능력 없음 (3) 하나님이 지시하신 것과 다른 말을 함 (4) 율법주의 (5) 위선 (6) 말을 고칠 필요성.
⇨ (1) 민 21:5-6, 마 16:18 (2-3) 민 22:38 (3) 고전 2:4, 살전 1:5, 히 4:12 (4) 마 23:4 (5) 마 23:2-3.

이름: (1) 꿈속에 나타난 사람의 이름은 다음을 뜻할 수도 있다.
(a) 실제 그 사람 (b) 그 사람의 이름이 실체가 무엇인지 보여 준다. (c) 동일한 성격의 또는 위치에 있는 사람 (그 사람을 어떻게 보고 있는지 자문해 보라) (d) 그 사람이 상징하는 조직/단체, 일/사업, 교회 혹은 교단이 그들의 지위, 위치를 말해 준다 (그 사람이 무엇을 나타내는지 자문해 보라) (e) 그 이름을 가진 장소나 사람과 관련된 기간 혹은 시기를 나타냄. 이 꿈은 현재와 그때 사이에 무슨 일이 있었는지 혹은 이러한 과정 가운데 앞으로 무슨 일이 계속될지 보여 주는 것일 수도 있다 (f) 현재 당신과 그 사람 사이에 영적으로 유사한 사건들.
 - 누군가를 다른 이름으로 부름: (1) 어떤 사람의 성격 혹은 잘못 알고 있는 성격을 공격함 (2) 잘못 알고 있는 정체 (3) 마음이 상한 사람 (어떤 사람을 다른 이름으로 부르면, 그 사람의 기분이 상할 수도 있다) (4) 영적 자아를 입고 성품을 변화시키라고 촉구함 (5) 누군가에게 실제와는 다른 존재가 되라고 강요함.
⇨ (1) 삼하 16:7 (2) 창 27:24 (3) 창 20:2,5,9-10 (4) 창 32:28 (5) 단 1:7-8.

이마: (1) 생각/사고 (2) 마음의 견고한 진.
⇨ (1-2) 삼상 17:49 (우리의 가장 큰 거인[마음, 생각]도 이와 같이 한 개의 돌(말씀)로 무찌르다), 고후 10:4-5.

이모: (고모, 숙모) (1) 결혼한 그리스도인 자매 (2) 실제 고모나 이모 (3) 그녀의 성격이나 이름, 직업을 나타낼 수도 있다.
⇨ (1) 레 18:14 (아버지의 형제의 아내, 숙모).

이민: (1) 하나님의 왕국으로 들어옴 (2) 약속 안으로 들어감.
⇨ (1) 마 12:28, 눅 17:21, 요 3:5 (2) 신 27:3.

이발사: (1) 원수, 적 (2) 사기꾼 (3) 유혹하는 사람 (4) 다듬는/손질하는 사람 (5) 청소하는 사람.
➲ (1) 삼하 10:3-4, 사 7:20 (2-3) 삿 16:19 (5) 레 14:8-9.

이발소: (1) 적의 진영.
'미용사' 항목을 찾아보라.
➲ (1) 삼하 10:4, 겔 5:1.

이방인: (1) 불신자들 (2) 타락한 천사들 혹은 친숙의 영들 (3) 그리스도인들 (4) 하늘에서 온 천사나 사자(使者)들 (5) 따돌림을 당하거나 멸시받는 사람 (6) 거짓의 영 (어떤 사람을 흉내내는 이방인) (7) 적그리스도.
'외국인', '낯선 사람' 항목을 찾아보라.
➲ (1) 엡 2:12, 4:18, 히 11:34 (2) 창 6:2, 갈 1:8 (3) 히 11:13 (4) 히 13:2 (5) 욥 19:15, 시 69:8 (6) 왕상 22:22 (7) 요일 4:1-3.

이백(200): (1) 불충분한 혹은 부족함 (2) 갑절의 복/추수 (100배 x 2).
'백(100)' 항목을 찾아보라.
➲ (1) 수 7:21 (돈이 부족함, 비교, 시 49:7-9, 막 8:36-37), 삿 17:4-6 (종교가 부족함), 삼하 14:26, 18:9 (아름다움이 부족함), 요 6:7 (2) 마 13:23.

이사: (1) 구원 (낡은 집에서 새집으로 이사함) (2) 구원 받으라고 촉구함 (하나님의 집으로 들어가라) (3) 배반/변절함 (상황이나 환경에 쉽게 요동하는 사람일 수도 있음) (4) 잠시 머물러 가는 교회들 (5) 하나님 안에서 성장하거나 위축됨 (6) 스스로에게 만족하지 않거나 내면에 행복이 없음.
'이삿짐 운반차' 항목을 찾아보라.
➲ (1-2) 히 11:7 (3) 사 7:2 (4) 고전 16:19 (5) 마 9:17, 히 10:38 (6) 롬 7:24.

이사회: (중역 회의) (1) 일, 사업에 대한 의견을 나눔 (2) 사업을 운영(경영)함 (3) 사업 계획과 의제 (4) 야망 (5) 공회, 의회/회의 (6) 책임.
➲ (1) 행 4:15 (2) 행 4:16-21, 5:27,29,40 (3) 마 26:59, 눅 22:66-67 (4) 삼하 15:12, 요 11:46-48 (5) 마 5:22, 10:17, 12:14 (공회원-바리새인, 사두개인, 서기관, 장로), 26:59 (6) 행 15:6,22.

이삿짐 운반차: (1) 육신의 집에서 나와 영의 집으로 들어감 (2) 거듭날 준비가 됨 (집을

바꿈) (3) 당신이 영적으로 성장하기 원하시는 하나님 (승리로 들어감) (4) 죽음을 준비하는 것일 가능성이 있음 (하늘의 본향으로 감) (5) 말 그대로 집 혹은 교회의 이사, 이동.
➲ (1) 엡 4:22-24, 골 2:11, 3:8-10 (비교. 고후 5:1) (2) 신 21:13, 요 6:56, 14:15-17 (3) 시 30:11 (4) 요 14:2-3, 벧후 1:14 (5) 창 45:27.

이세벨: '인명 & 지명 사전'에서 '이세벨'을 찾아보라.

이스트(효모): (1) 교만 (2) 죄 (3) 열/압박/박해를 받으면 자라는 것 (4) 부풀게/부패하게 하는 가르침 (5) 위선/다른 사람을 짓밟음/율법주의 (6) 회의주의와 이성주의 (초자연적인 것을 부인함) (7) 관능주의와 물질주의 (8) 천국 (9) 율법주의를 부과함 (10) 부정한 혹은 거룩하지 않은 (11) 두 마음을 품게 함 (12) 지식에 집중함.
'소금' 항목을 찾아보라.
➲ (1) 부풀리고 부패하게 만드는 것, 고전 5:6 (2) 고전 5:6-8 (3) 마 13:33 (4) 마 16:6 & 12, 막 8:15, 갈 5:9 (5) 눅 12:1 (바리새인의 누룩) (6) 마 16:6 (사두개인의 누룩) (7) 막 8:15 (헤롯의 누룩) (8) 마 13:33 (9) 마 16:6-11 (10) 레 10:12, 고전 5:7 (11) 마 16:11-12 (12) 고전 8:1.

이슬: (1) 하나님의 은총 (2) 하나님의 선물이나 복 (3) 영생 (4) 하나님의 계시 (5) 기도로 하나님께 받은 것 (6) 가득 채움/열정 (7) 심판 (이슬이 없음) (8) 안내 혹은 확증.
➲ (1) 잠 19:12 (2) 시 133:3, 호 14:5, 미 5:7 (3) 시 133:3 (4) 출 16:13-15 (하늘의 음식) (5) 신 32:2, 왕상 17:1 (6) 시 110:3 (7) 학 1:10 (8) 삿 6:38.

이슬람: (1) "알라에게 복종" (2) 율법적인 교회 (3) 호전적인 교회 (4) 거짓 기독교 (5) 적그리스도의 영.
➲ (1) 문자 그대로 (2) 갈 3:7-11 (3) 마 26:52 (4) 고후 11:4 (5) 요일 2:22.

이웃: (1) 그리스도 안에 있지 않은 사람 (믿음의 가족이 아님) (2) 친척은 아니지만 아주 가까운 사람 (친구/동료) (3) 긍휼이 필요한 사람 (4) 당신 안에 있는 육의 사람 (특히 그 사람이 당신에게 적의를 품고 있는 경우) (5) 적, 원수 (6) 당신과 분리된 혹은 분열된 사람 (예. 사이에 울타리가 세워짐).
'옆집' 항목을 찾아보라.
➲ (1) 눅 10:29-37, 요일 3:1 (아들이라면, 가족임) (2) 막 12:31 (3) 눅 10:36-37 (4) 롬 8:1-5, 갈 4:29 (비교. 롬 7:14) (5) 마 5:43-44 (6) 창 13:11.

이혼: (1) 분리, 분열 (2) 완악한 마음, 비정함 (3) 불화 (4) 직장에서 해고 당함 (5) 간음 (6) 실제 이혼.
➲ (1) 마 19:5-6 (2) 마 19:8 (3) 신 24:1, 암 3:3 (4) 출 9:28, 눅 16:2 (5) 마 5:32, 19:9.

익사: (1) 심판 (2) 원수들의 말에 압도된 (3) 이해/역량이 미치지 못하는 (4) 참사, 재앙 (5) 구원이 필요한.
'물속' 항목을 찾아보라.
➲ (1) 창 6:17, 욘 2:3,5 (2) 시 42:7,10 (3) 마 14:30-31 (4) 사 43:2 (5) 사 59:19.

익은: (1) 추수의 때 (2) 준비가 된 (3) 가장 좋은 (4) 완전한 혹은 성숙한 (5) 좋은, 먹을 수 있는.
➲ (1) 욜 3:13-14, 요 4:35, 계 14:15,18 (2) 창 40:10 (3) 출 22:29 (킹흠정, 한글킹), 민 18:12-13, 사 18:5 (4) 사 18:5 (5) 렘 24:2.

익히지 않은: (1) 소비/소모할 준비가 되지 않은 (2) 날것의.
➲ (1-2) 출 12:9, 행 10:10, 히 5:12-14.

인공위성: (1) 전 세계적인 예언적 복음 전도 (2) 구별된 사람 (3) (성령의 인도하심을 받는) 독립적인 조직/단체나 교회.
➲ (1) 막 16:15 (2) 창 49:26 (3) 행 24:5.

인도: '보행로', '포장도로' 항목을 찾아보라.

인도인: (1) 꿈을 꾼 사람 혹은 환상을 본 사람과의 관련성을 조사하라 (2) '외국/타지에서 온', '외국인' 항목을 찾아보라.
'흑인', '백인', '원주민' 항목을 찾아보라.

인디언: 꿈을 꾼 사람 혹은 환상을 본 사람과의 관련성을 조사하라.
'원주민', '노인/옛 사람', '토박이' 항목을 찾아보라.

인라인/롤러스케이트: (1) 자유 분방한 혹은 성령 안에 있는 (2) 초신자 (3) (말씀을 전할 때) 잘 풀림 (4) 통제 불능의.
'킥보드', '바퀴' 항목을 찾아보라.
➲ (1-2) 겔 1:20, 요 21:18 (3) 롬 10:15 (4) 약 1:8.

인스턴트 식품 가게: (1) 인스턴트 음식을 먹이는 교회 (건강하지 않은 신자들) (2) 잘못된 영을 가지고 있는 교회나 조직 (더러운 기름).
'프렌치프라이' 항목을 찾아보라.
➲ (1) 고전 3:2-4 (2) 고후 11:4.

인신공격: (1) 헐뜯는 말.
'진흙' 항목을 찾아보라.
➲ (1) 시 69:14, 전 7:21, 사 57:19-20.

인지되지 않는: (1) 성령 안에, 성령으로.
➲ (1) 눅 24:16,31, 요 20:14, 고전 2:14.

인질: (1) 몸값을 요구받음 (2) 삶 가운데 구속받지 못한 영역 (3) 견고한 진 (4) 갈취, 강탈.
➲ (1) 욥 33:24, 호 13:14 (2) 사 51:10-11, 렘 31:11, 마 20:28, 딤전 2:6 (3) 렘 38:6 (4) 잠 6:1-3, 사 16:4.

인형: (1) 여성의 과거 어린 시절의 문제/기억 (2) 모성애를 가르침 (3) 어린 시절의 소원.
'마네킹', '장난감' 항목을 찾아보라.
➲ (1) 고전 13:11, 빌 3:13 (2) 룻 4:16 (3) 눅 2:49.
- 곰 인형: (테디 베어) (1) 가족처럼 친근한 거짓 선지자 (2) 미성숙한 신자들을 잡아먹는 적그리스도의 영 (3) 거짓 위로자.
➲ (1-3) 딤후 3:5-7, 벧후 2:1-2.
- 봉제 인형: (1) 진짜가 아닌/거짓된 (진리가 아님) (2) 거짓된 위로 (3) 위로를 구함 (4) 무해한/악의 없는 혹은 무해하게/악의 없게 보임.
➲ (1) 마 7:15 (2) 시 69:20, 슥 10:2 (3) 고후 1:3-4 (4) 마 10:16, 행 28:5.
- 자동차 충돌 실험용 인형: (1) 시운전 (2) 경고 (3) 충격을 경험함 (4) 앞으로 있을 충돌.
➲ (1-2) 삼상 19:13-18 (3) 마 27:54, 막 15:39 (4) 욥 5:4, 사 8:9.

일: (1) 하나님의 일 (행동하는 믿음) (2) (믿음과 반대되는) 자기 수고, 노력 (3) (성령의 열매와 반대되는) 육체.
➲ (1) 고전 15:58, 갈 5:6 (핵심), 살전 1:3, 약 2:14,17-18,20,26 (2) 시 127:1, 갈 2:16, 히 6:1 (3) 갈 5:19-21.

일곱(7): (1) 하나님의 완전하심 (2) 안식 (3) 영적인 완전함 (4) 복된 (5) 가득한/만족하는/

충분한 (6) 맹세하기 위한 (7) 일곱과 관련된 항목들은 7일 혹은 7년을 뜻할 수도 있다.
➲ (1) 창 2:2 (하나님은 피조계가 완성되자, 충만하고 완벽했기 때문에 안식하신 것이다), 시 12:6 (2) 창 2:2, 룻 3:15-18 (3) 계 1:4, 3:1 (4) 창 2:3 (5) 일곱(7)에 해당하는 히브리어 '셰바'의 어원 '사바'는 "충만한/만족한/충분하다"는 뜻이다 (6) 창 21:29-31 (7) 창 41:26, 수 6:4, 단 4:16.

일꾼: (1) 추수 때의 믿는 자 (2) 치유하는 천사 (집을 보수함) (3) 예수님 (몸/성전을 고침) (4) 육의 사람.
'건축자' 항목을 찾아보라.
➲ (1) 마 9:38, 고후 8:23 (2) 욥 33:23-24 (3) 마 12:13 (4) 갈 2:16.

일본: (1) 첨단 기술 (2) 첨단 기술형 오락 (3) 강한 전통 문화.
'외국/타지에서 온' 항목을 찾아보라.
➲ (1) 대하 26:15 (2) 계 3:17-18 (3) 갈 1:14, 벧전 1:18.

일으키다: '올라가다', '들어 올림' 항목을 찾아보라.

일찍: ("간절히 찾다·구하다"에 해당하는 히브리어 '샤하르'에는 "일찍/부지런히 찾다·구하다"의 뜻도 있음, 킹흠정, 한글킹) (1) 빨리 (2) 간절히 바라는 (3) 당신이 하나님을 갈망하는 정도 (4) 계시의 때, 시간 (5) 시작 (6) 즉시 혹은 곧 (7) 부지런히.
➲ (1) 잠 24:22 (2-3) 시 63:1, 잠 8:17, 호 5:15, 막 16:2, 눅 21:38, 요 8:2 (4) 잠 8:17, 눅 24:1-6 (5) 마 20:1, 막 16:9 (6) 시 46:5, 78:34, 90:14, 101:8 (7) 시 63:1.

일흔(70): (1) 완전한 영적 질서 (2) 온전한 성취 (3) 바벨론에서 해방됨 (4) 불어날/강해질 준비가 되어 있는 (5) 한 세대 (연수).
➲ (1) 70=7(완전) x 10(질서) (2) 창 46:27, 50:3 (야곱을 위해 70일간 애곡함), 출 1:5 (70명의 영혼이 애굽으로 내려감), 시 90:10 (70년=수명), 단 9:24 (다니엘의 70주간) (3) 렘 29:10 (4) 출 1:5, 15:27, 민 11:25, 눅 10:1 (5) 시 90:10.

읽을 수 없는: (1) 구원받지 못하여 봉인된 진리를 깨달을 수 없는 (2) 하나님 앞에서 가식적인(말과 마음이 다른) 사람 (3) 자격이 없는 (보혈 아래 있지 않음) (4) (깨달음이 없는) 완고한 마음 (5) 영적으로 보지 못하는 자 (6) 믿지 못함.
➲ (1) 호 4:6, 마 13:11 (2) 사 29:9-16 (3) 계 5:2,9 (4) 마 13:4,19 (5-6) 마 17:17-21.

읽음: (1) (읽은 것으로) 씻음 (2) 들음 (3) 배움/가르침 (4) 이해함 (5) 영적인 찔림 (6) 계시를 받음 (7) 묵상함 (다시 읽음).
➔ (1) 엡 5:26 (3) 신 17:19, 수 8:35 (4) 느 8:8 (5) 왕하 22:10-11, 느 13:1-3 (6) 롬 10:17 (7) 시 1:2.

임금/급여: (1) 추수(수확)의 삯 (2) 죽음 (3) 불의 (탐심) (4) 속임 (임금/급여를 바꿈) (5) 상급.
➔ (1) 요 4:36 (2) 롬 6:23 (3) 벧후 2:15, 유 1:11 (4) 창 31:7, 잠 11:18 (6) 잠 31:31 (공동번역).

임대차 계약: (1) 연합 혹은 연대 (2) 속박, 결속 (묶인) (3) 계약.
➔ (1-2) 마 26:14-16 (3) 창 23:15-20.

임신: (1) 기대, 대망 (2) 사역의 시작을 기다림 (3) 약속 (4) 간음에 대한 경고 (청소년의 임신) (5) 부흥(새 새명이 태어나기) 직전 (6) 경건하지 않은/마귀의 일이 곧 풀려날 것을 보여 주는 것일 수도 있다 (정황이나 느낌이 좋은 일인지 나쁜 일인지를 결정한다).
'아기' 항목을 찾아보라.
➔ (1) 마 1:23, 눅 2:5 (2) 눅 1:13-17,76,80 (3) 삿 13:3 (4) 마 1:18-19 (요셉은 음행을 의심했다, 20절) (5) 창 21:1-6, 잠 13:12, 눅 1:57-58,67-79 (6) 창 10:8-10 (니므롯이 인간 사냥꾼이었다고 주장하는 사람들도 있다).

입: (1) 마음 (2) 믿음의 말 (3) 고백, 시인 (4) 침묵하는 혹은 말이 없는 (입이 없음).
'말 못하는', '입술', '귀먹은', '이2' 항목을 찾아보라.
➔ (1) 마 12:34, 15:18, 눅 6:45 (2) 롬 10:8 (3) 롬 10:9-10 (4) 눅 14:5-6, 20:26.
- 상처 난 입: (1) 마음의 고통 (2) 마음을 터놓지 못함 (자유롭게 말하지 못함) (3) 상처 받아 하는 말.
'잇몸' 항목을 찾아보라.
➔ (1) 삼상 1:12-14 (2) 마 12:34, 15:18 (3) 창 4:23, 31:29, 시 38:12.

입병: (1) 입술로 범죄함.
➔ (1) 욥 2:10, 시 59:12, 잠 10:19, 사 6:7.

입술: (1) 음성/말 (2) 아첨 (3) 기도 (4) 속임 (5) 거짓말하는 입술 (6) 유혹 (7) 지혜 (8) 덫 (9) 멸망, 파멸 (10) (어리석은 자의 입을) 떠나라고 촉구함 (11) 누군가의 부정부패를

캐냄 (불타는 입술) (12) 다툼 (미련한 자의 입술) (13) 패역함 (미련한 자의 입술) (4) 귀한 보석 (지식의/지혜로운 입술) (15) 증오 (속이고 꾸며대는 입술) (16) 미련한 자 (자기를 삼키는 입술) (17) 불의한 (독을 품은 입술) (18) 후회할 말을 함 (부어오른 입술) (19) 두 마음으로 말함 (터진 입술) (20) 의심 (터진 입술).
'키스', '입', '혀' 항목을 찾아보라.
➲ (1) 시 17:1 (2) 시 12:2, 잠 20:19 (킹흠정, 한글킹) (3-4) 시 17:1 (5) 시 31:18, 잠 10:18, 12:22, 17:4 (6) 잠 5:3, 7:21 (7) 잠 10:13,19 (입술을 제어하는 것), 16:23, 17:28 (8) 잠 12:13, 18:7 (9) 잠 13:3 (크게 벌린 입술) (10) 잠 14:7 (11) 잠 16:27 (12) 잠 18:6 (13) 잠 19:1 (14) 잠 20:15 (15) 잠 26:24 (16) 전 10:12 (17) 롬 3:13 (18) 잠 18:6, 전 10:12 (19-20) 시 12:2.

입맞춤: (1) 공허한 약속, 빈말 (2) 애정 혹은 포옹 (3) 유혹 (4) 배신 (5) 떠남/이별 (6) 환대/인사 (7) 속임, 기만 (8) 유인, 꾐 (9) 예배 (10) 일치 (연합된).
➲ (1) 시 12:2, 55:21 (2) 창 29:11, 48:10, 삼상 10:1, 왕상 19:18, 시 2:12, 85:10, 잠 24:26, 아 1:2, 8:1, 호 13:2, 벧전 5:14 (3) 삼하 15:5, 잠 7:13 (4) 삼하 15:5-6, 마 26:48-49, 막 14:44-45 (5) 창 31:28,55, 50:1, 룻 1:9,14, 왕상 19:20, 행 20:37-38 (6) 출 4:27, 18:7, 삼하 14:33, 눅 7:45, 15:20, 롬 16:16, 고전 16:20 (7) 창 27:26-27, 삼하 20:9, 잠 27:6 (8) 욥 31:27 (9) 눅 7:38 (10) 시 85:10.

잇몸: (1) 마음의 문제 (피가 나는 잇몸).
➲ (1) 마 15:18, 눅 6:45.

잉크: (1) 쓰기, 집필 (2) 책 (저자가 됨) (3) 사람들의 마음에 기록된 영 (4) 앞으로 글보다는 얼굴을 마주하게 될 것을 뜻할 수도 있다 (5) 주머니의 잉크 얼룩은 반감을 일으킬 글을 집필한다는 뜻일 수도 있다.
➲ (1-2) 렘 36:18 (3) 고후 3:3 (4) 요이 1:12, 요삼 1:13.

잎: (1) 삶/생명 - (a) 의로운 삶 (b) 새 생명/새로운 삶 (c) 이리저리 날리는 (d) 항상 생기 있는 삶/생명 (e) 나뭇잎, 꽃잎의 일시적인 속성 (f) 풍성한 삶/번영 (g) 두려운 삶. (2) 말 - (a) "책의 낱장 사이에(between the leaves of a book)"처럼 (b) 페이지, 쪽 (c) 열매 없는 모든 말 (무화과나무는 이스라엘을 말하는 것이다) (d) 생명력이 없는 말/열매가 없는 (죽은 잎) (3) 덮거나 숨김 (4) 치유.
➲ (1a) 잠 11:28 (1b) 창 8:11 (1c) 욥 13:25 (1d) 시 1:3, 렘 17:8, 겔 47:12 (1e) 사 64:6, 렘 8:13 (1f) 단 4:12,21 (1g) 레 26:36.

➲ (2b) 렘 36:23 (2c) 마 21:19 (2d) 막 11:13 (3) 창 3:7, 마 24:32 (숨겨진 것이 아님) (4) 계 22:2.

ㅈ

자: (1) 질서를 세우는 사람 혹은 사물 (2) 심판.
'줄자' 항목을 찾아보라.
➲ (1) 고전 11:34, 14:40 (2) 사 11:4.

자갈1: (1) 속임수, 기만 (2) 수치, 치욕.
'흙', '먼지/티끌', '자갈길', '바위/암석' 항목을 찾아보라.
➲ (1) 잠 20:17 (킹흠정, 한글킹, 우리말) (2) 애 3:16.

자갈2: (철도, 도로용 작은 돌멩이) (1) 고대의 길들.
➲ (1) 렘 18:15.

자갈길: (1) 하나님을 두려워하지 않는/불경건한 길.
'비포장도로', '자갈1', '모랫길' 항목을 찾아보라.
➲ (1) 시 17:5.

자궁: (1) 마음 혹은 영 (2) 기초, 토대 (3) 잉태되는 곳 (4) 믿음의 자리 (5) 사람을 내보내는 곳 (6) 열매 (후손) (7) 보이지 않게 준비하는 곳.
➲ (1) 요 3:3-4, 히 11:11 (2) 렘 1:5, 마 1:18, 13:23, 요 18:37 (3) 눅 1:31, 2:21, 롬 4:19-20 (4) 롬 4:19-20, 요일 5:4 (5) 창 25:23, 갈 1:15 (6) 창 30:2, 신 7:13, 시 127:3 (7) 사 49:5, 시 139:15-16.

자궁 절제술: (1) 더는 열후을 얻을 수 없음 (번식력이 없는 교회/사람) (2) 척박한 교회/사람 (3) 하나님의 약속을 강탈당함.
'출산/출생' 항목을 찾아보라.
➲ (1-2) 계 3:1 (3) 창 20:18.

자녀/자식: '아이' 항목을 찾아보라.

자다: (1) 신앙심이 없음 (영적인 죽음) (2) 죽음 (3) 안식과 재충전 (4) 육신적인 (영적으

로 죽은) (5) 영적으로 벌거벗은 (6) 영은 원하지만 육신이 약함 (7) 극도의 피로 (8) 위험 (9) 유혹에 대한 경고 (10) 사로잡힌 (11) 하나님이 유도하신 잠 (12) 쉬고 있는 혹은 활동하지 않는 (13) 계시가 임하는 곳 (14) 눈치채지 못하는 (15) 영적인 일들에 둔감함.
'혼수상태', '파자마', '텔레비전 앞에서 잠이 듦' 항목을 찾아보라.
➲ (1) 마 26:40-41 (2) 요 11:11,14, 행 7:60, 고전 15:6, 엡 5:14 (3) 시 127:2, 아 5:2, 마 8:24, 26:45, 막 4:36-40, 요 11:13 (4) 롬 13:11-13, 엡 5:14 (5) 계 16:15 (6) 마 26:40-41 (7) 막 4:38 (8) 행 20:9 (9) 마 26:40-41 (10) 사 52:1-2 (11) 삼상 26:7,23 (12) 왕상 18:26-27 (13) 단 7:1, 10:9 (14) 삼상 26:12 (15) 삿 16:20.

자동차: (1) 사역 혹은 사역의 은사 (2) 사람 (개인) (3) 교회 (4) 사업 (5) 강력한 사역 (스포츠 패키지) (6) 권위의 문제 (지붕 없는 차) (7) 가족 단위 (8) 옛 자아 (빈티지 자동차) (9) 하나님의 장군들(믿음의 거장들)의 사역 (1940-1950년대 차) (10) 종교적인 시스템에 타협하지 않음 (미등록 차량).
'버스', '운전자', '택시' 항목을 찾아보라.
➲ (1) 잠 18:16 & 엡 4:8,11, 엡 3:6-7 (2) 행 20:24, 롬 1:1 (바울은 복음의 종이자 일꾼이다) (3) 히 11:7 (4) 렘 18:3 (KJV-wheel[녹로]) (6) 마 8:8-9 (7) 창 45:19 (8) 마 9:17, 롬 6:6 (9) 사 61:4, 히 11:32-34 (10) 행 4:13,19.

- 개조한 차: (1) 화가 나서 움직이는 사람 (2) 너무 급하게 움직임 (3) 끈기 없는 사역을 보여 줌.
➲ (1) 출 32:19 (2) 삼하 18:19이하 (3) 히 10:38.

- 도난 차량: (1) 마귀에게 강탈당한 (2) 도둑맞은 약속이나 부르심 (3) 도둑맞은 사역.
➲ (1-3) 창 27:36, 마 16:22-23, 요 10:10.

- 레저용 차량(RV): (1) 가족 단위 (탈것, 차량) (2) 레크리에이션 (3) 휴일 (4) 여유 있는, 편안한.
'트레일러' 항목을 찾아보라.
➲ (1-4) 막 3:31-32, 6:31, 눅 9:10.

- 사막용 차: (듄 버기-모래 언덕이나 해변의 모래밭을 달리게 설계된 소형 자동차) (1) 강력한 순회 사역.
➲ (1) 눅 1:80.

- 수륙 양용차: (1) 복음 전도 사역 (2) 성령 사역.
'바다' 항목을 찾아보라.
➲ (1) 마 4:19 (2) 롬 8:14, 계 1:10.

- 스테이션 웨건: (좌석 뒷부분에 큰 짐을 실을 수 있는 공간이 있는 승용차) (1) 가족용 차량.

➲ (1) 창 46:5.
- 오도가도 못하는 차: (1) 불확실한 상태에 있는 사역 (2) 보류 중인 (3) 하나님의 방법이 아니라 당신의 방법으로 일함 (4) 걸림돌 (5) 마음의 준비 (테스트) (6) 하나님의 때/타이밍을 기다림 (7) 두려움 (8) 성령 안에서 보지 않음 (잘못된 인식) (9) 믿음/영적 권위를 발휘하라고 촉구함.
(10) 무언가 방해하고 있음 (a) 종교 (b) 더 급한 일들 (c) 반대 (d) 마귀의 방해를 받음 (e) 가족 관계의 문제들 (f) 순종에 앞서는 감정적인 문제들 (g) 낙담.
➲ (1) 왕상 19:4 (2) 사 49:2 (3-4) 삼하 6:3-10 (비교. 대상 15:11-13) (5) 창 42:16 (6) 사 49:2, 요 11:6 (7) 왕상 19:2-3 (8) 왕상 19:9-10 (9) 출 14:13-16 (10a) 눅 11:52 (10b) 롬 15:22 (10c) 막 6:48, 갈 5:7-12 (10d) 느 4:1-18, 살전 2:18 (10e) 벧전 3:7 (10f) 창 24:55-56 (10g) 느 4:10-12.
- 유틸리티 차량: (소형 트럭/화물차) (1) 업무용 차량 (예. 일, 사업).
➲ (1) 에 3:9, 전 5:3 (킹흠정, 한글킹).
- 주차된 차: (1) 사역을 기다림 (2) 쉼, 안식 (3) 공들이고/애쓰고 있는 (준비하는 곳) (4) 은퇴.
'차고' 항목을 찾아보라.
➲ (1) 눅 1:80, 2:51-52 (2) 시 23:2, 막 6:31 (3) (비교. 신 6:23 & 신 8:2-3), 시 105:19 (4) 눅 16:2, 딤후 4:7-8.
- 후진하는 차: (1) 타락함, 신앙을 버림 (2) 과거를 거듭 살핌.
➲ (1) 잠 14:14 (킹흠정, 한글킹), 렘 2:19, 호 11:7 (2) 사 43:18, 65:17.

자동차 내부: (1) 사역에 대한 마음 (2) 내부 스타일이 사역 방식을 결정한다. 예를 들어, 내부가 낡고 진부했다면 뒤쳐진 사역이기에 개선이 필요하다는 뜻이다.
➲ (1) 행 13:22, 엡 3:16-17, 벧전 3:4.
- 기화기: (카뷰레터, 자동차의 실린더 속으로 연료를 넣을 때 폭발적으로 연소하도록 연료를 안개같이 해서 공기와 함께 뿜어넣는 장치) (1) 마음의 문 (2) 마음/사역에 연료를 공급함.
➲ (1) 잠 4:23, 마 6:6, 계 3:20 (2) 창 4:7, 왕상 10:24, 스 7:27, 느 2:12.
- 자동차 배전기: (1) 마음.
➲ (1) 마 15:18-19.
- 자동차 엔진: (1) 마음.
'엔진' 항목을 찾아보라.
➲ (1) 애 1:20, 눅 1:17.
- 자동차 트렁크: (1) 마음 (2) 짐, 수화물.
➲ (1) 신 9:5, 잠 14:14, 22:15, 히 13:9 (2) 마 23:4, 눅 11:46, 행 15:28.

자동차 번호판: (1) 신분/정체성.
➲ (1) 계 13:18.

자동차 사고: (1) 경고 (2) 사역을 위협하는 존재, 사역의 실수 혹은 재난 (3) 사역 단체들의 충돌 가능성 (4) 대립이나 갈등 (4) 사역의 부르심을 공격함.
'추월', '난파' 항목을 찾아보라.
➲ (1-2) 행 20:23-24, 21:11 (3-4) 행 15:36-40 (4) 왕상 19:2-3.

자동차 수송 트레일러: (카캐리어) (1) 타인의 사역에 올라탐 (2) 다른 사역들(새 차들)을 풀어 놓을 큰 사역.
➲ (1) 왕하 5:20 (2) 마 28:19-20, 눅 9:1-2.

자루: (1) 사람의 몸 (2) 육체 (3) 사람이라는 그릇 (4) 쓰는 용기/그릇 (5) 짐 (자루를 운반함) (6) 수화물, (여행용) 짐 (자루를 운반함).
➲ (1-2) (비교. 창 43:23 & 고후 4:7) (3-4) 레 11:32 (5-6) 창 49:14 (킹흠정, 한글킹), 수 9:4 & 사 30:6.

자리: '앉다' 항목을 찾아보라.

자매: (1) 교회 (2) 동지 (사람, 도시, 지방, 나라/민족) (3) 동료 신자 (4) 누군가의 친자매 (5) 지혜 (6) 유다와 이스라엘 (자매들).
➲ (1) 아 4:9-10,12, 5:1-2 (2) 렘 3:8, 겔 16:45이하, 23:1-4 (3) 마 12:50, 롬 16:1, 고전 7:15, 딤전 5:2, 약 2:15 (4) 막 6:3 (5) 잠 7:4 (6) 렘 3:7-8,10.
– **이복 자매**: (1) (긍정적 혹은 부정적으로) 다른 차원의 교회 (2) 교회의 흡수 합병/이동으로 인한 성장 (3) 다른 교회의 동료 신자.
➲ (1) 계 3:8-10 (2) 삿 21:21, 행 15:22 (3) 행 10:34-35.

자물쇠: (1) 안전 혹은 안전한 (2) 어려운 일, 난제, 만만치 않은 사람 (3) 두려움 (4) 수치, 치욕 (5) 용서하지 않는 마음 (6) 멍에 (혹은 연합) (7) 요새.
➲ (1) 행 5:23, 16:23 (2) 수 6:1 (3-4) 잠 29:25 (5) 마 18:30,34 (6) 고후 6:14 (7) 시 89:40.

자벌레: (1) 교묘한 파괴 (2) 괴저+ (3) 부패, 썩음 (4) 부식.
'메뚜기' 항목을 찾아보라.

⇨ (1) 욥 1:4, 약 5:3.
(+혈액 공급이 되지 않거나 세균 때문에 비교적 큰 덩어리의 조직이 죽는 현상. 괴사 조직이 이차적인 변화를 받으면 괴저 상태에 빠짐)

자살: (1) 곧 일어날 자살 충동에 대한 경고 (2) 억압/탄압, 우울 (3) 소망 없음, 절망 (4) 침체/중압감의 영 (5) 자기 혐오 (6) 포기하고 싶음 (7) 자기 연민 (8) 복수의 왜곡된 형태 (누군가에게 앙갚음을 하려고).
⇨ (1) 아래 내용을 살펴보라 (2) 왕상 19:4, 욘 4:3,8 (3) 민 11:15, 삼상 31:3–5 (4) 사 61:3 (5) 요일 3:15 (6–7) 왕상 19:4 (8) 민 35:31, 신 21:9 (그들이 죄책감을 느끼게 만들고 싶어 함). 성경은 삶 가운데 자살을 생각하는 3단계를 다음과 같이 보여 주는 듯 하다 (1) 불가능함/무력함, 상실감 혹은 실패 (2) 감정이 건전한 결단/결정을 압도해 버림 (3) 사회적 지지/지원의 결핍.
만일 이 세 가지가 현저하게 나타난다면, 즉시 전문가의 도움을 받으라.

자수정: 이 보석은 푸른(하늘)색으로 잇사갈(협력 관계) 지파와 관련이 있다. 따라서 다음을 의미한다 (1) 하늘의 협력 (2) 파이톤 혹은 점치는 영.
'파이톤', '보석' 항목을 찾아보라.
⇨ (1) 출 28:19, 39:12, 계 21:20 (2) '자수정비단뱀'의 모습으로.

자신을 다른 사람들과 비교·평가함: (1) 비교함 (2) 어리석음.
⇨ (1–2) 고후 10:12.

자유의 여신상: (1) 자유 (2) 영적인 해방.
⇨ (1–2) 사 61:1, 눅 4:18, 고후 3:17.

자전거: (1) 겸손의 여정 가운데 있는 사람 (아무 힘도 없음) (2) 자력으로 추진하는 사역 (자기 힘으로 일을 하고 있음) (3) 열등한 사역 (4) 성령의 능력이 없거나 그것을 부인함 (5) 독자적으로 일함 (6) 하나님의 영과 우리의 영을 연결하는 영적인 틀 (7) 잘못된 영 (잘못된 방향으로 자전거를 타고 감).
'핸들', '바퀴' 항목을 찾아보라.
⇨ (1) 창 44:33, 단 5:21, 마 11:2 (2) 슥 4:6 (3–4) 고전 2:4, 4:20, 살전 1:5 (5) 요 12:49 (6) 겔 1:20–21 (7) 왕상 16:31, 호 4:12, 벧후 2:15, 유 1:11, 민 14:23–24.
– 2인용 자전거: (1) 마음이 맞는 사람들 (2) 함께 일함.
⇨ (1–2) 빌 1:27, 2:19–20.

- 산악 자전거: (1) 자만.

'산' 항목을 찾아보라.

➲ (1) 마 23:12, 요 10:1.

- 실내 자전거: (1) 영적으로 적합하지 않음 (2) (지나친 자부심으로 기대에 못 미치는 성적을 내는) 방구석 전문가 (3) 바쁘지만 아무 성과도 없음 (헛수고만 함).

➲ (1) 요 16:12 (2) 마 23:3-4 (3) 눅 10:40-42, 고전 15:58.

- 외발자전거: (1) 혼자 힘으로 함 (2) 자기 힘으로 행함 (3) 하나님이 없는.

'광대' 항목을 찾아보라.

➲ (1) 창 2:18, 출 18:14 (2) 민 14:42, 욥 18:7 (3) 엡 2:12.

자정: (한밤중) (1) 가장 어두운 시간 (2) 죽음 (3) 구원, 해방 (4) 상황의 변화, 전환 (5) 이 경(밤 9-12시 혹은 10-2시)이 끝남 (6) 구하고 찾고 두드려야 할 때 (7) 결정의 시간 (8) 마지막 때.

➲ (1) 시 119:62 (가장 어두운 때에 감사드림), 행 16:25 (2) 출 11:4-5, 12:29 (3) 삿 16:3, 행 16:25-26 (4) 룻 3:8, 마 25:6 (5) 막 13:35 (6) 눅 11:5,8-10 (7) 행 16:25-26, 27:27 (8) 출 12:29 (심판), 마 25:6-12.

자주색: (1) 고귀함 (2) 왕권 (3) 고급스러운/사치스러운 혹은 관대한 (4) 의.

➲ (1-2) 삿 8:26, 단 5:7, 요 19:2 (3) 행 16:14, 계 18:12 (4) 출 28:15 & 엡 6:14.

자판기: (1) 편리함 (당신이 듣고 싶은 것을 들음) (2) 가까이하기 쉬움 (3) 하나님 (기도로 다가가기에) (4) 하나님에 대한 잘못된 관념 (빠르고 쉬운 해결책).

'정크 푸드' 항목을 찾아보라.

➲ (1) 막 14:11, 딤후 4:3 (2) 요 6:5 (3) 빌 4:6 (4) 약 4:3.

작업대: (1) 마음 (2) 설교단.

'도마' 항목을 찾아보라.

➲ (1) 제단 위: 삿 6:26, 돌판 위: 출 34:28 & 고후 3:3 (2) 시 104:15, 마 4:4.

작업복(점프수트): (1) 자기 의의 행위들 (2) 하나님의 전신 갑주 (3) 육체 노동/노동자 (4) 덮어 줌 (5) 구속/대속 (작업복을 벗음).

➲ (1) 사 64:6 (2) 엡 6:11 (3) 창 3:19 (4-5) 슥 3:3-4.

작은: (1) 어린이 (2) 시작 (3) 씨앗 (4) 약한 (5) 하찮은 (6) 겸손한.

'짧은', '큰' 항목을 찾아보라.

➡ (1) 출 10:24, 민 14:31 (2) 욥 8:7, 슥 4:10 (새번역과 비교) (3) 왕상 17:11-14 (4-5) 민 13:33 (6) 삼상 15:17 (비교. 행 13:9, '바울'[작은 자]).

- 더 작은: 어떤 것이 원래 크기보다 작다면, 다음을 뜻하는 것일 수도 있다 (1) 그것의 영향력이 감소하고 있다 (2) 당신이 그것에 비해 강해지고 있다 (3) 사람들이 떠나고 있다.

➡ (1) 민 33:54, 겔 29:15 (2) 출 1:9 (3) 삼상 13:11.

작은 글자: (1) 상세한 내용들 (2) 지시, 명령 (3) 계약, 약정 (4) 계약 가운데 의문이 드는 내용 (5) 솔직하게 전하지 못한 말 (6) 계시 (드러난 비밀/신비들).

➡ (1-3) 스 4:15,21-23, 에 1:22 (4-5) 마 22:15, 막 12:13, 눅 20:20,26, 고전 4:5 (6) 잠 25:2, 롬 16:25, 엡 3:9.

잔가지: (1) 어리고 약한 그리스도인 (2) 잔가지의 위치가 그것의 지위나 신분을 암시할 수도 있다 (예. 높은 가지는 왕권/지도력이다).

➡ (1) 겔 17:4,22.

잔디: '풀' 항목을 찾아보라.

잔디 깎는 기계: (1) 육신의 사역 (2) 모든 사람을 통제/억압하는 사역 (부자나 성공한 사람들을 깎아 내리려는 성향) (3) 추수 사역.

➡ (1) 시 37:1-2 (2) 계 2:15 (서열, 계층제) (3) 욜 3:13, 요 4:35, 계 14:15.

잠수복: (1) 기름부음/겉옷 (그리스도로 옷 입음) (2) 성령의 보호를 받는 (잠수복) (3) 옛 자아 (바다에서 나와 잠수복을 벗음).

'파도', '파도타기/서핑' 항목을 찾아보라.

➡ (1) 출 29:7, 레 8:12, 삼상 10:1, 왕하 2:8 (비교. 갈 3:27 & 고후 3:18) (2) 왕하 2:13-14, 사 61:1-2 (3) 골 2:11-12 (검은 잠수복은 옛 자아를 벗어 버린다는 뜻일 수도 있다).

잠수함: (1) 공개적으로 드러나지 않은 혹은 널리 알려지지 않은 (2) 지하 교회 (3) 성령 안에 있는 교회 (4) 영적인 그릇이 아직 드러나지 않음 (5) 사람의 영/성령님 (물밑을 탐색하는 잠수함).

➡ (1) 요 8:59, 12:36 (2) 행 8:1,3-4 (3) 고전 12:13 (4) 요 14:22, 17:6, 롬 16:25-26 (5) 잠 20:27, 롬 8:27.

잠옷: '파자마' 항목을 찾아보라.

잡아당기다: (1) 구하다 (끌어 들이다/끌어내다) (2) 회수하다 (거두어들이다) (3) 구출하다 (끌어내다/빼내다) (4) 쉴 곳을 제공하다 (받아들임) (5) 파괴하다 (허물다) (6) 낮추다 (끌어내리다) (7) 선택하다 (끌어내다) (8) 무너뜨리다/넘어뜨리다 (헐다) (9) 분할/분해하다 (갈기갈기 찢다) (10) 뿌리 뽑다 (잡아 뽑다) (11) 벗기다 (12) 거역하다 (등을 돌리다/떠나다) (13) 정결하게 하다 (빼내다) (14) 낙심/낙담시키다.
'밀다', '견인' 항목을 찾아보라.
➡ (1) 창 19:10, 유 1:23 (2) 왕상 13:4 (3) 시 31:4, 눅 14:5 (4) 창 8:9 (5) 스 6:11 (6) 사 22:19, 렘 1:10, 18:7 (7) 렘 12:3 (8) 렘 24:6, 42:10, 눅 12:18, 고후 10:4 (9) 애 3:11, 행 23:10 (10) 겔 17:9, 암 9:15 (11) 미 2:8 (12) 슥 7:11 (13) 마 7:4, 눅 6:42 (14) 신 1:28.

잡지: (1) 험담, 뒷공론 (2) 거짓말 (3) 마음을 새롭게 함 (가정용 잡지) (4) 성적인 문제 (5) 세상의 영향력 (6) 공포/선전 (7) 화려함.
꿈에 나타난 잡지의 종류에 따라 해석이 다르다.
➡ (1) 잠 6:19, 11:13, 20:19 (2) 잠 6:19, 12:22, 14:5 (3) 롬 12:2 (4) (비교. 잠 6:32 & 마 5:28) (5) 요일 2:16 (6) 삼상 31:9, 시 68:11, 사 52:7 (7) 벧전 3:3.

잡초: (가라지) (1) 저주 (2) 급성장하여 빛을 차단하고 에너지를 빨아먹는 문제/사람 (3) 원수가 심은 것 (4) 다른 사람들을 숨 막히게 하는 사람들 (5) 원수의 말의 결과물 (6) 죄.
➡ (1) 창 3:18 (2-3) 마 13:25 (4) 마 13:7 (5) 마 13:25 (파종하는 것=말씀) (6) 갈 6:8.

장갑: (1) 따뜻하고 애정 어린 도움 (2) 따뜻함 (3) 보호 (4) 은밀한 행위 (5) 민감 혹은 민감하지 않은.
➡ (1) 약 2:15-16 (2) 요 18:18 (3) 시 44:3 (4) 마 6:4 (5) 히 4:15 (킹흠정).

장군: (1) 예수 그리스도 (2) 천사장 (3) 사도적 사역.
➡ (1) 수 5:14-15 (2) 단 10:13, 유 1:9, 계 12:7 (3) 행 5:29, 6:2-7, 8:14-15.

장난감: (1) 속임 (2) 어린애 같음, 철없음 (3) 아이다움, 순진함 (4) 버릇없이 자란 (많은 장난감) (5) 궁리함, (누군가의 감정을) 가지고 놂/우롱함 (6) 우상숭배 (7) 미성숙한 사역 (장난감 자동차).
➡ (1) 마 15:8 (2) 고전 13:11 (3) 마 18:2-4 (4) 시 78:29, 사 3:16-23 (5) 삿 16:6-

7,10-11,13,15 (6) 출 32:6, 고전 10:7 (7) 마 9:33, 행 13:13.

장난감 총: (1) 능력/효과 없는 말.
➲ (1) 삼상 3:19 (본문과 반대되는 상황).

장대: (1) 십자가 (2) 하나님의 말씀.
'막대/대', '지팡이' 항목을 찾아보라.
➲ (1) 민 21:8-9 (비교. 요 3:14) (2) 출 14:16 (말씀이 분리/분별한다).

장례식: (1) 과거를 묻어 버림 (2) 죽음 (3) 곧 부활됨 (4) 세례/침례.
'죽음', '애곡' 항목을 찾아보라.
➲ (1-4) 롬 6:4.

장모/시어머니: (1) 율법적인 교회 (2) 참견하는 사람 (3) 정통적이지 않은 교회 (4) 조언자 (5) 교회사 (종교적인 장모) (6) 말 그대로 장모 혹은 시어머니.
➲ (1) 갈 3:23-25 (2) 딤전 5:13 (3) 행 19:2-5 (4) 룻 3:1,3-4 (5) 계 1:19-20.

장미: (1) 예수님 (2) 교회 (3) 사랑 (4) 아름다움 (5) 죽음 (검은 장미).
➲ (1-3) 아 2:1 (새번역 난외주, 킹흠정, 한글킹) (5) 사 9:2.

장사 지냄: (1) 자아의 죽음 (2) 세례 (침례) (3) 죄에 빠진 (파묻힌) (4) 숨김.
'지하' 항목을 찾아보라.
➲ (1-2) 롬 6:4 (3) 롬 6:23 (4) 창 35:4, 수 7:19-21.

장식품: (1) 선반 위에 두고 잊어버린 것.
'트로피' 항목을 찾아보라.
➲ (1) 창 40:23.

장애/불구: (1) 구원받지 못한 (영적 무감각) (2) 아직 영적으로 성장하지 못한 (영적인 둔감함/무딤) (3) 성격의 결함이 있는 (4) 저주 (죄의 결과) (5) 하나님에 대한 의존/신뢰 (겸손해짐).
'정신 장애인' 항목을 찾아보라.
➲ (1) 고전 2:14 (2) 왕하 6:17, 마 14:29-30 (3) 마 26:35 & 26:69-75 (4) 요 5:5-14 (5) 창 32:25,31.

장인/시아버지: (1) 멘토 (2) 지혜로운 조언 (3) 안내 (4) 상호 유익 (5) 율법적인 지도자 (6) 실제 장인/시아버지.
'처남/시동생', '사위' 항목을 찾아보라.
➲ (1–2) 출 18:18-24 (3–4) 민 10:29,31-32 (5) 요 3:10.

장작: (1) 헛되이 행한 일/공적들 (2) 언약의 제물 혹은 식사 (3) 험담 (4) 다투기를 좋아하는 사람 (5) 심판/지옥이 준비된 (6) 하나님의 말씀으로 인해 불에 타는 사람들 (7) 분노를 일으키는 말들 (불에 기름 붓기).
➲ (1) 고전 3:12-14 (2) 창 22:6-7, 레 1:7 (3) 잠 26:20 (4) 잠 26:21 (5) 사 30:33 (6) 렘 5:14 (7) 행 6:11-12.

장화: (부츠) (1) 죄에서 보호함.
➲ (1) 시 18:36.

재: (1) 무가치함 (2) 심판 (3) 수치 (4) 회개와 슬픔 (5) 번영과 대비됨 (6) 짓밟힘.
➲ (1) 창 18:27 (2) 출 9:8-9, 벧후 2:6 (3) 삼하 13:19 (4) 마 11:21, 눅 10:13 (5) 욥 13:12, 사 61:3 (6) 말 4:3.

재결합: (1) 원래 자리로 돌아감 (2) 옛 관계를 새롭게 함.
➲ (1) 요 6:66, 행 7:39, 히 10:38 (2) 눅 15:20, 엡 4:22.

재떨이: (1) 슬픔을 해결함 (2) 압제에서 벗어남 (3) (불쾌한) 냄새가 남 (4) 영적으로 황폐해짐.
'연기' 항목을 찾아보라.
➲ (1) 에 4:1, 사 61:3, 렘 6:26, 겔 27:30 (2) 신 4:20 & 26:7-8 (3) 창 27:34 (동생 때문에 화가 남), 출 1:14, 15:23-24 (투덜거림), 단 3:27 (4) 느 4:2.

재물: 꿈이나 환상 가운데 재물을 보는 경우, 다음을 이해하는 것이 중요하다 (1) 두 종류, 곧 하늘의 부와 세상의 부가 있다 (2) 중요한 것은 마음이다.
- 하늘의 부에는 다음이 포함된다: (3) 하나님과의 교제 (4) 하나님의 영광 (5) 믿음 (6) 그리스도의 측량할 수 없고 다함 없는 부 (7) 선함, 인내, 오래 참음 (8) 지혜와 지식 (9) 성령의 은사들 (10) 깨달음 (11) 용서 (12) 자비, 긍휼/사랑 (13) 은혜.
- 세상의 부는 다음과 같다: (14) 마음이 물질주의에 빠져 있을 수도 있다 (15) 믿음을 질식시키는 복잡한 마음을 만든다 (16) 하나님을 신뢰하는 것이 아니라 스스로(재물)

를 신뢰하는 경향이 있다 (하늘의 왕국에 들어가기 어렵게 만듦) (17) 영적인 차원과 다른 사람들의 필요를 보지 못하게 마음을 가린다 (18) 지금 이 땅에서 상을 구하게 만든다 (19) 이 땅의 재물은 썩는다 (20) 사실 영적으로 가난한데도 부자라고 착각하게 만든다. '보물' 항목을 찾아보라.

⇨ (1) 눅 16:11 (2) 막 12:41-44, 눅 19:2-10 (3) 히 11:26 (4) 롬 9:23, 엡 1:18, 3:16, 빌 4:19, 골 1:27, 계 3:17-18 (5) 약 2:5 (6) 엡 3:8 (7) 롬 2:4 (8) 롬 11:33 (9) 롬 11:33 & 고전 12:8 (10) 골 2:2, 계 3:17-18 (11) 엡 1:7 (12) 엡 2:4 (13) 엡 2:7 (14) 눅 1:53, 6:24, 18:23-25 (15) 마 13:22, 막 4:19, 눅 8:14, 딤전 6:9 (16) 마 19:16,23-24, 막 10:23-25, 딤전 6:17 (17) 눅 12:16-21, 16:19-31, 약 2:6, 계 6:15-18 (18) 눅 6:24, 14:12-14, 딤전 6:18-19, 약 1:10-11 (19) 약 5:1-3 (20) 계 3:17 (비교. 계 2:9).

재방송/재연: (1) 이미 알려진 문제를 다루거나 반복함 (2) 과거의 문제를 처리함 (용서하지 않음) (3) 하나님 안에서 성장하지 않음.
⇨ (1) 막 11:15-18 & 요 2:13-22 (2) 마 18:24,28 (3) 히 5:12-14.

재봉틀: (1) 결합함 혹은 묶음 (2) 제작/생산함 (3) 의의 열매를 맺음 (4) 손질 혹은 수선.
⇨ (1) 골 3:14 (2) 삿 16:13 (3) 사 61:10, 요 19:23 (4) 마 9:16.

재앙: (1) 저주 (2) 심판 (3) 죄.
⇨ (1-3) 시 106:29.

재즈: (1) 즉흥적인 예배 (2) 애드리브.
⇨ (1-2) 수 5:14, 삼하 6:16.

재킷: (1) 겉옷, 외투 (2) 권위 (3) 지위 혹은 역할 (4) 제한된 권위 (짧은 소매 재킷).
'겉옷', '망토' '예복' 항목을 찾아보라.
⇨ (1-3) 왕하 2:13-15 (4) 삼상 15:27-28.

재활용: (1) 옛 본성을 교정하려 노력함 (교회에서 재활용) (2) 육신(옛 본성)을 새롭게 하려 노력함 (3) 새로운 것이 하나도 없음 (4) 표면적인 변화에 공을 들임 (5) 겉모습은 변화되었지만, 마음은 조금도 변화되지 않음 (6) 하나님 없이 변화를 가져오려 노력함 (7) 애벌레가 나비가 되려고 애쓰는 것과 같음.
⇨ (1-7) 시 127:1, 마 9:17, 고전 15:50, 고후 5:17, 10:3.

저격수: (1) 은밀히 당신을 대적/공격하는 말 (2) 예기치 못한 대적/공격하는 말 (3) 중보자 (4) 당신을 유혹하려 준비하고 있는 마귀 (5) 당신은 원수가 당신을 주목하며 멸망시키려 한다는 사실을 인식하지 못하고 있다.
'암살자', '살인 청부업자', '소총' 항목을 찾아보라.
⇨ (1-2) 시 11:2, 64:3-4 (3) 느 4:9 (4) 눅 22:31 (5) 잠 7:23.

저녁: (1) 그리스도께서 떠나심/계시지 않음 (2) 그리스도께서 천국에 계시는 때를 말한다 (3) 하루의 끝, 해 질 녘 (4) 결산/심판의 시간.
⇨ (1) 마 27:57, 막 14:17 (2) 마 14:15,23, 막 1:32, 4:35, 6:47, 11:19, 13:35, 15:42-43, 눅 24:29, 요 6:16, 20:19 (3) 마 20:8, 눅 24:29 (4) 마 20:8.

저당: (1) 빚 혹은 저주 (2) 재정적 서약 (3) 그리스도의 보혈 (저당잡힌 것에서 자유롭게 해줌).
'집2' 항목을 찾아보라.
⇨ (1) 신 28:12, 롬 13:8 (2) 창 28:20-22 (3) 고전 6:19-20, 벧전 1:18-19.

저류: (강이나 바다의 바닥을 흐르는 물결) (1) 밑바닥에 흐르는, 표면에 나타나지 않는 (2) 불화, 분쟁 (3) (마음의) 숨겨진 끌림 (4) 지위 상실 (끌어내림) (5) 파멸 (무너뜨림) (6) 분리, 구분 (7) 선동함.
⇨ (1,3) 삼하 15:4-6 (2) 행 23:10 (4) 사 22:19, 렘 1:10 (5) 렘 18:7 (6) 행 13:8 (7) 민 12:1-2, 갈 5:19-20.

저수지: (1) 하나님 (2) 성령 사역 (3) 성령이 흐르지 않음.
'웅덩이', '댐', '연못' 항목을 찾아보라.
⇨ (1) 렘 10:13 (2) 요 7:37-39 (3) 살전 5:19.

저울: (1) (심판/판단의 도구인) 마음 (2) 마음을 판단함 (3) 심판 (4) 저울에 달아봄 (5) 천칭 (6) 거짓/속임 (속이는 저울) (7) 가치, 진가.
'무게를 달다', '무게', '체중 감량' 항목을 찾아보라.
⇨ (1) 왕상 3:9, 시 58:2 (2) 잠 16:2, 25:20, 31:6 (3-4) 단 5:27 (5-6) 잠 11:1, 20:23, 암 8:5 (7) 슥 11:12.

저자: (1) 창시자 (2) 예수 그리스도 (3) 기록자 (4) 하나님.
⇨ (1-2) 히 12:2 (3) 욥 19:23, 시 45:1 (4) 창 1:1.

저주: '욕하다' 항목을 찾아보라.

저택: (1) 성숙한 그리스도인 (2) 천국의 집 (3) 현재 당신의 영적인 주소, 집 (4) 교회 (5) 믿음/그리스도/하나님의 가족 (6) 나라, 민족.
'집2', '궁(궐)' 항목을 찾아보라.
➲ (1) 고후 5:1 (2) 요 14:2, 고후 5:1-2 (3) 고후 5:1-2 (4) 딤전 3:15, 딤후 2:20 (5) 히 3:3,6, 10:21 (6) 겔 27:14 (킹흠정, 한글킹), 38:6 (킹흠정, 한글킹), 히 8:10.

저편: (1) 건너편 혹은 반대편 (2) 적 (3) 분리된, 떨어진 (4) 운명 혹은 목적지 (5) 천국 (영의 세계) (6) 회피 혹은 부인 (7) 믿는 쪽 혹은 믿지 않는 쪽.
'넘어가다', '강' 항목을 찾아보라.
➲ (1) 삼상 17:3, 요 8:44 (2) 삼상 17:3 (3) 마 8:18 (4) 마 14:22 (5) 삼상 28:11, 고후 12:2-4 (6) 눅 10:32 (7) 마 25:33, 요 19:18 (비교, 눅 23:39-43).

전갈: (1) 마귀의 세력 (2) 쏘는 말 (3) 괴롭힘, 고문 (4) 배신 (5) 가혹한 징계 (6) 속임 (유혹) (7) 정치 (위협받으면 공격함) (8) 죄 (9) 율법적인 사람/교회 (먹이를 붙잡아 마비시킴) (10) 두려움의 영 (두려움을 통해 마비시킴) (11) 악한 영들 (날아다니는 전갈들).
➲ (1) 눅 10:19, 11:12, 계 9:5 (2) 겔 2:6 (3) 계 9:5 (4) 눅 11:11-12 (5) 왕상 12:11 (6) 신 8:15 (비교, 눅 4:1-13) (7) 계 9:3,5 (8-9) 고전 15:56 (10) 딤후 1:7 (11) 계 9:9-10.

전기: (1) 하나님의 능력 (2) 우리의 영과 함께 증언하시는 하나님의 영.
'번개/번갯불' 항목을 찾아보라.
➲ (1) 눅 8:46 (2) 롬 8:16.

전나무: (잣나무, 향나무) (1) 선택 받은 사람 (2) 성전 건물에 사용된 (3) 감사드림 (4) 기쁨 (5) 복 (6) 영광.
➲ (1) 왕하 19:23, 사 37:24, 나무들이 사람을 상징하기에 곧게 뻗은 전나무(잣나무, 향나무)는 선택받은 사람을 가리킨다 (2) 왕상 5:10, 대하 3:5 (3) 왕상 6:33-34 & 시 100:4 (4) 사 14:8 (5) 사 55:12-13 (6) 사 60:13.

전사: '군사' 항목을 찾아보라.

전선: (철사) (1) 소통 (전화선) (2) 올가미 (3) 시험 혹은 덫 (철망으로 된 덫, 지뢰선) (4) 폭탄 (색깔 있는 전선) (5) 능력의 전도체 (6) 연결된 사람 혹은 연결자 역할을 하는 사람.

'가시철조망', '울타리' 항목을 찾아보라.
- (1) 마 13:43 (2-3) 히 12:1 (4) 살전 5:3 (5) 욥 37:3 (6) 고전 1:10, 6:17.

전시회: '축제' 항목을 찾아보라.

전원: (1) 즐거운 (2) 평온한 (3) 편안한/여유 있는 (4) 새로운, 신선한 (5) 창조.
'풀', '녹색' 그리고 개별적인 나무 항목을 찾아보라.
- (1) 창 2:9 (한글킹) (2) 시 23:2, 사 55:12 (3) 창 49:15, 신 3:20, 12:10, 수 1:13, 시 23:2 (4) 아 7:13 (5) 창 1:12, 2:9.

전자레인지: (1) 마음 (2) 내면에서 작동함 (3) 신속한 작업 (4) 편리함 (5) 관통함 (6) 갑자기 끓어 넘침.
- (1) 호 7:6 (2) 시 39:3, 렘 20:9 (3) 사 43:19 (4) 창 25:29-34 (편리함의 대가를 생각해 보라) (5) 눅 2:35 (6) 삼상 18:8.

전차: '자동차', '불의 전차' 항목을 찾아보라.

전투: (1) 영적 전쟁 (2) 공격 (3) 갈등, 충돌, 분쟁.
'싸움' 항목을 찾아보라.
- (1) 삿 3:10, 엡 6:10-12, 딤전 1:18 (2) 수 10:19, 시 27:2 (3) 시 13:2, 80:6.

전투기: (1) 영적 전쟁 (2) 복음 전도자 (3) 복음 전도 사역 (4) 실제 전투기.
- (1) 사 31:5 (2-3) 행 8:5-6,12,40 (4) 합 1:8.

전함: (1) 능력 있는 복음 전파 사역.
'배2' 항목을 찾아보라.
- (1) 행 27:31, 고전 2:4.

전화 메시지: (1) 하나님으로부터 온 메시지.
- (1) 마 10:27.

전화기: (1) 소통 (2) 마음/영 (영적 수신기) (3) 기도 가운데 하나님과의 소통, 친교 (4) 하나님의 영에 민감한 마음 (휴대폰 터치 스크린).
- (1) 창 23:8 (2) 마 11:15 (3) 시 4:1, 17:6, 18:6, 고전 14:2 (4) 마 12:28 & 눅 11:30.

- 결함이 있는/불량 전화기: (1) 소통 장애 (2) 소통의 문제 (3) 완고한 마음.
⊃ (1) 요 8:43 (2) 전 9:16, 렘 22:5 (3) 히 3:15, 4:7.

절하다: (1) 자기를 낮춤 (2) 인사 (3) 경배함 (4) 경의를 표함.
'휘다/휘어지다', '수그리다', '무릎1' 항목을 찾아보라.
⊃ (1) 사 2:11 (3) 마 28:9 (4) 행 10:25-26.

절벽: (벼랑) (1) 끝/가에 (2) 파멸 직전에 있는 (3) 자연자원이 바닥난 곳 (4) 결단/결정의 자리 (5) 성령님께 나아가는 곳 (6) 믿음의 도약 (7) 땅과 하늘이 만나는 곳 (8) (하나님 안에 있는) 피난처 (9) 예언적 통찰력 (절벽에서 내려다봄).
'가장자리' 항목을 찾아보라.
⊃ (1-2) 눅 4:29 (3) 왕상 17:11-14, 왕하 4:1-7, 요 6:5-7 (4) 삼상 14:9-10, 왕상 18:21 (5) 삼상 14:10,13, 눅 4:29-30, 5:4-6, 8:22, 행 27:4 (6) 마 14:29, 고후 5:7 (7) 마 27:33,42 (8) 출 33:22, 시 104:18 (비교. 잠 30:26) (9) 민 22:41, 23:28.

점: (티, 얼룩) (1) 도덕적 결함/흠 (2) 더럽힘, 오염 (3) 무책임한 (4) 흠 (죄) (5) 경건한 두려움이 없는 (6) 얼룩 (7) 육신의 행위들 (8) 뭔가 뒤로 숨김 (하나님께 온전히 드리지 않음).
⊃ (1) 엡 5:27 (2) 유 1:23 (3) 딤전 6:14 (4) 히 9:14, 벧전 1:19, 벧후 2:13-14 (5-6) 유 1:12 (킹흠정, 한글킹) (7) 유 1:23 (8) 출 12:5 ("흠 없는"에 해당하는 히브리어 '타밈'은 "완전한 혹은 온전한"을 뜻한다).

점원: (1) 목사 (2) 고용된 목자/삯꾼.
'판매원' 항목을 찾아보라.
⊃ (1) 마 18:12-13 (재고를 기록함) (2) 요 10:12-13.

점토: (1) 인간/인류 혹은 인간성 (2) 빚어짐 (3) 약함/약점 (4) 깨지기 쉬운 (5) 이 땅의 것.
⊃ (1) 욥 10:9, 사 64:8, 롬 9:20-21 (?) 렘 18:4-6 (3-4) 고후 4:7, 레 14:5, 15:12 (5) 욥 4:19.

점프: (1) 합류함 (뛰어 올라탐) (2) 누군가를 공격하기 위해 (달려듦) (3) 정복함 (4) 인내심이 없는 혹은 지름길로 감 (5) 갑작스런 제재 (달려듦) (6) 명령에 즉각적으로 반응함.
'뛰어오르다' 항목을 찾아보라.
⊃ (1) "시류에 편승하다(jump on the bandwagon)"처럼 (2) 눅 10:30 (3) 시 18:29, 요 16:33 (4) "새치기(jumping the queue, 줄에 끼어듦)"처럼 (6) 마 8:9.

접다: (1) 걷어치우다 (2) 보관 혹은 여행을 위한 준비 (3) 보호함 혹은 숨김 (4) 겸손해짐 (5) 분류함 (6) 부패 (주름, 구겨짐/굽은 길) (7) 포기함 혹은 그만둠.
'점', '주름' 항목을 찾아보라.
➲ (1) 고전 13:11 (어린아이의 일), 엡 4:31 (독설, 욕), 히 9:26 (죄) (2) 출 12:11 (3) 수 7:11-12,21, 행 5:1-2 (4) 롬 14:11, 빌 2:10-11, 대하 7:14 (5) 마 25:32-33 (6) 엡 5:27, 약 1:17 (7) 엡 6:11,14 (선다는 것은 몸을 접는/구부리는 것의 반대이다).

접시: (1) 마음 (2) 접시 위에 있는 것이 마음의 소원, 갈망을 나타낼 수도 있다 (3) 누군가의 계획과 목표 (4) 분배, 할당 (5) 하루치 식량 (6) 자원, 보급품 (7) 업무량, 책임 (8) 음식 (9) 식량 (10) 누군가가 받을 대가.
'솥과 냄비들', '용기' 항목을 찾아보라.
➲ (1) 시 78:18, 잠 3:3, 23:7-8 (2) 시 73:25-26 (분깃/몫은 자기 접시 위에 놓인 것이다), 전 2:10, 단 1:8 (3) 잠 23:6-7 (4) 눅 12:42 (5) 왕상 17:12 (6) 삼하 9:11 (접시 위에 있는 것은 이용 가능한 자원의 범위, 정도를 말해 준다) (7) "할 일이 태산이다(have too much on the plate)"처럼 (8-9) 잠 23:1-3 (10) 눅 12:46.
- 큰 접시: (1) 마음을 나타냄 (2) 너무 좋아 보여서 믿기지 않는/의심스러운 (커다란 은 접시에 담아 줌) (3) 복/복을 줌 (4) 버릇없는 (5) 순교자 (쟁반 위의 머리) (6) 이세벨의 영의 영향력 (쟁반 위의 머리).
'컵/잔' 항목을 찾아보라.
➲ (1) 마 23:25-28, 눅 11:39 (2) "별로 힘들이지 않고도(on a silver platter)" (3-4) "노력하지 않는데도 쉽게 주다(hand on a platter)" (5-6) 마 14:8.

정강이: (1) 당신이 걷거나 버틸 수 있게 하는 민감함 (2) 여리고 민감한 영역에 대한 보호 (정강이 보호대).
➲ (1) 신 11:25, 수 10:8, 대하 20:17, 단 10:8, 호 4:14 (2) 엡 6:11.

정글: (1) 세상 (2) 시련 (3) 복잡한 여정 (4) 무성하게 자람.
'숲', '열대 우림' 항목을 찾아보라.
➲ (1) 요 13:31 & 벧전 5:8, 16:11 (2) 렘 6:21 (3) 사 57:14 (4) 잠 11:28.

정련/제련: (1) 정화함 (2) 깨끗하게 함 (3) 믿음의 시련 (4) 불순물(찌꺼기, 쓰레기)이 표면에 떠오르도록 고난의 불을 통과함 (5) 세상이 우리를 정화시키는 데 사용되는 경우도 있다 (7) 하나님은 우리를 정금/순금처럼 정련하고 계신다.
➲ (1) 대상 28:18 (새번역, 한글킹), 29:4 (2) 말 3:3 (3) 슥 13:9, 벧전 1:7 (우리말, 한

글킹) (4) 사 48:10, 말 3:2 (5) 신 4:20 (6) 사 43:2 (비교. 단 3:25) (7) 계 3:18.

정부: (1) 하나님의 왕국 (2) 교회 (정부 시설/부처) (3) 권위, 권세.
➲ (1-2) 엡 1:20-23 (3) 롬 13:1.

정비사/수리공: (1) 성령님 (2) 천사 (3) 예수 그리스도 (4) 하나님 (5) 영적 조율/정비 (6) 당신의 사역을 바로잡아 주거나 돕는 조력자 (7) 치유자 (복음 전도자) (8) 유지 및 보수하는 사람.
'자동차', '엔진', '모터', '기름' 항목을 찾아보라.
➲ (1) 요 14:16,26 (2) 단 10:11, 히 1:13-14 (3) 요 1:33 (성령님은 기름으로도 상징되심) (4) 시 51:10 (5) 행 18:25-26 (6) 출 18:14 (7) 눅 4:18 (8) 사 58:12.

정사각형: (1) 영적이지 않은 (하나님께 속하지 않은) (2) 율법주의 (3) 종교적인 (4) 변하지 않음 (5) 전 세계의 (6) 모든 것을 포함하는 (모든 영역) (7) 규정된 혹은 규정.
'원', '둥근', '바퀴' 항목을 찾아보라.
➲ (1) (비교. 겔 1:20), 히 9:14 (영원하신 성령님은 '원'처럼 끝이 없으시다는 의미에서) (2-3) 레 19:9, 23:22 (이것이 은혜이다), 19:27, 21:5 (4) 둥근 물체는 구를 수 있지만 사각형은 그렇지 않기에 (5) 사 11:12, 계 7:1, "세계 구석구석" (6) 겔 7:2 (7) 정사각형은 사면이 동일하다.

정신 장애인: (1) 하나님의 순결한 자녀 (2) (공격적이고 위협적인) 악한 영.
'장애/불구' 항목을 찾아보라.
➲ (1) 고전 1:27 (2) 막 5:5,15, 행 19:16.

정원사: (1) 하늘 아버지 (2) 이 땅의 혹은 영의/영적 관리자.
➲ (1) 창 2:8, 아 5:1, 6:2, 요 15:1 (쉬운성경) (2) 창 2:15, 요 20:15 (동산지기), 또한 열매 맺는 나무들을 지키고 돌보는 사람으로.

정육점: (1) 단단한 음식인 성경의 가르침이 있는 곳 (2) 심판하는 곳.
➲ (1) 고전 3:2, 히 5:12-14 (2) 약 5:5.

정자: '툇마루' 항목을 찾아보라.

정장: (1) 일, 사업 (2) 목사 (3) 명성에 대한 갈망 (고가의 정장) (4) 가식, 겉치레 (5) 새로

워진 권위 (가장 좋은 옷) (6) 조롱함 (근사한 옷) (7) 천사들 (영광스러운 옷) (8) 썩음, 삭음 (좀먹은 옷) (9) 그리스도의 옷 (향기가 나는 옷).

꿈이나 환상을 본 사람에게 정장이 어떤 의미인지 알아보는 것이 중요하다. 정장의 색깔도 그 의미를 이해하는 데 중요한 요소가 될 수 있다.

'옷'과 개별 색깔 항목을 찾아보라.

⏵ (1) 겔 27:20-21,24 (3-4) 막 12:38-40 (이 해석을 선포하기 전에 본문에 있는 다른 증거들을 찾아보라) (5) 눅 15:22 (6) 눅 23:11 (7) 눅 24:4 (8) 욥 13:28 (9) 시 45:8.

정찰기: (1) 비밀 (2) 마음의 비밀이 드러남 (3) 영적 통찰력 (4) 예언 사역.

'스파이' 항목을 찾아보라.

⏵ (1-2) 눅 10:21, 고전 4:5, 벧전 3:4 (3-4) 삼상 9:9, 사 45:2-3.

정치: (1) 교파주의 (2) 표/유권자를 삼 (3) 정실 인사 (자기들끼리 해먹는 일) (4) 사람들이 듣고 싶어 하는 말을 해줌 (5) 사람들에게 온전히 솔직하지 않음 (6) 개인적 이익을 위해 사람들을 이용함.

⏵ (1) 고전 1:12, 3:3 (2) 삼하 15:4 (3) 삼상 22:7 (4) 딤후 4:3 (5-6) 삼하 15:4.

정크 푸드: (1) 잘못된 교리 (2) 교리적으로 온전하지 않은 (3) (영양가 없는) 간편식품.

⏵ (1) 딤전 1:3-4, 4:1,6-7, 딤후 4:3-4 (3) 딤후 4:3.

젖가슴: (1) 양육받는 (2) 영적 선구자 (예. 마르틴 루터) (3) 회개 (가슴을 침) (4) 포옹, 받아들임 (5) 성도착 혹은 정욕의 영 (가슴을 움켜쥠) (6) 심장에 가까운 (사랑).

'브래지어', '창기/창부', '이세벨', '벌거벗은', '여자' 항목을 찾아보라.

⏵ (1) 욥 3:12, 아 8:1, 사 60:16 (2) 말씀이라는 젖을 먹임으로 그 몸을 자라게 하는 사람 (3) 렘 31:19 (새번역), 눅 18:13 (4) 룻 4:16, 잠 5:20 (5) 마 5:28 (6) 요 13:23, 21:20.

젖은: '물' 항목을 찾아보라.

제단: (1) 제물을 바치고 분향하는 곳 (2) 하나님과 함께하는 곳 (3) 인간의 마음.

⏵ (1-2) 창 12:7, 대하 20:7 (3) 렘 17:1.

제비: (1) 참된 신자를 상징함 (하늘의 존재, 새의 특성) (2) 새끼를 하나님의 전에서 양육함 (3) 땅에 내려앉지/떨어지지 않음 (4) 쉼 없는 기도 (짹짹 울어댐) (5) 때(시기)를 인식함.

⏵ (2) 시 84:3 (3) 잠 26:2 (비교. 히 11:9-10) (4) 사 38:14 (비교. 살전 5:17) (5) 렘

8:7 (비교. 살전 5:1-2).

제빵사: (1) 마귀 (2) 죄를 뿌려 문제를 일으키는 사람 (3) 음모를 꾸미는 자 (4) 감정에 호소하지만 다른 마음을 품고 있는 사람 (오븐) (5) 자기 마음의 전문가 (6) 무언가 감추고 있는 사람 (7) 화내는 사람.
'굽다', '빵집', '오븐/화덕' 항목을 찾아보라.
➡ (1-2) 창 3:1, 호 7:4 (3) 호 7:6 (4) 창 40:10이하 (5) 호 7:6 (6) 창 40:16 (7) 호 7:6.

제사장: (1) 종교적인 혹은 율법적인 지도자 (2) 믿는 자 (3) 예수 그리스도 (4) 거룩한 사람 (5) 종교의 영 (6) 아버지 (가정의 제사장).
'목사' 항목을 찾아보라.
➡ (1) 히 8:4, 10:11 (2) 벧전 2:5,9, 계 1:6, 5:10, 20:6 (3) 히 7:17,26, 8:1, 9:11, 10:19-21 (4) 출 31:10 (5) 민 5:30 (6) 삿 18:19.

제왕 절개: (1) 내면아이+를 해방시킴 (2) 가계의 저주를 파쇄함 (3) 축사 (4) 해산 (5) 초자연적 무통 분만 (영적인 약속이든 일반적인 분만이든).
'출산/출생', '임신' 항목을 찾아보라.
➡ (1) 민 15:25-26, 왕상 8:38-39, 요일 2:12 (2) 출 34:7, 민 14:18 (3) 눅 9:42, (4) 요 16:21, 계 12:2 (5) 눅 1:36.
(+어린 시절의 주관적인 경험을 설명하는 용어로, 한 개인의 인생에서 어린 시절부터 지속적인 영향을 주는 존재)

제조사 매뉴얼: (1) 성경 (2) 지시, 가르침 (3) 기초 원리들 (4) 단계별 안내서/가이드.
➡ (1) 수 1:8, 시 40:7-8, 139:16 (2) 잠 4:4-6, 7:2-3, 22:17-21 (3-4) 사 28:10.

제트 스키: (1) 익스트림 스포츠 등 긴장감이나 스릴을 즐기는 사람.
➡ (1) 행 8:18-19.

젤리: (1) 영양가 없는 영적 음식.
➡ (1) 고전 3:2.

조각상: (1) 기념물 (2) 과거에 중요한 사람/사건 (3) 전에는 살아 있었지만 지금은 죽은 사람 (4) 우상 (5) 교만 (자신을 우상화함) (6) 뒤돌아 세상을 봄 (소금 기둥).
➡ (1-2) 수 4:7 (3) 삼상 25:37 (4) 단 3:1,18 (5) 삼하 18:18 (6) 창 19:26.

조개: (1) 보호 (2) 집 혹은 지붕 (3) 화폐 (4) 덮다, 가리다 (5) 숨다, 잠적하다 (6) 물러섬, 움츠러듦 (7) 영적 은사들.
➲ (1) 욥 41:7,13,15,24,26 (2) 창 19:8 (3) 마 13:45-46 (4) 마 10:26, 눅 8:16 (5) 왕상 19:9 (6) "조개처럼 입을 다물다(go into one's shell)"처럼 (7) 창 24:53, 잠 17:8.

조깅: (1) 미지근한 (열심이 없는).
'달리다' 항목을 찾아보라.
➲ (1) 계 3:16.

조난자: (1) 훈련이 부족함 (2) 육신과의 싸움에서 짐 (3) 배교자 (4) 버려짐.
➲ (1-2) 고전 9:27 (3) 렘 2:19, 3:8 (4) 고전 9:27.

조력자: (1) 섬기는 천사 (2) 동반자 (3) 성령님.
➲ (1) 히 1:14 (2) 창 2:18,20 (3) 요 14:16-17.

조류관(동물원): (1) 원수의 요새 (2) 성령의 일들이 제한됨.
➲ (1) 시 91:3, 124:7 (2) 사 40:31.

조망: (내다봄) (1) 선지자의 직분 (2) 감독/관리하다 (목자) (3) 파수꾼 (4) 정찰하다 (5) 선택함 (6) 감정과 계획.
'스파이' 항목을 찾아보라.
➲ (1) 삼상 9:9, 왕하 2:7,15 (2) 행 20:28, 히 13:17, 벧전 5:2 (3) 삼하 18:24, 겔 3:17 (4) 수 2:1, 7:2 (5) 스 8:15 (6) 느 2:13,15.

조명 기구: (1) 마음.
➲ (1) 고후 4:6, 벧후 1:19.

조부모: (1) 과거 (2) 유산 혹은 세대 (3) (좋거나 나쁜) 유업 (4) 전통 (특히 많은 전통을 지닌 민족으로 그려진 경우) (5) 교회사 (할머니) (6) 부르심을 포기한/은퇴한 사람들을 뜻할 수도 있다 (7) 하나님 (8) 후원자.
➲ (1) 히 1:1 (2) 창 50:24 (3) 비교. 출 34:7 & 잠 13:22 (4) 갈 1:14, 벧전 1:18 (5) 딤후 1:5 (6) 신 4:25 (7) 단 7:9 (8) 잠 17:6.

조산아: '아기' 항목을 찾아보라.

조수: (밀물과 썰물) (1) 여론 (세상의 영향력) (2) 죄의 홍수 (만조) (3) 교회의 영향력 (4) 성령의 흐름이 떠남 (썰물) (5) 파멸 혹은 부흥 직전 (물이 완전히 빠짐).
'홍수', '달2', '쓰나미' 항목을 찾아보라.
➲ (1) 마 16:14, 요 7:12, "여론의 흐름"이란 말처럼 (2) 사 59:19 (킹흠정, 한글킹) (3) 고전 11:7 & 말 4:2 & 엡 5:23 (해 = 예수님, 달 =교회, 달은 해의 영광을 비춘다) (4–5) 암 8:11, 사 35:1.

조언자: (1) 성령님
➲ (1) 요 14:26.

조용한: 사람들이 조용히 있다면, 그것은 다음을 암시할 수도 있다 (1) 그들은 중립적인 혹은 애매한 태도를 취하고 있다 (2) 신중함을 보여 주고 있다 (조심성) (3) 교정(징계)을 받아들였다 (4) 당신의 지혜를 존중한다 (5) 보복을 두려워한다 (6) 묵상하고 있다 (말씀을 철저히 따져봄, 심사숙고함) (7) 하나님을 기다리고 있다.
➲ (1) 왕상 18:21 (2) 암 5:13 (3) 욥 6:24 (4) 욥 29:10 (5) 에 4:13–14 (6) 수 1:8 (7) 시 46:10.

족제비: (1) 약속을 저버린 사람 (2) 부정한 짐승.
➲ (1) 영리하고 교활한 족제비는 요리조리 잘 빠져나간다 (2) 레 11:29.

좀: (1) 부패 (2) 부식 (3) 썩은 (4) 멸망, 파멸 (5) 취약성 (6) 스쳐 지나가는 덧없는 존재 (덧없는 인생) (7) 임시 피난처 (고치) (8) 심판 (9) 땅의 보물을 쌓음.
➲ (1–3) 욥 13:28, 사 50:9, 51:8, 호 5:12, 눅 12:33 (3–4) 욥 4:19 (5) 사 50:9 (6) 시 39:11 (7) 욥 27:18 (8) 호 5:12 (9) 마 6:19–20, 약 5:2.

좀도둑: '도둑' 항목을 찾아보라.

좀비: (1) 살아 있다고 주장하지만 영적인 생명이 없는 그리스도인 (2) 스스로 생각할 수 없는 사람 (3) 다른 사람에게 홀리거나 조종을 당하는 사람.
➲ (1) 계 3:1 (2–3) 갈 3:1.

좁은: (1) (종종 어려운) 생명의 길 (2) 압박 받는 상황 (3) 곤궁에 처함 (4) 제한 (5) 너무 작은 (6) 함정 (7) 보이는 것이 아니라 믿음으로 살아가라고 촉구함 (좁은 창문들) (8) 하나님은 사용하기 원하시는 사람들을 압박 받는 상황으로 이끌어 들이셔서 결의와 결단을

다지고 새로운 영적 차원으로 돌파하게 하시는 경우가 있다. 그분은 고통, 갇힘, 관계적 압박을 통해 이 일을 이루신다 (9) 새로운 마음/생각의 본을 이해/파악할 수 없음 (속이 좁음, 편협함) (10) 개인적 편견 때문에 새로운 정보를 흡수할/받아들일 수 없음.
➡ (1-2) 마 7:13-14 (3) 삼상 13:6 & 14:4 (4) 민 22:26, 욥 13:27) (5) 수 17:15, 사 49:19 (역본에 따라: 비좁은, 협소한) (6) 잠 23:27 (7) 창 6:16, 겔 40:16 (우리말, 킹흠정, 한글킹), 41:16,26 (우리말, 킹흠정, 한글킹) (8) 삼상 1:6,10,11,17, 삼상 17:28, 마 11:12 (9-10) 요 8:43,47.

종: (1) 경고 (2) 영광의 선포 (3) 관심을 모으는 자.
'초인종' 항목을 찾아보라.
➡ (1) 마 24:3, 막 13:24-26 (2) 출 28:33-34, 39:25-26, 슥 14:20 (방울) (3) 사 40:3, 마 3:1-5; 요 1:8.
- 자유의 종: (1) 구원의 선포 (2) 복음 (3) 부흥 직전 혹은 회복의 선포 (성령의 폭발).
➡ (1-2) 눅 4:18-19 (3) 고후 3:17.

종기: (1) 시험 (2) 분노 (3) 전염병.
➡ (1) 욥 2:7 (2) 레 13:23 (KJV-심한 종기) (3) 레 13:22 (퍼짐).

종려나무: (1) 승리 (2) 구원 (3) 믿는 자 (4) 번성하다 (5) 의인 (정직한 신자) (6) 지도자 (종려나무 가지).
➡ (1-2) 신 34:3, 삿 4:5이하, 요 12:13, 계 7:9-10 (3-4) 왕상 6:29,32, 시 92:12 (5) 아 7:7 (곧게 선, 비교. 렘 10:5) (6) 사 9:14-15.

종양: (1) 심판 (2) 부패 (3) 자기 파괴적인 생각/말 (뇌종양) (4) 실제 종양.
'암' 항목을 찾아보라.
➡ (1) 삼상 5:6 (2-3) 고후 10:5, 딤후 2:16-17.

종이: (1) 공문서 (2) 기록 (3) 법적 증명서 (4) 부동산 양도 증서 (5) 결산 혹은 빚 (6) 설계도.
'메모장' 항목을 찾아보라.
➡ (1-2) 스 4:15, 에 2:23, 6:1, 10:2 (3) 렘 3:8 (4) 창 23:17-18 (5) 마 18:23-24 (6) 대상 28:11-12.
- 구겨진 종이: (1) 빚 탕감 혹은 계약의 취소 (2) 실패한 계획.
➡ (1-2) 골 2:14-15.

- 종이 백: (1) 일시적인 문제 (2) 무엇을 숨기거나 은폐함.
➲ (1) 마 5:25 (2) 마 5:15.
- 종이에 베인 상처: (1) 당신을 괴롭히는 문서, 증명서 혹은 권리 증서.
➲ (1) 스 4:18-19,21.
- 찢어진 종이: (1) 분열, 불화 (2) 이혼 (3) 잃음, 상실.
➲ (1-2) 마 5:32 (3) 삼상 15:27-28.

종이비행기: (1) 레마의 말씀 (성령님이 전해 주시는 말씀) (2) 어떤 영이 전하는 말 (부정적) (3) 기도 제목 (공중에 날림) (4) 메시지를 보내어 당신의 관심을 끌고자 하는 사람 (당신에게 종이비행기를 날리는 사람).
'비행기', '종이' 항목을 찾아보라.
➲ (1) 삼상 3:19, 고전 2:4 (2) 엡 6:16 (3) 욘 2:7 (4) 왕상 19:2, 눅 7:22.

좌우를 돌아봄: (1) 다른 곳에서 찾음 (2) 주의 산만 (3) 하나님에게서 눈을 뗌 (4) 목표/비전이 없는.
➲ (1) 창 24:49 (2) 삼하 11:1-4 (3) 히 12:1-2 (4) 잠 29:18.

좌든 우든 돌아보지 않음: (1) 순종/복을 줌 (2) 장수 (3) 곧은/좁은 길 (4) 결단한.
➲ (1) 신 28:14, 수 1:7 (2) 신 5:33, 17:20 (3) 수 23:6, 마 7:13-14 (4) 삼하 2:19-22.

죄수들: (1) 불신자들 (2) 사탄에게 사로잡힌 자들 (3) 사로잡힌 죄인들 (4) 거짓 종교에 사로잡힌 자들 (5) 억압, 압박감 (6) 중독.
➲ (1-2) 눅 4:18, 딤후 2:26 (3) 롬 7:23 (4) 딤후 3:6 (5-6) 잠 23:29-32.

주름: (1) 고난 (2) 나이, 쇠함을 상징함 (3) 거룩한 (주름이 없는) (4) 죄 (거룩/성결의 반대).
'접다', '그림자' 항목을 찾아보라.
➲ (1) 욥 16:8 (2) 엡 5:27 (3-4) 엡 5:27

주머니: (1) 마음 (2) 이익을 얻음 (3) 훔쳐감 (4) 은밀한 곳, 은신처 (5) 유지, 보관되는 곳 (6) 돈.
'소매치기' 항목을 찾아보라.
➲ (1) 고전 4:5, 벧전 3:4 (2-3) 요 12:6 (4) 욥 10:13 (5) 삼상 25:29 (6) 요 12:6, "뒷주머니"라는 표현처럼.

주머니곰: (이름이 태즈메니아 데블[마귀]임) (1) 아이들을 공격하는 악한 영 (2) (보통) 분노를 폭발/표출하며 나타남 (3) 마귀/귀신.
➲ (1-2) 왕상 4:32-33, 이런 특징들은 몸집 크기와 사나움으로도 나타난다 (3) 사 14:16, 마 17:18.

주머니쥐: (1) 지하 교회/사람 (공개적으로 인정받지 못함).
➲ (1) 요 7:10.

주먹: (1) 보복의 위협 (2) 임박한 심판 (3) 폭력 (4) 움켜쥠 (5) 침/악함 (6) 공격/다툼.
'손' 항목을 찾아보라.
➲ (1-2) 사 10:32 (3) 출 21:18 (4) 잠 30:4 (5-6) 사 58:4.

주먹으로 침: (1) 영적 전쟁 (2) 믿음을 발휘함 (3) 영향력 있는 말 (4) 헐뜯음/트집 잡음.
➲ (1) 고전 9:26 (2) 딤전 6:12, 딤후 4:7 (3) 삼상 3:19 (4) 잠 25:18.

주사: '바늘' 항목을 찾아보라.

주사기: (1) (예방) 접종 (2) 해독제 (생명을 주입함) (3) 정맥에 주입하는 데 사용하기에 (상황에 따라) 영적인 생명 혹은 죽음을 뜻한다.
'약물 사용', '바늘' 항목을 찾아보라.
➲ (1) 잠 4:23 (2) 욥 33:4, 고후 3:6 (3) 레 17:11.

주사위: (1) 운/기회 (2) 노름, 도박 (3) 하나님의 뜻을 발견하기 위해 애씀.
주사위의 특정 수들은 개별 숫자 항목을 찾아보라. 예를 들어 주사위를 던져 5가 나왔다면, 하나님의 은혜를 가지고 도박하는 것일 수도 있다.
➲ (1) 삼상 6:9 (2) 막 15:24 (3) 출 28:30, 민 27:21, 삼상 28:6.

주석: (1) 불순물 (2) 위선 (3) 정련함.
'백랍' 항목을 찾아보라.
➲ (1-2) 사 1:25 (킹흠정, 한글킹), 겔 22:18,20 (3) 민 31:22-23.

주술/마술: (1) 거역 (2) 불법의 권위 (=거역) (3) 조종과 통제 (4) 주문/주술, 친숙의 영을 사용함 (5) 마술을 부림 (6) 육신의 일, 행위 (7) 약물 사용.
'무당/마녀' 항목을 찾아보라.

➲ (1) 삼상 15:23 (2) 왕하 9:22 (비교. 왕상 21:7) (3) 왕하 9:22 & 왕상 21:7,10,15 (4) 대하 33:6 (5) 미 5:12 (점쟁이들은 마법을 부린다) (6) 갈 5:19-20 (7) 계 9:21 ('복술'에 해당하는 헬라어 '파르마케이아'에서 '약국, 조제실'을 뜻하는 pharmacy가 파생되었다).

주술사: (1) (흉내내는) 거짓 치유자 (2) 귀신의 힘 (3) 친숙의 영들의 영향력 아래에 있는 사람 (4) 하나님과 대립함/진리를 대적하는 자들.
➲ (1-4) 출 7:11,22, 8:7, 신 18:9-12, 행 13:8-11.

주유소: (1) 당신이 성령의 충만함을 받는 교회 (2) 기름부음 받은 사역 (3) 성령을 재충전 받는 곳 (4) 회복의 장소.
'휘발유', '정비사/수리공', '석유 시추기' 항목을 찾아보라.
➲ (1) 행 2:4 (2) 눅 4:18 (3) 사 40:31 (4) 행 9:17-19.

주일: (1) 하나[1] (2) 하나님 (3) 부활 (4) 새로운 시작 (5) 안식.
'낯/날', '일곱(7)'[세상 사람들은 주일을 한 주의 일곱 번째 날로 여긴다] 항목을 찾아보라.
➲ (1-2) 창 1:1 (3-4) 마 28:1,6 (5) 출 23:12.

주차 차단기: (1) 하나님을 기다림.
➲ (1) 시 62:5.

주차장: (1) 사역의 쉼 (2) 교회 (3) 아무 성과(진전)가 없음 (4) 광야에 갇힘 (사명 없음) (5) 광야 (6) 과도기, 바뀔 때
➲ (1) 차: 사역, 주차하다: 안식, 쉼 (2) 행 14:28 (3) 출 14:15, 눅 4:42 (4) 민 26:65 (5) 눅 1:80 ("빈 들") (6) 막 14:34.

죽마: (아이들이 말놀음질을 할 때, 두 다리를 걸터타고 끌고 다니는 대막대기) (1) 자신을 더 영적으로(더 높게) 보이려 함 (2) 자신이 실제보다 더 영적이라고 주장함 (3) 자아를 높임 (4) 영적 거인.
➲ (1) 삼상 15:17,21 (2) 삼상 9:2, 대하 26:16, 행 8:9 (3) 행 8:9,19-20 (4) 삼상 17:43-51.

죽은: (1) 영적으로 죽은 (2) 영적 진리를 받지 못하는 (3) 말 그대로 육체의 죽음 (4) 자기 삶/목숨을 내려놓는다는 의미에서 (5) 자아의 죽음 (6) 죽은 사람이 당신에게 말을 하는 것은 혼의 묶임을 암시하는 것일 수도 있다 (7) 죽은 사람이 당신에게 말을 하는 것은 마

귀의 속임을 뜻할 수도 있다.
'죽음' 항목을 찾아보라.
➲ (1) 마 8:22 (2) 요 8:43,47 (3) 요 11:14 (4–5) 마 10:38, 16:24, 막 8:34, 10:21, 눅 9:23, 고전 15:30–31 (5) 갈 2:20 (6) 창 42:38 (7) 고후 11:14, 갈 1:8.

죽음: (1) 자아의 죽음 (2) 실제적인 죽음 (3) 영적인 죽음 (죄의 결과) (4) (아는 사람과) 절교/절연함 (5) 사역의 죽음 (6) 분리 (7) 죄 (8) 순교 (9) 정죄 당한, 형을 선고받은 (10) 심판 (11) 회심 (구원) (12) 육신을 십자가에 못 박음 (13) 죽은 사람의 이름을 안다면, 그 의미를 확인해 보라
'출산/출생', '죽은' 항목을 찾아보라.
➲ (1) 마 10:38, 16:24, 막 8:34, 10:21, 눅 9:23, 고전 15:30–31 (2) 요 11:14 (3) 렘 9:21, 롬 6:23 (4) 롬 16:17, 고후 6:14, 엡 5:11 (6) 롬 6:23 (영적인 죽음은 하나님과 분리되는 것이다). 육체의 죽음은 몸에서 영이 분리되는 것이다 (7) 롬 6:23 (8) 마 10:21, 행 7:60 (9) 마 20:18 (10) 삼하 12:19–23 (11) 롬 6:4–8 (12) 갈 5:24.

죽음의 신: '죽음', '멸망(시키다)' 항목을 찾아보라.

죽이다: (1) 육체를 십자가에 못박음 (2) 무엇을 멈춤 (3) 제거함 (4) 비방하거나 욕함.
'암살자', '살인', '마피아', '목을 조르다' 항목을 찾아보라.
➲ (1) 갈 2:20 (2) 요 19:30 (3) 삼하 12:9 (4) 마 5:21–22.

준비되지 않은: (1) 기도하지 않음 (2) 시험에 빠질 위험성이 있음 (3) 대가를 지불할 의지가 없음 (4) 성령의 신선한 기름부음이 필요함 (5) 성령 안에서 기도하지 않음 (6) 시대의 징조를 깨닫지 못함.
'시계2' 항목을 찾아보라.
➲ (1) 마 24:42, 26:41, 눅 12:35–40, 21:36, 22:40, 엡 6:18, 계 3:3 (2) 마 26:41, 막 14:38 (3) 마 22:11–14 (4) 마 25:1–13 (5) 유 1:19–20 (6) 마 16:3, 막 13:33, 벧전 4:7.

줄: (1) 기다림.
'티켓', '기다리다' 항목을 찾아보라.
➲ (1) 눅 8:40.

줄넘기: (1) 반복되는 어린 시절의 문제들 (2) 어린아이 같은 기쁨.
➲ (1) 창 42:24 (2) 시 29:6, 114:4,6.

줄무늬: (채찍에 맞은 자국) (1) 치유 (2) 죄악, 불법 (3) 훈육 (4) 평화 (5) 정결하게 된 (6) 자기 십자가를 지는 것을 말함 (줄무늬 옷을 입음) (7) 두 마음을 품는 것을 말함 (줄무늬 옷을 입음).
개별적인 색깔 항목을 찾아보라.
➲ (1) 사 53:5, 벧전 2:24 (2-3) 삼하 7:14, 시 89:32 (4) 사 53:5 (5) 레 8:15 (6) 골 1:24, 마 16:24 (7) 약 1:8, 4:8.

줄어들다: '작은' 항목을 찾아보라.

줄자: (1) 적절한 준비 (2) 섬김을 위해 재어 봄 (3) 들어가기 위해 필요한 마음의 작은 변화 (짧은 거리) (4) 확장 준비.
'측정/측량' 항목을 찾아보라.
➲ (1) 삼상 2:19 (2) 창 37:3 (3) 막 12:34 (4) 사 54:2.

중개상/딜러: (1) 실권자, 실세 (2) 영적으로 더 강한 자 (3) 하나님 (4) 우세한 자 (5) 종들을 거느리는 부자 (6) 사회자, 진행자, 주최자 혹은 설교자.
➲ (1) 요 7:18-19 (2) 요 4:9 (3) 눅 1:25, 롬 12:3, 히 12:7 (4) 삼상 17:4-10 (5) 잠 22:7 (6) 요 2:8-10.

중국/중국인: (1) 외국, 타국 (2) 부지런한 (3) 실제 중국 사람 (4) 낮은 가격 (5) 인구가 많은 (6) 귀신/악마 같은 (용) (7) 존경할 만한 (8) 무신론의 (공산주의) (9) 적그리스도 (용) (10) 성실함 (11) 거대하고 지배적인 사업체.
'외국/타지에서 온' 항목을 찾아보라.
➲ (1) 사 49:12 (2-10) 중국에 대한 인식과 개념들.

중심: 어떤 사람이나 사물/상황이 중심에 있다면, 다음을 암시하는 것이다 (1) 통제/장악하고 있는 (2) 하나님의 뜻의 핵심/초점 (3) 하나님의 질서 (4) 깊이 관여하는, 대단히 열심인 (5) 잘 보이는 (6) 주범, 원흉 (7) 마음 (8) 가름, 나눔 (9) 누구와 함께 있고 무엇을 하고 있는지로 확인됨 (10) 관심을 끔, 관심을 추구함, 관심이 필요함.
'길모퉁이', '모서리', '마음/심장', '왼쪽', '오른쪽' 항목을 찾아보라.
➲ (1) 막 14:60, 행 1:15 (2) 롬 12:2 (3) 잠 11:1 (4) 눅 2:46 (5) 요 8:3,9, 행 17:22 (6) 요 19:18 (7) 시 22:14, 잠 14:33, 사 19:1 (8) 출 14:16,22 (9) 눅 24:36 (10) "관심의 중심(대상)"이란 표현처럼.

쥐: (몸집이 큰 시궁쥐) (1) 불신자 (부정한 짐승) (2) 악한 영 (3) 재앙 (4) 말로 병폐를 퍼뜨리는 사람.
'이2' 항목을 찾아보라.
➲ (1) 레 11:29 (2) 삼상 6:4 (우상숭배) & 고전 10:20 (귀신들) (3) 삼상 6:5 & 5:12 (4) 시 22:13.

증거: (1) (유리한 혹은 불리한) 증언 (2) (유리한 혹은 불리한) 증인 (3) 우리의 믿음의 실상.
➲ (1-2) 요 3:11, 고전 15:15 (3) 히 11:1.

증서: (1) 계약 (2) 법적 권리 (소유권) (3) 육신의 일들.
➲ (1-2) 창 23:20, 렘 32:44 (3) 롬 3:20,28.

증오: (1) 살인자.
➲ (1) 요일 3:15.

지갑: (1) 마음 (귀중품을 보관하는 곳) (2) 신분증/정체성 (3) 돈 혹은 재정 (4) 신용 (5) 안전 (6) 두 주인 (7) 탐욕 (8) 믿음 (9) 하나님의 집을 망각함 (구멍난 지갑).
'돈' 항목을 찾아보라.
➲ (1) 마 6:21,24 (4) 전 7:12 (5) 마 6:21 (6) 요 12:6 (7) 막 6:8 (지갑에 돈이 없음), 눅 9:3 (8) 학 1:6.

지게차: (1) 조직/편성함 (상황을 정리함) (2) 거짓말하는 영 (헛된 소망을 품게 함/선반에 남겨 둠) (3) 짐을 들어 주는 자.
➲ (1) 느 12:44 (2) 왕상 22:22, 미 2:11 (거짓말로 기분을 들뜨게 함) (3) 마 11:28.

지도: (1) 방향을 구함 (2) 안내 (3) 인생 설계 (4) 당신의 삶을 향한 계획 (5) 성령님 (6) 성경 (7) 하나님의 계획 가운데 현재 위치를 알려 함.
'안내자' 항목을 찾아보라.
➲ (1) 렘 6:16 (2) 삿 18:5, 아 1:8 (3-4) 렘 29:11, 눅 19:32, 요 14:4-6 (5) 출 33:14, 요 16:13 (6) 시 119:105 (7) 출 33:13.

지류: (1) 지류나 강이 경계를 이루는 경우가 많다.
'시내', '개울', '강' 항목을 찾아보라.
➲ (1) 창 32:22-23, 수 1:11.

지문: (1) 정체성 (증거 자료) (2) 소유(권) (3) 인지, 인식 (4) 유전자 (DNA) (5) 잘못된 동기 (6) 발각됨 (지문이 발견됨) (7) 표적과 기사 (성령의 표) (8) 하나님이 손수 하신 일. '손가락', '손' 항목을 찾아보라.
➔ (1) 출 8:19 (권능: 히. '에츠바'[손/발가락]) (2) 잠 7:3 (3) 욥 37:7, 요 20:25 (5-6) 잠 6:12-13 (7) 마 12:28 & 눅 11:20 (8) 출 31:18, 신 9:10, 눅 11:20.

지불: (1) 죄를 위한 예수님의 희생 (2) 값, 비용 (3) 그리스도를 따르기 위해 모든 것을 버림 (4) 자기 목숨을 내려놓음 (5) 빚 탕감 (6) 용서 받음.
'빚' 항목을 찾아보라.
➔ (1) 고전 6:20, 골 2:14 (2) 눅 14:28 (3) 눅 14:33 (4) 마 16:24-25 (5-6) 마 18:30.

지붕: (1) 영적 지도자들 (2) 덮개, 보호 (권위 구조) (3) 설교단 (4) 가족, 식구 (한 지붕 아래 사는 사람들) (5) 사람들의 주목을 받는 (6) 단호한 믿음 (7) 사역의 절정, 최고점 (8) 피난처.
'천장' 항목을 찾아보라.
➔ (1) 행 20:28, 벧전 5:2 (2) 창 19:8 (3) 마 8:8-9, 10:27 (4) 마 8:8 (5) 출 17:9, 삼상 26:13, 잠 8:2 (킹흠정, 한글킹), 겔 31:3 (6) 막 2:4-5 (7) 삼하 11:2 (8) 잠 21:9 (우리말, 킹흠정, 한글킹), 25:24 (우리말, 킹흠정, 한글킹), 사 22:1.
- 돔형 지붕: (1) 종교적인 요새 (깨어지지 않는 사고방식) (2) 율법 아래 있는 교회 (모스크 형태의 구조).
'아치문', '원' 항목을 찾아보라.
➔ (1) 마 23:25,27 (2) 마 23:23, 롬 6:14-15, 갈 3:23, 5:18.
- 새는 지붕: (1) 잘못된 권위 구조를 암시함 (2) 잘못된 보호/덮개.
➔ (1-2) 눅 5:17-19.

지시하는 사람: (1) 천사.
➔ (1) 마 1:20, 2:13,19-20, 행 10:3-6.

지우개: (1) 다시 시작함 (2) 새로운 시작 (3) 하나님으로부터 끊어짐 (4) 구속.
➔ (1) 욘 3:1 (2) 요 21:15-17 (3) 신 9:14 (4) 사 43:25.

지주: (건물주, 집주인) (1) 마귀 (2) 주 예수님
➔ (1) 요 14:30 (2) 눅 12:45.

지진: (1) 하나님의 능력 (2) 진동, 흔들림 (3) 부흥 혹은 부흥 전야 (4) 하나님의 음성 (5) 심판 (6) 충격, 타격 (7) 열린 마음 (8) 하나님의 방문.
➡ (1) 왕상 19:11-12 (2-3) 행 4:31, 16:26-34, 17:6 (4) 시 29:8 (5) 계 6:12, 8:5, 11:13,19 (6) 왕상 19:11-12 (7) 마 27:54, 행 16:26 (8) 사 29:6, 슥 14:3-5, 마 28:2, 눅 21:11, 계 16:18.

지팡이: (1) 하나님의 말씀 (2) 힘 혹은 도움/지원 (3) 서약 (4) 빵 (옛날 이스라엘 사람들은 빵을 지팡이에 꿰고 다녔다고 한다. 그래서 비유적으로 "빵"을 뜻하기도 한다) (5) 열매를 운반하는 자 (6) 징계/훈육 혹은 심판의 도구 (7) 화살대 혹은 창자루 (8) 권위 혹은 통치권 (9) 돌봄과 위로 (10) 사람, 교회 혹은 나라/민족 (11) 하나님의 목적을 위한 도구나 재능 (12) 여행할 준비가 된 것을 상징함 (손에 잡은 지팡이) (13) 나이가 많이 들어 지지/도움이 필요함을 뜻할 수도 있다.
'막대/대' 항목을 찾아보라.
➡ (1) 출 14:16 (비교. 히 4:12), 삼상 17:40,43,45 (비교. 고후 10:3-5), 삼하 23:21, 막 6:8, 히 11:21 (2) 출 21:19, 사 36:6, 시 23:4 (3) 창 38:18,25 (4) 레 26:26 (공동번역, 킹흠정, 한글킹), 시 105:16 (공동번역, 킹흠정, 한글킹), 겔 5:16 (킹흠정, 한글킹), 14:13 (킹흠정, 한글킹) (5) 민 13:23, 17:8 (6) 민 22:27, 사 10:5 (7) 삼상 17:7 (8) 왕하 4:29,31, 사 14:5 (9) 시 23:4 (10) 사 36:6 (당신이 의지하는 모든 것) (11) 출 4:2, 왕하 4:29 (12) 출 12:11 (13) 슥 8:4.

지퍼: (1) 통로 혹은 기회 (2) 열리지 않음 (옷에 끼인 지퍼) (3) 잠기지 않는 (폭로된, 드러난 혹은 수치스러운) (4) 당신의 마음의 문 (5) 하늘의 창문 (6) 치아, 이 (지퍼를 잠그는 것처럼 입을 꼭 다뭄).
'커튼', '문', '생식기', '베일' 항목을 찾아보라.
➡ (1-2) 골 4:3 (3) 사 6:5 (4) 행 16:14 (5) 눅 17:21 & 계 4:1 (6) 욥 41:14, 잠 25:19, 30:14.

지평선/수평선: (1) 예측할 수 있는 미래 (2) 기다림, 고대.
'쌍안경', '거리2', '먼' 항목을 찾아보라.
➡ (1) 마 24:33-34 (2) 눅 15:20.

지프: (1) 영적 전쟁.
'사륜구동' 항목을 찾아보라.
➡ (1) 엡 6:10-11.

지하: (1) 엄호/보호 하에 있는 (권위/지배 하에 있는) (2) 비밀스러운 혹은 숨겨진 (3) 내면 (4) 장사됨 (5) 소망 없음 (지하에 갇힘).
'장사 지냄', '동굴', '터널', '밑' 항목을 찾아보라.
➡ (1) 출 33:22, 마 8:9 (2) 수 10:16, 왕상 18:13 (3) 아 2:14 (4) 창 23:19 (5) 수 10:18.

지하실: (1) 지옥 (2) 사람의 마음 (3) 은밀한 처소 (4) 우울증 (5) 육신의 처소.
'위층 방' 항목을 찾아보라.
➡ (1) 잠 5:5, 마 11:23, 시 55:15 (2) 잠 22:17 (3) 요 1:5 (5) "위층 방(다락방)에 반대되는 것"으로.

직물: (1) 삶, 인생 (2) 인생 이야기 (3) 어떤 일의 구조, 조직.
'옷', '베일' 항목을 찾아보라.
➡ (1) "날실과 씨실이 정교하게 짜여진 인생"이라는 말처럼, 사 49:18, 눅 7:25, 고후 5:4 (2) 계 3:5 (3) 날실과 씨실을 엮어 짠 것이기에.

직원/고용인: (1) 하나님의 종 (2) 추수의 일꾼 (3) 분열을 일으키는 나쁜 직원은 마귀의 세력이거나 반항적인 사람을 뜻할 수도 있다 (4) 돕는 자 (5) 실제 직원/고용인.
➡ (1) 롬 1:1, 6:18,22, 빌 1:1, 딤후 2:24 (2) 골 4:12 (3) 롬 6:16 (5) 엡 6:5-6, 골 4:1, 딤전 6:1, 딛 2:9-10.

진공청소기: (1) 완전히 정결하게 하시는 성령의 사역 (2) 축사 사역 (더러운 영들을 쫓아냄).
➡ (1) 고전 6:11, 딛 3:5 (2) 마 12:28, 눅 11:14.

진동: (1) 두려움 (2) 역경에 맞섬 (3) 하나님의 임재 (4) 환경/상황의 변화에 약한 (5) 체로 치다 혹은 깨끗이 하다 (6) 자기들의 심판을 스스로 책임지게 함 (어떤 사람 앞에서 신발이나 옷의 먼지를 털어 버림) (7) 변화 (8) 빈약한/부실한 기초 (9) 성령의 권능을 받음.
➡ (1) 단 5:6, 마 28:4 (2) 시 10:6 (3) 사 19:1 (4) 마 11:7 (5) 눅 22:31 (6) 막 6:11, 행 18:6 (7) 눅 21:26, 기업이나 조직 등의 "대대적인 개혁(shake-up/shake-out), 흔듦" (8) 눅 6:48 (9) 행 4:31.

진드기: (1) 숨겨진 기생충 (2) 생명을 약화시키는 기생충.
'기생충' 항목을 찾아보라.
➡ (1-2) 잠 30:15.

진실하지 않은: (1) 어떤 일에 마음이 없는.
➲ (1) 잠 23:7, 고전 5:8, 빌 1:16–17.

진주: (1) 예수 그리스도 (2) 하나님의 말씀의 계시 (영적 보물) (3) 하나님의 왕국 (4) 오만, 교만 (5) 하늘의 예루살렘의 문 (6) 믿음 (7) 종교적인 영광.
'보석' 항목을 찾아보라.
➲ (1) 마 13:46 (2) 마 7:6 (3) 마 13:45–46 (4) 딤전 2:9, 계 17:4, 18:12,16 (5) 계 21:21 (6) 계 21:21 (오직 믿음으로만 들어가게 됨) (7) 계 17:4.

진홍색: (1) 죄 (2) 피 (3) 부유함.
'피', '빨간색' 항목을 찾아보라.
➲ (1–2) 사 1:18 (3) 렘 4:30.

진흙: (1) 갇힌 (2) 신앙을 버림 (세상으로 돌아감) (3) 인간의 속성을 말함 (4) 비천해진 (5) 확실한 기반이 없는 (하나님 안에 기초가 없음) (6) 가라앉음, 침몰 (7) 오명, 악명 (진흙에 덮인 사람) (8) 참소, 비난 (누군가에게 진흙을 던짐) (9) 짓밟힌 (10) 창조함 (젖은 점토) (11) 지하 감옥 (12) 문제를 해결함 (진흙을 뚫고 나아감) (13) 과거를 내려놓지 못함 (14) 육체 (15) 죄 (16) 더러운 말.
'점토', '땅1', '먼지/티끌', '찰흙', '인신공격', '물–더러운 물' 항목을 찾아보라.
➲ (1) "진창/수렁에 빠진" (2) 겔 47:11, 벧후 2:22 (3) 욥 33:6, 단 2:43, 요 9:6 (4) 욥 30:19 (5) 시 40:2 (6) 시 69:2,14, 렘 38:6,22 (9) 사 10:6, 41:25, 미 7:10, 슥 10:5 (10) 요 9:6–7 (11) 렘 38:6 (물이 없어 진창뿐임) (12) 눅 15:15–17 (13) 벧후 2:22 (14) 시 40:2 (15–16) 사 57:20.

진흙 사태: (1) 세상으로 가는 길 (2) 다시 육신으로 돌아감.
➲ (1–2) 벧후 2:22.

질: '생식기' 항목을 찾아보라.

질병: (1) 전염병 (2) 흔한 질환.
➲ (1–2) 마 4:23–24, 9:20,35, 10:1.

질식: (1) 소통을 막음 (말을 막음) (2) 생명의 흐름을 차단함 (3) 귀신에 들리거나 사로잡힘 (4) 성령을 억누름 (5) 공격 (6) 위협 (7) 무능한, 능력이 없는 (8) 세상의 염려와 재물의 속임

(9) 두려움/근심 (10) 물질에 대한 욕심 (11) 삶의 쾌락 (12) 익사함 (13) 불의, 부정 (14) 거짓말을 함 (15) 불법, 죄악 (16) 부정한 이익 (17) 겁이 나서 실패함 (강요/압박에 의해 막힘).
'목을 조르다' 항목을 찾아보라.
➲ (1) 왕하 2:3 (2) 요 5:24, 7:38 (3) 막 9:17-18 (4) 고전 14:39 (5) (비교. 마 17:15 & 막 9:17-18) (6) 행 4:18,21 (7) 마 13:7,22 (8) 마 6:25 (9) 막 4:7,19 (10) 눅 8:7,14 (12) 막 5:13, 눅 8:33 (13) 욥 5:16 (14) 시 63:11 (15) 시 107:42, 롬 3:19 (16) 딛 1:11 (17) 마 27:22-26.

질투: (1) 영적으로 충실하지 못한 (2) 분노 (3) 면직, 해임 (꿈속에서 당신이 시기·질투하던 자들이 어떤 식으로 당신의 후임이 되었는지 조사하라. 그것을 회개하고, 영적으로는 혼의 묶임을 끊을 필요가 있다).
➲ (1) 고전 10:21-22, 고후 11:2,4 (2) 슥 8:2, 롬 10:19 (3) 삼상 18:7-8.

짐: '배낭' 항목을 찾아보라.

짐승: (1) 적그리스도 (2) 경건한 혹은 불경건한 존재 (3) 왕/왕국 (나라들) (4) 정사(군주, 통치자들)와 권세들.
각각의 동물 항목을 찾아보라.
➲ (1) 계 13:11-18, 14:9-11 (2) 계 4:6-8, 11:7, 13:1-4 (3) 단 7:17,23 (4) 엡 6:12, 단 10:13,20.

짐승 거인: (털이 많은 거인 괴물) (1) 적그리스도의 영 (소위 "잃어버린 고리"로) (2) 실재하지 않는 것에 대한 두려움이나 고통 (속임, 날조) (3) 위협 (귀신) (4) (위협하며) 완강한 태도를 취하는 권위자.
'설인' 항목을 찾아보라.
➲ (1) 요일 2:22, 4:2-3,5-6 (2) 민 13:33 (3) 삼상 17:44, 행 13:8-10 (4) 행 9:1, 단 3:13-15.

집1: (가정을 이루고 생활하는 집안) (1) 천국 (2) 천국으로 가는 길 (집으로 가는 길) (3) 집 (4) 위로/안식.
'집2' 항목을 찾아보라.
➲ (1-2) 요 14:2-4, 히 11:10 (3) 말 그대로 집 (4) 룻 1:9, 사 66:1, 단 4:4.

집2: (건물로서의 집) (1) 한 개인 (2) 교회 (3) 자기 집 혹은 가족 (4) 당신 자신 (5) 덮개,

지붕 (6) 사역 (7) 일, 사업 (8) 이스라엘 (9) 영광스러운 개인, 교회 혹은 사역 (10) 죽음 (파괴/해체) (11) 영적 회복 (내부 수리/장식) (12) 표면적인/피상적인 변화 (외부 수리) (13) 귀신에게서 해방된 (깨끗한 집) (14) 귀신에게 눌린 혹은 사로잡힌 (더러운 집).
'건물', '집1', '저택', '궁(궐)', '부동산', '성전' 항목을 찾아보라.

➲ (1) 고후 5:1, 히 3:6 (2) 딤전 3:15, 딤후 2:20, 히 3:6, 벧전 2:5 (3) 딤전 3:4, 5:13 (5) 창 19:8, 마 8:8, 또한 "가장의 권위/보호 아래"처럼 (7) 요 2:16 (8) 히 8:10 (9) 왕상 6:9 (10) 요 2:19-21 (11) 대하 24:4 (12) 욜 2:13, 마 13:20-21, 벧전 3:3 (13-14) 눅 11:24-25.

- 무너진 집: (1) 게으름 (2) 게으른 그리스도인 (3) 죄 (4) 자신을 돌보지 않음 (5) 자제력이 없음.

➲ (1-2) 전 10:18 (3) 암 9:10-11 (4) 고전 6:19-20 (5) 잠 25:28.

- 물 혹은 배 위의 집: '수상/선상 가옥' 항목을 찾아보라.

- 새집: (1) 새로운 본성 (그리스도 안에서 거듭난 신자).

➲ (1) 고후 5:1 & 17.

- 오래된/낡은 집: (1) (그리스도를 믿기 전의) 옛 자아 (2) 과거 (3) 조부/조모 (4) 유산.

➲ (1-2) 고전 3:9, 고후 5:1, 히 3:6 (비교. 고후 5:17) (3) 삼하 8:3,6 (4) 눅 1:27,69 (킹흠정), 2:4 (비교. 창 15:4 [영적 계보] & 눅 19:9).

- 팔려고 내놓은 집: (1) 앞날을 알 수 없는/불확실한 상태의 영혼 (2) 그리스도께서 아직 값주고 사지 않으신 (3) 팔아 치움/신념을 버림 (4) 이용당하기 쉬운.

➲ (1) 욥 3:14 (2) 고전 6:19-20 (3) 딤후 4:10 (4) 마 26:14-16.

집 내부: (1) 믿는 자의 내면 (2) 새로운 인테리어는 회복, 부흥을 뜻한다 (3) 낡거나 황폐한 내부 상태는 옛 자아가 활동하고 있다는 뜻이다

➲ (1) 고후 5:1.

집 없는 사람: (1) 그리스도 (2) 참된 제자 (3) 영적인 집이 없는 (4) 가난 (5) 저주 받은. '엉덩이' 항목을 찾아보라.

➲ (1) 마 8:20 (2) 막 10:29 (3) 눅 13:35 (4-5) 창 4:12.

집에 불이 남: (1) 심판 (2) 당신의 사역을 공격하는 말들 (3) 하나님의 능력, 부흥 혹은 오순절 (해를 끼치지 않는 불) (4) 하나님의 불 (5) 분노한 사람.
'불' 항목을 찾아보라.

➲ (1) 계 18:8 (2) 약 3:5-6 (3) 출 3:2-3, 행 2:3 (4) 욥 1:18 (5) 창 44:18.

집사: (1) 충성된 종 (2) 열매를 많이 맺는 종.
➔ (1-2) 창 40:9-13.

짓밟다: (1) 원수에게 권세를 행사함 (2) 불신자들에게 계시를 나누어줌 (3) 분노.
➔ (1) 시 91:13 (비교. 눅 10:19) (2) 마 7:6 (3) 사 63:3.

짜다/엮다: (1) 연합 (밀접한/친밀한 관계) (2) (강하고 탄탄하게) 맞물림, 연결됨 (3) 만들어냄 (4) (좋은 혹은 나쁜 일을) 계획함 (5) 숙련된 기술을 요하는 일, 작업 (6) 값비싼 (7) 덫.
➔ (1) 시 133:1, 엡 4:3 (2) 출 39:22,27 (3-4) 사 59:5 (5) 출 35:35 (6) 요 19:23 (7) 사 59:5.

짧은: (1) 시간이 얼마 남지 않은 (2) 단기의 혹은 잠시 (3) 곧, 머지않아 (주의 재림) (4) 겸손한 (5) 죄 (6) 하나님의 가장 좋은 것을 놓침 (7) 불안한 (8) 충분하지 않은, 부족한 (9) 무능한 (짧은 팔이나 손) (10) 급히 화를 내는 (조급한).
'작은', '큰' 항목을 찾아보라.
➔ (1) 계 12:12 (2) 시 89:47 (3) 고전 7:29 (4) 삼상 15:17 (비교. 행 13:9) (5-6) 롬 3:23 (7) 히 4:1 (8) 사 28:20 (9) 민 11:23, 사 50:2, 59:1 (10) 딛 1:7, 약 1:19.

째깍거리다: (똑딱거리다, 시계 소리) (1) 하나님의 확증, 인정 (2) 인정 (3) 교정하다, 바로잡다 (4) 통과하다 (5) 옳은.
'표(시하다)/마크' 항목을 찾아보라.
➔ (1) 행 2:22 (킹흠정, 한글킹), 딤후 2:15 (2) 롬 14:18 (3-4) 빌 3:14,17 (5) 눅 10:28.

쪼깨다: (1) 가르다, 나누다
➔ (1) 시 78:15, 141:7 (킹흠정, 한글킹), 전 10:9.

찌꺼기: (1) 열을 가하면 표면에 떠오르는 찌끼들 (죄가 드러남) (2) 깨끗하게 제거해야 할 것 (오물).
'불순물' 항목을 찾아보라.
➔ (1-2) 겔 24:6,11-13.

찡그림/찌푸림: (1) 불만, 찬성하지 않음 (2) 교만 (당신을 내려다봄) (3) 번민/근심하는 혹은 부담감에 눌린 영.
➔ (1) 창 31:5 (2) 사 2:11 (3) 단 7:28.

찢다: (1) 상실 (2) 심판 (3) 박해 (4) 개인적인 공격.
➡ (1) 삼상 15:27-28 (2) 왕상 13:26, 사 5:25 (킹흠정, 한글킹) (3) 시 7:1-2 (4) 시 35:15.

大

차: '자동차' 항목을 찾아보라.

차가운/추운: (1) 냉담한, 비정한 (2) 사랑이 없는 (3) 악의 변성 (4) 원기를 회복시킴 (5) 부정적인 반응 (6) 혼자, 홀로 (7) 꺼림 (8) 하나님을 떠난 (9) 죽은/죽음 (10) 용서하지 않는 마음 (11) 악한 존재.
'얼음' 항목을 찾아보라.
➡ (1) 요 18:18 (2-3) 마 24:12 (4) 마 10:42 (5) 행 28:2-6 (6) 전 4:11 & 고후 11:27 (7) 큰 일을 하기 전에 긴장해서 손발이 차가워지는 것처럼, "두려움/부담감을 느끼다(have cold feet)" (8) 마 24:12 (9) 왕하 4:34 (10) 마 24:10,12 (11) 욥 4:15.

차고: (1) 잠시 멈춰진/대기하고 있는 혹은 은퇴한 사역 (2) 보관 중인 (3) 교회 (4) 영적인 조율을 받음 (5) 어디에도 가지 않음 (6) 무너진 사역의 회복 (작업장) (7) 정비소 (작업장).
'주차장' '자동차-주차된 차' 항목을 찾아보라.
➡ (1) 삼상 4:13-15, 눅 12:19 (2) 사 49:2 (4) 눅 1:80 (5) 창 42:16, 눅 12:19 (3, 6-7) 갈 6:1, 계 3:2,8.
- 간이 차고: (1) 사역에 아무런 성과/진전도 없다는 것이 드러남.
'주차장' 항목을 찾아보라.
➡ (1) 삼상 4:13.

차려입다: (1) 그리스도로 옷 입음 (2) 준비/대비 (3) 새로운 기름부음.
➡ (1) 롬 13:14, 갈 3:27 (2) 마 22:11-12, 엡 6:11 (3) 레 16:32, 21:10, 왕하 2:13.

차로/차도: (1) 입구 (2) 출구 (3) 사역을 기다림 (4) 보류된 사역.
➡ (1-2) 신 28:6, 시 121:8 (3-4) 왕상 3:7, 사 49:2.

착륙: (1) 영적인 넘어짐 (2) 하늘에서 온/떨어진 (3) 마을로 들어감.
➡ (1) 삼하 1:4,19, 롬 11:12 (2) 사 14:12 (3) 눅 8:1, 10:38

착용하다: (1) 겉으로 보이는 마음 (2) 외면적인 (3) 피상적인/무의미한 (4) 찬양 (5) 기쁨 (6) 존귀를 부여받음 (7) 준비된 (8) 교만 (눈에 띄게/화려하게) (9) 단정함 혹은 겸손 (수수하게) (10) 환영.
'옷', '모자', '예복', '옷자락' 항목을 찾아보라.
➡ (1) 사 61:10, 벧전 3:3-5 (2) 벧전 3:3 (3) 눅 21:5 (4-5) 사 61:3 (6) 단 5:29 (7) 계 21:2 (8-9) 딤전 2:9 (10) 하와이의 꽃목걸이처럼.

찬장: (1) 마음 (2) 저장/저장고 (3) 생각 (마음) (4) 미루다, 연기하다 (5) 비축하다 혹은 보관하다 (6) 풍부함 (7) 모인, 쌓인 (8) 숨겨진.
'벽장' 항목을 찾아보라.
➡ (1) 잠 13:12, 암 3:10 (2) 대하 11:11, 고전 16:2 (3) 대상 29:18, 시 31:12 (4) 출 22:29 (5) 창 41:36 (6) 왕상 10:10, 대하 31:10-12 (7) 왕하 20:17, 겔 4:9 ("담다").

참새: (1) 믿는 자 (2) 하나님의 보살핌을 받는 (3) 하나님의 임재 안에서 안전함을 찾는 사람 (4) 하찮은 존재라는 느낌 (5) 외로운, 쓸쓸한 혹은 외톨이 (6) (영향을) 미치지 않음 (떠도는 참새).
'새' 항목을 찾아보라.
➡ (1-2) 마 10:29,31 (3) 시 84:3 (4) 마 10:29 & 눅 12:6-7 (5) 시 102:7 (6) 잠 26:2.

참수: (목을 벰) (1) 법을 어김 (사형) (2) 벌 (3) 순교자 (4) 패배한 (5) 권위 혹은 권위자를 잃음 (6) 분별력을 잃어버림 (광기, 편집증, 정신병) (7) 침묵하게 만듦.
'머리', '면도칼-이발소 면도칼' 항목을 찾아보라.
➡ (1) 삼상 5:4, 사 9:14 (2) 삼상 17:51, 삼하 16:9 (3) 히 11:37 (4) 삼상 17:51 (5) 고전 11:3, 엡 5:23 (6) 요 10:20, 행 12:15, 26:24 (7) 막 6:18-19,24.

참호: (참호를 파다) (1) 마음 (2) 우울 (3) 성령님께 나아가는 길 (4) 생각의 길/경로 (경건한 혹은 불경건한 혼의 묶임).
'홈통', '배관', '밭을 갈다', '배관공' 항목을 찾아보라.
➡ (1) 마 13:19, 막 4:15 (비교. 창 2:7 & 고후 4:7) (2) 시 42:5 (3) 요 1:33, 행 9:17 (4) 시 119:59, 사 55:7.

창: (1) 위협 (2) 날카로운 칼같이 찌르는 말 (2) 당신을 괴롭히려는 사람 (3) 날카롭게 씨르는 하나님의 말씀.
➡ (1) 삼상 17:7-10, 19:10-11 (2) 삼상 17:7,43-44, 삼상 19:10-11, 시 57:4 (이=

창, 비교. 잠 30:14 & 엡 6:17) (3) 눅 2:35.

창고(곳간): (1) 교회 (2) 재물을 모아 두는 곳 (3) 증가, 확장 (4) 탐욕 (5) 자신을 위해 물질적인 것을 쌓아 두지 말고 하나님을 신뢰하라 (6) 심판 (7) 추수.
'건물', '집2', '마구간' 항목을 찾아보라.
➲ (1-2) 욥 39:12, 말 3:10, 마 6:26 (3) 대하 32:28, 잠 3:10 (4) 눅 12:18 (5) 마 6:25-33, 눅 12:22-24 (6) 욜 1:17 (무너진 곳간들) (7) 마 13:30.

창녀/창기/창부: (1) 유혹하는 영 (성적 문란) (2) 우상숭배하는 혹은 간음하는 교회 (3) 다른 신들을 기웃거리는 그리스도인 (4) 성적 부도덕에 빠진 그리스도인 (4) 매춘부 (5) 사업에 의존하는 교회 (6) 바벨론 (7) 지옥으로 호송하는 자 (유혹하는 창녀).
'여자' 항목을 찾아보라.
➲ (1) 삿 16:5, 잠 7:10 (2) 렘 3:1,6, 겔 16:15-17,32, 계 17:5 (3) 렘 2:20 (4) 고전 6:15-18 (4) 잠 29:3 (5-6) 계 16:19, 17:4-5, 18:2-3 (7) 잠 5:3-5, 7:10-27, 23:27.

창문: (1) 예언적 은사 (창문을 통해 봄) (2) 영혼의 문 (3) 통찰력/계시 (4) 탈출 (5) 기회 (6) 도둑 (7) 예언 (8) 영적 분별력이 부족함 (작은 창문) (9) 영적 분별력 (커다란 창문) (10) 영적 돌파를 위해 노력함 (창문을 깨뜨리려 함) (11) 상한 마음 혹은 깨진 소망 (박살 난 창문).
'망' 항목을 찾아보라.
➲ (1) 삼상 9:9 (선견자), 잠 7:6, 사 6:1 (2) 마 6:22-23 (3) 창 26:8, 삼하 6:16 (이해하지 못함), 잠 7:6-7, 아 2:9 (4) 수 2:15, 삼상 19:12 (5) "기회의 창"이란 말처럼 (6) 욜 2:9 (7) 삼상 9:9 (8) 잠 7:7, 욘 4:11, 눅 12:56, 고전 2:14 (9) 고전 2:14, 12:10 (10) 출 19:21,24 (11) 시 69:20, 잠 15:13, 27:19.

- 닫힌 창문: (1) 기회가 닫힘 (2) 성령을 차단시킴 (3) 예언 사역을 차단함 (4) 하늘의 문을 닫음.
➲ (1) 히 11:15 (2) 겔 3:24, 행 4:18-20 (3) 민 11:27-28, 23:13, 사 30:10 (4) 창 8:2, 말 3:10.

- 열린 창문: (1) 절호의 기회 (2) 기도/예배 (3) 조사, 연구 (4) 당신을 부르사 성령 안에서 보게 하심 (예언 사역) (5) 성령의 흐름 (공기의 흐름/신선한 공기) (6) 계시.
➲ (1) 왕하 13:17 (2) 단 6:10 (3) 창 8:6-9 (4) 삼상 9:9 (5) 욥 33:4 (6) 왕하 13:17.

- 창문으로 내다봄: (1) 선지자 (경건한 사람) (2) 변태/타락 (하나님을 믿지 않는 사람) (3) 귀신/악한 영 (하나님을 두려워하지 않는 속성).
➲ (1) 삼상 9:9, 단 6:10 (2) 창 26:8, 렘 9:21, 단 6:10-11, 욜 2:9 (3) 렘 9:21.

창조력: (1) 성령 안에서 (2) 성령의 은사를 사용함.
➡ (1) 창 1:20이하 (2) 요 9:6-7.

채석장: (1) 믿음 (산을 옮김) (2) 대부분의 죄를 제거함.
'바위/암석' 항목을 찾아보라.
➡ (1) 마 21:21, 막 11:22-23 (2) 겔 11:19, 36:26, 슥 7:12.

채찍질: (1) 가혹한 징계, 훈육 혹은 징벌 (2) 교정, 바로잡음 (3) 깨끗하게 함 (4) 권위 (채찍을 휘두름) (5) 인도받는 것이 아니라 내몰림.
'카우보이' 항목을 찾아보라.
➡ (1) 왕상 12:11,14, 대하 10:11 (2) 잠 26:3 (3) 잠 20:30, 사 53:5 (4) 요 2:15,18 (5) (비교. 시 23:2-3).

책: (1) 성경 (2) 심판 (어린양의 생명책) (3) 문자 그대로 책 (4) 말씀 (5) 율법 (6) 그대로 따르다 (7) 계약 (8) 묵상하다 (9) 인생 계획 (10) 한 사람 (마음).
'책장', '도서관', '두루마리' 항목을 찾아보라.
➡ (1) 수 1:8 (2) 계 13:8, 21:27 (3) 눅 4:17 (4) 눅 3:4 (5) 수 1:8 (6-7) 출 24:7 (8) 수 1:8 (9) 시 40:7, 히 10:7 (10) 잠 3:3, 고후 3:3.

책갈피: (1) 계시 (2) 묵상을 위한 구절.
'형광펜', '술 장식' 항목을 찾아보라.
➡ (1-2) 수 1:8.

책상: (1) 사업이나 업무 상황/사안에 대해 말하다 (2) 교육 혹은 배움 (3) 가르침.
➡ (1) 마 9:9 (2-3) 신 6:7, 마 26:55.

책장: (1) 사고방식 (2) 이상, 신념 (3) 머리에 지식만 가득한 교회.
'책' 항목을 찾아보라.
➡ (1-2) 수 1:8, 골 3:2 (3) 고전 8:1-2.

처남: (동서, 매형, 자형, 시동생) (1) 율법적으로 믿는 자 (2) 종교적 전통으로 말씀을 부정하는 사람 (3) 종교적 적대자 (4) 성령의 흐름을 방해하는 길/문화를 강요하는 동료 신자 (5) 세상의 길에서 빠져나온 새 신자들.
'장인/시아버지', '사위' 항목을 찾아보라.

⊃ (1) 갈 2:16,21, 5:10 (2) 마 15:1-3 (3) 마 16:21, 26:57 (4) 갈 2:12-13, 3:3 (5) 행 11:3,18.

처녀: (1) 교회 (2) 순결함 (3) 천국 (4) 결혼하지 않은 (5) 예루살렘 (6) 이스라엘.
⊃ (1-2) 고후 11:2 (3) 마 25:1-12 (4) 고전 7:25,28,34 (5) 사 62:5, 렘 14:17, 애 2:13 (6) 암 5:2.

척추: (1) 담대함 (등뼈) (2) 뜻, 의지 (3) 지배함 혹은 통제권을 가진 (4) (요가와 관련된) 쿤달리니 뱀의 영.
⊃ (1) 행 4:13,29 (2) 삼상 14:9, 시 94:16 (3) 창 37:7 (4) 눅 10:19, 계 9:19 (쿤달리니는 척추 맨 아래 부분에서 돌돌 말고 있는 뱀 모양으로 그려진다).

천: (1) 거듭나야 함 (2) 대충 수습/수선함 (3) 죽음 (천으로 감쌈) (4) 벌거벗음 (베 홑이불/천이 벗겨짐) (5) 내던짐 (더러운 천) (6) 애곡 (베옷).
⊃ (1-2) 마 9:16, 막 2:21 (3) 마 27:59 (4) 막 14:51-52 (5) 사 30:22 (6) 창 37:34.

천(1,000): (1) 계속 증가함/늘어남 (2) 숫자 1,000의 확장 (3) 말 그대로 천(1,000) (4) 날/하루 (5) 발목 (1,000) (6) 무릎 (2,000) (7) 허리 (3,000) (8) 헤엄쳐야 함 (4,000) (9) 계속 커지는 은혜 (5,000).
숫자 1-17의 의미를 사용하여 천 단위의 숫자들을 해석할 수 있다(만[10,000]은 제외). 34,000의 경우, 10과 30 그리고 4라면 기다림의 때가 찬 후에 계속 커지는 지배권/영토를 뜻할 수 있다. 만일 3과 4라면, 계속해서 커지는 지배권/영토의 충만함을 뜻할 수도 있다. 만일 그 숫자가 두 수를 곱하거나 더한 결과라면, 예를 들어 66,000 = 6 × 11 × 1000은 계속 커지는 인류의 해체/붕괴를 뜻할 수 있다. 또, 19,000 = (10 + 9) × 1,000은 영원하고 완전한 심판 혹은 끊임없이 증가하여 완벽하게 풍성한 열매를 맺는 것을 뜻할 수 있다. 어떤 해석이 더 가능성이 큰지 확증하려면 꿈의 상황과 배경을 살피고 성령의 인도하심을 구하라.
⊃ (1) 창 20:16 (계속 커지는 구속/구원), 출 20:6, 34:7 (계속 커지는 자비) (2) 출 32:28 (인간성의 충만함) (4) 시 90:4, 벧후 3:8 (5) 겔 47:3 (6) 겔 47:4 (7) 겔 47:4 (8) 겔 47:5 (9) 마 14:21, 요 6:10.

천둥: (1) 하나님의 음성 (2) 심판 (3) 능력 (4) 힘있는 목소리.
⊃ (1) 욥 37:4-5, 요 12:28-30 (2) 삼상 2:10, 계 6:1이하 (3) 욥 26:14 (4) 계 10:4.

천벌: (1) 지옥 (2) 운이 다한 (3) 저주 받은 (4) 불신자들 (5) 영원한 상실 (6) 심판 (7) 불의를 좋아하고 진리를 부인한 결과.
➔ (1-7) 마 5:22, 10:28, 막 16:16, 살후 2:12 (6) 벧후 2:4.

천사: (1) 하나님의 사자(使者) (2) 수호자 (3) 사역자 (섬기는 자들) (4) 하나님의 임재 (5) 하나님의 종들 (6) (선한) 영들 (7) 추수꾼들 (8) 조력자 (9) 영적 전사들 (10) 예배자들 (11) (천사로 위장한) 친숙의 영 (12) 예수님 (주의 천사).
'깃털', '날개' 항목을 찾아보라.
➔ (1) 단 10:11,14, 눅 2:19-20 (2) 시 91:11, 마 18:10 (3) 마 4:11, 눅 22:43 (4) 눅 9:26, 15:10 (5) 마 13:41 (6) 시 104:4, 마 25:41, 히 1:7,14, 계 12:9 (7) 마 13:39 (8) 히 1:14 (9) 단 10:13 (10) 히 1:6 (11) 삼상 28:7 (12) 출 3:2-5,14.
- 오르락내리락하는 천사들: (1) 열린 하늘 (2) 이 땅에 하나님의 왕국을 세움.
➔ (1) 창 28:12 (2) 마 6:10.

천식: (1) 성령이 계시지 않아 죽음 (2) 영적으로 죽음 (3) 하나님이 필요함.
➔ (1) 욥 33:4, 사 42:5 (2) 시 104:29, 사 42:5 (3) 욥 15:30.

천장: (1) 다스리거나 지배함 (2) 한계, 한도 (3) 덮개/지붕 (4) 권위 (5) 하늘, 천국 (6) 영적 고지들.
'지붕' 항목을 찾아보라.
➔ (1) 신 28:13, 마 25:21, 롬 6:14, 히 13:7 (2) 왕상 6:15 (3) 창 19:8 (킹흠정, 한글킹), 마 8:8-9 (킹흠정, 한글킹), 24:45 (4) 마 8:8-9 (5) 행 10:4, 계 4:1 (천장의 다락방문) (6) 사 57:15, 엡 6:12, 계 21:10.
- 천장에 난 구멍/통로: (1) 육신적인 방법으로 천국 혹은 하나님의 임재 안으로 들어가려 함 (2) 자기 의로 천국에 가려 함.
➔ (1) 눅 16:15, 18:10-14.

천칭: (저울) (1) 심판 (무게를 달아봄) (2) 공평, 공정 (3) 장사, 사업 (4) 정직 (5) 나누어 놓음 (6) 속임수 (7) 거짓 (8) 구매 (9) 깊이 헤아림 (10) 헛됨.
➔ (1) 단 5:27, 계 6:5 (2) 레 19:36, 잠 16:11, 겔 45:10 (3) 사 46:6, 호 12:7 (4) 욥 31:6 (5) 겔 5:1 (6) 호 12:7, 암 8:5, 미 6:11 (7) 잠 11:1, 20:23, 호 12:7 (8) 렘 32:10 (9) 욥 6:2 (10) 시 62:9.

철/쇠: (1) 사람 (2) 강한/힘 (3) 지배, 통치 (4) 사람들의 힘 (5) 심판 (6) 단단한 (7) 완고한/고집 센/완강한 (8) 매인 (9) 장벽 (10) 영원한 (11) 강한 지도력 (12) 압제 (쇠/철 풀무) (13) 일/행위 (14) 이 땅의 것 (땅에서 취한).

➲ (1) 잠 27:17 (2) 수 17:16-18 (철 병거는 사람들의 힘을 상징한다), 삿 1:19, 왕상 22:11, 렘 1:18, 단 2:40 (3) 신 33:25, 수 17:16-18, 삿 4:3, 삼하 12:31 (킹흠정, 종속) (4) 삼하 23:7, 욥 41:7 (우리말, 킹흠정, 한글킹),27, 왕상 22:11, 대하 18:10, 잠 27:17 (5) 신 28:23, 겔 22:20-22, 암 1:3 (6) 욥 19:24, 렘 17:1 (7) 레 26:19, 사 48:4, 렘 6:28 (8) 시 105:18, 149:8, 렘 28:13-14 (9) 레 26:19, 시 107:16, 행 12:10 (10) 렘 1:18 (11) 시 2:9, 계 2:27, 12:5, 18:12, 19:15 (12) 신 4:20, 왕상 8:51 (13) 신 27:5, 수 8:31, 욥 41:27 (14) 욥 28:2.

철거: '집2' 항목을 찾아보라.

철거용 쇠공: (1) 압제, 가혹함 (2) 파괴하다, 부수다 혹은 파괴.
➲ (1) 왕상 12:13-14,19 (2) 고후 10:4.

철길/철로: (1) 특별한 직무 혹은 사역의 길 (2) 강력한 사역의 통로가 되는 수단 (3) 하나님의 계획과 목적 (4) 성령 사역 (철로 없이 기차가 움직이는 경우) (5) 보장된 운명 (철길은 "이탈, 탈선이 없다"는 뜻일 수도 있다).
'난간' 항목을 찾아보라.
➲ (1) 출 18:20, 시 25:4, 사 2:3 (2) 시 143:10, 마 4:1 (3) 사 2:3, 미 4:2 (4) 요 3:8, 롬 8:14 (5) 민 14:8, 왕상 11:38.

철도 건널목: '주차 차단기' 항목을 찾아보라.

철도 승강장: (1) 기다리는/섬기는 곳.
➲ (1) 행 1:4, 롬 12:7.

철물점: (1) 천국 (2) 믿음의 창고 (믿음은 바라는 것들의 실상).
➲ (1) 빌 4:19 (2) 히 11:1.

청소: (1) 고백/자백, 회개 (2) 금식.
➲ (1) 히 6:1, 요일 1:9 (2) 마 6:17.

청소년: (1) 구속/구원 받은 사람 (2) 젊은이.

'십 대', '어린/젊은' 항목을 찾아보라.
➲ (1) 욥 33:23-25, 시 103:3-5.

체로 치다: (1) 심판 (2) 흔들다 (3) 마음을 시험함.
➲ (1) 사 30:27-28, 암 9:9-10 (2-3) 눅 22:31-32.

체중 감량: (1) 죄가 처리됨 (2) 영광/기름부음을 잃어버림 (3) 중요한 것을 상실함.
'기름짐 & 살찜', '저울', '무게' 항목을 찾아보라.
➲ (1) 히 12:1 (2) 고후 4:17 (3) 무게감-사람이나 사물 따위에서 느껴지는 가치나 중요도.

체크: (1) 시험함 (2) 점검함 (3) 확증함 (4) 확실하게 함.
'시험' 항목을 찾아보라
➲ (1-2) 창 22:1,12 (3-4) 잠 22:21, 눅 24:24.

초(촛대): (1) 믿는 자 (2) 성령님 (3) 하나님의 말씀 (4) 교회 (5) 사악함 (꺼진 등불).
'등잔대', '빛', '밀랍' 항목을 찾아보라.
➲ (1) 마 5:14-15 (2) 계 4:5 (3) 시 119:105 (4) 계 1:20 (5) 잠 24:20.

초인종: (1) 기도하며 그리스도와 교제하라는 부르심 (2) 첫사랑을 상실함 (3) 사명, 부르심 (4) 기회 (벨 소리를 들음) (5) 도착 (당신이 종을 울림) (6) 기회를 구함 (당신이 종을 울림) (7) 기대 혹은 고대.
'부르심', '노크' 항목을 찾아보라.
➲ (1) 계 3:20 (2) 마 7:21-23, 계 3:20 (3) 마 20:16 (한글킹, 킹흠정), 22:14 (4) 눅 11:9-13, 행 14:27, 고전 16:9, 고후 2:12 (5) 행 12:13 (6) 고전 16:9, 골 4:3 (7) 마 24:33.

초콜릿: (1) 돈에 굶주린 (2) 쾌락을 갈구하는 (3) 방종 (4) 달콤하게 속이는 말 (5) 입에 맞는, 맛이 좋은 (6) 하나님의 말씀 (7) 사랑으로 하는 말 (8) 감사하는 마음 (감사).
'정크 푸드' 항목을 찾아보라.
➲ (1) 마 6:24, 눅 16:8-9,13 (2-3) 딤후 3:4 (4) 잠 23:1-3,6-8 (5-6) 시 119:103, 141:6 (7-8) 아 2:14, 4:11.

총: (1) 말 (2) 무기 (3) 참소 (4) 위협하는 말 (장전된 총).
'활', '총알' 항목을 찾아보라.
➲ (1-2) 사 54:17 (3-4) 시 22:13.

총을 가진/든/쏘는 사람: (1) 형제들을 참소하는 자 (2) 정죄.
'암살자', '살인 청부업자', '저격수', '총', '소총' 항목을 찾아보라.
➔ (1) 계 12:10 (2) 마 12:37, 요 5:24 (킹흠정, 한글킹), 롬 8:1, 딤전 3:6, 약 3:1–9 (킹흠정, 한글킹), 5:12.

총알: (1) 당신을 대적하는 말 (2) 날카롭게 찌르는 말 (3) 하나님의 말씀 (4) 상처, 부상 (탄피) (5) 마음에 박힌 말씀 (탄피).
➔ (1) 시 64:3, 렘 9:8 (2) 시 45:5 (3) 히 4:12 (4–5) 잠 18:8, 26:22.

촬영: (1) 어떤 문제/사안에 초점을 맞춤 (2) (좋은/나쁜 기억을) 기록함.
'카메라', '영화' 항목을 찾아보라.
➔ (1) 삼하 12:1–7, 마 6:26 (2) 에 1:19.

추수: (1) 영혼을 얻음/구원함 (2) 세상의 끝/영혼의 마지막 수확.
'농장', '밭/들(판)' 항목을 찾아보라.
➔ (1) 요 4:35–42 (2) 마 13:39.

추월: (1) 앞으로 나아가기 위해 필요한 결단 (2) 장애물을 통과하기 위해 필요한 결단 (3) 야망 (4) 자리를 차지하기 위해 경쟁함 (5) 영적으로 무지한 결정 (블라인드 코너+) (6) 인내심이 없음 (기다리지 못함) (7) 권력의 오용 (미성숙) (8) (믿음이 없어) 추측/추정함 (9) 다른 사람들의 기대에 부응하여 움직임 (10) 겸손한 순종이 필요함 (추월당함) (11) 질투를 경계하라 (12) 재앙 곧 심판 (13) 기다려 주지 않음 (14) 지도층이 되고 싶어 함.
'자동차', '기다리다' 항목을 찾아보라.
➔ (1–2) 왕상 12:1–6 (3) 삼하 15:4–6 (4) 마 20:21, 막 9:34 (5) 잠 3:5–6 (6) 창 16:1–4, 삼상 13:5–13 (7) 왕상 12:8–10 (8) 창 16:1–2 (9) 삼상 15:24, 잠 29:25 (10) 삼상 18:7 (11) 눅 15:28–30 (12) 창 19:19 (13) 왕상 18:19–23 (14) 막 9:34.
(+앞이 보이지 않는 코너, 즉 코너에 진입할 때 어떤 장해에 의해 확인되지 않는 코너를 말한다)

추잡한: (1) 악의적인/모독적인 비난, 욕설 (2) 중상모략, 추문 폭로.
➔ (1) 유 1:9–10,13 (2) 스 4:6, 벧후 2:11.

추한: (못생긴) (1) 경건하지 않음 (2) 죄 (3) 성령이 없는 (생명이 없는).
'아름다운' 항목을 찾아보라.

⮕ (1) 삼상 16:13 (2) 사 64:6 (3) 창 41:3.

축구: (1) 모든 사람의 관심을 받는 대상을 뜻할 수도 있다.
'공', '골/득점' 항목을 찾아보라.
⮕ (1) 삼상 9:20.

축구 경기: (1) 경배/전쟁하는 척함 (2) 잘못된 초점, 중심 (3) 우상숭배 (4) 사업을 뜻할 수도 있다 (경쟁하고 이기는 것을 중요하게 여기는 것이 비슷함) (5) 인생, 삶 (6) 영적 전쟁 (7) 사역.
'골/득점', '스포츠', '따내다' 항목을 찾아보라.
⮕ (1–2) 대상 16:31–33, 시 74:4, 96:11–12, 98:7–9 (3) 출 20:3–4 (5) 딤후 4:7 (6–7) '공' 항목을 찾아보라.

축제: (1) 외식하는 교회 (2) 향락적인 교회 (3) 세상 (4) 쾌락.
⮕ (1) 계 3:1 (2) 딤후 3:4–5, 4:3–4 (3) 히 11:25, 약 5:5 (4) 고전 10:7.

출산/출생: (1) 새로운 사역/교회/모험이 시작됨 (2) 뭔가 새로운 일이 시작됨 (3) 기도를 통해 하나님의 약속들을 앞당김 (4) 산고의 중보 (5) 거듭남 (6) 잃어버린 소망이나 약속 (유산됨) (7) 심판 (유산됨) (8) 하나님의 약속을 방해함 (유산됨).
'아기', '제왕 절개', '임신' 항목을 찾아보라.
⮕ (1) 계 12:2,4–5, 요 16:20–21 (2) 렘 31:8, 미 4:10 (3) 왕상 18:1,41–45 (4) 삼상 1:10–18, 롬 8:25–29 (5) 요 3:3 (6–7) 사 47:9 (8) 마 2:16.

춤: (1) 경배/찬양 (2) 기뻐하며 축하함 (3) 성령의 인도하심을 받음 (사교춤을 추는 것처럼) (4) 감각적인/육적인 (5) 짝을 찾음 (6) 긍정적인 변화/해방의 표 (7) 젊은/미성숙함 (8) 영적으로 미성숙한 (9) 변화 (회전) (10) 공연 (11) 또한 당신이 어떤 음악에 맞춰 춤을 추고 있는지 그 의미를 생각해 보라 (12) 연합/사랑.
'돌다/돌리다' 항목을 찾아보라.
⮕ (1) 삼하 6:14–16, 시 149:3, 150:4 (2) 삿 11:34, 삼상 18:6, 시 30:11, 눅 15:25 (3) 요 21:18, 롬 8:14 (4) 출 32:19, 삼상 30:16, 욥 21:11, 마 14:6 (5) 삿 21:21–23 (6) 시 30:11 (비교. 애 5:15, 반대로) (7) 렘 31:13, 욥 21:11 (8) 마 11:16–19 (9) 시 30:11, 렘 31:13, 애 5:15 (10) 마 14:6, 막 6:22 (12) 암 3:3.

충전: '배터리 충전' 항목을 찾아보라.

취한: (1) 성령 충만한 (2) 술 문제 (3) 종교의 영향 아래 있는 (4) 권력 과시, 갑질 (5) 주 안에 있는 형제들을 대적하는 말을 함 (6) 굴욕을 당하는 (7) 재앙, 슬픔/근심, 다툼/분쟁, 불평/원망이 있게 되어 있는 (8) 세상에 열광하는.
➡ (1) 엡 5:18, 행 2:4,15, 고전 12:13 (2) 엡 5:18 (3) 계 17:1-2 (4) "권력에 취한" (5) 렘 46:10 (6) 창 9:21, 애 4:21 (7) 잠 23:29-35 (8) 계 17:2.

측량할 수 없는: (1) 하나님 (2) 하나님의 사랑 (3) 성령님 (4) 수많음 (5) 배가, 증식 (6) 하늘 (7) 복을 줌 (8) 기적 (9) 넘칠 정도로 많음 (10) 영원.
➡ (1) 대하 1:1, **롬 11:33**, 딤전 1:17 (2) 엡 3:18-19 (3) 요 3:34 (4) 렘 3:23 (킹흠정, 한글킹) (5) 호 1:10 (6) 창 49:26, 렘 31:37 (7) 말 3:10 (8) 막 6:51 (킹흠정), 7:37 (킹흠정), 10:26 (매우) (9) 고후 11:23, 12:7, 갈 1:13 (10) 마 25:46.

측정/측량: (재다) (1) 믿음 (2) 하나님 안에서 성장함 (3) 지속 기간 혹은 시간 (예. 날/일 혹은 년) (4) 판단, 결정 (5) 거리 (6) 정확성/정밀도 (7) 심판 (8) 상호주의 (당신이 판단하고 행하는 만큼, 하나님도 당신을 판단하신다) (9) 마음으로 받아들이는/듣는 정도.
'길이', '줄자', '시간', '무게' 항목을 찾아보라.
➡ (1) 롬 12:3 (2) 엡 4:13 (3) 시 39:4 (4) 신 21:2 (5) 수 3:4 (6) 욥 28:25, 사 40:12 (7) 사 65:7, 단 5:27, 마 7:1-2 (8) 눅 6:38 (9) 막 4:24.
- 동일한 측정값/치수: (1) 균형 (2) 조화 (3) 분리/분별함.
➡ (1) 왕상 6:25 (2) 왕상 7:37 (3) 히 4:12.
- 서로 다른 척도/저울추: (1) 도덕적으로 정직하지 않음.
➡ (1) 잠 20:10.
- 정확한 측량/측정: (1) 말씀을 정확하게 분별함 (부지런히 연구함) (2) 정확한 측정값/치수는 장차 있을 사건의 확증일 수도 있다.
➡ (1) 딤후 2:15 (2) 겔 40:20하, 슥 2:1-5.
- 증가분과 감소분: (1) 증가=축복 (2) 감소=심판.
➡ (1-2) 학 2:16-19.

치다: (1) 심판 (2) 죽음.
➡ (1-2) 출 12:7,22, 신 21:4-5, 삼하 12:15, 사 53:4,8.

치마/스커트: '옷자락' 항목을 찾아보라.

치약: (1) 예수님의 보혈 (2) 하나님의 말씀.

'이2', '칫솔' 항목을 찾아보라.
⮕ (1) 요일 1:7 (2) 시 119:9, 요 15:3.

치어리더: (1) (찬양하는) 예배자 (2) 믿는 자 (3) 격려자.
⮕ (1-2) 요 4:23-24 (3) 삼상 18:7, 마 21:8-9.

치위생사: (1) 교회.
'의사-치과 의사', '간호사', '이2' 항목을 찾아보라.
⮕ (1) 아 4:2 & 사 40:11.

치유: (1) 마음을 돌이킴 (2) 십자가를 통해 (3) 실제적인 치유 (4) 우리 안에 이미 임한 하나님의 왕국에 대한 확증 (5) (말씀을 받자마자[꿈을 통해 받을 수도 있음]) 믿음으로 행하라는 요청 (6) 성령 안에서 걸으라고 촉구함 (7) 귀신을 쫓아냄 (8) (주술이나 사이비 종교를 통한) 가짜 치유.
⮕ (1) 마 13:15, 눅 4:18, 요 12:40 (2) 사 53:5 (3-4) 마 4:23, 9:35, 눅 9:2,6,11, 10:9 (5) 마 8:8 (비교. 막 6:4-5, 눅 4:16,22-23) (6) 막 6:13, 눅 4:18, 행 10:38 (7) 눅 8:2,36, 9:42 (8) 살후 2:9.

치즈: (1) 영적 성장 (성숙) (2) 불쾌한/기분이 좋지 않은 말 (치즈는 응고된 우유, 곧 엉긴 젖이다) (3) 안에 구멍이 있는 (스위스 치즈) (4) 실제는 그렇지 않음 (5) 음식 선물 (6) 중립적이거나 어중간한 말 (스위스 치즈).
⮕ (1) 요일 2:13-14, 계 12:11 (2) 욥 10:10 (3) 딤후 4:3-4 (4) 마 15:8, 막 7:6, "치즈" 하며 웃는 것처럼, "가식적인(cheesy) 미소" (5) 삼상 17:18, 삼하 17:29 (6) 계 3:15.

치즈버거: (1) 입맛에 맞는 가르침 (구도자에게 맞춘 메시지) (2) 꾸며낸 이야기 (3) 유치한, 훈련되지 않은 말.
'햄버거' 항목을 찾아보라.
⮕ (1-3) 딤후 4:2-4.

치즈볼: (1) 빈말/무의미한 말.
⮕ (1) 에 3:10, 잠 23:1-3.

치질: (1) 스트레스 (2) 짐/죄를 제거하려 애씀.
⮕ (1-2) 삼상 6:11.

치통: (1) 믿는 자를 해침 (2) 집어삼키는 말 (3) 골치 아픈 메신저.
'이2' 항목을 찾아보라.
➲ (1) 아 4:2, 6:6 (이=양) (2) 잠 30:14 (3) 잠 10:26.

친구: (1) 예수님 (2) 순종하는 제자 (3) 말 그대로 친구 (4) 친밀한 사람.
➲ (1) 잠 18:24, 마 11:19, 눅 12:4, 요 15:13,15 (2) 요 15:14 (3) 욥 19:14 (새번역), 시 41:9.
 - 단짝 친구: (1) 예수 그리스도 (2) 성령님 (3) 측근.
➲ (1) 요 15:15 (2) 요 14:16.

칠면조: (1) 감사 (2) 크리스마스 (3) 부유하고 오만한 (4) 어리석은 (5) 쾌락을 추구하는 자 (6) 잠을 준비를 함 (7) 기름지게 되자 하나님을 버림.
➲ (1) 시 107:22, 116:17 (2) 에 5:4 (3) 잠 30:8-9, 눅 12:19-20, 16:19 (비교. 21 절) (4) 전 9:12 (5) 약 5:5 (살찐) (6) 약 5:5, 렘 12:3 (7) 신 32:15, 잠 27:7.

침낭: (1) 영적으로 눈치채지 못하는 혹은 둔감한 마음 (2) 비그리스도인 (3) 개별적인 순회 사역.
➲ (1) 삿 16:20, 눅 21:34 (2) 요 3:3-5 (3) 눅 9:4, 고후 11:26-27.

침대: (1) (우리의 안식처이신) 하나님 (2) 마음 (하나님이 머무시는 곳) (3) 동의 (침대를 함께 씀) (4) 맞춤, 동조 (2인용[더블] 침대) (5) 쉼 (6) 질병 (7) 친밀함 (8) 게으름 (9) 간음 (10) 잠이 든 (11) 따뜻함 (12) 성적인 문제 (13) 고통 (14) 생각 (15) 묵상 (16) 성령 안에 있는 (물침대) (17) 마음 (18) 유대, 연합 (2층 침대) (19) 위치 (20) 죽음 (21) 미혼 (더블 침대와 대비되는 싱글 침대나 벙커 침대).
'침실', '성2', '시트' 항목을 찾아보라.
➲ (1) 렘 50:6, 마 11:29, 히 4:9-11 (2) 사 66:1, 잠 14:33, 행 7:49 (3) 사 57:8, 계 2:22 (4) 왕상 17:19,21, 왕하 4:34 (8) 잠 26:14 (9) 잠 7:16-18 (10) 눅 11:7 (11) 전 4:11 (12-13) 계 2:21-22 (14) 단 2:29, 4:5, "당신이 머리를 두는 곳" (15) 시 4:4 (16) 단 2:29 (17) 시 4:4, 전 2:23, 호 7:14 (18) 엡 4:16 (19) 렘 35:4 (이 "방들"은 침실임), 군함의 "벙커 침대"처럼 (20) 창 49:33 (임종: death bed) (21) 고전 9:5.
 - 침대맡(머리): (1) 게으른 권위 (2) 영적으로 자고 있는 지도자들.
'협탁' 항목을 찾아보라.
➲ (1) 마 23:4 (2) 마 23:16.
 - 침대 밑: (1) 숨겨진 (2) 비밀 (3) 은폐 (4) 토대.

➲ (1-3) 막 4:21-22 (4) 고전 3:11.

침례: (1) 옛 삶을 무덤에 묻음 (2) 죽음과 부활 (3) 죄에 대한 죽음 (4) 죄악 된 삶의 모습을 장사 지냄.
➲ (1-4) 롬 6:1-11, 골 2:12-13.

침실: (1) 사적인 (2) 친밀함 혹은 연합 (3) (비밀을 털어놓는) 측근 (4) 마음을 나누는 곳. '침대' 항목을 찾아보라.
➲ (1) 마 6:6 (2) 삼하 11:2-4 (3) 막 9:2-9 (이 산은 예수님의 "비밀 장소"였다) (4) 시 4:4, 63:6.

침을 뱉다: (1) 수치 혹은 멸시 (2) 불명예, 치욕 (3) 기름부음 (4) 하나님의 말씀을 사용함 (5) 거절, 배제.
➲ (1) 사 50:6, 마 26:67, 막 14:65 (2) 신 25:9 (3) 요 9:6 (4) 막 7:33, 8:23, 요 9:6 (5) 민 12:14.

침을 흘림: (1) 무엇에 대한 갈망 (2) 억제되지 않는 감정 (3) 예상, 기대 (4) 미침.
➲ (1) 삼하 23:15 (2) 삼상 1:10-13 (3) '파블로프의 개'를 생각해 보라 (4) 삼상 21:13.

칫솔: (1) 하나님의 말씀 (2) 외모에 대한 자부심 (자아상) (3) 자기 계발 (4) 더럽혀진 성경 (더러운 칫솔) (5) (하나님의 말씀을 전달하는 도구로서의) 사역 (6) 하나님의 말씀을 전달하는 수단/방법들 (꿈, 예언 등). '빗', '이2' 항목을 찾아보라.
➲ (1) 아 4:2, 6:6 (이빨=양=믿는 자, 비교. 시 119:9), 요 15:3, 엡 5:26 (하나님의 말씀은 믿는 자들을 정결하게 한다) (2-3) 삼하 14:25-26 (4) 고후 2:17 (킹흠정), 벧후 2:3 (5-6) 시 119:9, 요 15:3, 엡 5:26.

ㅋ

카누: (1) 미개척(초기) 사역 혹은 미성숙한 사람 (2) 육체 ("자아"가 이끄는 우리의 옛 그릇) (3) 자기 힘으로 하는 사역 (카누의 노를 저음) (4) 성령이 함께하시지 않는 사역 (5) 성령의 인도하심을 받는 사람 (흐르는 물에서 노를 젓지 않고 움직이는 카누/카약). '보트', '노를 저음', '물속' 항목을 찾아보라.
➲ (1) 행 19:2 (2) 신 12:8, 삿 21:25 (자기 마음대로 함) (3-5) 슥 4:6.

카드(생일/크리스마스): (1) 예물, 선물 (2) 축하.
⮕ (1) 마 2:11 (2) 마 2:10.

카드놀이: (1) 도박 (2) 허세 부림 (3) 협력 관계 (4) 오락, 여흥 (5) 속임, 기만 (6) 기회 (7) 시간 때우기 (8) 인내 (9) 사람을 가지고 놀면서 손(마음속)에 있는 것을 드러내지 않음 (10) 전부를 말해 주지는 않음 (속을 드러내지 않음).
⮕ (9) 마 19:3, 22:17-18 (10) "모든 패를 보여 주지 말라"처럼, 행 5:8-9.
- 브리지, 커내스터 게임: (브리지는 네 사람이 두 패로 나뉘어 13번 중 몇 트릭에서 이기는가를 예상하여 돈을 거는 게임, 커내스터는 두 벌의 카드로 넷이 하는 놀이) (1) 협력 관계.
- 포커: (1) 도박 (2) 허세 부림 (3) 기회 (4) 속임, 기만.
- 혼자 하는 카드놀이: (페이션스) (1) 시간 때우기 (2) 지루함 (3) 인내가 필요함.
- 휘스트 게임: (보통 네 명이 둘씩 편을 짜고 하는 카드놀이) (1) 여흥, 오락.

카레이서: (1) 경쟁의 영 (2) 방탕한 삶 (3) 야망.
⮕ (1) 잠 14:29 (킹흠정, 한글킹), 딤전 6:5 (2) 잠 19:2, 사 28:16, 행 27:17 (3) 잠 20:21, 28:20, 마 20:21.

카메라: (1) 초점을 맞춤, 집중 (2) 널리 알림 (3) 기억 (4) 명성 (5) 드러남 (세상에 알려짐) (6) 인정받으려 함 (카메라 앞에서 포즈를 취함) (7) 생각/마음 (기억의 장소) (8) 마음 (하나님의 약속의 장소) (9) 성령 안에서 봄.
'카메라맨', '사진' 항목을 찾아보라.
⮕ (1) 행 3:4, 히 12:2 (2) 막 1:45, 5:20, 7:36 (3) 마 26:13, 막 14:9 (4) 마 9:26,31, 14:1 (5) 단 2:19 (6) 마 20:21, 막 10:37 (7) 롬 12:2 (8) 고전 2:9 (9) '창문' 항목을 찾아보라.
- 무비 카메라: (1) 행동을 포착함 (2) 행동할 준비가 된 (3) 역사를 만듦 (4) 과거를 기록으로 남김 (5) 명성 높은 사람이 됨.
⮕ (1-3) 행 2:40-41, 3:6-10, 4:33 (4) 에 6:2 (5) 민 16:2, 겔 23:23.

카메라맨: (1) 선견자 (2) 예언자, 선지자 (3) 개인에게 집중됨.
⮕ (1-2) 민 24:4,16 (3) 삼하 18:24.

카약: '카누' 항목을 찾아보라.

카우보이: (1) 광신자 (2) 떳떳하지 못한/수상쩍은 사업가 (3) 우상숭배 (4) (목자이신)

예수님 (5) "이끌기"보다는 "몰아가는" 목자.
'가축', '말', '채찍' 항목을 찾아보라.
➲ (1) 행 19:14-16 (2) 창 31:7 (3) 출 32:24 (4) 요 10:11 (5) 출 6:1, 민 22:6, 눅 8:29.

카우치: (누울 수 있는 소파) (1) 마음 (안식처, 머무는 곳) (2) 누우려 함 (게으른) (3) 영적으로 기댐 (4) 병든 (5) 위로/편안한 (6) 침대 (7) 어두컴컴한 곳 (8) 유혹 (카우치에 누워 있는 여자).
'안락의자', '소파' 항목을 찾아보라.
➲ (1) 잠 14:33, 마 11:29, 행 2:26 (2) "카우치 포테이토"(일과가 끝나면 소파에 누워 TV나 영화를 즐기는 습관)처럼 (3) 창 49:14 ("꿇어앉은"), 욥 7:13, 38:40 (4) 눅 5:19,24, 행 5:15 (5) 암 6:4, 눅 5:19, 행 5:15 (6) 창 49:4, 암 6:4 (7) 시 6:6.

카펫: (1) 토대, 기초 (2) 깨끗하게 청소됨 (카펫 청소) (3) 감추고/숨기고 있는 문제들 (4) 새로운 마음의/영적 고향으로 이동함 (말아 놓은 카펫) (5) 내면이 변화됨 (새로운 카펫).
'러그', '청소기' 항목을 찾아보라.
➲ (1) 엡 6:11-18 (우리는 진리의 토대 위에 서야 한다) (2) 고전 5:7 (3) 불쾌하거나 부끄러운 일을 감추려 "카펫 밑에 쓸어 넣음(Sweeping under the carpet)" (4-5) 마 9:17, 고후 5:1.

칼1: (단도나 주방용 칼) (1) 말씀 (2) (좋은 쪽 혹은 나쁜 쪽으로) 분열을 일으키는 사람 (3) 육체를 잘라냄 (주머니 칼) (4) 말을 삼가다 (목에 칼을 댐) (5) 위협 (6) 두려움과 협박 (7) 보호 (8) 진리를 분리[분별]함 (버터용 칼) (9) 사람들의 말.
➲ (1) 히 4:12 (2) 삿 19:29, 눅 12:51-53, 히 4:12-13 (3) 수 5:2-3 (4) 잠 23:2 (5-6) 사 54:17 (7) 왕하 11:8 (8) 딤후 2:15 (9) 잠 30:14.
 - 고기 식칼: (1) 하나님의 말씀.
➲ (1) 히 4:12.

칼2: (검, 긴 칼, 무기) (1) 하나님의 말씀 (2) 말 (3) 나눔, 분리 (4) 검으로 살면 검으로 죽는다 (5) 양쪽에 날이 선 (6) 혀 (7) 심판.
'칼1', '혀' 항목을 찾아보라.
➲ (1) 엡 6:17, 히 4:12 (2) 시 55:21, 64:3 (3) 마 10:34-35, 롬 8:35, 히 4:12 (4) 마 26:52, 계 13:10 (5) 계 1:16, 2:12 (6) 계 1:16, 2:16 (7) 대상 21:16, 겔 21:3-5,9-17, 롬 13:1-4, 계 19:15.

- 정글도/벌목도: (날이 넓고 긴 칼) (1) 거친/신랄한 말 (2) 새로운 분야를 개척함.
➔ (1) 행 5:33, 7:54 (2) 마 3:2-3 (비교. 사 40:3, 말 3:1), 히 6:20.

캐디: (1) 지원/지지하는 역할 (2) 성령님.
➔ (1) 삼상 14:6-7 (2) 요 14:26.

캐셔: '점원', '판매원' 항목을 찾아보라.

캠핑카: (또는 카라반, 차에 끌고 다니는 이동식 주택) (1) 임시 거처 (2) 순회 사역 (3) 움직이기 쉬운 (4) 휴일 (5) 계약직.
➔ (1) 고후 5:1, 벧후 1:14 (2-3) 창 13:18, 히 11:9.

캥거루: (1) 점프하다 (2) 뛰어오르다 (3) 권투, 복싱 (4) 오스트레일리아 (5) 주머니 (6) 에너지가 있는 사람 (뛰어다님) (7) 광야에 있는 (8) 경계를 지키지 않는 사람 (울타리를 뛰어넘는 사람) (9) 호주의 교회(들).
➔ (3) 고전 9:26 (6) 왕상 18:44-46 (7) 눅 1:80 (빈 들) (8) 출 20:17, 눅 12:39, 요 10:1 (4,9) 관련성.

커튼: (휘장, 막) (1) 육체의 휘장 (2) 마음 (휘장 너머에 있는) (3) 하늘 (4) 덮개 (5) 끝남 (커튼을 닫음) (6) 죽음.
'베일' 항목을 찾아보라.
➔ (1) 히 10:20 (2) 고후 3:15 (3) 시 104:2, 사 40:22 (5-6) "막을 내리다"처럼.

커피: (1) 얼룩 (흘림/엎지름) (2) 죄 (흘림/엎지름) (3) 자극/격려하는 (4) 교제/친교 혹은 소통 (함께 커피를 마심) (5) 빵은 (가루로 만든) (6) 계시.
➔ (1-2) 출 32:20-21 (3) 딤후 1:6, 벧후 3:1 (4) 롬 14:17, 고전 10:21 (5) 출 32:20, 마 21:44 (6) 눅 8:11.

컬러링 북(색칠 공부): '아동 도서' 항목을 찾아보라.

컴퍼스: (1) 원 혹은 영향력/세력권 (2) 나이테 (동심원).
➔ (1-2) 행 1:8.

컴퓨터: (1) 마음 (CPU) (2) 소통 수단 (3) 프로그램 됨.

'하드 드라이브', '하드웨어', '메인보드', '소프트웨어', '업그레이드' 항목을 찾아보라.
➲ (1) 잠 4:23 (2) 딤후 2:2 (3) 롬 12:2.

컴퓨터 프로그램: (1) 프로그램 된 생각.
➲ (1) 롬 12:2.

컴퓨터 CD: (1) 임파테이션 혹은 가르침 (CD를 돌림) (2) 프로그래밍 (CD를 돌림) (3) 생각을 저장하는 곳.
➲ (1) 딤후 2:2 (2) 잠 22:6 (3) 롬 12:2.

컵/잔: (1) 그릇으로서의 사람 (마음) (2) 축복 (3) 언약 (4) 부활/생명 (5) 하나님의 분노/진노/심판 (비틀거리게 하는 잔으로도 알려져 있음) (6) 구원 혹은 구속 (7) 죽음/세례 (8) 위로 (9) 책임 혹은 사명 (10) 하나님의 뜻 (아버지의 잔) (11) 몫, 분깃.
'접시-큰 접시' 항목을 찾아보라.
➲ (1) 마 23:25-27 (2) 시 23:5, 고전 10:16 (3) 눅 22:20, 고전 11:25 (4) 창 40:9-13,21 (5) 사 51:17,22, 애 4:21, 겔 23:32 (6) 창 44:2,12 (은 = 구속), 시 116:13 (7) 막 10:38-39 (8) 렘 16:7 (9) 마 26:39-42 (10) 눅 22:42, 요 18:11 (11) 시 11:6, 16:5.

케밥: (1) 섞어 먹음 [하나님의 말씀과 세상의 말을 혼합함] (예. 고기, 양파, 고추 등).
➲ (1) 욥 12:11, 히 5:14, 13:9.

케이크: (1) 손수 만든 것 (육신) (2) 하나님의 공급 혹은 부양 (3) 말씀 (4) 하나님과의 교류, 성찬 (특히 마실 것이 포함되어 있는 경우).
'빵' 항목을 찾아보라.
➲ (1) 왕상 17:12-13 (2) 왕상 19:5-8 (3-4) 삼하 6:19 ("떡 한 개", "건포도 떡 한 덩이").
 - **머드/초코 케이크**: (1) 육신의 말을 즐김, 마음대로 함.
➲ (1) 고전 2:4.
 - **치즈케이크**: (1) 유혹.
➲ (1) 창 3:6.

코: (1) 영적인 감각 (2) 영, 성령 (3) 끌려감 (4) 감각이 둔한 (5) 교만 (6) 거치는/거슬리는 것 (코의 연기) (7) 마음이 상한 (8) 상한 영/심령 (부러신 코) (9) 가자없는, 무사비한 (콧대 높은/고집 센) (10) 성령에 무감각하고 교만한 (콧대 높은/고집 센) (11) 가까이하기 어려운 (콧대 높은/고집 센) (12) 영적으로 무감각한 (코가 없음).

⮕ (1) 겔 23:25, 시 45:7-8 (2) 욥 27:3 (3) 왕하 19:28, 사 37:29 (4) 시 115:6 (5-6) 사 65:5 (7) "기분 나쁘게 만들다/콧대를 꺾다(put one's nose out of joint)" (8) 시 51:17 (비교. 창 2:7 & 사 42:5) (9-10) 욥 41:2 (11) 욥 41:2, 시 115:6 (12) 겔 23:25.

코피: (1) 불화, 충돌 (2) 가족의 분노 문제일 가능성이 있음 (3) 손상된 감각.
'피' 항목을 찾아보라.
⮕ (1-2) 잠 30:33.

코끼리: (1) 전능하신 하나님 (2) 탁월한 사람 (그리스도) (3) 능력 있는 사역 (4) 사람들의 주목을 받는 사역 (5) 큰 사역 (6) 강인한 성품 (7) 예언 사역 (8) 요란한/이목을 끄는 성격 (9) 무감각한 (피부가 두꺼운) (10) 큰 문제/쟁점 (11) 중요한 기억 (12) 멋진 미래 (아기 코끼리) (13) 원치 않는 (흰 코끼리) (14) 고압적인.
⮕ (1) 렘 32:17, 계 11:17 (주님은 가장 큰 육지 동물처럼 위대하고 강하신 분이다) (2) 삼상 9:2 (3) 행 19:11, 요일 4:4 (4) 눅 7:28 (5) 요 6:10 (6) 출 11:3, 히 7:4 (7) 렘 6:17, 겔 33:6, 암 3:6-7, 코끼리는 경고의 소리를 내기 위해 코를 사용하며 특별한 청각과 후각을 가지고 있다 (8) 삼상 17:4 (11) 느 4:14.
 - 코끼리 코: (1) 나팔/음성 (2) 성령의 강 (3) 주의 팔 (능력).
⮕ (1) 계 4:1 (2) 요 4:14, 7:38-39 (3) 사 51:9, 62:8.

코딱지: (1) 영적인 일들에 반감 또는 불편함을 느끼는 사람 (2) 또 다른 사람에게 코딱지가 있는 경우라면, 그들이 당신을 실족하게 또는 넘어지게 했을 수도 있다 (3) 잘못된 영 (하나님의 영에 대항함) (4) 악한 영 (5) 부기맨 (아이들에게 겁을 주려고 이야기하는 꼬딱지맨), 귀신/악한 영에 눌린.
⮕ (1) 마 13:57, 요 6:61-63 (2) 마 16:23 (3) 행 7:51 (4) 행 13:8-10.

코뿔소: (1) 하나님 (흰 코뿔소) (2) 아프리카.
'코끼리', '상아' 항목을 찾아보라.
⮕ (1) 시 18:2 (2) 관련성.

코치: (1) 성령님 (2) 예수님 (3) 오중 사역 (4) 멘토.
'목사' 항목을 찾아보라.
⮕ (1) 요 14:26, 요일 2:27 (2) 눅 6:13-16, 9:10 (3) 엡 4:11-12 (4) 출 18:19-22, 딤전 1:18.

코코넛: (1) 순결/거룩함 (속의 하얀 부분).
➲ (1) '흰색' 항목을 찾아보라.

콘돔: (1) 무능/무력한 복음의 증언 (2) 씨(복음 혹은 하나님의 말씀)를 뿌리지 않음 (3) 성적 문란 (4) 음행.
'생식기' 항목을 찾아보라.
➲ (1) 막 14:56, 고전 15:15 (2) 창 38:9 & 눅 8:11 (3-4) 갈 5:19.

콘크리트: (1) 무정한/완악한 (2) 요새 (3) 인간이 만든 바위/돌 (4) 말씀의 기초 (5) 바위처럼 견고한 (6) 도시 (7) 기초, 토대.
'벽돌', '바위/암석', '돌', '벽/담' 항목을 찾아보라.
➲ (1) 삼상 25:37, 욥 41:24, 겔 11:19, 36:26, 슥 7:12, 고후 3:3 (2-3) 나 3:14 (4-5) 눅 6:48 (6) "콘크리트 숲"처럼 (7) 사 28:16.

콜리플라워: (1) 하나님의 영광 (구름 모양).
➲ (1) 대하 5:14.

쾌속정: (1) 사역/사명의 속도를 높임 (2) 강력한 사역 (3) 급속히 혹은 갑자기.
'배2', '속도' 항목을 찾아보라.
➲ (1) 창 41:14, 45:13 (2) 사 5:26-30 (3) 욥 9:26.

쿠션: (1) 위로 (2) 편안한 삶 (3) 둔감해지다/둔감한 (영적으로 자고 있는).
➲ (1) 고후 1:4, 7:4 (2) 눅 16:19 (3) 마 13:13.

쿡 찌르다: (1) 참소 (2) 불쾌함 (3) 권위 (4) 교정, 바로잡아 줌 (5) 행동하게 또는 움직이게 함.
'가리키다' 항목을 찾아보라.
➲ (1-2) 요 19:3 (3) 행 9:5 (4) 전 12:11 (5) 행 12:7.

퀼트: (1) 하나님의 보호를 받는 (2) 덮개 (퀼트 이불) (3) 할머니/어머니의 영향력 (화려한 퀼트) (4) 온기, 따뜻함.
'담요' 항목을 찾아보라.
➲ (1) 시 91:4-6 (2) 삿 4:18, 삼상 19:13, 잠 7:16 (3) 창 24:67 (4) 욥 31:20.

크레인/기중기: (1) 무거운 짐 (2) 짐을 덜거나 짊어짐 (3) 쉽고 편해짐 (4) 능력 있는 구원 사역.
→ (1) 마 23:4, 눅 11:46 (2-3) 마 11:30, 27:32 (4) 시 3:3, 사 49:22, 59:19, 약 4:10.

크롬: (1) 단단한/완고한 (2) 냉담한, 몰인정한 (무정함).
'폭주족' 항목을 찾아보라.
→ (1) 슥 7:12 (2) 마 24:12.

크리스마스: (1) 축하 (2) 선물/은사들 (3) 방종 (4) 회복/부흥 (크리스마스 날).
'산타' 항목을 찾아보라.
→ (1) 눅 2:10-11,13-14,20 (2) 고전 12:1, 9-11 (3) 눅 6:32-33 (4) 눅 2:9-11.

크리스마스트리: (1) 전통적인 사람/교회 (2) 화려한 사역 (3) 세상의 주목을 받는 사역 (크리스마스트리는 크리스마스 때 주목을 받는다) (4) 매력적으로 보이지만 영적인 생명력이 없는 사람이나 사역 (5) 영적 은사들 (6) 축하 (7) 이교 신앙/우상숭배.
→ (1) 골 2:8 (2-3) 마 13:32 (4) 마 23:27-28 (5) 고전 2:12, 12:1,4,7,9-11 (6) 눅 2:10-11,13-14,20 (7) 왕하 16:4, 17:10-11.

크리켓: (1) 귀족의, 고귀한 (2) 협력 관계 (타자 두 명) (3) 당신의 말을 책잡으려 함 (투구) (4) 능력 있는 말 (타격) (5) 영적 전쟁 (타격과 투구가 벌어짐) (6) 역사에 남을 일을 함 (홈런).
'공', '축구 경기', '스포츠', '심판', '따내다' 항목을 찾아보라.
→ (1) 신사의 스포츠로 여겨짐, 또한 "그건 공명정대하지 않아(not cricket)"라는 표현처럼 (2) 신 17:6, 마 18:19-20 (3) 막 12:13 (4) 전 8:4, 눅 4:32 (5) 롬 7:23 (내면: 영과 육의 대결), 고후 10:3, 엡 6:12 (둘째 하늘: 악한 영들을 상대함), 딤전 1:18 (6) 에 8:5,8 (기록되어 있음).
- 크리켓 방망이: (1) 이닝, 회 (당신 차례 혹은 당신이 타석에 설 차례).
'방망이' 항목을 찾아보라.
→ (1) 에 4:14, 엡 1:4.

크림: (1) 가장 좋은, 최고의 (2) 복음.
'아이스크림' 항목을 찾아보라.
→ (1) 히 12:24 (2) 히 5:13 (말씀의 젖 가운데 최고의 것).

크림색: (1) 꾸며낸 거룩 (2) 자기 의.
'흰색', '오프화이트' 항목을 찾아보라.
➲ (1) 레 10:10 & 시 51:7 (2) 사 64:6 (비교. 계 19:8).

큰: (1) 지도자 (키가 큰 사람) (2) 권위 (키가 큰 사람) (3) 투사, 전사 (4) 교만한 혹은 오만한.
'길이', '작은', '짧은', '탑/타워' 항목을 찾아보라.
➲ (1-2) 삼상 9:2 (3) 삼상 17:4 (4) 사 2:12, 렘 48:29.
 - 더 큰: 어떤 것이 원래 크기보다 더 크다면, 다음을 뜻할 수도 있다 (1) 그 영향력이 커지고 있다 (2) 그것이 강해지고 있다 (3) 더 많은 주도권을 쥐고 있다 (4) 교만해지고 있다.
➲ (1) 출 34:24 (2) 출 1:9, 시 119:32 (3) 삼상 9:2 (4) 삼상 15:17.

큰형(큰오빠): (1) 정부 (2) 지도층 (3) 예수님.
➲ (1-2) 삼상 9:2 (3) 히 2:11.

클로버: (1) 운동 혹은 몸 가꾸기 (세 잎 클로버).
'풀2' 항목을 찾아보라.
➲ (1) 시 147:10 (아디다스 로고).

키를 잡다: (1) 제어하고 있는 (2) 이끌다 (3) 하나님이나 성령님(알려진 고귀한 인물)이 키를 잡고 계신 경우가 많다 (4) 우리가 키를 잡고 있는 것은 잘못이나 죄일 수도 있다 (예. 내려놓지 못함) (5) 의문의 사람이 키를 잡고 있다면, 당신이 조종당하거나 끌려다니고 있음을 뜻할 수도 있다.
➲ (1) 왕상 19:19, 요 21:18 (2) 시 23:2-3 (3) 시 5:8, 23:2-3, 31:3, 요 14:6, 21:18 (4) 잠 12:15, 14:12, 16:25, 21:2, 요 21:18 (5) 잠 7:25.

키스: '입맞춤' 항목을 찾아보라.

키위: (1) 하나님에 대한 새로운 열심/열의의 열매 (뉴[New: 새로운]질[zeal: 열정]랜드) (2) 영적인 청소를 경험함.
➲ (1) 시 69:9, 119:139, 사 9:7, 59:17 (2) 요 2:14-17.

킥보드: (1) 어린 그리스도인 (2) 미개척 사역 혹은 미성숙한 사람 (3) 가족 중 가장 어린 사람을 뜻할 수도 있다.

'스쿠터', '인라인/롤러스케이트', '바퀴' 항목을 찾아보라.
⮕ (1) 겔 1:20-21 (2-3) 고전 13:11.

킹코브라: (1) 마귀.
⮕ (1) 엡 6:12 & 계 12:9.

킹콩: (1) (도전적인) 견고한 진 (2) 강한 자 (3) 풍요의 요새 (4) 힘.
'원숭이' 항목을 찾아보라.
⮕ (1) 삼상 17:4,23-25 (2) 마 12:29 (3) 왕상 10:22, 대하 9:21.

ㅌ

타깃: (1) 약한 곳.
'골/득점' 항목을 찾아보라.
⮕ (1) 왕하 6:9.

타는 소리: (1) 뜨거운 불 (2) 어리석은 자의 조소.
⮕ (1-2) 전 7:6.

타로 카드: (1) 친숙한 영들 (부리는 영) (2) (잘못된 방식으로) 소망을 구함 (3) 속임 (4) 불확실성에 가려진 (5) 운명 혹은 해답에 대한 갈망 (6) 답을 얻기 위해 하나님을 앞질러 감.
⮕ (1) 삼상 28:8, 행 16:16 (2) 대상 10:13-14 (5) 삼상 28:7 (6) 미 5:12.

타르: (역청) (1) 속죄 (2) 가라앉지 않게 보호함 (3) 심판 (4) 사람들의 수고/행위.
'벽돌', '소금' 항목을 찾아보라.
⮕ (1) 창 6:14 ('역청'에 해당하는 히브리어 '카파르'에는 "속죄하다"의 뜻도 있다) (2) 출 2:3 (3) 창 14:10, 사 34:9 (4) 창 11:3.

타이어: (1) 타이어의 고무가 노면에 닿음. 따라서 우리의 믿음이 역사하는 곳 (2) 타이어 종류가 사역의 특성을 암시할 수도 있다 (예. 두툼한 오프로드 타이어는 전통에 매이지 않는 강력한 사역을 뜻할 수 있다) (3) 타이어를 달거나 정비하는 것은 사역을 준비하는 것일 수 있다 (4) 타이어에서 끼익 소리가 나는 것은 다음을 암시할 수도 있다 (a) 서두름, 급함 (b) 힘있는, 능력 있는 (c) 미성숙함 (d) 관심 받고 싶어 함.

'자동차', 사륜구동, '바퀴' 항목을 찾아보라.
⮕ (1) 마 7:21, 눅 11:2 (킹흠정, 한글킹), 빌 2:12 (순종) (2) 시 18:33 (3) 엡 6:15 (4a) 출 14:9 (4b) 왕상 18:46 (4c) 잠 20:29 (4d) 잠 25:27, 렘 9:23-24.
- 마모된 타이어: (1) 안전하지 않은 사역 (2) 녹초가 된 (영적으로 지친) (3) 부주의한 사역.
⮕ (1) 딤전 1:19-20, 벧후 2:14-15 (2) 출 18:18 (권한 등을 위임하지 않음) (3) 시 73:2.
- 펑크난 타이어: (1) 영적으로 침체된 (앞으로 전진하지 못함).
⮕ (1) 욥 27:3, 33:4, 요 3:8.

타일/기와: (1) 기초로서의 마음 (바닥 타일) (2) 마음 (욕실 타일).
'디딤돌' 항목을 찾아보라.
⮕ (1) 마 7:25, 눅 6:48 (2) 전 12:6-7.

타조: (1) 지혜와 총명이 없는.
⮕ (1) 욥 39:13-17.

탁구: '테니스/테니스장' 항목을 찾아보라.

탄산음료: (1) (솟아나는 샘물이신) 성령님 (2) 영적인 통찰력을 얻음.
'기포' 항목을 찾아보라.
⮕ (1) 요 4:14 (2) 잠 16:22.

탑/타워: (1) 사람들이 자기 이름을 떨치려 함 (2) 교만 (3) 그리스도 (4) 교회/하나님의 왕국 (5) 구원 (6) 피난처 (7) 안전함/피난처/방어 시설 (8) 망대, 망루 (선지자의 기도처) (9) 파수꾼 (선지자)의 자리 (10) 심판 (망대가 무너짐) (11) 영적으로 강한 사람 (12) 예루살렘 (시온).
'벽돌', '큰', '토네이도' 항목을 찾아보라.
⮕ (1) 창 11:4 (2) 겔 30:6, 사 3:16 (3) 시 18:2 (킹흠정, 한글킹), 144:1-2, 잠 18:10, 사 5:2 (4) 눅 14:26-33 (5) 삼하 22:51 (킹흠정, 한글킹), 시 18:2 (킹흠정, 한글킹) (6) 삼하 22:3 (7) 삿 8:9,17, 9:46,49,51-53, 대하 14:7, 26:9-10,15, 시 61:3 (8) 왕하 5:24-26 (한글킹), 합 2:1 (새번역 외) (9) 왕하 17:9, 18:8, 대하 20:24 (10) 사 30:25, 눅 13:4 (11) 렘 6:27 (12) 미 4:8, 마 21:33, 막 12:1.

태풍의 눈: (1) 문제의 핵심 (중심에 있는 것이 폭풍의 원인임) (2) 보호받는 (3) 하나님과의 화목.

⊃ (1) 잠 4:23, 요 6:70, 13:21 (2) 사 43:2, 막 4:39 (3) 시 46:10, 사 43:2.

태피스트리: (색색의 실로 수놓은 벽걸이나 장식용 비단) '직물' 항목을 찾아보라.

택시: (1) 돈에 이끌림 (2) 돈에 좌우되는 사역이나 사람 (삯꾼) (3) 당신이 가고 있는 그 길 때문에 대가를 치르고 있음 (당신이 승객임) (4) 당신의 운명/사명을 이룰 사업 기회 (당신이 운전자임).
⊃ (1) 요 12:5-6 (2) 요 10:12-13 (3) 마 16:26 (4) 마 26:15.

탯줄: (1) 혼의 묶임.
⊃ (1) 창 44:30.

탱크: (전차) (1) 능력 있는/강력한 사역 (2) 영향력 있는 사역 (3) 능력 있는 축사 사역 (원수의 요새를 박살냄) (4) 영적 전쟁 (5) 무게(권위/권능) 있는 말.
⊃ (1-2) 삼상 2:10, 신 20:1, 욜 2:5, 나 2:3 (3) 마 17:18 (4) 엡 6:11 (5) 전 8:4, 눅 4:32.

터널: (1) 통로, 통하는 길 (2) 전환점, 과도기 (3) 입구 혹은 출구 (4) 당신의 마음의 문 (5) 빛으로 나아가는 길 (터널 끝에 빛이 보이는 것처럼) (6) 당신의 내면에서 벌어지고 있는 일 (7) 목구멍 (8) 어둠의 시간을 통과하고 있음 (9) 불확실성.
'동굴' 항목을 찾아보라.
⊃ (1) 삼하 5:8 (2) 출 14:22, 민 22:24 (3-4) 삼하 5:8, 겔 8:8 (5) 시 56:13, 사 9:2, 마 4:16 (6) 벧전 3:4 (7) 시 5:9 (8-9) 마 4:16, 막 15:33.

터지다: (1) 구원받지 않은 이들에게 성령의 일들을 주입하려 함 (2) 아직은 받은 진리를 감당할 역량이 되지 않는 (3) 성령의 흐름을 멈출 수 없는.
⊃ (1) 막 2:22, 눅 5:37 (2) 요 16:12 (3) 렘 20:9.

터뜨림: (1) 돌파하다/터뜨리고 나오다 (2) 부러뜨림, 균열 (3) 깨뜨림, 파기 (4) 영적인 공백, 틈 (5) 수리가 필요함 (6) 상처 (7) 무너진 담 (8) 터진 구멍.
⊃ (1) 창 38:29, 삼하 5:20, 6:8 (2) 레 24:20 (3) 민 14:34 (킹흠정, 한글킹) (4) 삿 21:15, 왕상 11:27, 시 106:23 (새번역), 잠 15:4 (킹흠정, 한글킹), 사 22:9 (5) 왕하 12:5-7, 22:5, 사 58:12 (6) 욥 16:14, 사 30:26, 렘 14:17, 애 2:13 (새번역, 우리말) (7) 사 30:13, 겔 26:10 (8) 암 6:11.

턱: (1) 입 (2) 말 (3) 탐욕 (턱뼈) (4) 악의적인 말로 공격함 (어금니).
'상어' 항목을 찾아보라.
➲ (1) 삿 15:16-19 (본문은 그리스도의 승리와 성령을 부어주심을 예표한다) (3) 욥 29:17 (4) 잠 30:14 (새번역, 우리말).

턱시도: (1) 특별한 경우/상황 (2) 존귀한 자리, 위치 (3) 혼인 잔치를 위해 준비된 (4) 죄에서 정결케 됨.
➲ (1) 창 41:14 (2) 눅 15:22 (3) 마 22:11-12, 계 19:9 (4) 슥 3:4.

털이 많은: (1) 육신적인 사람 (털이 많은 팔, 다리 등).
'다리-털이 많은 다리' 항목을 찾아보라.
➲ (1) 창 25:25 & 롬 9:13.

테니스/테니스장: (1) 말다툼 (2) 영적 전쟁.
'공' 항목을 찾아보라.
➲ (1-2) 마 4:1-10.

테러: (1) 마귀의 간계.
'테러리스트' 항목을 찾아보라.
➲ (1) 요 10:10, 고후 2:11.

테러리스트: (1) 마귀의 자녀들 (2) 복음을 왜곡/곡해하는 사람 (3) 거짓 신자들 (4) 어둠 속에서 음모를 꾸밈 (5) 기습 공격이 임박함.
'테러' 항목을 찾아보라.
➲ (1-3) 요 8:44, 행 13:10, 요일 3:10 (4) 잠 6:14 (5) 삼상 30:3.

테마파크: (1) 믿는 자의 삶을 상징함 (2) 개인의 삶의 상황 혹은 사건 (3) 유흥 (4) 흥분, 들뜸 (5) 하나님의 왕국.
➲ (1) 신 32:13, 계 20:12 (2) 고후 11:26 (3) 출 32:6, 눅 8:14, 딤후 3:4 (4) 시 68:4 (5) 막 10:14.

텐트/천막: (장막) (1) 사람의 몸 (2) 임시 교회 (3) (하늘의 집에 대비되는) 땅의 처소/거처.
➲ (1) 벧후 1:13-14 (2) 출 33:7-8, 민 10:11-12 (성막) (3) 히 11:9-10 (비교. 요 14:2).
  - 대형 천막: (1) 축하/파티 (2) 임시 거처.

⮕ (1) 왕상 8:66, 대하 7:10 (2) 대상 21:29, 행 7:44.

텔레비전: (1) 비전/운명 (2) 메시지 (3) 뉴스, 소식 (미디어의 좋은 혹은 나쁜 헤드라인/주요 기사) (4) 수용의 은사 (선지자) (5) 환상과 꿈을 받음 (6) 우상/우상숭배 (7) 하나님께 맞춤/하나님을 찾고 구함 (8) 사고"방식"/사고의 "틀" (9) 세상을 받아들임 (10) 세상을 바라봄/의지함.
'라디오', '스테레오' 항목을 찾아보라.
⮕ (1) 민 24:4, 단 4:13 (2) 민 12:6 (3) 삼하 18:26, 왕상 14:6, 마 4:23-24 (4-5) 민 12:6 (6) 단 3:5, 계 16:2 (7) 민 23:3 (8) 당신이 보고 있는 것이기에 (9-10) 사 31:1 (애굽은 세상이다), 요일 2:16.

텔레비전 앞에서 잠이 듦: (1) 깨어 있지 않음 혹은 기도하지 않음 (2) 영적으로 둔감한 (3) 우상숭배로 인해 둔해짐 (4) 삶 가운데 우상을 숭배하고 있음을 알지 못함.
'자다' 항목을 찾아보라.
⮕ (1-2) 사 56:10-11 (3-4) 마 13:15.

토끼: (1) 불신자 (2) 죄 (3) 더러운 영 (4) 증가, 번식 (5) 정욕의 영 (6) (농부들에게 해를 끼치는) 역병.
⮕ (1-2) 레 11:6, 신 14:7 (부정함, 하나님의 말씀을 분별하지 못함) (5) 삼하 13:14 (엄청난 번식력을 자랑하는 토끼처럼) (6) 마 13:19.

토네이도: (1) 마귀 (2) 죄에 대한 심판 (3) 멈출 수 없는 (4) 시련과 재난 (5) 죽음의 영.
'폭풍', '모래 폭풍', '소용돌이', '회오리바람', '바람' 항목을 찾아보라.
⮕ (1) 요 10:10 (2) 렘 30:23, 슥 9:14 (3) 단 11:40 (4) 행 27:4 (5) 시 103:15-16, 잠 10:25, 슥 7:14.

토박이: (1) 특정한 환경에서 나고 자란 사람들 (2) 영적으로 인식하고 있는 (예. 환경적으로 인식하고 있는).
'이방인', '원주민', '외국/타지에서 온', '외국인' 항목을 찾아보라.
⮕ (1) 창 13:7 (2) 왕하 6:16-17.

토성: (1) 경건한 사람 (고리가 있는 여섯 번째 행성: 후광이 있는 사람).
'후광', '무지개', '반지', '여섯(6)' 항목을 찾아보라.

토스트: (구운 빵) (1) 분노하며 말함 (2) 말을 듣고 화를 냄 (3) 자주 구운 빵/토스트를 먹는다면, '빵' 항목을 찾아보라.
⇨ (1) 삼상 17:28, 겔 5:13 (2) 삿 9:30, 느 5:6, 잠 15:1.

토양: (1) 마음 혹은 마음들.
'땅1' 항목을 찾아보라.
⇨ (1) 마 13:19, 막 4:15, 눅 8:15.

토요일: (1) 일곱[7] (2) 안식.
'낮/날', '여섯(6)'[세상에서는 토요일을 한 주의 여섯 번째 날로 여긴다] 항목을 찾아보라.
⇨ (1-2) 창 2:2.

토하다: (1) 다시 타락한/신앙을 버린 어리석은 사람 (2) 축출 혹은 정화함 (3) 공허한/헛된 약속 (4) 탐욕 (5) 도덕적으로 혹은 영적으로 타락함 (6) 포도주로 인해 죄를 범함 (7) 뱉어내게 함 (8) 자멸 (구토물에 덮인) (9) 미지근함 (하나님이 뱉어 버리심) (10) 어떤 대상 혹은 사람에 대한 거절 (11) 부흥 혹은 부활.
'트림', '취한', '깨끗하게 하다' 항목을 찾아보라.
⇨ (1) 잠 26:11, 벧후 2:22 (2) 레 18:25 (3) 잠 23:6-8 (4) 잠 25:16 (5) 사 19:14, 렘 48:26 (6) 사 28:7-8 (7) 욘 2:10 (9-10) 계 3:16 (11) 욘 2:10-3:1.

톱니바퀴: (1) 마음.
⇨ (1) 모든 활동 및 기능의 중심.

통나무: (1) 불완전함 (흠/잘못, 실수 혹은 죄) (2) 육신 (3) 불의한 사람 (눕혀져 있는 통나무들).
⇨ (1) 마 7:3-4 (2) 고전 3:12-15 (3) 시 1:3 & 51:10 (정직한=바로 선).

툇마루: (1) 덮개 (2) 숨겨진 (3) 보호받는.
'현관' 항목을 찾아보라.
⇨ (1-2) 마 26:71-72, 창 19:8 (3) 창 19:8.

투구: (1) 구원 (2) 소망 (3) 생각/마음을 보호하라 (4) 자중하라 (교만을 경계하라) (5) 영적 전쟁.

'모자', '헬멧' 항목을 찾아보라.
- (1) 사 59:17, 엡 6:17 (2) 살전 5:8 (3) 고후 10:5, 벧전 1:13 (4) 롬 12:16 (5) 고후 10:3-5, 엡 6:11.

투명한: (1) 생명의 강 (물) (2) 하나님의 영광 (빛) (3) 성령 (4) 보좌 앞에 있는 유리 바다 (5) 정직한, 열린 (사람의 마음을 드러냄).
- (1) 계 22:1 (2) 계 21:11 (3) 겔 1:22 (4) 계 4:6 (5) 요 1:47, 행 1:24.

투자: (1) 하나님의 왕국에 심음/추수.
- (1) 잠 31:16.

투표: (1) 누가 당신을 인도할지 결정함 (2) 마음에 있는 것을 행동으로 옮기라고 촉구함.
- (1-2) 수 24:15.

트랙터: (1) 능력 있는, 강력한 (2) 힘 (소는 힘센 종과 같다) (3) 수확량을 배가시키는 능력 있는 사람 (소망을 가지고 밭을 감) (4) 능력 있는 사역/사역자 (5) 잠재 수입 혹은 경제력 (6) 추수를 준비함 (7) 수확물을 얻음 (8) 사업적 이익/평계 (9) 우상 (10) 하나님의 왕국에 심는 사업 (11) 새로운 땅을 기경함.
- (1-2) 시 144:14, 잠 14:4 (3) 고전 9:9-10 (4) 고전 9:9, 딤전 5:17-18 (5) 욥 24:3 & 신 24:6 (소는 누군가에게 돈을 벌거나 생계를 유지할 잠재적 힘이다) (6) 왕상 19:19 (7) 룻 2:3 (8) 눅 14:19, 요 2:14 (9) 시 106:19-20 (10) 왕상 10:2, 삼상 25:18, 행 16:14-15 (11) 호 10:12.

트램펄린: (1) 성령 안에 있는 (2) 성령 안에서 날아오름.
- (1-2) 사 40:31.

트럭: (1) 강력한 사역 (2) 큰 사역 (3) 구원/축사 사역 (4) 지도력 (5) 사업 (화물 트럭) (6) 위협 (크기: 트럭 대 자동차)
'자동차', '불도저', '땅 고르는 기계' 항목을 찾아보라.
- (1) 왕상 10:2, 삼상 14:6,22, 행 4:33, 6:8 (2) 고후 11:28 (3) 슥 3:9, 죄와 허물을 제거함 (4) 행 13:43 (5) 왕상 10:15 (6) 삼상 17:4-11, 사 37:10-11.

트럼프 카드: (카드 한 벌) (1) 얄팍한, 무너지기 쉬운.

트레일러: (1) 짐 (당신이 운반하고 있는 추가 수화물) (2) 뒤에 있는 물건/사람 (3) 따르는 자들/추종자들 (4) 가족, 회중 혹은 무리/집단을 뜻할 수도 있다 (5) 지도력이 없는 (트레일러를 끄는 자동차가 없음) (6) 견인하고 있는 차량의 영향력 아래에 있는.
➡ (1) 사 46:1, 마 11:28 (2) '견인' 항목을 찾아보라 (3-4) 마 8:19,23, 10:38 (5) 마 9:36, 벧전 2:25 (6) 벧후 2:19.

트렌치코트: (1) 틀에 갇힌 사람 (2) (참호 속에 있는) 요새, 견고한 진 (3) 의기소침/우울의 요새.
'겉옷' 항목을 찾아보라.
➡ (1) 시 40:2, 69:2 (2) 대하 11:11, 시 89:40, 고후 10:4-5 (3) 시 43:5, 갈 5:1.

트렐리스: (덩굴나무가 타고 올라가도록 만든 격자 구조물) (1) 지지해 주는 틀 (2) 하나님의 말씀 (3) 하나님.
'발판' 항목을 찾아보라.
➡ (1) 요 15:5 & 살전 5:14 (2) 욥 4:4, 시 119:28 (3) 사 40:31 ('앙망하다'에 해당하는 히브리어 '카와'에는 "휘감다, 엉겨붙다"의 의미가 포함되어 있다).

트로피: (1) 승리 (2) 교만 (3) 오만, 허영 (4) 빈 무덤 (승리하신 그리스도) (5) 하늘의 상급.
➡ (1) 삼상 17:54 (2) 삼상 15:8,17, 잠 20:29 (3) 잠 25:27, 렘 9:23-24, 마 6:2, 롬 1:23, 고전 3:21, 고후 12:6, 살전 2:6, 벧전 1:24 (4) 고전 15:57 (5) 눅 6:23.

트릭: (1) 속임 (2) 조롱 혹은 우롱 (3) 허영 (이목을 끌기 위해 속임수를 사용함) (4) 성령의 은사로 행함 (5) 시험 (6) 가짜 표적과 기사.
➡ (1) 잠 10:23, 14:8, 갈 3:1 (2) 갈 6:7-8 (3) 잠 25:27, 27:2 (4) 행 10:44-45, 히 2:4 (5) 막 12:13 (6) 출 7:11-12, 행 8:9.

트림: (1) 악행, 죄 (2) 하나님이 말씀하신 것을 완전히 이해(소화)하기 전에 앞으로 나아감 (너무 급하게 먹음) (3) 나쁜 의도로 하는 말들을 받아들임 (탄산음료에는 이산화탄소가 가득하다) (4) 과거 이야기를 꺼냄.
'숨결'과 '토하다' 항목을 찾아보라.
➡ (1) 시 73:15, 잠 18:19 (2) 수 1:8 (3) 잠 14:15, 23:1-3 (4) 전 3:15.

틈: (1) 하늘과 땅을 연결함 (2) 중보 사역 (3) 예수 그리스도 (4) 기회 (5) 메워야 할 구멍 (6) 놓치고 있는/부족한 것 (7) 믿음의 걸음, 도약 혹은 믿음으로 서는 것.

⇨ (1-2) 겔 22:30, 눅 16:26, 히 7:25 (3) 요 1:51 (비교. 창 28:12,17), 히 7:25 (4-6) 겔 22:30 (7) 마 14:28-29.

티백: (1) 치유.
⇨ (1) 계 22:2.

티슈: (1) 애통 혹은 비통 (2) 정결케 함 (3) 회개.
⇨ (1) 마 5:4 (2) 민 8:7, 계 19:14 (3) 마 5:4, 고후 7:9-10.

티켓: (표) (1) 당신의 사역의 부르심 (2) 구원 (3) 들어갈 권세 (4) 하나님의 약속(왕국) 안으로 들어감 (5) 성령님 (6) 당신이 믿는 것 (7) 어떤 대상에 마음을 터놓음.
'사다', '줄' 항목을 찾아보라.
⇨ (1) 마 10:1, 눅 6:13 (2) 창 7:13 (3) 민 14:24 (4) 요 3:5 (5) 고후 1:22 (들어감/가입이 보장됨), 롬 8:16 (6-7) 잠 18:17.

팀: (1) 가족 (2) 교회 (3) 사업 (4) 그리스도인 (제자) (5) 영적인 저항/방해.
⇨ (1) 엡 5:22-27 (2) 엡 4:16 (3) 느 4:6 (4) 막 9:40, 롬 8:31 (5) 엡 6:12.

ㅍ

파도: (1) 강력하고 감동적인 말씀 혹은 위엄찬 목소리 (2) 성령의 부어짐 (큰 파도) (3) 반대, 저항 (4) 두 마음을 품은 그리스도인 (5) 마음의 변화 (쉽게 변하는) (6) 원망하는 자, 불평하는 자, 조롱하는 자 (7) 시험 (8) 환경 (9) 죽음 (10) 교만 (11) 거짓의/위험한 영 (큰 파도) (12) 혼란한 마음.
'해변', '깊은/깊음', '물' 항목을 찾아보라.
⇨ (1) 시 65:7, 42:7, 51:15, 93:3-4, 렘 51:42,55, 욘 2:3 (비교. 창 7:17 & 요 12:48) (2) 사 59:19 (원수가 올 때, 주님의 영이 홍수처럼 그를 대적하여 깃발을 드실 것이다) (3) 마 14:24 (4-5) 약 1:6-8 (6) 유 1:13,16 (7) 마 8:24, 막 4:37 (8) 마 14:24 (9) 삼하 22:5 (10) 욥 38:11 (11) 왕상 22:22, 미 2:11 (12) 물이 휘저어진 것처럼, 시 42:7, 잠 20:5, 애 2:19.
 - 밀려오는 파도: (1) 성령의 파도 (2) 성령의 흐름.
⇨ (1-2) 왕상 18:12, 사 44:3, 사 59:19, 막 1:8, 행 2:17.

파도타기/서핑: (1) 성령이 흘러감 (서서 파도를 탐) (2) 부정적으로 웹서핑을 함 (서지 못하고 엎드려 있는 서퍼).
'파도' 항목을 찾아보라.
➲ (1) 행 11:28, 계 11:11 (2) 시 51:10 (킹흠정, 한글킹).
 - 서핑하는 사람: (1) 선지자 (성령의 파도를 기다림) (2) 예배 인도자 (기름부음을 탐) (3) 성령 안에서 행함 (은사를 발휘함).
'파도' 항목을 찾아보라.
➲ (1) 사 40:31, 합 2:1-2 (2) 삼상 10:5-6, 마 14:29-30 (3) 롬 5:15.

파란(푸른)색: (1) 하늘/천국 같은 (2) 영/영적인 (3) 왕족 (왕) (4) 예수님 (5) 성령님 (짙은 푸른색) (6) 사람의 영 (하늘색) (7) (천국의 실재인) 치유 (8) 완전한 (9) 하나님의 왕국을 먼저 구하는 것을 생각나게 함 (파란색을 보는 경우).
➲ (1-2) 출 28:31, 36:8,35, 39:1, 민 4:7, 15:38 (3-4) 에 8:15 (5) 요 1:32 (6) 계 1:6, 5:10 (7-9) (비교. 출 39:24, 민 15:38-39 & 마 9:20-21).

파리: 바알세불은 "파리들의 주인"이라는 뜻이며 마귀를 지칭한다. 따라서 파리들은 다음을 뜻한다 (1) 악한 영들 (2) 사탄 (3) 귀신들의 가르침 (음료 안에 든 파리).
'뿌리는 모기약', '개구리', '악취' 항목을 찾아보라.
➲ (1-2) 출 8:21-31, 마 12:24 (2) 마 12:24 & 고전 10:21.

파리지옥: (1) 악한 영들을 다스리는 권위/권세 (2) 영적 전쟁 (3) 무당/마녀 (귀신들과 함께함).
'파리', '뿌리는 모기약' 항목을 찾아보라.
➲ (1) 눅 10:19 (2) 마 16:19, 18:18 (3) 고전 10:21.

파멸: (1) 교만 (2) 아첨하는 입 (3) 거듭나야 함 (4) 불순종하는 마음 (말씀을 행하지 않음) (5) 죄악, 불법 (6) 심판.
'집?-무너진 집' 항목을 찾아보라.
➲ (1) 잠 16:18, 겔 31:9-13, 렘 50:32, 호 5:5 (한글킹), 딤전 3:6 (2) 잠 26:28 (3) 행 15:16, 암 9:11, 창 12:8 & 13:3 ('아이'는 "폐허 더미", '벧엘'은 "하나님의 집"이란 뜻이다) (4) 눅 6:44-49 (5) 겔 18:30 (공동번역, 킹흠정, 한글킹) (6) 사 23:13, 25:2.

파이: (1) (직접 만든/한) 일/작업, 행위 (2) 당신이 원하는 것 (3) 마음속에 있는 것 (4) 쓸데없는 참견 혹은 참견하기 좋아하는 사람 (5) (좋은 혹은 나쁜) 마음.
'굽다', '제빵사', '오븐/화덕' 항목을 찾아보라.

➲ (1) 창 40:16-17 (2) 일이나 이익과 관련하여 "한 몫(a piece of the action)"을 원한다는 표현처럼 (3) 호 7:6 (4) "쓸데없이 참견하다(have a finger in the pie)"처럼 (5) 고후 4:7 (본문에 내포된 내용처럼).

파이톤: (거대한 비단뱀) (1) 점을 침 (2) 점치는 영 (친숙의 영) (3) 사람들의 뜻을 충족시키며 앞일을 예견하는 영 (4) 압박을 가하면서 영적인 생명을 착취하는 영.
'뱀' 항목을 찾아보라.
➲ (1-2) 삼상 15:23 (거역에 해당하는 히브리어 '메리'의 철자는 "점치는 것"을 암시한다), 행 16:16 (3) 마 16:21-23 (4) 살전 5:19.

파일럿: '비행기 조종사' 항목을 찾아보라.

파자마: (1) 준비되지 않은 (2) 영적으로 의식하지 못한 (3) 근무 중에 잠을 잠.
'가운', '자다' 항목을 찾아보라.
➲ (1-3) 마 26:40-41, 눅 12:35-38.

파티: (1) 부흥, 회복 (2) 기념/축하 행사 (3) 세상.
'연회', '생일' 항목을 찾아보라.
➲ (1-2) 눅 15:23-24 (3) 갈 5:21, 벧전 4:3.
 - 밤샘 파티: (레이브/광란의 파티) (1) 가짜 부흥/회복.
➲ (1) 고전 4:20 (능력 없는 말), 살후 2:9, 딤후 3:5.

파편: (나무나 돌의) (1) 당신의 육신에 들어와 자극하고 건드리는 것 (2) 당신을 괴롭게 하는 육신적인 그리스도인.
➲ (1) 욥 2:7, 3:1 (2) 창 13:11, 마15:23.

판매: (1) (선한 혹은 악한) 누군가의 운명에 투자함 (2) 영혼을 얻음 (3) 믿음으로 행함 (4) 구속 (중고품 구입) (5) 충성된 섬김 (6) 사역을 위한 준비.
'사다' 항목을 찾아보라.
➲ (1) 행 1:18 (2) 행 20:28, 고전 6:20, 7:23, 엡 1:14 (3) (비교. 행 8:20 & 행 20:28) (4) 엡 1:14 (우리말, 킹흠정, 한글킹) (5) 딤전 3:13 (6) 마 25:9-10, 계 3:18.

판매원: (영업 직원) (1) 마귀 (2) 부당 이득자 (3) 설교자.
'사다', '판매', '점원' 항목을 찾아보라.

➲ (1) 창 3:1–6 (2) 요 2:14–16, 계 18:3 (3) 행 8:12, 롬 10:14 ("사는 것"과 "믿는 것"에는 유사성이 있다. "안 믿어![Not buying it]처럼").

팔: (1) 그리스도 (2) 하나님 (3) 사역의 조력자 (4) 교회 지체 (5) 상한 팔은 일에 지장이 있는 것을 암시한다 (6) 도울 수 없음 (묶인 팔) (7) 힘 혹은 영향력 (8) 하나님의 심판 (부러진 팔). '왼쪽', '오른쪽', '팔다리', '다리2' 항목을 찾아보라.
➲ (1) 사 40:10, 59:16, 63:5 (2) 렘 32:17–18 (3) "내 오른팔 같은 사람", 마 5:30 (4) 고전 12:14–15 (5) 사 44:12 (6) 단 6:14–16 (7–8) 시 18:34, 겔 30:21, 슥 11:17.

팔다리: (1) 지체 (2) 죄(육신)의 도구/무기 혹은 의(성령)의 도구/무기 (3) 그리스도의 몸(교회) (4) 영적 힘을 상실함 (사지가 절단됨) (5) 육신을 못박음 (자신의 수족을 자름). '팔', '다리2' 항목을 찾아보라.
➲ (1) 마 5:30 (2) 롬 6:13,19, 7:5,23 (3) 롬 12:4–5, 고전 6:15, 12:12,14,26–27 (4) 삼상 2:31, 렘 48:25 (5) 마 5:29–30.

패거리: (1) 두려움 (2) 위협, 협박 (3) 영적 전쟁 (4) 분노와 폭력 (5) 더러운 영들 (6) 정사/통치자들 혹은 권세 (갱단 두목) (6) 강한 자 (갱단 두목).
'스킨헤드족' 항목을 찾아보라.
➲ (1–3) 수 1:4–9 ('히위'는 "공포에 질리다"를 뜻하는 말에서 파생되었다) (4) 느 4:1–2, 시 22:16 (5) 막 5:7–9,13 (6) 마 12:27, 엡 6:12.

패디큐어: (1) 복음을 전하기 위한 준비.
➲ (1) 사 52:7.

패스트푸드: '정크 푸드' 항목을 찾아보라.

패턴: (1) 본, 본보기 (?) 영적인 청사진, 설계도 (3) 반복되는 문제.
➲ (1) 딤전 1:16, 딛 2:7, 히 8:5 (2) 출 25:9,40, 수 22:28, 대상 28:11–12, 히 8:5, 9:23 (3) 민 14:22.

팬트리: (식료품 저장실) (1) 자원/자산(하나님의 말씀)이 가득한 마음.
➲ (1) 왕상 17:16, 마 14:14–21.

팬티: (1) 스스로 옳다고 여기는, 독선적인.

'생식기', '다리2', '옷', '속옷' 항목을 찾아보라.
➲ (1) 창 3:7.

팽팽한 줄: (줄타기 용) (1) 아슬아슬한 줄타기를 하다 (2) 떨어질 위험에 처한 (3) 위험한 길에 있는 (4) 균형이 필요함 (5) 영적으로 집중한.
➲ (1-2) 창 4:7, 시 56:13, 잠 10:8, 11:5 (3) 민 22:32 (4) 욥 31:6, 잠 11:1, 20:23 (5) 마 14:29-30.

퍼즐: (1) 혼란 (2) 시험 (3) 수수께끼/비유 (4) 비밀들을 찾아냄.
➲ (1) 대하 20:12, 요 13:7 (2) 창 22:1 (3) 민 12:8 (4) 고전 14:2.

펌프: (1) 성령 안에서 세움 (2) 압력, 압박 (3) 영적인 생명을 받음 (펌프질).
➲ (1) 요 7:38-39, 유 1:20 (2) 펌프질을 하면 그 압력으로 지하수가 올라옴, "압력을 느끼는(under the pump)"처럼 (3) 레 17:11, 요 6:63.
- 물 펌프: (양수기) (1) 마음 (2) 하나님의 영에 대한 민감함 (이해) (3) 하나님의 영을 향한 갈증, 갈망 (4) 사역자 혹은 사역 (5) 순복음교회.
➲ (1) 요 7:38 (2) 잠 20:5 (3) 시 42:1 (4) 요 7:37-39, 딤후 4:2 (4) 마 28:18-20, 엡 1:22-23 & 골 1:18.

페인트볼 서바이벌: (1) 놀고 있는(참된 영적 전쟁이 없는) 교회.
➲ (1) 계 3:1.

펜/연필: (1) 말 (2) 집필, 기록 (3) 기록된 문서 (4) 혀 (5) 연필로 기록된 것은 그것이 일시적이거나 확증되지 않았음을 암시할 수도 있다.
➲ (1) 시 45:1 (2-3) 욥 19:23-24 (4) 시 45:1 (5) 약 4:14.

펜치: (1) 말을 트집 잡음 (수단/이점[영향력]을 찾음) (2) 붙잡고 찢는 말 (펜치로 붙잡고 당김) (3) 무엇에서 해방되기를 구하고 있을 수도 있다 (못을 뽑아냄).
➲ (1) 막 12:13 (2) 욥 16:9 (3) 전 12:11 (말씀), 사 22:23-25, 렘 10:4 (우상들).

펠리컨: (1) 예수 그리스도 (2) 예언적인 복음 전도자 (하얀 새가 하늘 높이 날아오르고 물고기를 잡기 때문에). (3) 잘못된 상황/환경에 있는 사람 (광야에 있는 펠리컨) (4) 외톨이 혹은 홀로 있는 (5) 불신자 (부정한 새).
➲ (1) 눅 5:4-5 (2) 왕상 18:21-22, 행 2:40-41 (3-4) 시 102:6-7 (5) 레 11:13,18 (새

번역, 우리말, 킹흠정, 한글킹), 신 14:17 (새번역, 킹흠정, 한글킹).

펭귄: (1) 율법적인 교회 (흑백) (2) 종교의 영 (날지 못하는 새, 물고기를 먹음).
➡ (1) 계 2:2-4 (2) 마 23:15,25.

편지: (1) 말 (2) 서면 지시 (3) 편지 교류/소통 (4) 성경의 서신서를 가리킴 (5) 명령서 (6) 권위 있는 말 (7) 중요한 (큰 글자) (8) 초청.
'봉투', '우편함', '우표' 항목을 찾아보라.
➡ (1) 에 9:26,30, 렘 29:1, 고후 10:11, 히 13:22 (2) 행 15:23 (3) 행 28:21 (4) 고후 7:8 (5-6) 행 9:2 (7) 갈 6:11 (8) 에 5:8, 행 7:14.

평점: (1) 하나님을 향해 뜨거움 (A) (2) 하나님의 일에 대한 열정이 식음 (F) (3) 미지근함 (C).
➡ (1-3) 계 3:15-16.

평정심: (1) 좋은 표징 (2) 하나님이 다스리고 계심.
➡ (1-2) 막 4:39, 시 107:29.

평지: 산과 대비되기에 다음을 뜻한다 (1) 영적으로 낮은 곳 (2) 사람들이 애쓰고 노력하는 곳 (3) 보기에 매력적인 (4) 영적 시력/시각이 없음 (5) 취약한/공격받기 쉬운 곳 (6) 준비하는 곳 (7) 곧은 혹은 의로운 (구부러진 것의 반대).
'비뚤어진', '산' 항목을 찾아보라.
➡ (1) 창 19:17 (2) 창 11:2-4 (3) 창 13:10-12 (4) 신 34:1 (5) 창 19:17 (6) 민 22:1-26:3, 63, 31:12 (7) 사 40:4.

포도: (1) 좋은 열매 (2) 피 (3) 희생 (으깨진).
➡ (1) 요 15:16 (2) 창 49:11 (3) 창 40:11 (즙을 내기 위해 포도를 희생시킴).
 - **큰 포도**: (1) 복 (2) 행동해야 할 때 (추수) (3) 확신도 없고 낮은 자존감 때문에 하나님 안에서 계속 나아가기를 거부하는 것일 수도 있음.
➡ (1) 민 13:27 (2-3) 민 13:23,33.

포도나무: (1) 그리스도와 그의 교회 (2) 생명 (하나님과 관련된 포도나무는 번영이지만, 거역과 관련된 포도나무는 열매가 없다) (3) 이스라엘 (4) 아내 (5) 포도나무는 행위가 아니라 열매를 말한다 (6) 평화 (포도나무 아래) (7) 독 (들포도나무) (8) 불경건하고 악한

것을 거둠 (이 땅의 포도나무).
'포도' 항목을 찾아보라.
➡ (1) 요 15:1,4-5 (2) 창 40:9-11, 49:22 (공동번역, 우리말, 킹흠정, 한글킹), 대하 26:10 (4,5절을 찾아보라), 시 78:47 (3) 시 80:8-11, 사 5:2, 렘 2:21, 호 10:1, 욜 1:7 (4) 시 128:3 (5) 창 40:9-11, 겔 15:2 (6) 왕상 4:25, 왕하 18:31, 미 4:4, 슥 3:10 (7) 왕하 4:39 (8) 계 14:18.

포도원: (1) 천국, 하늘의 왕국 (2) 이스라엘.
'과일나무' 항목을 찾아보라.
➡ (1) 마 20:1-8 (2) 사 5:1-7.

포도주: (1) 성령님 (2) 기쁨 (3) 친교 (4) 부활 (5) 번영/풍요로움 (6) 큰 소리로 떠드는/폭력적인/조롱하는 사람 (7) 복을 줌 (8) 현혹된/속은 (9) 마음이 무거운/잊고 싶은 (10) 피 (11) 세상과 음행한 것에 대한 진노의 잔 (12) 종교적 창기/음녀의 영향력 아래에 있는 (13) 하나님을 상징함 (우리가 목말라하는 분).
'빵' 항목을 찾아보라.
➡ (1) 마 9:17, 요 2:3-4, 엡 5:18 (2) 시 4:7, 104:15, 전 10:19, 사 16:10 (3) 창 14:18 (4) 창 40:10-13 (5) 신 33:28, 시 4:7, 잠 3:10, 호 2:8 (6) 시 78:65, 잠 4:17, 20:1, 23:29-35 (7) 잠 9:2,5 (8) 창 9:21, 19:32-35, 27:25, 사 28:7, 호 3:1, 4:11 (9) 잠 31:4-7 (10) 창 49:11 (11) 시 75:8, 렘 14:8,10, 16:19, 18:3 (12) 계 17:2 (13) 시 42:2, 63:1, 69:21, 아 1:2, 요 19:28.

포도주 부대: '병' 항목을 찾아보라.

포도주통: (1) 마음 (그러므로 사람) (2) 보관 장소 (3) 그릇 (4) 육신의 그릇 (사람).
'솥과 냄비들,' '소총', '용기' 항목을 찾아보라.
➡ (1) 보통 물이나 포도주를 담기에 (2-3) 왕상 17:12,14,16 (4) 포도주통은 보통 나무로 만드는데, 나무는 육신의 행위들을 나타낸다(고전 3:12-15).

포로: (1) 죄에 빠진 (2) 불의에 매인 (3) 마귀의 억압을 받는 (4) 권력자의 영향력 하에 있는.
'사슬', '죄수들', '멍에' 항목을 찾아보라.
➡ (1) 애 1:5, 암 1:6 (2) 행 8:23 (3) 마 12:29, 막 3:22-27 (4) 마 20:25.

포르노: "4장 모든 꿈은 다 하나님이 주신 것일까?"를 찾아보라.

포수의 글러브: (1) 예민하게 혹은 영적으로 듣기 (2) 당신의 영.
'공' 항목을 찾아보라.
⮕ (1–2) 왕상 19:12, 마 11:7–15.

포장도로: (1) 돈벌이를 추구하는 길 (2) 번화한 길 (3) 심판.
'보행로' 항목을 찾아보라.
⮕ (1–2) 마 13:4 (3) 요 19:13.

포켓몬: (1) 악한 영들 (2) 천사들 (3) 영적 전쟁.
⮕ (1–2) 단 10:13.

포크: (1) 거짓말을 함 (갈라진 혀) (2) 갈라짐 (길/충성심) (3) 선택 (결단).
⮕ (1) 창 3:4 (뱀의 혀) (2) 창 13:9–11, 막 11:4 (킹흠정) (3) 막 11:4 (킹흠정, 갈림길/삼거리).

포탄: (1) 폭발성의 발사체.
⮕ (1) 행 4:31.

포털: (1) 열린 하늘 (하늘의 포털).
⮕ (1) 창 28:17, 시 78:23, 계 4:1.

포트홀: '길2–파인 도로' 항목을 찾아보라.

포피: '할례' 항목을 찾아보라.

포효: – 두려움 없는 권위가 선포됨: (1) 하나님의 음성 (2) 큰 소리 (3) 지도자의 분노 (4) (사자처럼) 두려움 없는 (5) 영역/영토 싸움 (사자의 포효)
 – 하나님의 영적인 원수들이 먹잇감을 위축/무력화시키려 함: (6) 영적인 원수들의 소리 (7) 대적 (8) 사악한 지도자
 – 괴로운 마음의 부르짖음: (9) 마음의 울부짖음 (10) 재림 (11) 세상 (바다).
'사자', '바다' 항목을 찾아보라.
⮕ (1) 욥 37:4–5, 사 42:13, 렘 25:30, 욜 3:16, 암 1:2 (2) 욥 3:24, 계 10:3 (3) 잠 19:12, 20:2 (4–5) 사 5:29, 31:4 (6) 삿 14:5, 시 22:13, 74:4, 104:21, 렘 2:15, 6:23, 50:42, 겔 22:25, 슥 11:3 (7) 벧전 5:8 (8) 잠 28:15 (9) 시 22:1, 32:3, 38:8

(10) 눅 21:25 (11) 시 46:3, 96:11, 98:7, 사 5:30, 51:15, 눅 21:25.

폭발: (1) 갑작스런 멸망 (2) 임박한 심판에 대한 경고 (3) 갑자기 화를 내는 것과 관련된 사건.
➲ (1) 사 29:6, 살전 5:3 (2) 렘 4:19-21 (3) 마 22:7.

폭주족: (1) 반역자/반역 (2) 위협, 협박 (3) 독재자 (4) 악한 영 (지옥의 사자[使者]) (5) 폭력배 (암흑가의 인물들).
➲ (1) 막 15:7 (2) 롬 8:15, 딤후 1:7 (3) 마 12:29, 눅 11:21-22 (4) 마 25:41, 유 1:6 (5) 느 4:7-8, 빌 2:10.

폭탄: (1) 갑자기 유해한 영향을 끼치는 말 (폭탄이 투하됨) (2) 논쟁을 일으키는 혹은 충격적인 말 (3) 갑작스럽게 멸망하거나 파멸하는 사건 (4) 충격적인 소식, 발표 (예. 사퇴나 사임) (5) 성령의 능력을 받음 (폭탄을 장전함) (6) (긍정적이든 부정적이든) 불타는 말씀 (7) 장차 터지게 될/폭발하게 될 문제/사안 (시한폭탄) (8) 엄청난 폭발력.
'화살', '미사일', '로켓', '테러' 항목을 찾아보라.
➲ (1) 삼상 3:19 & 잠 18:21 (2) 마 26:21, 눅 22:21 (3) 렘 51:8, 살전 5:3 (4) "폭탄 선언" 또는 "폭탄 발언" 등과 같이 (5) 행 1:8 (6) 렘 20:8, 눅 24:32 (7) 창 4:2-3 (8) 잠 18:21.

폭포: (1) 성령을 부어 주심 (2) 성령 세례.
'샘' 항목을 찾아보라.
➲ (1) 시 42:7, 잠 1:23, 사 32:15, 44:3, 겔 39:29, 욜 2:28-29, 행 2:17-18 (2) 행 10:45.

폭풍: (1) 고난, 고통 (2) 시험 (3) 역경 (4) 심판 (5) 깨끗케 함 혹은 분리함 (6) 당신을 대적(적대)하는 말 (7) 영적인 저항/방해.
➲ (1) 시 107:25-26,28 (2) 막 4:37,40, 눅 8:23-25 (3) 사 25:4 (4) 시 83:14-15, 사 28:2, 29:6, 렘 23:19-20, 25:32, 겔 13:13 (5) 욥 21:18 (6) 시 55:3,8 (7) 막 4:35-37.

폭풍 구름: 다음이 임박했다는 것을 암시한다 (1) 고난 (2) 시험 (3) 역경 (4) 반대/저항 (5) 심판.
'폭풍' 항목의 성경 구절들을 찾아보라.

표(시하다)/마크: (1) 신분 확인 (2) 소유권 (3) 주의해서 보라 (4) 과녁, 표적 (5) 자세히 살피라 (이해하라/깨달으라) (6) 측정, 측량 (7) 잘 보이는 (8) 마음을 열고 이해하라/깨달으라 (9) 확인함 (10) 목표, 결승점 (11) 각인.
'흉터' 항목과 '인명 & 지명 사전'에서 '마가/마크'를 찾아보라.
➡ (1) 창 4:15, 갈 6:17, 계 13:16 (2) 출 21:6 (비교. 사 49:16 & 행 20:28) (3) 룻 3:4, 삼하 13:28, 왕상 20:7, 시 37:37, 겔 44:5, 롬 16:17 (4) 삼상 20:20, 욥 7:20, 10:14 (한글킹), 16:12, 시 56:6 (새번역, 우리말), 애 3:12 (5) 왕상 20:22, 욥 18:2, 33:11 (6) 사 44:13 (7) 렘 2:22 (8) 렘 23:18 (9) 눅 14:7 (10) 빌 3:14 (11) 사 49:16.

표류: (1) 목적(목표) 없는 (2) 지침 없는 (3) 의심하는 (4) 힘(능력)이 필요함 (5) 환경이나 문제에 끌려다님.
'보트', '바다', '배2' 항목을 찾아보라.
➡ (1) 잠 29:18, 벧후 2:17, 유 1:12-13 (2) 사 2:3, 막 6:34 (3) 약 1:6 (4) 행 1:4,8 (5) 행 27:15.

표범: (1) 빠른 혹은 날쌘 (2) 바꿀 수 없는 (3) 복병 (매복) (4) 믿음이 약한/어린 자들을 잡아먹는 포식자 (5) 갑자기 등장한 포식자 (6) 도시를 장악하고 있는 악한 통치자/정사.
➡ (1) 단 7:6, 합 1:8 (2) 렘 13:23 (3) 렘 5:6, 호 13:7 (4) 사 11:6 (5) 단 7:6 (6) 렘 5:6 & 엡 6:12.

표징: (1) 기적 (2) 말씀/메시지/음성 (3) 확증/증인/증거 (4) 나눔, 구별 (5) 표징, 표적 (6) 신호 (7) 방향을 가리킴 (8) 경고 (9) 선포 (10) 기념물/생각나게 하는 것 (11) 마지막 때/주의 재림의 징조.
➡ (1) 신 7:19, 13:1-2, 마 12:38-39, 막 8:11-12, 행 2:43, 4:30 (2) 출 4:8-9,17, 겔 12:6,11, 24:24, 눅 11:30, 요 20:30 (3) 출 4:28,30, 13:9, 31:13-14, 민 14:11, 삼상 10:2-9, 왕상 13:3, 왕하 20:8-9, 사 7:11,14, 19:20, 막 16:17,20, 요 2:18, 6:30, 행 2:22 (4) 창 1:14, 출 8:23, 31:17 (5) 출 10:1-2, 삿 6:17, 삼상 14:10, 마 16:1-4, 24:3, 막 13:4, 눅 2:12, 21:7 (6) 삿 20:38, 마 26:48 (7) 출 13:9, 신 6:8, 11:18 (8) 민 26:10, 마 24:3 (9) 겔 24:24, 요 19:19-22 (10) 수 4:6-7, 사 55:13, 겔 20:12,20 (11) 마 16:3, 24:30, 막 13:4.

풀1: (끈끈한 물질) (1) 갇힌, 꼼짝 못하는 (혹은 달라붙은) (2) 결합된 (3) 혼의 묶임 (4) 견고한 진.
➡ (1) 삼하 18:9, 사 5:13 (2) 창 2:24, 고전 6:17 (3) 삼상 18:1 (4) 마 12:29.

풀2: (식물) (1) 인간성 혹은 육체 (2) 평화 (연한 풀) (3) 의인들 (4) 작은 믿음 (5) 먹이는 곳 (6) 죽어 가는 부자 (7) 심판 (8) 힘이 약한 사람들 (9) 무수한 (10) 영의 양식/영적인 공급 (11) 악을 행하는 자들 (12) 번성함 (13) 번민하는 마음 (시든 풀) (14) 인생의 짧고 덧없음을 말한다 (15) 은총, 은택 (풀 위의 이슬) (16) 부지런해야 할 때 (17) 비천해짐을 말한다 (18) 복.
➲ (1) 사 40:6, 약 1:10, 벧전 1:24 (2) 시 23:2 ('푸른 풀밭'의 문자적 의미는 "어리고 연한 풀이 있는 초원"이다) (3) 잠 11:28 (4) 마 6:30 (5) 마 14:19, 막 6:39 (푸른 잔디), 요 6:10 (잔디가 많은 곳) (6) 약 1:10-11 (7) 사 15:6, 40:6-8, 렘 14:5-6, 계 8:7 (8) 왕하 19:26, 사 37:27 (9) 욥 5:25 (10) 욥 6:5, 렘 50:11, 슥 10:1 (11) 시 37:1-2, 92:7, 129:6 (12) 시 72:16 (13) 시 102:4,11 (14) 시 103:15, 사 51:12 (15) 잠 19:12 (16) 잠 27:23-27 (17) 단 4:15,23,25,32-33, 5:21 (18) 신 11:13-15.
- 벤/깎인 풀: (1) 죽음을 피할 수 없는 인간의 운명 (2) 죄 많은 사람들 (3) 비천/겸손해진 사람 (육신을 끊어냄) (4) 추수함 (풀을 벰) (5) 죽음 혹은 멸망.
➲ (1-2) 시 37:1-2 (3) 시 72:6 (4) 룻 1:22, 요 4:35 (5) 시 37:1-2.

풀어놓음: (1) 영적 권세를 가지고 행함 (2) 치유 (사탄에게 매여 있던 자들을 해방시킴) (3) 용서함 (빚을 탕감해 줌) (4) 축사, 귀신으로부터 해방됨 (5) 혼의 묶임을 파쇄함 (6) 묶인 것을 풀어 주다, 해방시키다, 열어 주다, 자유롭게 하다, 자유를 가져다주다 (7) 하나님의 말씀 안에 거함.
'묶인', '밧줄' 항목을 찾아보라.
➲ (1) 마 16:19, 18:18, 계 5:2 (2) 막 7:35, 눅 13:12-16 (비교. 롬 7:2, 8:2) (3) 마 18:27 (4) 눅 8:29 (5) 창 35:18-21 (라헬이 죽은 후 야곱은 이스라엘이 된다) (6) 행 13:25, 16:26, 22:30 (7) 요 8:31-33.

풍경: (바람을 받으면 고운 소리가 나는 금속) (1) 하나님의 영의 운행하심 (2) 즉흥적인 예배.
➲ (1-2) 요 3:8.

풍선: (1) 축하 (2) 말, 말씀 (3) 예언 (헬륨 풍선-세워 주는 말이기에) (4) 성령 안에 있는 (5) 성령이 충만한 (6) 어린아이 같은 믿음 (7) 해방, 자유.
'공' 항목을 찾아보라.
➲ (1) 눅 15:23-24 (2) 시 33:6 (하나님의 입 기운이 담긴 말씀), 잠 1:23, 요 6:63 (3) 고전 14:3 (4) 계 17:3 (5) 눅 4:1 (6) 마 18:3 (7) 마 11:30.

풍선껌: (1) 어린아이 같은.

→ (1) 고전 13:11.

풍을 맞음: '뇌졸중' 항목을 찾아보라.

프라이팬: (1) 마음 (식사가 준비되는 곳) (2) 열정/열의.
→ (1) 레 7:9, 대상 23:29 (2) 렘 20:9.

프렌치프라이: (1) (동맥을 막히게 하여 생명의 흐름을 차단하는) 살/육체.
'인스턴트 식품 가게'와 '정크 푸드' 항목을 찾아보라.
→ (1) 갈 6:8.

프로펠러: (1) (선한 혹은 악한) 영이 이끄는.
'헬리콥터' 항목을 찾아보라.
→ (1) 막 1:12, 눅 8:29.

프린터: (1) 입 (2) 말.
→ (1) 욥 15:13, 시 26:7, 68:11 (2) 시 19:14.

피: (1) (육체의) 생명 (2) 영 (영은 피와 같다) (3) 가족 (4) 속죄 (5) 구속(대속)/받은 (6) 심판 (7) 갈등 (8) 죄책/책임 (9) 돈 (10) 희생제물/희생제사 (11) 살인 (12) (술에) 취한 (13) 진심으로 회개함 (피눈물) (14) 근심 (땀처럼 흘리는 피) (15) 그리스도 혹은 그분의 후손 (피투성이 남편) (16) 순교 (피투성이 신부).
→ (1) 레 17:11 (2) 욥 33:4, 겔 37:14, 벧전 4:6, 계 11:11 (성령님은 하나님의 생명이시다) (3) 민 35:21, 신 19:6, 수 20:5 (피의 보복자=친족) (4) 레 17:11 (5) 벧전 1:18-19 (6) 창 4:10, 출 4:9 (7) 잠 30:33 (8) 마 27:24 (9) 마 27:6 (피 묻은 돈, 핏값) (10) 출 34:25, 시 106:38, 사 1:11, 겔 39:19 (11) 창 4:10 (12) 렘 46:10 (13) 히 12:17 (14) 눅 22:44 (15) 출 4:26 & 고전 10:16 (16) 계 17:6.
- **피를 흘림**: (1) 영적인 생명을 잃어버림 (2) 다치게/아프게 함 (3) 고난 (4) 다친, 부상 입은 (5) 죽어 가는 (6) 정화 (7) 속죄 (8) 순교자.
→ (1) 행 22:20, 레 17:11 (2-3) 사 53:4-5,7 (4) 왕상 22:35, 겔 28:23 (6) 레 12:4 (7) 레 17:11 (8) 행 22:20, 창 4:10.

피난처: (1) 하나님 (2) 곤경/위해를 피하는 견고한 대피소 (3) 안전한 곳 (4) 요새 (5) 신뢰하는 곳 (6) 은신처 (7) 주님을 향한 두려움, 경외.

⮕ (1–2) 시 9:9, 14:6, 46:1, 59:16, 62:7-8, 71:7, 91:9-10 (3) 시 57:1 (4) 시 91:2 (5) 시 91:2 (6) 시 104:18 (7) 잠 14:26.

피부: (가죽) (1) 덮개 (2) 육신, 정욕 (3) 목숨 (4) 옷 (5) 아슬아슬하게, 간신히 (잇몸) (6) 불안한 마음 (수척한, 여윈) (7) 마음을 보여 줌 (8) 하나님의 진노 (노화된 피부) (9) 기근 (검은 피부).
'쇠약한' 항목을 찾아보라.
⮕ (1) 창 3:21, 출 26:14, 겔 37:6,8 (2) 레 13:20이하 (3) 욥 2:4, 18:13, 19:26 (4) 욥 10:11 (5) 욥 19:20 (6) 욥 19:20, 시 102:4-5, 애 4:8 (7) 렘 13:23 (8) 애 3:4 (9) 애 5:10.

피아노: '음악' 항목을 찾아보라.

피임약: (1) 영적인 번식 능력이 없음 (2) 복음을 나누지 않음 (자신과 같은 존재를 재생산하지 못함) (3) 당신이 열매 맺는 것을 방해하는 인간의 계략/모략을 받아들임.
⮕ (1) 행 4:17-18 (2) 롬 10:14, 고전 1:21 (3) 고후 11:4.

피자: (1) 육신을 위한 손쉬운 해결책 (2) 참된 계시를 개꿈(pizza dream)으로 의심하고 싶은 유혹 (3) (생명의 빵/떡인) 하나님의 말씀.
⮕ (1) 눅 4:3 (2) 행 26:24 (3) 신 8:3, 마 26:17.

피팅 룸: '분장실' 항목을 찾아보라.

피하다: (1) 숨다 (2) 두려워하다 (3) 도망치다, 떠나다 (빨리 움직이다) (4) 버리다 (5) 종종 심판과 연결됨 (6) 삯꾼은 위협을 느끼면 달아난다.
⮕ (1) 마 2:13, 3:7, 24:16 (2) 마 8:33 (3) 마 10:23, 24:16, 막 14:52, 16:8 (4) 마 26:56 (5) 눅 3:7, 21:21 (6) 요 10:12.

핀: (1) 말씀 (2) 끈/고정하는 도구 (3) 예수 그리스도 (4) 관계/프로젝트의 끝 (수류탄의 핀을 뽑는 것처럼).
'못', '꿰뚫다' 항목을 찾아보라.
⮕ (1) 전 12:11, 골 2:14 (2) 삿 16:14 (새번역, 우리말, 킹흠정, 한글킹), 사 22:23 (3) 사 22:23 (4) 요 13:30.

핀셋/족집게: (1) 민감성 (2) 정확성 (3) 세심한.
↪ (1) 삼하 18:5 (2) 마 7:5 (3) 눅 10:34, 고전 12:25.

필름: '영화' 항목을 찾아보라.

ㅎ

하나(1): (1) 하나님 (2) 문자 그대로 하나 (3) 시작됨 (4) 근원 (5) 시작, 개시 (6) 순서, 시간, 지위/신분, 중요성에 있어 가장 먼저인 (7) 결합하여 하나 됨 (8) 유일한 (9) 불가분의 (10) 사랑 (11) 첫째 하늘 (물질계).
↪ (1) 창 1:1 (3) 창 1:1, 8:13 (4) 하나님은 모든 것의 근원이시다 (5) 창세기는 모든 일의 시작이다 (6) 사 44:6, 48:12-13, 계 1:11,17 (킹흠정, 한글킹), 2:8, 22:13 (7) 창 2:24, 민 15:16, 막 12:29 (킹흠정, 한글킹), 행 28:25, 갈 3:28 (8-9) 사 43:10-11 (10) 요 17:23, 고후 13:11, 빌 2:2 (11) 고후 12:2.

하늘1: (영적인 세계) (1) 영적인 세계 (둘째 하늘) (2) 하나님(하늘 아버지)의 집 (3) 영원 (4) 영적인 왕국 (5) 상 주시는 곳 (6) 영원한 보고 (7) 믿는 자의 집/본향 (8) 천사의 세계 (9) 하나님의 보좌 (셋째 하늘) (10) 하늘, 창공 (첫째 하늘) (11) 하나님이 주신 (하늘에서 온) (12) 제한 없는 복이 있는 곳 (13) 교회가 통치권을 받아 행사하는 곳.
↪ (1) 마 3:16, 6:10, 눅 10:18, 행 10:11 (2) 마 3:17, 5:16,34,45,48, 6:1,9 (3) 고후 5:1 (4) 마 4:17, 요 3:12 (5) 마 5:12 (6) 마 6:20, 19:21 (7) 마 8:11, 눅 10:20, 고후 5:1 (8) 마 18:10, 22:30, 24:36, 28:2, 눅 22:43, 갈 1:8 (9) 마 23:22, 행 7:49, 고후 12:2 (10) 마 24:30, 눅 4:25, 약 5:18 (11) 눅 20:4, 요 3:27, 6:51 (12) 엡 1:3 (13) 엡 2:6, 3:10.
- 열린 하늘: (1) 계시 혹은 환상 (2) 복/복을 줌 (3) 하나님의 선물 (4) 넘치도록 많음 (5) 의가 내려오기에 마음을 열면 구원이 응답됨 (6) 증거하기 쉬운.
↪ (1) 시 78:23-24, 겔 1:1, 요 1:51, 행 7:56, 10:11, 계 4:1 (2) 신 28:12, 말 3:10, 마 3:16 (3) 시 78:23-24 (4) 창 7:11 (5-6) 사 45:8.
- 하늘의 창문: (1) 넘치도록 많음 (2) 하늘의 약속을 전해 줌 (3) 복/복을 줌 (4) 계시.
↪ (1-2) 창 7:11-12, 왕하 7:2,18-19, 말 3:10 (3) 말 3:10 (4) 마 3:16.

하늘2: (지평선이나 수평선 위로 보이는 공간) (1) 하늘 (2) 거울 (3) 복을 줌 (4) 가뭄 (맑은 하늘) (5) 그리스도의 재림 (피같이 붉은 달빛이 비치는 하늘) (6) 축복 (붉은 밤하늘) (7) 환난 (붉은 아침 하늘).
'흐린', '하늘1-열린 하늘', '폭풍' 항목을 찾아보라.

➲ (1) 신 33:26, 삼하 22:12-14, 시 77:17, 사 45:8, 렘 51:9, 마 16:1-3, 히 11:12 (2) 욥 37:18 (3) 말 3:10 (4) 왕상 18:43-44 (5) 행 2:20 (6-7) 마 16:1-3, 붉은 밤하늘은 그리스도의 죽음과 구원의 날의 시작을, 붉은 아침 하늘은 주의 재림과 임박한 환난을 상징할 수 있다.

하드 드라이브: (1) 지성 (육신의 생각) (2) 성령의 생각 (제한 없이 초자연적으로 빠르게 생각함).
'하드웨어', 'USB' 항목을 찾아보라.
➲ (1) 롬 8:5, 골 2:18 (2) 고전 2:16.

하드웨어: (1) 육신의 몸/성전.
'컴퓨터', '하드 드라이브', '노트북', '소프트웨어' 항목을 찾아보라.
➲ (1) 고전 6:19, 골 1:22.

하마: (1) 말.
'말' 항목을 찾아보라.
➲ (1) 하마를 뜻하는 'Hippo'는 '말'의 헬라식 이름이다.

하수 오물: (1) 육체 (2) 수치와 모욕 (3) 정결케 함 혹은 해독 (4) 거름, 퇴비 (5) 종교적 인정 혹은 영향력 (6) 사라짐, 소멸됨 (7) 매우 가난한 (8) 멸시당하는 (9) 더럽혀진/오염된.
'배설물', '소변' 항목을 찾아보라.
➲ (1) 습 1:17 (2) 말 2:3 (3) 느 3:13-14 ('분문'은 쓰레기를 내다 버리는 문이었다) (4) 왕하 9:37, 시 83:10, 렘 8:2, 9:22, 눅 13:8 (5) 빌 3:7-8 (6) 욥 20:7, 시 83:10 (7) 시 113:7 (8) 렘 16:4 (9) 겔 4:12-15.

하이에나: (1) 영적으로 잠자고 있는 사람을 공격하는 것을 경고함 (2) 영적으로 깨어 있으라고 촉구함.
➲ (1-2) 사 52:1, 눅 22:45-46.

하이재킹: (1) 무산될 가능성이 있는 사명에 대해 경고함 (2) 방향이 바뀜/관심이 다른 곳에 가 있는 소명에 대한 경고 (3) 파괴된 사명에 대한 경고 (4) 숨겨진 계획과 목적을 가지고 당신에게 영향을 미치려는 사람 (5) 둘째 하늘의 방해, 훼방.
'매복' 항목을 찾아보라.
➲ (1-2) 눅 10:30-34 (3) 민 13:32-14:2 (4) 마 16:22-23 (5) 단 10:13.

하이힐: (1) 권위 있는 여성 (2) 여성 사업가 (3) 더 큰 권세를 원하는 여자 (더 크게 보이려 함) (4) 동성애자들에게 복음을 전함 (하이힐을 신고 있는 남자) (5) 세상적인 여자.
➡ (1) 삿 4:4,9 (2) 행 16:14 (3) 왕상 21:7 (4) 고전 9:22 (5) 잠 7:10.

하지 않은: (1) 미완성의 (끝마치지 않은) (2) 무시함 (3) 풀다 혹은 풀어주다.
➡ (1) 수 11:15 (2) 마 23:23, 눅 11:42 (3) 사 58:6.

학: (1) 재잘거림, 수다 (2) 때 맞춘, 적시의 (3) 절조와 충성/충절.
➡ (1) 사 38:14 (2) 렘 8:7 (3) 동양 전통.

학교: (1) 가르침 혹은 배움의 장소 (2) 교회 (3) 성경 학교 (4) 제자도. '교실', '도서관', '사립학교', '교사' 항목을 찾아보라.
➡ (1) 마 5:1-2, 행 20:20 (2) 마 4:23, 9:35, 13:54, 막 1:21, 6:2, 눅 4:15, 6:6 (3) 요 18:20 (교회 & 성전), 행 5:42 (4) 사 50:4.
 - 오래된 학교: (1) 이전의 가르침 (2) 전통적인 교회 (3) 바리새인들.
➡ (1) 마 16:6,12.

한가운데: '중심' 항목을 찾아보라.

할당량: (1) 믿음의 분량/유산.
➡ (1) 눅 12:42, 롬 12:3, 엡 2:8.

할례: (1) 육신의 욕망을 잘라냄 (2) 마음 (3) 믿는 자 (4) 순종.
➡ (1) 렘 4:4, 골 2:11 (2) 롬 2:29, 신 10:16, 30:6, 렘 4:4 (3) 롬 3:30, 4:9-12, 갈 5:6 (4) 수 5:4-9.

할리우드: (1) 명성 (세상적인 영광) (2) 피상적임, 천박함.
➡ (1) 행 8:9-10, 12:22-23 (2) 마 23:27, 요 5:44.

할인: (1) 무시함 (2) 은총.
➡ (1) 막 7:13 (2) 잠 22:1, 마 18:27.

함정: (1) 유혹 (2) 신용을 떨어뜨릴 법적 근거를 찾음 (3) 말꼬리를 잡으려 함.
➡ (1) 마 4:3 (2) 마 19:3 (3) 마 22:15.

핫도그: (1) 듣고 싶은 말만 듣고 만족함 (간편식품) (2) 영적으로 게으름 (패스트푸드를 원함).
➲ (1) 사 30:10, 렘 5:31 (2) 마 25:8-9.

핫초코: (1) 기름부음.
➲ (1) 시 23:5.

항구: (1) 예수 그리스도 (2) 출발지 (떠남) (3) 도착지 (4) 폭풍 가운데 안식을 구함 (5) 정박소/피난처.
'공항' 항목을 찾아보라.
➲ (1) 시 107:28-30 (비교. 요 6:18-21) (2) 행 27:6-7 (3) 행 28:12 (4-5) 행 27:12.

항문: (1) 누군가의 항문을 본다는 것은 그들로 인해 화가 나거나 기분이 상했다는 뜻일 수 있다 (2) 가증한/혐오스러운 것.
➲ (1) 창 20:9 (2) 레 18:22, 고전 6:9, 롬 1:27.

해: (태양) (1) 하나님의 영광 (2) 아버지 (3) 예수 그리스도.
➲ (1) 시 19:1-6, 84:11 (2) 창 37:9-10 (3) 시 19:4-6, 말 4:2, 행 26:13-15, 계 1:16-17.

 - 떠오르는 해: (1) 새로운 계시 (2) 시작 혹은 새로운 시작 (3) 부흥 직전 (4) 부활.
➲ (1) 창 32:31 (2-4) 마 28:1,7-8.

 - 지는 해: (1) 하나님의 영광이 떠나고 있음을 뜻한다 (2) 어떤 문제의 끝, 결과 (3) 청산/정산해야 할 때 (4) 어둠의 활동이 이어짐 (5) 죽음.
➲ (1) 삿 19:14-28, 왕상 22:36, 대하 18:34 (2) 출 17:12, 수 10:13, 엡 4:26 (3) 신 24:13,15, 수 10:27, 삿 14:18, 시 50:1, 엡 4:26 (4) 시 104:19-20, 요 13:30 (5) 창 28:11 (성경은 죽음을 잠이 들었다고 표현한다, 예. 요 11:11-13), 단 6:14 (다니엘이 사자굴에서 경험한 것은 예수님의 죽음, 지옥에 내려가심, 부활을 예표한다).

해골: (1) 하나님의 영이 없는 (2) 죽은/죽음 (3) 두려움 (4) 뼈대, 틀 (5) 기근 (검은 해골).
'피부', '두개골' 항목을 찾아보라.
➲ (1-2) 겔 37:7-9 (3) 시 64:1 & 고전 15:26 (비교. 신 20:3, 수 10:25) (4) 시 139:15 (5) 애 4:8-10, 5:10.

 - 투명한 해골: (1) 영적 존재 (2) 악한 영.
➲ (1-2) 욥 4:15-16.

해바라기: (1) 제자들 (태양[sun]/아들[Son]을 따르며 씨앗[말씀]이 아주 많음).
➲ (1) 말 4:2 & 마 8:23 (비교. 눅 8:11).

해방: (1) 핵심 문제를 해결함 (2) 무엇을 공개함, 드러냄 (3) 사람의 마음속 내면의 성전을 청소함 (4) 축사, 귀신을 쫓아냄 (5) 휴거 (6) 하나님의 임재 가운데 풀려남.
➲ (1) 출 34:24, 신 7:1-5, 욘 2:4,10 (2) 레 18:14-15,28, 욥 39:3, 잠 22:10, 렘 16:12-13, 마 5:13 (3) 창 21:10, 신 9:4, 왕상 14:24, 21:26, 시 80:8 (4) 마 8:16, 9:33, 10:1,8, 12:28 (5) 사 26:19-21 (6) 시 44:2-3.

해변: (1) 한계 (2) 경계 (3) 하늘 왕국의 경계 (영혼들을 얻거나 잃는 곳) (4) 오락 (5) 땅 (6) 말씀의 기반이 없음 (모래 위에 세우거나 서 있음) (7) 안전, 무사 (8) 전쟁터.
'해안선', '모래' 항목을 찾아보라.
➲ (1-2) 수 15:2, 잠 8:29 (3) 출 23:31, 민 34:12, 욥 38:11, 시 93:4 (4) 출 32:6, 고전 10:7 (5) 마 13:2 (6) 마 7:26-27 (7) 행 28:1-2 (8) "교두보를 확보하기 위해".

해안선: (1) 경계 (2) 영계와 자연계 사이의 교류 (3) 바다와 땅에 대한 통치권 (하늘과 땅).
'해변', '경계', '바위/암석', '모래', '바다' 항목을 찾아보라.
➲ (1-3) 창 1:9, 계 10:2,5-6,8 (2) 요 21:4,15-17, 또한 바다는 인류와 복음 전도로 영혼을 낚는 것을 뜻하기도 한다 (3) 계 10:5-6.

해외: (1) 다른 왕국 (자아의 왕국 혹은 하나님의 왕국) (2) 회심하기 전 (3) 천국으로 가는 여정 (바다를 건넘) (4) 인생 여정 (바다를 건넘) (5) 선교하러 감 (6) 자기 영역 밖에서 사역함.
'국제선' 항목을 찾아보라.
➲ (1) 마 24:7 (2) 수 2:10 (3-4) 막 6:45 (5-6) 행 13:4-5, 28:1,8.

해일: '조수', '쓰나미', '파도' 항목을 찾아보라.

해적: (1) 일확천금을 노리는 비도덕적인 삶의 방식 (2) 돈을 노리고 남자와 교제/결혼하는 여자.
'도둑' 항목을 찾아보라.
➲ (1-2) 요 12:4-6.

핸드백: '가방' 항목을 찾아보라.

핸들: (1) 지도/통솔력 (사역을 이끔) (2) 당신을 방해하는 사람 (핸들을 잡고 있는 사람) (3) 사역의 무임승차자/짐 (핸들을 잡고 있는 사람) (4) 일이 진행되는 방식 혹은 당신이 일하는 방식을 불편해하는 사람 (핸들을 잡고 있는 사람을 데려감).
➲ (1) 시 23:2-4 (2) 창 13:1,14 (비전/시야를 차단함) (3) 행 15:36-39 (4) 요 6:60,66.

햄버거: (1) 패스트푸드 (2) 설교 (3) 급히 준비한 혹은 충분히 준비되지 않은 말이나 가르침 (4) 균형 잡히지 않은 영양 섭취 (5) 영향력이나 결과를 생각하지 않고 내뱉은 말들.
➲ (1) 히 5:14 (2) 히 5:12-14 (3) 딤전 3:15-16, 딤후 4:3 (4) 막 4:19, 예. 이사야 58장을 근거로 이제는 금식이 필요 없다고 주장하는 사람이 있지만, 예수님은 마태복음 6장 16절에서 우리에게 금식해야 할 것을 분명하게 말씀하신다 (5) 전 5:2.

햇볕에 탐: (1) 하나님의 심판 (2) 죄가 드러남 (3) 영광에서 내려옴 (꿈이 긍정적인 경우).
'불' 항목을 찾아보라.
➲ (1) 겔 16:41, 계 18:8 (비교. 요 5:22 & 말 4:2) (2) 요 3:20-21 (3) 출 34:29, 계 1:15, 2:18.

행글라이더: (1) 성령 사역 (2) 하나님을 기다림.
➲ (1-2) 사 40:31, 요 3:8.

행성: (1) 사람들을 뜻할 수도 있다.
'화성', '궤도', '명왕성', '인공위성' 항목을 찾아보라.
➲ (1) 창 37:9-10, 고전 15:47.

행주: (1) 섬김.
➲ (1) 요 13:4.

향/분향: (1) 기도 (2) 예배 (3) 우상숭배.
'향수' 항목을 찾아보라.
➲ (1) 시 141:2, 계 8:3-4 (2) 출 25:6, 30:7, 대하 32:12 (3) 렘 1:16, 44:19.

향로: (1) 기도와 관련이 있음 (2) 성도들의 기도의 심판.
➲ (1-2) 계 8:3-5.

향료/양념: (1) 향기로운 기름부음 (2) 향기로운 기도 (3) 로맨스/연애 (4) 갈망 (5) 기름 (6) 생기를 불어넣다 (양념을 치다/맛을 더하다) (7) 찬양 (8) 마음 (향기로운 꽃밭) (9) 찬양, 추앙.
➲ (1) 출 25:6, 30:23-25, 막 16:1 (2) 출 30:34-37 (비교. 시 141:2, 계 8:3-4), 35:8,28 (3-4) 아 4:16, 잠 7:17 (5) 1700-1800년대에는 서구 모든 나라들이 향료, 곧 향신료를 구했지만, 오늘날에는 기름이 그 자리를 대신하고 있다 (6) "밋밋한 분위기에 양념을 치다"라는 표현처럼 (7) 아 4:16 (8) 아 6:2 (9) 아 8:14 (향기로운 산).

향수: (1) 기름부음 (2) 그리스도의 임재 (3) 기쁨이 넘치는 마음 (4) 사랑/친밀함 (5) 유혹 (6) 배신/부정 (7) 사랑의 예물 (8) 여자다움 (여성성).
'향/분향' 항목을 찾아보라.
➲ (1) 출 30:25, 37:29, 시 45:8 (2) 시 45:6-8 (3) 잠 27:9 (4) 출 30:35-38, 아 3:6 (5) 잠 7:17 (6) 사 57:8-9 (7) 마 26:7 (8) 에 2:12.

허리케인: '폭풍' 항목을 찾아보라.

허벅다리: (1) 맹세 (2) 힘.
'다리2', '정강이' 항목을 찾아보라.
➲ (1) 창 24:2-3, 47:29 (2) 시 147:10.

헐떡이다: (1) 갈망하다 (2) 출산함.
'출산/출생', '목마른' 항목을 찾아보라.
➲ (1) 시 42:1 (2) 시 48:6.

헛디디다: (1) (죄짓게 하는) 유혹.
'넘어짐/떨어짐' 항목을 찾아보라.
➲ (1) 창 3:4-5, 마 4:6.

헤드폰: (1) 하나님의 음성을 들음 (2) 누군가 듣고 있는 (긍정적인 혹은 부정적인) 내용.
➲ (1) 막 4:9 (2) 롬 12:2, 고후 10:5.

헬리콥터/헬기: (1) 그리스도 혹은 구원(구출) 사역 (2) 영적인 사역 (3) 수직 상승 (4) 빠른 상승, 승진 (5) 교만의 위험이 있는 (빠른 상승, 승진) (6) 악한 영 (정탐하는 헬리콥터).
➲ (1-3) 시 91:12, 마 17:27, 눅 1:69, 요 6:39 (4-5) 삼상 15:17, 딤전 3:1,6 (6) 벧전 5:8.

- 헬기의 프로펠러: (1) 계속해서 몸을 사리게 하는 지도자의 말 (2) 사기를 북돋우는 말. '프로펠러' 항목을 찾아보라.
⊃ (1) 엡 7:6-7, 마 14:3-4,8 (2) 고전 14:3.

헬멧/안전모: (1) 구원의 투구 (2) 굳은/완고한 마음 (교만한 생각) (3) 분열된/무른 마음.
⊃ (1) 엡 6:17 (2) 단 5:20, 막 6:52, 8:17 (3) 약 1:8.

혀: (1) 말 (2) 영적인 언어/방언 (3) 고백 (4) 선할 수도, 악할 수도 있음 (죽음과 생명) (5) 불 (6) 국제어 (7) 고통 (혀를 깨뭄) (8) 거짓말을 함 (9) 아첨 (10) 의롭게 됨/의로운 (은) (11) 그릇된/비뚤어진 (잘려 나감) (12) 건강 (13) 지혜로운 (14) 생명 나무 (15) 사악한 (16) 제어가 필요함 (17) 부드러운 (18) 분노 (19) 속임.
'입술', '입', '이2', '목구멍' 항목을 찾아보라.
⊃ (1) 롬 3:13, 14:11 (2) 고전 12:10, 13:1, 14:2,4,14 (3) 빌 2:11 (4) 잠 18:21, 약 3:5,10 (5) 약 3:6 (6) 계 5:9, 7:9, 9:11, 10:11 (7) 계 16:10 (8) 잠 6:17, 12:19, 21:6, 26:28 (9) 잠 6:24, 28:23 (10) 잠 10:20 (11) 잠 10:31, 17:20 (12) 잠 12:18 (13) 잠 15:2 (14) 잠 15:4 (15) 잠 17:4 (16) 잠 21:23 (17) 잠 25:15 (18) 잠 25:23 (19) 롬 3:13.

현관: (1) 밖으로 공개된, 드러나 있는 (2) 폭로된 (3) 기다림 혹은 기대/예상 (4) 선교사들의 담당 영역이 확장되는 것을 뜻할 수도 있다.
⊃ (1) 막 14:68 (우리말, 킹흠정, 한글킹), 행 3:11-12 (행각/주랑) (2) 마 26:71 (3) 삿 11:34 (4) 눅 9:1-2.

- 현관 안쪽의 큰 공간: (1) 드러남, 노출 (2) 입구 (3) 출구 (4) 맞아들이거나 인사하거나 혹은 도착하는 곳 (5) 첫인상.
⊃ (1) 창 19:1, 출 38:8, 민 10:3, 삼상 2:22, 렘 1:15, 믹 1.33 (2-3) 신 28:6 (4) 고전 16:20, 고후 13:12 (5) 사 53:2, 마 23:27.

현미경: (1) 시시한 일을 문제 삼음, 남의 흠을 들춤 (2) 조사/검사 중 (정밀 검사) (3) 상세한 내용/사소한 일 (4) 과학 (5) 세균이나 바이러스가 유행하는 상황.
⊃ (1) 마 7:2-6, 23:24 (2) 시 26:2, 눅 23:14, 행 22:24, 고전 11:28, 고후 13:5 (3) 히 4:15, 9:5, 약 2:10 (4) 현미경은 과학의 상징물로 여겨진다 (5) 마 24:7, 눅 21:11.

현수막: (1) 깃발 (2) 하나님의 보호 (3) 사랑 (4) 엄청난 군대 (5) 경고 (6) 기념 (7) 승리.
⊃ (1-2) 시 20:5, 60:4 (3) 아 2:4 (4) 아 6:4,10 (5) 사 13:2 (6) 출 17:14-15 (7) 시 20:5.

현판: (1) 공표함.
➲ (1) 에 8:13.

혈압: (1) 성령님을 적대함 (고혈압) (2) 영적 친밀감이 없음 (저혈압) (3) 영적인 강건함 (의연함)의 결핍 (저혈압).
➲ (1) 레 17:11 & 욥 33:4, 겔 37:14, 행 6:10 (2) 사 40:30–31 (3) 히 12:3–4.

혈액 은행: (1) 교회.
➲ (1) 요 6:53–56, 레 17:11, 영적인 삶이 새롭게 시작되는 곳이기에.

혈전증: (1) 혈액 순환이 안 됨 (2) 너무 오랫동안 앉아 있음 (3) 주 안에서 게으름 (4) 혈류의 흐름을 느리게 만들어 보행에 장애를 줌.
'걷다' 항목을 찾아보라.
➲ (1) 잠 6:9–11, 24:33–34 (2–3) 고전 15:58, 살후 3:8 (4) 시 44:18.

협탁: (1) 가까이에 있는 것들을 보관하는 곳.
➲ (1) 삼상 26:7.

형광펜: (1) 조명/계시 (2) 눈에 띄는, 걸출한 (3) 하나님의 영광.
➲ (1) 단 5:24–25, 계 19:16 (2) 삼상 9:2 (3) 시 18:12, 사 60:19, 겔 1:28.

형수/처형/처제: (1) 율법적인 혹은 종교적인 교회 (2) 종교적인 여성 (3) 누군가의 형수/처형/처제/시누이/올케.
'자매' 항목을 찾아보라.

형제: (1) 동료 신자 (남녀) (2) 예수 그리스도 (3) 보호자, 후견인 (4) 육신의 형제 (5) 동족.
➲ (1) 롬 14:13, 고전 5:11, 6:6, 벧전 3:1–4 (2) 마 28:10, 요 20:17, 롬 8:29, 히 2:11 (3) 엡 6:21–22, 골 4:7 (4) 갈 1:19 (5) 롬 9:3.

혜성: '소행성', '유성' 항목을 찾아보라.

호랑이: (1) 강력한 악의 세력 (2) 사탄 (3) 사악한 종교의 영 (흰 호랑이).
'사자' 항목을 찾아보라.
➲ (1) 미 3:1–3 (2) 막 1:13 (3) 미 3:1–3.

호박: (1) 주술/마술 (2) 실망 (어떤 것이 호박으로 바뀜) (3) 세상의 열매 (호박은 이 세상에서 가장 큰 열매임).
'주술/마술' 항목을 찾아보라.
⮕ (1) 대하 33:6-7 (3) 민 11:5.

호박(색): (1) 하나님의 영광 (2) 경고 (3) 속도를 줄이거나 멈추라 (4) 희미해져 가는 영광.
'오렌지색' 항목을 찾아보라.
⮕ (1) 겔 1:4, 8:2 (2-3) 신호등 불빛과 같음 (4) 삼상 4:21-22, 겔 10:4,18-19 (비교. 마 17:2).

호수: (1) 추수할 들 (2) 테스트 받는 곳 (3) 당신의 삶의 여정을 상징하는 것일 수도 있다 (호수를 건너감) (4) 최후의 심판이 있는 곳 (불못) (5) (성령의 집합소인) 교회 (6) 하나님의 평강 (7) 성령의 운행하심을 제한함.
'댐', '연못', '물' 항목을 찾아보라.
⮕ (1) 눅 5:2,4 (2) 눅 8:23-26 (3) 요 6:15-21 (4) 계 19:20 (5) 요 7:38-39 & 고후 6:16 (연합된 성전) (6) 시 23:2 (7) 행 6:10, 7:51.

호스: (1) 성령의 흐름 (2) 성령의 부어짐.
'스펀지' 항목을 찾아보라.
⮕ (1-2) 행 2:17.

호텔: (1) 임시/일시적인 곳 (2) 거쳐감 (3) 가는 길에 잠시 머무는 곳 (4) 성경에서는 여관/숙소에서 하룻밤 묵어갈 때 계시가 임하는 경우가 있다 (5) 교회 (우리가 마시는 곳) (6) 움직이지 않는 교회 (7) 교단 (호텔 체인) (8) 안식처.
⮕ (1-3) 창 42:27, 43:21, 출 4:24, 눅 2:7, 10:35 (4) 창 28:11-15, 눅 24:28-31 (5) 엡 5:18 (8) 히 4:1,5,9-11.
 - 호텔 프런트: (1) 새로운 임시 사역이나 모험 (체크인) (2) 임시 사역이나 삶의 일시적인 단계/시기를 떠남 (체크아웃).
⮕ (1) 창 24:23 (2) 창 24:56.

호흡: (1) 생명을 전이함 (2) 영적인 충만 (3) 생명의 숨결.
'불다' 항목을 찾아보라.
⮕ (1-3) 창 2:7, 겔 37:9.

혼수상태: (코마) (1) 영적으로 둔감한 (2) 비이성적인, 분별없는 (3) 반응이 없는 (4) 무감각한 (5) 하나님을 의식하지 못함 (혹은 무감각한 양심).
'자다' 항목을 찾아보라.
➲ (1) 마 15:16 (2-4) 창 19:33, 렘 51:39,57 (5) 딤전 4:2.

홀(골프): (1) 하나님께서 당신을 위해 예비하신 목적이나 목표 (2) 홀의 개수로 메시지를 전할 수도 있다.
'골프장', '골퍼' 항목을 찾아보라.
➲ (1) 빌 3:14 (2) 개별적인 숫자 항목을 찾아보라.

홀인원: (1) 마음을 꿰뚫는 정확한 말씀 (2) 적절한 때에 적절한 말을 함.
➲ (1) 눅 2:35, 히 4:12 (2) 사 50:4.

홈통: (1) 성령의 통로 (2) 최저/최악의 상태 (맨 밑바닥, 최하층) (3) 집수(集水), 물을 저장함 (4) 겸손히 영적인 가난을 인식하는 혼/마음.
➲ (1) 삿 15:19, 사 44:3, 요 7:38-39 (2) 미 7:10 (3-4) 마 5:3.
'배수구', '연석', '배관공', '참호' 항목을 찾아보라.
- 더러운 지붕 홈통: (1) 당신의 삶/교회/사역의 문제를 해결하지 않음 (잘못된 권력 구조가 표출됨).
➲ (1) 마 23:26.

홍수: (1) 원수의 맹렬한 언어 공격 (2) 넘쳐흐르는 죄 (3) 추수의 때 (4) 하나님의 도움 (5) 기초를 시험해 봄 (6) 불시에 (7) 홍수는 불의한 자들을 휩쓸어버린다 (8) 심판.
'물-더러운 물' 항목을 찾아보라.
➲ (1) 사 59:19 (킹흠정, 한글킹), 계 12:15 (2-3) 수 3:15 (4) 사 59:19 (5) 마 7:25-27 (6) 마 24:38-39 (7-8) 창 6:13,17, 벧후 2:5.

화물: (1) 사업.
➲ (1) 왕상 10:15.

화물 기차: '화물' 항목을 찾아보라.

화물 수송기: (1) 규모가 큰 국제적 영성 사역.
➲ (1) 행 13:1-2.

화물차: '이삿짐 운반차' 항목을 찾아보라.

화산: (1) 하나님의 진노 (2) 심판 (3) 분노를 폭발하는 사람 (4) 내면의 압박 (5) 해결하지 못한 분노 (6) 갑작스러운 멸망.
'용암' 항목을 찾아보라.
➲ (1) 겔 22:20, 나 1:2,5-6 (2) 사 5:24-25, 미 1:4,5 (3-4) 시 39:3 (5) 시 4:4 (6) 살전 5:3.

화살: (1) 찌르는 말들 (2) 거짓 증거 (3) 악한 말들 (4) 자녀들 (5) 사역의 수단인 사람 (6) 죄를 깨달음, 양심의 가책 (7) 심판 (8) 역경 (9) 구출, 구원 (10) 머물거나 떠남 (11) 예언의 말들 (승리의 화살들) (12) 하늘에서와 같이 땅에서도 이루어짐.
'다트', '궁수' 항목을 찾아보라.
➲ (1) 시 38:2, 64:3, 잠 25:18 (2) 잠 25:18, 렘 9:8 (3) 시 11:2, 91:5 (4) 시 127:4-5 (5) 사 49:2 (6) 욥 6:4 (7) 신 32:23, 시 64:7 (8) 겔 5:16, 욥 6:4 (9) 왕하 13:17 (10) 삼상 20:20-22 (11-12) 왕하 13:17-18, 마 6:10.

화살통: (1) 집, 가정 (2) 준비하고 기다림 (3) 영적 전쟁 (4) 죽음의 위협 (5) 믿음으로 마음을 다잡음.
➲ (1) 시 127:4-5 (2) 사 49:2 (3) 창 27:3, 사 22:6 (4) 렘 5:16 (5) 엡 6:16.

화석: (1) 과거에 갇힌.
➲ (1) 창 19:26.

화성: (1) 전쟁/적대감.
'행성' 항목을 찾아보라.
➲ (1) 그리스, 로마인들은 화성, 곧 마르스를 전쟁의 신으로 숭배했다.

화염 방사기: (1) 분노의 폭발 (2) 하나님의 불을 전해 줌.
'불', '불꽃' 항목을 찾아보라.
➲ (1) 시 78:21, 147:18, 사 30:27,30 (2) 행 2:2-3.

화요일: (1) 셋[3] (2) 갑절의 축복 (3) 부활.
'낮/날', '둘(2)'[세상 사람들은 화요일을 한 주의 두 번째 날로 본다] 항목을 찾아보라.
➲ (1-2) 창 1:9-13 (10,12절을 주목하라) (3) 마 20:19.

화이트: (수정펜) (1) 삶의 한 장을 다시 씀 (2) 불명예/치욕을 제거함.
➡ (1-2) 창 30:22-23, 눅 1:24-25.

화장: (1) 사람들에게 깊은 인상을 주려 함 (2) 허세 부리는 (거짓 선지자) (3) 피상적인 혹은 영적인 깊이가 없는 사람 (4) 위선과 죄로 더럽혀진 사람들을 상징함 (하얗게 칠한 얼굴).
➡ (1-3) 왕하 9:30, 렘 4:30, 행 4:19 (4) 마 23:27-28.

화장실: (1) 영적 청소 혹은 해독 (2) 구원, 구출 (3) 자백/고백, 회개 (4) 개인적인 회개 (5) 은밀한 정욕 혹은 죄 (6) 은밀한 문제들 (7) 음행 외의 죄를 해결함 (화장실 밖) (8) 마음 (변기 수조/물탱크).
'욕실', '똥' 항목을 찾아보라.
➡ (1) 시 51:2, 미 7:19, 히 9:14, 요일 1:7 (2) 렘 4:14, 겔 37:23, 딛 3:5 (3) 요일 1:9 (4) 시 22:14 (5-6) 삼하 12:12, 시 64:4, 렘 23:24, 요 7:4, 엡 5:12 (7) 고전 6:18 (8) 마 23:25,27.
- 공중 화장실: (1) 비방 (2) 험담 (3) 문제가 반복되는 교회 (4) 공개적으로 죄가 드러난 교회, 사역, 사업 혹은 가정 (곧 대중매체를 통해 폭로될 가능성이 있음).
➡ (1-2) 잠 6:16-19 (3) 잠 17:9 (4) 계 3:1.

화장지: (1) 영적 청소 (2) 몸의 악행을 죽임.
➡ (1) 시 51:2, 요일 1:9 (2) 롬 8:13.

환전: (1) 회심, 믿음의 전환 (당신의 가치들이 변화되는 곳) (2) 하늘에서 재정적 복을 받음.
➡ (1) 마 6:24, 눅 16:11,13 (2) 출 12:35-36, 잠 13:22, 빌 4:19.

활: (1) 마음 (말이 나오는 곳) (2) 멀리서 내뱉는 말 (3) 거짓된 마음 (뒤틀린 활) (4) 준비된 (활시위를 당김).
'화살', '왼쪽' 항목을 찾아보라.
➡ (1) 시 64:3, 합 3:9 (2) 삼상 20:20-22 (3) 시 78:57, 호 7:16 (4) 시 11:2.

활을 당김: (1) (말로) 공격할 준비를 함.
'화살' 항목을 찾아보라.
➡ (1) 시 64:3, 렘 9:3.

황새: (학) (1) 하나님의 때/타이밍 (계절/시기에 민감함) (2) 부흥 (대량 이주) (3) 의 가운데 자리잡음.
'새', '전나무' 항목을 찾아보라.
➲ (1-2) 렘 8:7 (3) 시 104:17.

황소: (거세하지 않은 수소) (1) 우상 (2) 위험성 (3) 강하고 악한 영 (4) 노호/포효하는 자 (확성기) (5) 예물, 헌금 (6) 재정 약탈자.
'소', '송아지' 항목을 찾아보라.
➲ (1) 출 32:4이하, 왕상 12:28,32, 왕하 10:29 (2) 출 21:29 (3) 시 22:12-13 (4) 렘 50:11 (5) 레 9:2 (6) 황소 앞에 붉은 천 흔드는 격-격분시키는 상황, 적자 상태, 월 가(街)/부를 상징하는 황소.

황혼: (1) 마지막 때 (2) 시간이 다 됨.
➲ (1) 눅 24:29 (2) 마 20:6 & 요 11:9.

횃불: (1) 성령님 (2) 인간의 영 (3) 하나님의 말씀 (4) 그리스도의 복음 (하나님의 영광) (5) 인도자 (길을 가리킴) (6) 자유와 안내 (7) 인류의 빛 (자기 만족) (8) 감춰진 것을 드러냄 (어떤 것 위에 빛을 비춤).
'봉화', '등잔대', '빛', '등대', '스포트라이트' 항목을 찾아보라.
➲ (1) 삿 7:20 (비교. 고후 4:7), 마 25:3-4 (2) 욥 18:5, 시 18:28, 잠 20:27 (3) 시 119:105 (4) 고후 4:4,6 (5) 롬 2:19-20 (6) 요 5:35, 행 12:7 (7) 사 50:11 (8) 욥 12:22, 28:11, 33:30.

회계 감사: (1) 시험 (2) 재정적인 시험 (3) 검사 받음 (4) 평가 받음 (5) 저울에 달아보게 됨 (6) 심판 (7) 신변을 정리해야 함.
➲ (1-2) 행 5:8 (3) 눅 13:9, 벧전 5:8 (4) 히 4:13 (5) 단 5:27 (6) 단 5:28 (7) 눅 12:20.

회색: (1) 눌림, 우울 (2) 불확실/불안정한 상태 혹은 분명하지 않은 (회색 지대) (3) 두 마음을 품은 (검은색과 흰색이 섞임) (4) 미지근한 (5) 죽음 (6) 나이 든 혹은 성숙한 (7) 힘을 상실함 (8) 존귀.
'백발' 항목을 찾아보라.
➲ (1) 욥 3:5, 16:16 (2) 마 4:16, 눅 1:79 (3) 약 1:8 & 계 3:15-16 (4) 계 3:15-16 (5) 계 6:8 (청황색/창백한 말) (6) 창 42:38, 44:29,31, 신 32:25 (흰머리/백발) (7) 호 7:9 (8)

레 19:32.

회오리바람: 열린 하늘은 다음을 가져온다 (1) 휴거 (2) 계시 (하나님의 말씀을 들음) (3) 부활 (4) 파멸 (5) 심판.
'모래 폭풍', '토네이도' 항목을 찾아보라.
➲ (1) 왕하 2:1,11 (2) 욥 38:1, 겔 1:4이하 (3) 욥 40:6-42:10 (4) 잠 1:27, 렘 23:19 (5) 사 66:15, 렘 30:23.

회의실: (1) 기도 (2) 영적인 대화 (3) 하나님과의 소통 (4) 교제 (5) 사업상의 결정.
➲ (1) 시 85:8, 막 12:26 (2-4) 마 17:1, 눅 22:12 (5) 왕상 22:6, 왕하 6:11.

회장/대통령: (1) 예수 그리스도 (2) 회사의 상사, 사장 (3) 실제 대통령/회장.
'대통령 전용기', '수상' 항목을 찾아보라.
➲ (1) 요 20:28 (2) 롬 13:1.

회전문: (1) 입구, 진입 지점 (2) 제한적인 출입 (좁은 길).
➲ (1) 행 13:2 (2) 마 7:13.

회중: (1) 교회 (구속 받은 자들) (2) 선한 혹은 악한 모임 (3) 천상의 예배자들 (4) 왕국.
➲ (1) 시 1:5, 26:12, 40:9-10, 74:2, 89:5 149:1 (2) 행 13:43, 시 22:22, 26:5, 잠 21:16 (3) 시 22:25 (4) 시 35:18, 사 14:13.

후광: (1) 하나님의 영광 (2) 천사.
➲ (1-2) 마 17:2, 계 1:16, 10:1.

후손: (1) 미래 (2) 믿음의 열매들.
➲ (1) 욥 21:8 (2) 롬 4:13.

후원: (1) 사적인 것 (2) 자신이나 가족과 관련된 것 (3) 과거의 문제들 (4) 감춰진.
'뜰', '동산/정원'을 찾아보라.
➲ (1) 행 5:2 (2) 막 9:28, 13:3 (3) 빌 3:13 (4) 창 3:8, 10, 아 6:2.

후추: 검은색의 후추는 흰색의 소금과 대비됨. 따라서 후추는 다음을 뜻할 수 있다 (1) 썩음 (2) 죄 (3) 죽음 (4) 나쁜 (5) 부족한 성품 (6) (하나님이 없어) 평강이 없음 (7) 은혜 없

이 말함 (8) 분노 (맵고 강한 맛) (9) 자기 취향에 맞게 풍미를 더함.
'소금' 항목을 찾아보라.
➡ (1–4) 마 5:13, 막 9:50 (5) 막 9:49 (6) 막 9:50 (7) 골 4:6 (8) 출 32:19, 삿 2:14 (9) 신 4:2, 잠 30:6, 계 22:18.

훔치다: (1) 마귀 (도둑) (2) 하나님의 말씀을 빼앗거나 바꿔 놓음 (3) 마음을 사로잡음 (4) 속임 (5) 몰래 떠남 (6) 몰래 취함 (7) 수치 (8) 간음 (9) 위선 (10) 일을 해야 함 (11) 우상숭배 (12) 주의 이름을 욕되게 함 (13) 이 땅의 보물 (이 땅의 근심에 집중된 마음) (14) 하나님의 일에 십일조를 드리지 않음 (15) 십자가에 죄를 내려놓지 않음 (예수님이 피값을 지불하고 사신 것을 당신이 짊어지고 있음) (16) 덤으로 사는 삶에 자기의 일을 함 (당신은 하나님의 소유된 사랑의 포로이다).
'강도', '도둑' 항목을 찾아보라.
➡ (1) 요 10:10 (2) 신 4:2, 잠 30:6, 렘 23:30, 계 22:19 (3) 삼하 15:6 (4) 마 28:13, 창 31:20 ('가만히'에 해당하는 히브리어 '가나브'는 "마음을 훔치다, 속이다"의 뜻이다 (5) 창 31:20 (6) 창 40:15, 대하 22:11 (7) 삼하 19:3 (8) 잠 9:17–18 (9) 롬 2:21 (10) 엡 4:28 (11) 창 31:19 (12) 잠 30:9 (13) 마 6:19–21 (14) 말 3:8 (15–16) 고전 6:20, 갈 2:20.

휘다/휘어지다: (1) 낮아진/낮아짐 (2) (어떤 일을 하기 위해 굽힐) 결단이 됨 (3) 신앙을 버림, 타락함 (더 이상 올바르지 않음) (4) 계속 매여 있음.
'굴곡', '절하다', '무릎1' 항목을 찾아보라.
➡ (1) 사 60:14 (2–3) 호 11:7 (4) 눅 13:11–16.

휘몰아치는: (1) 심란하게 하는, 동요시키는 (2) 거친 (3) 시험 혹은 시련.
➡ (1–2) 사 57:20, 마 14:25–26 (3) 수 3:15, 막 6:48.

휘발유: (1) 연료 (2) 성령님 (3) 능력 (4) 점화/시동 (5) 분노 (6) 연료를 보충하다 (7) 세상의 포도주 혹은 세상을 의지함 (8) 돈.
'자동차', '오토바이' 항목을 찾아보라.
➡ (1) 슥 4:12, 마 25:8–9 (2–3) 미 3:8, 슥 4:12–14, 마 25:3–4 (비교. 마 25:1–12), 행 1:8 (4) 시 104:4 (5) 사 9:19 (6) 행 2:4, 4:31, 9:17, 11:24, 13:9,52, 15:3 (7) 계 18:3 (8) 겔 27:17, 마 25:8–9.

휘어진: (1) 비틀린 혹은 뒤틀린 (2) 마음이 기울어진 혹은 좋아하는 (3) 기만, 속임 (4) 죄

(5) 무엇에 열중하고 있는 (6) 억눌린 (7) 매인 (8) 병약함 (9) 애통함 (10) 아직 곧거나 똑바르지 않은 (11) 충격을 받은 (12) 기름부음이 흘러감 (13) 불의한.
'비뚤어진', '곧은', '바로 선' 항목을 찾아보라.
➲ (1) 시 62:3 (2) 겔 17:7 (3) "그가 나를 속였어(He threw me a curve ball, 직역하면 그가 나에게 변화구를 던졌어)", 시 78:57 (4) 시 51:10 (5) 호 11:7 (6-8) 눅 13:11,16 (9) 시 35:14, 38:6 (10) 눅 3:5 (11) 사 21:3 (12) 요 3:8 (13) 시 125:4-5, 잠 13:6.

휘장: '베일' 항목을 찾아보라.

휠체어: (1) 무능력하게 된/병약함 (2) 믿음으로 행하지 않음 (3) (휠체어를 밀어 주는 사람에게) 의존함 (4) 치유 (휠체어에서 일어남) (5) 온전함 (휠체어에서 일어남).
'소아마비' 항목을 찾아보라.
➲ (1) 삼하 4:4 (2) 고후 5:7 (3) 행 3:2 (4) 마 21:14, 행 3:6-8 (5) 행 4:10.

휴거: (1) 주의 재림 때 믿는 자들이 들어 올려짐 (2) 이 사건을 위해 준비함 혹은 미리 주의시킴.
➲ (1-2) 고전 15:51-54 (증거로 보여짐: 창 5:24, 왕하 2:11), 살전 4:15-17.

휴게실: '거실' 항목을 찾아보라.

휴대폰: '전화기' 항목을 찾아보라.

휴일: (1) 쉼, 안식 (2) 축하, 기념 (3) 종교에 빠진/자기 힘으로 천국에 가려고 함 (성일/거룩한 날) (4) 경계를 늦춤/틈을 보임.
'관광객과 관광버스' 항목을 찾아보라.
➲ (1) 출 20:11, 31:17 (2) 출 12:14 (3) 갈 4:9-10 (상황이 잘 돌아가는 것처럼 보일 때 특히 더하다) (4) 벧전 5:8.

흉터: (1) 상처가 남 (흉터가 있는 얼굴=상한 마음) (2) (잊을 수 없도록) 생각나게 하는 것/사람 (3) 신분/정체성이 영향을 받음 (4) 행보가 영향을 받음.
➲ (1) 시 35:12 (킹흠정, 우리말) (2) 사 49:16 (3-4) 삼하 4:4, 9:4.

흐린: (구름이 잔뜩 낀) (1) 불확실성 (2) 재림 (3) 다가오는 축복 (소나기) (4) 하늘의 증인들 (5) 공허한 마음 (비가 없음).

'먹구름', '소나기', '폭풍', '비' 항목을 찾아보라.
➡ (1) 눅 9:34 (2) 막 13:26, 14:62, 살전 4:17, 계 1:7 (3) 눅 12:54 (4) 히 12:1 (5) 유 1:12.

흑백(黑白): 검은색과 흰색, 흑백 논리, 이분법 (1) 심판/판단하는 (2) 두 마음을 품은 (3) 종교적인 (4) 미지근한.
➡ (1) 요 8:5-6, 행 23:3 (2) 약 1:6-8 (3) 마 23:5-7 (4) 계 3:16.

흑인: 꿈속에 아프리카계 사람이나 인디언, 백인이 나타나는 것은 당신의 민족적 배경(인종/문화적 배경)에 따라 의미가 달라질 수 있다. 이를테면, 아프리카계 미국인/원주민은 (과거에 그들을 착취하고, 노예로 삼았기에) 백인을 육신의 자아로 볼 수 있다. 반면 백인에게는 그 땅에서 먼저 산 사람들의 피부색 때문에 원주민이 육신적 자아의 모습으로 나타날 수 있다(고전 15:46). 다른 인종의 사람은 대부분 "외국인"으로 해석한다.
'원주민', '외국/타지에서 온', '외국인' 항목을 찾아보라.

흔들리다: (1) 환경, 상황/반대, 저항에 흔들리는 (2) 마음의 변화 (3) 의심 (4) 두 마음을 품음.
'진동' 항목을 찾아보라.
➡ (1) 마 11:7, 14:30, 눅 7:24 (2) 살후 2:2 (3) 약 1:6 (4) 약 1:8.

흔들의자: (1) 영적 은퇴.
➡ (1) 창 27:1-4,21 (비교. 창 35:28-29 & 48:10-21).

흙: (1) 죄 (2) 누군가의 지나간 죄를 발견함 (3) 육체 (4) 사람과 관련된.
'먼지/티끌', '땅1' 항목을 찾아보라.
➡ (1) 사 57:20 (2) "남의 부정부패를 캐내다(dig up dirt on someone)"처럼 (3-4) 창 2:7.

흙탕물: '물-더러운 물' 항목을 찾아보라.

희미함: (1) 영적 통찰력이 없음 (2) 재난 (3) 슬픔 혹은 근심 (4) 영광이 떠남 (5) 믿음으로 움직임 (6) 어둠과 빛의 중간, 절반 (7) 타협 (8) 미지근한 (9) 빛이 꺼져 가고 있음.
➡ (1) 창 27:1, 신 34:7, 삼상 3:2, 4:15 (2) 애 5:17 (3) 욥 17:7 (4) 애 4:1 (5) 창 48:10, 13-20.

희생제물: (1) 생명 (2) 찬양 (3) 예수님 (4) 산 제물인 당신 (당신의 뜻이 아니라, 그분의 뜻) (5) 선물 (6) 선을 행하고 나누어줌 (7) 우상숭배 (8) 악한 영들 (9) 죄 (10) 율법.
➡ (1) 히 11:4 (2) 히 13:15 (3) 엡 5:2, 히 7:27, 9:26 (4) 눅 22:42-44, 롬 12:1, 히 10:7 (5) 빌 4:18, 히 8:3, 9:9 (6) 히 13:16 (7) 행 7:41, 14:13,18, 계 2:14,20 (8) 고전 10:20 (9) 히 5:1, 10:3 (10) 눅 2:23-24.

흰색: (1) 의로운 (2) 순결한/거룩한 (옷) (3) 믿는 자 (4) 깨끗한/씻겨진/정결하게 된 (5) 천사 (6) 합당한, 자격이 있는 (7) 무죄/순결/의 (8) 추수할 준비가 된 (9) 죄 (피부) (10) 영광 (구름) (11) 영광 (희게 할 수 없을 만큼 새하얀) (12) 맛이 없는 (계란 흰자) (13) 정복하다 (흰 말) (14) 빛.
➡ (1) 계 19:8 (2) 애 4:7, 단 7:9, 마 17:2, 계 3:5 (3) 계 4:4, 6:11, 7:9 (4) 시 51:7, 1:18, 단 11:35, 12:10, 계 7:14 (5) 마 28:2-3, 막 16:5, 요 20:12, 계 15:6 (6) 계 3:4 (7) 창 40:16, 마 23:27 (겉은 하얗지만 속은 검음) (8) 요 4:35 (9) 민 12:10-11, 왕하 5:27, 욥 1:7 (10) 대하 5:12-14 (11) 막 9:3, 계 14:14 (12) 욥 6:6 (13) 계 6:2, 19:11 (14) 막 9:3, 눅 9:29, 계 1:14, 3:18 (영광은 수치의 반대이다).

히터: (1) 온도를 높임 (압박, 역경).
'불', '벽난로', '부엌/주방', '오븐/화덕' 항목을 찾아보라.
➡ (1) 단 3:19.

힘: (1) 하나님 (2) 영적인 능력 (3) 담대함 (4) 마음, 혼, 영의 힘 (5) 장자.
'언덕/야산', '권능' 항목을 찾아보라.
➡ (1) 삼상 15:29 (2) 삿 16:6,19-20, 눅 1:80 (3) 시 138:3 (4) 시 27:14, 31:24, 73:26, 138:3, 눅 1:80, 엡 3:16 (5) 창 49:3, 신 21:17, 시 78:51, 105:36.

기타

1970년: (1) 성령 충만한 세대.
성경 구절은 '열아홉(19)', '일흔(70)' 항목을 찾아보라.

RC카: (무선/원격 조종 차량) (1) 성령이 이끄시는 사역 (하나님이 당신을 이끄심) (2) 다른 사람이 당신을 이끎, 조종함 (통제하는 혹은 조종하는 사람).
'리모컨'과 '이세벨' 항목을 찾아보라.
➡ (1) 요 3:8, 롬 8:14 (2) 요 19:10-11.

UFO: (미확인 비행 물체) (1) 영적인 통치자/정사 (2) 속이는 영들 (3) 흉내낸/거짓 포털(문).
'이방인', '우주선' 항목을 찾아보라.
➲ (1) 엡 6:12 (2) 갈 1:8 (3) 고후 11:3.

USB: (1) 기억 (2) 생각.
'컴퓨터', '하드 드라이브' 항목을 찾아보라.
➲ (1-2) 느 4:14, 고전 15:2, 고후 10:5.

인명 · 지명 사전

가브리엘(Gabriel): (1) 하나님이 주신 힘.

가인(Cain): (1) 살인자 (2) 육신적인/세상적인 신자 (3) 육의 사람 (4) 자기 의에 빠진 신자 (5) 문 앞에 있는 죄 (6) 종교적인.
➲ (1-6) 창 4:1-16, 히 11:4.

갈렙(Caleb): (1) 개 (2) 용감한, 대담한 (3) 성급한/충동적인.

갈멜/카르멜(Carmel): (1) 열매가 풍성한 목초지 (2) 승리하는 곳.
➲ (2) 왕상 18:20-40.

갓(Gad): (1) 운이 좋은 (2) 호의적인.

골리앗(Goliath): (1) 추방자, 유배자 (2) 점쟁이 (3) 거인.
➲ (1-3) 삼상 17:4,23

그레이스(Grace): (1) 호의/은총 (2) 존중, 존경 (3) 자비 (4) 선물.
➲ (1-4) 요 1:14.

기드온(Gideon): (1) 찍어/베어 쓰러뜨리는 자 (2) 소수가 이뤄 낸 위대한 일을 상징할 수도 있다.
➲ (1) 삿 6:25 (2) 삿 7:7.

길르앗(Gilead): (1) 증거의 언덕.

나다나엘/나다니엘(Nathaniel): (1) 하나님의 선물 (2) 하나님이 주셨다.

나단(Nathan): (1) 선물.
➲ (1) 삼하 7:2.

나발(Nabal): (1) 어리석은 자.
➲ (1) 삼상 25:25, 시 14:1

나비(Nahbi): (1) 숨김.
➲ (1) 민 13:14.

나사렛(Nazareth): (1) 가지.

나사로(Lazarus): (1) 하나님이 도우시는 자 (2) 하나님의 보호를 받는.

나오미(Naomi): (1) 기분 좋은 (2) 기쁨을 주는.

나이키(Nike): (1) 승리.

나훔(Nahum): (1) 위로자.

납달리(Naphtali): (1) 나의 씨름.
➲ (1) 창 30:8.

노아(Noah): (1) 위로 (2) 쉼/안식.

누가/루크(Luke): (1) 빛에 속한.

뉴질랜드(New Zealand): (1) 새로운[new] 열정의[zeal] 땅[land] (2) 긴 흰 구름의 땅.

느보(Nebo): (1) 높은 발걸음 (2) 교만과 관련이 있을 수 있다 (3) 모세가 죽은 곳.
➲ (1) 신 32:49.

느헤미야(Nehemiah): (1) 하나님이 위로하신다.

니골라/니콜라스(Nicolas): (1) 백성의 승리 (2) 백성의 정복자.
➲ (2) 행 6:5.

닌텐도(Nintendo): (1) 하늘의 창고에 맡겨짐.

다니엘(Daniel): (1) 하나님은 재판장이시다.

다볼(Tabor): (1) 높은 곳 (2) 파괴된, 부서진.

다윗/데이비드(David): (1) 지극히 사랑받는 자 (2) 사랑받음 (3) (사랑받는 자이신) 예수님.
➲ (3) 엡 1:6.

단/댄(Dan): (1) 심판.

데릭(Derek): (1) 백성을 다스리는 자 (2) 그 길.
➲ (2) 시 103:7 (그의 행사).

데오(Theo): (1) 하나님.

도널드(Donald): (1) 모든 것을 지배/통치하다.

도마/토마스(Thomas): (1) 둘 중 한 명 (2) 쌍둥이 (3) 의심 (4) 톰슨, 톰킨, 톰린 등의 성씨가 여기에서 유래했다.

도미니크(Dominic): (1) 주님께 속한.

도비야(Tobias): (1) 주님은 선하시다.

도쿄(Tokyo): (1) 희망을 나타냄.

돈나(Donna): (1) 존경받는 여인.

드보라(Deborah): (1) 꿀벌 (2) 종교의 영.

들릴라(Delilah): (매달아 둔 먹이) (1) 수배 중인 (2) 갈망하는 (삿 16장).

디모데/티모시(Timothy): (1) 하나님을 공경하다 (2) 하나님을 공경함.

라스베이거스(Las Vegas): (1) 목초지, 초원 (2) 도박.

라인하르트(Reinhart): (1) 힘있는 재판관들.

라파엘(Raphael): (1) 하나님께 치유 받음.
➡ (1) 대상 26:7 (르바엘–하나님이 고치셨다).

라합(Rahab): (1) 넓은 (2) 맹렬함 (3) 거만한, 교만한 (4) 자유로운 (5) 창부.
➡ (1) 수 2:1 (2) 시 87:4.

라헬/레이첼(Rachel): (1) 암양 (2) 암컷 양 (3) 누군가의 아내를 뜻할 수도 있음 (4) (어린양이신) 그리스도.
➡ (2–3) 삼하 12:3,7–9.

런던(London): (1) 달의 요새 (2) 교회의 성채.

레아(Leah): (들소) (1) 피곤한 (2) 지친.

레위(Levi): (1) 연합된 (2) 결합된 (3) 연합.

로마(Rome): (1) 이탈리아 로마 (2) 종교적인 교회를 상징할 수도 있음.

로스앤젤레스(Los Angeles): (1) 그 천사들.

로이스(Lois): (1) 풀려난/해방된.

루시엘(Luciel): (1) 밝게 비추다.

룻(Ruth): (1) 동반자 (2) 친구.

르우벤(Reuben): (1) 아들을 보라.

리브가/레베카(Rebecca): (1) 묶인, 묶여 있는 (2) 올가미 (3) 보증된/확보된.

마가/마크(Mark): (1) 망치.
➲ (1) 렘 23:29.

마노아(Manoah): (1) 편안한/여유 있는 (2) 평온한 곳.

마돈나(Madonna): (1) 나의 아가씨 (2) 종교적인 교회 (마리아와 아이).

마라(Mara): (1) 쓰다/쓴 맛.

므로닥/마르둑(Marduk): (1) 바벨론의 주신(主神), 혼돈의 여신 티아맛을 물리친 전사.

마리아(Maria): (1) 사랑받는 자.

마태/매튜(Matthew): (1) 하나님의 선물.

말라기(Malachi): (1) 여호와의 전령/메신저.

매디슨(Maddison): (1) (영어) 용기 있는 아이 (2) (히브리어) 하나님의 선물.

맥도날드(McDonald): (1) 모든 것을 지배/통치하는 아들.

맥아더(McArthur): (1) 두려움을 모르는(용맹한) 아버지의 아들.

멕시코(Mexico): (1) 달의 배꼽/중심에 있는 (2) 토끼의 배꼽.

멜(Mel): (1) 족장/우두머리.

모나(Mona): (1) (헬라어) 혼자 (2) (아일랜드어) 존경받을 만한, 고귀한.

모로코(Morocco): (1) 석양의 땅 (2) 요새화된.

모르드개(Mordecai): (1) (바벨론의 주신) 마르둑 혹은 므로닥의 숭배자.

모리아(Moriah): (1) 하나님이 교육하신다.

모세(Moses): (1) 물에서 건져냄 (2) 물에서 꺼낸 (3) 율법.

미가엘/마이클(Michael): (1) 누가 하나님과 같은가! (2) 하나님과 같은 이가 누구인가? (3) 천사장.

미디안(Midian): (1) 심판.

미리암(Miriam): (반역, 완고) (1) 권위에 대적하는 자.

바락(Barak): (1) 번갯불.

바룩(Baruch): (1) 높임 받은 (2) 축복 받은.

바바라(Barbara): (1) 낯선 사람 (2) 외국인.

바울/폴(Paul): (1) 작은 (2) 어린 (3) 겸손한.

발렌타인(Valentine): (1) 용감하고 강한.

발리(Bali): (1) 동방의 보석.

밴쿠버(Vancouver): (1) 암소가 건널 수 있는 얕은 물 (즉, 암소들이 강을 건너는 곳에서 온).

버니게/베아트리체(Beatrice): (1) 그녀가 승리를 가져온다.

베냐민/벤자민(Benjamin): (1) 내 오른손의 아들 (2) 내 힘의 아들.

베네딕트(Benedict): (1) 축복 받은.

베다니(Bethany): (1) 대추야자의 집.

베드로/피터(Peter): (1) 바위/반석 (2) 돌.

베트남(Vietnam): (1) 위대한 남쪽.

벧엘(Bethel): (1) 하나님의 집.

보아스(Boaz): (1) 민첩함, 빠름 (2) 그분의 힘으로.

뵈닉스/피닉스(Phoenix): (1) 피처럼 붉은 (2) 신화 속의 불사조.

뵈뵈/피비(Phoebe): (1) 빛나는 (2) 열정적인, 열렬한.

브라질(Brazil): (1) 힘 (2) 갈등.

브리스길라/프리실라(Priscilla): (1) 오래된/나이 든 (2) 장수한, 오래 산.

빌라델비아/필라델피아(Philadelphia): (1) 형제 사랑.

빌립/필립(Philip): (1) 말(馬)을 사랑하는 사람 (2) 이집트를 사랑하는 자 (세상으로 돌아감).
➲ (2) 사 31:1,3.

뿔라(Beulah): (1) 결혼한 (2) 결혼으로 하나 된.

사가랴(Zachary): (1) 하나님이 기억하셨다.

사라(Sarah): (1) 왕비/공주, 귀부인.

사무엘(Samuel): (하나님의 이름 혹은 하나님에 대해 들음) (1) 하나님이 들으셨다 (2) 하나님이 들으신다.

사울(Saul): (1) 요청받은 (2) 요구받은.

산타페(Santa Fe): (1) 거룩한 믿음.

살렘(Salem): (1) 평화 (2) 평화로운.

삼성(Samsung): (1) 3개의 별.

상하이(Shanghai): (1) 문자 그대로의 뜻은 "바다 위" (2) 천국의 강.

샌프란시스코(San Francisco): (1) 아시시의 성 프란체스코.

샤론/사론(Sharon): (1) 평야.

샬렘(Shalem): (1) 온전한 (2) 평화.

소니(Sony): (1) 소리.

수잔(Susan): (1) 백합.

스가랴(Zechariah): (1) 주님이 기억하셨다.

스데반/스티븐(Stephen): (1) 월계관/면류관을 쓴 (2) 승리한 (3) 믿음을 나타낼 수도 있다 (4) 그리스도를 나타낼 수 있다.
➲ (3) 행 6:5,8, 요일 5:4.

스리랑카(Sri Lanka): (1) 눈부시게 빛나는/찬란한 땅.

스바냐(Zephaniah): (1) 하나님이 숨기신.

스불론(Zebulun): (1) 거주함.

스위스(Switzerland): (1) 중립적인/중립자 (2) 금융/은행 업무.
➲ (1) 사 62:6 (2) 옵 1:3, 렘 17:3.

시드기야(Zedekiah): (1) 하나님은 공정하시다 (2) 여호와의 공의.

시드니(Sydney): (1) 넓은 목초지, 초원 (2) 넓은 섬.

시몬/사이먼(Simon): (1) 듣는 자 (2) (환경/상황의 바람에 흔들리는) 갈대.

시므온(Simeon): (1) 들음 (2) 순종.

신데렐라(Cinderella): (1) 재/잿더미에서 나온.

싱가포르(Singapore): (1) 사자의 도시.

아간(Achan): (1) 불운 혹은 근심거리 (2) 하나님의 일로 자기 배를 불리는 사람 (3) 보호막을 제거하는 자 (4) 도둑 (5) 속이는 자.
➲ (1) 이름의 뜻 (2-4) 수 7:1,11 (5) 수 7:4-8.

아그네스(Agnes): (1) 흠 없고 순결한 (2) 정숙한.

아나니아(Ananias): (여호와는 은혜로우시다) (1) 거짓말쟁이 (2) 탐욕에 사로잡혀 속임 (3) 메신저/전령.
➲ (1-2) 행 5:3 (3) 행 9:17

아담(Adam): (1) 붉은 (2) 흙색의 (흙에 속한) (3) 사람 (4) 인류 (5) 죄 (6) 그리스도.
➲ (1-2) 이름의 뜻 (3-4) "인간"에 해당하는 네 개의 히브리어 중 하나, 고전 15:22 (5) 창 3장 (6) 고전 15:45.

아둘람(Adullam): (1) 백성의 정의 (2) 피난처.

아론(Aaron): (1) 높여진 (2) 중후한 (3) 대제사장이신 그리스도 (4) 대제사장 (5) 대변자 (6) 중보자.
➲ (1-2) 이름의 뜻 (3) 히 5:1-4 (4) 출 28:1-4 (5) 출 4:14 (6) 히 7:25-26.

아리(Ari): (1) (헬라어) 위대한 사상가 (2) (고대 스칸디나비아어) 독수리의 힘.

아리엘(Ariel): (1) 하나님의 사자(Lion).

아모스(Amos): (1) 대담한, 용감한 (2) (짐을) 나름 (3) 심판의 선지자.
⮕ (3) 암 1:1-3.

아바(Abba): (1) 아버지 (2) 아빠.
⮕ (1) 막 14:36.

아벨(Abel): (1) 헛됨 (2) 목초지 (3) 참된 신자 (4) 목자 (5) 순교자.
⮕ (3-5) 창 4:1-8, 히 12:24.

아브라함(Abraham): (1) 아버지 하나님 (2) 열국의 아버지 (3) 하나님의 친구 (4) 족장.
⮕ (1) 창 22:20이하 (2) 창 17:4-5 (3) 약 2:23 (비교. 약 4:4) (4) 히 7:4.

아비가일(Abigail): (1) 몹시 기뻐하는 아버지 (2) 그녀의 아버지가 크게 기뻐한다.
⮕ (1) 삼상 25:14.

아사(Asa): (1) 치유하는 자.

아셀(Asher): (1) 기쁜, 행복한.

아일랜드(Ireland): (1) 기름진 땅 (2) 풍요의 땅.

안드레/앤드류(Andrew): (1) 남성스러운 (2) 남자 (3) 한 남자의 (이 이름은 성경 인물과 관련이 있다) (4) 복음 전파 (시몬 베드로를 데려온 사람이 안드레였다).
⮕ (4) 요 1:40-41.

알렉산더(Alexander): (1) 보호자 (2) 백성의 옹호자.

압살롬(Absalom): (1) 평화의 아버지 (2) 육신적으로 완벽하고 겉모습이 아름다우나 마음이 악함 (3) 마음을 훔쳐 반역하는 자 (4) 배신, 불충.
⮕ (1) 이름의 뜻 (2) 삼하 14:25-26 (3-4) 삼하 15:2-6.

야고보/제임스(James): (1) 대신함 (2) '야곱'을 찾아보라.

야곱/제이콥(Jacob): (1) 육신의 사람 (2) 옛 사람 (3) 붙잡는 자/사기꾼 (4) 영적인 사람의 대적자 (5) 속이는 자 (6) 용기/결단력이 없는 (7) 벌레.
➲ (1-4) 창 32:28 (5) 창 27:36, 31:20 (6-7) 사 41:14.

야렛/재러드(Jared): (1) (영어) 창과 같은 힘 (2) (히브리어) 내려옴/하강, 가계.

야민(Jamin): (1) 오른팔/오른손 (2) 힘.

야베스(Jabez): (슬픔) (1) 고통을 일으킴.

야벳(Japheth): (노아의 아들) (1) 확대 (2) 넓은/넓어진 (3) 열려 있는.

야손/제이슨(Jason): (1) 치유자.

올라프(Olaf): (1) 유물 (2) 조상들에게 물려받은.

올리브(Olive): (1) 올리브 열매.

유딧/주디스(Judith): (1) 찬양/칭송 받는 (2) 청춘의 (3) 유대에서 온.

에녹(Enoch): (1) 가르침 (2) 지시/교육 받은 (3) 헌신적인 (4) 경험이 풍부한.

에단(Ethan): (영원) (1) 견고함/확고부동.

에서(Esau): (1) 털이 많은 (2) 육의 사람.
➲ (1-2) 창 25:25,34, 롬 9:13, 히 12:16-17.

에스겔(Ezekiel): (1) 하나님이 강건하게 하실 자.

에스더(Esther): (1) 별.

에스라(Ezra): (1) 도움 (2) 원조하다, 돕다.

에이미(Amy): (1) 몹시 사랑받는 자.

엘르아살(Eleazar): (하나님이 도우셨다) (1) 돕는 자 (2) 하나님이 도우시는 사람.

엘리/일라이(Eli): (1) 나의 하나님 (2) 높여진, 들어 올려진.

엘리사(Elisha): (1) 하나님이 구원자시다 (2) 누군가의 구원이신 하나님.

엘리사벳(Elizabeth): (하나님이 맹세하신다) (1) 누군가에게 맹세의 하나님 (2) 나의 하나님은 너그러우시다.

엘리야(Elijah): (1) 나의 하나님은 여호와시다 (2) 예비 선지자 (3) 선지자들.

엘림(Elim): (1) 종려나무들 (2) 상수리나무들.

여리고(Jericho): (1) 달의 도시.

여리엘(Jeriel): (하나님께 가르침을 받은) (1) 하나님이 주목하신다.

여호수아(Joshua): (1) 여호와는 구원이시다 (2) 예수님.

예레미야(Jeremiah): (여호와께서 세우신다) (1) 하나님께 존중받는 (2) 하나님이 높이 드신.

예루살렘(Jerusalem): (1) 온전한 도시 (2) 평화의 도시 (3) 왕국의 중심.

예수님(Jesus): (1) 주님은 구원이시다 (2) 구원자.

예슈아(Jeshua): (1) 하나님은 구원이시다.

예일(Yale): (1) 비옥한 고지대.

오드리(Audrey): (1) 힘이 있다.

오딘(Odin): (1) 북유럽 신화의 최고신.

오스카(Oscar): (1) 신들의 창.

와스디/베스티(Vashti): (1) 잘생긴/아름다운.

요나(Jonah): (1) 비둘기.
'비둘기' 항목을 찾아보라.

요나단(Jonathan): (여호와께서 주셨다) (1) 하나님의 선물.

요단(Jordan): (1) 내려가는 자 (2) 내려감 (3) 죽음.

요람(Joram): (여호와는 존귀하시다) (1) 주님이 높이 들리신다.

요셉/조셉(Joseph): (1) 그(하나님)가 더하시리라 (2) 하나님이 더해 주시기를 (3) 하나님은 뛰어나시다/탁월하시다.

요시야(Josiah): (여호와가 도우신다) (1) 여호와께서 치유하시는 자 (2) 주님의 불.

요아스(Joash): (여호와는 강하시다) (1) 하나님을 향해 불타는.

요압(Joab): (1) 하나님은 나의 아버지시다.

요엘(Joel): (1) 주님은 하나님이시다 (2) 여호와는 능력이 있으시다.

요한/존(John): (그에게 여호와는 은혜로우시다/그를 여호와가 은혜롭게 해 주셨다) (1) 하나님이 은총을 베푸셨다 (2) 하나님의 은혜 (3) 사랑.

욥(Job): (괴롭힘을 받는, 고통당하는) (1) 사막 (2) 박해당하는 자.

우르(Ur): (불꽃) (1) 빛 (2) 타오르는 불.

워싱턴(Washington): (1) (영어) 분별력 있는 사람의 농장에서 살다 (2) (게르만어) 활기가 넘치는 (3) 활동적인 (4) 수도 (결정을 내리는 곳).

윈저(Windsor): (1) 강이 휘어지는 곳.

유니게/유니스(Eunice): (1) 기쁨이 넘치는/선한 승리 (2) 잘 정복함.

유다1(Judah): (1) 찬양.

유다2(Judas): (1) 유대에서 온 유대인.

이라크(Iraq): (1) 강둑 (2) 강들 사이 ('메소포타미아'의 뜻에서 온).

이란(Iran): (1) 산.

이사벨(Isabel): (1) 나의 하나님은 너그러우시다/아낌없이 주신다.

이사야(Isaiah): (1) 여호와의 구원 (2) 여호와는 돕는 분이시다.

이삭(Isaac): (1) 웃음 (2) 약속.

이새(Jesse): (1) 하나님이 살아 계신다.

이세벨(Jezebel): (1) 결혼하지 않은 (문자적 의미는 "집에 있지 않은") (2) 통제하고 조종하는 영 (3) 거짓 혹은 종교적인 교회 이면에서 역사하는 영.

이스라엘(Israel): (1) 하나님과 함께하는 통치자 (하늘의 처소에 앉아 있음) (2) 하나님과 씨름하다 (3) 야곱에 비해 이스라엘은 영적인 사람이다 (4) 유다에 비해 이스라엘은 다시 타락한 교회이다.

이스라엘(Yisrael): (1) 하나님과 함께 통치하다.

이스마엘(Ishmael): (1) 하나님이 들으시는 자 (2) 육신에서 난.
➲ (1) 창 16:11 (2) 롬 9:7-9.

이탈리아(Italy): (1) 장화 모양의 땅.

인도/인디아(India): (1) 강 (2) 물줄기.

일본(Japan): (1) 해 돋는 나라.

잇사갈(Issachar): (보상이 있다) (1) 그는 고용되었다 (2) 삯을 위해 일하는 자.

잉글랜드(England): (1) 천사의 땅 (2) 좁은 물가에 거하는 사람들.

자라(Zara): (1) 새벽, 동틀 녘.

젬마(Gemma): (1) 보석.

조에(Zoe): (1) 영적인 생명.

캐나다(Canada): (1) 마을 (2) 정착.

캔자스(Kansas): (1) 남풍 같은 사람들.
➲ (1) 아 4:16, 눅 12:55, 행 27:13.

키얼스틴(Kirsten): (1) 그리스도를 따르는 자.

케네스(Kenneth): (1) 잘생긴.

케리(Kerry): (1) 어두운 (2) 피부가 검은.

케빈(Kevin): (1) 잘생기게 태어난.

타히티(Tahiti): (1) 해 뜨는 쪽을 향함 (2) 동쪽.

탈리아(Tahlia): (1) (히브리어) 작고 온순한 양 (2) (헬라어) 만개함 혹은 꽃이 핌.

토론토(Toronto): (1) 물속에 나무가 서 있는 장소 (2) 만남의 장소.

태국(Thailand): (1) 자유의 땅.

테레사(Theresa): (1) 추수하는 자.

텍사스(Texas): (1) 우정, 친선 (2) 동맹.

토르(Thor): (1) 천둥의 신.

툴라(Toula): (1) 하나님의 빛.

티아라(Tiara): (1) 반원형의 왕관.

티파니(Tiffany): (1) 하나님이 모습을 드러내신다.

파리(Paris): (1) 사랑하는 자.

파티마(Fatima): (1) 매력적인 (2) 젖을 뗀 (3) 선지자의 딸.

페라리(Ferrari): (1) 대장장이 (2) 철 (3) 빠르고 강력하고 값비싼 자동차로 알려짐.

포르셰(Porsche): (1) 분깃/몫 혹은 예물.

피오나(Fiona): (1) 안색이 하얀.

하와/이브(Eve): (1) 생명 (2) 생명을 주는 (3) 여성 (4) 어머니 (5) 속은 (6) 교회.
➲ (1-2) 이름의 뜻 (3) 하와가 첫 번째 여자였기 때문에 모든 여자를 대표한다고 할 수 있다 (4) 창 3:20 (5) 딤전 2:14 (6) 아담과 하와가 그리스도와 교회를 상징하는 경우도 있다.

하와이(Hawaii): (1) 하나님의 숨결로부터 생명의 물이 나왔다.

하이디(Heidi): (1) 위엄 있는 귀족.

한나(Hannah): (1) 자비와 은총을 입은 (2) 성령 안에서 약속의 출산을 위해 돌파의 고통을 경험함.
➲ (2) 삼상 1:10-17 & 롬 8:26 & 엡 5:18.

함(Ham): (1) 따뜻한 혹은 뜨거운/열기 (2) 불에 탄 (3) 어두운.
➲ (1) 창 9:18.

헨리(Henry): (1) 가족에게 명령하다 (2) 가정을 다스리는 자 (3) 가족의 힘.

헬렌(Helen): (1) 빛에 속한.

1월: (1) 시작 (2) 입구 (3) 통로 (4) 대문과 출입구를 담당하는 로마의 신 야누스의 이름에서 유래되었다(January).

2월: (1) 희생제물로 정결케 하다.

3월: (1) 경계에 살다 (2) 전쟁의 신 (3) 3월은 본래 한 해의 시작이었으며, 다시 전쟁을 시작한다는 뜻이었다(March).

4월: (1) 열다 (2) 움이 트기 시작할 때.

5월: (1) (고대 영어) 할머니 (2) 성장 혹은 증가.

6월: (1) 여성들의 보호자 (2) 수호자.

7월: (1) 어린/젊은 (2) 청춘의.

8월: (1) (영어) 여덟 번째 달에 태어난 (2) (라틴어) 위대하고 존엄한 (존경할 만한).

9월: (1) 일곱 혹은 일곱 번째 (2) 로마력의 시작이었던 3월에서 일곱 번째 되는 달.

10월: (1) 여덟 혹은 여덟 번째 (2) 고대 로마 달력의 시작이었던 3월에서 여덟 번째 되는 달.

11월: (1) 아홉(9) (2) 고대 로마 달력의 첫 번째 달이었던 3월에서 아홉 번째 되는 달.

12월: (1) 열/열 번째 (2) 고대 로마 달력의 첫 번째 달이었던 3월에서 열 번째 되는 달.

부록 A

● 요셉과 예수님의 닮은 점 ●

번호	요셉	유사점	예수님
1	창 30:24 창 41:45	둘 다 두 가지 이름을 공유한다 요셉의 이름의 뜻은 '더하다'이다 그리스도는 천국의 거처를 더하신다 사브낫바네아(Zaphnath-paaneah): 비밀의 계시자 많은 사람들의 마음의 생각을 드러냈다 그는 사람들 안에 있는 것을 알았다	요 12:24 눅 2:34-35 요 2:25
2	창 37:2	직업: 목자	요 10:11
3	창 37:2	악을 대적했다	요 7:7
4	창 37:3	아버지의 사랑	마 3:17
5	창 37:3	아버지의 나이와의 관계	미 5:2
6	창 37:3	채색옷	딛 2:13
7	창 37:4	형제들에게 미움을 받았다	요 1:11
8	창 37:4-5, 8	말 때문에 미움을 받았다	요 7:7
9	창 37:11	예언적인 미래	사 9:6-7
10	창 37:7, 9	주권적으로 장래를 미리 말했다	마 28:18
11	창 37:4, 11	형제들에게 시기를 받았다	마 27:18
12	창 37:13	아버지의 보내심을 받았다	요일 4:10
13	창 37:14	형제들의 안위를 구하였다	요 1:11
14	창 37:14	헤브론 골짜기로부터 보냄을 받았다 헤브론: 교제, 친교	빌 2:6-7
15	창 37:14	'어깨'를 의미하는 세겜에 갔다 예수님은 우리의 짐을 지는 자가 되셨다	사 53:6 빌 2:7
16	창 37:17	들녘에 방황하는 자가 되었다	마 8:20
17	창 37:17	도단에 있는 형제들을 발견했다 도단은 '법' 혹은 '관습'을 뜻한다	막 7:8
18	창 37:18	대적하는 음모가 있었다	마 12:14

19	창 37:19-20	사람들이 말을 믿어 주지 않았다	마 27:39이하
20	창 37:23	옷이 벗겨졌다	마 27:28
21	창 37:24	구덩이에 던져졌다	슥 9:11 마 12:40
22	창 37:28	구덩이에서 몸이 올림을 받았다	고전 15장
23	창 37:25, 27	증오를 동반한 위선	요 18:28
24	창 37:28	몸이 팔렸다 유다(Judah)=유다스(Judas)	마 26:14-16
25	창 37:31-32	피를 아버지께 드렸다	히 9:11-12
26	창 39:1	종이 되었다	빌 2:6-7
27	창 39:2-3	종이었으나 형통하였다	사 52:13
28	창 39:4	주인이 그를 아주 기뻐했다	요 8:29
29	창 39:5	종으로서 다른 사람들을 위한 축복이 되었다	히 11:26
30	창 39:6	경건한 사람	마 27:54
31	창 39:7-12	시험을 받았지만 죄를 짓지 않았다	마 4:1-11
32	창 39:16-19	거짓된 참소를 당했다	마 26:59
33	창 39:19	아무 변명도 하지 않았다	사 53:7 막 15:3-5
34	창 39:20	감옥에 들어갔다	사 53:8 막 15:6, 9
35	창 40:15	무죄했으나 고난을 당했다	고후 5:21
36	창 39:20	이방인의 손에 고난을 당했다	행 4:27-28
37	창 39:21	간수의 존경을 받았다	눅 23:47
38	창 40:1-3	죄수 취급을 받았다	사 53:12 마 27:38
39	창 40:13, 19	축복과 심판의 도구	눅 23:39-43
40	창 40:8	하나님께서 미래를 미리 말씀하셨다	요 12:49
41	창 40:20-22	예언이 성취되었다	마 26:31
42	창 40:14	소원이 기억되었다	눅 22:19
43	창 41:1	제3일에 부활했다 (히브리 문화: 해의 한 주)	고전 15:4
44	창 45:7-9	하나님의 손에 의해 구원을 받았다	행 2:24-25
45	창 41:45	비밀의 계시자로 나타났다 예수님은 사람들의 마음에 있는 것을 아셨다	요 2:25 요 19:21
46	창 41:25-36	징벌에 대한 경고	마 24장
47	창 41:33-36	기묘자라 모사라	사 9:6 골 2:3

48	창 41:37-39	칭찬을 받은 조언	마 13:54
49	창 41:39-41	높아짐으로 애굽 전역을 통치하였다	벧전 3:22
50	창 41:40-43	다른 사람의 보좌에 좌정하였다	계 3:21
51	창 41:38	개인적인 자격 때문에 높아졌다	행 2:24
52	창 41:42	지위를 나타내는 특별한 표를 받았다	히 2:9 계 1:13
53	창 41:43	권세와 영광이 공개적으로 선포되었다	빌 2:10-11
54	창 41:45	새 이름을 받았다	빌 2:9 계 3:21
55	창 41:45	이방인 신부를 얻었다	계 19:7-9
56	창 41:45	바로가 주선한 결혼	마 22:2
57	창 41:46	30세에 사역을 시작하였다	눅 3:23
58	창 41:46	바로 앞에서 사명을 위해 파송되었다	요 17:8
59	창 41:45-46	순회하며 활발히 사역했다	마 4:23 마 9:35
60	창 41:47-49	풍년의 때에 높임을 받았다	요 12:24
61	창 41:53-54	흉년의 때에 높임을 받았다	계 11:25
62	창 41:55-56	멸망하는 세상에 나누어 주었다	고전 7:31 요일 2:17
63	창 41:55-56	유일하게 생명의 빵을 나누어 주었다	행 4:12 요 6:26-59
64	창 41:57	온 세상의 구원자	요 3:16
65	창 41:49	무한한 자원 사려 깊은 분배	엡 2:7; 3:8
66	창 42:1-5	고토에서 끌려 나온 형제	신 28:63-68
67	창 42:6-8	형제들이 알지도 깨닫지도 못하였다	요 1:11 눅 19:42, 44
68	창 42:7	형제들을 알아보고 인식하였다	눅 19:41
69	창 42:7, 17	벌을 받은 형제들	마 23:35-39
70	창 42:17-19	대속을 통한 구원의 길을 알게 하였다	행 2:21-41
71	창 42:25	형제들이 낯선 땅에 있는 동안 양식을 제공하였다	렘 30:11 겔 11:16
72	창 45:1 행 7:13	두 번째에 형제들에게 자신을 알렸다	마 23:39
73	창 44:16	형제들이 하나님 앞에서 그들의 죄를 자백하였다	슥 12:10
74	창 45:3	형제들이 먼저 그 앞에서 고민했다	슥 12:10
75	창 45:4, 5, 15	놀라운 은혜를 베풀었다	슥 13:1 사 54:7-8
76	창 45:1	긍휼의 사람으로 드러내었다	요 11:35

77	창 45:1	야곱의 나머지 식구들보다 앞서 유다와 그 형제에게 자신을 나타냈다	슥 12:7
78	창 45:18	그리고 야곱을 부르러 보냈다	사 66:20
79	창 45:9, 13	형제들은 그의 영광을 선포하기 위해 나아갔다	사 66:19
80	창 46:29	그의 수레를 타고 야곱을 맞으러 갔다	사 66:15
81	창 47:6, 27	가장 좋은 땅에 형제들이 정착하였다	겔 48장
82	창 50:18-19	형제들은 그를 하나님의 대사로 인정하고 그 앞에 엎드렸다	빌 2:10-11
83	창 42:5	형제들은 기근의 땅에 거했다	요 6:33, 35
84	창 42:3	형제들은 그들이 받은 것에 대한 값을 지불하길 원했다	갈 2:16
85	창 42:7-11	형제들은 애굽의 주인 앞에 스스로 의롭다는 태도를 취했다	요 8:39, 41
86	창 42:17	3일간 감옥에 들어갔다	요 2:19 벧후 3:8
87	창 42:21	양심에 깊은 찔림을 받았다	요 8:9
88	창 42:25	구원이 은혜임을 알려주었다	엡 2:8-9
89	창 42:26	형제들은 짧은 유예 기간을 즐겼다	
90	창 42:27-28	피상적인 평강에 괴로워하였다	히 12:6-11
91	창 43:11, 15	형제들은 율법적인 영을 계속 드러내었다(두 배의 돈)	갈 3:3
92	창 43:16, 33-34	형제들은 그와 함께 만찬을 먹으며 즐거워하였다	마 13:20-21
93	창 44:1-2	그의 형제들을 빛으로 인도할 결단을 했다	마 13:20-21
94	창 44:4, 16	형제들은 하나님 앞에서 자신의 참된 자리를 취하였다	요일 1:7-9
95	창 45:1	자신을 드러내었다	고전 13:12
96	창 45:4, 7	그에게 가까이 오도록 형제들을 초청하였다	마 11:28-30 요 20:27
97	창 45:10-11	그들에게 필요한 모든 양식을 제공한다는 이야기를 들은 형제들	빌 4:19
98	창 45:15	그가 형제들과 완전히 화해했다는 증거를 제공한다	롬 8:31-39
99	창 45:16	다른 사람들과 함께 기뻐하였다	계 5:9-13
100	창 45:9-13	다른 사람들을 데리러 가는 형제들	행 1:8
101	창 45:24	그들이 갈 때 필요한 지침	마 28:19-20

* A. W. 핑크의 《창세기에서의 이삭줍기》(Gleanings in Genesis, 미국 무디 출판사, 1992)에서 발췌

부록 B

● 하나님과 올바른 관계를 맺는 법 ●

만일 그리스도인이 아니라면, 하나님과 올바른 관계를 맺기 위해 어떻게 해야 할까?

하나님은 당신을 사랑하신다. 그래서 당신에게 주신 꿈들을 통해 당신의 관심을 끌려고 노력하신다. 만일 당신이 지금 하나님과 올바른 관계를 맺고 싶다면 다음 단계를 밟아야 한다.

1. 당신이 하나님과 소통하는 일에 무감각하다는 것을 인정하라(성경은 이것을 완고한 마음이라 부른다).

2. 당신이 삶 가운데 범한 잘못된 행동들을 인식하고 인정하라(성경은 이것을 죄라 부른다).

3. 당신 자신의 방식을 버리고 하나님이 당신을 인도하시도록 마음을 준비하라.

4. 예수 그리스도께서 십자가에 죽으셨을 때, 그분은 당신의 죗값을 지불하기 위해 돌아가셨다는 것을 이해하라. 예수님은 당신 대신 벌을 받으셨다. 주님이 자발적으로 자신의 목숨을 내려놓으심으로 당신은 하나님과 올바른 관계를 맺을 수 있게 되었다. 이 놀라운 특권은 오직 당신을 위해 흘리신 예수님의 보혈의 가치를 믿는 당신의 믿음에 달려 있다. 예수님은 죄가 없으시며 하나님의 영원한 아들이시다.

5. 이 지식을 가지고 이제 당신의 모든 죄를 용서해 주시도록 하나님께 전심으로 구하라. 당신이 믿음으로 이 기도를 하면 당신의 죄는 그리스도께 전가되고, 그 결과 하나님은 당신을 그분과의 올바른 관계의 자리로 인도하신다. 이제 당신은 거듭나고 영생을 얻는다. 할렐루야!

6. 이 모든 사실을 믿고 받아들였다면, 당신의 죄는 깨끗이 사라졌다. 이제 당신은 그리스도인의 삶을 살기 위한 능력을 받기 위해 성령의 충만을 받아야 한다. 성령의 충만함을 달라고 바로 지금 예수님께 구하라.

7. 축하한다! 당신은 지금 당신의 인생 가운데 가장 중요한 결단을 했다!

8. 그렇다면 이제 당신은 무엇을 해야 하는가?

- 매일 성경을 읽음으로 하나님을 알아가라(신약성경의 마가복음부터 시작하면 좋다).
- 매일 기도 시간을 정해서 하나님과 대화하라.
- 당신을 성령 충만한 교회로 인도하시도록 하나님께 구하라. 그러면 다른 신자들의 믿음을 통해 힘과 용기를 얻을 수 있을 것이다.

Divinity Code to Understanding
Your Dreams and Visions